여러분의 합격을 응원하는
해커스공무원의 특별 혜택

KB093704

FREE 공무원 민법 **동영상강의**

해커스공무원(gosi.Hackers.com) 접속 후 로그인 ▶ 상단의 [무료강좌] 클릭 ▶
좌측의 [교재 무료특강] 클릭

 해커스공무원 온라인 단과강의 **20% 할인쿠폰**

7F228A89D4F8FBUS

해커스공무원(gosi.Hackers.com) 접속 후 로그인 ▶ 상단의 [나의 강의실] 클릭 ▶
좌측의 [쿠폰등록] 클릭 ▶ 위 쿠폰번호 입력 후 이용

* 쿠폰 이용 기한: 2022년 12월 31일까지(등록 후 7일간 사용 가능)
* 쿠폰 이용 관련 문의: 1588-4055

해커스 회독증강 콘텐츠 **5만원 할인쿠폰**

6ED32CEB7F887F79

해커스공무원(gosi.Hackers.com) 접속 후 로그인 ▶ 상단의 [나의 강의실] 클릭 ▶
좌측의 [쿠폰등록] 클릭 ▶ 위 쿠폰번호 입력 후 이용

* 쿠폰 이용 기한: 2022년 12월 31일까지(등록 후 7일간 사용 가능)
* 월간 학습지 회독증강 행정학/행정법총론 개별상품은 할인쿠폰 할인대상에서 제외

단기 합격을 위한
해커스 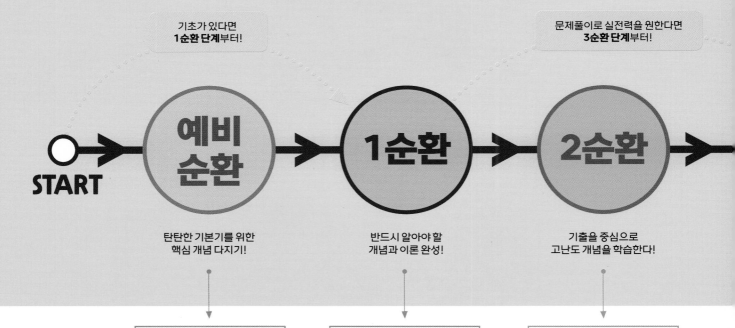 커리큘럼

기초가 있다면
1순환 단계부터!

문제풀이로 실전력을 원한다면
3순환 단계부터!

START → **예비순환** → **1순환** → **2순환** →

탄탄한 기본기를 위한
핵심 개념 다지기!

반드시 알아야 할
개념과 이론 완성!

기출을 중심으로
고난도 개념을 학습한다!

강의 쌩기초 입문반

법원직 초시생 전용 과목별 공부
방법론 및 틀과 기초 개념을 잡는
강의

강의 기본이론반

조문 → 판례 → 기출로 이어지는
체계적인 뼈대를 세우는 강의

사용교재
해커스법원직 신동욱 헌법 기본서 (세트)
해커스법원직 민법 기본서 1권
해커스법원직 민법 기본서 2권
해커스법원직 신정운 S 민사소송법
기본서
해커스법원직 이용배 아카데미 형법
기본서 (세트)
해커스법원직 김대환 형사소송법
기본서 (세트)
해커스법원직 공태용 상법의 맥 기본서
해커스법원직 김미영 부동산등기법
기본서

강의 심화이론반

기출 중심으로 1순환 내용(조문과
판례)에 살을 붙이고 고득점에
필요한 구조화·체계화하는 강의

사용교재
해커스법원직 신동욱 헌법 기출문제집 (세트)
해커스법원직 민법 기출문제집 1권
해커스법원직 민법 기출문제집 2권
해커스법원직 신정운 S 민사소송법
기출문제집
해커스법원직 신동욱 헌법 기본서 (세트)
해커스법원직 민법 기본서 1권
해커스법원직 민법 기본서 2권
해커스법원직 신정운 S 민사소송법 기본서
해커스법원직 이용배 아카데미 형법 기본서 (세트)
해커스법원직 김대환 형사소송법
기본서 (세트)
해커스법원직 공태용 상법의 맥 기본서
해커스법원직 김미영 부동산등기법 기본서

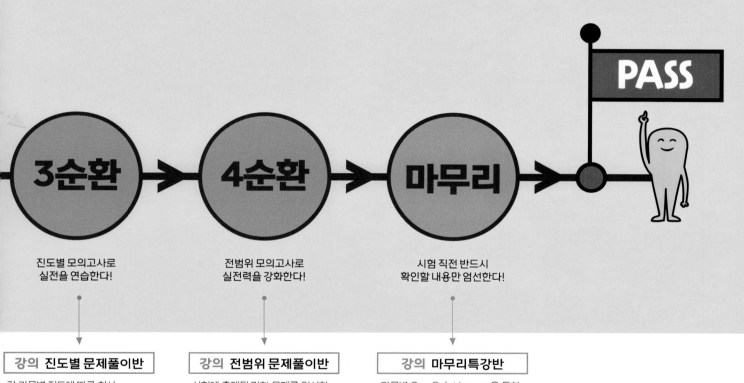

3순환

진도별 모의고사로
실전을 연습한다!

4순환

전범위 모의고사로
실전력을 강화한다!

마무리

시험 직전 반드시
확인할 내용만 엄선한다!

PASS

강의 진도별 문제풀이반

각 과목별 진도에 따른 최신
문제를 풀이하며 본인의 취약영역을
파악 및 보완하는 강의

강의 전범위 문제풀이반

시험에 출제될 만한 문제를 엄선한
전범위 예상 문제풀이를 통해
실전력을 강화하는 강의

강의 마무리특강반

과목별 One Point Lesson을 통한
자기주도 마무리 및 반복학습으로
최종 점검할 수 있는 강의

해커스공무원 **단기 합격생**이 말하는
공무원 합격의 비밀!

해커스공무원과 함께라면
다음 합격의 주인공은 바로 여러분입니다.

대학교 재학 중,
7개월 만에 국가직 합격!

김*석 합격생

영어 단어 암기를 하프 모의고사로!

———

하프 모의고사의 도움을 많이 얻었습니다. **모의고사의 5일 치 단어를 일주일에 한 번씩 외웠고**, 영어 단어 **100개씩은 하루에** 외우려고 노력했습니다.

가산점 없이
6개월 만에 지방직 합격!

김*영 합격생

국어 고득점 비법은 기출과 오답노트!

———

이론 강의를 두 달간 들으면서 **이론을 제대로 잡고 바로 기출문제로** 들어갔습니다. 문제를 풀어보고 기출 강의를 들으며 **틀렸던 부분을 필기하며 머리에 새겼**습니다.

직렬 관련학과 전공,
6개월 만에 서울시 합격!

최*숙 합격생

한국사 공부법은 기출문제 통한 복습!

———

한국사는 휘발성이 큰 과목이기 때문에 **반복 복습이 중요하다고 생각**했습니다. 선생님의 강의를 듣고 나서 바로 **내용에 해당되는 기출문제를 풀면서 복습했**습니다.

더 많은 합격수기가 궁금하다면? ▶

해커스법원직

민법

기출문제집 | 1권 민법 총칙·물권법

윤동환, 공태용 민법의 맥

해커스공무원

윤동환

약력

서울대학교 졸업(법학사, 경제학사)
고려대학교 법학대학원 수료

현 | 해커스공무원, 해커스경찰 민법 강의
현 | 합격의법학원 변호사시험 민법, 민사소송법 전임
전 | 성균관대·경북대·전남대·제주대·인하대 로스쿨 특강
전 | 성균관대·한양대·단국대·전남대·전북대 등 대학 특강
　　및 모의고사 문제 출제

저서

해커스법원직 윤동환, 공태용 민법의 맥 기출문제집, 해커스패스
해커스법원직 윤동환, 공태용 민법의 맥, 해커스패서
민법의 맥, 기출중심 민법사례의 맥, 우리아카데미
민사소송법의 맥, 기출중심 민사소송법 사례의 맥, 우리아카데미
민법 필수암기장, 핵심 민사소송법의 맥, 우리아카데미
합격의 KEY 변시 기출문제 완전분석(선택형), 우리아카데미
민법·민사소송법 종합사례의 맥, 우리아카데미
실전답안 민법·민사소송법 핵심사례의 맥, 우리아카데미
핵심 정지문 민법의 맥, 핵심 정지문 민사소송법의 맥, 우리아카데미
최근 3개년 및 1개년 민법 판례의 맥, 우리아카데미
최근 3개년 및 1개년 민사법 판례의 맥(공태용 공저), 우리아카데미

공태용

약력

서울대학교 법과대학 졸업
제41회 사법시험 합격(사법연수원 제31기)

현 | 해커스공무원 민법, 상법 강의
현 | 합격의법학원 변호사시험 상법 강의
현 | 사법시험, 변호사시험 강의
현 | 법률사무소 예건 대표변호사
현 | 서울중앙지방법원 조정위원
현 | 서울시 계약심의위원장, 용인시 법률고문 등 공공기관
　　법률고문
현 | JYP엔터테인먼트 사외이사 및 감사위원
현 | 기타 상장회사와 비상장회사 법률고문
전 | 법무법인 광장 변호사(금융팀)
전 | 이화여대로스쿨 법률상담 및 법률구조 자문위원

저서

해커스법원직 민법 윤동환, 공태용 민법의 맥 기출문제집, 해커스패스
해커스법원직 윤동환, 공태용 민법의 맥, 해커스패스
해커스법원직 공태용 상법의 맥, 해커스패스
상법의 맥, 우리아카데미
핵심 상법의 맥, 우리아카데미
핵심 상법 기출의 맥, 우리아카데미
최근 3개년 상법 판례의 맥, 우리아카데미
핵심 정지문 상법의 맥, 우리아카데미
최근 1개년 민사법 판례의 맥(윤동환 공저), 우리아카데미
민사법 기록의 맥(윤동환 공저), 우리아카데미

서문

저자는 20년간 수험 민법을 강의하고 저술 작업을 하면서 민법이라는 과목을 가장 효율적으로 학습하는 방법을 생각해 왔고 그 결과물로 『해커스법원직 윤동환, 공태용 민법의 맥 기본서』에 이어 『해커스법원직 윤동환, 공태용 민법의 맥 기출문제집』을 선보이게 된 것을 기쁘게 생각합니다.

수험가에서는 열 권의 책을 한 번 보는 것보다 한 권의 책을 열 번 보는 것이 낫다는 말이 있습니다. 시험장에서 생각날 수 있도록 여러 번 반복학습하기 위해서는 당연한 선택입니다. 하지만 시중에 나와 있는 '법원직 전용 기출문제집'을 표방하는 문제집의 경우에도 그 분량이 1,500페이지가 넘는 경우가 허다합니다. 그러나 법원직 기출의 경우 몇 문제를 제외하고는 변호사시험과 같이 심도있고 깊이 있는 민법의 법리(사례형)를 물어보는 것도 아니고, 법원행정고시와 같이 아주 다양한 판례를 장문의 지문으로 물어보는 것도 아닙니다. 전체적으로는 '기본법리'를 중심으로 '중요판례' 및 '중요조문'을 출제하고 있으며 변별력을 위한 지엽적인 판례와 조문은 정답과 무관한 경우가 많아 지엽적인 판례와 조문들을 위해 굳이 1,500페이지 이상 되는 문제집을 볼 필요도 없고 더군다나 반복해서 보는 것은 불가능에 가깝다고 할 수 있습니다.

따라서 최근 8개년 법원직 '기출'을 중심으로 각종 국가고시 기출지문 중 출제가 유력한 '출제예상' 문제를 빠짐없이 꼭 필요한 만큼만 수록하여 반복학습을 통한 효과적인 법원직 객관식 정복이 가능하도록 800여 페이지로 구성하였습니다. 특히 최근 3년 정도의 법원직 9급 공채시험의 경향을 살펴보면 지문의 길이가 길어지고 5급 공채시험, 변호사시험에서나 볼 수 있었던 사례형 문제가 출제되고 있습니다. 법리에 대한 탄탄한 이해가 뒷받침되지 않으면, 아무리 성실하게 기출지문을 암기한다 해도 방대하고 난해한 민법에서 합격에 필요한 점수를 얻을 수 없는 상황입니다. 이에 '출제예상' 문제에는 난이도 있는 다소 장문의 지문이나, 간단한 사례형 문제를 수록함으로써 다양한 문제의 유형에 대비하도록 하였습니다.

본서의 특징은 아래와 같습니다.

1. 교과서 진도에 맞춘 논리적 흐름과 체계

기출문제 원전을 교과서 진도에 맞추어 배치함으로써 교과서 공부와 병행할 수 있도록 했습니다. 수험생 여러분은 먼저 교과서에서 해당 진도의 내용을 학습한 후 실제 기출문제 및 예상문제를 풀어봄으로써 문제 적응력을 높이고 교과서를 공부할 때에도 강약을 조절할 수 있을 것입니다. 교과서와 별도로 본서를 가지고 학습할 때에도 교과서 편재에 따라 해설에 제목을 붙이고 지문을 분류하여 민법의 논리적 흐름과 체계를 잃지 않도록 했습니다.

서문

2. 비교판례 및 쟁점정리

해설부분에 참고판례, 관련판례, 비교판례, 쟁점정리 등의 표시를 하여 출제가 유력한 판례와 쟁점을 정리했습니다. 민법에 할당된 객관식 문제의 수가 25개이기 때문에 결국 중요한 부분에서 출제될 수밖에 없습니다. 따라서 기출된 주요 판례가 반복 출제되는 것은 피할 수 없습니다. 하지만 기출문제는 모든 수험생이 대비하는 최소한의 학습범위에 속하므로 이로써 변별력을 높이기에는 한계가 있습니다. 때문에 출제자에게는 똑같은 문제가 반복되는 것을 최소화하면서도 중요한 주제를 놓치지 않아야 하는 딜레마가 존재합니다. 이 딜레마를 해결하는 가장 손쉬운 방법은 기출된 판례와 관련되거나, 비교되는 판례의 출제일 것입니다. 이러한 경향은 실제 기출문제를 분석해 보면 알 수 있습니다. 본서는 기출지문을 기준으로 삼아 가장 출제가 유력한 판례를 선별하고 적재적소에 배치함으로써, 별도의 판례집을 보지 않고도 다양한 문제를 대비할 수 있도록 했습니다.

3. 최근 8개년 법원직 기출 전면 수록, 각종 국가고시에서 출제된 지문 중 출제 가능한 예상문제, 총 800여 페이지로 법원직 민법의 효과적 대비

본서는 2014년부터 2021년까지 최근 8개년 법원직 기출문제는 빠짐없이 소개하고, 가능한 한 설명도 상세하게 하여 반복출제에 대비할 수 있게 하였습니다. 아울러 아직 법원직에서 출제되지 않은 지문(판례) 중 각종 국가고시에서 이미 출제된 지문들과 2021년 7월까지의 최신판례들을 엄선하여 '출제예상' 문제로 구성하여 효과적인 학습이 가능하도록 하였습니다. 법원직 시험을 준비하는 수험생들은 특히 최근 3개년 기출은 유념해서 그 경향을 살필 필요가 있고, '출제예상' 지문들은 반복에 반복학습을 할 것을 권면드립니다.

아무쪼록 법원직 시험을 준비하는 수험생들에게 적지 않은 도움을 줄 수 있기를 간절히 기대하는 마음입니다. 앞으로도 『해커스법원직 윤동환, 공태용 민법의 맥 기출문제집』이 살아있는 수험서가 되도록 부족한 부분들은 꾸준히 보완해 나갈 예정입니다.

참고로 다양한 매체를 통해 하루에도 적지 않은 질문을 받고 있어 특히 강의 중인 경우 신속한 답변이 이루어지지 않아 수험생 여러분들이 많이 불편하실 것 같습니다. 따라서 즉답을 할 수 있는 출간(강의) 문의나 공부방법론 등은 제 개인 카톡(아이디 dhyoon21)을 활용하시고, 책이나 강의 내용에 대한 질문은 네이버 카페 "해커스 법원직"(https://cafe.naver.com/lawhackersteam)이나 개인 이메일(dhyoon21@hanmail.net)을 이용해 주시면 좋겠습니다.

수험생 여러분의 합격을 위해 최선을 다할 것을 약속드리고, 존경받는 공무원 되시기를 진심으로 기원합니다.

2021년 10월 연구실에서
윤동환, 공태용

차례

2022 해커스법원직
윤동환, 공태용 민법의 맥
기출문제집

2022 해커스법원직
민법 기출문제집
윤동환, 공태용 민법의 맥

제1편

민법 총칙

제1장 민법 서론

> **문1** 민법의 법원(法源)에 관련한 설명으로 옳지 않은 것은? (다툼이 있으면 판례에 따름) [기출변형]
>
> ① 관습법이 헌법에 위반될 때에는 법원(法院)이 그 효력을 부인할 수 있다.
> ② 민법 제1조(法源)에서의 '법률'은 국회가 제정한 법률만을 의미한다.
> ③ 사실인 관습은 관습법과 구별되며, 사실인 관습의 존재를 당사자가 주장·입증하여
>   야 한다.
> ④ 임의규정과 다른 관습이 있는 경우에 당사자의 의사가 명확하지 아니한 때에는 그
>   관습에 의한다.

해설 ① [○] 관습이 법으로 되기 위해서는 ⅰ) '관행'(반복성)이 존재하고, ⅱ) 관행을 법규범으로 인식하는 '법적 확신'이 있어야 하며, ⅲ) 관행이 '헌법'을 최상위규범으로 하는 전체 법질서에 반하지 아니하는 것으로서 '정당성과 합리성'을 갖출 것을 요한다(대판 2005.7.21. 전합2002다1178).

② [✕] 제1조는 "민사에 관하여 법률에 규정이 없으면 관습법에 의하고 관습법이 없으면 조리에 의한다"라고 하여 민법의 법원으로 인정되는 '범위'와 '적용순서'를 정하고 있다. 민법 제1조(法源)에서의 '법률'은 ㉠ 형식적 의미의 민법(민법전)외에 민사에 관한 특별법 등을 말한다(광의의 민법). ㉡ 명령과 대법원규칙도 민법의 법원이다. ㉢ 헌법에 의하여 체결·공포된 조약과 일반적으로 승인된 국제법규는 국내법과 같은 효력을 가지므로(헌법 제6조 1항), 그것이 민사에 관한 것인 경우에는 민법의 법원이 될 수 있다.

③ [○] ※ 관습법과 사실인 관습의 관계
사실인 관습이란 '법적 확신을 얻지 못한 관행'으로 '법률행위 해석의 기준'이 된다(제106조). 判例는 "제1조는 관습법의 법원으로서의 보충적 효력을 인정하는 데 반하여, 제106조는 일반적으로 사적 자치가 인정되는 분야에서의 관습의 법률행위의 해석기준이나 의사보충적 효력을 정한 것이다"(대판 1983.6.14, 80다3231)라고 하여 구별하는 입장이다.

※ 사실인 관습의 증명책임
관습법은 법규성이 인정되므로 당사자의 주장·증명을 기다릴 필요없이 법원이 직권으로 이를 확정하여야 한다. 이에 대해 사실인 관습도 일종의 경험칙에 속하는 것이고 경험칙은 일종의 법칙이므로 법관은 그 유무에 대해 당사자의 주장이나 입증에 구애됨이 없이 직권에 의하여 판단할 수 있지만(대판 1976.7.13, 76다983), 관습은 그 존부자체도 명확하지 않을 뿐만 아니라 그 관습이 사회의 법적 확신이나 법적 인식에 의하여 법적 규범으로까지 승인되었는지의 여부를 가리기는 더욱 어려운 일이므로, 법원이 이를 알 수 없는 경우 결국은 당사자가 이를 주장·증명할 필요가 있다(대판 1983.6.14, 80다3231).

④ [○] 제106조

[정답] ②

제2장 법률관계와 권리의무

문1 다음 설명 중 가장 옳지 않은 것은? (다툼이 있는 경우 판례에 의함) [17서기보]

① 권리의 행사와 의무의 이행은 신의에 좇아 성실히 하여야 한다.

② 계약의 성립에 기초가 되지 아니한 사정이 그 후 변경되어 일방당사자가 계약 당시 의도한 계약목적을 달성할 수 없게 됨으로써 손해를 입게 된 경우라도 특별한 사정이 없는 한 그 계약내용의 효력을 그대로 유지하는 것이 신의칙에 반한다고 볼 수 없다.

③ 사정변경으로 인한 계약해제는 계약성립 당시 당사자가 예견할 수 없었던 현저한 사정의 변경이 발생하였고 그러한 사정의 변경이 해제권을 취득하는 당사자에게 책임 없는 사유로 생긴 것으로서 계약내용대로의 구속력을 인정한다면 신의칙에 현저히 반하는 결과가 생기는 경우에 계약준수 원칙의 예외로서 인정되는 것이다.

④ 권리자가 자신의 권리를 행사할 수 있는 기회가 충분히 있었음에도 불구하고 상당한 기간이 지나도록 그 권리를 행사하지 아니하여 의무자인 상대방으로 하여금 이제는 권리자가 권리를 더 이상 행사하지 아니할 것이라고 신뢰하게 할 만한 상황이 되었는데 권리자가 새삼스레 그 권리를 행사하는 것은 신의성실의 원칙상 허용되지 아니하므로 출생 이후 30년 이상 친자임을 주장하지 않고 다른 사람의 친자로 입적된 데 대하여 아무런 이의 없이 살아 오다가 인지청구권을 행사하는 것은 허용되지 않는다.

해설 ① [○] 제2조 1항

② [○] ③ [○] "이른바 사정변경으로 인한 계약해제는, 계약성립 당시 당사자가 예견할 수 없었던 현저한 사정의 변경이 발생하였고 그러한 사정의 변경이 해제권을 취득하는 당사자에게 책임 없는 사유로 생긴 것으로서, 계약내용대로의 구속력을 인정한다면 신의칙에 현저히 반하는 결과가 생기는 경우에 계약준수 원칙의 예외로서 인정되는 것이고, 여기에서 말하는 사정이라 함은 계약의 기초가 되었던 객관적인 사정으로서, 일방당사자의 주관적 또는 개인적인 사정을 의미하는 것은 아니다. 또한, 계약의 성립에 기초가 되지 아니한 사정이 그 후 변경되어 일방당사자가 계약 당시 의도한 계약목적을 달성할 수 없게 됨으로써 손해를 입게 되었다 하더라도 특별한 사정이 없는 한 그 계약내용의 효력을 그대로 유지하는 것이 신의칙에 반한다고 볼 수도 없다"(대판 2007.3.29, 2004다31302).

④ [×] "인지청구권은 본인의 일신전속적인 신분관계상의 권리로서 포기할 수도 없으며 포기하였더라도 그 효력이 발생할 수 없는 것이고, 이와 같이 인지청구권의 포기가 허용되지 않는 이상 거기에 실효의 법리가 적용될 여지도 없다. 또한 인지청구권의 행사가 상속재산에 대한 이해관계에서 비롯되었다 하더라도 정당한 신분관계를 확정하기 위해서라면 신의칙에 반하는 것이라 하여 막을 수 없다"(대판 2001.11.27. 2001므1353).

☞ 判例는 상속재산에 대한 이해관계를 위해 신분관계를 바로잡을 목적으로 검사를 상대로 인지청구의 소를 제기한 사례에서, 인지청구권(제863조)은 포기할 수 없는 권리라는 이유로 실효의 법리도 적용되지 않는다고 한다.

[정답] ④

문2 다음 신의칙에 관한 설명 중 틀린 것은? (다툼이 있으면 判例에 의함)　　　[기출변형]

① 경제상황 등의 변동으로 당사자에게 손해가 생기더라도 합리적인 사람의 입장에서 사정변경을 예견할 수 있었다면 사정변경을 이유로 계약을 해제할 수 없다.

② 甲이 주택건설사업을 위한 견본주택 건설을 목적으로 임대인 乙과 토지에 관하여 임대차계약을 체결하면서 임대차계약서에 특약사항으로 위 목적을 명시하였는데, 지방자치단체장으로부터 가설건축물 축조신고 반려통보 등을 받고 위 토지에 견본주택을 건축할 수 없게 되었더라도 甲은 乙을 상대로 임대차계약의 해지 및 임차보증금 반환을 구할 수 없다.

③ 주택 경매절차에서 1순위 근저당권자보다 우선하는 주택임차인이 권리신고 및 배당요구를 하였으나 1순위 근저당권자에게 작성해 준 무상거주확인서로 인하여 배당을 받지 못하게 된 경우, 주택임차인은 임차보증금반환채무를 인수하지 않을 것을 신뢰하면서 주택을 낙찰받은 매수인에게 주택임대차보호법상 대항력을 주장할 수 없다.

④ 확정판결에 기한 강제집행이 권리남용에 해당하여 이러한 강제집행에 대하여 청구이의의 소가 가능하다면 위 판결금 채권을 피보전채권으로 하는 채권자취소권 행사 등 판결금 채권에 기초한 다른 권리의 행사까지 금지된다.

[해 설] ① [○] "경제상황 등의 변동으로 당사자에게 손해가 생기더라도 합리적인 사람의 입장에서 사정변경을 예견할 수 있었다면 사정변경을 이유로 계약을 해제할 수 없다. 특히 계속적 계약에서는 계약의 체결시와 이행 시 사이에 간극이 크기 때문에 당사자들이 예상할 수 없었던 사정변경이 발생할 가능성이 높지만, 이러한 경우에도 위 계약을 해지하려면 경제적 상황의 변화로 당사자에게 불이익이 발생했다는 것만으로는 부족하고 위에서 본 요건을 충족하여야 한다"(대판 2017.6.8. 2016다249557)

② [✕] "계약 성립의 기초가 된 사정이 현저히 변경되고, 당사자가 계약의 성립 당시 이를 예견할 수 없었으며, 그로 인하여 계약을 그대로 유지하는 것이 당사자의 이해에 중대한 불균형을 초래하거나 계약을 체결한 목적을 달성할 수 없는 경우에는 계약준수 원칙의 예외로서 사정변경을 이유로 계약을 해제하거나 해지할 수 있다"(대판 2020.12.10. 2020다254846).

[사실관계] 甲이 주택건설사업을 위한 견본주택 건설을 목적으로 임대인 乙과 토지에 관하여 임대차계약을 체결하면서 임대차계약서에 특약사항으로 위 목적을 명시하였는데, 지방자치단체장으로부터 가설건축물 축조신고 반려통보 등을 받고 위 토지에 견본주택을 건축할 수 없게 되자, 甲이 乙을 상대로 임대차계약의 해지 및 임차보증금 반환을 구한 사안에서, 위 임대차계약은 甲의 해지통보로 적법하게 해지되었고, 乙이 甲에게 임대차보증금을 반환할 의무가 있다고 한 사례.

[관련판례] A(지방자치단체)는 개발제한구역으로 지정된 그 소유 X토지가 해제되자 이를 공개매각하게 되었고, 위 토지상에 음식점을 건축 운영하려는 B가 1999. 10. 29. 이를 대금 134,000,000원에 낙찰 받아 그 소유권이전등기를 마쳤다. 그런데 위 공개입찰에서는 '매각재산이 공부와 일치하지 않거나 행정상의 제한이 있더라도 A는 책임을 지지 않는다.'는 내용이 공고되었었고, 또 이러한 내용이 B와의 매매계약에도 명시된 바 있었다. 그 후 A는 도시계획정비를 하면서 위 토지를 포함한 34필지에 대해 건축개발을 할 수 없는 공공용지로 정하기로 하고, 주민들의 의견을 수렴하는 절차를 거쳐 2002. 4. 29. 공공용지로 결정을 하였다.

☞ 대판 2007.3.29, 2004다31302 判例에 따르면 X토지상의 건축가능 여부는 매수인 B가 X토지를 매수하게 된 주관적인 목적에 불과할 뿐 매매계약의 성립에 있어 기초가 되었다고 보기 어렵다 할 것이므로, 매매계약 후 X토지가 공공용지에 편입됨으로써 매수인이 의도한 건축이 불가능하게 되었다 하더라도 이러한 사정변경은 매매계약을 해제할 만한 사정변경에 해당한다고 할 수 없다고 하였다.

③ [○] "주택임차인이 주택에 관하여 개시된 경매절차에서 임차보증금 액수, 주택인도일, 주민등록일(전입신고일), 임대차계약서상 확정일자 등 대항력 및 우선변제권 관련 사항을 밝히고 권리신고 및 배당요구를 한 경우 그 내용은 매각물건명세서에 기재되어 공시되므로, 매수희망자는 보통 이를 기초로 매각기일에서 신고할 매수가격을 정하게 된다. 따라서 주택 경매절차의 매수인이 권리신고 및 배당요구를 한 주택임차인의 배당순위가 1순위 근저당권자보다 우선한다고 신뢰하여 임차보증금 전액이 매각대금에서 배당되어 임차보증금반환채무를 인수하지 않는다는 전제 아래 매수가격을 정하여 낙찰을 받아 주택에 관한 소유권을 취득하였다면, 설령 주택임차인이 1순위 근저당권자에게 무상거주확인서를 작성해 준 사실이 있어 임차보증금을 배당받지 못하게 되었다고 하더라도, 그러한 사정을 들어 주택의 인도를 구하는 매수인에게 주택임대차보호법상 대항력을 주장하는 것은 신의칙에 위반되어 허용될 수 없다"(대판 2017.4.7. 2016다248431).

[쟁점정리] 묵비 또는 묵인행위와 금반언
㉠ 경매가 무효임을 알고 있는 권리자가 경매를 방치하다가 후에 경매의 무효를 주장하는 것 등은 신의칙에 반한다(대판 1993.12.24, 93다42603). ㉡ 대항력 있는 임차인이나 전세권자가 권리가 없다고 확인을 해준 후 나중에 권리를 주장하는 것 등은 신의칙에 반한다(대판 1997.6.27, 97다12211).

④ [○] ※ 권리남용 – 실체적 권리관계에 배치되는 확정판결의 집행 –
소송당사자가 불법한 수단으로 법원과 상대방을 속여 부정한 내용의 확정판결을 취득한 경우('사위판결 또는 편취판결') 그 구제수단으로 ㉠ 소송법적 구제수단인 추후보완상소(민사소송법

제173조) 또는 재심의 소(민사소송법 제451조 1항)와 ⓛ 집행법적 구제수단인 권리남용을 이유로 하는 청구이의의 소(민사집행법 제44조 2항)가 있다. ⓒ 실체법상의 구제수단과 관련하여 判例에 따르면 확정판결에 기한 집행이 권리남용에 해당하여 청구이의의 소에 의하여 집행의 배제를 구할 수 있는 정도의 경우라면 그러한 판결금 채권에 기초한 다른 권리의 행사, 예를 들어 판결금 채권을 피보전채권으로 하여 채권자취소권을 행사하는 것 등도 허용될 수 없다고 한다(대판 2014.2.21. 2013다75717).

[정답] ②

문3 A 회사는 토지 소유자인 乙의 동의 없이 그 토지의 상공에 고압송전선이 통과하도록 시설을 설치하여 사용하고 있으며, 甲은 이러한 사실을 알면서 乙로부터 그 토지를 매수하여 소유권이전등기를 경료하고 이를 농지로 이용하고 있다. 甲이 토지를 취득한 때부터 13년이 경과한 시점에 A 회사를 상대로 송전선의 철거를 구하고자 한다. 이와 관련한 법률관계에 대한 설명으로 옳지 않은 것은? (다툼이 있는 경우 판례에 의함) [기출변형]

① 甲이 송전선의 철거를 구하는 것은 소유권에 기한 물권적 청구권을 행사는 것이므로 소멸시효에 걸리지 않는다.

② 甲의 권리행사에 실효의 법리를 적용하기 위해서는 종전 토지 소유인인 乙이 자신의 권리를 행사하지 아니하였다는 사정을 고려하여 판단하여야 한다.

③ 甲의 권리행사가 권리남용에 해당하기 위해서는 그러한 권리행사가 주관적으로 그 목적이 오로지 상대방에게 고통을 주고 손해를 입히려는 데 있을 뿐만 아니라 객관적으로는 사회질서에 위반된 것으로 인정되어야 한다.

④ 甲이 송전선의 철거를 구하는 소송을 제기한 경우, 법원은 A회사의 주장이 없더라도 甲의 청구가 권리남용에 해당하는지 여부를 직권으로 판단할 수 있다.

해설 ※ 위 문제는 대판 1996.5.14. 94다54283 ; 대판 1995.8.25. 94다27069 판례를 기초로 한 사례이다.

① [○] 소유권은 제162조에 의해 소멸시효에 걸리지 않는다. 그리고 통설은 소유권의 절대성과 항구성을 이유로 소유권은 물론 소유권에 기한 물권적 청구권도 소멸시효에 걸리지 않는다고 본다. 判例도 동일하다(아래 80다2968 등)

관련판례 "합의해제에 따른 매도인의 원상회복청구권은 소유권에 기한 물권적 청구권이라 할 것이고, 따라서 이는 소멸시효의 대상이 아니다"(대판 1982.7.27. 80다2968)

② [×] "실효의 원칙이라 함은 권리자가 장기간에 걸쳐 그 권리를 행사하지 아니함에 따라 그 의무자인 상대방이 더 이상 권리자가 그 권리를 행사하지 아니할 것으로 신뢰할 만한 정당한 기대를 가지게 되는 경우에 새삼스럽게 권리자가 그 권리를 행사하는 것은 법질서 전체를 지배하는 신의성실의 원칙에 위반되어 허용되지 않는다는 것을 의미하는 것이므로, 종전 토지 소유자가 자신의 권리를 행사하지 않았다는 사정은 그 토지의 소유권을 적법하게 취득한 새로운 권리자에게 실효의 원칙을 적용함에 있어서 고려하여야 할 것은 아니다"(대판 1995.8.25. 94다27069)

③ [○] "주관적으로는 그 목적이 오직 상대방에게 고통을 주고 손해를 입히려는 데 있고, 객관적으로는 사회질서에 위반된 것이어서 권리남용에 해당한다"(대판 1999.9.7, 99다27613 등).
☞ 즉, 判例는 일관된 입장을 보이고 있지 않으나 기본적으로 주관적 요건(가해의사 ; 상대방에게 고통을 주고 손해를 입히려는 의사)을 고려하여 판단한다(위 99다27613판결 등). 다만 최근에는 "주관적 요건은 권리자의 정당한 이익 결여라는 객관적 사정에 의하여 추인될 수 있다"(대판 1993.5.14, 93다4366 등)라고 판시함으로써 주관적 요건을 완화하는 경향이다.

④ [○] 신의성실의 원칙은 강행법규적 성질을 가지므로 당사자의 주장이 없더라도 법원이 직권으로 그 위반 여부를 판단할 수 있다(대판 1995.12.22, 94다42129).

[정답] ②

문4 다음 설명 중 틀린 것은? (다툼이 있는 경우 판례에 의함)   [기출변형]

① 강행법규 위반에 따른 손해배상도 청구하는 것이 강행법규의 입법취지를 몰각시키는 결과를 초래할 경우에는 그러한 청구 역시 허용될 수 없다.

② 여러 개의 계약서에 따른 법률관계 등이 명확히 정해져 있지 않다면 각각의 계약서에 정해져 있는 내용 중 서로 양립할 수 없는 부분에 관해서는 원칙적으로 나중에 작성된 계약서에서 정한 대로 계약 내용이 변경되었다고 해석하는 것이 합리적이다.

③ 퇴직금청구권을 미리 포기하기로 하는 약정 및 근로자가 퇴직하여 더 이상 근로관계에 있지 않은 상황에서 퇴직금청구권을 포기하기로 하는 약정도 강행규정 위반으로 무효이다.

④ 상대방이 부당하게 등기취급 우편물의 수취를 거부함으로써 우편물의 내용을 알 수 있는 객관적 상태의 형성을 방해한 경우에는 부당한 수취 거부가 없었더라면 상대방이 우편물의 내용을 알 수 있는 객관적 상태에 놓일 수 있었던 때, 즉 수취 거부 시에 의사표시의 효력이 생긴 것으로 보아야 한다.

해설 ① [○] "계약당사자 사이에서 일방이 상대방에 대해 계약의 체결이 관련 법령 등에 위반되지 않는다는 점과 함께 계약의 이행을 진술·보장하였는데도 계약을 이행하지 못하여 상대방에게 손해를 입힌 경우에는 계약상 의무를 이행하지 않은 것에 해당하므로 일종의 채무불이행 책임이 성립한다. 그러나 당사자 사이에 체결된 계약이 강행법규 위반으로 무효인 경우에 계약 불이행을 이유로 진술·보장 약정에 따른 손해배상채무를 이행하는 것이 강행법규가 금지하는 것과 동일한 결과를 가져온다면 이는 강행법규를 잠탈하는 결과가 되고, 이러한 경우에는 진술·보장 조항 위반을 이유로 손해배상을 청구할 수 없다고 보아야 한다"(대판 2019.6.13. 2016다203551).

② [○] "하나의 법률관계를 둘러싸고 각기 다른 내용을 정한 여러 개의 계약서가 순차로 작성되어 있는 경우 당사자가 그러한 계약서에 따른 법률관계나 우열관계를 명확하게 정하고 있다면 그와 같은 내용대로 효력이 발생한다. 그러나 여러 개의 계약서에 따른 법률관계 등이 명확히 정해져 있지 않다면 각각의 계약서에 정해져 있는 내용 중 서로 양립할 수 없는 부분에 관해서는 원칙적으로 나중에 작성된 계약서에서 정한 대로 계약 내용이 변경되었다고 해석하는 것이 합리적이다"(대판 2020.12.30. 2017다17603).

③ [×] 퇴직금청구권을 미리 포기하는 것은 강행법규인 근로기준법, 근로자퇴직급여 보장법에 위반되어 무효이다(대판 1998.3.27. 97다49732). 그러나 근로자가 퇴직하여 더 이상 근로계약관계에 있지 않은 상황에서 퇴직 시 발생한 퇴직금청구권을 나중에 포기하는 것은 허용되고, 이러한 약정이 강행법규에 위반된다고 볼 수 없다(대판 2018.7.12. 2018다21821).

④ [○] "상대방이 부당하게 등기취급 우편물의 수취를 거부함으로써 우편물의 내용을 알 수 있는 객관적 상태의 형성을 방해한 경우 그러한 상태가 형성되지 아니하였다는 사정만으로 발송인의 의사표시의 효력을 부정하는 것은 신의성실의 원칙에 반하므로 허용되지 아니한다. 이러한 경우에는 부당한 수취 거부가 없었더라면 상대방이 우편물의 내용을 알 수 있는 객관적 상태에 놓일 수 있었던 때, 즉 수취 거부 시에 의사표시의 효력이 생긴 것으로 보아야 한다. 여기서 우편물의 수취 거부가 신의성실의 원칙에 반하는지는 발송인과 상대방과의 관계, 우편물의 발송 전에 발송인과 상대방 사이에 우편물의 내용과 관련된 법률관계나 의사교환이 있었는지, 상대방이 발송인에 의한 우편물의 발송을 예상할 수 있었는지 등 여러 사정을 종합하여 판단하여야 한다. 이때 우편물의 수취를 거부한 것에 정당한 사유가 있는지에 관해서는 수취 거부를 한 상대방이 이를 증명할 책임이 있다"(대판 2020.8.20. 2019두34630).

관련쟁점 ※ 의사표시의 효력발생 시기 - 도달주의 -
민법은 상대방 있는 의사표시는 그 통지가 상대방에 도달한 때로부터 그 효력이 생긴다고 하여 '도달주의'를 채택하고 있다(제111조 1항). 이 때 '도달'이란 상대방의 지배권 내에 들어가 사회통념상 일반적으로 알 수 있는 상태에 이른 것을 말하고, 상대방이 현실적으로 수령하였거나 내용을 알았을 것까지 요하지는 않는다(대판 1997.11.25, 97다31281).

[정답] ③

제3장 권리의 주체

제1절 | 권리주체 총설

제2절 | 자연인

문1 태아의 권리능력 등에 관한 다음 설명 중 틀린 것은? (다툼이 있는 경우 판례에 의함) [기출변형]

① 母의 교통사고의 충격으로 태아가 조산되고 또 그로 인하여 제대로 성장하지 못하고 사망하였다면 위 불법행위는 한편으로 산모에 대한 불법행위인 동시에 한편으로는 태아 자신에 대한 불법행위라고 볼 수 있으므로 따라서 죽은 아이는 생명침해로 인한 재산상 손해배상청구권이 있다. 그러나 모체와 같이 사망한 태아에게는 손해배상청구권이 인정되지 않는다.

② 제3자를 위한 계약에서 제3자는 계약 성립시에 현존·특정되어야 하므로 태아는 제3자가 될 수 없다.

③ 태아에 대한 생전증여에 있어서도 태아의 수증행위가 필요한바, 상속 또는 유증의 경우를 유추하여 태아의 수증능력을 인정할 수 없다.

④ 父는 태아를 인지할 수 있다. 한편 태아는 살아서 출생한 경우 강제인지를 청구할 수 있다.

해설 ① [○] ※ 출생전의 가해에 대한 손해배상청구권의 인정 여부 : 母에 대한 불법행위로 태아가 영향을 받은 경우, 모체와 같이 사망한 태아에게 손해배상청구권을 인정할 수 있는지 여부(소극)

임산부에 대한 교통사고, 의사가 임산부에게 잘못된 처치를 한 경우 이는 동시에 태아에 대한 불법행위가 성립한다. 判例도 "(母의) 교통사고의 충격으로 태아가 조산되고 또 그로 인하여 제대로 성장하지 못하고 사망하였다면 위 불법행위는 한편으로 산모에 대한 불법행위인 동시에 한편으로는 태아 자신에 대한 불법행위라고 볼 수 있으므로 따라서 죽은 아이는 생명침해로 인한 재산상 손해배상청구권이 있다"라고 판시하고 있다(대판 1968.3.5, 67다2869).

다만 判例는 "태아가 특정한 권리에 있어서 이미 태어난 것으로 본다는 것은 살아서 출생한 때에 출생시기가 문제의 사건의 시기까지 소급하여 그 때에 태아가 출생한 것과 같이 법률상 보아 준다고 해석하여야 상당하므로 그가 모체와 같이 사망하여 출생의 기회를 못 가진 이상 배상청구권을 논할 여지없다"(대판 1976.9.14. 76다1365)고 한다.

② [×] 제3자를 위한 계약에서 제3자는 계약 성립시에 특정 가능성이 있는 한 현존·특정되지 않아도 무방하므로, 태아나 설립 중의 법인 등도 제3자가 될 수 있다(대판 1960.7.21, 59다773). 그러나 수익의 의사표시를 할 때에는 권리능력을 가지고 현존·특정되어야 한다.

③ [○] 判例는 '생전증여'와 관련하여 "태아에 대한 증여에 있어서도 태아의 수증행위가 필요한 바, 상속 또는 유증의 경우를 '유추'하여 태아의 수증능력을 인정할 수 없다"고 판시하고 있다 (대판 1982.2.9, 81다534).

④ [○] 父는 태아를 인지할 수 있으나(제858조), 태아에게도 인지청구권이 인정되는지에 대하여는 학설은 대체로 제858조의 반대해석상 허용되지 않는다는 부정설의 입장이다. 다만, 태아가 살아서 출생한 경우 강제인지는 가능하다(제863조, 제864조). 따라서 태아 쪽에서 적극적으로 태아의 성장에 필요한 비용을 父에게 청구할 수는 없다.

[정답] ②

문2 甲은 강도 乙을 만나 격투를 벌이던 중 乙이 휘두른 칼에 사망하였다. 甲의 사망 당시 甲의 유족으로는 친모(親母) A, 법률상의 배우자 B, B의 배 속에 태아 C가 있었다. 그 후 태아 C는 살아서 출생하였다. 이에 대한 설명 중 틀린 것은? (다툼이 있는 경우 판례에 의함) [기출변형]

① 태아 C가 살아서 출생하였으므로 태아의 권리능력 취득시기에 관한 어느 견해에 따르더라도 B와 C가 甲의 공동상속인이 된다.

② B와 C는 甲의 재산상 손해배상청구권 및 정신상 손해배상청구권을 상속한다.

③ A, B, C는 정신적 고통을 입증하지 않고도 당연히 위자료를 乙에게 청구할 수 있다.

④ 만약 C가 아직 출생하지 않은 상태에서 C의 위자료청구권에 대하여 B가 C를 대리하여 乙과 위자료액수에 관한 합의를 하였다면, 그 합의는 태아의 권리능력 취득시기에 관한 정지조건설에 의하면 무효이나, 해제조건설에 의하면 유효하다.

해설 ① [○] ※ 태아 C의 상속능력(적극)

甲의 법률상 배우자인 B가 상속권자가 됨은 의문의 여지가 없다(제1003조 1항).

태아의 경우 정지조건설에 의할 때에는 태아가 살아서 출생하면 권리능력 취득의 효과가 문제의 사건이 발생한 시기로 소급하게 되고, 해제조건설에 의할 때에는 태아인 동안에도 제한적 범위에서 권리능력가지지만 사산한 경우에는 권리능력 취득의 효과가 소급하여 소멸하게 되는 바, 사안의 경우 태아 C는 살아서 출생하였으므로 어느 견해에 따르더라도 상속능력이 인정된다(제1000조 3항, 동조 1항 1호).

다만 논리전개 과정에서는 차이가 있다. ⅰ) 정지조건설에 의하면 C는 태아로 있는 동안 아직 권리능력을 취득하지 못하므로 그 동안은 甲의 처 B와 모 A가 공동상속인이 되나, C가 살아서 출생하면 甲의 사망시점에 소급하여 상속권을 취득하므로 B와 C가 공동상속인이 되고 후순위인 A는 상속권이 소급적으로 없게 된다. ⅱ) 그러나 해제조건설에 의하면 태아 C는 상속순위에 관하여는 이미 출생한 것으로 보므로, C는 태아인 상태에서 B와 공동상속인이 된다. 다만 C가 사산한 경우에는 甲의 사망시점에 '소급'하여 권리능력을 잃는다.

☞ 결국 태아 C가 살아서 출생하였다면 B와 C가 甲의 공동상속인이 된다(제1003조 1항).

② [○] ※ 위자료청구권의 상속 여부(적극)

判例는 "정신적 손해에 대한 배상(위자료)청구권은 피해자가 이를 포기하거나 면제했다고 볼 수 있는 특별한 사정이 없는 한 생전에 청구의 의사를 표시할 필요없이 원칙적으로 상속되는 것이라고 해석함이 상당하다"(대판 1966.10.18, 66다1335)고 하여 상속을 긍정한다.

③ [○] ※ 태아 C의 정신적 손해배상청구 가부(적극)

제752조(생명침해로 인한 위자료) 타인의 생명을 해한 자는 피해자의 직계존속, 직계비속 및 배우자에 대하여는 재산상의 손해없는 경우에도 손해배상의 책임이 있다.

ⅰ) 피해자 甲의 직계존속인 A와 배우자 B는 정신적 고통을 입증하지 않고도 제752조에 의하여 당연히 위자료를 乙에게 청구할 수 있다. ⅱ) 태아 C의 경우 태아인 동안에도 태아에게 정신적 고통이 있다고 인정될 수 있는가와 관련하여 判例는 "태아가 피해 당시 정신상 고통에 대한 감수성을 갖추고 있지 않다 하더라도 장래 감수할 것임을 현재 합리적으로 기대할 수 있는 경우에 있어서는 즉시 그 청구를 할 수 있다"(대판 1962.3.15, 61다903)라고 하여 이를 긍정하고 있다. 따라서 살아서 출생한 C도 乙에게 위자료청구를 할 수 있다(제762조, 제752조).

④ [×] ※ 태아의 권리능력 인정여부 - 손해배상청구, 화해계약 -

태아는 손해배상의 청구에 관하여는 이미 출생한 것으로 본다(제762조). ⅰ) 그러나 태아의 권리능력 취득시기에 관한 判例의 태도인 정지조건설에 의하면 C는 태아인 동안에는 권리능력을 가지지 못하므로 법정대리의 개념이 성립할 여지가 없다. ⅱ) 한편 해제조건설에 의하면 C는 태아인 동안에도 권리능력을 취득하고 C가 취득한 손해배상청구권에 관하여 법정대리인 B가 C를 대리할 수 있는지 문제된다. 그러나 민법은 태아를 위한 법정대리인제도를 두고 있지 않다. 나아가 태아에게 출생자의 법정대리인제도(제911조)를 유추하더라도, 권리관계가 아직 확정된 것은 아니므로, 태아의 법정대리인의 권한은 권리를 보전하기 위하여 필요한 행위에 한정되어야 한다(제118조). 따라서 가령 손해배상청구에서 법정대리인이 합의(화해)를 하는 것 등은 허용되지 않는다.

[정답] ④

문3 다음 설명 중 가장 옳지 않은 것은? (다툼이 있는 경우 판례에 의함) [15서기보]

① 미성년자가 법률행위를 함에 있어서 요구되는 법정대리인의 동의는 언제나 명시적이어야 하는 것은 아니고 묵시적으로도 가능하다.

② 불법행위의 피해자가 미성년자인 경우(성적침해를 당한 경우 제외) 피해자인 미성년자나 그 법정대리인이 손해 및 가해자를 안 날로부터 3년간 불법행위로 인한 손해배상청구권을 행사하지 아니하면 그 손해배상청구권은 시효로 인하여 소멸한다.

③ 친권자의 대리행위가 객관적으로 볼 때 미성년자 본인에게는 경제적인 손실만을 초래하는 반면, 친권자나 제3자에게는 경제적인 이익을 가져오는 행위이고, 그 행위의 상대방이 이러한 사실을 알았거나 알 수 있었을 때에는, 민법 제107조 제1항 단서를 유추 적용하여 그 행위의 효과는 자(子)에게 미치지 않는다고 볼 수 있다.

④ 법정대리인의 동의 없이 신용구매계약을 체결한 미성년자가 사후에 법정대리인의 동의 없음을 사유로 들어 이를 취소하는 것이 신의칙에 위반된 것이라고 할 수 없다.

해설 ① [○] 대판 2007.11.16. 2005다71659

② [×] 불법행위의 피해자가 미성년자로 행위능력이 제한된 자인 경우에는 그 '법정대리인'이 손해 및 가해자를 알아야 소멸시효가 진행한다(대판 2010.2.11. 2009다79897).
제766조(손해배상청구권의 소멸시효) ①항 불법행위로 인한 손해배상의 청구권은 피해자나 그 법정대리인이 그 손해 및 가해자를 안 날로부터 3년간 이를 행사하지 아니하면 시효로 인하여 소멸한다. ②항 불법행위를 한 날로부터 10년을 경과한 때에도 전항과 같다. ③항 미성년자가 성폭력, 성추행, 성희롱, 그 밖의 성적(性的) 침해를 당한 경우에 이로 인한 손해배상청구권의 소멸시효는 그가 성년이 될 때까지는 진행되지 아니한다. [신설 2020.10.20]

③ [○] 친권자의 친권행사도 일종의 법정대리권의 행사인 이상 대리권 남용이론이 동일하게 적용되어야 하며, 단지 친권의 상실제도(제924조 이하)가 있다는 특수성이 있을 뿐이다. 최근에 대법원도 "법정대리인인 친권자의 대리행위가 객관적으로 볼 때 미성년자 본인에게는 경제적인 손실만을 초래하는 반면, 친권자나 제3자에게는 경제적인 이익을 가져오는 행위이고, 그 행위의 상대방이 이러한 사실을 알았거나 알 수 있었을 때에는, 제107조 제1항 단서의 규정을 유추적용하여 그 행위의 효과는 자(子)에게는 미치지 않는다고 해석함이 상당하다"(대판 2011.12.22, 2011다64669)고 하여, 친권의 남용에도 임의대리권의 남용에 관한 논의를 적용할 수 있음을 분명히 하였다.

④ [○] "미성년자의 법률행위에 법정대리인의 동의를 요하도록 하는 것은 강행규정이므로 법정대리인의 동의 없이 신용구매계약을 체결한 미성년자가 나중에 법정대리인의 동의 없음을 이유로 취소하는 것은 금반언에 반하지 않으므로 허용된다"(제5조 2항)(대판 2007.11.16, 2005다71659,71666,71673). 다만 제17조의 속임수를 쓴 경우는 취소권이 배제된다.

[정답] ②

문4 미성년자에 관한 다음 설명 중 가장 옳지 않은 것은? (다툼이 있는 경우 판례에 의함) [13서기보]

① 미성년자가 유효한 법률행위를 하려면 원칙적으로 법정대리인의 동의를 얻어야 하며, 법정대리인의 동의를 얻지 않은 미성년자의 법률행위는 법정대리인만이 취소할 수 있다.

② 법정대리인이 범위를 정하여 처분을 허락한 재산은 미성년자가 임의로 처분할 수 있으나, 미성년자가 아직 법률행위를 하기 전이라면 법정대리인은 위 허락을 취소할 수 있다.

③ 미성년자는 법정대리인으로부터 허락을 얻은 특정한 영업에 관하여는 성년자와 동일한 행위능력이 있으나, 법정대리인은 위 허락을 취소 또는 제한할 수 있다.

④ 미성년자의 법률행위에 관하여 법정대리인의 묵시적 동의가 인정되는 경우라면, 미성년자는 행위무능력을 이유로 그 법률행위를 취소할 수 없다.

해설 ① [X] **제5조(미성년자의 능력)** ①항 미성년자가 법률행위를 함에는 법정대리인의 동의를 얻어야 한다. 그러나 권리만을 얻거나 의무만을 면하는 행위는 그러하지 아니하다. ② 전항의 규정에 위반한 행위는 취소할 수 있다.
제140조(법률행위의 취소권자) 취소할 수 있는 법률행위는 제한능력자, 착오로 인하거나 사기·강박에 의하여 의사표시를 한 자, 그의 대리인 또는 승계인만이 취소할 수 있다.

② [○] 제6조, 제7조

③ [○] 제8조

④ [○] 대판 2007.11.16. 2005다71659참고

[정답] ①

문5 甲은 2002. 2. 1.생으로 이 사건 당시 만 18세의 미성년자였다. 甲은 법정대리인 A의 동의없이 L신용카드회사와 신용카드 이용계약을 체결하여 신용카드를 발급받았다. 甲은 乙이 운영하는 노트북 대리점에서 10만 원 상당의 외장하드를 3개월 할부로 구입하면서, 이를 위 신용카드로 결제하였다. 한편 甲은 당시 아르바이트 등을 통해 월 60만 원 이상의 소득을 얻고 있었다. 이후 甲은 A의 동의가 없었음을 이유로 L사와의 위 신용카드 이용계약과 乙과의 위 신용구매계약을 각각 취소하였다. 다음 중 옳지 않은 것을 모두 고른 것은? (다툼이 있는 경우 판례에 의하고, 전원합의체 판결의 경우 다수의견에 의함) [20서기보]

ㄱ. 甲이 ㄴ사와의 신용카드 이용계약의 취소를 구하는 것은 신의칙에 반하므로 인정될 수 없다.
ㄴ. 甲과 乙과의 신용구매계약은 A의 묵시적 처분허락을 받은 재산범위 내의 처분이므로 취소할 수 없다.
ㄷ. 만일 甲과 ㄴ사와의 신용카드 이용계약이 취소되었음에도 ㄴ사가 乙에게 甲의 신용카드 이용대금을 지급한 경우, ㄴ사는 여전히 甲에게 신용카드 이용계약에 따라 신용카드 이용대금을 청구할 수 있다.
ㄹ. 만일 甲과 ㄴ사와의 신용카드 이용계약이 취소되었음에도 ㄴ사가 乙에게 甲의 신용카드 이용대금을 지급한 경우, ㄴ사는 甲에게 부당이득의 반환을 구할 수 있다.
ㅁ. 위 ㄹ.의 경우, 甲이 반환하여야 할 이익은 乙로부터 구입한 재화, 즉 외장하드이다.

① ㄱ, ㄷ, ㅁ   ② ㄴ, ㄹ
③ ㄷ, ㅁ   ④ ㄱ, ㄴ, ㄷ, ㅁ

해설 ㄱ. [×] "미성년자의 법률행위에 법정대리인의 동의를 요하도록 하는 것은 강행규정이므로 법정대리인의 동의 없이 신용구매계약을 체결한 미성년자가 나중에 법정대리인의 동의 없음을 이유로 취소하는 것은 금반언에 반하지 않으므로 허용된다"(제5조 2항)(대판 2007.11.16, 2005다71659,71666,71673). 다만 제17조의 속임수를 쓴 경우는 취소권이 배제된다.

ㄴ. [○] 만 18세가 넘은 미성년자가 월 소득범위 내에서 신용구매계약을 체결한 사안에서, "스스로 얻고 있던 소득에 대하여는 법정대리인의 묵시적 처분허락이 있었다고 보아 위 신용구매계약은 제6조의 처분허락을 받은 재산범위 내의 처분행위에 해당한다"(대판 2007.11.16. 2005다71659,71666,71673).

ㄷ. [×] 신용카드 이용계약이 취소되었으므로 신용카드 계약은 소급하여 무효로 되었으므로(제141조 본문) 신용카드 이용대금을 청구할 수 없다.

ㄹ. [○] ㅁ. [×] "미성년자가 신용카드발행인과 사이에 신용카드 이용계약을 체결하여 신용카드거래를 하다가 신용카드 이용계약을 취소하는 경우 미성년자는 그 행위로 인하여 받은 이익이 현존하는 한도에서 상환할 책임이 있는바, 신용카드 이용계약이 취소됨에도 불구하고 신용카드회원과 해당 가맹점 사이에 체결된 개별적인 매매계약은 특별한 사정이 없는 한 신용카드 이용계약취소와 무관하게 유효하게 존속한다 할 것이고, 신용카드발행인의 가맹점에 대한 신용카드이용대금의 지급으로써 신용카드회원은 자신의 가맹점에 대한 매매대금 지급채무를 법률상 원인 없이 면제받는 이익을 얻었으며, 이러한 이익은 금전상의 이득으로서 특별한 사정이 없는 한 현존하는 것으로 추정된다"(대판 2005.4.15, 2003다60297,60303,60310,60327).

☞ 즉, 判例는 신용카드이용계약이 제한능력을 이유로 취소되는 경우, 제한능력자가 반환하여야 할 부당이득반환의 대상은 신용카드가맹점과의 거래계약을 통하여 취득한 물품이 아니라 신용카드사가 가맹점에 대신 지급함으로써 '면제받은 물품대금채무 상당액' 이라는 입장이다.

[정답] ①

문6 미성년자에 관련된 설명 중 옳지 않은 것을 모두 고른 것은?

[기출변형]

> ㄱ. 법정대리인이 재산의 범위를 정하여 미성년자에게 처분을 허락하였다면, 법정대리인은 그 재산의 처분에 관하여 스스로 유효한 대리행위를 할 수 없다.
> ㄴ. 법정대리인이 미성년자에게 영업의 종류를 특정하여 영업을 허락하였다면, 법정대리인은 허락한 영업과 관련된 행위를 스스로 대리할 수 없다.
> ㄷ. 피후견인의 신상과 재산에 관한 모든 사정을 고려하여, 성년후견인과 마찬가지로 미성년후견인도 여러 명 둘 수 있다.
> ㄹ. 후견인과 피후견인 미성년자 사이에 이해상반되는 행위를 하는 경우, 후견감독인이 선임된 때에도 후견인은 특별대리인의 선임을 청구하여야 한다.
> ㅁ. 제한능력자가 속임수로써 법정대리인의 동의가 있는 것으로 믿게 하여 법률행위를 한 경우, 그 행위를 취소할 수 없다.

① ㄱ, ㄴ, ㄷ

② ㄱ, ㄷ, ㅁ

③ ㄱ, ㄹ, ㅁ

④ ㄱ, ㄷ, ㄹ, ㅁ

[해설] ㄱ. [✕] 법정대리인이 범위를 정하여 처분을 허락한 재산은 미성년자가 임의로 처분할 수 있다(제6조). 법정대리인의 허락이 있다고 하여 미성년자가 성년자로 되는 것은 아니므로, 법정대리인 스스로 대리행위를 할 수 있다.

ㄴ. [○] 미성년자가 법정대리인으로부터 허락을 얻은 특정한 영업에 관하여 성년자와 동일한 행위능력이 있다(제8조 1항). 따라서 당해 영업과 관련하여서는 법정대리인의 대리권도 소멸한다.

ㄷ. [✕] 미성년자에게 친권자가 없거나, 친권자가 법률행위의 대리권과 재산관리권을 행사할 수 없는 경우에는 미성년후견인을 두어야 한다(제928조). 미성년후견인의 수는 한 명으로 하고(제930조 1항), 피후견인의 법정대리인이 된다(제938조 1항).

ㄹ. [✕] 미성년자에게 친권자가 없어 후견인이 선임된 경우에도 제921조(이해상반행위)는 준용된다. 다만 후견감독인이 선임된 경우에는, 그가 피후견인(미성년자)을 대리하여 특별대리인의 역할을 수행할 것이므로 특별대리인을 따로 선임할 필요는 없다(제940조의6 3항, 제949조의3).

ㅁ. [✕] **제17조(제한능력자의 속임수)** 「① 제한능력자가 속임수로써 자기를 능력자로 믿게 한 경우에는 그 행위를 취소할 수 없다. ② 미성년자나 피한정후견인이 속임수로써 법정대리인의 동의가 있는 것으로 믿게 한 경우에도 제1항과 같다.」

☞ 따라서 피성년후견인의 법률행위는 원칙적으로 취소할 수 있으므로(제10조 1항), 그가 속임수로써 법정대리인의 동의가 있는 것으로 믿게 하더라도 제17조 2항은 적용되지 않는다. 그러나 피성년후견인이 속임수로써 능력자로 믿게 한 때에는 제17조 1항이 적용된다.

[정답] ④

문7 미성년자에 관한 설명 중 옳지 않은 것은? (지문은 독립적이며, 다툼이 있는 경우 판례에 의함)

[기출변형]

① 미성년자 甲이 법정대리인 乙의 동의 없이 신용카드회사 丙과 신용카드 이용계약을 체결하고 그 카드를 이용하여 丁으로부터 구입한 물품의 대금을 丙이 지급한 이후에 甲이 丙과의 신용카드 이용계약을 취소하더라도 이는 신의칙에 위배되지 않으며, 이 경우 甲이 丁과의 매매계약을 취소하지 않고 위 물품을 모두 소비하였다면 더 이상 현존이익이 존재하지 않으므로 甲은 丙에게 부당이득반환의무를 부담하지 않는다.

② 미성년자 甲 소유의 부동산에 관해 증여를 원인으로 하여 甲의 친권자 乙 명의의 소유권이전등기가 경료된 경우에는, 이를 위해 필요한 특별대리인 선임이 있었던 것으로 추정된다.

③ 공동상속인인 친권자가 다른 공동상속인 수인의 미성년자의 법정대리인인 경우, 그 친권자의 대리행위에 의하여 성립된 상속재산분할협의는 공동상속인 수인의 미성년자 전원에 의한 적법한 추인이 없는 한 무효이다.

④ 미성년자 甲이 불법행위의 피해자인 경우에는 다른 특별한 사정이 없는 한 甲의 법정대리인 乙이 甲의 손해 및 그에 대한 가해자를 알아야 甲의 손해배상청구권의 소멸시효가 진행한다.

해설 ① [✕] ※ 신용카드이용계약 및 신용구매계약에 있어 미성년자의 법률행위
判例는 "미성년자의 법률행위에 법정대리인의 동의를 요하도록 하는 것은 강행규정이므로 법정대리인의 동의 없이 신용구매계약을 체결한 미성년자가 나중에 법정대리인의 동의 없음을 이유로 취소하는 것은 금반언에 반하지 않으므로 허용된다"(제5조 2항)(대판 2007.11.16, 2005다71659)고 한다. 다만 제17조의 속임수를 쓴 경우는 취소권이 배제된다.
☞ 따라서 사안에서 甲이 丙과의 신용카드 이용계약을 취소하더라도 이는 신의칙(금반언)에 위배되지 않는다.
判例는 신용카드이용계약이 제한능력을 이유로 취소되는 경우, 제한능력자가 반환하여야 할 부당이득반환의 대상은 신용카드가맹점과의 거래계약을 통하여 취득한 물품이 아니라 신용카드사가 가맹점에 대신 지급함으로써 '면제받은 물품대금채무 상당액'이고, 그와 같은 이익은 금전상의 이익으로 다른 특별한 사정이 없는 한 현존하고 있는 것으로 추정된다고 한다(대판 2005.4.15, 2003다60297 등).
☞ 따라서 사안에서 甲이 丁과의 매매계약을 취소하지 않고 위 물품을 모두 소비하였더라도, 甲은 丙에게 丙이 丁에게 지급한 물품의 대금을 부당이득으로 반환해야 한다.

② [○] ※ 등기의 추정력 - 절차의 적법추정
"전 등기명의인이 미성년자이고 당해 부동산을 친권자에게 증여하는 행위가 이해상반행위라면, 일단 친권자에게 이전등기가 마쳐졌더라도 그 이전등기에 관하여 필요한 절차를 적법하게 거친 것으로 추정된다"(대판 2002.2.5. 2001다72029)

③ [○] ※ 친권자와 그 자간 또는 수인의 자간의 이해상반행위

判例는 "제921조 1항의 이해상반행위란 행위의 객관적 성질상 친권자와 子 사이에 이해의 대립이 생길 우려가 있는 행위를 가리키는 것으로서 친권자의 의도나 그 행위의 결과로 실질적 이해의 대립이 생겼는가의 여부는 묻지 아니하는 것이라"(대판 1991.11.26, 91다32466)고 하여 형식적 판단설의 입장인바, "공동상속재산분할협의는 그 행위의 객관적 성질상 상속인 상호간에 이해의 대립이 생길 우려가 있는 행위라고 할 것이므로 공동상속인 친권자와 미성년인 수인의 자 사이에 상속재산분할협의를 하게 되는 경우에는 미성년자 각자마다 특별대리인을 선임하여 그 각 특별대리인이 각 미성년자인 자를 대리하여 상속재산분할의 협의를 하여야 하고 만약 친권자가 수인의 미성년자의 법정대리인으로서 상속재산분할협의를 한 것이라면 이는 민법 제921조에 위반된 것으로서 이러한 대리행위에 의하여 성립된 상속재산분할협의는 피대리자 전원에 의한 추인이 없는 한 무효"(대판 1993.4.13. 92다54524)라고 판시하고 있다.

④ [○] ※ 불법행위로 인한 손해배상청구권의 기산점

"민법 제766조 제1항은 '불법행위로 인한 손해배상의 청구권은 피해자나 그 법정대리인이 그 손해 및 가해자를 안 날로부터 3년간 이를 행사하지 아니하면 시효로 인하여 소멸한다'고 규정하고 있는바, 여기서 불법행위의 피해자가 미성년자로 행위능력이 제한된 자인 경우에는 다른 특별한 사정이 없는 한 그 법정대리인이 손해 및 가해자를 알아야 위 조항의 소멸시효가 진행한다고 할 것이다"(대판 2010.2.11. 2009다79897).

[정답] ①

문8 미성년자에 관한 설명 중 옳은 것을 모두 고른 것은? (다툼이 있는 경우 판례에 의함) [기출변형]

> ㄱ. 미성년자가 법률행위를 할 때 단순히 자신이 성년자라고 말하였을 뿐 그 이상의 적극적인 속임수를 사용하지 않은 경우 법정대리인은 위 법률행위를 취소할 수 없다.
>
> ㄴ. 미성년자가 법정대리인으로부터 허락을 얻은 특정한 영업에 관해서는 법정대리인의 대리권이 소멸하고, 법정대리인은 그가 한 허락을 취소할 수 없다.
>
> ㄷ. 미성년자의 친권자인 모(母)가 자기 오빠의 제3자에 대한 채무의 담보로 미성년자 소유의 부동산에 근저당권을 설정하는 행위는 특별대리인 선임을 필요로 하는 이해상반행위에 해당하지 않는다.
>
> ㄹ. 공동상속인 친권자와 미성년인 수인의 자(子) 사이에 상속재산 분할협의를 하게 되는 경우에는 미성년자 각자마다 특별대리인을 선임하여 그 각 특별대리인이 각 미성년자인 자(子)를 대리하여 상속재산분할의 협의를 해야 한다.

① ㄱ, ㄹ   ② ㄴ, ㄷ

③ ㄷ, ㄹ   ④ ㄱ, ㄴ, ㄹ

해설 ㄱ. [✗] 제한능력자가 속임수로써 자기를 능력자로 믿게 한 경우에는 그 행위를 취소할 수 없다 (제17조 1항). 判例는 속임수의 의미에 대해 '성년자로 군대에 갔다 왔다'고 말하거나, '자기가 사장이라고 말한 것'만 가지고는 속임수(개정 전 민법은 '사술'이라는 표현을 쓰고 있었다)라고 할 수 없고(대판 1955.3.31. 4287민상77 ; 대판 1971.12.14, 71다2045), 생년월일을 허위로 기재한 인감 증명을 제시하는 등의 '적극적인 사기수단'을 써야 속임수에 해당한다고 판시하여 **협의설**(적극설) 의 입장을 취하고 있다(대판 1971.6.22, 71다940).

☞ 지문의 경우 단순히 미성년자 자신이 성년자라고 말하였을 뿐이므로 속임수를 사용하지 않은 것이어서 법정대리인은 위 법률행위를 취소할 수 있다.

ㄴ. [✗] 미성년자가 법정대리인으로부터 허락을 얻은 특정한 영업에 관하여는 성년자와 동일한 행위능력이 있다(제8조 1항). 따라서 당해 영업과 관련하여서는 법정대리인의 대리권도 소멸한다. 그러나 법정대리인은 필요하면 제한능력자를 보호하기 위해 영업의 허락을 취소 또는 제한할 수 있다(제8조 2항 본문). 다만, 선의의 제3자에게는 대항하지 못할 뿐이다(제8조 2항 단서).

ㄷ. [○] 친권자와 그 子 사이에 이해가 상반되는 경우에, 친권자는 법원에 그 子 또는 수인의 子 각자의 특별대리인의 선임을 청구하여야 한다(제921조 1항). 여기서 '이해상반행위'란 친권자에게는 이익이 되고 子에게는 불이익이 되는 경우를 말한다.

判例는 "제921조 1항의 이해상반행위란 행위의 객관적 성질상 친권자와 子 사이에 이해의 대립이 생길 우려가 있는 행위를 가리키는 것으로서 친권자의 의도나 그 행위의 결과로 실질적 이해의 대립이 생겼는가의 여부는 묻지 아니하는 것이라"(대판 1991.11.26, 91다32466)고 하여 형식적 판단설을 취하고 있다.

구체적으로 判例는 母가 자기 오빠의 채무를 담보하기 위하여 자신 및 미성년의 子가 공유하는 부동산에 대해 근저당권을 설정해 준 경우(대판 1991.11.26, 91다32466)는 이해상반행위에 해당하지 않는다고 한다.

ㄹ. [○] "ⅰ) 상속재산에 대하여 소유의 범위를 정하는 내용의 공동상속재산 분할협의는 그 행위의 객관적 성질상 상속인 상호간 이해의 대립이 생길 우려가 없다고 볼만한 특별한 사정이 없는 한 민법 제921조의 이해 상반되는 행위에 해당한다. 그리고 피상속인의 사망으로 인하여 1차 상속이 개시되고 그 1차 상속인 중 1인이 다시 사망하여 2차 상속이 개시된 후 1차 상속의 상속인들과 2차 상속의 상속인들이 1차 상속의 상속재산에 관하여 분할협의를 하는 경우에 2차 상속인 중에 수인의 미성년자가 있다면 이들 미성년자 각자마다 특별대리인을 선임하여 각 특별대리인이 각 미성년자를 대리하여 상속재산 분할협의를 하여야 하고, 만약 2차 상속의 공동상속인 친권자가 수인의 미성년자 법정대리인으로서 상속재산 분할협의를 한다면 이는 민법 제921조에 위배되는 것이며, ⅱ) 이러한 대리행위에 의하여 성립된 상속재산 분할협의는 피대리자 전원에 의한 추인이 없는 한 전체가 무효이다"(대판 2011.3.10, 2007다17482).

법정대리인인 친권자와 그 자 사이에 이해 상반되는 행위를 하는 경우뿐만 아니라(제921조 1항), 법정대리인인 친권자가 그 친권에 따르는 수인의 자 사이에 이해 상반되는 행위를 함에도 법원에 그 자 일방의 특별대리인의 선임을 청구하여야 한다(제921조 2항).

[정답] ③

문9 친권자와 자(子) 사이 또는 친권에 따르는 수인의 자(子) 사이의 이해상반행위에 관한 설명 중 옳은 것(○)과 옳지 않은 것(×)을 올바르게 조합한 것은? (다툼이 있는 경우 판례에 의함)

[기출변형]

> ㄱ. 이해상반행위란 행위의 객관적 성질상 친권자와 그 자(子) 사이 또는 친권에 복종하는 수인의 자(子) 사이에 이해의 대립이 생길 우려가 있는 행위를 가리키는 것으로, 친권자의 의도나 그 행위의 결과 실제로 이해의 대립이 생겼는지의 여부는 묻지 않는다.
> ㄴ. 친권자인 모가 자신이 대표이사로 있는 주식회사의 채무 담보를 위하여 자신과 미성년인 자(子)의 공유재산에 대하여 자(子)의 법정대리인 겸 본인의 자격으로 근저당권을 설정한 행위는, 친권자와 그 자(子) 사이에 이해의 대립이 생길 우려가 있는 이해상반행위에 해당한다.
> ㄷ. 법원은 특별대리인 선임 심판 시에 특별대리인에게 미성년자가 하여야 할 법률행위를 무엇이든지 처리할 수 있도록 포괄적으로 권한을 수여하는 심판을 할 수는 없다.

① ㄱ(○), ㄴ(×), ㄷ(○)
② ㄱ(○), ㄴ(×), ㄷ(×)
③ ㄱ(×), ㄴ(○), ㄷ(○)
④ ㄱ(×), ㄴ(○), ㄷ(×)

해설 ※ 이해상반행위의 의의 및 판단 방법

ㄱ. [○] 이해상반행위란 친권자와 그 자(子) 사이 또는 친권에 복종하는 수인의 자(子) 사이에 이해의 대립이 생길 우려가 있는 행위를 가리키는 것으로(민법 제921조), 이해상반여부의 판단에 관하여 ⅰ) 이해상반행위는 오직 그 행위 자체에 대한 외형적 법률효과로만 판단해야 하고, 당해 행위를 하게 된 친권자의 의도나 실질적·경제적 효과는 고려할 것이 아니라는 형식적 판단설(다수설), ⅱ) 이해상반행위는 행위의 형식뿐 아니라 당해 행위에 이르게 된 친권자의 동기, 경제적 효과까지 고려하여 실질적으로 판단하여야 한다는 실질적 판단설의 대립이 있으나, 判例는 "제921조 1항의 이해상반행위란 행위의 객관적 성질상 친권자와 子 사이에 이해의 대립이 생길 우려가 있는 행위를 가리키는 것으로서 친권자의 의도나 그 행위의 결과로 실질적 이해의 대립이 생겼는가의 여부는 묻지 아니하는 것이라"(대판 1991.11.26, 91다32466)고 하여 형식적 판단설의 입장이다.

ㄴ. [×] 判例는 형식적 판단설의 입장에서, 미성년자에게 불이익하더라도 '형식적'으로 친권자가 아닌 제3자(또는 성년의 子)에게 이익이 되는 다음과 같은 경우는 이해상반행위가 아니라고 한다. 즉, ⅰ) 母 乙이 자기 오빠의 A에 대한 채무를 담보하기 위하여 자신 및 미성년의 子 甲이 공유하는 부동산을 A의 채권자 丙 앞으로 각각 근저당권을 설정해 준 경우(대판 1991.11.26, 91다32466), ⅱ) 친권자인 母가 자신이 대표이사 겸 대주주로 있는 주식회사의 채무 보증을 위하여 자신과 미성년인 子의 공유재산을 담보로 제공한 행위(대판 1996.11.22. 96다10270)등의 경우, 이해상반행위에 해당하지 않는다고 한다.

ㄷ. [○] ※ **특별대리인의 선임**

"민법 제921조의 특별대리인 제도는 친권자와 그 친권에 복종하는 자 사이 또는 친권에 복종하는 자들 사이에 서로 이해가 충돌하는 경우에는 친권자에게 친권의 공정한 행사를 기대하기 어려우므로 친권자의 대리권 및 동의권을 제한하여 법원이 선임한 특별대리인으로 하여금 이들 권리를 행사하게 함으로써 친권의 남용을 방지하고 미성년인 자의 이익을 보호하려는 데 그 취지가 있으므로, **특별대리인은 이해가 상반되는 특정의 법률행위에 관하여 개별적으로 선임되어야 한다.** 따라서 특별대리인선임신청서에는 선임되는 특별대리인이 처리할 법률행위를 특정하여 적시하여야 하고 법원도 그 선임 심판시에 특별대리인이 처리할 법률행위를 특정하여 이를 심판의 주문에 표시하는 것이 원칙이며, 특별대리인에게 미성년자가 하여야 할 법률행위를 무엇이든지 처리할 수 있도록 **포괄적으로 권한을 수여하는 심판을 할 수는 없다**"(대판 1996.4.9. 96다1139).

[정답] ①

문 10 제한능력자에 관한 설명 중 옳지 않은 것은? (지문은 독립적이며, 다툼이 있는 경우 판례에 의함)

[기출변형]

① 18세인 미성년자 甲이 법정대리인인 친권자의 동의 없이 乙과 매매계약을 체결하고 2년 후, 乙은 성년자가 된 甲에 대하여 2개월의 기간을 정하여 추인여부의 확답을 최고하였다. 甲이 2개월 이내에 확답을 발하지 않은 경우, 甲은 매매계약을 취소할 수 없다.

② 특정후견의 심판이 있으면 피특정후견인의 행위능력은 제한된다.

③ 피성년후견인의 법률행위는 성년후견인의 동의가 있더라도 원칙적으로 언제나 취소할 수 있다. 따라서 성년후견인은 피성년후견인의 법률행위에 대한 동의권을 가지지 않고, 대리권과 취소권을 가질 뿐이다.

④ 피한정후견인이 한정후견인의 동의를 필요로 하는 법률행위를 단독으로 행한 후에 한정후견종료의 심판이 내려진 경우, 그 심판의 확정 이전에 본인이 행한 행위는 취소할 수 있다.

[해 설] ① [○] **제15조(제한능력자의 상대방의 확답을 촉구할 권리)** ①항 제한능력자의 상대방은 제한능력자가 능력자가 된 후에 그에게 1개월 이상의 기간을 정하여 그 취소할 수 있는 행위를 추인할 것인지 여부의 확답을 촉구할 수 있다. 능력자로 된 사람이 그 기간 내에 확답을 발송하지 아니하면 그 행위를 추인한 것으로 본다.

☞ 따라서 유동적 유효가 확정적 유효로 되었기에 甲은 더 이상 매매계약을 취소할 수가 없다.

② [×] 특정후견의 심판이 있어도 피특정후견인의 행위능력은 제한되지 않는다. 그리고 특정한 법률행위를 위하여 특정후견인이 선임되고 그 범위에서 법정대리권이 부여된 경우(제959조의11 1항)에도 그 법률행위에 관하여 피특정후견인의 행위능력은 제한되지 않는다. 따라서 그러한 행위를 특정후견인의 동의 없이 직접할 수도 있다.

③ [○] 피성년후견인의 법률행위는 원칙적으로 언제나 취소할 수 있다(제10조 1항). 성년후견인의 동의가 있더라도 피성년후견인과 성년후견인은 취소할 수 있다(제141조). 즉, 피성년후견인의 법률행위는 원칙적으로 언제나 취소할 수 있으므로 성년후견인은 피성년후견인의 법률행위에 대한 동의권을 가지지 않고, 대리권과 취소권을 가질 뿐이다.

④ [○] 한정후견개시의 원인이 소멸된 경우에는 가정법원은 본인, 배우자, 4촌 이내의 친족, 한정후견인, 한정후견감독인, 검사 또는 지방자치단체의 장의 청구에 의하여 한정후견종료의 심판을 한다(제14조). 한정후견종료의 심판도 장래에 향하여 효력을 가진다.
따라서 피한정후견인이 한정후견인의 동의를 필요로 하는 법률행위를 단독으로 행한 후에 한정후견종료의 심판이 내려진 경우, 그 심판의 확정 이전에 본인이 행한 행위는 취소할 수 있다.

[정답] ②

문1 법인과 비법인 사단에 관한 다음 설명 중 가장 옳은 것은? (다툼이 있는 경우 판례에 의하고, 전원합의체 판결의 경우 다수의견에 의함) [20서기보]

① 대표이사가 대표권의 범위 내에서 한 행위라도 회사의 영리목적과 관계없이 자기 또는 제3자의 이익을 도모할 목적으로 그 권한을 남용한 것이라면 원칙적으로 회사에 대하여 무효이다.

② 민법 제35조 제1항은 "법인은 이사 기타 대표자가 그 직무에 관하여 타인에게 가한 손해를 배상할 책임이 있다"라고 규정하고 있는데, 여기서 '법인의 대표자'란 당해 법인을 실질적으로 운영하면서 법인을 사실상 대표하였는지를 불문하고, 대표자로 등기되어 법인의 사무를 집행하는 사람에 한정된다.

③ 법인 아닌 사단은 사단의 실질은 가지고 있으나 아직 권리능력을 취득하지 못한 것이므로, 법인 아닌 사단의 사원은 집합체로서 재산을 소유할 수 없고, 법인 아닌 사단은 대표자가 있더라도 그 사단의 이름으로 소송의 당사자가 될 수 없다.

④ 공동선조의 후손 중 일부에 의하여 인위적인 조직행위를 거쳐 성립된 종중 유사단체는 사적 임의단체라는 점에서 자연발생적인 종족집단인 고유한 의미의 종중과 그 성질을 달리하므로, 종중 유사단체의 규약에서 공동선조의 후손 중 남성만으로 그 구성원을 한정하고 있다 하더라도 특별한 사정이 없는 한 그 규약이 양성평등 원칙을 정한헌법 제11조 및 민법 제103조를 위반하여 무효라고 볼 수는 없다.

해설 ① [X] "대표이사의 대표권한 범위를 벗어난 행위라 하더라도 그것이 회사의 권리능력의 범위 내에 속한 행위이기만 하면 대표권의 제한을 알지 못하는 제3자가 그 행위를 회사의 대표행위라고 믿은 신뢰는 보호되어야 하고, 대표이사가 대표권의 범위 내에서 한 행위는 설사 대표이사가 회사의 영리목적과 관계없이 자기 또는 제3자의 이익을 도모할 목적으로 그 권한을 남용한 것이라 할지라도 일단 회사의 행위로서 유효하고, 다만 그 행위의 상대방이 대표이사의 진의를 알았거나 알 수 있었을 때에는 회사에 대하여 무효가 되는 것이며, 이는 민법상 법인의 대표자가 대표권한을 남용한 경우에도 마찬가지이다"(대판 2004.3.26. 2003다34045).

② [X] 민법 제35조 제1항은 "법인은 이사 기타 대표자가 그 직무에 관하여 타인에게 가한 손해를 배상할 책임이 있다"라고 정한다. 여기서 '법인의 대표자'에는 그 명칭이나 직위 여하, 또는 대표자로 등기되었는지 여부를 불문하고 당해 법인을 실질적으로 운영하면서 법인을 사실상 대표하여 법인의 사무를 집행하는 사람을 포함한다고 해석함이 상당하다(대판 2011.4.28. 2008다15438).

③ [X] 권리능력 없는 사단의 사원은 집합체로서 재산을 '총유'하며(민법 제275조), 권리능력 없는 사단도 그 대표자가 있으면 소송상의 당사자능력을 가진다(민사소송법 제52조).

④ [○] 대판 2011.2.24, 2009다17783

[비교판례] "종원의 자격을 성년 남자로만 제한하는 종래 관습은 "사회 구성원들이 가지고 있던 법적 확신은 상당 부분 흔들리거나 약화되어 있고, 무엇보다도 헌법상 남녀평등의 원칙(헌법 제11조 1항, 제36조 1항)을 최상위 규범으로 하는 변화된 우리의 전체 법질서에 부합하지 아니하여 정당성과 합리성이 있다고 할 수 없어 더 이상 법적 효력을 가질 수 없게 되었다"(대판 2005.7.21, 전합2002다1178)

[정답] ④

문2 권리능력 없는 사단과 재단에 관한 다음 설명 중 가장 옳은 것은? (다툼이 있는 경우 판례에 의하고, 전원합의체 판결의 경우 다수의견에 의함)　　　[19서기보]

① 이사가 결원인 경우 임시이사 선임에 관한 민법 제63조는 법인의 조직에 관한 것으로 법인격을 전제로 하는 조항이므로 법인 아닌 사단이나 재단의 경우에는 적용될 수 없다.

② 비법인사단이 타인 간의 금전채무를 보증하는 행위는 총유물 그 자체의 관리·처분이 따르지 아니하는 단순한 채무부담행위에 불과하여 이를 총유물의 관리·처분행위라고 볼 수 없다.

③ 종중 총회의 소집통지는 종중의 규약이나 관례가 없는 한 통지 가능한 모든 종원에게 소집통지를 적당한 방법으로 통지를 함으로써 각자가 회의의 토의와 의결에 참여할 수 있는 기회를 주어야 하고, 일부 종원에게 이러한 소집통지를 결여한 채 개최된 종중 총회의 결의는 그 효력이 없으나, 그 결의가 통지 가능한 종원 중 과반수의 찬성을 얻은 것이라고 한다면 효력이 있다.

④ 비법인사단인 교회의 대표자는 총유물인 교회 재산의 처분에 관하여 교인총회의 결의를 거치지 아니하고는 이를 대표하여 행할 권한이 없으나, 거래 안전을 위해 교회 대표자가 권한 없이 행한 교회 재산의 처분행위에 대하여는 민법 제126조의 표현대리에 관한 규정이 준용된다.

[해설] ① [X] "이사의 결원으로 인하여 법인에 발생할 손해를 방지하기 위하여 임시이사를 선임할 수 있도록 한 민법 제63조는 법인의 조직과 활동에 관한 것으로서 법인격을 전제로 하는 조항은 아니므로, 법인 아닌 사단에도 유추 적용될 수 있다"(대판 2009.11.19. 전합2008마699).

② [○] 권리능력 없는 사단의 재산소유는 총유로 하며(제275조 1항), 총유물의 관리 및 처분은 정관 기타 규약에 정한 바가 없으면 사원총회의 결의에 의한다(제275조 2항, 제276조 1항). 이 때 "총유물의 관리 및 처분이라 함은 총유물 그 자체에 관한 이용·개량행위나 법률적·사실적 처분행위를 의미하는 것이므로, 보증계약과 같은 단순한 채무부담행위는 총유물의 관리·처분행위라고 볼 수 없다"(대판 2007.4.19, 전합2004다60072·60089).

③ [×] "종중 총회의 소집통지는 종중의 규약이나 관례가 없는 한 통지 가능한 모든 종원에게 적당한 방법으로 통지를 함으로써 각자가 회의의 토의와 의결에 참여할 수 있는 기회를 주어야 하고 일부 종원에게 이러한 소집통지를 결여한 채 개최된 종중 총회의 결의는 그 효력이 없고, 이는 그 결의가 통지 가능한 종원 중 과반수의 찬성을 얻은 것이라고 하여 달리 볼 것은 아니나, 소집통지를 받지 아니한 종원이 다른 방법에 의하여 이를 알게 된 경우에는 그 종원이 종중 총회에 참석하지 않았다고 하더라도 그 종중 총회의 결의를 무효라고 할 수 없다"(대판 2006.10.27. 2006다23695).

④ [×] "비법인사단인 교회의 대표자는 총유물인 교회 재산의 처분에 관하여 교인총회의 결의를 거치지 아니하고는 이를 대표하여 행할 권한이 없다. 그리고 교회의 대표자가 권한 없이 행한 교회 재산의 처분행위에 대하여는 민법 제126조의 표현대리에 관한 규정이 준용되지 아니한다"(대판 2009.2.12. 2006다23312).
☞ 즉, 判例에 따르면 총회결의를 거치지 않은 총유물의 관리 및 처분행위는 '무효'이고, 이는 처분권한 없이 처분한 경우에 해당하므로 표현대리가 적용될 여지도 없다고 한다.

[정답] ②

문3 법인에 관한 다음 설명 중 가장 옳지 않은 것은? (다툼이 있는 경우 판례에 의하고, 전원합의체 판결의 경우 다수의견에 의함)
[18서기보]

① 법원의 직무집행정지 가처분결정에 의하여 회사를 대표할 권한이 정지된 대표이사가 그 정지기간 중에 체결한 계약은 원칙적으로 무효이나, 그 후 가처분 신청의 취하에 의하여 보전집행이 취소된 경우 집행의 효력은 소급적으로 소멸하므로 대표이사가 앞서 체결한 계약은 유효하게 된다.

② 법인의 정관에 법인대표권의 제한에 관한 규정이 있으나 그와 같은 취지가 등기되어 있지 않다면 법인은 그와 같은 정관의 규정에 대하여 선의냐 악의냐에 관계없이 제3자에 대하여 대항할 수 없다.

③ 민법상 법인의 이사회 결의에 무효사유가 있는 경우에는 이해관계인은 언제든지 또 어떤 방법에 의하든지 그 무효를 주장할 수 있다.

④ 재단법인의 기본재산의 변경은 정관의 변경을 초래하기 때문에 주무관청의 허가를 받아야 하는데, 기존의 기본재산을 처분하는 행위는 물론 새로이 기본재산으로 편입하는 행위도 주무관청의 허가가 있어야 유효하다.

해설 ① [×] "법원의 직무집행정지 가처분결정에 의해 회사를 대표할 권한이 정지된 대표이사가 그 정지기간 중에 체결한 계약은 절대적으로 무효이고, 그 후 가처분신청의 취하에 의하여 보전집행이 취소되었다 하더라도 집행의 효력은 장래를 향하여 소멸할 뿐 소급적으로 소멸하는 것은 아니라 할 것이므로, 가처분신청이 취하되었다 하여 무효인 계약이 유효하게 되지는 않는다"(대판 2008.5.29. 2008다4537)

② [○] 민법은 '이사의 대표권에 대한 제한은 정관에 기재하여야 효력이 있다'(제41조)고 하여 정관의 기재를 효력요건으로 하고 있고, '이사의 대표권제한은 이를 등기하지 않으면 제3자에게 대항하지 못한다'(제49조 2항 9호, 제60조)고 하여 등기를 대항요건으로 하고 있다. 判例는 제60조의 제3자의 범위와 관련하여 "등기가 되어 있지 않는 한, 악의의 제3자에게도 대항할 수 없다"(대판 1992.2.14, 91다24564)고 한다.

③ [○] 대판 2003.4.25. 2000다60197

④ [○] 대판 1982.9.28. 82다카499

[정답] ①

문4 판례에 따를 때 다음 중 총유물의 관리·처분행위에 해당하는 것은?   [13서기보]

① 종중이 그 소유 토지의 매매를 중개한 중개업자에게 중개 수수료를 지급하기로 하는 약정을 체결하는 행위

② 주택건설촉진법에 의하여 설립된 재건축조합이 재건축사업의 시행을 위하여 설계용역계약을 체결하는 행위

③ 비법인사단이 총회의 결의에 따라 총유물에 관한 매매계약을 체결한 경우, 비법인사단의 대표자가 그 매매계약에 따라 발생한 채무에 대하여 소멸시효 중단의 효력이 있는 승인을 하는 행위

④ 종중 소유의 토지에 대한 수용보상금을 분배하는 행위

해설   권리능력 없는 사단의 재산소유는 총유로 하며(제275조 1항), 총유물의 관리 및 처분은 정관 기타 규약에 정한 바가 없으면 사원총회의 결의에 의한다(제275조 2항, 제276조 1항).
"총유물의 관리 및 처분이라 함은 총유물 그 자체에 관한 이용·개량행위나 법률적·사실적 처분행위를 의미하는 것이므로, 단순한 채무부담행위는 총유물의 관리·처분행위라고 볼 수 없다"(대판 2007.4.19, 전합2004다60072·60089).

① [×] "종중이 그 소유의 이 사건 토지의 매매를 중개한 중개업자에게 중개수수료를 지급하기로 하는 약정을 체결하는 것은 총유물 그 자체의 관리·처분이 따르지 아니하는 단순한 채무부담행위에 불과하여 이를 총유물의 관리·처분행위라고 할 수 없다(대판 2012.4.12. 2011다107900)

② [×] "총유물의 관리 및 처분행위라 함은 총유물 그 자체에 관한 법률적·사실적 처분행위와 이용, 개량행위를 말하는 것으로서 재건축조합이 재건축사업의 시행을 위하여 설계용역계약을 체결하는 것은 단순한 채무부담행위에 불과하여 총유물 그 자체에 대한 관리 및 처분행위라고 볼 수 없다"(대판 2003.7.22, 2002다64780).

③ [X] "비법인사단이 총유물에 관한 매매계약을 체결하는 행위는 총유물 그 자체의 처분이 따르는 채무부담행위로서 총유물의 처분행위에 해당하나, 그 매매계약에 의하여 부담하고 있는 채무의 존재를 인식하고 있다는 뜻을 표시하는 데 불과한 소멸시효 중단사유로서의 승인은 총유물 그 자체의 관리·처분이 따르는 행위가 아니어서 총유물의 관리·처분행위라고 볼 수 없다"(대판 2009.11.26, 2009다64383).

④ [○] "비법인사단인 종중의 토지에 대한 수용보상금은 종원의 총유에 속하고, 위 수용보상금의 분배는 총유물의 처분에 해당하므로 정관 기타 규약에 달리 정함이 없는 한 종중총회의 분배결의가 없으면 종원이 종중에 대하여 직접 분배청구를 할 수 없으나, 종중 토지에 대한 수용보상금을 종원에게 분배하기로 결의하였다면, 그 분배대상자라고 주장하는 종원은 종중에 대하여 직접 분배금의 청구를 할 수 있다"(대판 1994.4.26. 93다32446)

[정답] ④

문5 법인 아닌 사단에 관한 설명 중 옳지 않은 것은? (다툼이 있는 경우 판례에 의함) [기출변형]

① 법인 아닌 사단의 사원이 존재하지 않게 된 경우에도 그 법인 아닌 사단은 청산사무가 완료될 때까지 청산의 목적범위 내에서 권리의무의 주체가 된다.

② 법인 아닌 사단의 정관에 특별한 규정이 없는 경우 법인 아닌 사단의 대표자가 타인 간의 금전채무를 보증하기 위해 사원총회 결의를 거칠 필요는 없다.

③ 법인 아닌 사단의 총회 소집권자가 총회 소집을 철회하는 경우 반드시 총회 소집과 동일한 방식으로 통지해야 할 필요는 없고, 총회 구성원들에게 소집 철회의 결정이 있었음이 알려질 수 있는 적절한 조치를 취하는 것으로 충분하다.

④ 법인 아닌 사단의 채권자가 채권자대위권에 기하여 법인 아닌 사단의 총유재산에 대한 권리를 대위행사하는 경우, 사원총회의 결의 등 법인 아닌 사단의 내부적 의사결정 절차를 거쳐야 한다.

해설 ① [○] "법인 아닌 사단에 대하여는 사단법인에 관한 민법규정 가운데서 법인격을 전제로 하는 것을 제외하고는 이를 유추적용하여야 할 것인바, 사단법인에 있어서는 사원이 없게 된다고 하더라도 이는 해산사유가 될 뿐 막바로 권리능력이 소멸하는 것이 아니므로 법인 아닌 사단에 있어서도 구성원이 없게 되었다 하여 막바로 그 사단이 소멸하여 소송상의 당사자능력을 상실하였다고 할 수는 없고 청산사무가 완료되어야 비로소 그 당사자능력이 소멸하는 것이다"(대판 1992.10.9. 92다23087).

② [○] 권리능력 없는 사단의 재산소유는 총유로 하며(제275조 1항), 총유물의 관리 및 처분은 정관 기타 규약에 정한 바가 없으면 사원총회의 결의에 의한다(제275조 2항, 제276조 1항). 이와 관련하여 判例는 "총유물의 관리 및 처분이라 함은 총유물 그 자체에 관한 이용·개량행위나 법률적·사실적 처분행위를 의미하는 것이므로, [보증계약과 같은] 단순한 채무부담행위는 총유물의 관리·처분행위라고 볼 수 없다"고 한다(대판 2007.4.19, 전합2004다60072·60089)

관련판례 判例에 따르면 총회결의를 거치지 않은 총유물의 관리 및 처분행위는 '무효'이고(대판 2001.5.29, 2000다10246), 이는 처분권한 없이 처분한 경우에 해당하므로 표현대리가 적용될 여지도 없다고 한다(대판 2009.2.12, 2006다23312 등). 따라서 상대방이 선의였는지 여부는 문제되지 않는다.

③ [○] "법인이나 법인 아닌 사단의 총회에 있어서 총회의 소집권자가 총회의 소집을 철회·취소하는 경우에는 반드시 총회의 소집과 동일한 방식으로 그 철회·취소를 총회 구성원들에게 통지하여야 할 필요는 없고, 총회 구성원들에게 소집의 철회·취소결정이 있었음이 알려질 수 있는 적절한 조치가 취하여지는 것으로써 충분히 그 소집 철회·취소의 효력이 발생한다"(대판 2007.4.12. 2006다77593).

④ [×] "비법인사단이 총유재산에 관한 소를 제기할 때에는 정관에 다른 정함이 있는 등의 특별한 사정이 없는 한 사원총회의 결의를 거쳐야 하지만(대법원 2011. 7. 28. 선고 2010다97044 판결 등 참조), 이는 비법인사단의 대표자가 비법인사단 명의로 총유재산에 관한 소를 제기하는 경우에 비법인사단의 의사결정과 특별수권을 위하여 필요한 내부적인 절차이다. 채권자대위권은 채무자가 스스로 자기의 권리를 행사하지 아니하는 때에 채권자가 채무자에 대한 채권을 보전하기 위하여 채무자의 의사와는 상관없이 채무자의 권리를 대위하여 행사할 수 있는 권리로서 그 권리행사에 채무자의 동의를 필요로 하는 것은 아니므로, 비법인사단이 총유재산에 관한 권리를 행사하지 아니하고 있어 비법인사단의 채권자가 채권자대위권에 기하여 비법인사단의 총유재산에 관한 권리를 대위행사하는 경우에는 사원총회의 결의 등 비법인사단의 내부적인 의사결정절차를 거칠 필요가 없다"(대판 2014.9.25. 2014다211336).

[정답] ④

문6 다음 중 권리능력 없는 사단에 관한 판례의 입장과 다른 것은?　　　[기출변형]

① 부도난 회사의 채권자들이 채권단을 조직하여 대표자를 선임하고 채권회수에 관한 권한을 위임하였더라도, 정관을 제정하거나 사단으로서 실체를 가지기 위한 조직행위가 없었다면 그 채권단을 권리능력 없는 사단으로 볼 수 없다.

② 권리능력 없는 사단은 특별한 규정이 있는 경우를 제외하고는 일반적으로 법인격이 인정되지 아니하므로, 법원은 임시이사의 선임에 관한 민법 제63조를 준용하여 임시이사를 선임할 수 없다.

③ 권리능력 없는 사단이 당사자인 소송에서 대표자에게 적법한 대표권이 있는지 여부는 소송요건에 관한 것으로서 법원의 직권조사사항이므로, 법원에게 판단의 기초자료인 사실과 증거를 직권으로 탐지할 의무까지는 없다 하더라도, 이미 제출된 자료에 의하여 대표권의 적법성에 의심이 갈 만한 사정이 엿보인다면 법원은 그에 관하여 심리·조사할 의무가 있다.

④ 권리능력 없는 사단인 교회의 소속 교인의 일부가 종전의 교회에서 탈퇴하여 별도의 교회를 설립하고 새로운 교단에 들어가는 경우, 사단법인 정관변경에 준하여 의결권을 가진 교인 3분의 2 이상의 찬성에 의한 결의의 요건을 갖추었다면, 종전 교회의 재산은 탈퇴한 교인들의 총유로 귀속된다.

해설 ① [○] 判例는 부도난 회사의 채권자들이 조직한 채권단이 비법인사단으로서의 실체를 갖추지 못했다는 이유로 그 당사자능력을 부인하였다. 즉, "민사소송법 제48조가 비법인의 당사자능력을 인정하는 것은 법인이 아닌 사단이나 재단이라도 사단 또는 재단으로서의 실체를 갖추고 대표자 또는 관리인을 통하여 사회적 활동이나 거래를 하는 경우에는, 그로 인하여 발생하는 분쟁은 그 단체의 이름으로 당사자가 되어 소송을 통하여 해결하게 하고자 함에 있다 할 것이므로 여기서 말하는 사단이라 함은 일정한 목적을 위하여 조직된 다수인의 결합체로서 대외적으로 사단을 대표할 기관에 관한 정함이 있는 단체를 말한다"(대판 1999.4.23. 99다4504).

② [×] 권리능력 없는 사단은 법인등기를 하지 않았을 뿐 법인의 실질을 갖고 있는 것이다. 따라서 사단법인에 관한 규정 중에서 법인격을 전제로 하는 것(법인등기)을 제외하고는 법인격 없는 사단에 유추적용해야 한다. 최근 전원합의체 판결은 "제63조 '이사가 없거나 결원이 있는 경우에 이로 인하여 손해가 생길 염려 있는 때에는 법원은 이해관계인이나 검사의 청구에 의하여 임시이사를 선임하여야 한다'는 법인의 조직과 활동에 관한 것으로서 법인격을 전제로 하는 조항은 아니므로, 법인 아닌 사단에도 유추적용될 수 있다"(대결 2009.11.19. 전합2008마699)고 판시하였다.

③ [○] 권리능력 없는 사단의 당사자 소송에서 대표자의 대표권은 소송대리인에 대한 자격에 관한 것으로서 소송요건에 관한 것이므로 직권조사사항이다. 判例에 의하면 직권조사사항은 직권조사방식(당사자의 사실의 주장 및 증거제출 책임은 요구하므로 직권탐지의무는 배제되고, 자백의 구속력도 인정되지 않는 방식)에 의하므로 직권탐지의무까지는 없더라도 현출된 자료에서 의심되는 사정이 있으면 심리·조사할 의무는 인정된다.
"종중이 당사자인 사건에 있어서 그 종중의 대표자에게 적법한 대표권이 있는지 여부는 소송요건에 관한 것으로서 법원의 직권조사사항이므로, 법원으로서는 그 판단의 기초자료인 사실과 증거를 직권으로 탐지할 의무까지는 없다 하더라도, 이미 제출된 자료들에 의하여 그 대표권의 적법성에 의심이 갈만한 사정이 엿보인다면 상대방이 이를 구체적으로 지적하여 다투지 않더라도 이에 관하여 심리, 조사할 의무가 있다"(대판 1991.10.11. 91다21039)

④ [○] 교인들의 집단 탈퇴시 교회재산의 귀속관계(이하 대판 2006.4.20. 전합2004다37775)

   ㉠ [원칙] "일부 교인들이 교회를 탈퇴하여 그 교회 교인으로서의 지위를 상실하게 되면 탈퇴가 개별적인 것이든 집단적인 것이든 종전 교회의 총유 재산의 관리처분에 관한 의결에 참가할 수 있는 지위나 그 재산에 대한 사용·수익권을 상실하고, 종전 교회는 잔존 교인들을 구성원으로 하여 실체의 동일성을 유지하면서 존속하며 **종전 교회의 재산은 그 교회에 소속된 잔존 교인들의 총유로 귀속됨이 원칙이다**"

   ㉡ [예외] "소속 교단에서의 탈퇴 내지 소속 교단의 변경은 사단법인 정관변경에 준하여 의결권을 가진 교인 2/3 이상의 찬성에 의한 결의를 필요로 하고(제42조 제1항 유추적용), 그 결의요건을 갖추어 소속 교단을 탈퇴하거나 다른 교단으로 변경한 경우에 종전 교회의 실체는 교단을 탈퇴한 교회로서 존속하고 종전 교회 재산은 위 탈퇴한 교회 소속 교인들의 총유로 귀속된다"

[정답] ②

문7 법인 아닌 사단의 법률관계에 관한 설명 중 옳은 것을 모두 고른 것은? (다툼이 있는 경우 판례에 의함)

[기출변형]

> ㄱ. 법인 아닌 사단은 대표자가 있는 경우에는 그 사단의 이름으로 민사소송의 당사자가 될 수 있다.
> ㄴ. 대표자가 있는 법인 아닌 사단에 속하는 부동산의 등기에 관하여는 그 사단을 등기권리자 또는 등기의무자로 한다.
> ㄷ. 법인 아닌 사단의 구성원들의 집단적 탈퇴로써 사단이 2개로 분열되고 분열되기 전 사단의 재산이 분열된 각 사단들의 구성원들에게 각각 총유적으로 귀속되는 결과를 초래하는 형태의 법인 아닌 사단의 분열은 허용되지 않는다.
> ㄹ. 법인 아닌 사단의 대표자가 그 사단이 타인 간의 금전채무를 보증한다는 내용의 계약을 체결하면서 사원총회의 결의를 거치지 않았다면 특별한 사정이 없는 한 위 계약은 무효가 된다.

① ㄴ, ㄷ
② ㄷ, ㄹ
③ ㄱ, ㄴ, ㄷ
④ ㄱ, ㄴ, ㄹ

해설 ㄱ. [○] 법인이 아닌 사단이나 재단은 대표자 또는 관리인이 있는 경우에는 그 사단이나 재단의 이름으로 당사자가 될 수 있다(민사소송법 제52조).

ㄴ. [○] 종중(宗中), 문중(門中), 그 밖에 대표자나 관리인이 있는 법인 아닌 사단(社團)이나 재단(財團)에 속하는 부동산의 등기에 관하여는 그 사단이나 재단을 등기권리자 또는 등기의무자로 한다(부동산 등기법 제26조 1항).

ㄷ. [○] 종전 判例는 교회의 분열을 인정하였으나, 최근 전원합의체 판결은 "우리 민법이 사단법인에 있어서 구성원의 탈퇴나 해산은 인정하지만, 사단법인의 구성원들이 2개의 법인으로 나뉘어 각각 독립한 법인으로 존속하면서 종전 사단법인에게 귀속되었던 재산을 소유하는 방식의 사단법인의 분열은 인정하지 않기 때문에" 법인 아닌 사단인 교회의 경우에도 분열을 인정할 수 없다는 입장으로 변경되었다(대판 2006.4.20, 전합2004다37775).

ㄹ. [×] 判例는 법인 아닌 사단이 금전채무의 보증을 하는 행위를 총유물의 처분행위로 보지 않는다. 즉, "제275조, 제276조 1항은 총유물의 관리 및 처분에 관하여는 정관이나 규약에 정한 바가 있으면 그에 의하되 정관이나 규약에서 정한 바가 없으면 사원총회의 결의에 의하도록 규정하고 있으므로, 이러한 절차를 거치지 아니한 총유물의 관리·처분행위는 무효라 할 것이고, 이 법리는 제278조에 의하여 소유권 이외의 재산권에 대하여 준용되고 있다. 그런데 위 법조에서 말하는 총유물의 관리 및 처분이라 함은 총유물 그 자체에 관한 이용·개량행위나 법률적·사실적 처분행위를 의미하므로 총유물 그 자체의 관리·처분이 따르지 아니하는 채무부담행위는 이를 총유물의 관리·처분행위라고 볼 수 없다"(대판 2007.4.19. 2004다60072, 60089)

[정답] ③

문8 甲 종중(이하 '甲'이라 함)은 비법인사단이고 그 대표자는 丙 이다. 甲의 대표자 丙은 乙과 종중 회관 신축에 관한 도급계약을 체결하였다. 이에 관한 설명 중 옳지 않은 것은? [기출변형]

① 甲은 자기 명의로 신축건물의 소유권보존등기를 마칠 수 있다.

② 甲으로부터 도급계약상의 보수(報酬)를 받지 못한 乙은 甲에 대한 집행권원을 얻어 甲의 재산에 대해 강제집행을 할 수 있다.

③ 丙이 甲의 직무를 행하면서 타인에게 손해를 가하였더라도 甲은 권리의무의 주체가 아니므로 불법행위로 인한 손해배상책임을 부담하지 않는다.

④ 甲의 정관에서 대표자가 건물신축에 관한 도급계약을 체결할 때에는 임원회의 결의를 거치도록 하였으나, 丙이 임원회의 결의를 거치지 않았다 하더라도 乙이 그 사실을 알았거나 알 수 있었을 경우가 아니라면 위 계약은 유효하다.

해설 ① [○] ※ 비법인사단의 등기능력
종중(宗中), 문중(門中), 그 밖에 대표자나 관리인이 있는 법인 아닌 사단(社團)이나 재단(財團)에 속하는 부동산의 등기에 관하여는 그 사단이나 재단을 등기권리자 또는 등기의무자로 한다 (부동산등기법 제26조 1항).

② [○] ※ 비법인사단의 소송능력
법인이 아닌 사단으로서 대표자 또는 관리인이 있는 경우에는 민사소송에 있어서 당사자능력이 있다(민사소송법 제52조).

③ [×] ※ 대표기관의 불법행위로 인한 비법인사단의 배상책임
"주택조합과 같은 비법인사단의 대표자가 직무에 관하여 타인에게 손해를 가한 경우 그 사단은 민법 제35조 제1항의 유추적용에 의하여 그 손해를 배상할 책임이 있으며, 비법인사단의 대표자의 행위가 대표자 개인의 사리를 도모하기 위한 것이었거나 혹은 법령의 규정에 위배된 것이었다 하더라도 외관상, 객관적으로 직무에 관한 행위라고 인정할 수 있는 것이라면 민법 제35조 제1항의 직무에 관한 행위에 해당한다"(대판 2003.7.25. 2002다27088).

④ [○] ※ 비법인사단에서 정관에 의한 이사의 대표권 제한의 문제(제60조 vs 제126조)
判例는 이사의 대표권 제한에 관한 제41조는 권리능력 없는 사단에 유추적용될 수 있으나, 제60조는 성질상 권리능력 없는 사단에 적용될 수 없다고 판시하고 있는바(대판 2003.7.23, 2002다64780), 최근에 判例는 이에 더하여서 "임원회의의 결의 등을 거치도록 한 규약은 대표권을 제한하는 규정에 해당하는 것이므로, 거래 상대방이 그와 같은 대표권 제한 및 그 위반 사실을 알았거나 과실로 인하여 이를 알지 못한 때에는 그 거래행위가 무효로 된다고 봄이 상당하며, 이 경우 그 거래 상대방이 대표권 제한 및 그 위반 사실을 알았거나 알지 못한 데에 과실이 있다는 사정은 그 거래의 무효를 주장하는 측이 이를 주장·입증하여야 한다"(대판 2007.4.19, 전합2004다60072·60089)고 판시하고 있다(반면 반대의견은 위 규약을 제275조 2항 소정의 '정관 기타 계약'이라고 전제하였다).

[정답] ③

문9 법인에 관한 설명 중 옳지 않은 것은? (다툼이 있는 경우에는 판례에 의함) [기출변형]

① 재단법인의 기본재산의 변경은 정관의 변경을 초래하기 때문에 주무관청의 허가를 받아야 하는데, 기존의 기본재산을 처분하는 행위는 물론 새로이 기본재산으로 편입하는 행위도 주무관청의 허가가 있어야 유효하다.

② 총유재산의 보존행위로서 소를 제기하는 경우, 법인 아닌 사단의 구성원 중 1인에 불과한 甲은 설령 그가 사단의 대표자이거나 사원총회의 결의를 거쳤더라도 그 소송의 당사자가 될 수 없다.

③ 설립자가 그 소유의 부동산을 출연하여 재단법인을 설립하는 경우, 설립등기가 경료되었더라도 그 부동산에 관하여 재단법인 명의의 등기가 경료되기 전이라면, 설립자의 채권자가 그 부동산에 관하여 신청한 강제집행에 대하여 재단법인은 제3자 이의의 소를 제기할 수 없다.

④ 사단법인의 정관에 그 정관을 변경할 수 없다는 규정이 있다면 총사원의 동의로도 정관을 변경할 수 없다.

[해 설] ① [○] 재단법인을 설립하기 위해 출연한 '기본재산'은 재단법인의 실체를 이루며, 이것은 정관의 필요적 기재사항이다(제43조)[그러나 "재단법인의 기본재산이 아닌 재산의 매각은 정관의 변경을 초래하는 것이 아니므로 주무관청의 허가를 필요로 하는 것이 아니다"(대판 1967.12.19, 67다1337)].
따라서 재단법인의 기본재산을 처분하거나 또는 추가로 기본재산에 편입시키는 것(기본재산의 증가)은 모두 정관의 변경사항이 되므로 주무관청의 허가를 얻어야 그 효력이 생기고(제45조 3항)(처분행위 전에 주무관청의 허가를 얻는 것이 원칙이겠지만, 사후에 허가를 받아도 된다), 그 허가 없이 한 **처분행위는 무효가** 된다(대판 1991.5.28, 90다8558). 그리고 주무관청의 허가 없는 기본재산의 처분을 금하는 법의 취지상 **채권계약으로서도 그 효력이 없다**(대판 1974.6.11, 73다1975).

② [○] 총유의 경우에는 공유나 합유의 경우처럼 보존행위는 구성원 각자가 할 수 있다(제265조 단서, 제272조)는 규정이 없으므로 보존행위를 함에도 제276조 1항에 따른 사원총회의 결의를 거치거나 정관이 정하는 바에 따른 절차(제275조 2항 참조)를 거쳐야 한다(대판 2014.2.13. 2012다112299).
특히 총유재산에 관한 소송행위와 관련(당사자적격의 문제)하여 최근 判例는 "총유재산에 관한 소송은 법인 아닌 사단이 그 명의로 사원총회의 결의를 거쳐 하거나(민사소송법 제52조 참조) 또는 그 구성원 전원이 당사자가 되어 필수적 공동소송의 형태로 할 수 있을 뿐 총회의 결의를 거치더라도 (설령 대표자라도)구성원 개인이 할 수는 없다"(대판 2005.9.15, 전합2004다44971)고 판시하고 있다. 그럼에도 불구하고 비법인사단의 대표자 개인이 총유재산의 보존행위로서 소를 제기한 때에는 법원은 당사자적격 흠결을 이유로 부적법 각하하여야 한다.

③ [○] 설립자가 그 소유의 부동산을 출연하여 재단법인을 설립하는 경우 判例는 "출연자와 법인 간에는 등기 없이도 제48조에서 규정하는 때에 법인에 귀속되지만, **법인이 그것을 가지고 제3자에게 대항하기 위해서는 제186조의 원칙에 돌아가 그 등기를 필요로 한다**"(대판 1979.12.11, 전합78다481)고 판시하고 있다.

따라서 설립등기가 경료되었더라도 그 부동산에 관하여 재단법인 명의의 등기가 경료되기 전이라면, 설립자의 채권자가 그 부동산에 관하여 신청한 강제집행에 대하여 재단법인은 제3자이의의 소를 제기할 수 없다. 왜냐하면 제3자이의의 소는 제3자가 집행목적물에 대하여 소유권 또는 목적물의 양도·인도를 막을 수 있는 권리를 가진 때, 이를 침해하는 강제집행에 대하여 이의를 주장하여 집행의 배제를 구하는 소인데, 이 소의 원인이 되는 양도나 인도를 막을 수 있는 권리는 집행채권자에게 대항할 수 있는 것이어야 하기 때문이다(민사집행법 제48조).

④ [X] 사단법인은 자율적 법인이므로 그 법인의 '동일성을 유지하는 범위'에서 원칙적으로 정관변경이 가능하다(가령 비영리의 목적을 영리의 목적으로 변경하는 경우와 같이 동일성을 해치거나 사단법인의 본질에 반하는 정관변경은 허용되지 않는다). 즉 사단법인은 ⅰ) 사원총회에서 총사원의 3분의 2이상의 동의와, ⅱ) 주무관청의 허가를 얻어 정관을 변경할 수 있다(제42조). 특히 정관에 그 정관을 변경할 수 없다고 규정하고 있더라도 모든 사원의 동의가 있으면 정관을 변경할 수 있다고 본다(통설).

[정답] ④

문 10 종중에 관한 설명 중 옳지 않은 것은? (다툼이 있는 경우 판례에 의함)　　　　[기출변형]

① 고유 의미의 종중이란 공동선조의 분묘 수호와 제사, 종원 상호 간 친목 등을 목적으로 하는 자연발생적인 관습상 종족집단체로서 특별한 조직행위를 필요로 하는 것이 아니다.

② 종중 토지 매각대금의 분배는 정관 기타 규약에 달리 정함이 없는 한 종중총회의 결의에 의하여만 할 수 있고, 이러한 분배결의가 없으면 종원이 종중에 대하여 직접 분배청구를 할 수 없다.

③ 공동 선조의 자손인 성년 여자를 종중원으로 인정한 대법원 전원합의체 판결 이후에는 종중총회 개최를 위하여 남자 종중원들에게만 소집통지를 하고, 여자 종중원들에게 소집통지를 하지 않는 경우 그 종중총회에서의 결의는 효력이 없다.

④ 종중의 임원은 종중 재산의 관리·처분에 관한 사무를 처리함에 있어 종중 규약 또는 종중총회의 결의에 따라야 할 의무는 있으나 선량한 관리자로서의 주의를 다하여야 할 의무는 없다.

[해설] ① [○] "고유 의미의 종중이란 공동선조의 분묘 수호와 제사, 종원 상호 간 친목 등을 목적으로 하는 '자연발생적인 관습상 종족집단체'로서 특별한 조직행위를 필요로 하는 것이 아니고, 공동선조의 후손은 그 의사와 관계없이 성년이 되면 당연히 그 구성원(종원)이 되는 것이며 그중 일부 종원을 임의로 그 종원에서 배제할 수 없다. 따라서 공동선조의 후손 중 특정 범위 내의 자들만으로 구성된 종중이란 있을 수 없으므로, 만일 공동선조의 후손 중 특정 범위 내의 종원만으로 조직체를 구성하여 활동하고 있다면 이는 본래의 의미의 종중으로는 볼 수 없고, '종중 유사의 권리능력 없는 사단'이 될 수 있을 뿐이다"(대판 2019.2.14. 2018다264628).

② [○] ※ 종중 토지 매각대금의 분배에 관한 종중총회의 결의가 무효인 경우, 새로운 종중총회의 결의 없이 종원이 곧바로 종중을 상대로 분배금의 지급을 구할 수 있는지 여부(소극)
"총유물인 종중 토지 매각대금의 분배는 정관 기타 규약에 달리 정함이 없는 한 종중총회의 결의에 의하여만 처분할 수 있고 이러한 분배결의가 없으면 종원이 종중에 대하여 직접 분배청구를 할 수 없다. 따라서 종중 토지 매각대금의 분배에 관한 종중총회의 결의가 무효인 경우, 종원은 그 결의의 무효확인 등을 소구하여 승소판결을 받은 후 새로운 종중총회에서 공정한 내용으로 다시 결의하도록 함으로써 그 권리를 구제받을 수 있을 뿐이고 새로운 종중총회의 결의도 거치지 아니한 채 종전 총회결의가 무효라는 사정만으로 곧바로 종중을 상대로 하여 스스로 공정하다고 주장하는 분배금의 지급을 구할 수는 없다"(대판 2010.9.9, 2007다42310,42327).

③ [○] "종중 총회를 개최함에 있어서는, 특별한 사정이 없는 한 족보 등에 의하여 소집통지 대상이 되는 종중원의 범위를 확정한 후 국내에 거주하고 소재가 분명하여 통지가 가능한 모든 종중원에게 개별적으로 소집통지를 함으로써 각자가 회의와 토의 및 의결에 참가할 수 있는 기회를 주어야 하므로, 일부 종중원에 대한 소집통지 없이 개최된 종중 총회에서의 결의는 그 효력이 없다. 대법원 2005. 7. 21. 선고 2002다1178 전원합의체 판결 이후에는 공동 선조의 자손인 성년 여자도 종중원이므로, 종중 총회 당시 남자 종중원들에게만 소집통지를 하고 여자 종중원들에게 소집통지를 하지 않은 경우 그 종중 총회에서의 결의는 효력이 없다"(대판 2010.2.11. 2009다83650).

④ [×] 종중과 위임에 유사한 계약관계에 있는 종중의 임원은 종중재산의 관리·처분에 관한 사무를 처리함에 있어 종중규약 또는 종중총회의 결의에 따라야 함은 물론 선량한 관리자로서의 주의를 다하여야 할 의무가 있다(대판 2017.10.26. 2017다231249).

[정답] ④

문11 乙은 파평 윤씨 소정공파(이하 甲 종중이라고 한다)에 속하는 여성이다. 甲 종중은 종중규약에서 정한 목적달성을 위해 丙에게 종중재산인 X부동산을 처분하려고 한다. 이와 관련한 다음 설명 중 틀린 것은? (다툼이 있는 경우에는 판례에 의함) [기출변형]

① 공동선조의 후손 중 성년 남자만을 종중의 구성원으로 하고 여성은 종중의 구성원이 될 수 없다는 종래의 관습은 전체 법질서에 부합하지 아니하여 정당성과 합리성이 있다고 할 수 없다.

② 인위적인 조직행위를 거쳐 성립된 종중 유사단체의 회칙이나 규약이 남성만으로 구성원을 한정하고 있더라도, 이는 양성평등 원칙을 정한 헌법 제11조 및 민법 제103조에 위반하여 무효라고 볼 수 없다.

③ X부동산의 처분시 종중총회의 절차를 거쳐야 하며 이러한 절차를 밟지 않으면 무효인바. 만약 甲종중이 X부동산을 처분하기 위하여 종중총회를 소집하면서 甲종중에 속하는 乙을 여성이라는 이유로 소집통지를 하지 않았다면, 乙에게 소집통지를 결한 채 이루어진 甲종중의 총회결의는 무효이다.

④ 공동선조의 후손 중 특정 범위 내의 종원만으로 조직체를 구성하여 활동하고 있다면 이는 본래의 의미의 종중으로는 볼 수 없고, 종중 유사의 권리능력 없는 사단도 될 수 없다.

해설 ① [○] ※ 종중 구성원의 자격을 성년 남자만으로 제한하는 종래 관습법의 효력

"공동선조의 후손 중 성년 남자만을 종중의 구성원으로 하고 여성은 종중의 구성원이 될 수 없다는 종래의 관습은, 공동선조의 분묘수호와 봉제사 등 종중의 활동에 참여할 기회를 출생에서 비롯되는 성별만에 의하여 생래적으로 부여하거나 원천적으로 박탈하는 것으로서, 위와 같이 변화된 우리의 전체 법질서에 부합하지 아니하여 정당성과 합리성이 있다고 할 수 없다. 따라서 종중 구성원의 자격을 성년 남자만으로 제한하는 종래의 관습법은 이제 더 이상 법적 효력을 가질 수 없게 되었다고 할 것이다. … 민법 제1조는 민사에 관하여 법률에 규정이 없으면 관습법에 의하고 관습법이 없으면 조리에 의한다고 규정하고 있는바, 성문법이 아닌 관습법에 의하여 규율되어 왔던 종중에 있어서 그 구성원에 관한 종래 관습은 더 이상 법적 효력을 가질 수 없게 되었으므로, 종중 구성원의 자격은 민법 제1조가 정한 바에 따라 조리에 의하여 보충될 수밖에 없다. 종중이란 공동선조의 분묘수호와 제사 및 종원 상호간의 친목 등을 목적으로 하여 구성되는 자연발생적인 종족집단이므로, 종중의 이러한 목적과 본질에 비추어 볼 때 공동선조와 성과 본을 같이 하는 후손은 성별의 구별 없이 성년이 되면 당연히 그 구성원이 된다고 보는 것이 조리에 합당하다고 할 것이다"(대판 2005.07.21, 전합 2002다1178).

② [○] ※ 사적 단체에서 헌법상 평등권이 보장되는지 여부(소극)

최근 判例는 이른바 '종중 유사단체'에는 남녀평등의 원칙을 고려하여 성년 여성을 종중의 구성원에서 배제할 수 없다는 위 법리가 적용되지 않는다는 점을 명백히 하였다. 즉 "종중 유사단체는 그 목적이나 기능이 고유한 의미의 종중과 별다른 차이가 없지만, 공동선조의 후손 중 일부에 의하여 인위적인 조직행위를 거쳐 성립된 경우에는 사적 임의단체라는 점에서 자연발생적인 종족집단인 고유한 의미의 종중과 그 성질을 달리한다. 그러한 경우에는 사적 자치의 원칙 내지 결사의 자유

에 따라 그 구성원의 자격이나 가입조건을 자유롭게 정할 수 있음이 원칙이다. 따라서 그러한 종중 유사단체의 회칙이나 규약에서 공동선조의 후손 중 남성만으로 그 구성원을 한정하더라도 특별한 사정이 없는 한 이는 사적 자치의 원칙 내지 결사의 자유의 보장범위에 포함되고, 위 사정만으로 그 회칙이나 규약이 양성평등 원칙을 정한 헌법 제11조 및 민법 제103조를 위반하여 무효라고 볼 수는 없다"(대판 2011.2.24., 2009다17783)고 한다.

결국 종중 유사단체의 경우에는 사적 임의단체로서 기본적으로 사적 자치의 원칙과 결사의 자유가 보장되므로 사적단체의 구성원에 대한 평등권 침해의 문제는 일어나지 않는다.

③ [○] ※ 종중재산의 처분

종중재산은 종중원의 '총유'라고 보는 것이 통설 및 判例의 입장인바, 이러한 종중재산의 처분에 관하여는 '종중규약'에 정한 바가 있으면 그에 의하고, 종중규약이 없으면 적법한 '종중총회의 결의'가 있어야 한다(제275조 2항, 제276조 1항)(대판 1994.1.14, 92다28716). 判例에 따르면 총회결의를 거치지 않은 총유물의 관리 및 처분행위는 '무효'이고(대판 2001.5.29, 2000다10246), 이는 처분권한 없이 처분한 경우에 해당하므로 표현대리가 적용될 여지도 없다고 한다(대판 2003.7.11, 2001다73626). 따라서 상대방이 선의였는지 여부는 문제되지 않는다.

☞ 결국 종중 구성원의 자격을 성년 남자로 제한하는 종래 관습법은 그 효력을 상실하였고, 따라서 조리(제1조)에 의하여 여성인 乙도 당연히 甲종중의 구성원이 된다고 보는 것이 타당하다. 그리고 **일부 종중원에게 소집통지를 결여한 채 개최된 종중총회의 결의는 효력이 없으므로**(대판 2007.9.6, 2007다34982 ; 당해 判例는 여성의 종원 자격과 종중총회에서의 의결권을 제한하는 내용으로 종중규약을 개정하고 종중소유 부동산에 관한 수용보상금을 남성 종중원들에게만 대여하기로 한 종중 임시총회 결의를 무효라고 하였다), 乙에게 소집통지를 결한 채 이루어진 甲종중의 총회결의는 무효이다.

④ [X] "고유 의미의 종중이란 공동선조의 분묘 수호와 제사, 종원 상호 간 친목 등을 목적으로 하는 자연발생적인 관습상 종족집단체로서 특별한 조직행위를 필요로 하는 것이 아니고, 공동선조의 후손은 그 의사와 관계없이 성년이 되면 당연히 그 구성원(종원)이 되는 것이며 그중 일부 종원을 임의로 그 종원에서 배제할 수 없다. 따라서 공동선조의 후손 중 특정 범위 내의 자들만으로 구성된 종중이란 있을 수 없으므로, 만일 공동선조의 후손 중 특정 범위 내의 종원만으로 조직체를 구성하여 활동하고 있다면 이는 본래의 의미의 종중으로는 볼 수 없고, 종중 유사의 권리능력 없는 사단이 될 수 있을 뿐이다"(대판 2019.2.14. 2018다264628).

[정답] ④

문 12 「민법」상 법인에 관한 설명 중 옳은 것(○)과 옳지 않은 것(×)을 올바르게 조합한 것은? (다툼이 있는 경우 판례에 의함)

[기출변형]

ㄱ. 법인의 정관에 대표권의 제한에 관한 규정이 있으나 그와 같은 취지가 등기되어 있지 않다면, 법인은 그와 거래한 상대방이 그와 같은 정관의 규정에 대하여 선의냐 악의냐에 관계없이 그 상대방에 대하여 위 대표권 제한 사실로써 대항할 수 없다.

ㄴ. 법인은 언제든지 이사를 해임할 수 있지만, 법인의 정관에 이사의 해임사유에 관한 규정이 있는 경우에는 법인은 이사의 중대한 의무위반 또는 정상적인 사무집행 불능 등의 특별한 사정이 없는 한 정관에서 정하지 아니한 사유로는 이사를 해임할 수 없다.

ㄷ. 이사가 없거나 결원이 생겨서 이로 인하여 법인에 손해가 생길 염려있는 경우뿐만 아니라 법인과 이사의 이익이 상반하는 사항이 생긴 경우에, 법원은 이해관계인이나 검사의 청구에 의하여 특별대리인을 선임하여야 한다.

ㄹ. 법원의 가처분명령에 의해 선임된 이사직무대행자는 그 명령에 다른 정함이 있는 경우 외에는 법원의 허가없이 법인의 통상사무에 속하지 아니한 행위를 하지 못하고, 만약 위 직무대행자가 그에 위반한 행위를 한 경우 법인은 선의의 제3자에 대하여 책임을 진다.

① ㄱ(×), ㄴ(×), ㄷ(○), ㄹ(×)　　② ㄱ(○), ㄴ(×), ㄷ(×), ㄹ(×)

③ ㄱ(○), ㄴ(○), ㄷ(×), ㄹ(○)　　④ ㄱ(×), ㄴ(○), ㄷ(○), ㄹ(○)

해설　ㄱ. [○] ※ 대표권 제한

이사의 대표권에 대한 제한은 등기하지 아니하면 제3자에게 대항하지 못한다(제60조). "법인의 정관에 법인 대표권의 제한에 관한 규정이 있으나 그와 같은 취지가 등기되어 있지 않다면 법인은 그와 같은 정관의 규정에 대하여 선의냐 악의냐에 관계없이 제3자에 대하여 대항할 수 없다"(대판 1992.2.14. 91다24564).

비교판례 "비법인사단의 경우에는 대표자의 대표권 제한에 관하여 등기할 방법이 없어 민법 제60조의 규정을 준용할 수 없고, 비법인사단의 대표자가 정관에서 사원총회의 결의를 거쳐야 하도록 규정한 대외적 거래행위에 관하여 이를 거치지 아니한 경우라도, 이와 같은 사원총회 결의사항은 비법인사단의 내부적 의사결정에 불과하다 할 것이므로, 그 거래 상대방이 그와 같은 대표권 제한 사실을 알았거나 알 수 있었을 경우가 아니라면 그 거래행위는 유효하다고 봄이 상당하고, 이 경우 거래의 상대방이 대표권 제한 사실을 알았거나 알 수 있었음은 이를 주장하는 비법인사단 측이 주장·입증하여야 한다"(대판 2003.7.22, 2002다64780).

ㄴ. [○] ※ 법인이 이사를 정당한 이유 없이 해임할 수 있는지 여부

"법인과 이사의 법률관계는 신뢰를 기초로 한 위임 유사의 관계로 볼 수 있는데, 민법 제689조 제1항에서는 위임계약은 각 당사자가 언제든지 해지할 수 있다고 규정하고 있으므로, 법인은 원칙적으로 이사의 임기 만료 전에도 이사를 해임할 수 있지만, 이러한 민법의 규정은 임의규정에 불과하므로 법인이 자치법규인 정관으로 이사의 해임사유 및 절차 등에 관하여 별도의 규정을 두는 것

도 가능하다. 그리고 이와 같이 법인이 정관에 이사의 해임사유 및 절차 등을 따로 정한 경우 그 규정은 법인과 이사와의 관계를 명확히 함은 물론 이사의 신분을 보장하는 의미도 아울러 가지고 있어 이를 단순히 주의적 규정으로 볼 수는 없다. 따라서 법인의 정관에 이사의 해임사유에 관한 규정이 있는 경우 법인으로서는 이사의 중대한 의무위반 또는 정상적인 사무집행 불능 등의 특별한 사정이 없는 이상, 정관에서 정하지 아니한 사유로 이사를 해임할 수 없다"(대판 2013.11.28. 2011다41741).

ㄷ. [×] ※ 임시이사와 특별대리인
　① 이사가 없거나 결원이 있는 경우에 이로 인하여 손해가 생길 염려 있는 때에는 법원은 이해관계인이나 검사의 청구에 의하여 임시이사를 선임하여야 한다(제63조).
　② 법인과 이사의 이익이 상반하는 사항에 관하여는 이사는 대표권이 없다. 이 경우에는 전조의 규정에 의하여 특별대리인을 선임하여야 한다(제64조).

ㄹ. [○] ※ 직무대행자의 권한
　제52조의2의 직무대행자는 가처분명령에 다른 정함이 있는 경우 외에는 법인의 통상사무에 속하지 아니한 행위를 하지 못한다. 다만, 법원의 허가를 얻은 경우에는 그러하지 아니하다(제60조의2 1항). 직무대행자가 제1항의 규정에 위반한 행위를 한 경우에도 법인은 선의의 제3자에 대하여 책임을 진다(제60조의2 2항).

[정답] ③

문13 법인에 관한 다음 설명 중 옳은 것은? (다툼이 있는 경우 판례에 의함)　　　[기출변형]

① 법인 대표자의 직무행위로 타인에게 손해가 발생한 경우에 그러한 직무행위가 법령의 규정에 위배된 것이거나 대표자 개인의 사리를 도모하기 위한 것이었다면 이러한 법률행위는 무효이므로 법인의 불법행위책임이 성립할 수 없다.

② 민법상 재단법인이 전세권을 기본재산으로 하는 정관변경을 하면서 주무관청의 허가를 얻은 경우에도 전세권소멸통고에 대해서는 다시 별도로 주무관청의 허가를 받아야 한다.

③ 민법상 재단법인의 기본재산에 관한 저당권 설정행위는 특별한 사정이 없는 한 정관의 기재사항을 변경하여야 하는 경우에 해당하지 않으므로, 그에 관하여는 주무관청의 허가를 얻을 필요가 없다. 만약 민법상 재단법인의 '정관'에 기본재산은 담보설정 등을 할 수 없으나 주무관청의 허가·승인을 받은 경우에는 이를 할 수 있다는 취지로 정해져 있고, 정관 규정에 따라 주무관청의 허가·승인을 받아 민법상 재단법인의 기본재산에 관하여 근저당권을 설정한 경우, 그와 같이 설정된 근저당권을 실행하여 기본재산을 매각할 때에는 주무관청의 허가를 다시 받을 필요는 없다.

④ 법인과 이사의 법률관계는 위임 유사의 관계이고, 위임계약은 원래 해지의 자유가 인정되어 쌍방 누구나 정당한 이유 없이도 언제든지 해지할 수 있는 것이다. 따라서 법인의 정관에 이사의 해임사유에 관한 규정이 있는 경우라도, 이는 주위적 규정이므로 정관에서 정하지 않은 사유로 이사를 해임할 수 있다.

[해 설] ① [X] "법인이 그 대표자의 불법행위로 인하여 손해배상의무를 지는 것은 그 대표자의 직무에 관한 행위로 인하여 손해가 발생한 것임을 요한다 할 것이나, 그 직무에 관한 것이라는 의미는 행위의 외형상 법인의 대표자의 직무행위라고 인정할 수 있는 것이라면 설사 그것이 대표자 개인의 사리를 도모하기 위한 것이었거나 혹은 법령의 규정에 위배된 것이었다 하더라도 위의 직무에 관한 행위에 해당한다고 보아야 한다(대판 2004.2.27. 2003다15280).

② [X] [사실관계] 원고들이 피고 비영리법인(설치에 관한 근거법령에 민법 중 재단법인에 관한 규정이 준용되도록 정하고 있음)에 대해 전세권을 설정해 주었다가, 민법상 전세권소멸통고를 하고 전세권설정등기의 말소를 구하였는데, 피고가 전세권이 기본재산으로서 주무관청의 허가 없이 소멸할 수 없다고 항변한 사안에서, 원심은 피고가 전세권을 기본재산으로 하는 정관변경을 하면서 주무관청의 허가를 얻은 이상 전세권소멸통고에 대해서 다시 별도로 주무관청의 허가를 받을 필요 없다고 보아, 피고의 항변을 배척하였고, 대법원은 이러한 원심의 판단이 기존 대법원 판례의 취지와 부합하는 것으로 타당하다고 보아 상고기각한 사례(대판 2021.5.7. 2020다289828).

③ [○] "i) 민법 제32조, 제40조 제4호, 제42조 제2항, 제43조, 제45조 제3항, 제1항에 의하면, 재단법인은 정관에 재단법인의 자산에 관한 규정을 두어야 하고, 재단법인의 설립과 정관의 변경에는 주무관청의 허가를 얻어야 한다. 따라서 주무관청의 허가를 얻은 정관에 기재된 기본재산의 처분행위로 인하여 재단법인의 정관 기재사항을 변경하여야 하는 경우에는, 그에 관하여 주무관청의 허가를 얻어야 한다. 이는 재단법인의 기본재산에 대하여 강제집행을 실시하는 경우에도 동일하나, 주무관청의 허가는 반드시 사전에 얻어야 하는 것은 아니므로, 재단법인의 정관변경에 대한 주무관청의 허가는, 경매개시요건은 아니고, 경락인의 소유권취득에 관한 요건이다. 그러므로 집행법원으로서는 그 허가를 얻어 제출할 것을 특별매각조건으로 경매절차를 진행하고, 매각허가결정 시까지 이를 제출하지 못하면 매각불허가결정을 하면 된다. ii) 민법상 재단법인의 기본재산에 관한 저당권 설정행위는 특별한 사정이 없는 한 정관의 기재사항을 변경하여야 하는 경우에 해당하지 않으므로, 그에 관하여는 주무관청의 허가를 얻을 필요가 없다"(대결 2018.7.20.2017마1565).
"민법상 재단법인의 정관에 기본재산은 담보설정 등을 할 수 없으나 주무관청의 허가·승인을 받은 경우에는 이를 할 수 있다는 취지로 정해져 있고, 정관 규정에 따라 주무관청의 허가·승인을 받아 민법상 재단법인의 기본재산에 관하여 근저당권을 설정한 경우, 그와 같이 설정된 근저당권을 실행하여 기본재산을 매각할 때에는 주무관청의 허가를 다시 받을 필요는 없다"(대결 2019.2.28. 2018마800).

[쟁점정리] ※ 기본재산의 처분·편입과 정관의 변경
재단법인을 설립하기 위해 출연한 '기본재산'은 재단법인의 실체를 이루며, 이것은 정관의 필요적 기재사항이다(제43조)[그러나 "재단법인의 기본재산이 아닌 재산의 매각은 정관의 변경을 초래하는 것이 아니므로 주무관청의 허가를 필요로 하는 것이 아니다"(대판 1967.12.19, 67다1337)]. 따라서 i) 재단법인의 기본재산을 '처분'하거나(기본재산에 관한 '저당권 설정행위'는 이에 해당하지 않으므로 주무관청의 허가가 필요 없다 : 대결 2018.7.20. 2017마1565) ii) 경매절차에 의해 매각하거나(기본재

산에 대한 강제집행실시 ; 주무관청의 허가는 반드시 사전에 얻어야 하는 것은 아니므로, 재단법인의 정관변경에 대한 주무관청의 허가는 경매개시요건은 아니고 경락인의 소유권취득에 관한 요건이다 : 대결 2018.7.20. 2017마1565), iii) 기본재산을 수동채권으로 상계하거나(대판 1998.12.11. 97다9970), iv) 추가로 기본재산에 '편입' 시키거나, ⅴ) 명의신탁해지에 따른 원상회복(대판 1991.5.28, 90다8558)등과 같은 기본재산의 증가도 모두 정관의 변경사항이 되므로 주무관청의 허가를 얻어야 그 효력이 생기고(제45조 3항), 그 허가 없이 한 처분행위는 무효가 된다(대판 1991.5.28, 90다8558). 그리고 주무관청의 허가 없는 기본재산의 처분을 금하는 법의 취지상 채권계약으로서도 그 효력이 없다(대판 1974.6.11, 73다1975).

④ [X] "법인과 이사의 법률관계는 신뢰를 기초로 한 위임 유사의 관계이고, 위임계약은 원래 해지의 자유가 인정되어 쌍방 누구나 정당한 이유 없이도 언제든지 해지할 수 있는 것이어서, 제689조 1항에 따라 법인은 이사의 임기 만료 전에도 이사를 해임할 수 있으나, 불리한 시기에 부득이한 사유 없이 해지한 경우에 한하여 제689조 2항에 따라 상대방에게 그로 인한 손해배상책임을 질 뿐이다"(대결 2014.1.17. 2013마1801).

다만, "제689조는 임의규정이므로 법인이 정관으로 이사의 해임사유 및 절차 등에 관해 별도의 규정을 두는 것은 가능하다. 이 경우 그 규정은 법인과 이사와의 관계를 명확히 함은 물론 이사의 신분을 보장하는 의미도 아울러 가지고 있어 이를 단순히 주의적 규정으로 볼 수는 없고, 따라서 법인으로서는 이사의 중대한 의무위반 또는 정상적인 사무집행 불능 등의 특별한 사정이 없는 이상, 정관에서 정하지 아니한 사유로 이사를 해임할 수는 없다"(대판 2013.11.28, 2011다41741).

[정답] ③

제4장 권리 변동

제1절 | 법률행위 총설

문1 법률행위의 해석에 관한 설명 중 옳지 않은 것은? (다툼이 있는 경우 판례에 의함) [기출변형]

① 법률행위의 해석은 당사자가 그 표시행위에 부여한 객관적인 의미를 명백하게 확정하는 것으로서, 당사자의 내심의 의사가 어떤지에 관계없이 그 문언의 내용에 의하여 당사자가 그 표시행위에 부여한 객관적 의미를 합리적으로 해석하여야 하는 것이다.

② 계약당사자 사이에 계약내용이 처분문서로 작성된 경우 문언의 객관적인 의미가 명확하다면 특별한 사정이 없는 한 문언대로 의사표시의 존재와 내용을 인정하여야 한다.

③ 계약을 체결하는 행위자가 타인의 이름으로 법률행위를 한 경우에 행위자 또는 명의인 가운데 누구를 계약의 당사자로 볼 것인가에 관하여, 행위자와 상대방의 의사가 일치하지 않으면 그 계약 체결 전후의 구체적인 제반 사정을 토대로 행위자가 누구를 계약당사자로 이해할 것인가에 의하여 당사자를 결정하여야 한다.

④ 부동산의 매매계약에 있어 쌍방당사자가 모두 토지 X를 계약의 목적물로 삼았으나 그 목적물의 지번에 관하여 착오를 일으켜 계약서상 그 목적물을 X와는 별개인 토지 Y로 표시하였다 하여도 X를 매매의 목적물로 한다는 쌍방당사자의 의사합치가 있은 이상 위 매매계약은 X에 관하여 성립한 것으로 보아야 한다.

[해설] ① [○] "법률행위의 해석은 당사자의 내심의 의사가 어떤지에 관계없이 그 문언의 내용에 의하여 당사자가 그 표시행위에 부여한 객관적 의미를 합리적으로 해석하여야 하는 것이다"(대판 2001.3.23, 2000다40858).

[비교판례] "계약의 해석에 있어서는 형식적인 문구에만 얽매여서는 아니되고 쌍방 당사자의 진정한 의사가 무엇인가를 탐구하여야 하는 것이므로, 계약서에 그 목적물을 X토지가 아닌 Y토지로 표시하였다 하여도, 위 X토지에 관하여 이를 매매의 목적물로 한다는 쌍방 당사자의 의사합치가 있는 이상, 위 매매계약은 X토지에 관하여 '성립'한 것으로 보아야 한다"(대판 1993.10.26, 93다2629 : 아래 ④ 지문)고 한다.

② [○] 判例는 법률행위가 문서(계약서·합의서·각서 등)에 의해 이루어진 경우(소위 처분문서 ; 증명하고자 하는 법률적 행위(처분)가 그 문서 자체에 의하여 이루어지는 경우의 문서)에는 원칙적으로 그 기재내용대로 법률행위의 존재를 인정한다. 즉, 예문이라고 할 수 없다고 한다(대판 1966.10.4, 66다1479 ; 대판 1970.12.29, 70다2449).

③ [×] "타인의 이름을 임의로 사용하여 계약을 체결한 경우에는 누가 그 계약의 당사자인가를 먼저 확정하여야 할 것으로서, 행위자 또는 명의인 가운데 누구를 당사자로 할 것인지에 관하여 행위자와 상대방의 의사가 일치한 경우에는 그 일치하는 의사대로 행위자의 행위 또는 명의자의 행위로서 확정하여야 할 것이지만(자연적 해석 : 주), 그러한 일치하는 의사를 확정할 수 없을 경우에는 계약의 성질, 내용, 체결 경위 및 계약체결을 전후한 구체적인 제반 사정을 토대로 '상대방'이 합리적인 인간이라면 행위자와 명의자 중 누구를 계약 당사자로 이해할 것인가에 의하여 당사자를 결정하고(규범적 해석 : 주), 이에 터잡아 계약의 성립 여부와 효력을 판단함이 상당하다" (대판 1995.9.29. 94다4912).

④ [○] "부동산의 매매계약에 있어 쌍방당사자가 모두 특정의 X토지를 계약의 목적물로 삼았으나 그 목적물의 지번 등에 관하여 착오를 일으켜 계약을 체결함에 있어서는 계약서상 그 목적물을 X토지와는 별개인 Y토지로 표시하였다 하여도 X토지에 관하여 이를 매매의 목적물로 한다는 쌍방당사자의 의사합치가 있은 이상 위 매매계약은 X토지에 관하여 성립한 것으로 보아야 할 것이고 Y토지에 관하여 매매계약이 체결된 것으로 보아서는 안 될 것이며, 만일 Y토지에 관하여 위 매매계약을 원인으로 하여 매수인 명의로 소유권이전등기가 경료되었다면 이는 원인이 없이 경료된 것으로서 무효이다" (대판 1993.10.26, 93다2629).

[정답] ③

문1 민법 제103조에 관한 다음 설명 중 옳은 것을 모두 고른 것은? (다툼이 있는 경우 판례에 의하고, 전원합의체 판결의 경우 다수의견에 의함)
[21서기보]

> 가. 민법 제103조에서 정하는 '반사회질서의 법률행위'는 법률행위의 목적인 권리의무의 내용이 선량한 풍속 기타 사회질서에 위반되는 경우뿐만 아니라, 그 내용 자체는 반사회질서적인 것이 아니라고 하여도 법적으로 이를 강제하거나 법률행위에 사회질서의 근간에 반하는 조건 또는 금전적인 대가가 결부됨으로써 그 법률행위가 반사회질서적 성질을 띠게 되는 경우도 포함한다.
>
> 나. 표시되거나 상대방에게 알려진 법률행위의 동기가 반사회질서적이라 해도 동기는 법률행위의 내용은 아니므로 그 법률행위가 민법 제103조에서 정하는 '반사회질서의 법률행위'가 되는 것은 아니다.
>
> 다. 단지 법률행위의 성립과정에 강박이라는 불법적 방법이 사용된 데에 불과한 때에는 강박에 의한 의사표시의 하자나 의사의 흠결을 이유로 무효라고 할 수 있을 뿐 반사회질서의 법률행위로서 무효라고 할 수는 없다.
>
> 라. 형사사건에 관한 변호사의 성공보수약정은 그 체결시기를 불문하고 모두 선량한 풍속 기타 사회질서에 위배되어 무효이다.
>
> 마. 소송사건에 증인으로 출석하여 증언하는 것과 연계하여 어떤 급부를 하기로 약정한 경우 그 급부의 내용이 전체적으로 통상 용인될 수 있는 수준을 넘는 것이라면, 그 약정은 민법 제103조가 규정한 반사회질서행위에 해당하여 전부가 무효이다.

① 가, 나, 다   ② 가, 라, 마
③ 나, 라, 마   ④ 가, 다, 마

해설 가. [○] 나. [×] "제103조에 의하여 무효로 되는 '법률행위'는 ① 법률행위의 내용이 선량한 풍속 기타 사회질서에 위반되는 경우뿐만 아니라, ② 그 내용 자체는 반사회질서적인 것이 아니라고 하여도 ⅰ) 법률적으로 이를 강제하거나(혼인하지 않기로 하고, 위반시 위약금을 지급하기로 하는 약정 등 자유로워야 할 법률행위를 법률적으로 강제하는 것), ⅱ) 법률행위에 반사회질서적인 조건(제151조 참조) 또는 ⅲ) 금전적인 대가가 결부됨으로써 반사회질서적 성질을 띠게 되는 경우 및 ⅳ) 표시되거나 상대방에게 알려진 법률행위의 동기가 반사회질서적인 경우를 포함한다"(대판 2001.2.9, 99다38613).

다. [○] "단지 법률행위의 성립과정에 강박이라는 불법적 방법이 사용된 데에 불과한 때에는 강박에 의한 의사표시의 하자나 의사의 흠결을 이유로 효력을 논의할 수는 있을지언정 반사회질서의 법률행위로서 무효라고 할 수는 없다"(대판 2002.12.27. 2000다47361).

라. [X] 종전 判例는 민사 및 형사사건 모두 성공보수약정은 원칙적으로 유효하고, 다만 약정된 보수액이 부당하게 과다한 경우에는 예외적으로 상당한 범위 내의 보수액만을 청구할 수 있다고 보았는데(대판 2009.7.9. 2009다21249), '형사사건의 성공보수약정'에 대해서는 수사·재판의 결과를 금전적인 대가와 결부시킴으로써, 변호사 직무의 공공성을 저해하고, 사법제도에 대한 신뢰를 현저히 떨어뜨릴 위험이 있으므로, 제103조에 의해 무효가 되는 것으로 견해를 바꾸었다. 또한 종래 이루어진 보수약정의 경우에는 보수약정이 성공보수라는 명목으로 되어 있다는 이유만으로 민법 제103조에 의하여 무효라고 단정하기는 어렵다. 그러나 대법원이 이 판결을 통하여 형사사건에 관한 성공보수약정이 선량한 풍속 기타 사회질서에 위배되는 것으로 평가할 수 있음을 명확히 밝혔음에도 불구하고 향후에도 성공보수약정이 체결된다면 이는 민법 제103조에 의하여 무효로 보아야 한다(대판 2015.7.23. 전합2015다200111).

마. [O] 타인의 소송에서 사실을 증언하는 증인이 그 증언을 조건으로 그 소송의 일방 당사자 등으로부터 통상적으로 용인될 수 있는 수준을 넘어서는 대가를 제공받기로 하는 약정은 무효이며(대판 2010.7.29. 2009다56283), '대가제공의 내용에 기존 채무의 변제를 위한 부분이 포함'되어 있더라도, 전체적으로 통상 용인될 수 있는 수준을 넘는 급부를 하기로 한 것이라면, 당해 약정은 기존 채무를 제외한 부분만이 아니라 '전부'가 제103조 위반으로 무효이다(대판 2016.10.27. 2016다25140).

[정답] ④

문2 민법 제103조에 관한 다음 설명 중 가장 옳지 않은 것은? [17서기보]

① 법률행위의 목적인 권리·의무의 내용이 선량한 풍속 기타 사회질서에 위반되는 경우에는 민법 제103조에 의하여 무효로 된다.
② 법률행위에 금전적 대가가 결부됨으로써 반사회질서적 성질을 띠게 되는 경우에는 민법 제103조에 의하여 무효로 된다.
③ 법률행위의 성립과정에 강박이라는 불법적 방법이 사용된 경우에는 민법 제103조에 의하여 무효로 된다.
④ 상대방에게 알려진 법률행위의 동기가 반사회질서적인 경우에는 민법 제103조에 의하여 무효로 된다.

[해설] ① [O] ② [O] ④ [O] 우리 민법은 선량한 풍속 기타 사회질서에 위반한 사항을 내용으로 하는 법률행위는 무효로 하는바(제103조), 이와 관련하여 判例는 "제103조에 의하여 무효로 되는 '법률행위'는 ㉠ 법률행위의 목적인 권리·의무의 내용이 선량한 풍속 기타 사회질서에 위반되는 경우뿐만 아니라(①번 지문), ㉡ 그 내용 자체는 반사회질서적인 것이 아니라고 하여도 i) 법률적으로 이를 강제하거나(혼인하지 않기로 하고, 위반시 위약금을 지급하기로 하는 약정 등 자유로워야 할 법률행위를 법률적으로 강제하는 것), ii) 법률행위에 반사회질서적인 조건(제151조 참조) 또는 iii) 금전적인 대가가 결부됨으로써 반사회질서적 성질을 띠게 되는 경우(②번 지문) 및 iv) 표시되거나 상대방에게 알려진 법률행위의 동기(④번 지문)가 반사회질서적인 경우를 포함한다"(대판 2001.2.9. 99다38613)고 판시한바 있다.

③ [×] 判例는 강박행위는 그것 자체가 사회질서에 반할지라도 법률행위가 제110조에 의하여 취소될 수 있을 뿐 원칙적으로 제103조에 해당하여 무효로 되지는 않는다고 한다(대판 1993.7.16, 92다41528,92다41535).

[정답] ③

문3 민법 제104조의 불공정한 법률행위에 관한 설명 중 옳지 않은 것은? (다툼이 있는 경우에는 판례에 의함)
[기출변형]

① 대가관계 없는 일방적 급부행위에 대해서는 민법 제104조가 적용되지 않는다.
② 경매에 의한 재산권의 이전에 대해서는 민법 제104조가 적용된다.
③ 대리인에 의한 법률행위에 있어 경솔과 무경험은 대리인을 기준으로 판단하고, 궁박상태에 있었는지의 여부는 본인을 기준으로 판단한다.
④ 민법 제104조에 따라 무효인 법률행위는 원칙적으로 추인에 의해서도 유효로 될 수 없다.

[해설] **제104조(불공정한 법률행위)** 당사자의 궁박, 경솔 또는 무경험으로 인하여 현저하게 공정을 잃은 법률행위는 무효로 한다.

① [○] "민법 제104조가 규정하는 현저히 공정을 잃은 법률행위라 함은 자기의 급부에 비하여 현저하게 균형을 잃은 반대급부를 하게 하여 부당한 재산적 이익을 얻는 행위를 의미하는 것이므로, **증여계약**과 같이 아무런 대가관계 없이 당사자 일방이 상대방에게 일방적인 급부를 하는 법률행위는 그 공정성 여부를 논의할 수 있는 성질의 법률행위가 아니다"(대판 2000.2.11. 99다56833)

② [×] 제104조는 사적자치의 원칙에 대한 제한원리이므로 경매에는 적용되지 않는다. 判例도 "경매에 있어서는 불공정한 법률행위 또는 채무자에게 불리한 약정에 관한 것으로서 효력이 없다는 민법 제104조, 제608조는 적용될 여지가 없다"(대결 1980.3.21. 80마77결정)고 한다.

③ [○] "대리인에 의하여 법률행위가 이루어진 경우 그 법률행위가 민법 제104조의 불공정한 법률행위에 해당하는지 여부를 판단함에 있어서 경솔과 무경험은 대리인을 기준으로 하여 판단하고, 궁박은 본인의 입장에서 판단하여야 한다"(대판 2002.10.22. 2002다38927).

④ [○] 제104조에 따른 무효는 절대적 무효이므로 당사자의 추인(제139조)이 허용되지 않는다. 判例도 "불공정한 법률행위로서 무효인 경우에는 추인에 의하여 무효인 법률행위가 유효로 될 수 없다"(대판 1994.6.24. 94다10900)고 한다.

[정답] ②

문4 법률행위의 무효에 관한 설명 중 옳은 것을 모두 고른 것은?

[기출변형]

> ㄱ. 「농지법」에 따른 제한을 회피하고자 「부동산 실권리자명의 등기에 관한 법률」을 위반하여 무효인 명의신탁약정에 따라 명의신탁자가 명의수탁자에게 등기를 넘겨주는 행위는, 사회질서에 반하는 행위여서 「민법」 제746조 본문의 불법원인급여에 해당되어, 명의신탁자가 명의수탁자를 상대로 진정명의 회복을 원인으로 한 소유권이전등기를 구할 수 없다.
>
> ㄴ. 매매계약이 약정된 매매대금의 과다로 말미암아 「민법」 제104조에서 정하는 '불공정한 법률행위'에 해당하여 무효인 경우에도 무효행위의 전환에 관한 같은 법 제138조가 적용될 수 있어, 당사자 쌍방이 위와 같은 무효를 알았더라면 대금을 다른 액으로 정하여 매매계약에 합의하였을 것이라고 예외적으로 인정되는 경우에는, 그 대금액을 내용으로 하는 매매계약이 유효하게 성립한다.
>
> ㄷ. 무권리자가 타인의 권리를 처분한 경우에는 특별한 사정이 없는 한 권리가 이전되지 않지만 권리자가 무권리자의 처분을 추인하는 것은 허용되며, 그 경우 「민법」 제130조의 무권대리에 관한 규정 및 같은 법 제133조의 추인의 효력에 관한 규정을 유추 적용할 수 있다.
>
> ㄹ. 다른 자의 대리인으로서 계약을 맺은 자가 그 대리권을 증명하지 못하고 또 본인의 추인을 받지 못한 경우에는 계약이 무효이기 때문에 계약의 상대방은 그 대리인에게 계약을 이행할 책임을 물을 수 없다.

① ㄱ, ㄴ ② ㄱ, ㄷ

③ ㄱ, ㄹ ④ ㄴ, ㄷ

해설 ㄱ. [×] "농지법에 따른 제한을 회피하고자 명의신탁을 한 사안이라고 해서 불법원인급여 규정의 적용 여부를 달리 판단할 이유는 없다. 단순한 행정명령에 불과한 농지법상의 처분명령을 이행하지 않았다고 해서 그 행위가 강행법규에 위반된다고 단정할 수도 없거니와, 그 이유만으로 처분명령 회피의 목적으로 이루어진 급여를 불법원인급여라고 할 수도 없다. 부동산실명법과 농지법의 규율 내용, 제재수단의 정도와 방법 등을 고려하면, 부동산실명법 위반이 농지법 위반보다 위법성이 더 크다고 볼 수밖에 없다. 부동산실명법을 위반한 명의신탁약정에 따라 마친 명의신탁등기를 불법원인급여라고 인정할 수 없음은 위에서 본 바와 같다. 농지법상의 처분명령을 회피하는 방법으로 명의신탁약정을 한 경우처럼 명의신탁약정과 그보다 위법성이 약한 단순한 행정명령 불이행의 행위가 결합되어 있다고 하더라도, 그 이유만으로 불법원인급여 규정의 적용 여부를 달리 판단할 수는 없다"(대판 2019.6.20. 전합2013다218156).

ㄴ. [○] "매매계약이 약정된 매매대금의 과다로 말미암아 민법 제104조에서 정하는 '불공정한 법률행위'에 해당하여 무효인 경우에도 무효행위의 전환에 관한 민법 제138조가 적용될 수 있다. 따라서 당사자 쌍방이 위와 같은 무효를 알았더라면 대금을 다른 액으로 정하여 매매계약에 합의하였을 것이라고 예외적으로 인정되는 경우에는, 그 대금액을 내용으로 하는 매매계약이

유효하게 성립한다"(대판 2010.7.15. 2009다50308)

☞ 判例는 매매대금의 과다로 말미암아 불공정한 법률행위에 해당하는 매매계약에 대해서, 선행하는 조정절차에서 제시된 금액을 기준으로 당사자의 '가정적 의사'를 추론하여 그 매매대금을 '적정한 금액'으로 감액하여 매매계약의 유효성을 인정하였다. 즉, **제104조에 해당하여 무효인 경우에도 제138조**(무효행위의 전환)**가 적용될 수 있다고 한다**(대판 2010.7.15, 2009다50308).

ㄷ. [○] ※ 무권리자 처분행위의 추인(소급효)

判例에 따르면 "권리자가 무권리자의 처분을 추인하면 무권대리에 대해 본인이 추인을 한 경우와 당사자들 사이의 이익상황이 유사하므로, 무권대리의 추인에 관한 제130조, 제133조 등을 무권리자의 추인에 유추 적용할 수 있다. 따라서 무권리자의 처분이 계약으로 이루어진 경우에 권리자가 이를 추인하면 원칙적으로 그 계약의 효과가 계약을 체결했을 때에 '소급'하여 권리자에게 귀속된다고 보아야 한다"(대판 2017.6.8. 2017다3499)고 한다.

ㄹ. [×] ※ 무권대리인의 책임의 내용

상대방의 선택에 좇아 이행 또는 손해배상의 책임을 진다(제135조 1항 ; 선택채권). "이때 상대방이 계약의 이행을 선택한 경우 무권대리인은 마치 자신이 계약의 당사자가 된 것처럼 계약에서 정한 채무를 이행할 책임을 지는 것이다. 따라서 위 계약에서 **채무불이행에 대비하여 손해배상액의 예정에 관한 조항을 둔 때에는 무권대리인은 조항에서 정한 바에 따라 산정한 손해액을 지급하여야 한다**. 이 경우에도 손해배상액의 예정에 관한 **제398조가 적용됨은 물론이다**"(대판 2018.6.28. 2018다210775).

[정답] ④

문5 제103조와 관련한 다음 설명 중 옳은 것은? (다툼이 있을 경우 판례에 따를 것) [기출변형]

① 보험계약자가 타인의 생활상의 부양이나 경제적 지원을 목적으로 보험자와 사이에 타인을 보험수익자로 하는 생명보험이나 상해보험 계약을 체결하였으나, 만약 위 보험계약이 민법 제103조 소정의 선량한 풍속 기타 사회질서에 반하여 무효라면 보험자가 이미 보험수익자에게 급부한 것은 불법원인급여이므로 반환을 구할 수 없다.

② 업무상 재해로 사망한 근로자의 직계가족 등을 특별채용하기로 하는 단체협약은 선량한 풍속 기타 사회질서에 반하여 무효이다.

③ 공동상속인(甲과 乙) 중 甲이 丙에게 상속부동산을 매도한 후 소유권이전등기를 경료하기 전에, 그 매매사실을 알고 있는 乙이 甲을 교사하여 그 부동산을 乙의 소유로 하는 상속재산 협의분할을 하여 그 명의로 소유권이전등기를 한 경우, 丙은 甲을 대위하여 상속부동산 전부에 대해 소유권이전등기말소를 청구할 수 있다.

④ 보험계약자가 다수의 보험계약을 통하여 보험금을 부정취득할 목적으로 보험계약을 체결한 경우 보험계약은 민법 제103조의 선량한 풍속 기타 사회질서에 반하여 무효이다. 민법 제103조 위반으로 인한 보험계약의 무효와 고지의무 위반을 이유로 한 보험계약의 해지나 취소는 그 요건이나 효과가 다르지만 각각의 요건을 모두 충족한다면 위와 같은 구제수단이 병존적으로 인정되고, 이 경우 보험자는 보험계약의 무효, 해지 또는 취소를 선택적으로 주장할 수 있다.

[해설] ① [×] "ⅰ) 보험계약자가 다수의 보험계약을 통하여 보험금을 부정취득할 목적으로 보험계약을 체결한 경우, 이러한 목적으로 체결된 보험계약에 의하여 보험금을 지급하게 하는 것은 보험계약을 악용하여 부정한 이득을 얻고자 하는 사행심을 조장함으로써 사회적 상당성을 일탈하게 될 뿐만 아니라, 합리적인 위험의 분산이라는 보험제도의 목적을 해치고 위험발생의 우발성을 파괴하며 다수의 선량한 보험가입자들의 희생을 초래하여 보험제도의 근간을 해치게 되므로, 이와 같은 보험계약은 민법 제103조 소정의 선량한 풍속 기타 사회질서에 반하여 무효라고 할 것이다. 한편 보험계약자가 그 보험금을 부정취득할 목적으로 다수의 보험계약을 체결하였는지에 관하여는 이를 직접적으로 인정할 증거가 없더라도, 보험계약자의 직업 및 재산상태, 다수의 보험계약의 체결 경위, 보험계약의 규모, 보험계약 체결 후의 정황 등 제반 사정에 기하여 그와 같은 목적을 추인할 수 있다. ⅱ) 보험계약자가 타인의 생활상의 부양이나 경제적 지원을 목적으로 보험자와 사이에 타인을 보험수익자로 하는 생명보험이나 상해보험 계약을 체결하여 보험수익자가 보험금 청구권을 취득한 경우, 보험자의 보험수익자에 대한 급부는 보험수익자에 대한 보험자 자신의 고유한 채무를 이행한 것이다. 따라서 보험자는 보험계약이 무효이거나 해제되었다는 것을 이유로 보험수익자를 상대로 하여 그가 이미 보험수익자에게 급부한 것의 반환을 구할 수 있고, 이는 타인을 위한 생명보험이나 상해보험이 제3자를 위한 계약의 성질을 가지고 있다고 하더라도 달리 볼 수 없다"(대판 2018.9.13 2016다255125).
☞ 불법의 원인은 보험계약자에게만 있고, 보험자와 보험수익자에게는 불법의 원인이 없으므로 제746조가 아니라 제741조가 적용된 사례이다.

② [×] "사용자가 노동조합과의 단체교섭에 따라 업무상 재해로 인한 사망 등 일정한 사유가 발생하는 경우 조합원의 직계가족 등을 채용하기로 하는 내용의 단체협약을 체결하였다면, 그와 같은 단체협약이 사용자의 채용의 자유를 과도하게 제한하는 정도에 이르거나 채용 기회의 공정성을 현저히 해하는 결과를 초래하는 등의 특별한 사정이 없는 한 선량한 풍속 기타 사회질서에 반한다고 단정할 수 없다"(대판 2020.8.27. 전합2016다248998).

③ [×] "공동상속인 중 1인이 제3자에게 상속 부동산을 매도한 뒤 그 앞으로 소유권이전등기가 경료되기 전에 그 매도인과 다른 공동상속인들 간에 그 부동산을 매도인 외의 다른 상속인 1인의 소유로 하는 내용의 상속재산 협의분할이 이루어져 그 앞으로 소유권이전등기를 한 경우에, 그 상속재산 협의분할은 상속개시된 때에 소급하여 효력이 발생하고 등기를 경료하지 아니한 제3자는 민법 제1015조 단서 소정의 소급효가 제한되는 제3자에 해당하지 아니하는바, 이 경우 상속재산 협의분할로 부동산을 단독으로 상속한 자가 협의분할 이전에 공동상속인 중 1인이 그 부동산을 제3자에게 매도한 사실을 알면서도 상속재산 협의분할을 하였을 뿐 아니라, 그 매도인의 배임행위(또는 배신행위)를 유인·교사하거나 이에 협력하는 등 적극적으로 가담한 경우에는 그 상속재산 협의분할 중 그 '매도인의 법정상속분에 관한 부분'은 민법 제103조 소정의 반사회질서의 법률행위에 해당한다"(대판 1996.4.26, 95다54426,54433).

☞ 지문에서 상속부동산 전부가 아니라 매도인 甲의 상속분에 한하여 '일부무효'가 된다(제137조 단서).

④ [○] ※ 반사회적 법률행위에 따른 무효와 해지·취소의 경합여부(적극)

"보험계약자가 다수의 보험계약을 통하여 보험금을 부정취득할 목적으로 보험계약을 체결한 경우 보험계약은 민법 제103조의 선량한 풍속 기타 사회질서에 반하여 무효이다. 보험계약을 체결하면서 중요한 사항에 관한 보험계약자의 고지의무 위반이 사기에 해당하는 경우에는 보험자는 상법의 규정에 의하여 계약을 해지할 수 있음은 물론 보험계약에서 정한 취소권 규정이나 민법의 일반원칙에 따라 보험계약을 취소할 수 있다. 따라서 보험금을 부정취득할 목적으로 다수의 보험계약이 체결된 경우에 민법 제103조 위반으로 인한 보험계약의 무효와 고지의무 위반을 이유로 한 보험계약의 해지나 취소는 그 요건이나 효과가 다르지만, 개별적인 사안에서 각각의 요건을 모두 충족한다면 위와 같은 구제수단이 병존적으로 인정되고, 이 경우 보험자는 보험계약의 무효, 해지 또는 취소를 선택적으로 주장할 수 있다"(대판 2017.4.7. 2014다234827)

[정답] ④

문6 제104조와 관련한 다음 설명 중 틀린 것은? (다툼이 있을 경우 판례에 따를 것) [기출변형]

① 공사 수급인이 도급한도를 초과하여 공사대금을 지급받은 사실을 알게 된 제3자가 이를 행정기관에 진정하고 진정을 취하하는 조건으로 수급인이 받는 공사대금채권 중 5,000만원을 지급받기로 약정한 경우는 제103조에 위반된다.

② 매매대금의 과다로 말미암아 매매계약이 민법 제104조가 정하는 불공정한 법률행위로서 무효가 된 경우라도 무효행위의 전환에 관한 민법 제138조가 적용될 수 있다.

③ '계약 체결 당시'를 기준으로 불공정한 법률행위가 아니더라도, 사후에 외부적 환경의 급격한 변화에 따라 계약당사자 일방에게 큰 손실이 발생하고 상대방에게는 그에 상응하는 큰 이익이 발생할 수 있는 구조라면 원칙적으로 불공정한 계약에 해당한다.

④ 구속된 남편을 구하기 위하여 채무자인 회사에 대한 물품외상대금채권을 포기한 것은 불공정한 법률행위에 해당한다.

해설 ① [○] 判例는 제104조가 제103조의 예시에 지나지 않는 것으로 해석한다. 따라서 제104조의 요건을 완전히 갖추지 못한 법률행위라도 제103조에 의해 무효로 될 수 있다(대판 2000.2.11, 99다56833).

　㉠ 제104조 위반여부(소극) : "증여계약과 같이 아무런 대가관계 없이 당사자 일방이 상대방에게 일방적인 급부를 하는 법률행위는 그 공정성 여부를 논의할 수 있는 성질의 법률행위가 아니다"(대판 2000.2.11. 99다56833).

　㉡ 제103조 위반여부(적극) : "행정기관에 진정서를 제출하여 상대방을 궁지에 빠뜨린 다음 이를 취하하는 조건으로 거액의 급부를 제공받기로 약정한 경우, 민법 제103조 소정의 반사회질서의 법률행위에 해당한다"(대판 2000.2.11.99다56833).

② [○] 최근에 判例는 매매대금의 과다로 말미암아 불공정한 법률행위에 해당하는 매매계약에 대해서, 선행하는 조정절차에서 제시된 금액을 기준으로 당사자의 가정적 의사를 추론하여 그 매매대금을 '적정한 금액'으로 감액하여 매매계약의 유효성을 인정하였다. 즉, 제104조에 해당하여 무효인 경우에도 제138조(무효행위의 전환)가 적용될 수 있다고 한다(대판 2010.7.15, 2009다50308).

③ [X] ※ 불공정성 판단시기
"어떠한 법률행위가 불공정한 법률행위에 해당하는지는 법률행위시를 기준으로 판단하여야 한다. 따라서 계약 체결 당시를 기준으로 전체적인 계약 내용에 따른 권리의무관계를 종합적으로 고려한 결과 불공정한 것이 아니라면, 사후에 외부적 환경의 급격한 변화에 따라 계약당사자 일방에게 큰 손실이 발생하고 상대방에게는 그에 상응하는 큰 이익이 발생할 수 있는 구조라고 하여 그 계약이 당연히 불공정한 계약에 해당한다고 말할 수 없다"(대판 2013.9.26. 전합2013다26746 ; 대판 2013.9.26. 전합2011다53683 ; 대판 2013.9.26. 전합2012다13637).

④ [○] ※ 불공정한 법률행위의 적용범위 - 단독행위 -
判例는 구속된 남편을 구하기 위하여 궁박한 상태에서 '채권을 포기하는 행위'(단독행위)는 불공정한 법률행위에 해당한다고 판시한바 있다(대판 1975.5.13, 75다92).

[정답] ③

문1 비진의 표시와 관련한 다음 설명 중 틀린 것은?   [기출변형]

① 비록 표의자가 의사표시의 내용을 진정으로 마음속에서 바라지는 아니하였다고 하더라도 당시의 상황에서는 그것을 최선이라고 판단하여 그 의사표시를 하였을 경우에는 이를 내심의 효과의사가 결여된 진의 아닌 의사표시라고 할 수 없다.

② 근로자가 사용자의 지시에 좇아 일괄하여 사직서를 작성·제출할 당시에 그 사직서에 기하여 의원면직처리될지도 모른다는 점을 인식하였다면, 이것만으로 그의 내심에 사직의 의사가 있는 것이라고 할 수 있다.

③ 법정대리인인 친권자의 대리행위가 남용인 경우 행위의 상대방이 이러한 사실을 알았거나 알 수 있었을 때에는 그 행위의 효과가 자(子)에게는 미치지 않지만, 그에 따라 외형상 형성된 법률관계를 기초로 하여 새로운 법률상 이해관계를 맺은 선의의 제3자에 대하여는 누구도 그와 같은 사정을 들어 대항할 수 없으며, 제3자가 악의라는 사실에 관한 주장·증명책임은 무효를 주장하는 자에게 있다.

④ 은행으로부터 대출을 받을 수 없는 신용불량자 乙을 위하여 甲은 자신의 명의를 빌려주고, 그 경위를 모르는 丙은행으로부터 1,000만 원을 대출 받게 해주었다. 변제기에 이르자 丙이 甲에게 반환청구를 한 경우, 원칙적으로 甲은 乙이 실질적인 채무자라고 주장하면서 丙의 청구를 거절할 수 없다.

해설 ① [○] "진의 아닌 의사표시에 있어서의 '진의'란 특정한 내용의 의사표시를 하고자 하는 표의자의 생각을 말하는 것이지 표의자가 진정으로 마음 속에서 바라는 사항을 뜻하는 것은 아니므로 표의자가 의사표시의 내용을 진정으로 마음 속에서 바라지는 아니하였다고 하더라도 당시의 상황에서는 그것이 최선이라고 판단하여 그 의사표시를 하였을 경우에는 이를 내심의 효과의사가 결여된 진의 아닌 의사표시라고 할 수 없다"(대판 2001.1.19. 2000다51919,51926).

② [×] ※ **사용자의 지시 내지 강요에 의하여 근로자가 사직서를 낸 경우**
"진의 아닌 의사표시인지의 여부는 효과의사에 대응하는 내심의 의사가 있는지 여부에 따라 결정되는 것인바, 근로자가 사용자의 지시에 좇아 일괄하여 사직서를 작성 제출할 당시 그 사직서에 기하여 의원면직처리될지 모른다는 점을 인식하였다고 하더라도 이것만으로 그의 내심에 사직의 의사가 있는 것이라고 할 수 없다"(대판 1991.7.12. 90다11554).

③ [○] "법정대리인인 친권자의 대리행위가 객관적으로 볼 때 미성년자 본인에게는 경제적인 손실만을 초래하는 반면, 친권자나 제3자에게는 경제적인 이익을 가져오는 행위이고 행위의 상대방이 이러한 사실을 알았거나 알 수 있었을 때에는 민법 제107조 제1항 단서의 규정을 유추적용하여 행위의 효과가 자(子)에게는 미치지 않는다고 해석함이 타당하나, 그에 따라 외형상 형성된

법률관계를 기초로 하여 새로운 법률상 이해관계를 맺은 선의의 제3자에 대하여는 같은 조 제2항의 규정을 유추적용하여 누구도 그와 같은 사정을 들어 대항할 수 없으며, 제3자가 악의라는 사실에 관한 주장·증명책임은 무효를 주장하는 자에게 있다"(대판 2018.4.26. 2016다3201).

④ [○] ※ 차명대출(借名貸出)

ⅰ) 법률상 또는 사실상의 장애로 자기 명의로 대출받을 수 없는 자를 위하여 대출금채무자로서의 명의를 빌려준 자에게 그와 같은 채무부담의 의사가 없다고 할 수 없으므로 그 의사표시를 비진의표시에 해당한다고 볼 수 없다. ⅱ) 설사 비진의표시로 인정하더라도 비진의임을 상대방이 알았거나 알 수 있었어야 그 의사표시가 무효로 된다. 그러나 여기서 말하는 '진의'는 채무부담이라는 법률상의 효과를 받지 않겠다는 의사를 의미하므로, 대출금을 타인이 사용한다는 것을 채권자가 아는 것만으로는 진의를 알았거나 알 수 있었다고 볼 수는 없다(대판 1997.7.25. 97다8403).

[정답] ②

문2 허위표시에 관한 다음 설명 중 가장 옳지 않은 것은? [16서기보]

① 甲이 자신의 丙에 대한 채권을 乙에게 가장양도하였는데, 丙의 변제 이전에 甲의 채권자인 丁이 위 채권에 대해 전부명령을 받았다면 丙이 선의라도 丁에게 변제를 거절할 수 없다.

② 甲이 乙과 통정하여 한 가장매매는 선의의 제3자인 丙에게 대항하지 못하는데, 이때 甲, 乙뿐만 아니라 그 누구도 선의의 丙에 대해서는 허위표시의 무효를 대항하지 못한다.

③ 甲은 丙으로부터 부동산을 매수하기 위하여 乙로부터 돈을 빌리고 그 담보를 위하여 위 부동산에 乙명의의 소유권이전등기청구권가등기를 해 주기로 약정하였는데, 채권자들의 강제집행을 피할 목적으로 丁과 통모하여 매수인을 丁으로 하여 丁명의로 소유권이전등기를 경료한 후 乙 명의의 가등기를 하였다면 위 가등기는 乙이 악의라면 무효이다.

④ 甲의 기망행위에 의하여 乙은 통정허위표시에 의한 甲의 丙에 대한 주채무가 있는 것으로 믿고서 보증계약을 체결하였고 그에 따라 乙이 보증채무자로서 그 채무까지 이행한 경우, 선의의 乙은 甲에 대하여 구상권을 취득한다.

해설 ① [○] 채권의 가장양도에서 채무자는 채권의 양도인이 채무자에게 채무의 이행을 청구할 때 선의의 채무자는 채권 양수인에게 변제하여야 함을 이유로 거절할 수 없다. 이 경우 채무자는 가장양도에 터 잡아 새로운 이해관계를 맺은 바가 없기 때문이다(대판 1983.1.18. 82다594 : 이 판결은 채무자가 가장양수인에게 지급하지 않고 있는 동안에 양도가 허위표시에 기한 것임이 밝혀진 경우를 전제로 하고 있음을 주의해야 한다).

② [○] 허위표시의 무효는 선의의 제3자에게 대항하지 못한다(제108조 2항). 여기서 '대항하지 못한다'는 것은 허위표시의 무효를 주장할 수 없다는 뜻으로, 선의의 제3자에게 대항하지 못하는 자는 '당사자 및 포괄승계인'에 한정되지 않고, 그 누구도 허위표시의 무효를 대항하지 못한다(대판 1996.4.26, 94다12074 등).

③ [×] ※ 허위표시의 무효로 대항할 수 없는 제3자 - 기존의 채권자
"통정허위표시의 무효를 대항할 수 없는 제3자란 허위표시의 당사자 및 포괄승계인 이외의 자로서 허위표시에 의하여 외형상 형성된 법률관계를 토대로 새로운 법률원인으로써 이해관계를 갖게 된 자를 말한다. 따라서, 소외인(甲)이 부동산의 매수자금을 피고(乙)로부터 차용하고 담보조로 가등기를 경료하기로 약정한 후 채권자들의 강제집행을 우려하여 소외인 (丁)에게 가장 양도한 후 피고(乙) 앞으로 가등기를 경료케 한 경우에 있어서 피고(乙)는 형식상은 가장 양수인(丁)으로부터 가등기를 경료받은 것으로 되어 있으나 실질적인 새로운 법률원인에 의한 것이 아니므로 통정허위 표시에서의 제3자로 볼 수 없다"(대판 1982.5.25, 80다1403).
☞ 다만 위 사안에서 判例는 乙의 가등기는 실체관계에 부합하는 것으로서, 丁 앞으로의 소유권등기가 허위표시임을 乙이 알았건 몰랐건 간에, 실제의 소유자인 甲은 乙에 대한 채무를 이행하지 않고서는 乙명의의 가등기의 말소를 구할 수 없다고 판시하였다(즉 乙이 보호받는 것은 제108조의 선의의 제3자 보호와는 별개의 것이다 ; 대판 1982.5.25, 80다1403).

④ [○] 대법원은 채무자와 허위표시에 기초한 채무에 대해 보증을 한 자가 보증채무를 이행하여 채무자에 대해 구상권을 취득한 경우, 그 구상권 취득에는 보증채무의 부종성으로 인하여 주채무가 유효하게 존재할 것이 필요하므로, 결국 그 보증인은 채무자의 채권자에 대한 채무부담행위라는 허위표시에 기초하여 구상권 취득에 관한 법률상 이해관계를 가지게 되었다고 보아야 하므로 제3자에 해당한다고 한다(대판 2000.7.6. 99다51258 : 다만, 보증채무부담행위 그 자체만으로는 제108조 2항의 제3자에 해당하지 않는다).

[정답] ③

문3 통정허위표시에 관한 설명 중 가장 옳지 않은 것은?   [14서기보]

① 통정허위표시의 무효는 선의의 제3자에게 대항하지 못하는데, 이 때 제3자는 자신이 선의라는 사실을 주장·입증하여야 한다.

② 통정허위표시에 있어서의 제3자는 그 선의 여부가 문제될 뿐이고 제3자의 과실 유무를 따질 것은 아니다.

③ 채무자의 법률행위가 통정허위표시인 경우에도 채권자취소권의 대상이 되고, 한편 채권자취소권의 대상으로 된 채무자의 법률행위라도 통정허위표시의 요건을 갖춘 경우에는 무효이다.

④ 통정허위표시에 의하여 외형상 형성된 법률관계로부터 생긴 채권을 가압류한 경우 그 가압류권자는 허위표시에 기초하여 새로이 법률상 이해관계를 가지게 된 제3자에 해당하므로, 그가 선의인 이상 통정허위표시의 무효를 그에 대하여 주장할 수 없다.

해설 ① [×] "민법 제108조 제1항에서 상대방과 통정한 허위의 의사표시를 무효로 규정하고, 제2항에서 그 의사표시의 무효는 선의의 제3자에게 대항하지 못한다고 규정하고 있는데, 여기에서 **제3자는 특별한 사정이 없는 한 선의로 추정할 것이므로**, 제3자가 악의라는 사실에 관한 주장·입증책임은 그 허위표시의 무효를 주장하는 자에게 있다"(대판 1970.9.29. 70다466).

② [○] 대판 2004.5.28. 2003다70041

③ [○] ※ **무효와 취소의 경합(이중효)**

　무효와 취소는 논리필연적으로 구분되는 것은 아니며, 무효와 취소는 법률효과를 뒷받침하는 근거로서 결국은 입법정책의 문제에 속한다고 할 수 있으며, 무효인 행위라도 법적으로 '無'는 아니다. 따라서 무효인 법률행위도 취소의 대상의 된다(통설 및 判例). 문제는 취소에 따른 실익인바, 判例(대판 1996.12.6, 95다24982)는 통정허위표시도 채권자취소권(제406조)의 대상이 될 수 있다고 한다. 이 경우 제3자가 허위표시에 관해 선의이더라도(제108조 2항) 사해의 의사가 있는 경우에는 채권자는 제3자를 상대로 채권자취소권을 행사할 수 있는 '실익'이 있다.

④ [○] 대판 2010.3.25, 2009다35743

[정답] ①

문4 통정허위표시에 관한 설명 중 옳지 않은 것은? (각 지문은 독립적이며, 판례에 의함)　[기출변형]

① 甲이 실제 차주인 丙에 대한 여신제한 등의 규정을 회피하기 위하여 甲 자신 명의로 금융기관 乙과의 소비대차계약서에 서명날인했다 하더라도, 乙과 소비대차에 따른 법률효과를 丙에게 귀속시키기로 약정하거나 乙이 이를 양해하는 등 특별한 사정이 없는 이상, 甲과 乙 사이의 소비대차계약은 통정허위표시가 아니며 甲이 이 소비대차계약에 따른 채무를 부담한다.

② 甲과 乙은 甲 소유의 부동산에 관하여 통정허위표시로 근저당권설정계약을 체결하고 이에 따른 乙 명의의 근저당권설정등기를 마쳤으나, 위 근저당권의 피담보채권을 성립시키는 법률행위는 없었다. 그 뒤 乙의 채권자 丙이 이 근저당권부 채권을 가압류한 경우, 丙은 위 근저당권설정계약이 통정허위표시임을 몰랐다 하더라도 이 근저당권말소에 대하여 등기상 이해관계인으로서 승낙할 의무가 있다.

③ 甲이 부동산의 매수자금을 乙로부터 차용하고 그 담보조로 乙에게 가등기를 해 주기로 약정하였으나 그 부동산에 대한 자신의 다른 채권자들의 강제집행을 우려하여 丙에게 이 부동산을 가장양도한 다음 丙이 乙에게 가등기를 경료해 준 경우, 乙은 통정허위표시에서의 제3자에 해당하지 않는다.

④ 甲이 통정허위표시로 乙에게 甲 소유의 부동산에 관한 전세권설정등기를 해 준 이후 丙이 이 전세권을 목적으로 한 근저당권설정등기를 마친 다음 丁이 丙의 전세권근저당권부 채권을 가압류한 경우, 설사 丁이 선의라 하더라도 丙이 악의인 이상 甲은 丁에게 위 전세권이 무효임을 주장할 수 있다.

[해설] ① [○] ※ 명의차용자가 당사자로 되는 경우

원칙적으로는 차명대출의 경우 통정허위표시로 볼 수 없으나(대판 1998.9.4, 98다17909), 判例에 따르면 상대방이 대출명의를 명의대여자로 할 뿐 명의대여자에게 책임을 지우지 않는다는 '양해'를 하고 대출을 한 경우라면 명의대여자를 당사자로 한 의사표시는 통정허위표시로 무효가 되어 명의대여자가 책임을 면할 수 있으며(대판 1999.3.12, 98다48989), 이 경우 실제 채무자인 명의차용자가 채무자가 되어 상대방에게 책임을 진다고 한다(대판 1996.8.23, 96다18076).

② [○] ※ 허위의 근저당권설정계약과 제3자 보호

"근저당권은 그 담보할 채무의 최고액만을 정하고, 채무의 확정을 장래에 보류하여 설정하는 저당권으로서(제357조 1항), 계속적인 거래관계로부터 발생하는 다수의 불특정채권을 장래의 결산기에서 일정한 한도까지 담보하기 위한 목적으로 설정되는 담보권이므로, 근저당권설정행위와는 별도로 근저당권의 피담보채권을 성립시키는 법률행위가 있어야 한다. 한편, 근저당권이 있는 채권이 가압류되는 경우, 근저당권설정등기에 부기등기의 방법으로 그 피담보채권의 가압류사실을 기입등기하는 목적은 근저당권의 피담보채권이 가압류되면 담보물권의 수반성에 의하여 종된 권리인 근저당권에도 가압류의 효력이 미치게 되어 피담보채권의 가압류를 공시하기 위한 것이므로, 만일 근저당권의 피담보채권이 존재하지 않는다면 그 가압류명령은 무효라고 할 것이고, 근저당권을 말소하는 경우에 가압류권자는 등기상 이해관계 있는 제3자로서 근저당권의 말소에 대한 승낙의 의사표시를 하여야 할 의무가 있다"(대판 2004.5.28, 2003다70041).

☞ 즉, 判例는 통정한 허위표시에 의하여 외형상 형성된 법률관계로 생긴 채권(사안에서는 근저당권부 채권)을 가압류한 경우, 그 가압류권자는 허위표시에 기초하여 새로운 법률상 이해관계를 가지게 되므로 제108조 2항의 제3자에 해당한다고 한다. 다만 사안과 같이 근저당권설정행위에 대해서만 허위의 의사표시가 있었고, 그 근저당권의 피담보채권을 성립시키는 허위의 의사표시는 없었던 경우는 결국 제3자는 보호받을 수 없다고 한다. 즉 '기본계약의 부존재와 가압류결정의 무효'를 이유로 丙은 등기상 이해관계 있는 제3자로서 근저당권의 말소에 대한 승낙의 의사표시를 할 의무가 있다고 한다(대판 2004.5.28, 2003다70041).

③ [○] ※ 허위표시의 무효로 대항할 수 없는 제3자 - 기존의 채권자

"통정허위표시의 무효를 대항할 수 없는 제3자란 허위표시의 당사자 및 포괄승계인 이외의 자로서 허위표시에 의하여 외형상 형성된 법률관계를 토대로 새로운 법률원인으로써 이해관계를 갖게 된 자를 말한다. 따라서, 소외인(甲)이 부동산의 매수자금을 피고(乙)로부터 차용하고 담보조로 가등기를 경료하기로 약정한 후 채권자들의 강제집행을 우려하여 소외인 (丙)에게 가장 양도한 후 피고(乙) 앞으로 가등기를 경료케 한 경우에 있어서 피고(乙)는 형식상은 가장 양수인(丙)으로부터 가등기를 경료받은 것으로 되어 있으나 실질적인 새로운 법률원인에 의한 것이 아니므로 통정허위 표시에서의 제3자로 볼 수 없다"(대판 1982.5.25, 80다1403).

☞ 다만 위 사안에서 判例는 乙의 가등기는 실체관계에 부합하는 것으로서, 丙 앞으로의 소유권등기가 허위표시임을 乙이 알았건 몰랐건 간에, 실제의 소유자인 甲은 乙에 대한 채무를 이행하지 않고서는 乙명의의 가등기의 말소를 구할 수 없다고 판시하였다(즉 乙이 보호받는 것은 제108조의 선의의 제3자 보호와는 별개의 것이다 ; 대판 1982.5.25, 80다1403).

④ [×] ※ 허위표시의 무효로 대항할 수 없는 제3자 - 가장전세권의 전세권근저당권부 채권을 가압류한 가압류권자

"실제로는 전세권설정계약을 체결하지 아니하였으면서도 임대차계약에 기한 임차보증금반환채권을 담보할 목적 또는 금융기관으로부터 자금을 융통할 목적으로 임차인과 임대인 사이의 합의에 따라 임차인 명의로 전세권설정등기를 경료한 경우에, 위 전세권설정계약이 통정허위표시에

해당하여 무효라 하더라도 위 전세권설정계약에 의하여 형성된 법률관계에 기초하여 새로이 법률상 이해관계를 가지게 된 제3자에 대하여는 그 제3자가 그와 같은 사정을 알고 있었던 경우에만 그 무효를 주장할 수 있다. 그리고 여기에서 선의의 제3자가 보호될 수 있는 법률상 이해관계는 위 전세권설정계약의 당사자를 상대로 하여 직접 법률상 이해관계를 가지는 경우 외에도 그 법률상 이해관계를 바탕으로 하여 다시 위 전세권설정계약에 의하여 형성된 법률관계와 새로이 법률상 이해관계를 가지게 되는 경우도 포함된다"(대판 2013.2.15, 2012다49292).

☞ **사실관계** "丙의 전세권근저당권부 채권은 통정허위표시에 의하여 외형상 형성된 전세권을 목적물로 하는 전세권근저당권의 피담보채권이고, 丁은 이러한 丙의 전세권근저당권부 채권을 가압류하고 압류명령을 얻음으로써 그 채권에 관한 담보권인 전세권근저당권의 목적물에 해당하는 전세권에 대하여 새로이 법률상 이해관계를 가지게 되었으므로, 丁이 통정허위표시에 관하여 선의라면 비록 丙이 악의라 하더라도 허위표시자는 그에 대하여 전세권이 통정허위표시에 의한 것이라는 이유로 대항할 수 없다"(대판 2013.2.15, 2012다49292).

쟁점정리 제3자로부터의 전득자는 제3자가 선의라면 전득자는 선·악을 불문하고 보호되는바, 이는 제108조 2항이 문제되는 것은 아니다[선의의 제3자의 개입에 의하여 허위표시의 하자는 치유되었다고 보아야 한다(엄폐물의 법칙)]. 반면 제3자가 악의이고 전득자가 선의인 경우에는 제108조 2항에 의하여 전득자가 보호될 수 있다(대판 2013.2.15. 2012다49492).

[정답] ④

문5 통정허위표시에 관한 민법 제108조 제2항의 '제3자'에 해당하지 않는 자를 모두 고른 것은? (다툼이 있는 경우 판례에 의함) [기출변형]

ㄱ. 甲과 乙사이의 허위의 의사표시에 기한 채무를 보증하고 그에 따라 보증채무자로서 그 채무를 이행한 경우, 보증인 丙

ㄴ. 근로자 甲이 乙회사에 대한 퇴직금채권을 丙에게 가장양도하였으나, 乙 회사가 아직 퇴직금을 가장양수인 丙에게 지급하지 않고 있던 중, 위 퇴직금채권이 법원의 전부명령에 의하여 丁에게 이전된 경우, 퇴직금채무자 乙 회사

ㄷ. 甲 금융기관과 乙 사이의 통정한 허위표시에 따라 甲이 乙에 대하여 취득한 외형상의 채권을 한국자산관리공사 丙이 인수한 경우, 채권양수인 丙

ㄹ. 甲이 상대방 乙과 통정한 허위의 의사표시를 통하여 가장채권을 보유하고 있다가 파산선고를 받은 경우, 파산관재인 丙

ㅁ. 甲이 자신의 소유인 X토지에 관하여 채권자 乙에게 담보가등기를 경료하기로 약정한 상태에서 그 토지를 丙에게 가장양도하고 소유권이전등기를 마친 다음 丙에게 지시하여 乙에게 가등기를 경료케 하여 준 경우, 채권자 乙

① ㄱ, ㄴ　　　　　　　　　② ㄱ, ㄹ
③ ㄴ, ㄷ　　　　　　　　　④ ㄴ, ㅁ

※ 일반적으로 제3자란 당사자와 그의 포괄승계인 이외의 자를 말하지만, 허위표시를 기초로 하여 별개의 법률원인에 의하여 고유한 법률상의 이익을 갖는 법률관계에 들어간 자를 보호한다는 취지에 따라, 제108조 제2항의 제3자는 위와 같은 제3자 중 '허위표시에 의하여 외형상 형성된 법률관계를 토대로 ⅰ) 실질적으로 ⅱ) 새로운 ⅲ) 법률상 이해관계를 맺은 자'로 한정된다는 것이 통설과 判例의 입장이다.

ㄱ. [제3자 ○] 대법원은 채무자와 허위표시에 기초한 채무에 대해 보증을 한 자가 보증채무를 이행하여 채무자에 대해 구상권을 취득한 경우, 그 구상권 취득에는 보증채무의 부종성으로 인하여 주채무가 유효하게 존재할 것이 필요하므로, 결국 그 보증인은 채무자의 채권자에 대한 채무부담행위라는 허위표시에 기초하여 구상권 취득에 관한 법률상 이해관계를 가지게 되었다고 보아야 하므로 제3자에 해당한다고 한다(대판 2000.7.6. 99다51258). 다만, **보증채무부담행위 그 자체만으로는 제108조 2항의 제3자에 해당하지 않는다.**

관련쟁점 그러나 가장채무의 보증인이 선의이지만 '중과실'로 가장채권자에게 보증채무를 이행한 사안에서, 보증인은 가장채무자(통정허위표시의 당사자)에게는 구상권을 행사할 수 있지만, 선의의 구상보증인들(통정허위표시의 무효를 주장하는 다른 제3자)에게까지 구상보증채무의 이행을 구하는 것은 권리남용에 해당하여 허용되지 않는다고 한다(위 99다51258의 재상고심 판결).

ㄴ. [제3자 ✕] 채권의 가장양도에서 채무자는 채권의 양도인이 채무자에게 채무의 이행을 청구할 때 선의의 채무자는 채권 양수인에게 변제하여야 함을 이유로 거절할 수 없다. 이 경우 채무자는 가장양도에 터 잡아 새로운 이해관계를 맺은 바가 없기 때문이다(대판 1983.1.18, 82다594 ; 이 판결은 채무자가 가장양수인에게 지급하지 않고 있는 동안에 양도가 허위표시에 기한 것임이 밝혀진 경우를 전제로 하고 있음을 주의해야 한다).

관련쟁점 그러나 채권의 가장양도인이 채무자에게 채무의 이행을 청구하였는데 채무자는 이미 채권의 양도가 유효한 것으로 믿고 채권 양수인에게 채무를 이행해 버린 경우, 채무자는 채권의 가장양도에 터 잡아 '채무의 변제'라는 새로운 이해관계를 맺었기 때문에 제3자에 해당하는 것으로 보아야 한다(다수설). 따라서 채무자는 이를 이유로 변제를 거절할 수 있다. 물론 채무자는 그 밖에 제452조 1항에 의한 항변, 채권의 준점유자에 대한 변제(제470조) 항변 등을 할 수도 있다.

ㄷ. [제3자 ○] 가장매매에 기한 대금채권의 양수인 기타 가장채권의 양수인도 제3자에 해당한다고 할 것이다(제548조 1항 단서와 비교). 이와 관련하여 대법원은 통정허위표시에 의하여 금융기관과의 사이에 대출명의인이 된 자는 제108조 2항에 의해 그 금융기관으로부터 그 채권을 양수한 한국자산관리공사에 대하여 대출계약의 무효를 주장할 수 없다고 한다(대판 2004.1.15, 2002다31537).

비교판례 계약해제로 인한 원상회복의무는 제3자의 권리를 해하지 못한다(제548조 1항 단서). 이때 제3자의 범위와 관련하여 判例는 "그 해제된 계약으로부터 생긴 법률효과를 기초로 하여 '해제 전'에 새로운 이해관계를 가졌을 뿐 아니라 등기·인도 등으로 완전한 권리를 취득한 자"를 말한다고 하여(대판 2002.10.11, 2002다33502), 判例는 채권의 양수인이 취득한 권리는 채권에 불과하고 대세적 효력을 갖는 권리가 아니어서 (대항요건을 갖추었더라도) 채권의 양수인은 제3자에 해당하지 않는다고 한다(대판 2003.1.24, 2000다22850 등).

ㄹ. [제3자 ○] 대법원은 "가장소비대차의 대주가 파산한 경우의 파산관재인은 파산자와는 독립한 지위에서 파산채권자 전체의 공동의 이익을 위하여 직무를 행하게 됨을 이유로 제3자에 해당한다"고 보고 있다(대판 2005.5.12, 2004다68366).

관련쟁점 그리고 "파산관재인의 선의는 추정되고, 다만 파산관재인 개인의 선의·악의를 기준으로 할 수는 없고 총파산채권자 중 1인이라도 선의이면 파산관재인은 선의로 다루어진다"고 하는데, 이는 만일 파산관재인 개인을 기준으로 선의 여부를 판단하게 되는 경우 파산관재인이 누가 되는가에 따라 가장채권이 파산재단에 속하는지 여부가 달라지게 되는 불합리가 생기기 때문이다(대판 2006.11.10, 2004다10299).

ㅁ. [제3자 X] 甲이 乙로부터 금전을 차용하고 그 담보로 甲의 부동산에 가등기를 하기로 약정하였는데, 채권자들의 강제집행을 우려하여 丙에게 가장양도하고 이를 乙 앞으로 가등기를 해 준 경우, 乙은 형식상은 가장양수인(丙)으로부터 가등기를 한 것이지만 실질적으로 새로운 법률원인에 의한 것이 아니므로 제3자에 해당하지 않는다(대판 1982.5.25, 80다1403).

관련쟁점 다만 乙의 가등기는 실체관계에 부합하는 것으로서, 丙 앞으로의 소유권등기가 허위표시임을 乙이 알았건 몰랐건 간에, 실제의 소유자인 甲은 乙에 대한 채무를 이행하지 않고서는 乙 명의의 가등기의 말소를 구할 수 없다(즉 乙이 보호받는 것은 제108조의 선의의 제3자 보호와는 별개의 것이다).

[정답] ④

문6 다음 설명 중 옳은 것을 모두 고른 것은? (각 지문은 독립적이고, 판례에 의함) [기출변형]

> ㄱ. 甲이 乙과의 사이에 X 토지를 매매하는 계약을 체결한 후 乙에 대한 매매잔대금채권을 丙에게 양도한 경우, 위 매매계약이 해제되면 丙은 선의라도 乙에 대하여 위 양수금을 청구할 수 없다.
>
> ㄴ. 甲이 乙에게 매매를 원인으로 주택의 소유권이전등기를 마쳐주었으나, 매매계약이 적법하게 해제되고 乙 명의의 소유권이전등기가 말소된 경우에도 위 매매계약이 해제되기 전에 乙로부터 위 주택을 임차하여 인도와 주민등록을 마친 丙의 권리를 해하지 못한다.
>
> ㄷ. 丙이 甲과 乙 사이의 매매계약에 기한 甲의 소유권이전등기청구권을 가압류하였다면, 그 후 乙이 甲의 대금지급의무 불이행을 이유로 매매계약을 해제하더라도 丙의 가압류권자로서의 지위는 보호된다.
>
> ㄹ. 파산자가 통정허위표시를 통하여 가장채권을 보유하고 있다가 파산이 선고된 경우, 파산관재인은 그 허위표시에 따라 외형상 형성된 법률관계를 토대로 실질적으로 새로운 법률상 이해관계를 가지게 된 제3자에 해당하는데, 이때 선의 여부는 파산관재인을 기준으로 판단한다.
>
> ㅁ. X 토지에 관하여 甲과 乙 사이의 통정허위표시에 기하여 乙 명의의 가등기가 마쳐지고 甲으로부터 丙에게로의 소유권이전등기가 마쳐진 후 위 가등기에 기한 본등기가 마쳐짐에 따라 丙 명의의 등기가 말소된 경우, 乙로부터 X에 관한 소유권이전등기를 마친 丁이 위 허위표시에 관하여 알지 못했더라도 丙은 丁을 상대로 소유권이전등기의 말소를 청구할 수 있다.

① ㄱ, ㄴ　　　　　　　　　　　② ㄴ, ㄹ

③ ㄷ, ㅁ　　　　　　　　　　　④ ㄱ, ㄴ, ㅁ

[해설] ※ 제108조 2항의 제3자와 제548조 1항 단서의 제3자 비교

제108조 2항 등의 제3자는 '무효'인 의사표시를 바탕으로 새로운 이해관계를 가지면 되나, 제548조 1항 단서의 제3자는 '완전히 유효'한 계약을 바탕으로 새로운 이해관계를 가져야 하므로 후자의 경우에는 등기, 인도 등으로 완전한 권리를 취득한 자이어야 한다.

ㄱ. [○] ㄷ. [×] "민법 제548조 제1항 단서에서 말하는 제3자란 일반적으로 그 해제된 계약으로부터 생긴 법률효과를 기초로 하여 해제 전에 새로운 이해관계를 가졌을 뿐 아니라 등기, 인도 등으로 완전한 권리를 취득한 자를 말하므로 계약상의 채권을 양수한 자나 그 채권 자체를 압류 또는 전부한 채권자는 여기서 말하는 제3자에 해당하지 아니한다"(대판 2000.4.11. 99다51685)

ㄴ. [○] "소유권을 취득하였다가 계약해제로 인하여 소유권을 상실하게 된 임대인으로부터 그 계약이 해제되기 전에 주택을 임차받아 주택의 인도와 주민등록을 마침으로써 같은 법 소정의 대항요건을 갖춘 임차인은 등기된 임차권자와 마찬가지로 제3자에 해당된다"(대판 1996.8.20. 96다17653).

[관련판례] 判例는 '주택을 인도받은 미등기매수인'과 임대차계약을 체결하고 그 주택을 인도받아 전입신고를 마친자는 제3자에 해당한다고 한다(대판 2008.4.10, 2007다38908,38915).[1]

그러나 미등기매수인의 임대권한이 처음부터 제한되어 있는 경우에는 제3자는 보호되지 않는다. 즉 "주택 매매계약에 부수하여 매매대금 수령 이전에 매수인에게 임대 권한을 부여한 경우, 이는 매매계약의 해제를 해제조건으로 한 것이고, 매도인으로부터 매매계약의 해제를 해제조건부로 전세 권한을 부여받은 매수인이 주택을 임대한 후 매도인과 매수인 사이의 매매계약이 해제됨으로써 해제조건이 성취되어 그 때부터 매수인이 주택을 전세 놓을 권한을 상실하게 되었다면, 임차인은 전세계약을 체결할 권한이 없는 자와 사이에 전세계약을 체결한 임차인과 마찬가지로 매도인에 대한 관계에서 그 주택에 대한 사용수익권을 주장할 수 없게 되어 매도인의 명도청구에 대항할 수 없게 되는바, 이러한 법리는 임차인이 그 주택에 입주하고 주민등록까지 마쳐 주택 임대차보호법상의 대항요건을 구비하였거나 전세계약서에 확정일자를 부여받았다고 하더라도 마찬가지이다"(대판 1995.12.12, 95다32037). 이 때 임차인은 매수인(임대인)의 보증금반환과 동시이행으로 매도인에게 목적물인도를 하겠다는 동시이행의 항변을 행사할 수 없다(대판 1990.12.7, 90다카24939).

ㄹ. [×] "파산관재인이 민법 제108조 제2항의 경우 등에 있어 제3자에 해당하는 것은 파산관재인은 파산채권자 전체의 공동의 이익을 위하여 선량한 관리자의 주의로써 그 직무를 행하여야 하는 지위에 있기 때문이므로, 그 선의·악의도 파산관재인 개인의 선의·악의를 기준으로 할 수는 없고 총파산채권자를 기준으로 하여 파산채권자 모두가 악의로 되지 않는 한 파산관재인은 선의의 제3자라고 할 수밖에 없다. 파산관재인이 파산선고 전에 개인적인 사유로 파산자가 체결한 대출계약이 통정허위표시에 의한 것임을 알게 되었다고 하더라도 그러한 사정만을 가지고 파산선고시 파산관재인이 악의자에 해당한다고 할 수 없다"(대판 2006.11.10, 2004다10299).

---

1) [사실관계] 아파트 수분양자가 분양자로부터 열쇠를 교부받아 임차인을 입주케 하고 임차인이 주택임대차보호법상 대항력을 갖춘 후 다른 사정으로 분양계약이 해제되어 임대인인 수분양자가 주택의 소유권을 취득하지 못한 사안에서, 임차인은 아파트 소유자인 분양자에 대하여 임차권으로 대항할 수 있다고 본 사례이다.

ㅁ. [×] 가장양도인(甲)으로부터의 양수인(丙)과 가장양수인(乙)으로부터의 양수인(丁)의 우열이 문제되는 사안에서 *判例*는 "가장양수인으로부터의 양수인이 가장매매로 인한 가등기 및 이에 대한 본등기의 원인이 된 각 의사표시가 허위임을 알지 못하였다면, 가장양도인으로부터의 양수인은 이러한 선의의 제3자에게 허위표시의 무효를 주장할 수 없고, 따라서 가장양수인으로부터의 양수인 명의의 소유권이전등기는 유효하다"(대판 1996.4.26. 94다12074)고 한다. 가장양도인으로부터의 양수인은 새로운 법률관계를 맺은 것이 가장매매를 기초로 한 것이 아닐 뿐만 아니라, 이미 가등기가 등재되어 있어 가등기에 기한 본등기시 자신의 등기가 말소될 위험을 부담하고 권리를 취득하였을 것이라는 점에서 *判例*의 태도가 타당하다.

[정답] ①

문7 통정허위표시에 관한 설명 중 옳은 것을 모두 고른 것은? (다툼이 있는 경우 판례에 의함)

[기출변형]

> ㄱ. 통정한 허위의 의사표시는 무효이나, 허위표시의 당사자와 포괄승계인 이외의 자로서 허위표시에 의하여 외형상 형성된 법률관계를 토대로 실질적으로 새로운 법률상 이해관계를 맺은 선의의 제3자에 대하여는 허위표시의 당사자뿐만 아니라 그 누구도 허위표시의 무효로 대항하지 못한다.
> ㄴ. 임대차보증금반환채권이 양도된 후 양수인의 채권자가 임대차보증금반환채권에 대하여 채권압류 및 추심명령을 받았는데, 임대차보증금반환채권 양도계약이 통정허위표시로서 무효인 경우 양수인의 채권자는 채권의 추심권능만을 부여받은 자여서 통정허위표시에 관한 「민법」제108조 제2항의 제3자에 해당하지 않는다.
> ㄷ. 파산채무자가 통정한 허위의 의사표시를 통하여 가장채권을 보유하고 있다가 파산이 선고된 경우 그 가장채권도 일단 파산재단에 속하게 되고, 파산관재인은 파산채무자의 포괄승계인이어서 「민법」제108조 제2항의 통정허위표시의 제3자에 해당하지 않는다.
> ㄹ. 「민법」제108조 제2항의 통정한 허위의 의사표시의 무효로 대항할 수 없는 제3자는 선의이면 족하고 무과실은 요건이 아니다.

① ㄱ, ㄴ　　　　　　　　② ㄱ, ㄷ
③ ㄱ, ㄹ　　　　　　　　④ ㄴ, ㄷ

해설 ㄱ. [○] "상대방과 통정한 허위의 의사표시는 무효이고 누구든지 그 무효를 주장할 수 있는 것이 원칙이나, 허위표시의 당사자 및 포괄승계인 이외의 자로서 허위표시에 의하여 외형상 형성된 법률관계를 토대로 실질적으로 새로운 법률상 이해관계를 맺은 선의의 제3자에 대하여는 허위표시의 당사자뿐만 아니라 그 누구도 허위표시의 무효를 대항하지 못하고, 따라서 선의의 제3자에 대한 관계에 있어서는 허위표시도 그 표시된 대로 효력이 있다"(대판 1996.4.26. 94다12074)

ㄴ. [×] "임대차보증금반환채권이 양도된 후 양수인의 채권자가 임대차보증금반환채권에 대하여 채권압류 및 추심명령을 받았는데 임대차보증금반환채권 양도계약이 허위표시로서 무효인 경우 채권자는 그로 인해 외형상 형성된 법률관계를 기초로 실질적으로 새로운 법률상 이해관계를 맺은 제3자에 해당한다"(대판 2014.4.10. 2013다59753).

☞ 가장양도된 채권에 대하여 그 양수인의 채권자가 채권압류 및 '추심명령'을 받은 경우에는 단순히 추심권을 취득한 자에 불과한 것이 아니라, 허위의 양도계약을 기초로 실질적으로 새로운 법률상 이해관계를 맺은 제3자에 해당한다고 한다(대판 2014.4.10. 2013다59753).

ㄷ. [×] "파산자가 상대방과 통정한 허위의 의사표시를 통하여 가장채권을 보유하고 있다가 파산이 선고된 경우 그 가장채권도 일단 파산재단에 속하게 되고, 파산선고에 따라 파산자와는 독립한 지위에서 파산채권자 전체의 공동의 이익을 위하여 직무를 행하게 된 **파산관재인**은 그 허위표시에 따라 외형상 형성된 법률관계를 토대로 실질적으로 새로운 법률상 이해관계를 가지게 된 민법 제108조 제2항의 제3자에 해당하고, 그 선의·악의도 파산관재인 개인의 선의·악의를 기준으로 할 수는 없고, 총파산채권자를 기준으로 하여 파산채권자 모두가 악의로 되지 않는 한 파산관재인은 선의의 제3자라고 할 수밖에 없다"(대판 2010.4.29., 2009다96083).

ㄹ. [○] "통정한 허위표시에 의하여 외형상 형성된 법률관계로 생긴 채권을 가압류한 경우, 그 가압류권자는 허위표시에 기초하여 새로운 법률상 이해관계를 가지게 되므로 민법 제108조 제2항의 제3자에 해당한다고 봄이 상당하고, 또한 민법 제108조 제2항의 제3자는 선의이면 족하고 무과실은 요건이 아니다"(대판 2004.5.28. 2003다70041).

[정답] ③

문8 착오로 인한 의사표시에 관한 다음 설명 중 가장 옳은 것은? (다툼이 있는 경우 판례에 의하고, 전원합의체 판결의 경우 다수의견에 의함) [21서기보]

① 동기의 착오를 이유로 법률행위를 취소하려면 당사자들 사이에 별도로 그 동기를 의사표시의 내용으로 삼기로 하는 합의까지 이루어져야 한다.

② 화해계약의 의사표시에 착오가 있더라도 이것이 당사자의 자격이나 화해계약의 대상인 분쟁 이외의 사항에 관한 것이 아니고 분쟁의 대상인 법률관계 자체에 관한 것일 때에는 이를 취소할 수 없다.

③ 매도인의 하자담보책임이 성립하는 경우에는 매매계약 내용의 중요 부분에 착오가 있는 경우에도 매수인이 착오를 이유로 매매계약을 취소할 수 없다.

④ 소취하합의의 의사표시는 법률행위의 내용의 중요부분에 착오가 있음을 이유로 취소할 수 없다.

해설 ① [×] 判例는 "동기를 당해 의사표시의 내용으로 삼을 것을 상대방에게 표시한 경우 그 착오를 이유로 계약을 취소할 수 있다"고 보아 기본적으로 동기표시설의 입장이다. 다만, 의사표시의 해석상 그 동기가 법률행위의 내용으로 되어 있다고 인정되면 충분하고, 당사자들 사이에 별도로 그 동기를 의사표시의 내용으로 삼기로 하는 '합의'까지 이루어질 필요는 없다고 한다(대판 2000.5.12, 2000다12259).

② [○] 화해는 당사자가 사실에 반한다는 것을 감수하면서 서로 양보하여 분쟁을 종료시키는 데에 목적을 두는 계약이므로, 화해의 목적인 '분쟁사항'이 사실과 다르더라도 착오를 이유로 취소하는 것은 허용되지 않는다(제733조 본문). 따라서 '분쟁 이외의 사항'에 착오가 있는 때에는, 착오를 이유로 화해계약을 취소할 수 있다(제733조 단서). 여기서 '분쟁 이외의 사항'이라 함은 분쟁의 대상이 아니라 그 분쟁의 전제 또는 기초가 된 사항으로서, 쌍방 당사자 사이에 다툼이 없어 양보의 대상이 되지 않았던 사실을 말한다(대판 1997.4.11, 95다48414).

③ [×] 判例는 "착오로 인한 취소 제도와 매도인의 하자담보책임 제도는 취지가 서로 다르고, 요건과 효과도 구별된다. 따라서 매매계약 내용의 중요 부분에 착오가 있는 경우 매수인은 매도인의 하자담보책임이 성립하는지와 상관없이 착오를 이유로 매매계약을 취소할 수 있다"(대판 2018.9.13. 2015다78703)고 판시하여 제580조와 제109조의 경합을 처음으로 명시적으로 인정하였다. 따라서 이러한 判例에 따르면 설령 하자를 안 날로부터 6개월이 지났더라도(제582조), 제146조의 제척기간이 지나지 않았다면 착오를 이유로 취소할 수 있다.

④ [×] "소취하합의의 의사표시 역시 민법 제109조에 따라 법률행위의 내용의 중요 부분에 착오가 있는 때에는 취소할 수 있을 것이다. 이때 착오를 이유로 의사표시를 취소하는 자는 법률행위의 내용에 착오가 있었다는 사실과 함께 착오가 의사표시에 결정적인 영향을 미쳤다는 점, 즉 만일 착오가 없었더라면 의사표시를 하지 않았을 것이라는 점을 증명하여야 한다"(대판 2020.10.15. 2020다227523, 227530)

[정답] ②

문9 의사표시의 착오에 관한 다음 설명 중 가장 옳지 않은 것은? [17서기보]

① 동기의 착오가 법률행위의 내용의 중요부분의 착오에 해당함을 이유로 표의자가 법률행위를 취소하는 경우 당사자들 사이에 그 동기를 의사표시의 내용으로 삼기로 하는 합의까지 이루어질 필요는 없다.

② 착오로 인하여 표의자가 경제적인 불이익을 입은 것이 아니라고 하더라도 법률행위 내용의 중요부분의 착오가 될 수 있다.

③ 표의자가 행위를 할 당시에 장래에 있을 어떤 사항의 발생이 미필적임을 알아 그 발생을 예기한 데 지나지 않는 경우는 표의자의 심리상태에 인식과 대조에 불일치가 있다고 할 수 없어 착오로 다룰 수 없다.

④ 착오에 의한 의사표시에서 취소할 수 없는 표의자의 '중대한 과실'이라 함은 표의자의 직업, 행위의 종류, 목적 등에 비추어 보통 요구되는 주의를 현저히 결여하는 것을 의미한다.

해설 ① [○] "동기의 착오가 법률행위의 내용의 중요부분의 착오에 해당함을 이유로 표의자가 법률행위를 취소하려면 그 동기를 당해 의사표시의 내용으로 삼을 것을 상대방에게 표시하고 의사표시의 해석상 법률행위의 내용으로 되어 있다고 인정되면 충분하고 당사자들 사이에 별도로 그 동기를 의사표시의 내용으로 삼기로 하는 합의까지 이루어질 필요는 없지만, 그 법률행위의 내용의 착오는 보통 일반인이 표의자의 입장에 섰더라면 그와 같은 의사표시를 하지 아니하였으리라고 여겨질 정도로 그 착오가 중요한 부분에 관한 것이어야 한다"(대판 2000.5.12. 2000다12259)

② [×] 착오를 이유로 취소하기 위해서는 법률행위 내용의 중요부분에 착오가 있어야 하는바(제109조 1항), 이에 대한 판단은 判例에 따르면 이른바 '이중적 기준설'에 따라 행하여진다(대판 2003.4.11, 2002다70884 등). ⅰ) 우선 표의자가 그러한 착오가 없었더라면 그 의사표시를 하지 않았으리라고 생각될 정도로 중요한 것이어야 한다(주관적 현저성). ⅱ) 다음으로, 일반인도 표의자의 입장에 섰더라면 그러한 의사표시를 하지 않았으리라고 생각될 정도로 중요한 것이어야 한다(객관적 현저성).
다만 최근에는 객관적 표준만을 제시하는 판결도 보인다(대판 2006.12.7, 2006다41457). 즉 착오로 인하여 표의자가 경제적 불이익을 입은 것이 아니라면, 이를 법률행위 내용의 중요부분의 착오라 할 수 없다고 하였는데, 이는 객관적 현저성이 결여되었음을 의미하는 것으로 보인다.

③ [○] 判例는 일반적으로 착오를 의사표시의 내용과 내심의 의사가 일치하지 않는 것을 표시자가 모르는 것이라고 한다(대판 1985.4.23, 84다카890). 특히 判例는 '장래의 불확실한 사실자체'에 관한 것이라도 착오에 해당한다고 하나(대판 1994.6.10. 93다24810 : 장래에 부과될 양도소득세 등의 세액에 관한 착오), 이와 달리 단순히 '장래의 미필적 사실의 발생에 대한 기대나 예상'이 빗나간 것에 불과한 것은 착오라고 할 수 없다고 한다(대판 2011.6.24, 2008다44368 등).

④ [○] 대판 2000.5.12, 2000다12259

[정답] ②

문10 착오로 인한 의사표시에 관한 다음 설명 중 가장 옳지 않은 것은? [15서기보]

① 착오를 이유로 의사표시를 취소하는 자는 법률행위의 내용에 착오가 있었다는 사실과 함께 그 착오가 의사표시에 결정적인 영향을 미쳤다는 점, 즉 만약 그 착오가 없었더라면 의사표시를 하지 않았을 것이라는 점을 증명하여야 한다.

② 동기의 착오가 법률행위의 내용의 중요부분의 착오에 해당함을 이유로 표의자가 법률행위를 취소하려면 그 동기를 당해 의사표시의 내용으로 삼을 것을 상대방에게 표시하고 의사표시의 해석상 법률행위의 내용으로 되어 있다고 인정되면 충분하고 당사자들 사이에 별도로 그 동기를 의사표시의 내용으로 삼기로 하는 합의까지 이루어질 필요는 없다.

③ 착오가 법률행위 내용의 중요 부분에 있다고 하기 위해서는 표의자에 의하여 추구된 목적을 고려하여 합리적으로 판단하여 볼 때 표시와 의사의 불일치가 객관적으로 현저하여야 하고, 만일 그 착오로 인하여 표의자가 무슨 경제적인 불이익을 입은 것이 아니라고 한다면 이를 법률행위 내용의 중요 부분의 착오라고 할 수 없다.

④ 민법 제109조 제1항 단서는 의사표시의 착오가 표의자의 중대한 과실로 인한 때에는 그 의사표시를 취소하지 못한다고 규정하고 있으므로, 상대방이 표의자의 착오를 알고 이를 이용한 경우라고 하더라도 그 착오가 표의자의 중대한 과실로 인한 것이라면 표의자는 그 의사표시를 취소할 수 없다.

[해설] ① [○] 대판 2008.1.17. 2007다74188

② [○] "동기의 착오가 법률행위의 내용의 중요부분의 착오에 해당함을 이유로 표의자가 법률행위를 취소하려면 그 동기를 당해 의사표시의 내용으로 삼을 것을 상대방에게 표시하고 의사표시의 해석상 법률행위의 내용으로 되어 있다고 인정되면 충분하고 당사자들 사이에 **별도로 그 동기를 의사표시의 내용으로 삼기로 하는 합의까지 이루어질 필요는 없지만**, 그 법률행위의 내용의 착오는 보통 일반인이 표의자의 입장에 섰더라면 그와 같은 의사표시를 하지 아니하였으리라고 여겨질 정도로 그 착오가 중요한 부분에 관한 것이어야 한다"(대판 2000.5.12. 2000다12259)

③ [○] 대판 2006.12.7. 2006다41457

④ [×] ※ 상대방이 표의자의 착오를 알면서 이용한 경우

착오가 표의자의 중대한 과실로 인한 때에는 취소하지 못한다(제109조 1항 단서). 그러나 상대방이 표의자의 착오를 알면서 이를 이용한 경우에는 표의자에게 중대한 과실이 있더라도 표의자는 그 의사표시를 취소할 수 있다(대판 1955.11.10. 4288민상321 ; 대판 2014.11.27. 2013다49794). 이러한 경우에는 상대방의 보호가치가 부정되므로 제109조 1항 단서의 적용이 배제되어야 하고, 또한 상대방이 표의자의 중대한 과실을 원용하여 표의자의 취소권을 부인하는 것은 신의칙에 반하기 때문이다.

[정답] ④

문11 착오에 관한 설명 중 옳지 않은 것은? (다툼이 있는 경우 판례에 의함)　　　　[기출변형]

① 매매계약 내용의 중요부분에 착오가 있는 경우, 매수인은 매도인의 하자담보책임이 성립하는지와 상관없이 착오를 이유로 매매계약을 취소할 수 있다.

② 매도인이 매수인의 중도금 지급채무 불이행을 이유로 매매계약을 적법하게 해제한 후라도 매수인으로서는 착오를 이유로 취소권을 행사하여 매매계약 전체를 무효로 만들 수 있다.

③ 보험회사가 설명의무를 위반하여 고객이 보험계약의 중요사항에 관하여 제대로 이해하지 못한 채 착오에 빠져 보험계약을 체결한 경우, 그 착오가 동기의 착오에 불과하더라도 착오가 없었다면 보험계약을 체결하지 않았거나 적어도 동일한 내용으로 보험계약을 체결하지 않았을 것임이 명백하다면 이를 이유로 보험계약을 취소할 수 있다.

④ 경과실에 의한 착오를 이유로 의사표시를 취소한 자는 상대방이 그 의사표시의 유효를 믿었음으로 인하여 발생한 손해에 대해 불법행위 책임을 진다.

해설　① [○] ※ 착오취소와 담보책임의 경합
"착오로 인한 취소 제도와 매도인의 하자담보책임 제도는 취지가 서로 다르고, 요건과 효과도 구별된다. 따라서 매매계약 내용의 중요 부분에 착오가 있는 경우 매수인은 매도인의 하자담보책임이 성립하는지와 상관없이 착오를 이유로 매매계약을 취소할 수 있다"(대판 2018.9.13. 2015다78703).

② [○] ※ 착오취소와 해제의 경합
判例는 매도인이 매수인의 중도금 지급 채무불이행을 이유로 매매계약을 적법하게 해제한 후에도(소급적 소멸), 매수인이 착오를 이유로 취소권을 행사하여 매매계약 전체를 무효로 돌릴 수 있다고 판시하여 경합을 인정한다(대판 1996.12.6, 95다24982). 왜냐하면 무효와 취소의 '이중효'의 이론적 측면뿐만 아니라 이를 인정할 경우 매수인으로서는 계약해제의 효과로서 발생하는 손해배상책임을 지는 불이익(제548조・제551조)을 피할 수 있는 실익도 있기 때문이다.

③ [○] ※ 중요부분의 착오
"보험약관만으로 보험계약의 중요사항을 설명하기 어려운 경우에는 보험회사 또는 보험모집종사자는 상품설명서 등 적절한 추가자료를 활용하는 등의 방법을 통하여 개별 보험상품의 특성과 위험성에 관한 보험계약의 중요사항을 고객이 이해할 수 있도록 설명하여야 한다. 보험회사 또는 보험모집종사자가 설명의무를 위반하여 고객이 보험계약의 중요사항에 관하여 제대로 이해하지 못한 채 착오에 빠져 보험계약을 체결한 경우, 그러한 착오가 동기의 착오에 불과하다고 하더라도 그러한 착오를 일으키지 않았더라면 보험계약을 체결하지 않았거나 아니면 적어도 동일한 내용으로 보험계약을 체결하지 않았을 것이 명백하다면, 위와 같은 착오는 보험계약의 내용의 중요부분에 관한 것에 해당하므로 이를 이유로 **보험계약을 취소할 수 있다**"(대판 2018.4.12. 2017다229536)

④ [×] ※ 경과실 표의자의 상대방에 대한 신뢰이익 배상책임
독일 민법에는 착오를 이유로 취소를 한 자의 배상책임규정이 있으나 우리 민법에는 이러한 규정이 없어 인정 여부가 문제된다. 이에 대해 判例는 "ⅰ) (경)과실로 인하여 착오에 빠져

계약을 체결한 것과, ii) 그 착오를 이유로 계약을 취소한 것 모두 '위법'하다고는 할 수 없다"(대판1997.8.22, 97다13023)고 하여, 제750조의 요건을 검토하기는 했으나 배상책임을 인정하지 않았다. 다만 학설은 제535조를 유추하여 경과실이 있는 표의자가 착오를 이유로 취소한 경우에 신뢰이익의 배상책임을 인정하자는 것이 다수설이다.

[정답] ④

문 12 甲은 乙의 기망에 의해 신원보증 서류에 서명날인한다는 착각에 빠져 乙의 丙에 대한 채무를 보증하는 서면에 서명날인하였다. 이에 관한 설명 중 옳은 것(○)과 옳지 않은 것(×)을 올바르게 조합한 것은? (각 지문은 독립적이며, 다툼이 있는 경우 판례에 의함) [기출변형]

> ㄱ. 丙이 乙의 기망사실을 알았거나 알 수 있었다면 甲은 사기에 의한 의사표시를 이유로 丙과의 보증계약을 취소할 수 있다.
> ㄴ. 乙과 丙이 공모하여 甲을 기망하였다면 甲은 상대방에 의해 유발된 동기의 착오를 이유로 丙과의 보증계약을 취소할 수 있다.
> ㄷ. 甲이 착각에 빠진 점에 관하여 설사 중과실이 있다 하더라도 丙이 이를 알고 이용한 경우에는 甲은 착오를 이유로 丙과의 보증계약을 취소할 수 있다.
> ㄹ. 甲이 착각에 빠진 점에 관하여 경과실이 있는 경우, 甲의 착오를 이유로 한 취소가 허용되어 이로 인해 丙이 손해를 입었다면, 丙은 甲을 상대로 불법행위에 의한 손해배상을 청구할 수 있다.

① ㄱ(○), ㄴ(×), ㄷ(×), ㄹ(○)
② ㄱ(×), ㄴ(×), ㄷ(○), ㄹ(×)
③ ㄱ(×), ㄴ(○), ㄷ(×), ㄹ(○)
④ ㄱ(×), ㄴ(○), ㄷ(○), ㄹ(×)

해설 ㄱ. [×] ※ 법률행위 내용의 착오와 사기의 경합

判例는 타인의 기망행위에 의하여 '동기의 착오'가 발생한 때에는 사기와 착오의 경합을 인정한다(대판 1969.6.24, 68다1749). 그러나 타인의 기망행위에 의하여 '표시상의 착오'가 발생한 경우에는 사기를 이유로 취소할 수 없고, 착오를 이유로만 취소할 수 있다고 한다.

즉, "사기에 의한 의사표시란 타인의 기망행위로 말미암아 착오에 빠지게 된 결과 어떠한 의사표시를 하게 되는 경우이므로 거기에는 의사와 표시의 불일치가 있을 수 없고, 단지 의사의 형성과정 즉 의사표시의 동기에 착오가 있는 것에 불과하며, 이 점에서 고유한 의미의 착오에 의한 의사표시와 구분되는데, 제3자의 기망행위에 의하여 신원보증서류에 서명날인한다는 착각에 빠진 상태로 연대보증의 서면에 서명날인한 경우 이른바 표시상의 착오에 해당하므로, 상대방이 그러한 제3자의 기망행위 사실을 알았거나 알 수 있었을 경우가 아닌 한 의사표시자가 취소권을 행사할 수 없다는 제110조 2항의 규정을 적용할 것이 아니라, 착오에 의한 의사표시에 관한 법리만을 적용하여 취소권 행사의 가부를 가려야 한다"(대판 2005.5.27, 2004다43824)고 한다.

☞ 따라서, 判例에 따르면 사안에서 丙이 제3자 乙의 기망사실을 알았거나 알 수 있었느냐에 상관없이(제110조 2항) 甲은 사기에 의한 의사표시를 이유로 丙과의 보증계약을 취소할 수 없다.

ㄴ. [✕] ㄱ.에서 살핀바와 같이 判例에 따르면 제3자(채무자)의 기망행위에 의하여 신원보증서류에 서명날인한다는 착각에 빠진 상태로 연대보증의 서면에 서명날인한 경우는 '표시상의 착오'에 해당하므로, 사안은 '동기의 착오'가 아니다.

☞ 따라서 乙과 丙이 공모하여 甲을 기망하였더라도 甲은 상대방에 의해 유발된 동기의 착오를 이유로 丙과의 보증계약을 취소할 수 없고, 법률행위 내용의 착오를 이유로 취소할 수 있을 뿐이다.

ㄷ. [○] ※ 상대방이 표의자의 착오를 알면서 이용한 경우
착오가 표의자의 중대한 과실로 인한 때에는 취소하지 못한다(제109조 1항 단서). 그러나 상대방이 표의자의 착오를 알면서 이를 이용한 경우에는 표의자에게 중대한 과실이 있더라도 표의자는 그 의사표시를 취소할 수 있다(대판 1955.11.10, 4288민상321 ; 대판 2014.11.27, 2013다49794). 이러한 경우에는 상대방의 보호가치가 부정되므로 제109조 1항 단서의 적용이 배제되어야 하고, 또한 상대방이 표의자의 중대한 과실을 원용하여 표의자의 취소권을 부인하는 것은 신의칙에 반하기 때문이다.

☞ 따라서, 判例에 따르면 甲이 착각에 빠진 점에 관하여 설사 중과실이 있다 하더라도 丙이 이를 알고 이용한 경우에는 甲은 착오를 이유로 丙과의 보증계약을 취소할 수 있다.

ㄹ. [✕] ※ 경과실 표의자의 상대방에 대한 신뢰이익 배상책임
判例는 전문건설공제조합이 경과실로 인하여 착오에 빠져 계약보증서를 발급하고 그 착오를 이유로 보증계약을 취소하자 상대방이 제750조의 불법행위로 인한 손해배상을 청구한 사안에서 "ⅰ) (경)과실로 인하여 착오에 빠져 계약을 체결한 것과, ⅱ) 그 착오를 이유로 계약을 취소한 것 모두 '위법'하다고는 할 수 없다"(대판1997.8.22, 97다카13023)고 하여 불법행위 책임을 부정하고 있다.

☞ 따라서 甲이 착각에 빠진 점에 관하여 경과실이 있는 경우, 甲의 착오를 이유로 한 취소가 허용되어 이로 인해 丙이 손해를 입었더라도, 判例에 따르면 丙은 甲을 상대로 불법행위에 의한 손해배상을 청구할 수 없다.

[정답] ②

문 13 착오에 관한 다음 설명 중 틀린 것은? (다툼이 있는 경우에는 판례에 의함) [기출변형]

① 매매계약 내용의 중요 부분에 착오가 있는 경우, 매수인이 매도인의 하자담보책임이 성립하는지와 상관없이 착오를 이유로 매매계약을 취소할 수 있다.

② 동기의 착오가 상대방의 부정한 방법에 의하여 유발되었거나 상대방으로부터 제공된 경우에는 동기가 표시되지 않았더라도 표의자는 착오를 이유로 의사표시를 취소할 수 있다.

③ 토지매매에서 매수인에게 측량을 하거나 지적도와 대조하는 등의 방법으로 매매목적물이 지적도상의 그것과 정확히 일치하는지 여부를 미리 확인하여야 할 주의의무가 있다. 따라서 매수인은 토지의 현황과 경계에 착오가 있다고 하더라도 착오를 이유로 취소할 수 없다.

④ 甲은 국유지인 X 대지 위에 Y 건물을 신축하여 국가에 기부채납하는 대신 X 대지 및 Y 건물에 대한 사용수익권을 받기로 약정하였다. 사용수익허가의 조건은 건물의 감정평가액 8억 원을 기부채납금액으로 하고 대지 및 건물의 연간사용료를 2억 원으로 하여 사용료 합계가 기부채납액에 달하는 기간 동안의 사용료를 면제하는 것이었다. 그 과정에서 甲과 국가는 기부채납이 부가가치세 부과대상인 줄을 모르고 계약조건을 결정하였다. 후에 甲에게 기부채납에 대하여 1억 원의 부가가치세가 부과되었다. 判例는 이러한 경우에 당사자가 부가가치세에 관한 착오가 없었더라면 약정하였을 것으로 보이는 내용으로 당사자의 의사를 보충하여 계약을 해석할 가능성이 있다는 입장이다.

[해설] ① [○] "민법 제109조 제1항에 의하면 법률행위 내용의 중요 부분에 착오가 있는 경우 착오에 중대한 과실이 없는 표의자는 법률행위를 취소할 수 있고, 민법 제580조 제1항, 제575조 제1항에 의하면 매매의 목적물에 하자가 있는 경우 하자가 있는 사실을 과실 없이 알지 못한 매수인은 매도인에 대하여 하자담보책임을 물어 계약을 해제하거나 손해배상을 청구할 수 있다. 착오로 인한 취소 제도와 매도인의 하자담보책임 제도는 취지가 서로 다르고, 요건과 효과도 구별된다. 따라서 매매계약 내용의 중요 부분에 착오가 있는 경우 매수인은 매도인의 하자담보책임이 성립하는지와 상관없이 착오를 이유로 매매계약을 취소할 수 있다"(대판 2018.9.13. 2015다78703)

② [○] ※ 상대방에 의해 유발되거나 제공된 동기(취소 요건 완화)
判例는 동기를 당해 의사표시의 내용으로 삼을 것을 상대방에게 표시한 경우 그 착오를 이유로 계약을 취소할 수 있다고 보아 기본적으로 동기표시설의 입장이다. 그러나 동기가 상대방으로부터 제공되거나 유발된 경우 判例는 동기의 표시 여부를 묻지 않고 대부분 법률행위내용의 중요부분의 착오로 보아 취소를 인정한다(대판 1997.8.26, 97다6063 등).

③ [×] "토지의 현황과 경계에 착오가 있어 계약을 체결하기 전에 이를 알았다면 계약의 목적을 달성할 수 없음이 명백하여 계약을 체결하지 않았을 것으로 평가할 수 있을 경우에 계약의 중요부분에 관한 착오가 인정된다. 법률행위 내용의 중요부분에 착오가 있는 때에는 그 의사표시를 취소할 수 있으나 그 착오가 표의자의 중대한 과실로 인한 때에는 취소하지 못한다. 여기서 '중대한 과실'이란

표의자의 직업, 행위의 종류, 목적 등에 비추어 보통 요구되는 주의를 현저히 게을리한 것을 의미한다. 토지매매에서 특별한 사정이 없는 한 매수인에게 측량을 하거나 지적도와 대조하는 등의 방법으로 매매목적물이 지적도상의 그것과 정확히 일치하는지 여부를 미리 확인하여야 할 주의의무가 있다고 볼 수 없다"(대판 2020.3.26. 2019다288232).

④ [○] ※ 당사자 쌍방의 공통하는 동기의 착오(보충적 해석)
判例의 경우 최근에 명시적으로 '보충적 해석'에 의한 수정가능성을 인정하였으나, 실제로 대부분의 判例에서는 의사표시가 법률행위의 중요부분일 경우 취소를 인정하여 왔다(대판 2006.11.23, 2005다13288).
"계약당사자 쌍방이 계약의 전제나 기초가 되는 사항에 관하여 같은 내용으로 착오가 있고 이로 인하여 그에 관한 구체적 약정을 하지 아니하였다면, 당사자가 그러한 착오가 없을 때에 약정하였을 것으로 보이는 내용으로 당사자의 의사를 보충하여 계약을 해석할 수 있는바, 여기서 보충되는 당사자의 의사는 당사자의 실제 의사 또는 주관적 의사가 아니라 계약의 목적, 거래관행, 적용법규, 신의칙 등에 비추어 객관적으로 추인되는 정당한 이익조정 의사를 말한다"(대판 2006.11.23, 2005다13288).
[판례해설] 위 판결은 공통착오로 인해 일정한 의사표시를 하지 않은 경우, 그 의사표시의 흠결을 보충적 해석을 통해 메울 수 있음을 인정하였다. 그러나 구체적 사안에서는 이를 부정한바, 국가와 기부채납자가 국유지인 대지 위에 건물을 신축하여 기부채납하고 위 대지 및 건물에 대한 사용수익권을 받기로 약정하면서 그 기부채납이 부가가치세 부과대상인 것을 모른 채 계약을 체결한 사안에서, 두 계약당사자의 진의(眞意)가 국가가 부가가치세를 부담하는 것이었다고 추정하여 그러한 내용으로 계약을 수정 해석하여야 한다고 본 원심판결을 파기하였다.

[정답] ③

문14 사기에 의한 의사표시에 관한 다음 설명 중 옳은 것은? (다툼이 있는 경우 판례에 의할 것) [기출변형]

① 매수인이 목적물의 시가를 묵비하여 매도인에게 고지하지 아니하거나 혹은 시가보다 낮은 가액을 시가라고 고지하였다면 원칙적으로 불법행위가 성립한다.

② 부동산 분양계약에 있어서 분양자가 수분양자의 전매이익에 영향을 미칠 가능성이 있는 사항들에 관하여 분양자가 가지는 정보를 밝혀야 할 신의칙상의 의무가 있으므로 그러한 정보를 고지하지 아니한 것은 부작위에 의한 기망에 해당한다.

③ 사기·강박에 의한 의사표시가 취소되면, 그 의사표시를 요소로 하는 법률행위가 소급적으로 무효로 되므로, 근로계약의 의사표시가 사기에 의한 것으로 취소되면 이미 제공된 근로자의 노무를 기초로 형성된 취소 이전의 법률관계까지 효력을 잃는다.

④ 영업양도계약이 양수인의 사기를 원인으로 취소되는 경우에 양수인의 기망이 불법행위를 구성하는 때에는 양도인은 취소의 효과로 생기는 부당이득반환청구권과 불법행위로 인한 손해배상청구권 중 선택하여 행사할 수 있다.

해설 ① [X] ※ 매매거래에서 매수인이 목적물의 시가를 고지하지 아니하거나 시가보다 낮은 가액을 시가라고 고지한 경우, 불법행위가 성립하는지 여부(원칙적 소극)

"일반적으로 매매거래에서 매수인은 목적물을 염가로 구입할 것을 희망하고 매도인은 목적물을 고가로 처분하기를 희망하는 이해상반의 지위에 있으며, 각자가 자신의 지식과 경험을 이용하여 최대한으로 자신의 이익을 도모할 것으로 예상되기 때문에, 당사자 일방이 알고 있는 정보를 상대방에게 사실대로 고지하여야 할 신의칙상 의무가 인정된다고 볼만한 특별한 사정이 없는 한, 매수인이 목적물의 시가를 묵비하여 매도인에게 고지하지 아니하거나 혹은 시가보다 낮은 가액을 시가라고 고지하였다 하더라도, 상대방의 의사결정에 불법적인 간섭을 하였다고 볼 수 없으므로 불법행위가 성립한다고 볼 수 없다. 더구나 매수인이 목적물의 시가를 미리 알고 있었던 것이 아니라 목적물의 시가를 알기 위하여 감정평가법인에 의뢰하여 감정평가법인이 산정한 평가액을 매도인에게 가격자료로 제출하는 경우라면, 특별한 사정이 없는 한 매수인에게 평가액이 시가 내지 적정가격에 상당하는 것인지를 살펴볼 신의칙상 의무가 있다고 할 수 없고, 이러한 법리는 법적 성격이 사법상 매매인 공유재산의 매각에서도 마찬가지이다"(대판 2014.4.10. 2012다54997)

비교판례 백화점의 변칙세일광고, 즉 상품의 판매가격을 실제보다 높이 책정한 후 이 가격을 기준으로 할인가격을 정하여 실제는 상품의 정상가격으로 판매한 사안에서, 이러한 변칙세일은 물품구매동기에서 중요한 요소인 가격조건에 관하여 기망이 이루어진 것으로서 그 사술의 정도가 사회적으로 용인될 수 있는 상술의 정도를 넘어선 위법한 것으로 사기를 이유로 한 취소할 수 있다고 판시하였다(대판 1993.8.13, 92다52665).

② [X] "분양자가 수분양자가 전매이익을 노리고 분양을 받으려는 것을 알면서 수분양자로 하여금 전매이익의 발생 여부나 그 액에 관하여 거래관념상 용납될 수 없는 방법으로 잘못 판단하게 함으로써 분양계약에 이르게 하였다는 등의 특별한 사정이 없는 한, 분양자에게 그 대립당사자로서 스스로 이익을 추구하여 행위하는 수분양자에 대하여 최초분양인지, 전매분양인지를 포함하여 수분양자의 전매이익에 영향을 미칠 가능성이 있는 사항들에 관하여 분양자가 가지는 정보를 밝혀야 할 신의칙상의 의무가 있다거나, 나아가 그러한 정보를 밝혀 고지하지 아니하면 그것이 부작위에 의한 기망에 해당하여 민법 제110조 제1항에서 정하는 사기가 된다고 쉽사리 말할 수 없다"(대판 2010.2.25. 2009다86000).

비교판례 判例에 따르면 우리 사회의 통념상으로는 공동묘지가 주거환경과 친한 시설이 아니어서 분양계약의 체결 여부 및 가격에 상당한 영향을 미치는 요인일 뿐만 아니라, 대규모 공동묘지 가까이에서 조망할 수 있는 곳에 아파트단지가 들어선다는 것은 통상 예상하기 어렵다는 점을 감안할 때, 아파트 분양자는 아파트단지 인근에 공동묘지가 조성되어 있는 사실을 수분양자에게 고지할 신의칙상의 의무가 있다고 하면서, 그 고지를 하지 않은 경우 부작위에 의한 기망행위에 해당한다고 한다(대판 2007.6.1, 2005다5812,5829,5836). 같은 취지의 것으로, 아파트 분양자는 아파트단지 인근에 쓰레기 매립장이 건설예정인 사실을 분양계약자에게 고지할 신의칙상 의무가 있다고 한다(대판 2006.10.12, 2004다48515).

③ [X] "근로계약은 근로자가 사용자에게 근로를 제공하고 사용자는 이에 대하여 임금을 지급하는 것을 목적으로 체결된 계약으로서(근로기준법 제2조 제1항 제4호) 기본적으로 그 법적 성질이 사법상 계약이므로 계약 체결에 관한 당사자들의 의사표시에 무효 또는 취소의 사유가 있으면 상대방은 이를 이유로 근로계약의 무효 또는 취소를 주장하여 그에 따른 법률효과의 발생을 부정하거나 소멸시킬 수 있다. 다만 그와 같이 근로계약의 무효 또는 취소를 주장할 수 있다 하더라도 근로계약에 따라 그동안 행하여진 근로자의 노무 제공의 효과를 소급하여 부정하는 것은 타당하지 않으므로

이미 제공된 근로자의 노무를 기초로 형성된 취소 이전의 법률관계까지 효력을 잃는다고 보아서는 아니 되고, 취소의 의사표시 이후 장래에 관하여만 근로계약의 효력이 소멸된다고 보아야 한다"(대판 2017.12.22. 2013다25194,25200).

④ [○] ※ 사기·강박에 따른 취소와 불법행위책임과의 관계(선택적 경합)

제110조는 취소권을 주어서 계약의 구속에서 해방시키는 제도이고 제750조는 피해자에게 손해를 배상시키는 제도라는 점에서 양자는 고유한 목적을 갖는 별개의 제도이므로, 사기·강박이 불법행위의 요건을 갖춘 때에는 채권자는 양자를 선택적으로 행사할 수 있다.

ⅰ) 다만, 법률행위를 취소하여 부당이득반환을 받은 때에는 그 반환받은 범위 내에서는 손해가 회복되므로 그 반환받은 범위 내에서는 손해배상청구권을 중첩적으로 행사할 수 없다(대판 1993.4.27, 92다56087). ⅱ) 그러나 법률행위를 취소하지 않은 경우에도 불법행위를 원인으로 한 손해배상청구권은 가지나, 그 손해액을 계산함에 있어서는 피기망자(피강박자)가 법률행위의 효력으로써 보유하게 된 급부의 가액을 공제하여야 할 것이다(대판 1980.2.26, 79다1746).

[정답] ④

문 15 다음은 의사표시에 관한 민법규정이다. 빈칸에 들어갈 말을 가장 옳게 나열한 것은? (다툼이 있는 경우 판례에 의하고, 전원합의체 판결의 경우 다수의견에 의함) [20서기보]

ㄱ. 의사표시는 표의자가 진의아님을 알고 한 것이라도 그 효력이 있다. 그러나 상대방이 표의자의 진의아님을 알았거나 이를 알 수 있었을 경우에는 (㉠).

ㄴ. 의사표시는 법률행위의 내용의 중요부분에 착오가 있는 때에는 (㉡). 그러나 그 착오가 표의자의 중대한과실로 인한 때에는 그러하지 아니하다.

ㄷ. 상대방과 통정한 허위의 의사표시는 (㉢).

ㄹ. 상대방있는 의사표시에 관하여 제3자가 사기나 강박을 행한 경우에는 상대방이 그 사실을 알았거나 알수 있었을 경우에 한하여 그 의사표시를 (㉣).

ㅁ. 취소권은 (㉤)로부터 3년내에, 법률행위를 한 날로부터 10년내에 행사하여야 한다.

	㉠	㉡	㉢	㉣	㉤
①	무효로 한다	취소할 수 있다	무효로 한다	무효로 한다	취소원인을 안 날
②	무효로 한다	취소할 수 있다	무효로 한다	취소할 수 있다	추인할 수 있는 날
③	무효로 한다	무효로 한다	무효로 한다	취소할 수 있다	취소원인을 안 날
④	취소할 수 있다	취소할 수 있다	취소할 수 있다	무효로 한다	추인할 수 있는 날

해설 ㉠ 의사표시는 표의자가 진의아님을 알고 한 것이라도 그 효력이 있다. 그러나 상대방이 표의자의 진의아님을 알았거나 이를 알 수 있었을 경우에는 무효로 한다(제107조 1항).

㉡ 의사표시는 법률행위의 내용의 중요부분에 착오가 있는 때에는 취소할 수 있다. 그러나 그 착오가 표의자의 중대한 과실로 인한 때에는 그러하지 아니하다(제109조 1항).

㉢ 상대방과 통정한 허위의 의사표시는 무효로 한다(제108조 1항).

㉣ 상대방있는 의사표시에 관하여 제3자가 사기나 강박을 행한 경우에는 상대방이 그 사실을 알았거나 알 수 있었을 경우에 한하여 그 의사표시를 취소할 수 있다(제110조 2항).

㉤ 취소권은 추인할 수 있는 날로부터 3년내에, 법률행위를 한 날로부터 10년내에 행사하여야 한다(제146조).

[정답] ②

문 16 의사표시의 취소에 관한 설명 중 옳은 것을 모두 고른 것은?　　　　　　[기출변형]

> ㄱ. 甲이 제3자의 기망행위에 의하여 신원보증서류에 서명날인한다는 착각에 빠진 상태로 연대보증의 서면에 서명날인하였다면, 甲은 연대보증계약의 상대방이 위 기망행위를 알았거나 알 수 있었을 경우에만 연대보증계약을 취소할 수 있다.
> ㄴ. 원고가 피고를 상대로 매매계약의 이행을 청구하는 소송에서 피고가 착오를 이유로 매매계약의 취소를 주장하는 경우, 피고는 착오가 자신의 중대한 과실에 의한 것이 아니라는 점에 대한 증명책임을 진다.
> ㄷ. 상대방이 표의자의 착오를 알고 이를 이용한 경우에는 착오가 표의자의 중대한 과실로 인한 것이라고 하더라도 표의자는 의사표시를 취소할 수 있다.
> ㄹ. 경과실로 인해 착오에 빠진 표의자가 착오를 이유로 자신의 의사표시를 취소하였더라도 이로 인해 상대방에 대하여 불법행위로 인한 손해배상책임을 지지 않는다.

① ㄱ, ㄴ　　　　　　　　　　② ㄱ, ㄹ
③ ㄷ, ㄹ　　　　　　　　　　④ ㄱ, ㄴ, ㄷ

해설 ㄱ. [×] "사기에 의한 의사표시란 타인의 기망행위로 말미암아 착오에 빠지게 된 결과 어떠한 의사표시를 하게 되는 경우이므로 거기에는 의사와 표시의 불일치가 있을 수 없고, 단지 의사의 형성과정 즉 의사표시의 동기에 착오가 있는 것에 불과하며, 이 점에서 고유한 의미의 착오에 의한 의사표시와 구분되는데, 제3자의 기망행위에 의하여 신원보증서류에 서명날인한다는 착각에 빠진 상태로 연대보증의 서면에 서명날인한 경우 이른바 표시상의 착오에 해당하므로, 상대방이 그러한 제3자의 기망행위 사실을 알았거나 알 수 있었을 경우가 아닌 한 의사표시자가 취소권을 행사할 수 없다는 제110조 2항의 규정을 적용할 것이 아니라, 착오에 의한 의사표시에 관한 법리만을 적용하여 취소권 행사의 가부를 가려야 한다"(대판 2005.5.27, 2004다43824).

즉, 判例는 ⅰ) 타인의 기망행위에 의하여 '동기의 착오'가 발생한 때에는 사기와 착오의 경합을 인정하나(대판 1969.6.24, 68다1749), ⅱ) 타인의 기망행위에 의하여 '표시상의 착오'가 발생한 경우에는 사기를 이유로 취소할 수 없고(제110조), 착오를 이유로만 취소할 수 있다고 한다(대판 2005.5.27, 2004다43824).

☞ 따라서 지문은 착오에 의한 취소만 가능하고, 제3자에 의한 사기라고 볼 수 없어 제110조 2항이 적용되지 않으므로 甲은 연대보증계약의 상대방이 위 기망행위를 알았거나 알 수 있었을 경우에만 연대보증계약을 취소할 수 있는 것이 아니다.

ㄴ. [×] 표의자에게 '중대한 과실'이 없을 것은 재항변 사유에 해당한다. 따라서 원고가 피고를 상대로 이행을 청구할 경우, 피고는 착오를 이유로 매매계약의 취소를 주장할 수 있고, 원고는 착오가 피고의 중대한 과실이라는 점에 대한 증명책임을 진다. 判例도 "민법 제109조 제1항 단서에서 규정하는 착오한 표의자의 중대한 과실 유무에 관한 주장과 입증책임은 착오자가 아니라 의사표시를 취소하게 하지 않으려는 상대방에게 있는 것"(대판 2005.5.12. 2005다6228)이라고 판시하였다.

ㄷ. [○] 의사표시는 법률행위의 내용의 중요부분에 착오가 있는 때에는 취소할 수 있다(제109조 1항 본문). 그러나 그 착오가 표의자의 중대한 과실로 인한 때에는 취소하지 못한다(제109조 1항 단서). 그런데 判例는 "상대방이 표의자의 착오를 알면서 이를 이용한 경우에, 표의자에게 중대한 과실이 있더라도 표의자는 그 의사표시를 취소할 수 있다고 할 것이다"(대판 1955.11.10, 4288민상321 ; 대판 2014.11.27. 2013다49794)고 판시하였다. 제109조 1항 단서가 상대방의 이익을 보호하기 위한 것이지만 이러한 경우에는 상대방의 보호가치가 부정되므로 그 규정의 적용이 배제되어야 하고, 또한 상대방이 표의자의 중대한 과실을 원용하여 표의자의 취소권을 부인하는 것은 신의칙에 반하기 때문이다.

ㄹ. [○] 判例는 전문건설공제조합이 경과실로 인하여 착오에 빠져 계약보증서를 발급하고 그 착오를 이유로 보증계약을 취소하자 상대방이 제750조의 불법행위로 인한 손해배상을 청구한 사안에서 "ⅰ) (경)과실로 인하여 착오에 빠져 계약을 체결한 것과, ⅱ) 그 착오를 이유로 계약을 취소한 것 모두 '위법'하다고는 할 수 없다"(대판1997.8.22, 97다카13023)고 하여 불법행위 책임을 부정하고 있다.

결국 判例에 의하면 표의자에게 착오에 대한 경과실이 있더라도 중과실이 아닌 이상 법률행위를 취소할 수 있으며, 취소로 인해 상대방이 손해를 입더라도 계약을 취소한 것이 위법하다 할 수 없어 불법행위로 인한 손해배상책임은 부정된다.

[정답] ③

문17 의사표시에 관한 다음 설명 중 가장 옳지 않은 것은?   [16서기보]

① 계약을 체결함에 있어 당해 계약으로 인한 법률효과에 관하여 제대로 알지 못하였다 하더라도 이는 계약체결에 관한 의사표시의 착오의 문제가 될 뿐이고, 계약이 쌍방의사의 불합치로 성립되지 않은 것은 아니다.

② 통정허위표시의 당사자가 그 무효를 주장할 수 없는 제3자는 선의이고 무과실일 것을 요한다.

③ 토지를 시가보다 비싸게 산 경우 착오에 의한 의사표시를 이유로 취소할 수 없다.

④ 강박에 의한 법률행위가 하자 있는 의사표시로서 취소되는 것에 그치지 아니하고 더 나아가 무효로 되기 위해서는 강박의 정도가 극심하여 의사표시자의 의사결정의 자유가 완전히 박탈되는 정도에 이른 것임을 요한다.

해설 ① [○] "계약의 성립을 위한 의사표시의 객관적 합치 여부를 판단함에 있어, 처분문서인 계약서가 있는 경우에는 특별한 사정이 없는 한 계약서에 기재된 대로의 의사표시의 존재 및 내용을 인정하여야 하고, 계약을 체결함에 있어 당해 계약으로 인한 법률효과에 관하여 제대로 알지 못하였다 하더라도 이는 계약체결에 관한 의사표시의 착오의 문제가 될 뿐이다"(대판 2009.4.23. 2008다96291).

② [×] 허위표시에서의 제3자는 선의이면 족하고 무과실은 요건이 아니다(대판 2006.3.10, 2002다1321).

③ [○] 매매거래에 있어서 매도인이 매도당시 목적물의 시가를 몰라서 대금과 시가에 간격이 생겨도 이는 의사결정의 연유(동기)의 착오에 불과하다(대판 1992.10.23. 92다29337). 이것은 매수인이 목적물의 시가를 모르고 매수하는 경우에도 같다(대판 1985.4.23, 84다카890). 다만 **매매목적물의 시가는 중요부분의 착오가 아니나**(대판 1984.4.10, 81다239), 시가차이가 현저한 경우 중요부분의 착오가 될 수 있고, 이때에는 '일부취소'가 가능하다(대판 1998.2.10, 97다44737).

④ [○] 강박의 정도가 극심하여 표의자의 의사결정의 자유가 박탈될 정도인 경우(절대적 강박)에는 의사 자체가 없는 것이 되어 '무효'이다(대판 2002.12.10, 2002다56031 등).

[정답] ②

문18 법률행위의 당사자가 그 법률행위의 무효·취소 또는 해제에 따른 법률효과를 주장할 수 없게 되는 '제3자'에 해당하는 경우로서 옳은 것을 모두 고른 것은? [기출변형]

> ㄱ. 丙이 甲을 기망하여 甲이 자신의 명의로 乙 은행으로부터 대출을 받은 다음 乙이 파산선고를 받았고, 그 후 甲이 丙의 사기를 이유로 乙과의 대출계약을 적법하게 취소하였는데, 파산채권자들 전부가 丙이 甲을 기망한 사실을 몰랐을 경우에 있어서의 파산관재인 丁
>
> ㄴ. 甲이 乙에게 그 소유 부동산을 매도하였는데, 乙의 채권자 丙이 乙의 甲에 대한 소유권이전등기청구권을 압류한 뒤 甲이 乙의 계약상 의무위반을 이유로 계약을 적법하게 해제한 경우에 있어서의 丙
>
> ㄷ. 매매계약을 통하여 주택의 소유권을 취득하였다가 그 계약의 해제로 인하여 소유권을 상실하게 된 임대인 甲으로부터 그 계약이 해제되기 전에 그 주택을 임차하고 「주택임대차보호법」상의 대항요건을 갖춘 임차인 乙
>
> ㄹ. 甲이 그 소유 부동산을 친구 乙에게 「부동산 실권리자명의 등기에 관한 법률」에 의해 무효인 명의신탁등기를 하여준 후, 丙이 관계서류를 위조하여 자신이 소유자라고 주장하면서 乙을 상대로 소유권이전등기청구의 소를 제기하여 乙의 인낙을 받아 자신 명의로 소유권이전등기를 한 뒤 이런 사정을 모르는 丁에게 증여하고 소유권이전등기를 한 경우에 있어서의 丁

① ㄴ
② ㄱ, ㄷ
③ ㄷ, ㄹ
④ ㄱ, ㄴ, ㄷ

해설 ㄱ. [○] ※ 민법 제110조 제3항의 제3자

"파산자가 상대방과 통정한 허위의 의사표시를 통하여 가장채권을 보유하고 있다가 파산이 선고된 경우 그 가장채권도 일단 파산재단에 속하게 되고, 파산선고에 따라 파산자와는 독립한 지위에서 파산채권자 전체의 공동의 이익을 위하여 직무를 행하게 된 파산관재인은 그 허위표시에 따라 외형상 형성된 법률관계를 토대로 실질적으로 새로운 법률상 이해관계를 가지게 된 민법 제108조 제2항의 제3자에 해당하고, 그 선의·악의도 파산관재인 개인의 선의·악의를 기준으로 할 수는 없고, 총파산채권자를 기준으로 하여 파산채권자 모두가 악의로 되지 않는 한 파산관재인은 선의의 제3자라고 할 수밖에 없다. 그리고 이와 같이 파산관재인이 제3자로서의 지위도 가지는 점 등에 비추어, 특별한 사정이 없는 한 파산관재인은 사기에 의한 의사표시에 따라 외형상 형성된 법률관계를 토대로 실질적으로 새로운 법률관계를 가지게 된 민법 제110조 제3항의 제3자에 해당한다고 보아야 할 것이고, 파산채권자 모두가 악의로 되지 않는 한 파산관재인은 선의의 제3자라고 할 수밖에 없을 것이다"(대판 2010.4.29., 2009다96083).

☞ 丙이 甲을 기망하여 甲이 乙과의 대출계약을 민법 제110조 제2항에 의하여 적법하게 취소한 경우, 乙의 파산관재인 丁은 민법 제110조 제3항의 제3자에 해당한다.

ㄴ. [×] ※ 민법 제548조 1항 단서의 제3자

"민법 제548조 제1항 단서에서 말하는 제3자란 일반적으로 그 해제된 계약으로부터 생긴 법률효과를 기초로 하여 해제 전에 새로운 이해관계를 가졌을 뿐 아니라 등기, 인도 등으로 완전한 권리를 취득한 자를 말하므로 계약상의 채권을 양수한 자나 그 채권 자체를 압류 또는 전부한 채권자는 여기서 말하는 제3자에 해당하지 아니한다"(대판 2000.4.11. 99다51685).

☞ 丙은 乙이 甲에 대하여 가지는 소유권이전등기청구권을 압류하였는바, 위 청구권은 계약상 채권에 불과하여 丙은 민법 제548조 1항 단서의 제3자에 해당하지 아니한다.

[비교판례] 判例는 매수인이 소유권이전등기를 받은 후 매수인의 금전채권자가 그 부동산을 가압류하거나 압류한 경우에는 계약이 해제되더라도 채권자는 보호받는 제3자에 해당한다고 한다(대판 2000.1.14, 99다40937).

ㄷ. [○] ※ 민법 제548조 1항 단서의 제3자

判例는 소유권을 취득하였다가 계약해제로 인하여 소유권을 상실하게 된 임대인으로부터 그 계약이 해제되기 전에 주택을 임차받아 주택의 인도와 주민등록을 마침으로써 주택임대차보호법 소정의 대항요건을 갖춘 임차인은 등기된 임차권자와 마찬가지로 제3자에 해당된다고 한다(대판 1996.8.20, 96다17653).

ㄹ. [×] ※ 부동산실명법 제4조 제3항 제3자

"부동산실명법 제4조 제3항에서 '제3자'라고 함은 명의신탁 약정의 당사자 및 포괄승계인 이외의 자로서 명의수탁자가 물권자임을 기초로 그와의 사이에 직접 새로운 이해관계를 맺은 사람을 말한다고 할 것이므로, 명의수탁자로부터 명의신탁된 부동산의 소유명의를 이어받은 사람이 위 규정에 정한 제3자에 해당하지 아니한다면 그러한 자로서는 부동산실명법 제4조 제3항의 규정을 들어 무효인 명의신탁등기에 터 잡아 마쳐진 자신의 등기의 유효를 주장할 수 없고, 따라서 그 명의의 등기는 실체관계에 부합하여 유효라고 하는 등의 특별한 사정이 없는 한 무효라고 할 것이다. 그리고 위와 같이 등기부상 명의수탁자로부터 소유권이전등기를 이어받은 자의 등기가 무효인 이상, 부동산 등기에 관하여 공신력이 인정되지 아니하는 우리 법제 아래서는 그 무효인 등기에 기초하여 새로운 법률원인으로 이해관계를 맺은 자가 다시 등기를 이어받았다면 그 명의의 등기 역시 특별한 사정이 없는 한 무효임을 면할 수 없다고 할 것이고, 이렇게 명의수탁자와 직접 이해관계를 맺은 것이 아니라 부동산실명법 제4조 제3항에 정한 제3자가 아닌 자와 사이에서 무효인 등기를 기초로 다시 이해관계를 맺은 데 불과한 자는 위 조항이 규정하는 제3자에 해당하지 않는다고 보아야 할 것이다(대판 2005.11.10, 2005다34667,34674).

☞ 명의수탁자인 乙 명의 소유권이전등기는 무효이고(부동산실명법 제4조 2항 본문), 위조서류를 통해 乙로부터 인낙을 받아 그 명의로 소유권이전등기를 마친 丙은 명의수탁자 乙이 부동산의 소유자임을 기초로 소유권을 이어받은 것도 아니고 乙과 사이에 새로운 법률원인으로 이해관계를 맺은 것도 아니므로 부동산실명법 제4조 3항에 정한 제3자에 해당한다고 할 수 없다. 따라서 丙 명의의 등기는 무효이고, 나아가 丙으로부터 부동산을 증여받은 丁도 무효인 丙 명의의 등기를 승계하였을 뿐 명의수탁자인 乙과 사이에 새로운 이해관계를 맺은 것이 아니어서 제3자에 해당하지 아니한다.

[정답] ②

문 19 「민법」상 '제3자'에 관한 설명 중 옳지 않은 것을 모두 고른 것은?　　　　　[기출변형]

> ㄱ. 정관에 의한 법인 이사에 대한 대표권 제한 규정은 등기하지 아니하면 정관 규정에
>   대한 선의, 악의에 관계없이 제3자에게 대항할 수 없다.
> ㄴ. 제한능력으로 인한 의사표시의 취소는 선의의 제3자에게 대항할 수 없다.
> ㄷ. 당사자의 궁박, 경솔, 무경험으로 인하여 현저하게 공정을 잃은 법률행위의 무효는 선
>   의의 제3자에게 대항할 수 없다.
> ㄹ. 무권대리행위의 추인에 따른 계약의 소급효는 배타적 권리를 취득한 제3자에게도 미
>   친다.
> ㅁ. 상대방 있는 의사표시에 관하여 제3자 甲이 강박을 행한 경우 그 의사표시의 취소는
>   그 의사표시를 기초로 새로운 이해관계를 맺은 선의의 제3자 乙에게 대항할 수 없다.

① ㄱ, ㄴ, ㅁ　　　　　　　　　　　② ㄱ, ㄷ, ㄹ
③ ㄴ, ㄷ, ㄹ　　　　　　　　　　　④ ㄴ, ㄹ, ㅁ

해 설　ㄱ. [○] ※ 제60조의 제3자의 범위
　　　민법은 '이사의 대표권에 대한 제한은 정관에 기재하여야 효력이 있다'(제41조)고 하여 정관의
　　　기재를 효력요건으로 하고 있고, '이사의 대표권제한은 이를 등기하지 않으면 제3자에게 대항하
　　　지 못한다'(제49조 2항 9호, 제60조)고 하여 등기를 대항요건으로 하고 있다. 判例는 "등기가 되
　　　어 있지 않는 한, 악의의 제3자에게도 대항할 수 없다"(대판 1992.2.14, 91다24564)고 한다.

　　　ㄴ. [✕] ※ 제한능력자 제도의 목적
　　　민법은 제한능력자가 독자적으로 한 법률행위는 원칙적으로 '취소'할 수 있다고 규정하고 있다
　　　(제5조 2항, 제10조 1항, 제13조 4항). 즉 유리하다고 생각되면 취소 안 하면 그만이지만, 취소
　　　를 하게 되면 소급해서 무효가 되고(제141조), 이것은 모든 사람에 대한 관계에서 무효가 되는
　　　절대적 효력이 있다(제5조 2항, 제10조 1항, 제13조 4항에서는 제107조 이하에서 정한 선의의 제3자
　　　보호규정이 없다). 이 점에서 제한능력자제도는 거래의 안전을 희생시키는 것을 감수하면서 제한능력자
　　　본인을 보호하는 데 그 목적을 두고 있다(강행규정성 ; 대판 2007.11.16, 2005다71659 등)

　　　ㄷ. [✕] ※ 절대적 무효
　　　불공정한 법률행위는 절대적, 확정적 무효이다(제104조). 따라서 목적부동산이 제3자에게 이전
　　　된 경우에 제3자가 선의라 하여도 그 소유권을 취득하지 못하고(대판 1963.11.7, 63다479), 추인
　　　에 의해서도 그 법률행위가 유효로 될 수 없다(대판 1994.6.24, 94다10900).

　　　ㄹ. [✕] ※ 무권대리행위의 추인
　　　추인으로 무권대리행위는 '소급'하여 확정적으로 유효하게 되나(제133조 본문), 추인의 소급효는
　　　'제3자의 권리'를 해하지 못한다(제133조 단서). 이 때 소급효가 제한되는 것은 무권대리행위의
　　　상대방이 취득한 권리와 제3자가 취득한 권리가 모두 배타적 효력을 가지는 경우에 한한다(대판
　　　1963.4.18, 62다223 ; 따라서 이 때 제3자라 함은 등기부상 권리를 주장할 수 있는 자를 말한다).

ㅁ. [○] ※ 제110조 3항의 제3자

사기 혹은 강박을 이유로 한 의사표시의 취소는 선의의 제3자에게 대항하지 못한다(제110조 3항). 判例는 이에 대해 "사기를 이유로 한 법률행위의 취소로써 대항할 수 없는 민법 제110조 제3항 소정의 제3자라 함은 사기에 의한 의사표시의 당사자 및 포괄승계인 이외의 자로서 사기에 의한 의사표시를 기초로 하여 새로운 법률원인으로써 이해관계를 맺은 자를 의미한다"(대판 1997.12.26. 96다44860)고 판시하였다.

[정답] ③

문 20 법률행위에 관한 설명 중 옳지 않은 것은? (다툼이 있는 경우에는 판례에 의함) [기출변형]

① 동기의 착오가 상대방의 부정한 방법에 의하여 유발되었거나 상대방으로부터 제공된 경우에는 동기가 표시되지 않았더라도 표의자는 착오를 이유로 의사표시를 취소할 수 있다.

② 채무자의 법률행위가 가장행위라도 채권자취소권의 대상이 될 수 있고, 채권자취소권의 대상으로 된 채무자의 법률행위라도 통정허위표시의 요건을 갖춘 경우에는 무효이다.

③ 통정한 허위표시에 의하여 외형상 형성된 법률관계로 생긴 채권을 가압류한 경우, 그 가압류권자는 민법 제108조 제2항의 '제3자'에 해당하지 않는다.

④ 제3자의 기망행위에 기하여 표의자가 매매계약을 체결한 경우, 그 기망행위가 불법행위를 구성하는 이상 표의자가 불법행위로 인한 손해의 배상을 구하기 위하여 먼저 매매계약을 취소하여야 하는 것은 아니다.

해설 ① [○] 判例는 동기를 당해 의사표시의 내용으로 삼을 것을 상대방에게 표시한 경우 그 착오를 이유로 계약을 취소할 수 있다고 보아 **기본적으로 동기표시설의 입장**이다. 그러나 동기가 상대방으로부터 제공되거나 유발된 경우 判例는 동기의 표시 여부를 묻지 않고 대부분 법률행위내용의 중요부분의 착오로 보아 취소를 인정한다(대판 1997.8.26. 97다6063 등).

② [○] 통설 및 判例(대판 1984.7.24. 84다카68)는 허위표시도 제406조(채권자취소권)의 '법률행위'에 해당하는 것으로 해석한다. 왜냐하면 이론적으로 무효와 취소의 이중효를 인정할 수 있고,[1]

---

1) 무효와 취소의 '이중효'란 무효와 취소는 논리필연적으로 구분되는 것은 아니며, 무효와 취소는 법률효과를 뒷받침하는 근거로서 결국은 입법정책의 문제에 속한다고 할 수 있으며, 무효인 행위라도 법적으로 '無'는 아니라는 이론이다. 따라서 무효인 법률행위도 취소의 대상이 된다는 이론이다.

현실적으로 통정허위표시가 사해행위의 전형적인 방법으로 이용되고 있을 뿐만 아니라, 통정허위표시의 경우 제3자의 보호법리(제108조 2항)에 의해 채무자의 재산이 일탈될 가능성이 있어 채권자가 사해행위를 주장하여 그 취소를 구할 실익이 있기 때문이다.

③ [×] "통정한 허위표시에 의하여 외형상 형성된 법률관계로 생긴 채권을 가압류한 경우, 그 가압류권자는 허위표시에 기초하여 새로운 법률상 이해관계를 가지게 되므로 제108조 2항의 제3자에 해당한다"(대판 2004.5.28, 2003다70041).

④ [○] 제110조는 취소권을 주어서 계약의 구속에서 해방시키는 제도이고 제750조는 피해자에게 손해를 배상시키는 제도라는 점에서 양자는 고유한 목적을 갖는 별개의 제도이므로, 사기·강박이 불법행위의 요건을 갖춘 때에는 채권자는 양자를 선택적으로 행사할 수 있다. ⅰ) 다만, 법률행위를 취소하여 부당이득반환을 받은 때에는 그 반환받은 범위 내에서는 손해가 회복되므로 그 반환받은 범위 내에서는 손해배상청구권을 중첩적으로 행사할 수 없다(대판 1993.4.27, 92다56087). ⅱ) 그러나 **법률행위를 취소하지 않은 경우에도 불법행위를 원인으로 한 손해배상청구권은** 가지나, 그 손해액을 계산함에 있어서는 피기망자(피강박자)가 법률행위의 효력으로써 보유하게 된 급부의 가액을 공제하여야 할 것이다(대판 1980.2.26, 79다1746).

[정답] ③

문1 임의대리권에 관한 다음 설명 중 가장 옳지 않은 것은? (다툼이 있는 경우 판례에 의하고, 전원합의체 판결의 경우 다수의견에 의함)

[21서기보]

① 수권행위의 통상의 내용으로서의 임의대리권은 그 권한에 부수하여 필요한 한도에서 상대방의 의사표시를 수령하는 이른바 수령대리권을 포함한다.

② 매매계약의 체결과 이행에 관하여 포괄적으로 대리권을 수여받은 대리인이라도 특별한 다른 사정이 없는 한 상대방에 대하여 약정된 매매대금지급기일을 연기하여 줄 권한은 없다.

③ 부동산의 소유자로부터 매매계약을 체결할 대리권을 수여받은 대리인은 특별한 사정이 없는 한 그 매매계약에서 약정한 바에 따라 중도금이나 잔금을 수령할 권한이 있다.

④ 예금계약의 체결을 위임받은 자가 가지는 대리권에 당연히 그 예금을 담보로 하여 대출을 받거나 이를 처분할 수 있는 대리권이 포함되어 있는 것은 아니다.

해설 ① [○] ② [×] ③ [○] 임의대리권의 범위는 수권행위에 의해 정해진다. 따라서 그 구체적인 범위는 '수권행위의 해석'을 통해 결정된다. 判例는 임의대리권은 그 권한에 부수하여 상대방의 의사표시를 수령하는 이른바 수령대리권을 포함하고, 매매계약체결의 대리권을 수여받은 대리인은 중도금과 잔금을 수령할 권한을 가지며(대판 1994.2.8, 93다39379), 상대방에 대해 약정된 매매대금지급기일을 연기하여 줄 권한도 가진다고 한다(대판 1992.4.14, 91다43107).

④ [○] 그러나 예금계약의 체결을 위임받은 자가 가지는 대리권에 당연히 그 예금을 담보로 하여 대출을 받거나 이를 처분할 수 있는 대리권이 포함되어 있는 것은 아니다(대판 1995.8.22, 94다39365).

[정답] ②

문2 대리에 관한 다음 설명 중 가장 옳은 것은? (다툼이 있는 경우 판례에 의하고, 전원합의체 판결의
경우 다수의견에 의함) [19서기보]

① 대리에서 법률행위를 하는 자는 대리인이나 그 법률효과는 본인에게 귀속되는 이
상, 의사표시의 효력이 의사의 흠결, 사기, 강박 또는 어느 사정을 알았거나 과실로
알지 못한 것으로 인하여 영향을 받을 경우에 그 사실의 유무는 본인을 기준으로
한다.

② 대리행위가 법률행위인 경우에는 그 대리인은 행위능력자이어야 한다.

③ 표현대리가 성립하여 본인이 이행책임을 부담하는 경우에 상대방에게 과실이 있다
면 과실상계의 법리를 적용할 수 있다.

④ 민법 제132조는 무권대리행위의 상대방만을 추인의 상대방으로 규정하지만, 무권대
리인에 대한 추인도 가능하다.

해설 ① [×] 의사표시의 효력이 의사의 흠결, 사기, 강박 또는 어느 사정을 알았거나 과실로 알지 못한
것으로 인하여 영향을 받을 경우에 그 사실의 유무는 **대리인을 표준하여** 결정한다(제116조).

② [×] 대리인은 행위능력자임을 요하지 아니한다(제117조).

③ [×] "표현대리 행위가 성립하는 경우에 그 본인은 표현대리 행위에 의하여 전적인 책임을 져
야 하고, 상대방에게 과실이 있다고 하더라도 과실상계의 법리를 유추적용하여 본인의 책임을
경감할 수 없다"(대판 1996.7.12. 95다49554).

④ [○] 추인의 의사표시는 무권대리인, 무권대리 행위의 직접의 상대방 및 그 무권대리 행위로 인한 권리
또는 법률관계의 승계인에 대하여도 할 수 있다(대판 1981.4.14, 80다2314). 다만 무권대리인에 대해
한 경우에는 상대방이 추인이 있었던 사실을 알지 못한 때에는 그에 대해 추인의 효과를 주장
하지 못한다(제132조).

[정답] ④

문3 대리에 관한 다음 설명 중 가장 옳은 것은?　　　　　　　　　　　　　　[18서기보]

① 민법 제135조 제1항은 "타인의 대리인으로 계약을 한 자가 그 대리권을 증명하지 못하고 또 본인의 추인을 얻지 못한 때에는 상대방의 선택에 좇아 계약의 이행 또는 손해배상의 책임이 있다."라고 규정하고 있는데, 위 규정에 따른 무권대리인의 상대방에 대한 책임은 무과실책임이다.

② 무권리자가 타인의 권리를 처분한 경우에는 특별한 사정이 없는 한 권리가 이전되지 않고, 무권리자의 처분이 계약으로 이루어진 경우에 권리자가 이를 추인하더라도 그 계약의 효과가 계약을 체결했을 때에 소급하여 권리자에게 귀속되는 것은 아니다.

③ 대리권 없는 자가 한 계약은 본인의 추인이 있을 때까지 상대방은 본인이나 그 대리인에 대하여 이를 철회할 수 있고, 이는 계약 당시에 상대방이 대리권 없음을 안 때에도 마찬가지이다.

④ 대리인은 보존행위 및 대리의 목적인 물건이나 권리의 성질을 변하지 아니하는 범위에서 이를 이용하거나 개량하는 행위만을 할 수 있다.

[해설] ① [○] "민법 제135조 제1항은 '타인의 대리인으로 계약을 한 자가 그 대리권을 증명하지 못하고 또 본인의 추인을 얻지 못한 때에는 상대방의 선택에 좇아 계약의 이행 또는 손해배상의 책임이 있다.'고 규정하고 있다. 위 규정에 따른 무권대리인의 상대방에 대한 책임은 무과실책임으로서 대리권의 흠결에 관하여 대리인에게 과실 등의 귀책사유가 있어야만 인정되는 것이 아니고, 무권대리행위가 제3자의 기망이나 문서위조 등 위법행위로 야기되었다고 하더라도 책임은 부정되지 아니한다"(대판 2014.2.27. 2013다213038).

② [×] "권리자가 무권리자의 처분을 추인하면 무권대리에 대해 본인이 추인을 한 경우와 당사자들 사이의 이익상황이 유사하므로, 무권대리의 추인에 관한 민법 제130조, 제133조 등을 무권리자의 추인에 유추 적용할 수 있다. 따라서 무권리자의 처분이 계약으로 이루어진 경우에 권리자가 이를 추인하면 원칙적으로 계약의 효과가 계약을 체결했을 때에 소급하여 권리자에게 귀속된다고 보아야 한다"(대판 2017.6.8. 2017다3499).

③ [×] **제134조(상대방의 철회권)** 대리권 없는 자가 한 계약은 본인의 추인이 있을 때까지 상대방은 본인이나 그 대리인에 대하여 이를 철회할 수 있다. 그러나 계약당시에 상대방이 대리권 없음을 안 때에는 그러하지 아니하다.

④ [×] **제118조(대리권의 범위)** 권한을 정하지 아니한 대리인은 다음 각호의 행위만을 할 수 있다.

1. 보존행위

2. 대리의 목적인 물건이나 권리의 성질을 변하지 아니하는 범위에서 그 이용 또는 개량하는 행위

☞ 제118조는 대리권이 있기는 하지만 수권행위의 해석을 통해서도 그 범위를 명백히 정할 수 없는 경우에 적용되므로, 대리권의 범위가 명백하거나 표현대리가 성립할 때에는 적용되지 않는다(대판 1964.12.8, 64다968 참조)

[정답] ①

문4 법률행위의 대리에 관한 다음 설명 중 가장 옳은 것은? [17서기보]

① 甲이 대리권 없이 乙의 대리인으로서 丙과 매매계약을 체결한 경우 甲의 대리행위가 대리권 소멸 후의 표현대리로 인정되는 경우라면 권한을 넘은 표현대리는 성립할 수 없다.

② 甲이 乙의 무권대리인 丙과 매매계약을 체결한 경우 乙은 丙의 무권대리행위를 추인할 수 있고, 乙의 추인이 있을 경우 위 매매계약은 장래에 향하여 효력이 발생한다.

③ 乙소유의 X토지에 관하여 매매계약을 체결할 대리권을 수여받은 甲이 매수인 丙으로부터 잔금을 수령하였다면 甲이 잔금을 乙에게 전달하지 않았더라도 丙의 잔금지급채무는 소멸한다.

④ 乙의 부동산을 매도할 대리권을 수여받은 甲이 마치 자신이 乙인 것처럼 행세하여 乙의 부동산을 丙에게 매도하였다면 丙은 乙에게 소유권이전등기를 청구할 수 없다.

해설 ① [X] "민법 제126조에서 말하는 권한을 넘은 표현대리는 현재에 대리권을 가진 자가 그 권한을 넘은 경우에 성립하는 것이지, 현재에 아무런 대리권도 가지지 아니한 자가 본인을 위하여 한 어떤 대리행위가 과거에 이미 가졌던 대리권을 넘은 경우에까지 성립하는 것은 아니라고 할 것이고, 한편 과거에 가졌던 대리권이 소멸되어 민법 제129조에 의하여 표현대리로 인정되는 경우에 그 표현대리의 권한을 넘는 대리행위가 있을 때에는 민법 제126조에 의한 표현대리가 성립할 수 있다"(대판 2008.1.31, 2007다74713).

☞ 제129조의 표현대리가 성립할 수 있다면 그에 기하여 대리권이 존재하는 것처럼 다루어지므로, 표현대리제도의 취지에 비추어 볼 때 제129조의 범위를 넘는 때에는 제126조가 중첩적으로 적용된다.

② [X] **제133조(추인의 효력)** 추인은 다른 의사표시가 없는 때에는 계약시에 '소급'하여 그 효력이 생긴다. 그러나 제3자의 권리를 해하지 못한다.

③ [○] 判例는 임의대리권은 그 권한에 부수하여 상대방의 의사표시를 수령하는 이른바 수령대리권을 포함하고, 매매계약체결의 대리권을 수여받은 대리인은 중도금과 잔금을 수령할 권한을 가진다고 한다(대판 1994.2.8, 93다39379).

☞ 따라서 乙소유의 X토지에 관하여 매매계약을 체결할 대리권을 수여받은 甲이 매수인 丙으로부터 잔금을 수령하였다면 이는 유권대리이므로 그 법률효과가 본인 乙에게 미치므로 甲이 잔금을 乙에게 전달하지 않았더라도 丙의 잔금지급채무는 소멸한다.

④ [X] 대리인이 그 권한 내에서 한 의사표시가 직접 본인에게 그 효력이 생기려면 '본인을 위한 것임을 표시'하여야 한다(제114조 1항). 즉 대리인의 대리행위시 법률행위의 귀속주체가 본인임을 표시하는 현명을 요구하는 것을 '현명주의'라고 한다. 判例는 반드시 대리인임을 표시하여 행위하여야 하는 것은 아니고 '본인명의'로도 할 수 있다는 입장이다(대판 1963.5.9, 63다67).

☞ 따라서 乙의 부동산을 매도할 대리권을 수여받은 甲이 마치 자신이 乙인 것처럼 행세하여 乙의 부동산을 丙에게 매도하였다면 이는 유권대리이므로 그 법률효과가 본인 乙에게 미치므로 丙은 乙에게 소유권이전등기를 청구할 수 있다.

[정답] ③

문5 대리에 관한 다음 설명 중 가장 옳지 않은 것은? [16서기보]

① 의사표시의 효력이 의사의 흠결, 사기, 강박 또는 어느 사정을 알았거나 과실로 알지 못한 것으로 인하여 영향을 받을 경우에 그 사실의 유무는 대리인을 표준하여 결정한다.

② 교회의 대표자는 교회 재산의 처분에 관하여 교인총회의 결의를 거치지 아니하고는 이를 대표하여 행할 권한이 없으므로, 이러한 교회의 대표자가 권한 없이 행한 교회 재산의 처분행위에 대하여는 민법 제126조의 표현대리에 관한 규정이 준용되지 아니한다.

③ 표현대리행위가 성립하는 경우에 그 본인은 표현대리행위에 의하여 전적인 책임을 져야 하지만, 상대방에게 과실이 있는 경우에는 과실상계의 법리를 유추적용하여 본인의 책임을 경감할 수 있으므로, 그 본인이 반환할 금액에서 상대방의 과실이 참작되어 감액되어야 한다.

④ 복대리인은 본인이나 제3자에 대하여 대리인과 동일한 권리의무가 있다.

해설 ① [○] 제116조 1항

② [○] "비법인사단인 교회의 대표자는 총유물인 교회 재산의 처분에 관하여 교인총회의 결의를 거치지 아니하고는 이를 대표하여 행할 권한이 없다. 그리고 교회의 대표자가 권한 없이 행한 교회 재산의 처분행위에 대하여는 민법 제126조의 표현대리에 관한 규정이 준용되지 아니한다"(대판 2009.2.12. 2006다23312).

쟁점정리 권리능력 없는 사단의 재산소유는 총유로 하며(제275조 1항), 총유물의 관리 및 처분은 정관 기타 규약에 정한 바가 없으면 사원총회의 결의에 의한다(제275조 2항, 제276조 1항). 관련하여 判例에 따르면 사원총회결의를 거치지 않은 총유물의 관리 및 처분행위는 '무효'이고 (대판 2001.5.29. 2000다10246), 이는 처분권한 없이 처분한 경우에 해당하므로 표현대리가 적용될 여지도 없다고 한다(대판 2009.2.12. 2006다23312 등)

③ [X] "표현대리행위가 성립하는 경우에 그 본인은 표현대리행위에 의하여 전적인 책임을 져야 하고, 상대방에게 과실이 있다고 하더라도 과실상계의 법리를 유추적용하여 본인의 책임을 경감할 수 없다"(대판 1996.7.12. 95다49554)

☞ 과실상계는 본래 채무불이행 내지 불법행위로 인한 손해배상책임에 대해 인정되는 것이고 (제396조, 제763조), 채무내용에 따른 본래의 급부의 이행을 구하는 경우에 적용될 것이 아니다.

④ [○] 제123조 2항

[정답] ③

문6 표현대리에 관한 다음 설명 중 가장 옳지 않은 것은? [15서기보]

① 민법 제125조가 규정하는 대리권 수여의 표시에 의한 표현대리는 본인과 대리행위를 한 자 사이의 기본적인 법률관계의 성질이나 그 효력의 유무와는 관계없이 어떤 자가 본인을 대리하여 제3자와 법률행위를 함에 있어 본인이 그 자에게 대리권을 수여하였다는 표시를 제3자에게 한 경우에 성립한다.

② 민법 제126조의 권한을 넘은 표현대리는 대리인이 본인을 위한다는 의사를 명시 혹은 묵시적으로 표시하거나 대리의사를 가지고 권한 외의 행위를 하는 경우에 성립하고, 사술을 써서 위와 같은 대리행위의 표시를 하지 아니하고 단지 본인의 성명을 모용하여 자기가 마치 본인인 것처럼 기망하여 본인 명의로 직접 법률행위를 한 경우에는 특별한 사정이 없는 한 위 표현대리는 성립될 수 없다.

③ 비법인사단인 교회의 대표자는 총유물인 교회 재산의 처분에 관하여 교인총회의 결의를 거치지 아니하고는 이를 대표하여 행할 권한이 없고, 교회의 대표자가 권한 없이 행한 교회 재산의 처분행위에 대하여는 민법 제126조의 권한을 넘은 표현대리에 관한 규정이 준용된다.

④ 다른 사람이 본인을 위하여 한다는 대리문구를 어음상에 기재하지 않고 직접 본인 명의로 기명날인을 하는 방식의 어음행위가 권한 없는 자에 의하여 행하여진 경우에도, 제3자가 어음행위를 실제로 한 자에게 그와 같은 어음행위를 할 수 있는 권한이 있다고 믿을 만한 사유가 있고 본인에게 책임을 질 만한 사유가 있는 때에는 민법상의 표현대리 규정을 유추 적용하여 본인에게 그 책임을 물을 수 있다.

해설 ① [○] 대판 2007.8.23. 2007다23245

② [○] ※ **타인명의를 사용한 법률행위**

"사술을 써서 대리행위의 표시를 하지 아니하고 단지 본인의 성명을 모용하여 자기가 마치 본인인 것처럼 상대방을 기망하여 본인 명의로 직접 법률행위를 한 경우에는 **특별한 사정이 있는 경우에 한하여 민법 제126조의 표현대리의 법리를 유추적용할 수 있다**"(대판 2002.6.28. 2001다49814).

"여기서 특별한 사정이란 ⅰ) 본인을 모용한 사람에게 본인을 대리할 '기본대리권'이 있었고, ⅱ) 상대방으로서는 위 모용자(행위자)가 본인(명의자) 자신으로서 본인의 권한을 행사하는 것으로 믿은 데 '정당한 사유'가 있었던 사정을 의미한다"

③ [✕] "비법인사단인 교회의 대표자는 총유물인 교회 재산의 처분에 관하여 교인총회의 결의를 거치지 아니하고는 이를 대표하여 행할 권한이 없다. 그리고 교회의 대표자가 권한 없이 행한 교회 재산의 처분행위에 대하여는 민법 제126조의 표현대리에 관한 규정이 준용되지 아니한다"(대판 2009.2.12. 2006다23312).

쟁점정리 권리능력 없는 사단의 재산소유는 총유로 하며(제275조 1항), 총유물의 관리 및 처분은 정관 기타 규약에 정한 바가 없으면 사원총회의 결의에 의한다(제275조 2항, 제276조 1항). 관련하여 判例에 따르면 사원총회결의를 거치지 않은 총유물의 관리 및 처분행위는 '무효'이고

(대판 2001.5.29, 2000다10246), 이는 처분권한 없이 처분한 경우에 해당하므로 표현대리가 적용될 여지도 없다고 한다(대판 2009.2.12, 2006다23312 등)

④ [○] ※ 타인명의를 사용한 법률행위

"다른 사람이 본인을 위하여 한다는 대리문구를 어음 상에 기재하지 않고 직접 본인 명의로 기명날인을 하여 어음행위를 하는 이른바 기관 방식 또는 서명대리 방식의 어음행위가 권한 없는 자에 의하여 행하여졌다면 이는 어음행위의 무권대리가 아니라 어음의 위조에 해당하는 것이기는 하나, 그 경우에도 ⅰ) 제3자가 어음행위를 실제로 한 자에게 그와 같은 어음행위를 할 수 있는 권한이 있다고 믿을 만한 사유가 있고, ⅱ) 본인에게 책임을 질 만한 사유가 있는 때에는 대리방식에 의한 어음행위의 경우와 마찬가지로 민법상의 표현대리 규정을 유추적용하여 본인에게 그 책임을 물을 수 있다"(대판 2000.3.23, 99다50385).

[정답] ③

문7 대리에 관한 다음 설명 중 가장 옳은 것은?　　　　　　　　　　[14서기보]

① 대리권한 없이 타인의 부동산을 매도한 자가 그 부동산을 상속한 후 소유자의 지위에서 자신의 대리행위가 무권대리로 무효임을 주장하여 등기말소 등을 구하는 것은 금반언의 원칙이나 신의성실의 원칙에 반하여 허용될 수 없다.

② 대리권이 있다는 것과 표현대리가 성립한다는 것은 그 요건사실이 다르지만 유권대리의 주장이 있으면 표현대리의 주장이 당연히 포함되는 것이므로 이 경우 법원은 표현대리의 성립 여부까지 판단해야 한다.

③ 무권대리행위가 범죄가 되는 경우 그 사실을 알고도 장기간 형사고소를 하지 아니하였다는 사실만으로도 무권대리행위에 대한 묵시적 추인을 인정할 수 있다.

④ 민법 제127조에 규정된 대리권의 소멸사유에는 본인의 사망, 본인의 파산, 대리인의 사망, 대리인의 파산 등이 있다.

해설 ① [○] A가 아들인 B 소유의 부동산을 B의 대리인인 것처럼 행세하면서 C에게 매도하였고, 이후 B가 사망하여 A가 B를 단독상속하게 된 경우, A가 자신의 매매행위가 무권대리행위여서 무효였다는 이유로 C를 상대로 부동산소유권이전등기의 말소를 구하는 것은 금반언의 원칙이나 신의성실의 원칙에 반하여 허용될 수 없다(대판 1994.9.27, 94다20617)

쟁점정리 '무권대리인이 본인을 상속하는 경우' 判例는 상대방이 선의·무과실인 경우는 무권대리인이 본인의 상속인 지위에서 추인거절권을 행사하는 것은 금반언의 원칙에 반한다고 하였으나 (대판 1994.9.27, 94다20617), 상대방이 악의인 경우는 추인거절권을 행사할 수 있다고 한다(대판 1992.4.28, 91다30941).

② [✕] 표현대리는 외관을 신뢰한 선의·무과실의 제3자를 보호하고 거래의 안전을 보장하며, 대리제도의 신용을 유지하기 위한 제도로서 무권대리의 일종이다(통설). 判例도 "표현대리가 성립

된다고 하여 무권대리의 성질이 유권대리로 전환되는 것은 아니므로, 양자의 구성요건 해당사실 즉, 주요사실은 서로 다르다고 볼 수밖에 없다. 그러므로 유권대리에 관한 주장 가운데 무권대리에 속하는 표현대리의 주장이 포함되어 있다고 볼 수 없다"(대판 1983.12.13, 83다카1489)고 판시하여 표현대리가 무권대리임을 분명히 밝혔다.

③ [X] "무권대리행위가 범죄가 되는 경우에 대하여 그 사실을 알고도 장기간 형사고소를 하지 아니하였다 하더라도 그 사실만으로 묵시적인 추인이 있었다고 할 수는 없다"(대판 1998.2.10. 97다31113).

④ [X] **제127조(대리권의 소멸사유)** 대리권은 다음 각 호의 어느 하나에 해당하는 사유가 있으면 소멸된다.
1. 본인의 사망
2. 대리인의 사망, 성년후견의 개시 또는 파산

[정답] ①

문8 대리에 관한 설명 중 옳지 않은 것은? (다툼이 있는 경우 판례에 의함) [기출변형]

① 대리인이 본인을 대리하여 부동산을 매수함에 있어서 이중매매라는 사정을 잘 알고 매도인의 배임행위에 적극 가담했더라도 본인이 그러한 사정을 몰랐고 알 수도 없었다면 대리인이 한 부동산 매매계약을 반사회적 법률행위라고 볼 수 없다.

② 복대리인 선임권이 없는 대리인에 의하여 선임된 복대리인의 권한도 「민법」 제126조의 표현대리의 기본대리권이 될 수 있다.

③ 대리인이 대리권 소멸 후 복대리인을 선임하여 복대리인으로 하여금 상대방과 사이에 대리행위를 하도록 한 경우, 상대방이 대리권 소멸 사실을 알지 못하여 복대리인에게 적법한 대리권이 있는 것으로 믿었고, 그와 같이 믿은 데 과실이 없었다면 「민법」 제129조의 표현대리가 성립할 수 있다.

④ 어떠한 계약의 체결에 관한 대리권을 수여받은 대리인이 체결된 계약을 해제할 권한까지 가지고 있다고 볼 수는 없다.

[해설] ① [X] 의사표시의 효력이 의사의 흠결, 사기, 강박 또는 어느 사정을 알았거나 과실로 알지 못한 것으로 인하여 영향을 받을 경우에 그 사실의 유무는 대리인을 표준으로 하여 결정한다(제116조 1항).

"대리인이 본인을 대리하여 매매계약을 체결함에 있어서 매매대상 토지에 관한 저간의 사정을 잘 알고 그 배임행위에 가담하였다면, 대리행위의 하자 유무는 대리인을 표준으로 판단하여야 하므로, 설사 본인이 미리 그러한 사정을 몰랐거나 반사회성을 야기한 것이 아니라고 할지라도 그로 인하여 매매계약이 가지는 사회질서에 반한다는 장애사유가 부정되는 것은 아니다"(대판 1998.2.27. 97다45532).

② [○] "대리인이 사자 내지 임의로 선임한 복대리인을 통하여 권한 외의 법률행위를 한 경우, 상대방이 그 행위자를 대리권을 가진 대리인으로 믿었고 또한 그렇게 믿는 데에 정당한 이유가 있는 때에는, 복대리인 선임권이 없는 대리인에 의하여 선임된 복대리인의 권한도 기본대리권이 될 수 있을 뿐만 아니라, 그 행위자가 사자라고 하더라도 대리행위의 주체가 되는 대리인이 별도로 있고 그들에게 본인으로부터 기본대리권이 수여된 이상, 제126조를 적용함에 있어서 기본대리권의 흠결 문제는 생기지 않는다"(대판 1998.3.27, 97다48982).

③ [○] "대리인이 대리권 소멸 후 복대리인을 선임하여 대리행위를 시킨 경우에도, 표현대리의 법리는 거래의 안전을 위하여 일반적인 권리외관 이론에 그 기초를 두고 있는 것인 점에 비추어 볼 때 제129조에 의한 표현대리가 성립할 수 있다"(대판 1998.5.29, 97다55317).

④ [○] "일반적으로 법률행위에 의하여 수여된 대리권은 원인된 법률관계의 종료에 의하여 소멸하는 것이므로 특별한 다른 사정이 없는 한, 본인을 대리하여 금전소비대차 내지 그를 위한 담보권설정계약을 체결할 권한을 수여받은 대리인에게 본래의 계약관계를 해제할 대리권까지 있다고 볼 수 없다"(대판 1993.1.15. 92다39365).

[정답] ①

문9 표현대리에 관한 설명 중 옳지 않은 것은? (다툼이 있는 경우에는 판례에 의함) [기출변형]

① 표현대리가 성립하는 경우, 본인은 상대방에 대하여 표현대리행위에 따른 전적인 책임을 져야 하고, 상대방에게 과실이 있다고 하더라도 과실상계의 법리는 유추적용되지 아니한다.

② 대리권 수여의 표시에 의한 표현대리는 본인이 무권대리인으로 하여금 대리권의 존재를 추단하게 하는 명칭의 사용을 명시적으로 허락한 경우뿐 아니라 이를 알고 묵인한 경우에도 성립할 수 있다.

③ 대리인이 본인으로부터 복대리인 선임권한을 부여받지 않았음에도 불구하고 복대리인을 선임하였다면 그 복대리인의 대리행위와 관련해서는 표현대리가 성립하지 않는다.

④ 어음행위자가 대리문구를 어음상에 기재하지 않고 직접 본인 명의로 기명날인을 한 경우에도 제3자가 어음행위를 실제로 한 자에게 그와 같은 어음행위를 할 수 있는 권한이 있다고 믿을 만한 사유가 있고 본인에게 책임을 질 만한 사유가 있는 때에는, 대리방식에 의한 어음행위의 경우와 마찬가지로 「민법」상의 표현대리 규정을 유추적용하여 본인에게 그 책임을 물을 수 있다.

해설 ① [○] ※ 표현대리와 과실상계의 적용범위

과실상계는 본래 채무불이행 내지 불법행위로 인한 손해배상책임에 대해 인정되는 것이고 (제396조, 제763조), 채무내용에 따른 본래의 급부의 이행을 구하는 경우에 적용될 것이 아 니다. 따라서 "표현대리행위가 성립하는 경우에 본인은 표현대리행위에 기하여 전적인 책임 을 져야 하는 것이고 상대방에게 과실이 있다고 하더라도 과실상계의 법리를 유추적용하여 본인의 책임을 감경할 수 없다"(대판 1994.12.22. 94다24985).

② [○] ※ 대리권 수여의 표시 - 명의사용을 허락 또는 묵인한 경우

본인이 다른 사람에게 자기 명의를 사용하여 법률행위를 할 것을 허락한 경우에는 보통 대리 권(엄밀히는 대행권)을 수여한 것으로 해석된다. 그리고 설령 본인의 의사가 대리권을 수여하고 자 하는 것이 아니었다 하더라도 이는 제125조의 '표시'에 해당한다. 이와 관련해 判例는 "본 인에 의한 대리권 수여의 표시는 반드시 대리권 또는 대리인이라는 말을 사용하여야 하는 것 이 아니라 사회통념상 대리권을 추단할 수 있는 직함이나 명칭 등의 사용을 승낙 또는 묵인한 경우에 도 대리권 수여의 표시가 있은 것으로 볼 수 있다"(대판 1998.6.12, 97다53762)고 한다.

③ [×] ※ 대리인이 임의로 선임한 복대리인이 권한 외의 대리행위를 한 경우

"대리인이 사자 내지 임의로 선임한 복대리인을 통하여 권한 외의 법률행위를 한 경우, 상대방 이 그 행위자를 대리권을 가진 대리인으로 믿었고 또한 그렇게 믿는 데에 정당한 이유가 있는 때에는, 복대리인 선임권이 없는 대리인에 의하여 선임된 복대리인의 권한도 기본대리권이 될 수 있을 뿐만 아니라, 그 행위자가 사자라고 하더라도 대리행위의 주체가 되는 대리인이 별도로 있고 그 들에게 본인으로부터 기본대리권이 수여된 이상, 제126조를 적용함에 있어서 기본대리권의 흠 결 문제는 생기지 않는다"(대판 1998.3.27, 97다48982).

쟁점정리 判例는 ㉠ 복임권이 없는 대리인이 복대리인을 선임하여 대리행위를 한 경우 제125 조의 표현대리를(대판 1979.11.27, 79다1193), ㉡ 대리인이 대리권 소멸 후 복대리인을 선임하여 대리행위를 한 경우 제129조의 표현대리를(대판 1998.5.29, 97다55317), ㉢ 복임권이 없는 대리인 이 복대리인을 선임하여 권한 외의 대리행위를 한 경우 제126조의 표현대리를 인정하였다(대판 1998.3.27, 97다48982).

④ [○] ※ 서명대리 또는 대행방식에 의한 경우

"다른 사람이 본인을 위하여 한다는 대리문구를 어음상에 기재하지 않고 직접 본인 명의로 기 명날인을 하여 어음행위를 하는 이른바 기관 방식 또는 서명대리 방식의 어음행위가 권한 없 는 자에 의하여 행하여졌다면 이는 어음행위의 무권대리가 아니라 어음의 위조에 해당하는 것 이기는 하나, 그 경우에도 ⅰ) 제3자가 어음행위를 실제로 한 자에게 그와 같은 어음행위를 할 수 있 는 권한이 있다고 믿을 만한 사유가 있고, ⅱ) 본인에게 책임을 질 만한 사유가 있는 때에는 대리방식에 의한 어음행위의 경우와 마찬가지로 민법상의 표현대리 규정을 유추적용하여 본인에게 그 책 임을 물을 수 있다"(대판 2000.3.23, 99다50385)

[정답] ③

문 10 대리에 관한 설명 중 옳지 않은 것은? (각 지문은 독립적이고, 다툼이 있는 경우 판례에 의함)

[기출변형]

① 甲이 乙의 대리인 丙과 매매계약을 체결한 후 丙의 기망행위를 이유로 매매계약을 취소하고자 할 경우, 甲은 乙이 丙의 기망행위를 알았거나 알 수 있었는지의 여부를 불문하고 매매계약을 취소할 수 있다.

② 甲이 乙의 무권대리인 丙과 매매계약을 체결한 경우, 乙은 丙의 무권대리행위를 추인할 수 있고, 乙의 추인이 있을 경우 위 매매계약은 계약체결 당시로 소급하여 효력이 발생한다.

③ 甲의 대리인 乙은 甲의 지시에 따라 丙과 통모하여 甲 소유의 부동산에 관하여 丙과 가장매매계약을 체결하고 丙 명의로 소유권이전등기를 경료하여 주었는데, 그 후 丙이 위 부동산을 丁에게 매도하고 丁 명의로 소유권이전등기를 경료하여준 경우, 丁이 위 가장매매에 대하여 선의라면 유효하게 위 부동산의 소유권을 취득한다.

④ 甲에 의해 대리인으로 선임된 乙이 甲의 승낙 없이 丙을 복대리인으로 선임하더라도, 丙이 甲의 대리인으로 법률행위를 하면 원칙적으로 그 효과는 甲에게 귀속된다.

해설 ① [○] "민법 제110조 2항에서 정한 제3자에 해당되지 아니한다고 볼 수 있는 자란 '그 의사표시에 관한 상대방의 대리인 등 상대방과 동일시 할 수 있는 자' 만을 의미하고, 단순히 상대방의 피용자이거나 상대방이 사용자책임을 져야 할 관계에 있는 피용자에 지나지 않는 자는 상대방과 동일시할 수는 없어 이 규정에서 말하는 제3자에 해당한다고 보아야 한다"(대판 1998.1.23, 96다41496, 대판 1999.2.23, 98다60828 등).

☞ 따라서 甲은 본인 乙이 대리인 丙의 기망행위를 알았거나 알 수 있었는지의 여부를 불문하고 제110조 1항에 따라 매매계약을 취소할 수 있다.

② [○] **제130조(무권대리)** 「대리권없는 자가 타인의 대리인으로 한 계약은 본인이 이를 추인하지 아니하면 본인에 대하여 효력이 없다.」

제133조(추인의 효력) 「추인은 다른 의사표시가 없는 때에는 계약시에 소급하여 그 효력이 생긴다. 그러나 제3자의 권리를 해하지 못한다.」

☞ 따라서 본인 乙이 무권대리행위를 추인하는 경우 위 매매계약은 계약체결 당시로 소급하여 효력이 발생한다.

③ [○] **제116조(대리행위의 하자)** 「① 의사표시의 효력이 의사의 흠결, 사기, 강박 또는 어느 사정을 알았거나 과실로 알지 못한 것으로 인하여 영향을 받을 경우에 그 사실의 유무는 대리인을 표준하여 결정한다. ② 특정한 법률행위를 위임한 경우에 대리인이 본인의 지시에 좇아 그 행위를 한 때에는 본인은 자기가 안 사정 또는 과실로 인하여 알지 못한 사정에 관하여 대리인의 부지를 주장하지 못한다.」

☞ 대리인 乙이 대리권의 범위 내에서 본인 甲의 이름으로 부동산 매매계약을 체결하면서 상대방 丙과 통모하여 허위표시를 한 경우에는 본인 甲의 선의여부를 불문하고 의사표시는 허위표시로서 무효이고(제116조 1항, 제108조 1항), 그 후 丙이 丁에게 위 부동산을 양도하였다면 선의의 丁은 제108조 2항에 의해 유효하게 위 부동산의 소유권을 취득한다.

④ [X] **제120조(임의대리인의 복임권)**「대리권이 법률행위에 의하여 부여된 경우에는 대리인은 본인의 승낙이 있거나 부득이한 사유있는 때가 아니면 복대리인을 선임하지 못한다.」

☞ 甲에 의해 대리인으로 선임된 '임의대리인' 乙은 본인 甲의 승낙 없이 丙을 복대리인을 선임할 수 없으므로, 乙의 복임행위는 무효이다. 따라서 丙이 甲의 대리인으로 법률행위를 하면 이는 '무권대리' 행위인바, 본인 甲의 추인이 없는 한 그 효과는 甲에게 귀속되지 않는다(제130조).

[정답] ④

문11 대리에 관한 설명 중 옳지 않은 것은? (다툼이 있는 경우에는 판례에 의함) [기출변형]

① 매매계약의 체결과 이행에 관하여 포괄적으로 대리권을 수여받은 대리인이라도 특별한 사정이 없는 한 상대방에 대하여 약정된 매매대금 지급기일을 연기해 줄 권한은 갖지 않는다.

② 부동산입찰절차에서 동일한 물건에 관하여 1인이 이해관계를 달리하는 2인 이상의 대리인이 된 경우, 그 대리인이 한 입찰행위는 원칙적으로 무효이다.

③ 甲 소유의 X 토지에 관하여 매매계약을 체결할 대리권을 수여받은 乙이 매수인 丙으로부터 잔금을 수령하였다면, 특별한 사정이 없는 한 乙이 잔금을 甲에게 전달하지 않았더라도 丙의 잔금지급채무는 소멸한다.

④ 상대방의 대리인이 표의자를 기망한 경우에는 상대방이 그 사실을 알았거나 알 수 있었는지 여부에 관계없이 표의자는 자신의 의사표시를 취소할 수 있다.

해설 ① [X] "매매계약의 체결과 이행에 관하여 포괄적으로 대리권을 수여받은 대리인은 특별한 다른 사정이 없는 한 상대방에 대하여 약정된 매매대금지급기일을 연기하여 줄 권한도 가진다고 보아야 할 것이다"(대판 1992.4.14. 91다43107).

② [○] "민법 제124조는 '대리인은 본인의 허락이 없으면 본인을 위하여 자기와 법률행위를 하거나 동일한 법률행위에 관하여 당사자 쌍방을 대리하지 못한다'고 규정하고 있으므로 부동산입찰절차에서 동일물건에 관하여 이해관계가 다른 2인 이상의 대리인이 된 경우에는 그 대리인이 한 입찰은 무효이다"(대결 2004.2.13. 2003마44).

③ [○] 判例는 임의대리권은 그 권한에 부수하여 상대방의 의사표시를 수령하는 이른바 수령대리권을 포함하고, 매매계약체결의 대리권을 수여받은 대리인은 중도금과 잔금을 수령할 권한을 가진다고 한다(대판 1994.2.8. 93다39379).

☞ 따라서 대리인 乙이 받은 잔금을 본인 甲에게 전달하지 않았더라도 丙의 잔금지급채무는 소멸한다.

④ [○] 判例는 "민법 제110조 2항에서 정한 제3자에 해당되지 아니한다고 볼 수 있는 자란 '그 의사표시에 관한 상대방의 대리인 등 상대방과 동일시 할 수 있는 자' 만을 의미하고, 단순히 상대방의 피용자이거나 상대방이 사용자책임을 져야 할 관계에 있는 피용자에 지나지 않는 자는 상대방과 동일시할 수는 없어 이 규정에서 말하는 제3자에 해당한다고 보아야 한다"고 판시하고 있다(대판 1998.1.23, 96다41496, 대판 1999.2.23, 98다60828 등).

따라서 상대방의 대리인이 표의자를 기망한 경우에는 상대방이 그 사실을 알았거나 알 수 있었는지 여부에 관계없이 표의자는 제110조 1항에 기해 자신의 의사표시를 취소할 수 있다.

[정답] ①

문12 甲이 乙의 대리인으로서 丙과 매매계약을 체결하였는데, 甲에게는 매매에 관한 대리권이 없었다. 이 경우의 법률관계에 관한 설명 중 옳지 않은 것은? (다툼이 있는 경우에는 판례에 의함)

[기출변형]

① 甲의 대리행위가 권한을 넘은 표현대리에 해당하는지 여부를 판단함에 있어서 정당한 이유의 존부는 甲의 대리행위시를 기준으로 판단하여야 한다.

② 甲이 乙의 배우자인 경우에는 일상가사대리권을 기본대리권으로 하는 권한을 넘은 표현대리가 성립할 수 있다.

③ 丙이 乙을 상대로 제기한 위 매매계약의 이행청구 소송에서 丙이 甲의 행위가 유권대리에 해당한다고 주장한 경우, 그 주장 속에는 甲의 행위가 표현대리에 해당한다는 주장이 포함되어 있는 것으로 볼 수 없다.

④ 만약 甲이 乙의 복대리인인 경우, 甲의 대리행위는 권한을 넘은 표현대리에 해당할 수 없다.

해설 ① [○] "권한을 넘은 표현대리에 있어서 정당한 이유의 유무는 대리행위 당시를 기준으로 하여 판정하여야 하고 매매계약 성립 이후의 사정은 고려할 것이 아니다"(대판 1997.6.27. 97다3828)

② [○] 부부는 일상의 가사에 관하여 서로 대리권이 있다(제827조 제1항). 判例는 이러한 일상가사대리권은 제126조의 기본대리권이 될 수 있으나, "문제된 월권행위에 관하여 그 권한을 수여받았다고 믿을 만한 정당한 사유가 있는 경우"에만 제126조의 적용을 인정하고 있다(대판 1998.7.10. 98다18988).

③ [○] "유권대리에 있어서는 본인이 대리인에게 수여한 대리권의 효력에 의하여 법률효과가 발생하는 반면 표현대리에 있어서는 대리권이 없음에도 불구하고 법률이 특히 거래상대방 보호와 거래안전유지를 위하여 본래 무효인 무권대리행위의 효과를 본인에게 미치게 한 것으로서 표현대리가 성립된다고 하여 무권대리의 성질이 유권대리로 전환되는 것은 아니므로, 양자의 구성요건 해당사실 즉 주요사실은 다르다고 볼 수 밖에 없으니 유권대리에 관한 주장 속에 무권대리에 속하는 표현대리의 주장이 포함되어 있다고 볼 수 없다"(대판 1983.12.13. 전합83다카1489)

④ [×] 복대리인은 본인의 대리인이므로 직접 본인의 이름으로 대리한다. 임의대리인이 제120조를 위반한 복임행위는 무효이며, 그 복대리인이 한 대리행위는 무권대리이다. 즉, (임의)대리인이 임의로 선임한(무효인 복임행위에 기한) 복대리인이 권한 외의 대리행위를 한 경우 표현대리의 법리가 적용될 수 있는지 문제되는 바, 判例는 "상대방이 그 행위자를 대리권을 가진 대리인으로 믿었고 또한 그렇게 믿는 데에 정당한 이유가 있는 때에는, 복대리인 선임권이 없는 대리인에 의하여 선임된 복대리인의 권한도 기본대리권이 될 수 있다"(대판 1998.3.27. 97다48982)고 판시하여 제126조의 표현대리가 성립할 수 있는 가능성을 열어 두고 있다.

[정답] ④

문 13 甲의 대리인이라 칭하는 乙이 甲을 대리하여 丙과 사이에 甲 소유의 X토지를 매도하는 내용의 매매계약을 체결하였다. 이에 관한 설명 중 옳지 않은 것은? [기출변형]

① 甲이 乙의 대리권 없음을 이유로 丙에게 위 매매계약을 원인으로 마쳐진 소유권이전등기의 말소를 구하는 소를 제기하는 경우, 甲은 乙의 대리권 부존재를 증명하여야 한다.

② 乙이 甲으로부터 매매계약을 체결할 대리권을 수여받은 후 자기의 이익을 위하여 배임적 대리행위를 한 경우, 丙이 이러한 사실을 과실없이 알지 못한 때에는 乙의 대리행위는 甲에게 효력이 미친다.

③ 乙이 위 매매계약에 관한 대리권을 증명하지 못하고 甲의 추인도 얻지 못하여 甲에게 대리의 효력이 발생하지 않는 경우, 그 무권대리행위가 제3자 丁의 기망이나 문서위조 등 위법행위로 야기되었다면 丙은 乙을 상대로 계약의 이행이나 손해배상을 청구할 수 없다.

④ 위 매매계약에서 甲의 채무불이행에 대비한 손해배상액이예정된 경우, 乙이 무권대리인으로서 丙에 대하여 계약 이행의 채무를 부담하게 되었으나 이를 이행하지 아니하여 손해배상책임을 진다면, 특별한 사정이 없는 한 그 책임은 위 손해배상액의 예정에 따라 정해진다.

해설 ① [○] ※ 등기명의인이 아닌 제3자가 개입된 처분행위에 의하여 소유권이전등기가 마쳐진 경우, 등기의 추정력을 번복하기 위하여 필요한 증명사실 및 증명책임자

등기가 있으면 등기권리(대판 2009.9.24. 2009다37831), 등기원인(대판 1994.9.13. 94다10160), 등기절차(대판 2002.2.5. 2001다72029)의 적법성이 법률상 추정된다. 뿐만 아니라 매매계약 및 등기가 대리인에 의해 행해지는 경우 대리인이 대리권을 수여받아 유효한 대리행위를 하였다는 점도 추정된다.

따라서 判例는 "소유권이전등기가 전 등기명의인의 직접적인 처분행위에 의한 것이 아니라 제3자가 그 처분행위에 개입된 경우 현 등기명의인이 그 제3자가 전 등기명의인의 대리인이라고

주장하더라도 현 소유명의인의 등기가 적법히 이루어진 것으로 추정되므로, 그 등기가 원인무효임을 이유로 그 말소를 청구하는 전 소유명의인으로서는 반대사실, 즉 그 제3자에게 전 소유명의인을 대리할 권한이 없었다든가 또는 제3자가 전 소유명의인의 등기서류를 위조하는 등 등기절차가 적법하게 진행되지 아니한 것으로 의심할 만한 사정이 있다는 등의 무효사실에 대한 증명책임을 진다"(대판 2009.9.24. 2009다37831)고 판시하였다.

② [○] ※ 대리권의 남용

"민법 제107조 제1항에서 규정하고 있는 진의 아닌 의사표시가 대리인에 의하여 이루어지고, 그 대리인의 진의가 본인의 이익이나 의사에 반하여 자기 또는 제3자의 이익을 위한 배임적인 것임을 그 상대방이 알았거나 알 수 있었을 경우에는 동항 단서의 유추해석상 그 대리인의 행위는 본인의 행위로 성립할 수 없으므로 본인은 대리인의 행위에 대하여 아무런 책임이 없다 할 것이며, 이때에 그 상대방이 대리인의 표시의사가 진의아님을 알았거나 알 수 있었는가의 여부는 표의자인 대리인과 상대방 사이에 있었던 의사표시의 형성과정과 그 내용 및 그로 인하여 나타나는 효과 등을 객관적 사정에 따라 합리적으로 판단하여야 한다"(대판 1987.11.10, 86다카371).

쟁점정리 대리권 남용의 법률구성으로는 ⅰ) 제107조 1항 단서 유추적용설(非眞意表示說), ⅱ) 권리남용설(信義則說), ⅲ) 무권대리설(代理權否認說)이 있으며, 判例는 대체로 대리인의 진의가 사익 도모에 있다는 것을 상대방이 알았거나 알 수 있었을 경우에는 제107조 1항 단서를 유추하여 '무효'로 보아야 한다는 제107조 1항 단서 유추적용설과 그 견해를 같이 하나(대판 1987.11.10, 86다카371), 주식회사의 대표이사의 '대표권남용'에 대해서는 대리권 남용 행위 자체는 '유효'하지만, 상대방이 '악의'로 취득한 권리를 행사하는 것은 신의칙상 허용되지 않는다고 판단한 것도 있다(대판 1987.10.13, 86다카1522 ; 2016.8.24. 2016다222453).

③ [×] ※ 무권대리인의 상대방에 대한 책임의 성질 및 무권대리행위가 제3자의 위법행위로 야기된 경우 책임이 부정되는지 여부(소극)

"민법 제135조 제1항은 "타인의 대리인으로 계약을 한 자가 그 대리권을 증명하지 못하고 또 본인의 추인을 얻지 못한 때에는 상대방의 선택에 좇아 계약의 이행 또는 손해배상의 책임이 있다."고 규정하고 있다. 위 규정에 따른 무권대리인의 상대방에 대한 책임은 무과실책임으로서 대리권의 흠결에 관하여 대리인에게 과실 등의 귀책사유가 있어야만 인정되는 것이 아니고, 무권대리행위가 제3자의 기망이나 문서위조 등 위법행위로 야기되었다고 하더라도 책임은 부정되지 아니한다"(대판 2014.2.27. 2013다213038).

④ [○] ※ 무권대리인의 책임의 내용

상대방의 선택에 좇아 이행 또는 손해배상의 책임을 진다(제135조 1항 ; 선택채권). "이때 상대방이 계약의 이행을 선택한 경우 무권대리인은 마치 자신이 계약의 당사자가 된 것처럼 계약에서 정한 채무를 이행할 책임을 지는 것이다. 따라서 위 계약에서 채무불이행에 대비하여 손해배상액의 예정에 관한 조항을 둔 때에는 무권대리인은 조항에서 정한 바에 따라 산정한 손해액을 지급하여야 한다. 이 경우에도 손해배상액의 예정에 관한 제398조가 적용됨은 물론이다"(대판 2018.6.28. 2018다210775).

[정답] ③

문1 취소에 관한 다음 설명 중 가장 옳지 않은 것은? (다툼이 있는 경우 판례에 의하고, 전원합의체 판결의 경우 다수의견에 의함)

[19서기보]

① 당사자의 합의로 착오로 인한 의사표시 취소에 관한 민법 제109조 제1항의 적용을 배제할 수 있다.

② 민법 제109조 제1항 단서에 따르면 의사표시의 착오가 표의자의 중대한 과실로 인한 때에는 그 의사표시를 취소하지 못하고, 이는 상대방이 표의자의 착오를 알고 이를 이용한 경우에도 마찬가지이다.

③ 신용카드 가맹점이 미성년자와 신용구매계약을 체결할 당시 향후 그 미성년자가 법정대리인의 동의가 없었음을 들어 스스로 위 계약을 취소하지는 않으리라고 신뢰하였다하더라도, 특별한 사정이 없는 한 법정대리인의 동의 없이 신용구매계약을 체결한 미성년자가 사후에 법정대리인의 동의 없음을 사유로 들어 이를 취소하는 것이 신의칙에 위배된 것이라고 할 수 없다.

④ 근로계약도 기본적으로 사법상 계약이므로 계약 체결에 관한 당사자들의 의사표시에 취소 사유가 있으면 그 상대방은 이를 이유로 근로계약을 취소할 수 있으나, 그 경우에도 취소의 의사표시 이후 장래에 관하여만 근로계약의 효력이 소멸된다.

해설 ① [○] "의사표시는 법률행위의 내용의 중요 부분에 착오가 있는 때에는 취소할 수 있고, 의사표시의 동기에 착오가 있는 경우에는 당사자 사이에 그 동기를 의사표시의 내용으로 삼았을 때에 한하여 의사표시의 내용의 착오가 되어 취소할 수 있는 것이다. 그리고 당사자의 합의로 착오로 인한 의사표시 취소에 관한 민법 제109조 제1항의 적용을 배제할 수 있다"(대판 2016.4.15. 2013다97694).

② [×] 상대방이 표의자의 착오를 알면서 이를 이용한 경우에, 표의자에게 중대한 과실이 있더라도 표의자는 그 의사표시를 취소할 수 있다(대판 1955.11.10, 4288민상321 ; 대판 2014.11.27. 2013다49794).
제109조 1항 단서가 상대방의 이익을 보호하기 위한 것이지만 이러한 경우에는 상대방의 보호가치가 부정되므로 그 규정의 적용이 배제되어야 하고, 또한 상대방이 표의자의 중대한 과실을 원용하여 표의자의 취소권을 부인하는 것은 신의칙에 반하기 때문이다.

③ [○] 대판 2007.11.16. 2005다71659,71666,71673

④ [○] 사기·강박에 의한 의사표시가 취소되면, 그 의사표시를 요소로 하는 법률행위가 소급적으로 무효로 된다(제141조). 다만 최근 判例 중에는 소급효를 제한하여 근로계약이 사기에 의한 것으로 취소되면 이미 제공된 근로자의 노무를 기초로 형성된 취소 이전의 법률관계까지 효력을 잃는 것은 아니라고 하여 '장래효'를 인정하기도 한다(대판 2017.12.22. 2013다25194,25200).

[정답] ②

문2 토지거래허가제에 관한 다음 설명 중 가장 옳지 않은 것은? [16서기보]

① 유동적 무효의 상태에 있는 거래계약의 당사자라도 상대방이 그 거래계약의 효력이 완성되도록 협력할 의무를 이행하지 아니하였음을 들어 일방적으로 유동적 무효의 상태에 있는 거래계약 자체를 해제할 수는 없다.

② 유동적 무효상태에 있는 계약을 체결한 당사자는 쌍방 그 계약이 효력 있는 것으로 완성될 수 있도록 서로 협력할 의무가 있다고 할 것이며, 매도인이 임의로 계약금을 지급하였다면 그 계약이 유동적 무효상태로 있는 한 이를 부당이득으로 반환을 구할 수는 없다.

③ 토지거래허가신청과 관련하여 당사자 일방이 임의적으로 거래허가신청을 하였다가 불허가 받았다는 사실만으로는 당해 거래계약이 확정적으로 무효가 되는 것은 아니다.

④ 토지거래허가제도는 투기적 거래를 방지하여 정상적 거래질서를 형성하려는 데에 입법 취지가 있으므로 제3자가 토지거래허가를 받기 전의 토지 매매계약상 매수인 지위를 인수하는 경우뿐 아니라 매도인 지위를 인수하는 경우에도 최초매도인과 매수인 사이의 매매계약에 대하여 관할 관청의 허가가 있어야만 그 지위의 인수에 관한 합의의 효력이 발생한다.

해설 ① [○] 유동적 무효상태의 계약당사자는 그 계약이 효력 있는 것으로 완성될 수 있도록 서로 '협력할 의무'를 부담하므로 계약당사자들은 공동으로 관할관청의 허가를 신청할 의무가 있고, 상대방은 협력의무의 이행을 소송으로 구할 이익이 있다(대판 1991.12.24, 전합90다12243). 한편 이러한 협력의무 불이행시 상대방은 손해배상을 청구할 수 있다(대판 1995.4.28, 93다26397 ; 이러한 의무는 견해대립이 있으나 신의칙상 의무이므로 법적 근거는 제750조). 그러나 "유동적 무효의 상태에 있는 거래계약의 당사자는 상대방이 그 거래계약의 효력이 완성되도록 협력할 의무를 이행하지 아니하였음을 들어 일방적으로 유동적 무효의 상태에 있는 거래계약 자체를 해제할 수 없다"(대판 1999.6.17, 전합98다40459).

② [○] "매수인이 지급한 계약금은 그 계약이 유동적 무효상태로 있는 한 이를 부당이득으로 반환을 구할 수 없고, 유동적 무효상태가 확정적으로 무효로 되었을 때 비로소 부당이득으로 그 반환을 구할 수 있다"(대판 1993.7.27, 91다33766).

③ [○] "토지거래허가신청에 대한 관할 시장, 군수 또는 구청장의 불허가처분으로 인하여 매매계약이 확정적으로 무효 상태에 이르게 되려면 매도인과 매수인이 공동으로 허가를 받고자 국토이용관리법 제21조의3 제3항에 따라 허가신청서에 계약 내용과 토지의 이용 계획 등을 진실과 부합되게 기재하여 이를 관할 시장, 군수, 또는 구청장에게 제출하였지만 그 진실된 허가신청서의 기재에도 불구하고 관할 시장, 군수 또는 구청장에 의하여 그 허가신청이 국토이용관리법 제21조의4 소정의 허가 기준에 적합하지 아니하다고 판단되는 경우를 전제로 하는 것이므로, 단지 매매계약의 일방 당사자만이 임의로 토지거래허가신청에 대한 불허가처분을 유도할 의도로 허가신청서에 기재하도록 되어 있는 계약 내용과 토지의 이용 계획 등에 관하여 사실과 다르게 또는 불성실하게 기재한 경우라면 실제로 토지거래허가신청에 대한 불허가처분이 있었다는 사유만으로 곧바로 매매계약이 확정적인 무효 상태에 이르렀다고 할 수 없다"(대판 1997.11.11. 97다36965).

④ [X] ㉠ 매도인과 매수인 및 제3자 사이에 매수인의 **지위를 이전받기로 한 합의**는 매도인과 매수인 사이의 매매계약에 대한 관할 관청의 허가가 있어야 효력이 발생하고, 그 허가가 없는 이상 그 세 당사자 사이의 합의만으로 유동적 무효상태의 매매계약의 매수인 지위가 제3자에게 이전하여 제3자가 매도인에 대하여 직접 토지거래허가신청절차 협력의무의 이행을 구할 수는 없다(대판 1996. 7.26, 96다7762). 제3자의 매수인 지위 인수를 허용하면 사실상 허가 전의 토지에 대한 거래를 용인하는 것이 되기 때문이다. ㉡ 따라서 이와는 달리 제3자가 허가를 받기 전의 토지 매매계약상 매도인 지위를 인수하는 경우에는, 토지거래허가제도가 투기적 거래를 방지하고자 하는 데에 있는 점에 비추어, 애초의 매매계약에 대해 관할 관청의 허가가 있어야만 그 인수계약의 효력이 생기는 것은 아니다(대판 2013.12.26, 2012다1863).

[정답] ④

문3 법률행위의 무효, 취소에 관한 다음 설명 중 가장 옳은 것은? [18서기보]

① 법률행위 일부분이 무효이더라도, 그 나머지 부분은 무효가 되지 않는 것이 원칙이다.
② 무효인 법률행위가 다른 법률행위의 요건을 구비하면 다른 법률행위로서 효력을 가진다.
③ 미성년자가 한 법률행위가 적법하게 취소된 경우 그 법률행위는 처음부터 무효인 것으로 보므로, 미성년자는 그 행위로 받은 이익 전부를 상환할 책임이 있다.
④ 민법 제104조에서 정하는 '불공정한 법률행위'에 해당하여 무효인 경우에도 무효행위 전환에 관한 민법 제138조가 적용될 수 있다.

해설 ① [X] **제137조 (일부무효)** 법률행위의 일부분이 무효인 때에는 그 전부를 무효로 한다. 그러나 그 무효부분이 없더라도 법률행위를 하였을 것이라고 인정될 때에는 나머지 부분은 무효가 되지 아니한다.
☞ 민법상 일부무효는 전부무효가 원칙이다(제137조 본문).
② [X] **제138조(무효행위의 전환)** 무효인 법률행위가 다른 법률행위의 요건을 구비하고 당사자가 그 무효를 알았더라면 다른 법률행위를 하는 것을 의욕하였으리라고 인정될 때에는 다른 법률행위로서 효력을 가진다.
☞ 단순히 유효요건만 구비해야 하는 것이 아니라 무효를 알았더라면 다른 법률행위를 하는 것을 의욕하였으리라고 인정되는 '가정적 의사'가 있어야 한다.
③ [X] **제141조(취소의 효과)** 취소된 법률행위는 처음부터 무효인 것으로 본다. 다만, 제한능력자는 그 행위로 인하여 받은 이익이 현존하는 한도에서 상환(償還)할 책임이 있다.
④ [○] 判例는 매매대금의 과다로 말미암아 불공정한 법률행위에 해당하는 매매계약에 대해서, 선행하는 조정절차에서 제시된 금액을 기준으로 당사자의 '가정적 의사'를 추론하여 그 매매대금을 '적정한 금액'으로 감액하여 매매계약의 유효성을 인정하였다. 즉, 제104조에 해당하여 무효인 경우에도 **제138조**(무효행위의 전환)가 적용될 수 있다고 한다(대판 2010.7.15, 2009다50308).

[정답] ④

문4 법률행위의 취소에 관한 다음 설명 중 가장 옳지 않은 것은? [14서기보]

① 하나의 법률행위의 일부분에만 취소사유가 있다고 하더라도 그 법률행위가 가분적이거나 그 목적물의 일부가 특정될 수 있다면, 그 나머지 부분이라도 이를 유지하려는 당사자의 가정적 의사가 인정되는 경우 그 일부만의 취소도 가능하고, 그 일부의 취소는 법률행위의 일부에 관하여 효력이 생긴다.

② 동기의 착오가 법률행위의 내용의 중요부분의 착오에 해당함을 이유로 표의자가 법률행위를 취소하려면 그 동기를 당해 의사표시의 내용으로 삼을 것을 상대방에게 표시하고 의사표시의 해석상 법률행위의 내용으로 되어 있다는 것으로는 부족하고 당사자들 사이에 그 동기를 의사표시의 내용으로 삼기로 하는 합의가 이루어져야 한다.

③ 미성년자의 행위임을 이유로 법률행위를 취소하는 경우 미성년자는 그 행위로 인하여 받은 이익이 현존하는 한도에서 상환할 책임이 있다.

④ 민법 제146조 전단은 '취소권은 추인할 수 있는 날로부터 3년 내에 행사하여야 한다'고 규정하고 있는바, 위 조항의 '추인할 수 있는 날'이란 취소의 원인이 종료되어 취소권행사에 관한 장애가 없어져서 취소권자가 취소의 대상인 법률행위를 추인할 수도 있고 취소할 수도 있는 상태가 된 때를 가리킨다.

해설 ① [○] 대판 2002.9.10, 2002다21509

② [×] "동기의 착오가 법률행위의 내용의 중요부분의 착오에 해당함을 이유로 표의자가 법률행위를 취소하려면 그 동기를 당해 의사표시의 내용으로 삼을 것을 상대방에게 표시하고 의사표시의 해석상 법률행위의 내용으로 되어 있다고 인정되면 충분하고 당사자들 사이에 별도로 그 동기를 의사표시의 내용으로 삼기로 하는 합의까지 이루어질 필요는 없지만, 그 법률행위의 내용의 착오는 보통 일반인이 표의자의 입장에 섰더라면 그와 같은 의사표시를 하지 아니하였으리라고 여겨질 정도로 그 착오가 중요한 부분에 관한 것이어야 한다"(대판 2000.5.12. 2000다12259)

③ [○] **제141조(취소의 효과)** 취소된 법률행위는 처음부터 무효인 것으로 본다. 다만, 제한능력자는 그 행위로 인하여 받은 이익이 현존하는 한도에서 상환(償還)할 책임이 있다.

④ [○] 취소권은 추인할 수 있는 날로부터 3년 내에, 법률행위를 한 날로부터 10년 내에 행사하여야 한다(제146조). 여기서 '추인할 수 있는 날'이란, 취소의 원인이 종료되고 또 취소권행사에 관한 법률상의 장애가 없어져서 취소권자가 취소의 대상인 법률행위를 추인할 수도 있고 취소할 수도 있는 상태가 된 때를 가리킨다(대판 1998.11.27, 98다7421).

[정답] ②

문5 무효행위와 무권대리의 추인에 관한 설명 중 옳지 않은 것을 모두 고른 것은?   [기출변형]

ㄱ. 무권대리행위의 추인의 의사표시를 무권대리인에게 한 경우, 상대방은 추인이 있었음을 알지 못하였다고 하더라도 철회할 수 없다.

ㄴ. 종중을 대표할 권한 없는 자가 종중을 대표하여 한 소송행위는 효력이 없으나 나중에 종중이 총회의결에 따라 위 소송행위를 추인하면 그 행위시로 소급하여 유효하게 되며, 이 경우 무권대리행위에 대한 추인의 경우에 있어 배타적 권리를 취득한 제3자에 대하여 그 추인의 소급효를 제한하고 있는 민법 제133조 단서의 규정은 적용될 여지가 없다.

ㄷ. 무권대리행위의 추인은 무권대리인 또는 무권대리행위의 직접 상대방에게는 할 수 있지만, 그 무권대리행위로 인한 권리 또는 법률관계의 승계인에 대하여는 할 수 없다.

ㄹ. 취득시효 완성 당시 부동산 소유자 甲이 그 완성 사실을 알면서 그 부동산을 제3자 乙에게 처분하였고 乙 역시 이러한 사정을 알면서 위 처분행위에 적극 가담한 경우 乙 명의로 경료된 등기는 甲이 그 처분행위를 추인하여도 무효이다.

① ㄱ, ㄴ   ② ㄴ, ㄷ
③ ㄱ, ㄷ   ④ ㄷ, ㄹ

해설 ㄱ. [×] **제132조(추인, 거절의 상대방)** 「추인 또는 거절의 의사표시는 상대방에 대하여 하지 아니하면 그 상대방에 대항하지 못한다. 그러나 상대방이 그 사실을 안 때에는 그러하지 아니하다.」
제134조(상대방의 철회권) 「대리권 없는 자가 한 계약은 본인의 추인이 있을 때까지 상대방은 본인이나 그 대리인에 대하여 이를 철회할 수 있다. 그러나 계약당시에 상대방이 대리권 없음을 안 때에는 그러하지 아니하다.」
"민법 제132조는 본인이 무권대리인에게 무권대리행위를 추인한 경우에 상대방이 이를 알지 못하는 동안에는 본인은 상대방에게 추인의 효과를 주장하지 못한다는 취지이므로 상대방은 그때까지 민법 제134조에 의한 철회를 할 수 있고, 또 무권대리인에의 추인이 있었음을 주장할 수도 있다"(대판 1981.4.14. 80다2314).

ㄴ. [○] **민사소송법 제60조(소송능력 등의 흠과 추인)** 「소송능력, 법정대리권 또는 소송행위에 필요한 권한의 수여에 흠이 있는 사람이 소송행위를 한 뒤에 보정된 당사자나 법정대리인이 이를 추인한 경우에는, 그 소송행위는 이를 한 때에 소급하여 효력이 생긴다.」
"종중을 대표할 권한 없는 자가 종중을 대표하여 한 소송행위는 그 효력이 없으나 나중에 종중이 총회결의에 따라 위 소송행위를 추인하면 그 행위시로 소급하여 유효하게 되며 이 경우 민법 제133조 단서의 규정은 무권대리행위에 대한 추인의 경우에 있어 배타적 권리를 취득한 제3자에 대하여 그 추인의 소급효를 제한하고 있는 것으로서 위와 같은 하자있는 소송행위에 대한 추인의 경우에는 적용될 여지가 없는 것이다"(대판 1991.11.8. 91다25383)
☞ 대리권한의 존재는 소송행위의 유효요건이므로 권한없는 자의 소송행위는 무효이다. 다만,

무효인 소송행위도 추인할 수 있는데(민사소송법 제60조), 추인하는 경우에도 소송절차의 안정이 고려되어야 하므로 민법 제133조 단서와 같은 제3자 보호 규정은 소송행위의 추인에는 적용될 수 없다.

ㄷ. [X] "무권대리의 추인의 의사표시는 무권대리인, 무권대리 행위의 직접의 상대방 및 그 무권대리 행위로 인한 권리 또는 법률관계의 승계인에 대하여도 할 수 있다"(대판 1981.4.14, 80다2314).

ㄹ. [○] "부동산 소유자가 취득시효가 완성된 사실을 알고 그 부동산을 제3자에게 처분하여 소유권이전등기를 넘겨줌으로써 취득시효 완성을 원인으로 한 소유권이전등기의무가 이행불능에 빠지게 되어 시효취득을 주장하는 자가 손해를 입었다면 불법행위를 구성한다고 할 것이고, 부동산을 취득한 제3자가 부동산 소유자의 이와 같은 불법행위에 적극 가담하였다면 이는 사회질서에 반하는 행위로서 무효라고 할 것이다. 이와 같이 취득시효 완성 후 경료된 무효인 제3자 명의의 등기에 대하여 시효완성 당시의 소유자가 무효행위를 추인하여도 그 제3자 명의의 등기는 그 소유자의 불법행위에 제3자가 적극 가담하여 경료된 것으로서 사회질서에 반하여 무효이다"(대판 2002.3.15. 2001다77352)

[정답] ③

문6 무효행위의 추인에 관한 설명 중 옳은 것을 모두 고른 것은?　　　　　[기출변형]

ㄱ. 무권대리행위의 추인은 무권대리인 또는 상대방의 동의나 승낙을 요하지 않는 단독행위로서 무권대리행위 전부에 대하여 행해져야 하지만, 상대방의 동의를 얻은 경우에는 무권대리행위 일부에 대하여 추인을 하거나 그 내용을 변경하여 추인하는 것도 유효하다.

ㄴ. 무권리자의 처분행위에 대하여 권리자가 추인하는 경우에는 그 처분행위의 효력이 권리자에게 미치므로, 권리자는 무권리자에 대하여 무권리자가 그 처분행위로 인하여 얻은 이득의 반환을 구할 수 없다.

ㄷ. 매매계약이 「민법」 제104조 소정의 '불공정한 법률행위'로 무효가 되더라도 그 당사자가 그 계약에 관한 부제소합의를 한 경우에는 무효행위의 추인에 해당하여 특별한 사정이 없는 한 위 매매계약 체결 시부터 그 매매계약은 유효하게 된다.

ㄹ. 부동산 소유자가 취득시효가 완성된 사실을 알고서 그 부동산을 제3자에게 처분하여 소유권이전등기를 마쳐주었는데, 그 부동산을 취득한 제3자가 부동산 소유자의 이와 같은 불법행위에 적극 가담하여 위 처분행위 및 제3자 명의의 등기가 무효인 경우, 시효완성 당시의 소유자가 그 무효행위를 추인하여도 그 제3자 명의의 등기는 무효이다.

① ㄱ, ㄴ　　　　　　　　　② ㄱ, ㄷ
③ ㄱ, ㄹ　　　　　　　　　④ ㄴ, ㄷ

ㄱ. [○] ※ 무권대리행위의 일부 추인

"무권대리행위의 추인은 무권대리인에 의하여 행하여진 불확정한 행위에 관하여 그 행위의 효과를 자기에게 직접 발생케 하는 것을 목적으로 하는 의사표시이며, 무권대리인 또는 상대방의 동의나 승락을 요하지 않는 단독행위로서 추인은 의사표시의 전부에 대하여 행하여져야 하고, 그 일부에 대하여 추인을 하거나 그 내용을 변경하여 추인을 하였을 경우에는 상대방의 동의를 얻지 못하는 한 무효이다"(대판 1982.1.26. 81다카549).

ㄴ. [×] ※ 추인 이후 권리자의 무권리자에 대한 부당이득 반환청구권

권리자가 무권리자의 처분행위를 추인하더라도 이는 원래 무효이었던 처분행위를 유효하게 하여 처분행위의 상대방으로 하여금 권리를 취득하게 하는 것일 뿐, 무권리자가 권리자에 대하여 처분을 통해 받은 이익을 보유할 정당한 권원까지 부여한다고 볼 수는 없다. 따라서 권리자는 무권리자를 상대로 부당이득반환청구권을 행사할 수 있다. 이 경우 권리자의 손해는 추인 당시의 목적물의 시가 상당액이고, 무권리자의 이득은 처분대가 상당액이라고 할 것인바, 권리자는 자기의 손해를 한도로 하여 무권리자가 받은 이득의 반환을 청구할 수 있다(대판 2001.11.9, 2001다44291)

비교판례 불법행위로 인한 손해배상청구권(소극)

권리자는 무권리자에 대하여 불법행위를 원인으로 하여 권리의 상실에 대한 손해배상을 청구할 수는 없다. 권리자가 권리를 잃은 것은 자신이 무권리자의 처분행위를 추인함으로 인한 것이기 때문이다.

ㄷ. [×] ※ 불공정한 법률행위에 대한 부제소합의 효력

"매매계약과 같은 쌍무계약이 급부와 반대급부와의 불균형으로 말미암아 민법 제104조에서 정하는 '불공정한 법률행위'에 해당하여 무효라고 한다면, 그 계약으로 인하여 불이익을 입는 당사자로 하여금 위와 같은 불공정성을 소송 등 사법적 구제수단을 통하여 주장하지 못하도록 하는 부제소합의 역시 다른 특별한 사정이 없는 한 무효이다"(대판 2010.7.15, 2009다50308).

ㄹ. [○] ※ 반사회질서적 법률행위에 대한 추인

"부동산 소유자가 취득시효가 완성된 사실을 알고 그 부동산을 제3자에게 처분하여 소유권이전등기를 넘겨줌으로써 취득시효 완성을 원인으로 한 소유권이전등기의무가 이행불능에 빠지게 되어 시효취득을 주장하는 자가 손해를 입었다면 불법행위를 구성한다고 할 것이고, 부동산을 취득한 제3자가 부동산 소유자의 이와 같은 불법행위에 적극 가담하였다면 이는 사회질서에 반하는 행위로서 무효라고 할 것이다. 취득시효 완성 후 경료된 무효인 제3자 명의의 등기에 대하여 시효완성 당시의 소유자가 무효행위를 추인하여도 그 제3자 명의의 등기는 그 소유자의 불법행위에 제3자가 적극 가담하여 경료된 것으로서 사회질서에 반하여 무효이다"(대판 2002.3.15. 2001다77352,77369).

☞ 사회질서에 반하는 법률행위(제103조·제104조)나 강행규정 위반(제105조)의 경우와 같은 '절대적 무효'의 경우에는 추인에 의하여 유효로 될 수 없다.

[정답] ③

문7 법률행위의 무효에 관한 설명 중 옳지 않은 것은? (다툼이 있는 경우에는 판례에 의함) [기출변형]

① 무효인 입양행위라도 그 내용에 맞는 신분관계가 실질적으로 형성되어 당사자 쌍방이 이의 없이 그 신분관계를 계속하여 왔다면 추인의 소급효가 인정될 수 있다.

② 무효인 가등기를 유효한 등기로 전용하기로 약정하였더라도 그 가등기가 소급하여 유효한 등기로 되지는 않는다.

③ 매매계약이 불공정한 법률행위에 해당하여 무효라고 하더라도, 특별한 사정이 없는 한 그 계약에 관한 부제소합의까지 무효로 되는 것은 아니다.

④ 상속재산 전부를 상속인 중 1인에게 상속시킬 방편으로 나머지 상속인들 전원이 상속포기신고를 하였으나, 그 상속포기가 민법 제1019조 제1항의 기간을 도과한 후에 신고된 것이어서 상속포기로서의 효력이 없는 경우에도 상속재산협의분할로서의 효력은 인정될 수 있다.

해설 ① [○] 무효행위의 추인에는 원칙적으로 소급효가 없다. 즉 추인한 때부터 새로운 법률행위를 한 것으로 간주될 뿐이다(제139조). 그러나 判例는 입양 등의 '신분행위의 경우'에 대체행위로서의 유효요건을 갖추지 못하여 무효행위의 전환이 인정되지 않더라도(제138조 참조), 그 내용에 맞는 신분관계가 실질적으로 형성되어 당사자 쌍방이 이의 없이 그 신분관계를 계속하여 왔다면 '소급적으로' 무효행위의 추인을 인정한다(아래 99므1633,1640판결).

관련판례 "친생자 출생신고 당시 입양의 실질적 요건을 갖추지 못하여 입양신고로서의 효력이 생기지 아니하였더라도 그 후에 '입양의 실질적 요건을 갖추게 된 경우'에는 무효인 친생자 출생신고는 '소급적으로' 입양신고로서의 효력을 갖게 된다. 다만 당사자 간에 무효인 신고행위에 상응하는 신분관계가 실질적으로 형성되어 있지 아니한 경우에는 무효인 신분행위에 대한 추인의 의사표시만으로 그 무효행위의 효력을 인정할 수 없다"(대판 2000.6.9, 99므1633 등).

② [○] 무효행위의 추인에는 원칙적으로 소급효가 없다. 즉 추인한 때부터 새로운 법률행위를 한 것으로 간주될 뿐이다(제139조). 따라서 判例는 무효인 가등기를 유효한 등기로 전용키로 한 약정도 그 때부터 유효하고 이로써 가등기가 소급하여 유효한 등기로 전환될 수 없다고 한다(대판 1992.5.12, 91다26546).

③ [X] "매매계약과 같은 쌍무계약이 급부와 반대급부와의 불균형으로 말미암아 민법 제104조에서 정하는 '불공정한 법률행위'에 해당하여 무효라고 한다면, 그 계약으로 인하여 불이익을 입는 당사자로 하여금 위와 같은 불공정성을 소송 등 사법적 구제수단을 통하여 주장하지 못하도록 하는 부제소합의 역시 다른 특별한 사정이 없는 한 무효이다"(대판 2010.7.15, 2009다50308).

④ [○] 判例는 제138조의 무효행위의 전환과 관련하여 상속인 중 일부의 상속포기가 무효인 경우에 상속재산의 협의분할로 전환되어 그 효력이 인정될 수 있다고 한다(아래 88누9305판결).

관련판례 "상속재산 전부를 상속인 중 1인(乙)에게 상속시킬 방편으로 그 나머지 상속인들이 상속포기신고를 하였으나 그 상속포기가 민법 제1019조 제1항 소정의 기간을 초과한 후에 신고된 것이어서 상속포기로서의 효력이 없더라도 乙과 나머지 상속인들 사이에는 乙이 고유의 상속분을 초과하여 상속재산 전부를 취득하고 나머지 상속인들은 그 상속재산을 전혀 취득하지 않기로 하는 의사의 합치가 있었다고 할 것이므로 그들 사이에 위와 같은 내용의 상속재산의 협의분할이 이루어진 것이라고 보아야 하고 공동상속인 상호 간에 상속재산에 관하여 협의분할이 이루어짐으로써 공동상속인 중 1인이 고유의 상속분을 초과하여 상속재산을 취득하는 것은 상속개시당시에 피상속인으로부터 상속에 의하여 직접 취득한 것으로 보아야 한다"(대판 1989.9.12, 88누9305).

[정답] ③

문8 법률행위의 무효·취소에 관한 설명 중 옳지 않은 것은? (다툼이 있는 경우 판례에 의함)

[기출변형]

① 미성년자가 법정대리인의 동의 없이 한 법률행위를 법정대리인이 적법하게 추인한 이후에는 그 미성년자는 자신의 법률행위를 취소할 수 없다.

② 강박에 의한 의사표시임을 이유로 의사표시를 적법하게 취소한 표의자는 강박상태에서 벗어난 후 이미 취소된 의사표시를 무효행위 추인의 요건을 갖추어 추인할 수 있다.

③ 불공정한 법률행위는 절대적 무효이므로 무효행위의 전환이 인정되지 않는다.

④ 「국토의 계획 및 이용에 관한 법률」의 토지거래허가구역 내의 토지에 대하여 관할 관청의 허가 없이 체결된 매매계약이 확정적으로 무효인 경우가 아니라면 그 매매계약의 일방 당사자는 상대방 당사자에게 공동으로 관할 관청의 허가를 신청하기 위해 필요한 협력의무의 이행을 요구할 수 있다.

해설 ① [○] 취소할 수 있는 법률행위의 추인이란 취소할 수 있는 법률행위를 취소하지 않겠다는 확정적인 의사표시, 즉 취소권의 포기이다(제143조, 제144조). 따라서 더 이상 취소할 수 없고 확정적으로 유효로 된다.

② [○] "취소한 법률행위는 처음부터 무효인 것으로 간주되므로, 취소할 수 있는 법률행위가 일단 취소된 이상 그 후에는 취소할 수 있는 법률행위의 추인에 의하여 이미 취소되어 무효인 것으로 간주된 당초의 의사표시를 다시 확정적으로 유효하게 할 수는 없고, 다만 무효인 법률행위의 추인의 요건과 효력으로서 추인할 수는 있으나, 무효행위의 추인은 그 무효원인이 소멸한 후에 하여야 그 효력이 있으므로, 강박에 의한 의사표시임을 이유로 일단 유효하게 취소되어 당초의 의사표시가 무효로 된 후에 추인한 경우, 그 추인이 효력을 가지기 위하여는 그 무효원인이 소멸한 후일 것을 요한다고 할 것인데, 그 무효원인이란 바로 위 의사표시의 취소사유라 할 것이므로 결국 무효원인이 소멸한 후란 것은 당초의 의사표시의 성립과정에 존재하였던 취소의 원인이 종료된 후, 즉 강박상태에서 벗어난 후라고 보아야 한다"(대판 1997.12.12, 95다38240)

③ [×] "매매계약이 약정된 매매대금의 과다로 말미암아 민법 제104조에서 정하는 '불공정한 법률행위'에 해당하여 무효인 경우에도 무효행위의 전환에 관한 민법 제138조가 적용될 수 있다.

따라서 당사자 쌍방이 위와 같은 무효를 알았더라면 대금을 다른 액으로 정하여 매매계약에 합의하였을 것이라고 예외적으로 인정되는 경우에는, 그 대금액을 내용으로 하는 매매계약이 유효하게 성립한다"(대판 2010.7.15. 2009다50308)

判例는 매매대금의 과다로 말미암아 불공정한 법률행위에 해당하는 매매계약에 대해서, 선행하는 조정절차에서 제시된 금액을 기준으로 당사자의 '가정적 의사'를 추론하여 그 매매대금을 '적정한 금액'으로 감액하여 매매계약의 유효성을 인정하였다. 즉, 제104조에 해당하여 무효인 경우에도 제138조(무효행위의 전환)가 적용될 수 있다고 한다(대판 2010.7.15, 2009다50308).

④ [○] "규제지역 내의 토지에 대하여 거래계약이 체결된 경우에 계약을 체결한 당사자 사이에 있어서는 그 계약이 효력 있는 것으로 완성될 수 있도록 서로 협력할 의무가 있음이 당연하므로, 계약의 쌍방 당사자는 공동으로 관할 관청의 허가를 신청할 의무가 있고, 이러한 의무에 위배하여 허가신청절차에 협력하지 않는 당사자에 대하여 상대방은 협력의무의 이행을 소송으로써 구할 이익이 있다"(대판 1991.12.24. 전합90다12243).

⑤ [○] 취소권은 형성권이므로 단독의 일방적 의사표시에 의한다. 법률행위의 상대방이 확정되어 있는 경우에는 상대방에 대한 의사표시로써 한다(제142조). 그러므로 상대방이 그 권리를 제3자에게 양도한 경우 취소의 의사표시는 제3자가 아닌 원래의 상대방에게 하여야 한다.

[정답] ③

문9 甲과 乙은 2010. 1. 7. 「국토의 계획 및 이용에 관한 법률」상 토지거래허가구역 내에 있는 甲의 X 토지를 乙에게 매도하는 매매계약을 체결하면서 "甲과 乙은 2010. 2. 7.까지 토지거래허가를 받는다. 乙은 甲에게 계약 당일 계약금을, 2010. 3. 7. 중도금을, 2010. 5. 7. 잔금을 지급한다. 甲은 乙로부터 잔금을 지급받음과 동시에 乙 앞으로 X 토지에 관한 소유권이전등기를 마친다." 라는 내용의 약정을 하였다. 이 약정에 따라 乙은 계약 당일 甲에게 계약금을 지급하였다. 다음 설명 중 옳지 않은 것은? (각 지문은 독립적이며, 다툼이 있는 경우 판례에 의함) [기출변형]

① 甲과 乙이 토지거래허가를 신청하여 관할관청으로부터 토지거래허가를 받은 후에도 甲은 乙이 중도금지급채무의 이행에 착수하기 전에 乙로부터 지급받은 계약금의 배액을 乙에게 지급하고 매매계약을 해제할 수 있다.

② 甲과 乙이 2010. 2. 7.까지 토지거래허가를 받지 못하였다고 하더라도, 약정된 기간 내에 토지거래허가를 받지 못할 경우 계약해제 등의 절차 없이 곧바로 당해 매매계약을 무효로 하기로 약정하였다는 등의 특별한 사정이 없는 한, 매매계약이 확정적으로 무효가 되는 것은 아니다.

③ 매매계약이 乙의 사기에 의해 체결된 경우라도, 甲은 토지거래허가를 신청하기 전 단계에서는 乙의 사기를 이유로 매매계약의 취소를 주장하여 매매계약을 확정적으로 무효화시킬 수 없다.

④ 甲은 토지거래허가를 받기 전에는 乙이 중도금을 2010. 3. 7.이 도과할 때까지 지급하지 않았다 하더라도 이를 이유로 매매계약을 해제할 수 없다.

해설 ① [○] "국토의 계획 및 이용에 관한 법률에 정한 토지거래계약에 관한 허가구역으로 지정된 구역 안에 위치한 토지에 관하여 매매계약이 체결된 경우 당사자는 그 매매계약이 효력이 있는 것으로 완성될 수 있도록 서로 협력할 의무가 있지만, 이러한 의무는 그 매매계약의 효력으로서 발생하는 매도인의 재산권이전의무나 매수인의 대금지급의무와는 달리 신의칙상의 의무에 해당하는 것이어서 당사자 쌍방이 위 협력의무에 기초해 토지거래허가신청을 하고 이에 따라 관할관청으로부터 그 허가를 받았다 하더라도, 아직 그 단계에서는 당사자 쌍방 모두 매매계약의 효력으로서 발생하는 의무를 이행하였거나 이행에 착수하였다고 할 수 없을 뿐만 아니라, 그 단계에서 매매계약에 대한 이행의 착수가 있다고 보아 민법 제565조의 규정에 의한 해제권 행사를 부정하게 되면 당사자 쌍방 모두에게 해제권의 행사 기한을 부당하게 단축시키는 결과를 가져올 수도 있다. 그러므로 국토의 계획 및 이용에 관한 법률에 정한 토지거래계약에 관한 허가구역으로 지정된 구역 안의 토지에 관하여 매매계약이 체결된 후 계약금만 수수한 상태에서 당사자가 토지거래허가신청을 하고 이에 따라 관할관청으로부터 그 허가를 받았다 하더라도, 그러한 사정만으로는 아직 이행의 착수가 있다고 볼 수 없어 매도인으로서는 제565조에 의하여 계약금의 배액을 상환하여 매매계약을 해제할 수 있다"(대판 2009.4.23. 2008다62427).

☞ 乙은 계약금을 지급하였고 甲과 乙간에는 다른 약정이 없으므로 당사자 일방이 이행에 착수할 때까지는 해약금에 기한 해제를 할 수 있다. 判例는 토지거래허가구역내의 부동산매매에 있어 관할관청으로부터 허가를 받았더라도 이는 이행의 착수로 보지 않으므로 甲은 토지거래허가를 받은 후에도 乙이 이행에 착수하기 전이라면 계약금의 배액을 지급하고 해제할 수 있다.

② [○] "유동적 무효 상태에 있는, 토지거래허가구역 내 토지에 관한 매매계약에서 계약의 쌍방 당사자는 공동허가신청절차에 협력할 의무가 있고, 이러한 의무에 위배하여 허가신청절차에 협력하지 않는 당사자에 대하여 상대방은 협력의무의 이행을 소구할 수도 있다. 그러므로 매매계약 체결 당시 일정한 기간 안에 토지거래허가를 받기로 약정하였다고 하더라도, 그 약정된 기간 내에 토지거래허가를 받지 못할 경우 계약해제 등의 절차 없이 곧바로 매매계약을 무효로 하기로 약정한 취지라는 등의 특별한 사정이 없는 한, 이를 쌍무계약에서 이행기를 정한 것과 달리 볼 것이 아니므로 위 약정기간이 경과하였다는 사정만으로 곧바로 매매계약이 확정적으로 무효가 된다고 할 수 없다"(대판 2009.4.23. 2008다50615)

③ [✕] "국토이용관리법상 규제구역 내에 속하는 토지거래에 관하여 관할 도지사로부터 거래허가를 받지 아니한 거래계약은 처음부터 위 허가를 배제하거나 잠탈하는 내용의 계약이 아닌 한 허가를 받기까지는 유동적 무효의 상태에 있고 거래 당사자는 거래허가를 받기 위하여 서로 협력할 의무가 있으나, 그 토지거래가 계약 당사자의 표시와 불일치한 의사(비진의표시, 허위표시 또는 착오) 또는 사기, 강박과 같은 하자 있는 의사에 의하여 이루어진 경우에는, 이들 사유에 의하여 그 거래의 무효 또는 취소를 주장할 수 있는 당사자는 그러한 거래허가를 신청하기 전 단계에서 이러한 사유를 주장하여 거래허가신청 협력에 대한 거절의사를 일방적으로 명백히 함으로써 그 계약을 확정적으로 무효화시키고 자신의 거래허가절차에 협력할 의무를 면할 수 있다"(대판 1997.11.14. 97다36118) ☞ 유동적 무효상태에서도 별도의 무효 또는 취소사유가 있다면 이를 주장하여 확정적으로 무효화시킬 수 있다(무효와 취소의 이중효).

④ [○] "국토이용관리법상 토지거래허가구역 내에 있는 토지에 관하여 소유권 등 권리를 이전 또는 설정하는 내용의 거래계약은 관할 시장·군수 또는 구청장의 허가를 받아야만 효력이 발생하고 허가를 받기 전에는 물권적 효력은 물론 채권적 효력도 발생하지 아니하여 무효라고 보아야 할 것이므로, 따라서 허가받을 것을 전제로 하는 거래계약은 허가를 받을 때까지는 법률상 미완성의 법률행위로서 소유권 등 권리의 이전 또는 설정에 관한 거래의 효력이 전혀 발생하지 않으나

일단 허가를 받으면 그 계약은 소급하여 유효한 계약이 되고, 이와 달리 불허가가 된 때에 무효로 확정되므로 허가를 받기까지는 유동적 무효의 상태에 있다고 볼 것인바, 허가를 받을 것을 전제로 한 거래계약은 허가받기 전의 상태에서는 거래계약의 채권적 효력도 전혀 발생하지 않으므로 권리의 이전 또는 설정에 관한 어떠한 내용의 이행청구도 할 수 없고, 그러한 거래계약의 당사자로서는 허가받기 전의 상태에서 상대방의 거래계약상 채무불이행을 이유로 거래계약을 해제하거나 그로 인한 손해배상을 청구할 수 없다"(대판 1997.7.25. 97다4357)

[정답] ③

문 10 법률행위의 취소에 관한 설명 중 옳지 않은 것은? (다툼이 있는 경우에는 판례에 의함) [기출변형]

① 제한능력자의 상대방이 제한능력자가 능력자가 된 후에 그에게 1개월 이상의 기간을 정하여 그 취소할 수 있는 행위를 추인할 것인지 여부의 확답을 촉구한 경우, 능력자로 된 사람이 그 기간 내에 확답을 발송하지 아니하면 그 행위를 추인한 것으로 본다.

② 제한능력자가 맺은 계약은 추인이 있을 때까지 상대방이 그 의사표시를 철회할 수 있지만, 상대방이 계약 당시에 제한능력자임을 알았을 경우에는 그러하지 아니하다.

③ 제한능력자의 법률행위가 취소된 경우, 제한능력자는 그 행위로 인하여 받은 이익이 현존하는 한도에서는 상환할 책임이 있다.

④ 매매계약의 당사자가 사기 또는 강박 등을 이유로 매매계약을 취소한 경우, 상대방에 대하여 채무불이행으로 인한 손해배상책임을 부담할 수 있다.

해설 ① [〇] **제15조(제한능력자의 상대방의 확답을 촉구할 권리)** 「① 제한능력자의 상대방은 제한능력자가 능력자가 된 후에 그에게 1개월 이상의 기간을 정하여 그 취소할 수 있는 행위를 추인할 것인지 여부의 확답을 촉구할 수 있다. 능력자로 된 사람이 그 기간 내에 확답을 발송하지 아니하면 그 행위를 추인한 것으로 본다.」

② [〇] **제16조(제한능력자의 상대방의 철회권과 거절권)** 「① 제한능력자가 맺은 계약은 추인이 있을 때까지 상대방이 그 의사표시를 철회할 수 있다. 다만, 상대방이 계약 당시에 제한능력자임을 알았을 경우에는 그러하지 아니하다.」

③ [〇] **제141조(취소의 효과)** 「취소된 법률행위는 처음부터 무효인 것으로 본다. 다만, 제한능력자는 그 행위로 인하여 받은 이익이 현존하는 한도에서 상환할 책임이 있다.」

④ [✕] 매매계약의 당사자가 사기 또는 강박 등을 이유로 매매계약을 취소한 경우 매매계약의 유효를 전제로 하는 채무불이행책임이나 담보책임은 더 이상 물을 수 없다. 다만 사기·강박이 불법행위의 요건을 갖춘 때에는 채권자는 양자를 선택적으로 행사할 수 있다(대판 1993.4.27, 92다56087 ; 대판 1980.2.26, 79다1746 등).

[정답] ④

문 11 법률행위의 무효와 취소에 관한 설명 중 옳은 것을 모두 고른 것은? [기출변형]

> ㄱ. 임차권양도계약과 권리금계약이 결합하여 전체가 경제적·사실적으로 일체로서 행하여져 그 계약 전부가 불가분의 관계에 있는 경우, 하나의 계약에 대한 기망 취소의 의사표시는 전체 계약에 대한 취소의 효력이 있다.
> ㄴ. 무권리자의 처분 행위가 계약으로 이루어진 경우, 그에 대한 권리자의 추인에는 원칙적으로 소급효가 인정되지 않는다.
> ㄷ. 무효행위의 추인은 법률행위가 무효임을 알고 그 행위의 효과를 자기에게 귀속시키도록 하는 단독행위로서 묵시적인 방법으로는 할 수 없다.
> ㄹ. 토지거래허가구역 내의 토지매매가 아직 관할청의 허가를 받지 못하여 유동적 무효 상태에 있는 경우라면, 매도인은 계약금의 배액을 상환하고 매매계약을 해제할 수 없다.
> ㅁ. 취소할 수 있는 법률행위가 취소되면 무효인 것으로 간주되므로 그 후 취소할 수 있는 법률행위의 추인에 의하여는 당초의 의사표시를 다시 확정적으로 유효하게 할 수 없다.

① ㄱ, ㄹ   ② ㄱ, ㅁ

③ ㄴ, ㄷ   ④ ㄴ, ㅁ

[해설] ㄱ. [○] ※ 권리금계약의 하자가 임대차계약이나 임차권양도계약에 미치는 영향(전부취소 사안)

점포 임차권의 양수인 甲이 양도인 乙의 기망행위(매출액을 적극적으로 과장)를 이유로 乙과 체결한 권리금계약을 각 취소(해제)한다고 주장한 사안에서, "이 사건 임차권양도계약과 권리금계약의 체결 경위, 계약 내용 등을 참작할 때, 이 사건 권리금계약은 임차권양도계약과 결합하여 그 전체가 경제적, 사실적으로 일체로서 행하여진 것으로 보아야 하고, 어느 하나의 존재 없이는 당사자가 다른 하나를 의욕하지 않았을 것으로 보이므로, 권리금계약 부분만 따로 떼어 이를 취소할 수는 없다. 따라서 원심으로서는 권리금계약에 취소사유가 있다고 판단한 경우라면 마땅히 임차권양도계약까지도 취소하였어야 한다"[대판 2013.5.9. 2012다115120 : 전부취소를 긍정한 사안(제137조 본문 유추적용)]고 판시하였다.

ㄴ. [×] ※ 무권리자 처분행위의 추인(소급효)

判例에 따르면 "권리자가 무권리자의 처분을 추인하면 무권대리에 대해 본인이 추인을 한 경우와 당사자들 사이의 이익상황이 유사하므로, 무권대리의 추인에 관한 제130조, 제133조 등을 무권리자의 추인에 유추 적용할 수 있다. 따라서 무권리자의 처분이 계약으로 이루어진 경우에 권리자가 이를 추인하면 원칙적으로 그 계약의 효과가 계약을 체결했을 때에 '소급'하여 권리자에게 귀속된다고 보아야 한다"(대판 2017.6.8. 2017다3499)고 한다.

ㄷ. [×] ※ 무효행위의 묵시적 추인

"무효인 법률행위를 추인에 의하여 새로운 법률행위로 보기 위하여서는 당사자가 이전의 법률행위가 무효임을 알고 그 행위에 대하여 추인하여야 한다. 한편 추인은 묵시적으로도 가능하나, 묵시적 추인을 인정하기 위해서는 본인이 그 행위로 처하게 된 법적 지위를 충분히 이해하고 그럼에도 진의에 기하여 그 행위의 결과가 자기에게 귀속된다는 것을 승인한 것으로 볼만한 사정이 있어야 할 것이므로 이를 판단함에 있어서는 관계되는 여러 사정을 종합적으로 검토하여 신중하게 하여야 한다. 위와 같은 법리를 고려하면, 당사자가 이전의 법률행위가 존재함을 알고 그 유효함을 전제로 하여 이에 터 잡은 후속행위를 하였다고 해서 그것만으로 이전의 법률행위를 묵시적으로 추인하였다고 단정할 수는 없고, 묵시적 추인을 인정하기 위해서는 이전의 법률행위가 무효임을 알거나 적어도 무효임을 의심하면서도 그 행위의 효과를 자기에게 귀속시키도록 하는 의사로 후속행위를 하였음이 인정되어야 할 것이다"(대판 2014.3.27. 2012다106607).

ㄹ. [X] ※ 유동적 무효 상태인 매매계약에 있어서 매도인이 민법 제565조 제1항에 의하여 받은 계약금의 배액을 상환하고 계약을 해제할 수 있는지 여부(적극)

"매매 당사자 일방이 계약 당시 상대방에게 계약금을 교부한 경우 당사자 사이에 다른 약정이 없는 한 당사자 일방이 계약 이행에 착수할 때까지 계약금 교부자는 이를 포기하고 계약을 해제할 수 있고, 그 상대방은 계약금의 배액을 상환하고 계약을 해제할 수 있음이 계약 일반의 법리인 이상, 특별한 사정이 없는 한 국토이용관리법상의 토지거래허가를 받지 않아 유동적 무효 상태인 매매계약에 있어서도 당사자 사이의 매매계약은 매도인이 계약금의 배액을 상환하고 계약을 해제함으로써 적법하게 해제된다"(대판 1997.6.27, 97다9369).

ㅁ. [○] ※ 취소된 법률행위의 추인

"취소한 법률행위는 처음부터 무효인 것으로 간주되므로, 취소할 수 있는 법률행위가 일단 취소된 이상 그 후에는 취소할 수 있는 법률행위의 추인에 의하여 이미 취소되어 무효인 것으로 간주된 당초의 의사표시를 다시 확정적으로 유효하게 할 수는 없고, 다만 무효인 법률행위의 추인의 요건과 효력으로서 추인할 수는 있으나, 무효행위의 추인은 그 무효원인이 소멸한 후에 하여야 그 효력이 있으므로, 강박에 의한 의사표시임을 이유로 일단 유효하게 취소되어 당초의 의사표시가 무효로 된 후에 추인한 경우, 그 추인이 효력을 가지기 위하여는 그 무효원인이 소멸한 후일 것을 요한다고 할 것인데, 그 무효원인이란 바로 위 의사표시의 취소사유라 할 것이므로 결국 무효원인이 소멸한 후란 것은 당초의 의사표시의 성립과정에 존재하였던 취소의 원인이 종료된 후, 즉 강박상태에서 벗어난 후라고 보아야 한다"(대판 1997.12.12, 95다38240).

[정답] ②

문12 일부무효와 일부취소에 관한 다음 설명 중 틀린 것은? (다툼이 있는 경우 판례에 의함) [기출변형]

① 법률행위의 일부가 강행법규의 위반으로 무효인 경우, 그 법규가 일부무효의 효력을 규정하는 경우에는 그에 의하고, 그 규정이 없으면 원칙적으로 일부무효에 관한 민법 제137조의 규정이 적용될 것이나, 당해 효력규정과 그 규정을 둔 법의 입법취지를 고려하여 나머지 부분의 효력을 결정하여야 한다.

② 복수의 당사자가 중간생략등기의 합의를 한 경우, 그 합의는 전체로서 일체성을 가지며, 그중 한 당사자의 의사표시가 무효일 경우 나머지 당사자 사이의 합의의 유효성은 민법의 일부무효의 법리에 의하여 결정한다.

③ 토지의 매매가를 감정기관의 착오로 가격을 지나치게 높게 초과해서 청구한 경우, 정당한 감정가 보다 초과된 부분의 일부 착오취소는 인정되지 않는다.

④ 기망행위에 의해 소비대차계약을 체결하고 이를 담보하기 위해 근저당권을 설정한 경우, 기망행위를 이유로 하는 근저당권설정계약의 효력은 소비대차에도 미친다.

해 설 ① [○] ※ 일부무효가 되기 위한 요건(일, 분, 가)

현행 민법상 일부무효는 전부무효가 원칙이다(제137조 본문). 그러나 일부무효가 예외적으로 일부무효가 되기 위해서는 i) 법률행위의 일체성과 분할가능성이 인정되어야 하고, ii) 당사자들이 그 무효부분이 없더라도 법률행위를 하였을 것이라는 가정적 의사가 인정되어야 한다(제137조 단서).

※ 일부무효 법리의 적용범위 및 강행법규와의 관계

일부만이 강행규정에 위반하는 경우 判例에 따르면 "제137조는 임의규정으로서 원칙적으로 사적자치의 원칙이 지배하는 영역에서 적용되므로 i) 법률이 별도로 일부무효의 효과를 규정하는 경우에는 이에 의하고, ii) 그러한 규정이 없다면 원칙적으로 제137조가 적용될 것이나, 나머지 부분을 무효로 한다면 당해 효력규정의 취지에 명백히 반하는 결과가 초래되는 경우에는 나머지 부분까지 무효가 된다고 할 수는 없다"(대판 2007.6.28, 2006다38161,38178 ; 대판 2013.4.26. 2011다9068)고 한다.

② [○] "복수의 당사자 사이에 중간생략등기의 합의를 한 경우 그 합의는 전체로서 일체성을 가지는 것이므로, 그 중 한 당사자의 의사표시가 무효인 것으로 판명된 경우 나머지 당사자 사이의 합의가 유효한지의 여부는 민법 제137조에 정한 바에 따라 당사자가 그 무효 부분이 없더라도 법률행위를 하였을 것이라고 인정되는지의 여부에 의하여 판정되어야 할 것이고, 그 당사자의 의사는 실재하는 의사가 아니라 법률행위의 일부분이 무효임을 법률행위 당시에 알았다면 당사자 쌍방이 이에 대비하여 의욕하였을 가정적 의사를 말한다. 피고들이 위 노두현에게 원고를 적법하게 대리할 권한이 없는 것을 알았다면 아무런 실체적 관계가 없는 피고들 사이에서도 소유권 이전의 합의를 하지 않았을 것이라고 보아야 할 것이므로, 피고들 사이의 소유권 이전의 합의 또한 무효임을 면할 수 없다"(대판 1996.2.27, 95다38875).

③ [✕] "매매대금은 매매계약의 중요 부분인 목적물의 성질에 대응하는 것이기는 하나 분량적으로 가분적인 데다가 시장경제하에서 가격은 늘 변동하는 것이어서, 설사 매매대금액 결정에 있어서 착오로 인하여 다소간의 차이가 나더라도 보통은 중요 부분의 착오로 되지 않는다. 그러나 이 사건은 정당한 평가액을 기준으로 무려 85%나 과다하게 평가된 경우로서 그 가격 차이의 정도가 현저할 뿐만 아니라, 원고는 지방자치단체로서 법령의 규정에 따라 정당하게 평가된 금액을 기준으로 협의매수를 하고 또한 협의가 성립되지 않는 경우 수용 등의 절차를 거쳐 사업에 필요한 토지를 취득하도록 되어 있다. 이러한 사정들에 비추어 볼 때, 원고 시로서는 위와 같은 동기의 착오가 없었더라면 그처럼 과다하게 잘못 평가된 금액을 기준으로 협의매수계약을 체결하지 않았으리라는 점은 명백하다. 따라서 원고의 매수대금액 결정의 동기는 이 사건 협의매수계약 내용의 중요한 부분을 이루고 있다고 봄이 상당하다"(대판 1998.2.10, 97다44737)

④ [○] 甲이 지능이 박약한 乙을 꾀어 돈을 빌려주어 유흥비로 쓰게 하고 실제 준 돈의 두 배 가량을 채권최고액으로 하여 자기 처인 丙 앞으로 근저당권을 설정한 사안에서, 判例는 "근저당권설정계약은 독자적으로 존재하는 것이 아니라 금전소비대차계약과 결합하여 그 전체가 일체로서 행하여진 것이므로, 甲의 기망을 이유로 한 乙의 근저당권설정계약취소의 의사표시는 법률행위의 일부무효이론과 궤를 같이 하는 법률행위의 일부취소의 법리에 따라 소비대차계약을 포함한 전체에 대하여 취소의 효력이 있다"(대판 1994.9.9, 93다31191)고 판시하였다.

[정답] ③

문1 법률행위의 부관으로서 조건에 관한 다음의 설명 중 가장 옳지 않은 것은? (다툼이 있는 경우 판례에 의하고, 전원합의체 판결의 경우 다수의견에 의함) [21서기보]

① 법률행위 효력의 발생 또는 소멸을 장래의 불확실한 사실의 성부에 의존케 하는 조건을 법률행위에 붙이고자 하는 의사가 있다 하더라도 이를 외부에 표시하지 않으면 이는 법률행위의 동기에 불과한 것이다.

② 정지조건부 법률행위에 있어서 조건이 성취되었다는 사실은 이에 의하여 권리를 취득하고자 하는 측에서 증명하여야 한다.

③ 정지조건부 법률행위는 조건을 성취한 때로부터 그 효력이 생기고, 해제조건부 법률행위는 조건을 성취한 때로부터 그 효력을 잃는다.

④ 甲과 乙이 빌라 분양을 甲이 대행하고 수수료를 받기로 하는 내용의 분양전속계약을 체결하면서, 특약사항으로 "분양계약기간 완료 후 미분양 물건은 甲이 모두 인수하는 조건으로 한다."라고 정한 경우 위 특약사항은 미분양 물건 세대를 인수하지 아니할 경우 분양전속계약은 효력이 없다는 법률행위의 부관으로서 조건을 정한 것이다.

해설 ① [○] '조건'이란 법률행위의 효력의 발생 또는 소멸을 '장래의 불확실한 사실의 성부(成否)'에 의존케 하는 법률행위의 부관이다. 이러한 조건은 법률행위의 부관으로서 당해 법률행위를 구성하는 의사표시의 일체적인 내용을 이루는 것이므로, "의사표시의 일반원칙에 따라 조건의사와 그 표시가 필요하며, 그것이 표시되지 않으면 법률행위의 동기에 불과하다"(대판 2003.5.13, 2003다10797).

② [○] 법률행위가 조건의 성취시 그 효력이 발생하는 정지조건부 법률행위에 해당한다는 사실은, 즉 조건의 '존재' 사실은 그 법률행위로 인한 법률효과의 발생을 저지하는 사유로서, 그 법률효과의 발생을 다투는 자에게 그 입증책임이 있다(대판 1993.9.28., 93다20832). 이에 대해 그 조건이 '성취'되었다는 사실은 그 효력을 주장하는 자에게 그 입증책임이 있다(대판 1983.4.12. 81다카692 ; 대판1984.9.25, 84다카967[1]). 예컨대 甲이 그 소유 자동차를 정지조건부로 乙에게 증여한 경우, 乙은 증여의 성립을 이유로 甲에게 자동차의 인도를 청구할 수 있고, 甲이 이를 거절하기 위해서는 조건의 존재를 입증하여야 하며, 乙은 조건의 성취를 입증하여야 자동차의 인도를 청구할 수 있다.

---

1) "원고가 피고에게 증여를 원인으로 부동산의 소유권이전등기를 청구할 때 피고가 항변으로 '위 증여계약에 정지조건이 붙어 있음'을 주장, 증명하면 원고가 재항변으로 '그 정지조건의 성취'를 주장, 증명하여야 한다"

③ [○] 제147조

④ [X] 甲과 乙이 빌라 분양을 甲이 대행하고 수수료를 받기로 하는 내용의 분양전속계약을 체결하면서, 특약사항으로 "분양계약기간 완료 후 미분양 물건은 갑이 모두 인수하는 조건으로 한다."라고 정한 사안에서, 위 특약사항은 갑이 분양계약기간 만료 후 미분양 세대를 인수할 의무를 부담한다는 계약의 내용을 정한 것에 불과하고, 계약의 효력발생이 좌우되게 하려는 법률행위의 부관으로서 조건을 정한 것이라고 보기는 어렵다(대판 2020.7.9. 2020다202821).

[정답] ④

문2 조건과 기한에 관한 다음 설명 중 가장 옳지 않은 것은?   [17서기보]

① 조건의 성취가 미정한 권리의무는 일반규정에 의하여 처분, 상속, 보존 또는 담보로 할 수 있다.

② 불능조건이 정지조건이면 그 법률행위는 무효이다.

③ 기한은 채무자의 이익을 위한 것으로 추정한다.

④ 조건과 기한은 당사자의 특약으로 소급효를 인정할 수 있다.

해설 ① [○] 제149조

② [○] 불능조건이란 조건이 법률행위 당시에 '이미 성취할 수 없는' 경우를 말한다. 불능조건이 정지조건이면 그 법률행위는 무효이고 불능조건이 해제조건이면 조건 없는 법률행위가 된다(제151조 3항).

③ [○] '기한의 이익'이란 기한이 도래하지 않음으로써 그동안 당사자가 받는 이익을 말하는 것으로 기한은 채무자의 이익을 위한 것으로 추정한다(제153조 1항). 예컨대 채무자만이 이익을 갖는 경우로는 무이자 소비대차에서의 차주이고, 채권자만이 이익을 갖는 경우로는 무상임치에서의 임치인이고, 쌍방이 이익을 갖는 경우로는 이자 있는 정기예금에서의 예금주와 은행이다.

④ [X] ※ 조건성취 후의 효력

정지조건부 법률행위는 조건이 성취한 때로부터 효력이 생기고(제147조 1항), 해제조건부 법률행위는 조건이 성취된 때로부터 효력을 잃는다(제147조 2항). 이러한 조건성취의 효과는 원칙적으로 소급하지 않으나, 당사자가 조건성취의 효력을 그 성취 전에 소급하게 할 의사를 표시한 때에는 그 의사에 의한다(제147조 3항).

※ 기한도래의 효력

시기 있는 법률행위는 기한이 도래한 때로부터 그 효력이 생기고, 종기 있는 법률행위는 기한이 도래한 때로부터 그 효력을 잃는다(제152조). 그리고 기한도래의 효과는 기한 도래시부터 생기며 절대로 소급효가 없다. 당사자가 소급효의 특약을 하여도 마찬가지이다. 기한에 소급효를 인정하면 기한이 무의미해지기 때문이다.

[정답] ④

문3 조건과 기한에 관한 다음 설명 중 가장 옳은 것은? [16서기보]

① 이미 부담하고 있는 채무의 변제에 관하여 일정한 사실이 부관으로 붙여진 경우에는 특별한 사정이 없는 한 그것은 변제기를 유예한 것으로서 그 사실이 발생한 때 또는 발생하지 아니하는 것으로 확정된 때에 기한이 도래한다.

② 기한은 채무자의 이익을 위한 것으로 추정되므로, 이자약정이 있는 금전소비대차의 경우 채무자가 그 기한의 이익을 포기할 경우 채권자에게 이행기까지의 이자를 지급할 필요가 없다.

③ 조건의 성취로 불이익을 받을 당사자의 지위에 있는 사람이 신의성실에 반하여 조건의 성취를 방해한 때에는 그것이 고의에 의한 경우에만 상대방은 민법 제150조 제1항의 규정에 의하여 그 조건이 성취된 것으로 주장할 수 있을 뿐이고, 과실에 의한 경우에는 그 조건이 성취된 것으로 주장할 수 없다.

④ 상계의 의사표시에 조건을 붙일 수 있다.

[해설] ① [○] 장래의 일정한 사실의 발생 여부가 불확실한 경우가 '조건'이고, 발생이 확실한 경우가 '기한'이다. 그러나 '불확정기한'은 조건과 구별하는 것이 쉽지 않으므로 법률행위의 해석에 의하여 결정한다. 判例에 따르면 " ㉠ 부관이 붙은 법률행위에 있어서 부관에 표시된 사실이 발생하지 않으면 채무를 이행하지 아니하여도 된다고 보는 것이 상당한 경우에는 '조건'으로 보아야 하고, ㉡ 표시된 사실이 발생한 때에는 물론이고 반대로 발생하지 아니하는 것이 확정된 때에도 그 채무를 이행하여야 한다고 보는 것이 상당한 경우에는 표시된 사실의 발생여부가 확정되는 것을 '불확정기한'으로 정한 것으로 보아야 한다. 따라서 이미 부담하고 있는 채무의 변제에 관하여 일정한 사실이 부관으로 붙여진 경우에는 특별한 사정이 없는 한 그것은 변제기를 유예한 것으로서 그 사실이 발생한 때 또는 발생하지 아니하는 것으로 확정된 때에 기한이 도래한다"(대판 2003.8.19, 2003다24215)고 한다.

② [×] '기한의 이익'이란 기한이 도래하지 않음으로써 그동안 당사자가 받는 이익을 말하는 것으로 기한은 채무자의 이익을 위한 것으로 추정한다(제153조 1항). 기한의 이익은 포기할 수 있다. 그러나 상대방의 이익을 해하지 못한다(제153조 2항). 따라서 이자부 소비대차에서는 '이행기'까지의 이자를 지급하여 기한 전에 반환할 수 있다(제468조). 예컨대, 甲이 乙로부터 금전을 차용하면서 이자를 월 2%로 하고 변제기를 1년 후로 약정하였는데 甲이 8개월 후에 차용금을 반환하는 경우, 甲은 원금과 8개월분 이자 외에 乙이 입은 손해로서 변제기까지의 4개월분 이자를 배상하여야 하는데, 이를 4개월 앞서 지급하는 것이므로 그에 따른 중간이자를 공제하여야 한다.

③ [×] ※ 조건의 성취와 불성취 의제
㉠ 조건의 성취로 인하여 불이익을 받을 당사자가 신의성실에 반하여 조건의 성취를 방해한 때에는 상대방은 그 조건이 성취한 것으로 주장할 수 있다(제150조 1항). ㉡ 조건의 성취로 인하여 이익을 받을 당사자가 신의성실에 반하여 조건을 성취시킨 때에는 상대방은 그 조건이 성취하지 아니한 것으로 주장할 수 있다(제150조 2항). 이 때 상대방은 손해배상청구권을 선택적으로 행사할 수 있다(제148조). 判例는 조건성취의 방해에 대해 고의뿐만 아니라 '과실'에 의한 경우도 포함된다고 하고, 이 경우 조건이 성취된 것으로 의제되는 시점은 신의성실에 반하는 행위가 있었던

시점이 아니라 '신의성실에 반하는 행위가 없었더라면 조건이 성취되었으리라고 추산되는 시점'이라고 한다(대판 1998.12.22, 98다42356).

④ [X] 상계는 단독행위이므로, '조건'을 붙이는 것은 상대방의 지위를 불안하게 하기 때문에 허용되지 않는다. 한편 상계는 소급효를 갖기 때문에(제493조 2항), 그 도래한 때부터 효력이 생기는 '기한'(제152조)은 이를 붙이지 못한다(제493조 1항 2문).

[정답] ①

문4 「민법」상 조건과 기한에 관한 설명 중 옳지 않은 것은? (다툼이 있는 경우 판례에 의함)

[기출변형]

① 당사자가 불확정한 사실이 발생한 때를 이행기한으로 정한 경우에는 그 사실이 발생한 때는 물론 그 사실의 발생이 불가능하게 된 때에도 이행기한이 도래한 것으로 보아야 한다.

② 도급계약의 당사자들이 보수의 지급시기에 관하여 "수급인이 공급한 목적물을 도급인이 검사하여 합격하면, 도급인은 수급인에게 보수를 지급한다."라고 정한 경우 '검사 합격'은 도급인의 일방적 의사에 의존하는 순수수의조건이다.

③ 조건은 법률행위에서 효과의사와 일체적인 내용을 이루는 의사표시 그 자체이고, 조건을 붙이고자 하는 의사는 법률행위의 내용으로 외부에 표시되어야 한다.

④ 유치권은 채권자의 이익을 보호하기 위한 법정담보물권으로서 당사자는 미리 유치권의 발생을 막는 특약을 할 수 있고, 그 특약에 조건을 붙일 수 있다.

해설 ① [O] ※ 불확정기한부 채무의 지체책임

"당사자가 불확정한 사실이 발생한 때를 이행기한으로 정한 경우에는 그 사실이 발생한 때는 물론 그 사실의 발생이 불가능하게 된 때에도 이행기한은 도래한 것으로 보아야 한다"(대판 2002.3.29, 2001다41766)

② [X] "제작물공급계약의 당사자들이 보수의 지급시기에 관하여 '수급인이 공급한 목적물을 도급인이 검사하여 합격하면, 도급인은 수급인에게 그 보수를 지급한다'는 내용으로 한 약정은 도급인의 수급인에 대한 보수지급의무와 동시이행관계에 있는 수급인의 목적물 인도의무를 확인한 것에 불과하므로, 법률행위의 효력 발생을 장래의 불확실한 사실의 성부에 의존하게 하는 **법률행위의 부관인 조건에 해당하지 아니할 뿐만 아니라, 조건에 해당한다 하더라도 검사에의 합격 여부**는 도급인의 일방적인 의사에만 의존하지 않고 그 목적물이 계약내용대로 제작된 것인지 여부에 따라 객관적으로 결정되므로 순수수의조건에 해당하지 않는다"(대판 2006.10.13, 2004다21862)

③ [O] '조건'이란 법률행위의 효력의 발생 또는 소멸을 '장래의 불확실한 사실의 성부(成否)'에 의존케 하는 법률행위의 부관이다. 이러한 조건은 법률행위의 부관으로서 당해 법률행위를 구성하는 의사표시의 일체적인 내용을 이루는 것이므로, "의사표시의 일반원칙에 따라 조건의사와 그 표시가 필요하며, 그것이 표시되지 않으면 법률행위의 동기에 불과하다"(대판 2003.5.13, 2003다10797).

④ [○] "제한물권은 이해관계인의 이익을 부당하게 침해하지 않는 한 자유로이 포기할 수 있는 것이 원칙이다. 유치권은 채권자의 이익을 보호하기 위한 법정담보물권으로서, 당사자는 미리 유치권의 발생을 막는 특약을 할 수 있고 이러한 특약은 유효하다. 유치권 배제 특약이 있는 경우 다른 법정 요건이 모두 충족되더라도 유치권은 발생하지 않는데, 특약에 따른 효력은 특약의 상대방뿐 아니라 그 밖의 사람도 주장할 수 있다. 조건은 법률행위의 효력 발생 또는 소멸을 장래의 불확실한 사실의 발생 여부에 의존케 하는 법률행위의 부관으로서, 법률행위에서 효과의사와 일체적인 내용을 이루는 의사표시 그 자체라고 볼 수 있다. 유치권 배제 특약에도 조건을 붙일 수 있는데, 조건을 붙이고자 하는 의사가 있는지는 의사표시에 관한 법리에 따라 판단하여야 한다"(대판 2018.1.24. 2016다234043)

[정답] ②

문5 조건 또는 기한에 관한 설명 중 옳지 않은 것은? (다툼이 있는 경우에는 판례에 의함) [기출변형]

① 법률행위 효력의 발생 또는 소멸을 장래의 불확실한 사실의 성부에 의존케 하는 조건을 법률행위에 붙이고자 하는 의사가 있다 하더라도 이를 외부에 표시하지 않으면 법률행위의 동기에 불과한 것이다.

② 조건의 성취로 불이익을 받을 당사자가 신의성실에 반하여 조건의 성취를 방해할 경우 상대방은 조건이 성취된 것으로 주장할 수 있고, 이 경우 조건이 성취된 것으로 의제되는 시점은 방해행위가 없었더라면 조건이 성취되었을 것으로 추산되는 시점이다.

③ 법률행위에 조건이 붙어 있는지 여부에 대한 증명책임은 그 조건의 존재를 주장하는 자에게 있다.

④ 기한은 채무자의 이익을 위한 것으로 의제되므로 당사자 사이에 기한 이익의 상실에 관한 특약을 하여도 효력이 없다.

해설 ① [○] 조건'이란 법률행위의 효력의 발생 또는 소멸을 '장래의 불확실한 사실의 성부(成否)'에 의존케 하는 법률행위의 부관이다. 이러한 조건은 법률행위의 부관으로서 당해 법률행위를 구성하는 의사표시의 일체적인 내용을 이루는 것이므로, "의사표시의 일반원칙에 따라 조건의사와 그 표시가 필요하며, 그것이 표시되지 않으면 법률행위의 동기에 불과하다"(대판 2003.5.13, 2003다10797).

② [○] **제150조(조건성취, 불성취에 대한 반신의행위)** 「① 조건의 성취로 인하여 불이익을 받을 당사자가 신의성실에 반하여 조건의 성취를 방해한 때에는 상대방은 그 조건이 성취한 것으로 주장할 수 있다. ② 조건의 성취로 인하여 이익을 받을 당사자가 신의성실에 반하여 조건을 성취시킨 때에는 상대방은 그 조건이 성취하지 아니한 것으로 주장할 수 있다.」

"조건의 성취로 인하여 불이익을 받을 당사자가 신의성실에 반하여 조건의 성취를 방해한 경우, 조건이 성취된 것으로 의제되는 시점은 이러한 신의성실에 반하는 행위가 없었더라면 조건이 성취되었으리라고 추산되는 시점이다"(대판 1998.12.22, 98다42356).

☞ 判例는 조건이 성취된 것으로 의제되는 시점은 신의성실에 반하는 행위가 있었던 시점이 아니라 '신의성실에 반하는 행위가 없었더라면 조건이 성취되었으리라고 추산되는 시점'이라고 한다.

③ [○] 법률행위가 조건의 성취시 그 효력이 발생하는 정지조건부 법률행위에 해당한다는 사실은, 즉 조건의 '존재' 사실은 그 법률행위로 인한 법률효과의 발생을 저지하는 사유로서, 그 법률효과의 발생을 다투는 자에게 그 입증책임이 있다(대판 1993.9.28, 93다20832). 이에 대해 그 조건이 '성취' 되었다는 사실은 그 효력을 주장하는 자에게 그 입증책임이 있다(대판 1983.4.12, 81다카692 ; 대판1984.9.25, 84다카967). 예컨대 甲이 그 소유 자동차를 정지조건부로 乙에게 증여한 경우, 乙은 증여의 성립을 이유로 甲에게 자동차의 인도를 청구할 수 있고, 甲이 이를 거절하기 위해서는 조건의 존재를 입증하여야 하며, 이에 대해 乙은 조건의 성취를 입증하여야 자동차의 인도를 청구할 수 있다.

[관련판례] "원고가 피고에게 증여를 원인으로 부동산의 소유권이전등기를 청구할 때 피고가 항변으로 '위 증여계약에 정지조건이 붙어 있음'을 주장, 증명하면 원고가 재항변으로 '그 정지조건의 성취'를 주장, 증명하여야 한다"(대판 1984.9.25., 84다카967)

④ [×] '기한의 이익'이란 기한이 도래하지 않음으로써 그동안 당사자가 받는 이익을 말하는 것으로 기한은 채무자의 이익을 위한 것으로 '의제'(간주)가 아니라 '추정' 된다(제153조 1항). 따라서 당사자 사이에 기한이익의 상실에 관한 특약을 할 수 있다.

[정답] ④

문6 기한이익의 상실에 관한 설명 중 옳은 것(○)과 옳지 않은 것(×)을 올바르게 조합한 것은? (다툼이 있는 경우 판례에 의함) [기출변형]

ㄱ. 기한이익의 상실에 관한 「민법」 제388조는 임의규정이므로 당사자 사이에 위 규정과 다른 내용의 약정이 있는 경우에는 그 약정에 따라 기한이익의 상실 여부를 판단하여야 한다.

ㄴ. 일반적으로 기한이익 상실의 특약이 채무자를 위하여 둔 것인 점에 비추어 명백히 형성권적 기한이익 상실의 특약이라고 볼 만한 특별한 사정이 없는 이상 정지조건부 기한이익 상실의 특약으로 추정하는 것이 타당하다.

ㄷ. 형성권적 기한이익 상실의 특약이 있는 할부채무에 있어서는 1회의 불이행이 있더라도 각 할부금에 대해 그 각 변제기의 도래 시마다 그때부터 순차로 소멸시효가 진행하고, 채권자가 특히 잔존 채무 전액의 변제를 구하는 취지의 의사를 표시한 경우에 한하여 전액에 대하여 그때부터 소멸시효가 진행한다.

ㄹ. 정지조건부 기한이익 상실의 특약을 하였을 경우에는, 그 특약이 정한 기한이익 상실의 사유가 발생한 이후 특별한 사정이 없는 한 채무자가 채권자로부터 이행청구를 받은 때로부터 이행지체 상태에 놓이게 된다.

① ㄱ(○), ㄴ(○), ㄷ(×), ㄹ(×) 　　　② ㄱ(○), ㄴ(×), ㄷ(○), ㄹ(×)
③ ㄱ(×), ㄴ(×), ㄷ(×), ㄹ(○) 　　　④ ㄱ(×), ㄴ(○), ㄷ(○), ㄹ(×)

해설　※ 법정기한의 이익의 상실

　　제388조(기한의 이익의 상실) 「채무자는 다음 각호의 경우에는 기한의 이익을 주장하지 못한다. 1. 채무자가 담보를 손상, 감소 또는 멸실하게 한 때 2. 채무자가 담보제공의 의무를 이행하지 아니한 때」

　ㄱ. [○] "기한의 이익의 상실에 관한 민법 제388조는 임의규정이므로 당사자 사이에 위 규정과 다른 내용의 약정이 있는 경우에는 그 약정에 따라 기한의 이익의 상실 여부를 판단하여야 한다"(대판 2001.10.12. 99다56192).

　ㄴ. [×] 기한이익 상실 특약에는 ⅰ)일정한 사유가 발생하면 곧바로 채무자의 기한의 이익이 상실되어 채무의 이행기가 도래하는 약정(정지조건부 기한이익 상실 약정)과, ⅱ) 채권자가 기한이익 상실의 의사표시를 해야만 채무자의 기한의 이익이 상실되어 채무의 이행기가 도래하는 약정(형성권적 기한이익 상실 약정)이 있는데, 判例는 "기한이익 상실의 특약이 위의 양자 중 어느 것에 해당하느냐는 당사자의 의사해석의 문제이지만 일반적으로 기한이익 상실의 특약이 채권자를 위하여 둔 것인 점에 비추어 명백히 정지조건부 기한이익 상실의 특약이라고 볼 만한 특별한 사정이 없는 이상 형성권적 기한이익 상실의 특약으로 추정하는 것이 타당하다"(대판 2002.9.4, 2002다28340)고 한다.

　ㄷ. [○] "이른바 형성권적 기한이익 상실의 특약이 있는 경우에는 그 특약은 채권자의 이익을 위한 것으로서 기한이익의 상실 사유가 발생하였다고 하더라도 채권자가 나머지 전액을 일시에 청구할 것인가 또는 종래대로 할부변제를 청구할 것인가를 자유로이 선택할 수 있으므로, 이와 같은 기한이익 상실의 특약이 있는 할부채무에 있어서는 1회의 불이행이 있더라도 각 할부금에 대해 그 각 변제기의 도래시마다 그 때부터 순차로 소멸시효가 진행하고 채권자가 특히 잔존 채무 전액의 변제를 구하는 취지의 의사를 표시한 경우에 한하여 전액에 대하여 그 때부터 소멸시효가 진행하는 것이다"(대판 2002.9.4, 2002다28340).

　ㄹ. [×] 정지조건부 기한이익 상실약정을 하였을 경우에는 그 약정에 정한 기한이익 상실사유가 발생함과 동시에 이행기 도래의 효과가 발생하고, 채무자는 특별한 사정이 없는 한 그때부터 이행지체의 상태에 놓이게 된다(대판 1999.7.9, 99다15184). 따라서 채권의 소멸시효도 그때부터 진행된다.

[정답] ②

문7 조건과 기한에 관한 설명 중 틀린 것은?

[기출변형]

① 법률행위에 조건이 붙어 있는지 여부에 대한 증명책임은 그 조건의 존재를 주장하는 자에게 있다.

② 해제조건부 증여에 있어서 조건성취 전에 수증자가 한 처분행위는 조건성취의 효과를 제한하는 한도 내에서는 무효이고, 다만 그 조건이 등기되어 있지 않은 한, 그 처분행위로 인하여 권리를 취득한 제3자에게 그 무효를 대항할 수 없다.

③ 소송 진행 중 원고가 피고로부터 물품대금 해당 금액을 지급받으면, 소를 취하하고 어떠한 이의도 제기하지 않기로 하면서 '위 모든 합의사항의 이행은 원고가 피고로부터 돈을 모두 지급받은 후 그 효력이 발생한다'고 합의한 사안은 '조건이 아니라 불확정기한을 정한 것'으로 보아야 한다.

④ 임대인의 임대차보증금반환채무는 장래에 실현되거나 도래할 것이 확실한 임대차계약의 종료시점에 이행기에 도달하는 것이 원칙이나, 임대인은 임대차계약 존속 중 기한의 이익을 포기하고 임대차보증금반환채권을 수동채권으로 하여 상계할 수 있고, 임대차 존속 중 임대인이 상계의 의사표시를 한 경우 임대차보증금반환채무에 관한 '기한의 이익'을 포기한 것으로 볼 수 있다.

해설 ① [○] 대판 2006.11. 24. 2006다35766 판결요지

※ 조건에 관한 입증책임

조건의 존재 여부	*법률행위에 조건이 붙어 있는지 여부에 대한 증명책임자는 조건의 존재를 주장하는 자(대판 2006.11.24. 2006다35766). a. **정지조건의 존재 여부**: 그 법률행위로 인한 법률효과의 발생을 저지하는 사유로서 그 법률효과의 발생을 다투려는 자(대판 1993.9.28. 93다20832) b. **해제조건의 존재 여부**: 해제조건의 존재를 주장하면서 그 효력의 소멸을 주장하는 자
조건의 성취 여부	*조건의 성취여부는 조건성취로 법률행위의 효과를 주장하는 자, 즉 조건성취에 의해 이익을 얻는 자. a. **정지조건의 성취**: 법률행위의 효력이 발생되었다고 주장하는 자 b. **해제조건의 성취**: 조건의 성취로 인하여 효력의 소멸을 주장하는 자(가령 의무를 면하게 될 자, 권리를 회복할 자)

② [○] ※ 조건부 권리를 침해하는 처분행위의 효력(이른바 중간처분무효의 법리)

判例는 "해제조건부증여로 인한 부동산소유권이전등기를 마쳤다 하더라도 그 해제조건이 성취되면 그 소유권은 증여자에게 복귀한다고 할 것이고, 이 경우 당사자 간에 별단의 의사표시가 없는 한 그 조건성취의 효과는 소급하지 아니하나, 조건성취 전에 수증자가 한 처분행위는 조건성취의 효과를 제한하는 한도 내에서는 무효라고 할 것이고, 다만 그 조건이 등기되어 있지 않은 한 그 처분행위로 인하여 권리를 취득한 제3자에게 위 무효를 대항할 수 없다"(대판 1992.5.22, 92다5584)고 한다.

즉, '의무자'가 조건부 권리를 침해하는 '처분행위'(물권행위 등)를 한 경우에 그 처분행위의 효력이 어떻게 되는지와 관련하여 判例(대판 1992.5.22, 92다5584)와 통설에 따르면 그러한 처분행위는 조건부 권리를 침해하는 범위에서 무효이다. 이렇게 새겨도 제3자를 해치지는 않는바, 제3자에 대한 관계에서는 조건부 권리가 (가)등기²⁾되어야 무효를 주장할 수 있기 때문이다(동산의 경우에는 선의취득이 인정된다). 그리고 위의 효과(손해배상책임·처분행위의 무효)는 조건의 성취 여부가 결정될 때까지는 조건부로 발생한다고 해석하여야 한다.

③ [X] "조건은 법률행위 효력의 발생 또는 소멸을 장래의 불확실한 사실의 성부에 의존하게 하는 법률행위의 부관이다. 반면 장래의 사실이더라도 그것이 장래 반드시 실현되는 사실이면 실현되는 시기가 비록 확정되지 않더라도 이는 기한으로 보아야 한다. 법률행위에 붙은 부관이 조건인지 기한인지가 명확하지 않은 경우 법률행위의 해석을 통해서 이를 결정해야 한다. 부관에 표시된 사실이 발생하지 않으면 채무를 이행하지 않아도 된다고 보는 것이 합리적인 경우에는 조건으로 보아야 한다. 그러나 부관에 표시된 사실이 발생한 때에는 물론이고 반대로 발생하지 않는 것이 확정된 때에도 그 채무를 이행하여야 한다고 보는 것이 합리적인 경우에는 표시된 사실의 발생 여부가 확정되는 것을 불확정기한으로 정한 것으로 보아야 한다(대판 2013. 8.22. 2013다27800 참조). 이러한 부관이 화해계약의 일부를 이루고 있는 경우에도 마찬가지이다"(대판 2018.6.28. 2018다201702).

사실관계 원고가 피고를 상대로 배관자재 대금의 지급을 구하는 이 사건 소를 제기하였고, 피고는 원고를 상대로 채무부존재확인과 손해배상을 구하는 소를 제기함. 소송 진행 중 원고가 피고의 채무자(거래업체)인 A, B회사로부터 물품대금 해당 금액을 지급받으면, 원고는 피고에게 일부 금액을 지급하고, 피고에 대한 나머지 청구를 포기하며, 각자 소를 취하하고 어떠한 이의도 제기하지 않고, 소송비용도 각자 부담하기로 하면서 '위 모든 합의사항의 이행은 원고가 A, B회사로부터 돈을 모두 지급받은 후 그 효력이 발생한다.'고 합의한 사안에서, 합의 내용상 '원고가 A, B회사로부터 돈을 모두 지급받는다'는 사실이 발생해야 나머지 이행의무가 성립한다고 볼 수 있는데, 원고가 위 돈을 지급받는다는 부관은 장래 발생 여부가 불확실한 사실로서 조건으로 볼 여지가 있고, 이 사건 합의가 화해계약의 성격을 가진다고 하여 달리 볼 이유가 없다고 판단하여, 그 부관을 이행의무의 기한을 정한 것으로 본 원심판결을 파기한 사례

④ [O] ※ 임대인의 보증금반환채무에 대한 기한의 이익포기
"부동산 임대차에서 수수된 임대차보증금은 차임채무, 목적물의 멸실·훼손 등으로 인한 손해배상채무 등 임대차에 따른 임차인의 모든 채무를 담보하는 것이고, 특별한 사정이 없는 한, 임대인의 임대차보증금반환채무는 장래에 실현되거나 도래할 것이 확실한 임대차계약의 종료 시점에 이행기에 도달한다. 그리고 임대인으로서는 임대차보증금 없이도 부동산 임대차계약을 유지할 수 있으므로, 임대차계약이 존속 중이라도 임대차보증금반환채무에 관한 기한의 이익을 포기하고 임차인의 임대차보증금반환채권을 수동채권으로 하여 상계할 수 있고, 임대차 존속 중에 그와 같은 상계의 의사표시를 한 경우에는 임대차보증금반환채무에 관한 기한의 이익을 포기한 것으로 볼 수 있다"(대판 2017.3.15. 2015다252501)

[정답] ③

---

2) 부동산등기법 제88조(가등기의 대상) : 가등기는 제3조 각 호의 어느 하나에 해당하는 권리의 설정, 이전, 변경 또는 소멸의 청구권을 보전하려는 때에 한다. 그 청구권이 시기부 또는 정지조건부일 경우나 그 밖에 장래에 확정될 것인 경우에도 같다.
부동산등기법 제54조(권리소멸약정의 등기) : 등기원인에 권리의 소멸에 관한 약정이 있을 경우 신청인은 그 약정에 관한 등기를 신청할 수 있다.

문8 다음은 기간에 관한 A교수와 학생들(甲, 乙, 丙, 丁)의 수업내용이다. 옳은 답변을 한 학생을 모두 고른 것은? (다툼이 있는 경우 판례에 의하고, 전원합의체 판결의 경우 다수의견에 의함)

[19서기보]

> A : 민사재판에서 판결에 대한 항소는 그 판결서가 송달된 날부터 2주 이내에 하여야 한다(민사소송법 제396조 제1항).
> 甲: 따라서 판결서가 2019. 1. 1. 오후 2시에 송달되었다면, 항소기간은 2019. 1. 2.부터 기산하여야 합니다.
> 乙: 그리고 항소기간의 말일인 2019. 1. 15.이 임시 공휴일이어서 그 다음날인 2019. 1. 16.에 피고가 항소장을 법원에 접수시켰다면 이는 기간 내에 제기된 적법한 것입니다.
> A : 사람은 19세로 성년에 이르게 된다(민법 제4조).
> 丙: 따라서 2000. 2. 2. 오후 2시에 태어난 사람은 2019.2. 2. 오후 2시 현재 미성년자입니다.
> A : 사단법인의 사원총회의 소집은 1주간 전에 그 회의의 목적사항을 기재한 통지를 발송하여야 한다(민법 제71조).
> 丁: 따라서 총회예정일이 2019. 3. 15. 오전 10시라면, 늦어도 2019. 3. 8. 오전 0시까지는 사원들에게 소집통지를 발송하여야 합니다.

① 甲, 乙

② 乙, 丙, 丁

③ 甲, 乙, 丁

④ 甲, 乙, 丙, 丁

[해설] 甲 [○] 기간을 일, 주, 월 또는 연으로 정한 때에는 기간의 초일은 산입하지 아니한다. 그러나 그 기간이 오전 영시로부터 시작하는 때에는 그러하지 아니하다(제157조).

乙 [○] 기간의 말일이 토요일 또는 공휴일에 해당한 때에는 기간은 그 익일로 만료한다(제161조).

丙 [✕] 연령계산에는 출생일을 산입하므로(제158조), 2000. 2. 2. 출생한 경우 2. 2.부터 기산하여 19년 후인 2019. 2. 1. 24시에 성년이 된다.

丁 [○] 사원총회 전일인 3. 14. 24시부터 기산하여 그로부터 1주일이 되는 3월 7일 24시 즉 3월 8일 0시까지 소집통지를 발송하여야 한다("빼기7, 0시"로 외울 것)

[정답] ③

제5장 소멸시효

문1 소멸시효에 관한 다음 설명 중 가장 옳은 것은? (다툼이 있는 경우 판례에 의하고, 전원합의체 판결의 경우 다수의견에 의함) [21서기보]

① 주택임대차보호법에 따른 임대차에서 그 기간이 끝난 후 임차인이 보증금을 반환받기 위해 목적물을 점유하고 있는 경우 보증금반환채권에 대한 소멸시효는 진행하지 않는다고 보아야 한다.

② 채권담보의 목적으로 이루어지는 부동산 양도담보의 경우에 있어서 피담보채무가 변제된 이후에 양도담보권설정자가 행사하는 등기청구권은 소멸시효의 대상이 된다.

③ 건물에 관한 소유권이전등기청구권에 있어서 그 목적물인 건물이 완공되지 아니하여 이를 행사할 수 없었다는 사유는 사실상의 장애사유에 불과하므로 소멸시효의 진행을 방해하지 않는다.

④ 금전채무의 이행지체로 인하여 발생하는 지연손해금은 민법 제163조 제1호가 규정한 '1년 이내의 기간으로 정한 채권'에 해당하므로 3년간의 단기소멸시효의 대상이 된다.

해설 ① [○] "임대차가 종료함에 따라 발생한 임차인의 목적물반환의무와 임대인의 보증금반환의무는 동시이행관계에 있다. 임차인이 임대차 종료 후 동시이행항변권을 근거로 임차목적물을 계속 점유하는 것은 임대인에 대한 보증금반환채권에 기초한 권능을 행사한 것으로서 보증금을 반환받으려는 계속적인 권리행사의 모습이 분명하게 표시되었다고 볼 수 있다"(대판 2020.7.9. 2016다244224,244231).

비교판례 동시이행의 항변권이 붙어 있는 채권의 경우에 이행기 도래 후에 반대급부를 제공하면 언제라도 권리를 행사할 수 있으므로 이행기부터 소멸시효가 진행한다(대판 1991.3.22. 90다9797).

② [×] "채권담보의 목적으로 이루어지는 부동산 양도담보의 경우에 있어서 그 부동산의 등기명의가 양도담보권자 앞으로 되어 있다 할지라도 그 실질적 소유권은 양도담보권설정자에게 남아 있다고 할 것이므로 피담보채무가 변제된 이후에 설정자가 행사하는 등기청구권은 위 실질적 소유권에 기한 물권적 청구권으로서 따로이 시효소멸되는 것은 아니다"(대판 1979.2.13. 78다2412 ; 부동산 양도담보의 본질에 대한 담보물권설에 따른 것으로 평가받는 判例이다).

③ [×] "신축중인 건물에 대한 매매계약과 이 매매계약에 의한 건물에 관한 소유권이전등기청구권은 그 목적물인 건물이 완공되지 아니하면 이는 법률상의 장애사유에 해당하며, 따라서 소멸시효 기산점은 건물이 완공됨으로써 그 권리를 행사할 수 없는 법률상의 장애사유가 소멸된 때부터이다"(대판 2007.8.23. 2007다28024,28031).

④ [×] "금전채무의 이행지체로 인하여 발생하는 지연손해금은 그 성질이 손해배상금이지 이자가 아니며, 민법 제163조 제1호의 1년 이내의 기간으로 정한 채권도 아니므로 3년간의 단기소멸시효의 대상이 되지 아니한다"(대판 1995.10.13. 94다57800). "1년 이내의 정기로 이자를 받기로 한 경우에도, 그 원본채무의 연체가 있는 경우의 그 지연배상금은 손해배상금이지 이자가 아니므로 본조의 적용이 없고 원본채권의 소멸시효기간과 같다고 보아야 한다"(대판 1989.2.28, 88다카214)

[정답] ①

문2 소멸시효에 관한 다음 설명 중 가장 옳은 것은? (다툼이 있는 경우 판례에 의하고, 전원합의체 판결의 경우 다수의견에 의함)　　　　　　　　　[20서기보]

① 부진정연대채무에서 채무자 1인에 대한 재판상 청구 또는 채무자 1인이 행한 채무의 승인 등 소멸시효의 중단사유나 시효이익의 포기는 다른 채무자에게도 효력을 미친다.

② 시효를 주장하는 자가 제기한 소에서 채권자가 피고로서 응소하여 적극적으로 권리를 주장하였으나 그 소가 각하되거나 취하되는 등의 사유로 본안에서 그 권리주장에 관한 판단 없이 소송이 종료된 경우에는 그때부터 6월 이내에 재판상의 청구 등 다른 시효중단조치를 취한 경우에 한하여 응소시에 소급하여 시효중단의 효력이 있는 것으로 본다.

③ 채권자가 확정판결에 기한 채권의 실현을 위하여 채무자에 대하여 민사집행법 소정의 재산명시신청을 하고 그 결정이 채무자에게 송달되었다면 거기에 소멸시효의 중단사유인 '최고'로서의 효력만이 인정된다. 따라서 그로부터 6월 내에 다시 소를 제기하거나 압류 또는 가압류, 가처분을 하는 등 민법 제174조에 규정된 절차를 속행하지 아니하는 한 소멸시효 중단의 효과는 상실된다. 반면 채권자가 신청한 지급명령 사건이 채무자의 이의신청으로 소송으로 이행되는 경우에는 소송으로 이행된 때로부터 시효중단의 효과가 발생한다.

④ 주채무에 대한 소멸시효가 완성된 경우에는 보증채무의 소멸시효가 중단되었더라도 보증채무 역시 소멸된다. 그러나 보증채무가 소멸된 상태에서 보증인이 보증채무를 이행하거나 승인하는 경우에는 보증인의 행위에 의하여 주채무에 대한 소멸시효 이익의 포기 효과가 발생되어 보증인으로서는 주채무의 시효소멸을 이유로 보증채무의 소멸을 주장할 수 없다.

① [✕] "부진정연대채무에서 채무자 1인에 대한 재판상 청구 또는 채무자 1인이 행한 채무의 승인 등 소멸시효의 중단사유나 시효이익의 포기는 다른 채무자에게 효력을 미치지 않는다"(대판 2017.9.12. 2017다865)

제169조 (시효중단의 효력) 시효의 중단은 당사자 및 그 승계인간에만 효력이 있다.

제416조 (이행청구의 절대적 효력) 어느 연대채무자에 대한 이행청구는 다른 연대채무자에게도 효력이 있다.

② [○] 대판 2012.1.12. 2011다78606

제170조 (재판상의 청구와 시효중단) ① 재판상의 청구는 소송의 각하, 기각 또는 취하의 경우에는 시효중단의 효력이 없다. ② 전항의 경우에 6월내에 재판상의 청구, 파산절차참가, 압류 또는 가압류, 가처분을 한 때에는 시효는 최초의 재판상청구로 인하여 중단된 것으로 본다.

③ [✕] 민사소송법 제472조 제2항은 "채무자가 지급명령에 대하여 적법한 이의신청을 한 경우에는 지급명령을 신청한 때에 이의신청된 청구목적의 값에 관하여 소가 제기된 것으로 본다."라고 규정하고 있는바, 지급명령 사건이 채무자의 이의신청으로 소송으로 이행되는 경우에 지급명령에 의한 시효중단의 효과는 소송으로 이행된 때가 아니라 **지급명령을 신청한 때에 발생한다**(대판 2015.2.12. 2014다228440).

④ [✕] 보증인은 주채무자의 항변(예컨대 주채무의 부존재, 소멸, 소멸시효의 완성)으로 채권자에게 대항할 수 있다. 그리고 주채무자의 항변포기는 보증인에게 효력이 없다(제433조).
문제는 보증인이 자신의 보증채무에 관하여 시효의 이익을 포기하고 나서 주채무의 시효소멸을 이유로 보증채무의 소멸을 주장할 수 있는가 하는 점이다. 이에 관해 *判例*는 "주채무의 시효소멸에도 불구하고 보증채무를 이행하겠다는 의사를 표시한 경우 등과 같이 '부종성'을 부정하여야 할 다른 특별한 사정이 없는 한 보증인은 여전히 주채무의 시효소멸을 이유로 보증채무의 소멸을 주장할 수 있다고 보아야 한다"(대판 2012.7.12. 2010다51192)고 한다

[정답] ②

문3 소멸시효에 관한 다음 설명 중 가장 옳지 않은 것은? (다툼이 있는 경우 판례에 의하고, 전원합의체 판결의 경우 다수의견에 의함) [20서기보]

① 정지조건부 권리의 경우 조건이 성취된 때부터 시효가 기산된다.
② 동시이행의 항변권이 붙어 있는 채권의 경우에 이행기가 도래하고 반대급부의 이행제공을 한 이후에 소멸시효가 진행한다.
③ 매수인이 매매목적물인 부동산을 인도받아 점유하고 있는 이상 매수인의 소유권이 전등기청구권은 소멸시효가 진행하지 않는다.
④ 권리자가 사실상 권리의 존부나 권리행사의 가능성을 알지 못하였고 그 알지 못함에 과실이 없는 경우라도 소멸시효가 진행하지 않는 법률상 장애사유에 해당한다고 할 수 없다.

해설 ① [○] 제147조 1항

② [×] "매매에서 매도인이 매수인에게 대금을 청구하면 매수인은 매도인에게 재산권이전에 관한 동시이행의 항변권(제536조)을 가지고, 따라서 그 한도에서는 대금청구권의 행사가 저지되지만, 매도인이 자기의 의무를 이행함으로써 매수인의 항변권을 소멸시킬 수 있으므로, 이행기부터 대금청구권의 소멸시효는 진행한다고 보아야 한다"(대판 1991.3.22, 90다9797).

③ [○] 判例는 "'시효제도의 존재이유'에 비추어 보아 부동산 매수인이 그 목적물을 인도받아서 이를 사용 수익하고 있는 경우에는 그 매수인을 '권리 위에 잠자는 것'으로 볼 수도 없고 또 매도인 명의로 등기 가 남아 있는 상태와 매수인이 인도받아 이를 사용수익하고 있는 상태를 비교하면 매도인 명의 로 잔존하고 있는 등기를 보호하기 보다는 매수인의 사용수익상태를 더욱 보호하여야 할 것이므로 그 매수인의 등기청구권은 다른 채권과는 달리 소멸시효에 걸리지 않는다"(대판 1976.11.6, 전합76다148) 고 판시하고 있다.

④ [○] 소멸시효는 '권리를 행사할 수 있는 때'로부터 진행한다(제166조 1항). 이 때 '권리를 행 사할 수 있는 때'란 권리를 행사하는 데 있어 '법률상의 장애'가 없음을 말한다(이행기의 미도래 ·정지조건의 불성취 등). 따라서 '사실상의 장애', 즉 권리자의 개인적 사정이나 권리자가 권리 의 존재를 모르거나, 모르는데 과실이 없다고 하여도 이러한 사유는 시효의 진행을 막지 못한 다(대판 2006.4.27, 2006다1381).

[정답] ②

문4 소멸시효의 중단에 관한 다음 설명 중 가장 옳지 않은 것은? (다툼이 있는 경우 판례에 의하고, 전원합의체 판결의 경우 다수의견에 의함) [20서기보]

① 부동산경매절차에서 집행력 있는 채무명의 정본을 가진 채권자가 하는 배당요구는 압류에 준하는 소멸시효중단의 효력이 있다.

② 채권자가 채무자를 대위하여 채무자의 제3채무자에 대한 채권을 재판상 청구하였다 면 그로 인한 채권의 시효중단의 효과는 채무자에게 생긴다.

③ 채권자가 동일한 목적을 달성하기 위하여 복수의 채권을 갖고 있는 경우에는 그 중 어느 하나의 청구를 하면 다른 채권에 대하여도 소멸시효 중단의 효력이 있다.

④ 보험계약자의 보험금 채권에 대한 압류가 행하여지더라도 채무자나 제3채무자는 기 본적 계약관계인 보험계약 자체를 해지할 수 있고, 보험계약이 해지되면 그 계약에 의하여 발생한 보험금 채권은 소멸하게 되므로 이를 대상으로 한 압류명령은 실효 하게 되는데, 이 경우 위 압류에 의한 시효중단사유는 종료한 것으로 보아야 하고, 그때부터 시효가 새로이 진행한다.

해설 ① [○] "부동산경매절차에서 집행력 있는 채무명의 정본을 가진 채권자가 하는 배당요구는 민법 제168조 제2호의 압류에 준하는 것으로서 배당요구에 관련된 채권에 관하여 소멸시효를 중단하는 효력이 생긴다고 할 것이다"(대판 2002.2.26. 2000다25484).

② [○] 채권자가 채무자를 대위하여 피대위채권을 대위행사한 경우(제404조), 채권자대위권 행사의 효과는 채무자에게 귀속되는 것이므로 채권자대위소송의 제기로 인한 소멸시효의 중단의 효과 역시 채무자에게 생긴다(대판 2011.10.13. 2010다80930). 즉 피대위채권이 시효중단된다.

③ [×] "채권자가 동일한 목적을 달성하기 위하여 복수의 채권을 갖고 있는 경우, 어느 하나의 청구권을 행사하는 것이 다른 채권에 대한 소멸시효중단의 효력이 있다고 할 수 없다"(대판 2002.5.10. 2000다39735).

④ [○] "보험계약자의 보험금 채권에 대한 압류가 행하여지더라도 채무자나 제3채무자는 기본적 계약관계인 보험계약 자체를 해지할 수 있고, 보험계약이 해지되면 계약에 의하여 발생한 보험금 채권은 소멸하게 되므로 이를 대상으로 한 압류명령은 실효된다"(대판 2017.4.28. 2016다239840).

☞ 압류, 가압류 또는 가처분이 '집행되면' 그 '집행을 신청한 때'에 소급하여 시효중단의 효력이 발생하고, '집행절차종료시'로부터 다시 시효가 진행된다. 만약, 집행채권의 소멸시효가 채무자의 채권에 대한 압류로 중단된 후, 그 '피압류채권이 기본계약관계의 해지·실효 또는 소멸시효 완성 등으로 소멸'하면 시효중단사유가 종료한 것으로 보아야 하고, 집행채권의 소멸시효는 그때부터 다시 진행한다(대판 2017.4.28. 2016다239840).

[정답] ③

문5 소멸시효에 관한 다음 설명 중 가장 옳지 않은 것은? (다툼이 있는 경우 판례에 의하고, 전원합의체 판결의 경우 다수의견에 의함)
[19서기보]

① 금전채무의 이행지체로 인한 지연손해금은 민법 제163조의 3년의 단기소멸시효에 걸리지 아니하나, 도급받은 공사의 부수되는 채권은 3년의 단기소멸시효의 대상이 된다.

② 시효중단은 원칙적으로 당사자 및 그 승계인 사이에서만 효력이 있고, 특정승계이건 포괄승계이건 불문하며, 중단사유 발생 전의 승계인도 포함한다.

③ 채무자에 대한 일반 채권자는 자기의 채권을 보전하기 위하여 필요한 한도 내에서 채무자를 대위하여 소멸시효 주장을 할 수 있을 뿐 채권자의 지위에서 독자적으로 소멸시효의 주장을 할 수 없다.

④ 소멸시효이익 포기의 효과는 상대적이어서 포기자 이외의 자에게 영향을 미치지 않으므로, 주채무자가 시효이익을 포기하더라도 보증인이나 물상보증인에게는 포기의 효과가 미치지 아니한다.

해설 ① [○] ㉠ 금전채무의 이행지체로 인한 지연손해금은 손해배상금이지 이자가 아니므로 민법 제163조의 3년의 단기소멸시효에 걸리지 않고 원본채권의 소멸시효기간과 같다고 보아야 한다(대판 1989.2.28, 88다214). ㉡ 도급받은 자 등의 공사에 관한 채권은 3년의 소멸시효에 해당된다(제163조 3호). 이는 수급인이 도급인에 대하여 갖는 공사에 관한 채권을 말하는 것으로(대판 1963.4.18. 63다92), 공사대금채권(수급인의 보수청구권)뿐만 아니라 그 공사에 부수되는 채권, 예를 들어 수급인의 비용상환청구권, 수급인의 제666조의 저당권설정청구권(대판 2016.10.27. 2014다211978), 도급인의 공사협력의무(대판 2010.11.25, 2010다56685)도 포함된다.

② [×] 시효의 중단은 당사자 및 그 승계인간에만 효력이 있다(제169조). 이 때 '승계인'이라 함은 시효중단에 관여한 당사자로부터 중단의 효과를 받는 권리를 그 중단 효과 발생 이후에 승계한 자를 가리킨다(대판 1998.6.12. 96다26961).

③ [○] 判例는 '채무자에 대한 일반채권자'는 자기의 채권을 보전하기 위하여 필요한 한도 내에서 채무자를 대위하여 소멸시효 주장을 할 수 있을 뿐 채권자의 지위에서 독자적으로 (다른 채권자의 채무자에 대한 채권에 대해) 소멸시효의 완성을 주장할 수 없다고 한다(대판 1997.12.26, 97다22676).

④ [○] 시효이익의 포기의 효과는 상대적이어서 포기할 수 있는 자가 다수인 경우에 1인의 포기는 다른 사람에게 영향을 미치지 않는다. 判例도 직접 이익을 받는 자의 시효원용권은 채무자의 시효원용권에 기초한 것이 아닌 독자적인 것이라고 하여 채무자의 시효이익의 포기는 다른 직접수익자의 시효원용권에 영향을 미치지 않는다고 한다(대판 1995.7.11, 95다12446). 따라서 주채무자의 소멸시효이익의 포기는 보증인(대판 1991.1.29, 89다카1114), 저당부동산의 제3취득자, 물상보증인(대판 2018.11.9. 2018다38782), 연대보증인(제433조 2항)(대판 1995.7.11, 95다12446) 등에 영향을 미치지 않는다.

[정답] ②

문6 아래의 이것에 관한 다음 설명 중 가장 옳지 않은 것은? (다툼이 있는 경우 판례에 의하고, 전원합의체 판결의 경우 다수의견에 의함)

[19서기보]

ㄱ. 이것은 일정한 사실상태가 일정기간 계속된 경우, 진정한 권리관계와 일치하는지 여부를 묻지 않고 그 사실상태를 존중하여 일정한 법률효과를 발생시키는 제도 중의 하나이다.

ㄴ. 이것은 권리불행사라는 사실상태가 일정기간 계속된 경우에 권리소멸의 효과를 발생시킨다는 점에서, 권리행사라는 외관이 일정기간 계속된 경우에 권리취득의 효과를 발생시키는 (Ⓐ)와/과 구별된다.

ㄷ. 이것은 일정한 기간의 경과와 권리의 불행사라는 사정에 의하여 권리소멸의 효과를 발생시킨다는 점에서, 기간의 경과 자체만으로 곧바로 권리소멸의 효과를 발생시키는 (Ⓑ)와/과 구별된다.

① 이것이 완성되면 그 기간이 경과한 때부터 장래에 향하여 권리가 소멸하여 법률관계가 확정된다.

② 이것은 권리자의 청구나 압류 등 또는 채무자의 승인이 있으면 중단되고, 그때까지 경과된 기간은 산입되지 않는다.

③ 이것은 법률행위에 의하여 배제, 연장 또는 가중할 수 없다.

④ 채권 및 소유권 이외의 재산권은 20년간 행사하지 아니하면 이것이 완성된다.

해설 '이것'은 소멸시효, Ⓐ는 취득시효, Ⓑ는 제척기간을 각각 가리킨다.

① [X] 소멸시효는 그 기산일에 소급하여 효력이 생긴다(제167조)

② [○] 제168조, 제178조

③ [○] **제184조(시효의 이익의 포기 기타)** ① 소멸시효의 이익은 미리 포기하지 못한다. ② 소멸시효는 법률행위에 의하여 이를 배제, 연장 또는 가중할 수 없으나 이를 단축 또는 경감할 수 있다.

④ [○] 제162조

[정답] ①

문**7** 소멸시효와 제척기간에 관한 다음 설명 중 가장 옳지 않은 것은? [16서기보]

① 도급받은 자의 공사에 관한 채권은 3년간 행사하지 아니하면 소멸시효가 완성된다.

② 민법상 수급인의 하자담보책임에 관한 기간은 제척기간으로서 재판상 또는 재판외의 권리행사기간이며 재판상 청구를 위한 출소기간이 아니다.

③ 민법 제146조는 취소권은 추인할 수 있는 날로부터 3년 내에 행사하여야 한다고 규정하고 있는바, 이때의 3년이라는 기간은 일반 시효기간이 아니라 제척기간이다.

④ 채권자와 주채무자 사이의 확정판결에 의하여 주채무가 확정되어 그 소멸시효기간이 10년으로 연장되었다면 그 보증채무도 당연히 단기소멸시효의 적용이 배제되어 10년의 소멸시효기간이 적용된다.

해설 ① [○] **도급받은 자 등의 공사에 관한 채권은 3년의 소멸시효이다**(제163조 3호). 이는 수급인이 도급인에 대하여 갖는 공사에 관한 채권을 말하는 것으로(대판 1963.4.18. 63다92), 공사대금채권(수급인의 보수청구권)뿐만 아니라 그 공사에 부수되는 채권, 예를 들어 수급인의 비용상환청구권, 수급인의 제666조의 저당권설정청구권(대판 2016.10.27. 2014다211978), 도급인의 공사협력의무(대판 2010.11.25. 2010다56685)도 포함된다.

② [○] 민법상 수급인의 하자담보책임에 관한 기간(제670조, 제671조)은 제척기간으로서 재판상 또는 재판 외의 권리행사기간이며 재판상 청구를 위한 출소기간이 아니라고 할 것이다(대판 2000.06.09. 2000다15371).

③ [○] "민법 제146조는 취소권은 추인할 수 있는 날로부터 3년 내에 행사하여야 한다고 규정하고 있는바, 이 때의 3년이라는 기간은 일반 소멸시효기간이 아니라 제척기간으로서 제척기간이 도과하였는지 여부는 당사자의 주장에 관계없이 법원이 당연히 조사하여 고려하여야 할 사항이다"(대판 1996.09.20. 96다25371).

[쟁점정리] ※ 소멸시효와 제척기간의 구별기준

법조문에서 소멸시효는 '소멸시효가 완성한다, 시효로 인하여 소멸한다'고 표현하는 데 비해 (제162조, 제766조 1항), 제척기간은 '행사하여야 한다'고 표현하고(제146조, 제406조 2항), 이를 가지고 원칙적으로 양자를 구별한다는 것이 통설이다.

※ 소멸시효와 제척기간의 차이점

㉠ 소멸시효는 그 기산일에 소급하여 효력이 생기지만(제167조), 제척기간에서는 기간이 경과한 때로부터 장래에 대하여 소멸하므로 소급효가 없다. ㉡ 소멸시효는 중단될 수 있지만, 제척기간은 그렇지 않다(대판 2003.1.10, 2000다26425). ㉢ 소멸시효에서는 변론주의의 원칙상 당사자의 주장이 있어야 법원이 이를 판단하게 되지만, 제척기간에서는 기간의 경과에 의한 권리의 소멸이 절대적인 것이므로 소송에서 당사자가 이를 주장하지 않더라도 법원이 직권으로 판단하여야 한다(대판 1996.9.20, 96다25371).

④ [X] 판결에 의하여 확정된 채권은 '단기의 소멸시효에 해당한 것'이라도 그 소멸시효는 10년으로 한다(제165조 1항). 채권자와 주채무자 사이의 확정판결에 의하여 주채무가 확정되어 그 소멸시효기간이 10년으로 연장되었다 할지라도 그 보증채무까지 당연히 단기소멸시효의 적용이 배제되어 10년의 소멸시효기간이 적용되는 것은 아니고, 채권자와 연대보증인 사이에 있어서 연대보증채무의 소멸시효기간은 여전히 종전의 소멸시효기간에 따른다(대판 2006.08.24. 2004다26287).

[비교판례] "담보목적물의 제3취득자 또는 물상보증인은 채권자에게 채무자의 채무와는 별개의 독립된 채무를 부담하는 것이 아니라 단지 채무자의 채무를 변제할 책임을 부담한다. 따라서 채권에 관하여 소멸시효가 중단되거나 소멸시효기간이 제165조에 따라 연장되더라도 그 효과가 그대로 미친다"(대판 2009.9.24, 2009다39530)

[정답] ④

문8 소멸시효에 관한 다음 설명 중 가장 옳지 않은 것은?　　　　　　[18서기보]

① 공유물분할청구권은 공유관계가 존속하는 한 독립하여 시효소멸하지 않는다.
② 양육자가 비양육자에 대하여 과거 양육비의 지급을 구할 권리는 그 양육비를 지출한 때로부터 소멸시효가 진행된다.
③ 본래의 소멸시효 기산일과 당사자가 주장하는 기산일이 서로 다르다면 변론주의의 원칙상 법원은 당사자가 주장하는 기산일을 기준으로 소멸시효를 계산하여야 한다.
④ 채권자와 채무자는 합의에 의하여 소멸시효 기간을 단축 또는 경감할 수 있다.

해설 ① [○] "공유물분할청구권은 공유관계에서 수반되는 형성권이므로 공유관계가 존속하는 한 그 분할청구권만이 독립하여 시효소멸될 수 없다"(대판 1981.3.24. 80다1888).
② [×] "당사자의 협의 또는 가정법원의 심판에 의하여 구체적인 지급청구권으로서 성립하기 전에는 과거의 양육비에 관한 권리는 양육자가 그 권리를 행사할 수 있는 재산권에 해당한다고 할 수 없고, 따라서 이에 대하여는 소멸시효가 진행할 여지가 없다"(대결 2011.7.29, 2008스67).
③ [○] "소멸시효의 기산일은 채무의 소멸이라고 하는 법률효과 발생의 요건에 해당하는 소멸시효기간 계산의 시발점으로서 소멸시효 항변의 법률요건을 구성하는 구체적인 사실(주요사실)에 해당하므로 이는 '변론주의'의 적용 대상이고, 따라서 본래의 소멸시효 기산일과 당사자가 주장하는 기산일이 서로 다른 경우에는 변론주의의 원칙상 법원은 당사자가 주장하는 기산일을 기준으로 소멸시효를 계산하여야 하는데, 이는 당사자가 본래의 기산일보다 뒤의 날짜를 기산일로 하여 주장하는 경우는 물론이고 특별한 사정이 없는 한 그 반대의 경우에 있어서도 마찬가지이다"(대판 1995.8.25. 94다35886)
④ [○] **제184조(시효의 이익의 포기 기타)** ②항 소멸시효는 법률행위에 의하여 이를 배제, 연장 또는 가중할 수 없으나 이를 단축 또는 경감할 수 있다.

[정답] ②

문9 소멸시효의 중단에 관한 다음 설명 중 가장 옳지 않은 것은? [18서기보]

① 채무자 겸 저당권설정자가 피담보채무의 부존재 또는 소멸을 이유로 하여 제기한 저당권설정등기 말소청구소송에서 채권자 겸 저당권자가 청구기각의 판결을 구하면서 피담보채권의 존재를 주장하는 경우에는 피담보채권에 관하여 소멸시효 중단의 효력이 생긴다.

② 채권자의 신청에 의한 경매개시결정에 따라 연대채무자 중 1인 소유의 부동산이 압류된 경우, 압류에 의한 시효중단의 효력은 다른 연대채무자에게도 미친다.

③ 채권자가 확정판결에 기한 채권의 실현을 위하여 채무자의 제3채무자에 대한 채권에 관하여 압류 및 추심명령을 받아 그 결정이 제3채무자에게 송달이 되었다면 거기에 소멸시효 중단사유인 최고로서의 효력을 인정하여야 한다.

④ 직접점유자를 상대로 점유이전금지가처분을 한 사실을 간접점유자에게 통지한 바가 없는 경우 그 가처분은 간접점유자에 대하여 시효중단의 효력을 가지지 않는다.

해설 ① [○] ※ 응소가 제170조 1항의 재판상 청구에 포함되는지 여부

"민법 제 168조 제1호, 제170조 제1항에서 시효중단사유의 하나로 규정하고 있는 재판상의 청구라 함은, 통상적으로는 권리자가 원고로서 시효를 주장하는 자를 피고로 하여 소송물인 권리를 소의 형식으로 주장하는 경우를 가리키지만, 이와 반대로 시효를 주장하는 자가 원고가 되어 소를 제기한 데 대하여 피고로서 응소하여 그 소송에서 적극적으로 권리를 주장하고 그것이 받아들여진 경우도 마찬가지로 이에 포함되는 것으로 해석함이 타당하다"(대판 1993.12.21. 전합92다47861)

☞ 채무자 겸 저당권설정자가 피담보채무의 부존재 또는 소멸을 이유로 하여 제기한 저당권설정등기 말소청구소송에서 채권자 겸 저당권자가 청구기각의 판결을 구하면서 피담보채권의 존재를 주장하는 경우, 즉 채권자가 적극적으로 응소하는 경우에는 피담보채권에 관하여 소멸시효 중단의 효력이 생긴다.

② [×] ※ 제174조 최고로서 경매신청, 압류 또는 가압류

채권자가 연대채무자 1인의 소유 부동산에 대하여 경매신청을 한 경우에 이는 최고로서의 효력이 있다. 한편 이 최고는 다른 연대채무자에게도 효력이 있으므로(제416조), 채권자가 6개월 내에 '다른 연대채무자'를 상대로 재판상 청구 등을 한 때에는 그 '다른 연대채무자'에 대한 채권의 소멸시효가 중단되지만, 이로 인하여 중단된 시효는 위 경매절차가 종료된 때가 아니라 재판이 확정된 때부터 새로 진행된다. 그리고 연대채무자 1인의 소유 부동산이 경매개시결정에 따라 압류된 경우, '다른 연대채무자'에게는 시효중단의 효력이 없다(제169조 참조)(대판 2001.8.21, 2001다22840).

③ [○] 채권자가 채무자의 제3채무자에 대한 채권을 압류 또는 가압류한 경우 채권자의 채무자에 대한 채권은 압류에 따른 시효중단의 효력이 확정적으로 발생하나, 이와 달리 압류의 대상인 채무자의 제3채무자에 대한 채권은 확정적 시효중단 되는 것은 아니고 다만 채권자가 채무자의 제3채무자에 대한 채권에 관한 압류 및 추심명령을 받아 그 결정이 제3채무자에게 송달이 되었다면 채무자의 제3채무자에 대한 채권은 '최고'로서의 효력에 의해 시효중단이 된다(대판 2003.5.13, 2003다16238).

예를 들어 甲이 乙의 丙에 대한 채권을 압류·추심한 경우 甲의 乙에 대한 채권(피보전채권)은 압류명령 '신청시'에 시효중단되나(중단사유 중 제168조 2호 압류), 乙의 丙에 대한 채권(피압류채권)은 丙에게 압류·추심명령이 '송달된 때' 시효중단된다(중단사유 중 제174조 최고)[3]

④ [○] 시효완성의 이익을 받을 자(채무자)가 아니라 제3자(물상보증인 또는 저당부동산의 제3취득자 등)에 대해 압류 등을 한 경우에는, 그 자(채무자)에 대하여 통지한 때에 시효중단의 효력이 발생한다(제176조). 예컨대 "직접점유자를 상대로 점유이전금지가처분을 한 뜻을 간접점유자에게 통지한 바가 없다면 가처분은 간접점유자에 대하여 시효중단의 효력을 발생할 수 없다"(대판 1992.10.27. 91다41064).

[정답] ②

문 10 소멸시효에 관한 설명 중 가장 옳은 것은?   [14서기보]

① 소멸시효는 법률행위에 의하여 이를 배제, 연장 또는 가중할 수 없고, 이를 단축 또는 경감할 수도 없다.

② 하나의 금전채권의 원금 중 일부가 변제된 후 나머지 원금에 대하여 소멸시효가 완성된 경우, 소멸시효 완성의 효력은 소멸시효가 완성된 원금 부분으로부터 그 완성 전에 발생한 이자 또는 지연손해금뿐만 아니라 변제로 소멸한 원금 부분으로부터 그 변제 전에 발생한 이자 또는 지연 손해금에도 미친다.

③ 일정한 채권의 소멸시효기간에 관하여 이를 특별히 1년의 단기로 정하는 민법 제164조는 그 각 호에서 개별적으로 정하여진 채권의 채권자가 그 채권의 발생원인이 된 계약에 기하여 상대방에 대하여 부담하는 반대채무에 대하여는 적용되지 아니한다.

④ 부동산에 관한 경매절차에서 매각대금이 납부되고 매각을 원인으로 가압류등기가 말소되었다고 하더라도, 가압류등기 말소 후의 배당절차에서 가압류채권자의 채권에 대한 배당이 이루어지고 배당액이 공탁되었다면 가압류채권자가 그 공탁금에 대하여 채권자로서 권리행사를 계속하고 있다고 볼 수 있으므로 가압류에 의한 시효중단의 효력은 계속된다.

---

3) 압류 및 가압류의 효력은 제3채무자에게 압류 및 가압류명령이 '송달'되면 발생하나, 그로인한 시효중단 효력은 압류 및 가압류명령의 '신청시'로 소급하여 발생한다(대판 2017.4.7. 2016다35451). 민사집행법 제227조 3항, 제291조 참조

해설 ① [×] **제184조(시효의 이익의 포기 기타)** ②항 소멸시효는 법률행위에 의하여 이를 배제, 연장 또는 가중할 수 없으나 이를 단축 또는 경감할 수 있다.

② [×] 주된 권리의 소멸시효가 완성한 때에는 종속된 권리에 그 효력이 미친다(제183조). 다만 判例는 하나의 금전채권의 원금 중 일부가 변제된 후 나머지 원금에 대하여 소멸시효가 완성된 경우, 소멸시효 완성의 효력은 소멸시효가 완성된 원금 부분으로부터 그 완성 전에 발생한 이자(또는 지연손해금)에는 미치나, 변제로 소멸한 원금 부분으로부터 그 변제 전에 발생한 이자(또는 지연손해금)에는 미치지 않는다고 한다(대판 2008.3.14, 2006다2940).

③ [○] 判例에 따르면 민법 제164조 소정의 1년의 단기소멸시효는 그 각호에서 개별적으로 정하여진 채권의 채권자가 그 채권의 발생원인이 된 계약에 기하여 상대방에 대하여 부담하는 반대채무에는 적용되지 않는다고 한다. 따라서 그 채권의 상대방이 그 계약에 기하여 가지는 반대채권은 원칙으로 돌아가 제162조 1항 소정의 10년의 소멸시효에 걸린다고 한다(대판 2013.11.14, 2013다65178).

④ [×] "가압류는 강제집행을 보전하기 위한 것으로서 경매절차에서 부동산이 매각되면 그 부동산에 대한 집행보전의 목적을 다하여 효력을 잃고 말소되며, 가압류채권자에게는 집행법원이 그 지위에 상응하는 배당을 하고 배당액을 공탁함으로써 가압류채권자가 장차 채무자에 대하여 권리행사를 하여 집행권원을 얻었을 때 배당액을 지급받을 수 있도록 하면 족한 것이다. 따라서 이러한 경우 가압류에 의한 시효중단은 경매절차에서 부동산이 매각되어 가압류등기가 말소되기 전에 배당절차가 진행되어 가압류채권자에 대한 배당표가 확정되는 등의 특별한 사정이 없는 한, 채권자가 가압류집행에 의하여 권리행사를 계속하고 있다고 볼 수 있는 가압류등기가 말소된 때 그 중단사유가 종료되어, 그때부터 새로 소멸시효가 진행한다고 봄이 타당하다. 따라서 매각대금 납부 후의 배당절차에서 가압류채권자의 채권에 대하여 배당이 이루어지고 배당액이 공탁되었다고 하여 가압류채권자가 그 공탁금에 대하여 채권자로서 권리행사를 계속하고 있다고 볼 수는 없으므로 그로 인하여 가압류에 의한 시효중단의 효력이 계속된다고 할 수 없다"(대판 2013.11.14, 2013다18622,18639)

[정답] ③

문 11 소멸시효에 관한 다음 설명 중 가장 옳지 않은 것은?　　　　　　[15서기보]

① 소멸시효는 객관적으로 권리가 발생하여 그 권리를 행사할 수 있는 때로부터 진행하고 그 권리를 행사할 수 없는 동안만은 진행하지 않는다고 할 것인데, 여기서 '권리를 행사할 수 없는' 경우라고 하는 것은 그 권리행사에 기간의 미도래나 조건불성취 등의 법률상 장애사유가 있거나 사실상 권리의 존재나 권리행사 가능성을 알지 못하고 알지 못함에 과실이 없는 등의 사실상 장애사유가 있는 경우를 의미한다.

② 소멸시효 중단사유로서의 채무승인은 시효이익을 받는 당사자인 채무자가 소멸시효의 완성으로 채권을 상실하게 될 자 또는 그 대리인에 대하여 상대방의 권리 또는 자신의 채무가 있음을 알고 있다는 뜻을 표시함으로써 성립한다.

③ 시효완성 후 시효이익의 포기가 인정되려면 시효이익을 받는 채무자가 시효의 완성으로 인한 법적인 이익을 받지 않겠다는 효과의사가 필요하기 때문에 시효완성 후 소멸시효 중단사유에 해당하는 채무의 승인이 있었다 하더라도 그것만으로는 곧바로 소멸시효 이익의 포기라는 의사표시가 있었다고 단정할 수 없다.

④ 원금채무에 관하여는 소멸시효가 완성되지 아니하였으나 이자채무에 관하여는 소멸시효가 완성된 상태에서 채무자가 채무를 일부 변제한 때에는 그 액수에 관하여 다툼이 없는 한 그 원금채무에 관하여 묵시적으로 승인하는 한편 그 이자채무에 관하여 시효완성의 사실을 알고 그 이익을 포기한 것으로 추정된다.

해설 ① [×] 소멸시효는 '권리를 행사할 수 있는 때'로부터 진행한다(제166조 1항). 이 때 '권리를 행사할 수 있는 때'란 권리를 행사하는 데 있어 '법률상의 장애'가 없음을 말한다(이행기의 미도래·정지조건의 불성취 등). 따라서 '사실상의 장애', 즉 권리자의 개인적 사정이나 권리자가 권리의 존재를 모르거나, 모르는데 과실이 없다고 하여도 이러한 사유는 시효의 진행을 막지 못한다(대판 2006.4.27, 2006다1381).

② [○] 대판 2012.10.25. 2012다45566

③ [○] "소멸시효 중단사유로서의 채무승인은 시효이익을 받는 당사자인 채무자가 소멸시효의 완성으로 채권을 상실하게 될 자에 대하여 상대방의 권리 또는 자신의 채무가 있음을 알고 있다는 뜻을 표시함으로써 성립하는 이른바 '관념의 통지'로 여기에 어떠한 효과의사가 필요하지 않다. 이에 반하여 시효완성 후 시효이익의 포기가 인정되려면 시효이익을 받는 채무자가 시효의 완성으로 인한 법적인 이익을 받지 않겠다는 효과의사가 필요하기 때문에 시효완성 후 소멸시효 중단사유에 해당하는 채무의 승인이 있었다 하더라도 그것만으로는 곧바로 소멸시효 이익의 포기라는 의사표시가 있었다고 단정할 수 없다(대판 2013.02.28. 2011다21556).

쟁점정리 소멸시효완성 후의 포기는 ⅰ) 처분능력과 처분권한을 갖춘 자가 ⅱ) 시효완성 사실을 알고, ⅲ) 권리를 잃을 자에게 '시효이익을 포기하는 의사표시'로 할 수 있다. 특히 ⅲ) 요건과 관련하여 '시효완성 후 채무승인'이 문제되는바, 시효이익의 포기에는 '효과의사'가 필요하므로, '관념의 통지'로 효과의사가 필요하지 않는 시효중단사유로서의 승인과 다르며, 따라서 채무승인만으로 언제나 시효이익의 포기가 되는 것은 아니다.

④ [○] ※ 이자채무의 시효소멸과 일부변제

判例에 따르면 "원금채무는 소멸시효가 완성되지 않았으나 이자채무의 소멸시효가 완성된 상태에서 채무자가 채무를 일부 변제한 경우, 원금채무를 승인하고 이자채무의 시효이익을 포기한 것으로 추정되므로, 채무자의 변제가 채무 전체를 소멸시키지 못하고 당사자가 변제에 충당할 채무를 지정하지 아니한 때에는 제479조, 제477조에 따른 법정변제충당의 순서에 따라 충당되어야 한다"(대판 2013.5.23. 2013다12464)고 한다.

따라서 다른 사정이 없다면 일부변제한 것으로는 원본에 앞서 이자에 먼저 충당하며, 이행기가 도래한 이자 중에는 이행기가 먼저 도래한 순서에 따라 충당될 것이어서(제477조 3호 참조) 결국 먼저 시효로 소멸한 이자에 우선충당하게 될 것이다.

[정답] ①

문 12 제척기간에 관한 다음 설명 중 틀린 것은? (다툼이 있는 경우에는 판례에 의함)　　[기출변형]

① 하자담보책임에 따른 손해배상청구권과 관련하여 채권양도의 통지는 양도인이 채권이 양도되었다는 사실을 채무자에게 알리는 것에 그치는 행위이므로, 그것만으로 제척기간 준수에 필요한 권리의 재판외 행사에 해당한다고 볼 수 없다.

② 예약완결권을 그 행사의 의사표시를 담은 소장 부본을 상대방에게 송달함으로써 재판상 행사하는 경우, 소장을 제척기간 내에 법원에 제출하면 예약완결권을 제척기간 내에 적법하게 행사한 것이 된다.

③ 제척기간은 '장래효'가 발생하며, 소멸시효와 같은 중단·포기제도가 없고, 항변사항이 아니라 직권조사사항이다.

④ 부동산 매수인이 매도인을 상대로 하자담보책임에 기한 손해배상을 청구하는 경우, 매수인의 하자담보에 기한 손해배상청구권은 부동산을 인도받은 날부터 소멸시효가 진행하므로 그로부터 10년이 경과한 후 소를 제기하였다면 이미 배상청구권은 소멸되었다고 보아야 한다.

해설 ① [○] "㉠ 채권양도의 통지는 양도인이 채권이 양도되었다는 사실을 채무자에게 알리는 것에 그치는 행위이므로, 그것만으로 제척기간 준수에 필요한 권리의 재판외 행사에 해당한다고 할 수 없다. ㉡ 따라서 집합건물인 아파트의 입주자대표회의가 스스로 하자담보추급에 의한 손해배상청구권을 가짐을 전제로 하여 직접 아파트의 분양자를 상대로 손해배상청구소송을 제기하였다가, 소송 계속 중에 정당한 권리자인 구분소유자들에게서 손해배상채권을 양도받고 분양자에게 통지가 마쳐진 후 그에 따라 소를 변경한 경우에는, 채권양도통지에 채권양도의 사실을 알리는 것 외에 이행을 청구하는 뜻이 별도로 덧붙여지거나 그 밖에 구분소유자들이 재판외에서 권리를 행사하였다는

등 특별한 사정이 없는 한, 위 손해배상청구권은 입주자대표회의가 위와 같이 소를 변경한 시점에 비로소 행사된 것으로 보아야 한다"(대판 2012.3.22, 전합 2010다28840).

② [×] "예약완결권은 재판상이든 재판외이든 그 기간 내에 행사하면 되는 것으로서, 예약완결권자가 예약완결권 행사의 의사표시를 담은 소장 부본을 상대방에게 송달함으로써 재판상 행사하는 경우에는 그 소장 부본이 상대방에게 도달한 때에 비로소 예약완결권 행사의 효력이 발생하여 예약완결권자와 상대방 사이에 매매의 효력이 생기므로, 예약완결권 행사의 의사표시가 담긴 소장 부본이 제척기간 내에 상대방에게 송달되어야만 예약완결권자가 제척기간 내에 적법하게 예약완결권을 행사하였다고 볼 수 있다"(대판 2019.7.25. 2019다227817)

참조조문 **민사소송법 제265조(소제기에 따른 시효중단의 시기)** 시효의 중단 또는 법률상 기간을 지킴에 필요한 재판상 청구는 소를 제기한 때 또는 제260조제2항·제262조제2항 또는 제264조제2항의 규정에 따라 서면을 법원에 제출한 때에 그 효력이 생긴다.

③ [○] ※ 제척기간과 소멸시효와의 차이점
㉠ 소멸시효는 그 기산일에 소급하여 효력이 생기지만(제167조), 제척기간에서는 기간이 경과한 때로부터 장래에 대하여 소멸하므로 소급효가 없다. ㉡ 소멸시효는 중단될 수 있지만, 제척기간은 그렇지 않다(대판 2003.1.10, 2000다26425). ㉢ 소멸시효에서는 변론주의의 원칙상 당사자의 주장이 있어야 법원이 이를 판단하게 되지만, 제척기간에서는 기간의 경과에 의한 권리의 소멸이 절대적인 것이므로 소송에서 당사자가 이를 주장하지 않더라도 법원이 직권으로 판단하여야 한다(대판 1996.9.20, 96다25371).

④ [○] ※ 제척기간과 소멸시효의 중첩적용 가부(적극)
判例에 따르면 하자담보책임에 기한 매수인의 손해배상청구권은 매수인이 그 사실을 안 때부터 6월의 제척기간(제582조)에 걸리는 동시에 매수인이 매매의 '목적물을 인도받은 때부터' 10년의 소멸시효(제162조 1항)에도 걸린다고 한다(대판 2011.10.13, 2011다10266).
사실관계 2011다10266판결은 甲이 乙 등에게서 부동산을 매수하여 소유권이전등기를 마쳤는데 위 부동산을 순차 매수한 丙이 부동산 지하에 매립되어 있는 폐기물을 처리한 후 甲을 상대로 처리비용 상당의 손해배상청구소송을 제기하였고, 甲이 丙에게 위 판결에 따라 손해배상금을 지급한 후 乙 등을 상대로 하자담보책임에 기한 손해배상으로서 丙에게 기지급한 돈의 배상을 구한 사안에서, 甲의 하자담보에 기한 손해배상청구권은 甲이 乙 등에게서 부동산을 인도받았을 것으로 보이는 소유권이전등기일로부터 소멸시효가 진행하는데, 甲이 그로부터 10년이 경과한 후 소를 제기하였으므로, 甲의 하자담보책임에 기한 손해배상청구권은 이미 소멸시효 완성으로 소멸되었다고 한 사례이다.

[정답] ②

문13 소멸시효의 기산점에 관한 다음 설명 중 옳은 것은? [기출변형]

① 동시이행의 항변권이 붙은 채권은 이행기가 도래하더라도 소멸시효가 진행하지 않는다.

② 주택임대차보호법에 따른 임대차에서 임차인이 임대차 종료 후 동시이행항변권을 근거로 임차목적물을 계속 점유하고 있는 경우, 보증금반환채권에 대한 소멸시효는 진행하지 않는다.

③ 토지매매로 인한 소유권이전등기의무가 이행불능된 경우, 손해배상청구권의 소멸시효는 채권자가 채무자로부터 토지를 매수한 때로부터 진행된다.

④ 법인의 불법행위책임의 경우 기산점은 대표자가 안 날부터 기산될 것이나, 법인의 대표자가 법인에 대해 불법행위를 한 경우에는 다른 임원 등이 안 때부터 기산하여야 한다. 만약 임원 등이 법인 대표자와 공동불법행위를 한 경우에는 그 임원 등을 배제하고 단기소멸시효의 기산점을 판단하여야 한다.

[해설] ① [×] "부동산에 대한 매매대금 채권이 소유권이전등기청구권과 동시이행의 관계에 있다고 할지라도 매도인은 매매대금의 지급기일 이후 언제라도 그 대금의 지급을 청구할 수 있는 것이며, 다만 매수인은 매도인으로부터 그 이전등기에 관한 이행의 제공을 받기까지 그 지급을 거절할 수 있는 데 지나지 아니하므로 매매대금 청구권은 그 지급기일 이후 시효의 진행에 걸린다"(대판 1991.3.22. 90다9797).

② [×] "임대차가 종료함에 따라 발생한 임차인의 목적물반환의무와 임대인의 보증금반환의무는 동시이행관계에 있다. 임차인이 임대차 종료 후 동시이행항변권을 근거로 임차목적물을 계속 점유하는 것은 임대인에 대한 보증금반환채권에 기초한 권능을 행사한 것으로서 보증금을 반환받으려는 계속적인 권리행사의 모습이 분명하게 표시되었다고 볼 수 있다. 따라서 임대차 종료 후 임차인이 보증금을 반환받기 위해 목적물을 점유하는 경우 보증금반환채권에 대한 권리를 행사하는 것으로 보아야 하고, 임차인이 임대인에 대하여 직접적인 이행청구를 하지 않았다고 해서 권리의 불행사라는 상태가 계속되고 있다고 볼 수 없다. …(이하 중략)…등을 종합하면, 주택임대차보호법에 따른 임대차에서 그 기간이 끝난 후 임차인이 보증금을 반환받기 위해 목적물을 점유하고 있는 경우 보증금반환채권에 대한 소멸시효는 진행하지 않는다고 보아야 한다"(대판 2020.7.9. 2016다244224,244231).

③ [×] ※ 소멸시효의 기산점(채무불이행으로 인한 손해배상청구권)
채권이 '채무불이행'으로 인하여 손해배상청구권으로 바뀐 때에는, 그 동일성이 유지되므로 그 손해배상청구권의 시효기간은 원채권의 시효기간에 따른다(통설, 대판 2010.9.9. 2010다28031). 문제는 그 기산점인데, 손해배상청구권은 채무불이행시에 비로소 발생한 것인 만큼 채무불이행시부터 소멸시효가 진행한다는 견해가 타당하다(다수설). 判例도 채무불이행이 발생한 때로부터 진행하는 것으로 본다(대판 1990.11.9. 90다카22513).

④ [○] "불법행위로 인한 손해배상청구권의 단기소멸시효 기산점은 '손해 및 가해자를 안 날'부터 진행되며, 법인의 경우에 손해 및 가해자를 안 날은 통상 대표자가 이를 안 날을 뜻한다. 그렇지만 법인 대표자가 법인에 대하여 불법행위를 한 경우에는, 법인과 대표자의 이익은 상반되므로 법인 대표자가 그로 인한 손해배상청구권을 행사하리라고 기대하기 어려울 뿐만 아니라 일반적으로 대표권도 부인된다고 할 것이어서, 법인 대표자가 손해 및 가해자를 아는 것만으로는 부족하다. 따라서 위 경우에는 적어도 법인의 이익을 정당하게 보전할 권한을 가진 다른 대표자, 임원 또는 사원이나 직원 등이 손해배상청구권을 행사할 수 있을 정도로 이를 안 때에 비로소 단기소멸시효가 진행하고, 만약 임원 등이 법인 대표자와 공동불법행위를 한 경우에는 그 임원 등을 배제하고 단기소멸시효 기산점을 판단하여야 한다"(대판 2012.7.12. 2012다20475)

☞ 법인의 불법행위책임의 경우 기산점은 대표자가 안 날부터 기산될 것이나, 법인의 대표자가 법인에 대해 불법행위를 한 경우에는 다른 임원 등이 안 때부터 기산하여야 한다(대판 2002.6.14. 2002다11441). 만약 임원 등이 법인 대표자와 공동불법행위를 한 경우에는 그 임원 등을 배제하고 단기소멸시효의 기산점을 판단하여야 한다(대판 2012.7.12. 2012다20475).

[정답] ④

문 14 임대차와 소멸시효에 관한 다음 설명 중 틀린 것은? [기출변형]

① 임대차 존속 중 차임을 연체하더라도 이는 임대차 종료 후 목적물 인도시에 임대차 보증금에서 일괄 공제하는 방식에 의하여 정산하기로 약정한 경우와 같은 특별한 사정이 없는 한 차임채권의 소멸시효는 임대차계약에서 정한 지급기일부터 진행한다. 월차임 지급채권의 소멸시효기간은 3년이다.

② 임대차 존속 중 차임채권의 소멸시효가 완성된 후에 임대인이 이미 소멸시효가 완성된 차임채권을 자동채권으로 삼아 임대차보증금 반환채무와 '상계'는 할 수 없지만, 임대차보증금에서 '공제'할 수는 있다.

③ 매도인이나 수급인의 담보책임을 기초로 한 손해배상채권의 제척기간이 지났으나, 제척기간이 지나기 전 상대방의 채권과 상계할 수 있었던 경우, 매수인이나 도급인이 민법 제495조를 유추적용해서 위 손해배상채권을 자동채권으로 해서 상대방의 채권과 상계할 수 있다.

④ 임대인이 임대차 존속 중 이미 소멸시효가 완성된 구상금채권을 자동채권으로 삼아 임차인의 유익비상환채권과 상계하는 것은 민법 제495조에 의해 인정될 수 있다.

해설 ① [○] "소멸시효는 법률행위에 의하여 이를 배제, 연장 또는 가중할 수 없다(제184조 2항). 그러므로 임대차 존속 중 차임을 연체하더라도 이는 임대차 종료 후 목적물 인도 시에 임대차보증금에서 일괄 공제하는 방식에 의하여 정산하기로 약정한 경우와 같은 특별한 사정이 없는 한 차임채권의 소멸시효는 임대차계약에서 정한 지급기일부터 진행한다(제166조 1항). 아울러 월차임 지급채권은 제163조 1호가 정한 1년 이내의 기간으로 정한 금전의 지급을 목적으로 한 채권에 해당하여 3년의 단기소멸시효가 적용된다"(대판 2016.11.25. 2016다211309).

② [○] ※ 임대차 존속 중 시효완성된 차임채권을 보증금반환채무와 '상계' 할 수 있는지 여부(소극)

"민법 제495조는 '소멸시효가 완성된 채권이 그 완성 전에 상계할 수 있었던 것이면 그 채권자는 상계할 수 있다.' 라고 규정하고 있다. 이는 당사자 쌍방의 채권이 상계적상에 있었던 경우에 당사자들은 채권·채무관계가 이미 정산되어 소멸하였다고 생각하는 것이 일반적이라는 점을 고려하여 당사자들의 신뢰를 보호하기 위한 것이다. 다만 이는 '자동채권의 소멸시효 완성 전에 양 채권이 상계적상에 이르렀을 것'을 요건으로 하는데, 임대인의 임대차보증금 반환채무는 임대차계약이 종료된 때에 비로소 이행기에 도달하므로, 임대차 존속 중 차임채권의 소멸시효가 완성된 경우에는 소멸시효 완성 전에 임대인이 임대차보증금 반환채무에 관한 기한의 이익을 실제로 포기하였다는 등의 특별한 사정이 없는 한 양 채권이 상계할 수 있는 상태에 있었다고 할 수 없다. 그러므로 그 이후에 임대인이 이미 소멸시효가 완성된 차임채권을 자동채권으로 삼아 임대차보증금 반환채무와 상계하는 것은 민법 제495조에 의하더라도 인정될 수 없다"(대판 2016.11.25. 2016다211309).

※ 임대차 존속 중 시효완성된 차임채권을 임대차보증금에서 '공제' 할 수 있는지 여부(적극)

"임대차보증금은 차임의 미지급, 목적물의 멸실이나 훼손 등 임대차 관계에서 발생할 수 있는 임차인의 모든 채무를 담보하는 것이므로, 차임의 지급이 연체되면 장차 임대차 관계가 종료되었을 때 임대차보증금으로 충당될 것으로 생각하는 것이 당사자의 일반적인 의사이다. 이는 차임채권의 변제기가 따로 정해져 있어 임대차 존속 중 소멸시효가 진행되고 있는데도 임대인이 임대차보증금에서 연체차임을 충당하여 공제하겠다는 의사표시를 하지 않고 있었던 경우에도 마찬가지이다. 더욱이 임대차보증금의 액수가 차임에 비해 상당히 큰 금액인 경우가 많은 우리 사회의 실정에 비추어 보면, 차임 지급채무가 상당기간 연체되고 있음에도, 임대인이 임대차계약을 해지하지 아니하고 임차인도 연체차임에 대한 담보가 충분하다는 것에 의지하여 임대차관계를 지속하는 경우에는, 임대인과 임차인 모두 차임채권이 소멸시효와 상관없이 임대차보증금에 의하여 담보되는 것으로 신뢰하고, 나아가 장차 임대차보증금에서 충당 공제되는 것을 용인하겠다는 묵시적 의사를 가지고 있는 것이 일반적이다. 따라서 임대차 존속 중 차임이 연체되고 있음에도 임대차보증금에서 연체차임을 충당하지 않고 있었던 임대인의 신뢰와 차임연체 상태에서 임대차관계를 지속해 온 임차인의 묵시적 의사를 감안하면 연체차임은 민법 제495조의 유추적용에 의하여 임대차보증금에서 공제할 수는 있다"(대판 2016.11.25. 2016다211309).

③ [○] ※ 매도인이나 수급인의 담보책임을 기초로 한 손해배상채권의 제척기간이 지났으나, 제척기간이 지나기 전 상대방의 채권과 상계할 수 있었던 경우, 매수인이나 도급인이 민법 제495조를 유추적용해서 위 손해배상채권을 자동채권으로 해서 상대방의 채권과 상계할 수 있는지 여부(적극)

"민법 제495조는 '소멸시효가 완성된 채권이 그 완성 전에 상계할 수 있었던 것이면 그 채권자는 상계할 수 있다.' 라고 정하고 있다. 이는 당사자 쌍방의 채권이 상계적상에 있었던 경우에 당사자들은 채권·채무관계가 이미 정산되어 소멸하였거나 추후에 정산될 것이라고 생각하는 것이 일반적이라는 점을 고려하여 당사자들의 신뢰를 보호하기 위한 것이다. 매도인이나 수급인의 담보책임을 기초로 한 매수인이나 도급인의 손해배상채권의 제척기간이 지난 경우에도 민법 제495조를 유추적용해서 매수인이나 도급인이 상대방의 채권과 상계할 수 있는지 문제된다.

매도인의 담보책임을 기초로 한 매수인의 손해배상채권 또는 수급인의 담보책임을 기초로 한 도급인의 손해배상채권이 각각 상대방의 채권과 상계적상에 있는 경우에 당사자들은 채권·채무관계가 이미 정산되었거나 정산될 것으로 기대하는 것이 일반적이므로, 그 신뢰를 보호할 필요가 있다. 이러한 손해배상채권의 제척기간이 지난 경우에도 그 기간이 지나기 전에 상대방에 대한 채권·채무관계의 정산 소멸에 대한 신뢰를 보호할 필요성이 있다는 점은 소멸시효가 완성된 채권의 경우와 아무런 차이가 없다.

따라서 매도인이나 수급인의 담보책임을 기초로 한 손해배상채권의 제척기간이 지난 경우에도 제척기간이 지나기 전 상대방의 채권과 상계할 수 있었던 경우에는 매수인이나 도급인은 민법 제495조를 유추적용해서 위 손해배상채권을 자동채권으로 해서 상대방의 채권과 상계할 수 있다고 봄이 타당하다"(대판 2019.3.14. 2018다255648)

④ [X] ※ 임대차 존속 중 임대인의 구상금채권 소멸시효가 완성된 경우, 임대인이 이미 소멸시효가 완성된 구상금채권을 자동채권으로 삼아 임차인의 유익비상환채권과 상계할 수 있는지 여부(소극)

"민법 제495조는 "소멸시효가 완성된 채권이 그 완성 전에 상계할 수 있었던 것이면 그 채권자는 상계할 수 있다."라고 규정하고 있다. 이는 당사자 쌍방의 채권이 상계적상에 있었던 경우에 당사자들은 그 채권·채무관계가 이미 정산되어 소멸하였다고 생각하는 것이 일반적이라는 점을 고려하여 당사자들의 신뢰를 보호하기 위한 것이다. 다만 이는 '자동채권의 소멸시효 완성 전에 양 채권이 상계적상에 이르렀을 것'을 요건으로 한다.

민법 제626조 제2항은 임차인이 유익비를 지출한 경우에는 임대인은 임대차 종료 시에 그 가액의 증가가 현존한 때에 한하여 임차인의 지출한 금액이나 그 증가액을 상환하여야 한다고 규정하고 있으므로, 임차인의 유익비상환채권은 임대차계약이 종료한 때에 비로소 발생한다고 보아야 한다. 따라서 임대차 존속 중 임대인의 구상금채권(임차인이 세금을 납부하기로 약정하였으나 이를 이행하지 않아 임대인이 직접 납부하여 발생한 채권 : 저자 주)의 소멸시효가 완성된 경우에는 위 구상금채권과 임차인의 유익비상환채권이 상계할 수 있는 상태에 있었다고 할 수 없으므로, 그 이후에 임대인이 이미 소멸시효가 완성된 구상금채권을 자동채권으로 삼아 임차인의 유익비상환채권과 상계하는 것은 민법 제495조에 의하더라도 인정될 수 없다"(대판 2021.2.10. 2017다258787)

☞ 임차보증금에는 연체차임에 대한 담보적 기능이 인정되므로 제495조의 유추적용이 인정되지만(대판 2016.11.25. 2016다211309), 유익비상환청구권에는 그러한 담보적 기능이 인정되지 않으므로 제495조를 유추적용하지 않은 것으로 보인다.

[정답] ④

문 15 시효의 중단에 관한 설명 중 옳은 것을 모두 고른 것은? (다툼이 있는 경우 판례에 의함)

[기출변형]

> ㄱ. 소장에서 청구의 대상으로 삼은 금전채권 중 일부만을 청구하면서 소송의 진행경과에 따라 나머지 부분에 대하여 장차 청구금액을 확장할 뜻을 표시하였으나 당해 소송이 종료될 때까지 실제로 청구금액을 확장하지 않은 경우, 나머지 부분에 대하여는 재판상 청구로 인한 시효중단의 효력이 발생하지는 않지만 특별한 사정이 없는 한 소송이 계속 중인 동안에는 최고에 의한 권리행사가 지속되는 것으로 볼 수 있다.
>
> ㄴ. 점유로 인한 부동산소유권의 시효취득에 있어 취득시효기간의 완성 전에 부동산에 압류 또는 가압류 조치가 이루어졌다고 하더라도 이는 취득시효의 중단사유가 될 수 없다.
>
> ㄷ. 확정판결에 의한 채권의 소멸시효기간인 10년의 경과가 임박한 경우에 그 시효중단을 위한 소는 소의 이익이 있다.
>
> ㄹ. 어느 연대채무자가 채무를 승인함으로써 그에 대한 시효가 중단되면 그로 인하여 다른 연대채무자에게도 시효중단의 효력이 발생한다.

① ㄱ, ㄴ
② ㄴ, ㄷ
③ ㄷ, ㄹ
④ ㄱ, ㄴ, ㄷ

[해설] ㄱ. [○] "소장에서 청구의 대상으로 삼은 채권 중 일부만을 청구하면서 소송의 진행경과에 따라 장차 청구금액을 확장할 뜻을 표시하였으나 당해 소송이 종료될 때까지 실제로 청구금액을 확장하지 않은 경우에는 소송의 경과에 비추어 볼 때 채권 전부에 관하여 판결을 구한 것으로 볼 수 없으므로, 나머지 부분에 대하여는 재판상 청구로 인한 시효중단의 효력이 발생하지 아니한다. 그러나 이와 같은 경우에도 소를 제기하면서 장차 청구금액을 확장할 뜻을 표시한 채권자로서는 장래에 나머지 부분을 청구할 의사를 가지고 있는 것이 일반적이라고 할 것이므로, 다른 특별한 사정이 없는 한 당해 소송이 계속 중인 동안에는 나머지 부분에 대하여 권리를 행사하겠다는 의사가 표명되어 '최고'에 의해 권리를 행사하고 있는 상태가 지속되고 있는 것으로 보아야 하고, 채권자는 당해 소송이 종료된 때부터 6월 내에 민법 제174조에서 정한 조치를 취함으로써 나머지 부분에 대한 소멸시효를 중단시킬 수 있다"(대판 2020.2.6. 2019다223723)

[쟁점정리] ※ 일부청구와 시효중단
① 일부의 청구(특히 일부를 특정하고 일부청구임을 명시하여 청구한 경우)는 나머지 부분에 대한 시효중단의 효력이 없다는 것이 判例의 기본적인 입장이다(대판 1967.5.23. 67다529). 그러나 비록 일부만을 청구한 경우에도 그 취지로 보아 채권 전부에 관하여 판결을 구하는 것으로 해석되는 경우에는 그 전부에 대해 시효중단의 효력이 발생한다(대판 1992.4.10. 91다43695)
② 소장에서 청구의 대상으로 삼은 채권 중 일부만을 청구하면서 소송의 진행경과에 따라 장차 청구금액을 확장할 뜻을 표시하였으나 당해 소송이 종료될 때까지 실제로 청구금액을 확장하지 않은 경우, 나머지 부분에 대하여는 재판상 청구로 인한 시효중단의 효력이 발생하지 아니한다. 그러나 채권자는 '당해 소송이 종료된 때'부터 6월 내에 민법 제174조에서 정한 조치를 취함으로써 나머지 부분에 대한 소멸시효를 중단시킬 수 있다(대판 2020.2.6. 2019다223723)

ㄴ. [○] "민법 제168조 제2호에서 정하는 '압류 또는 가압류'는 금전채권의 강제집행을 위한 수단이거나 그 보전수단에 불과하여 취득시효기간의 완성 전에 부동산에 압류 또는 가압류 조치가 이루어졌다고 하더라도 이로써 종래의 점유상태의 계속이 파괴되었다고는 할 수 없으므로 이는 취득시효의 중단사유가 될 수 없다"(대판 2019.4.3. 2018다296878).

ㄷ. [○] "확정된 승소판결에는 기판력이 있으므로 승소 확정판결을 받은 당사자가 전소의 상대방을 상대로 다시 승소 확정판결의 전소(전소)와 동일한 청구의 소를 제기하는 경우, 특별한 사정이 없는 한 후소(후소)는 권리보호의 이익이 없어 부적법하다. 하지만 예외적으로 확정판결에 의한 채권의 소멸시효기간인 10년의 경과가 임박한 경우에는 그 시효중단을 위한 소는 소의 이익이 있다"(대판 2019.1.17. 2018다24349)

ㄹ. [×] "민법 제416조는 어느 연대채무자에 대한 이행청구는 다른 연대채무자에게도 효력이 있다고 규정하고 있을 뿐이고 채무승인은 이행청구에는 해당하지 않기 때문에, 어느 연대채무자가 채무를 승인함으로써 그에 대한 시효가 중단되었더라도 그로 인하여 다른 연대채무자에게도 시효중단의 효력이 발생하는 것은 아니다"(대판 2018.10.25. 2018다234177)

비교판례 채권자가 연대채무자 1인의 소유 부동산에 대하여 경매신청을 한 경우에 이는 최고로서의 효력이 있다. 한편 이 최고는 다른 연대채무자에게도 효력이 있으므로(제416조), 채권자가 6개월 내에 '다른 연대채무자'를 상대로 재판상 청구 등을 한 때에는 그 '다른 연대채무자'에 대한 채권의 소멸시효가 중단되지만, 이로 인하여 중단된 시효는 위 경매절차가 종료된 때가 아니라 재판이 확정된 때부터 새로 진행된다. 그리고 연대채무자 1인의 소유 부동산이 경매개시결정에 따라 압류된 경우, '다른 연대채무자'에게는 시효중단의 효력이 없다(제169조 참조)(대판 2001.8.21. 2001다22840).

[정답] ④

문16 소멸시효에 관한 설명 중 옳지 않은 것은? (다툼이 있는 경우에는 판례에 의함) [기출변형]

① 부동산 매수인이 매도인으로부터 부동산을 인도받아 사용·수익하다가 이를 타인에게 처분하고 그 점유를 승계하여 준 경우에도 위 부동산 매수인의 매도인에 대한 소유권이전등기청구권에 관한 소멸시효는 진행되지 않는다.

② 채권양도의 대항요건이 구비되지 않은 상태에서 양수인이 채무자를 상대로 재판상 청구를 한 경우, 소멸시효는 중단된다.

③ 수급인인 건설회사의 도급인에 대한 공사대금채권은 상거래에 관한 것으로 5년의 단기소멸시효에 걸린다.

④ 사해행위취소소송에서 수익자는 취소채권자의 피보전채권에 대하여 시효소멸을 주장할 수 있다.

해설 ① [○] "부동산의 매수인이 그 부동산을 인도받은 이상 이를 사용·수익하다가 그 부동산에 대한 보다 적극적인 권리행사의 일환으로 다른 사람에게 그 부동산을 처분하고 그 점유를 승계하여 준 경우에도 그 이전등기청구권의 행사 여부에 관하여 그가 그 부동산을 스스로 계속 사용·수익만 하고 있는 경우와 특별히 다를 바 없으므로 위 두 어느 경우에나 이전등기청구권의 소멸시효는 진행되지 않는다고 보아야 한다"(대판 1999.3.18, 전합98다32175).

비교판례 점유취득시효 완성에 의한 소유권이전등기청구권의 소멸시효

점유취득시효완성에 의한 등기청구권(제245조 1항) 역시 채권적 청구권으로 보는 것이 통설적인 입장이나 앞서 검토한 전합98다32175判例의 취지와는 달리 "토지에 대한 취득시효 완성으로 인한 소유권이전등기청구권은 그 토지에 대한 점유가 계속되는 한 시효로 소멸하지 아니하고, 그 후 점유를 상실하였다고 하더라도 이를 시효이익의 포기로 볼 수 있는 경우가 아닌 한 이미 취득한 소유권이전등기청구권은 바로 소멸되는 것은 아니나, 그 점유자가 점유를 상실한 때로부터 10년간 등기청구권을 행사하지 아니하면 소멸시효가 완성한다"(대판 1996.3.8, 95다34866)고 보아 점유취득시효 완성자가 부동산의 점유를 이전한 경우 그 자의 등기청구권은 점유상실시로부터 소멸시효가 진행된다고 보고 있다. 즉 전합98다32175判例에서 위 판결을 폐기하지 않아 점유취득시효에 관한 위 判例는 여전히 유지되고 있다.

② [○] 채권양도의 대항요건을 갖추지 못한 상태에서 '채권양수인'이 채무자를 상대로 소를 제기한 경우
"채권양도에 의하여 채권은 그 동일성을 잃지 않고 양도인으로부터 양수인에게 이전되며, 이러한 법리는 채권양도의 대항요건을 갖추지 못하였다고 하더라도 마찬가지인 점 등에서 비록 '대항요건을 갖추지 못하여' 채무자에게 대항하지 못한다고 하더라도 '채권의 양수인'이 채무자를 상대로 재판상의 청구를 하였다면 이는 소멸시효 중단사유인 재판상의 청구에 해당한다"(대판 2005.11.10, 2005다41818).

비교판례 채권양도의 대항요건을 갖추지 못한 상태에서 '양도인'이 채무자를 상대로 소를 제기한 경우
이 경우 시효중단이 되는데 "그 소송 중에 채무자가 채권양도의 효력을 인정하는 등의 사정으로 인하여 채권양도인의 청구가 기각된 경우 시효중단의 효력이 없어지나, 이 경우에도 채권양수인이 그로부터 6월 내에 채무자를 상대로 재판상의 청구 등을 하면 채권양도인이 최초의 재판상 청구를 한 때부터 시효가 중단된다"(제169조, 제170조 2항 ; 대판 2009.2.12, 2008두20109).

③ [X] **제64조(상사시효)** 「상행위로 인한 채권은 본법에 다른 규정이 없는 때에는 5년간 행사하지 아니하면 소멸시효가 완성한다. 그러나 다른 법령에 이보다 단기의 시효의 규정이 있는 때에는 그 규정에 의한다.」

제163조(3년의 단기소멸시효) 「다음 각호의 채권은 3년간 행사하지 아니하면 소멸시효가 완성한다. 3. 도급받은 자, 기사 기타 공사의 설계 또는 감독에 종사하는 자의 공사에 관한 채권」

☞ 도급받은 자 등의 공사에 관한 채권(제163조 3호)은 수급인이 도급인에 대하여 갖는 공사에 관한 채권을 말하는 것으로(대판 1963.4.18. 63다92), 상거래에 관한 것이더라도 상법 제64조 단서에 의해 민법 제163조 3호의 3년의 단기소멸시효에 걸린다.

비교판례 반면 도급인이 수급인에 대해 갖는 권리(하자보수에 갈음하는 손해배상채권 등)는 이에 해당하지 않는다. 예를 들어 "건설공사에 관한 도급계약이 상행위에 해당하는 경우 그 도급계약에 기한 수급인의 하자담보책임은 상법 제64조 본문에 의하여 원칙적으로 5년의 소멸시효에 걸리는 것으로 보아야 한다"(대판 2011.12.8. 2009다25111).

④ [○] 判例는 소멸시효의 완성을 원용할 수 있는 자는 권리의 소멸에 의하여 직접 이익을 받는 자에 한정된다고 하는바(대판 1995.7.11, 95다12446), 사해행위취소소송의 상대방이 된 '사해행위의 수익자'는, 사해행위가 취소되면 사해행위에 의해 얻은 이익을 상실하고 사해행위취소권을 행사

하는 채권자의 채권이 소멸하면 그와 같은 이익의 상실을 면하는 지위에 있으므로, 그 채권의 소멸에 의해 직접 이익을 받는 자에 해당한다고 한다(대판 2007.11.29, 2007다54849).

[비교판례] '채권자대위권의 행사에서 제3채무자'는 채무자가 채권자에 대하여 가지는 항변(예를 들어 피보전채권의 소멸시효가 완성되었다는 항변)으로 대항할 수 없을 뿐더러 시효이익을 직접 받는 자에도 해당하지 않는다는 이유로 채권자의 채권이 시효로 소멸하였다고 주장할 수 없다(대판 1998.12.8, 97다31472). 다만 채무자가 이미 소멸시효를 원용한 경우에는 피보전채권이 소멸하게 되므로 제3채무자가 그 '효과'를 원용하여 피보전채권의 부존재를 주장하는 것은 허용된다(대판 2008.1.31, 2007다64471).

[정답] ③

문 17 소멸시효와 관련한 다음 설명 중 옳은 것은? (다툼이 있는 경우 판례에 의함)　　[기출변형]

① 소송고지의 요건이 갖추어진 경우에 그 소송고지서에 고지자가 피고지자에 대하여 채무의 이행을 청구하는 의사가 표명되어 있으면 제174조 소정의 최고로서의 효력이 인정되는바, 당사자가 소송고지서를 법원에 제출한 때에 시효중단의 효력이 발생한다. 아울러 당해 소송이 계속 중인 동안은 최고에 의하여 권리를 행사하고 있는 상태가 지속되고 있는 것으로서, 민법 제174조에 규정된 6개월의 기간은 소송고지서를 제출한 때로부터 기산하여야 한다.

② 유체동산에 대한 가압류결정을 받았으나 집행절차에 착수하지 않은 경우에는 가압류에 의한 시효중단의 효력이 없으므로 임차인 甲이 임대인 乙에 대하여 임대차계약기간 만료일로부터 10년이 경과한 시점에 임대차보증금반환을 구하는 소를 제기한 경우, 乙의 甲에 대한 임대차보증금반환채무는 시효로 소멸하였고 甲이 乙소유의 '유체동산'에 대한 가압류결정을 받은 사실만으로는 가압류 집행보전의 효력이 존속하지 않는 한 시효가 중단되지 않는다.

③ A는 1992년 B로부터 5천만원을 차용하면서 그 담보로 A 소유 부동산에 대해 B 앞으로 제1근저당권을 설정해 주었다. 그 후 (이 채권의 소멸시효기간 10년이 지난 때인) 2004년에 A는 위 차용금채무의 이자를 3천만 원으로 확정하고, 이를 담보하기 위해 위 부동산에 대해 B 앞으로 제2근저당권을 설정해 주었다. 2013년에 C는 A로부터 위 부동산을 매수하여 소유권을 취득한 후, B를 상대로 근저당권의 피담보채권이 소멸시효로 인해 소멸하였다는 것을 이유로 제1, 제2근저당권의 말소를 청구할 수 있다.

④ 상계항변이 먼저 이루어지고 그 후 대여금채권의 소멸을 주장하는 소멸시효항변이 있는 경우, 상계항변 당시 채무자에게 수동채권인 대여금채권의 시효이익 포기로서 승인이 있었다고 할 수 있다.

해설 ① **[X]** ※ 시효중단사유로서의 소송고지

소송고지는 소송 계속 중에 그 소송에 참가할 이해관계가 있는 제3자에 대해 소송계속 사실을 통지하는 것으로서, 재판은 피고지자에게도 그 효력이 미친다(민사소송법 제84조 내지 제86조, 제77조). 한편 채권자대위권을 재판상 행사하는 경우에는 소송고지를 하여야 할 의무가 있기도 하다(제405조).

최고로서 소송고지와 관련하여 判例는 "소송고지의 요건이 갖추어진 경우에 그 소송고지서에 고지자가 피고지자에 대하여 채무의 이행을 청구하는 의사가 표명되어 있으면 제174조 소정의 최고로서의 효력이 인정된다. 그런데 소송고지를 한 경우 피고지자에게 후일 고지자와의 소송에서 전소 확정판결에서의 결론의 기초가 된 사실상·법률상의 판단에 반하는 것을 주장할 수 없게 되는, 참가적 효력이라는 소송법상의 효력까지 발생하는 점에 비추어, 고지자로서는 소송고지를 통하여 당해 소송의 결과에 따라 피고지자에게 권리를 행사하겠다는 취지의 의사를 표명한 것으로 볼 수 있다. ⓛ 소송고지에 의한 최고는 보통의 최고와는 달리 법원의 행위를 통하여 이루어지는 것이므로, 만일 법원이 소송고지서의 송달사무를 우연한 사정으로 지체하는 바람에 소송고지서의 송달 전에 시효가 완성된다면 고지자가 예상치 못한 불이익을 입게 되는 점을 고려하면, 민사소송법 제265조를 유추적용하여 당사자가 소송고지서를 법원에 제출한 때에 시효중단의 효력이 발생한다. ⓒ 당해 소송이 계속 중인 동안은 최고에 의하여 권리를 행사하고 있는 상태가 지속되고 있는 것으로서, 민법 제174조에 규정된 6개월의 기간은 당해 소송이 종료된 때로부터 기산하여야 한다"(즉, 소송고지서를 제출한 때가 아니라, 그 재판이 확정된 때로부터 6개월 내에 재판상 청구 등을 하면 시효중단의 효력이 유지된다)고 판시하고 있다(대판 2015.5.14. 2014다16494)고 판시하고 있다.

② **[○]** ※ (유체동산에 대한) 가압류 집행절차에 착수하지 않은 경우 시효중단 효력 여부(소극)

"민법 제168조에서 가압류를 시효중단사유로 정하고 있는 것은 가압류에 의하여 채권자가 권리를 행사하였다고 할 수 있기 때문인데 가압류에 의한 집행보전의 효력이 존속하는 동안은 가압류채권자에 의한 권리행사가 계속되고 있다고 보아야 할 것이므로 가압류에 의한 시효중단의 효력은 가압류 집행보전의 효력이 존속하는 동안은 계속된다. 따라서 유체동산에 대한 가압류결정을 '집행'한 경우 가압류에 의한 시효중단 효력은 가압류 집행보전의 효력이 존속하는 동안 계속된다. 그러나 유체동산에 대한 가압류 집행절차에 착수하지 않은 경우에는 시효중단 효력이 없고(필자주 : 유체동산에 대한 집행착수시기는 집행관이 압수·수색에 나가는 경우이며, 부동산에 대한 집행착수시기는 가압류명령의 등기부기입을 등기관에게 촉탁하여 집행할 때이다)집행절차를 개시하였으나(필자주 : 집행착수가 있음을 의미) 가압류할 동산이 없기 때문에 집행불능이 된 경우에는 '집행절차가 종료된 때'로부터 시효가 새로이 진행된다"(대판 2011.5.13, 2011다10044).

[참고] 가압류집행절차는 ⅰ) 가압류신청(집행신청) → ⅱ) 가압류결정(집행개시) → ⅲ) 가압류 착수(집행착수 또는 집행절차개시)이다.

쟁점정리 ※ 가압류 등이 집행될 것

소멸시효는 압류, 가압류 또는 가처분으로 인하여 중단되는바(제168조 2호), 이러한 가압류 등은 **집행되면** 그 **'집행을 신청한 때'**에 소급하여 시효중단의 효력이 발생한다(통설). 가압류 등으로 시효가 중단되기 위해서는 ⅰ) 가압류 등이 집행될 것, ⅱ) 유효할 것, ⅲ) 취소되지 않을 것, ⅳ) 시효이익을 받을 자에게 할 것을 요한다.

집행의 신청이 있었어도 채무자의 주소불명 등으로 '집행에 착수하지 못한 때'에는 시효중단의 효과가 소급적으로 소멸된다(대판 2010.10.14, 2010다53273). 그리고, '집행에 착수한 이상'(압류할 물건 등이 없어서) 집행불능상태가 된 경우에도 집행을 신청한 때 시효중단의 효력은 인정된다(대판 2001.7.27, 2001두3365). 또한 이 경우에는 '집행절차가 종료된 때'부터 시효가 새로이 진행된다(대판 2011.5.13, 2011다10044 ; 이와 비교하여 실제로 집행이 된 경우는 가압류집행보전의 효력이 존속하는 동안은 시효중단의 효력이 계속된다(대판 2000.4.25, 2000다11102 등)].

③ [×] ※ 시효이익 포기의 상대적 효력의 제한법리

"소멸시효 이익의 포기는 상대적 효과가 있을 뿐이어서 다른 사람에게는 영향을 미치지 아니함이 원칙이나, 소멸시효 이익의 포기 당시에는 권리의 소멸에 의하여 직접 이익을 받을 수 있는 이해관계를 맺은 적이 없다가 나중에 시효이익을 이미 포기한 자와의 법률관계를 통하여 비로소 시효이익을 원용할 이해관계를 형성한 자는 이미 이루어진 시효이익 포기의 효력을 부정할 수 없다. 왜냐하면, 시효이익의 포기에 대하여 상대적인 효과만을 부여하는 이유는 포기 당시에 시효이익을 원용할 다수의 이해관계인이 존재하는 경우 그들의 의사와는 무관하게 채무자 등 어느 일방의 포기 의사만으로 시효이익을 원용할 권리를 박탈당하게 되는 부당한 결과의 발생을 막으려는 데 있는 것이지, 시효이익을 이미 포기한 자와의 법률관계를 통하여 비로소 시효이익을 원용할 이해관계를 형성한 자에게 이미 이루어진 시효이익 포기의 효력을 부정할 수 있게 하여 시효완성을 둘러싼 법률관계를 사후에 불안정하게 만들자는 데 있는 것은 아니기 때문이다"(대판 2015.6.11. 2015다 200227).

사실관계 A는 1992년 B로부터 5천만원을 차용하면서 그 담보로 A 소유 부동산에 대해 B 앞으로 제1근저당권을 설정해 주었다. 그 후 (이 채권의 소멸시효기간 10년이 지난 때인) 2004년에 A는 위 차용금채무의 이자를 3천만 원으로 확정하고, 이를 담보하기 위해 위 부동산에 대해 B 앞으로 제2근저당권을 설정해 주었다. 2013년에 C는 A로부터 위 부동산을 매수하여 소유권을 취득한 후, B를 상대로 근저당권의 피담보채권이 소멸시효로 인해 소멸하였다는 것을 이유로 제1, 제2근저당권의 말소를 청구한 것이다. 이에 대해 대법원은 A가 B 앞으로 제2근저당권을 설정해 준 것은 소멸시효의 이익을 포기한 것으로 볼 수 있는데, 이 효력은 C에게도 미쳐 C는 독자적으로 소멸시효를 주장할 수 없는 것으로 보았다.

④ [×] ※ 소멸시효이익의 포기

"㉠ 소멸시효 중단사유로서의 채무승인은 시효이익을 받는 당사자인 채무자가 소멸시효의 완성으로 채권을 상실하게 될 자에 대하여 상대방의 권리 또는 자신의 채무가 있음을 알고 있다는 뜻을 표시함으로써 성립하는 이른바 관념의 통지로 여기에 어떠한 효과의사가 필요하지 않다. 이에 반하여 시효완성 후 시효이익의 포기가 인정되려면 시효이익을 받는 채무자가 시효의 완성으로 인한 법적인 이익을 받지 않겠다는 효과의사가 필요하기 때문에 시효완성 후 소멸시효 중단사유에 해당하는 채무의 승인이 있었다 하더라도 그것만으로는 곧바로 소멸시효 이익의 포기라는 의사표시가 있었다고 단정할 수 없다. ㉡ 소송에서의 상계항변은 일반적으로 소송상의 공격방어방법으로 피고의 금전지급의무가 인정되는 경우 자동채권으로 상계를 한다는 예비적 항변의 성격을 갖는다. 따라서 상계항변이 먼저 이루어지고 그 후 대여금채권의 소멸을 주장하는 소멸시효항변이 있었던 경우에, 상계항변 당시 채무자인 피고에게 수동채권인 대여금채권의 시효이익을 포기하려는 효과의사가 있었다고 단정할 수 없다. 그리고 항소심 재판이 속심적 구조인 점을 고려하면 제1심에서 공격방어방법으로 상계항변이 먼저 이루어지고 그 후 항소심에서 소멸시효항변이 이루어진 경우를 달리 볼 것은 아니다"(대판 2013.2.28. 2011다21556).

[정답] ②

문 18 채권자대위권과 소멸시효와 관련한 다음 설명 중 틀린 것은?　　　　　　　　　[기출변형]

① 채권자 丙이 제3채무자 乙에게 채권자대위권에 기해 청구를 하다가 피대위채권 자체를 채무자 甲으로부터 양수받아 양수금청구로 소를 변경한 경우, 대위권행사에 의한 시효중단은 이로 인하여 소멸하지 않는다.

② 甲이 乙로부터 금원을 차용하면서 그 담보를 위하여 乙에게 A토지에 관한 소유권이전청구권 보전을 위한 가등기를 경료하여 준 후, 甲이 丙에게 A토지를 매도하여 그 소유권이전등기를 경료하여 주었는데, 그 후 위 가등기로 담보된 위 채권이 시효소멸하였다면, 丙은 甲을 대위하지 않고서는 乙에 대하여 위 채권의 시효소멸을 주장할 수 없다.

③ 물상보증인은 피담보채권에 대한 소멸시효의 완성을 주장할 수 있고, 물상보증인의 채권자도 물상보증인을 대위하여 피담보채권의 시효소멸을 주장할 수 있다.

④ 소멸시효가 완성된 채무를 피담보채무로 하는 근저당권이 실행되어 채무자 소유의 부동산이 경락되고 대금이 배당되어 채무의 일부 변제에 충당될 때까지 채무자가 이의를 제기하지 아니한 경우 채무자가 시효의 이익을 묵시적으로 포기한 것으로 볼 수 있기는 하다. 그러나 다만 이때 채무자의 다른 채권자가 이의를 제기하고 채무자를 대위하여 소멸시효 완성의 주장을 원용하는 경우에는 시효의 이익을 묵시적으로 포기한 것으로 볼 수 없다.

해설 ① [○] 원고가 채권자대위권에 기해 청구를 하다가 당해 피대위채권 자체를 양수하여 양수금청구로 소를 변경한 사안에서, "이는 청구원인의 교환적 변경으로서 채권자대위권에 기한 구 청구는 취하된 것으로 보아야 하나, 그 채권자대위소송의 소송물은 채무자의 제3채무자에 대한 계약금반환청구권인데 위 양수금청구는 원고가 위 계약금반환청구권 자체를 양수하였다는 것이어서 양 청구는 동일한 소송물에 관한 권리의무의 특정승계가 있을 뿐 그 소송물은 동일한 점, 시효중단의 효력은 특정승계인에게도 미치는 점, 계속 중인 소송에 소송목적인 권리 또는 의무의 전부나 일부를 승계한 특정승계인이 소송참가하거나 소송인수한 경우에는 소송이 법원에 처음 계속된 때에 소급하여 시효중단의 효력이 생기는 점, 원고는 위 계약금반환채권을 채권자대위권에 기해 행사하다 다시 이를 양수받아 직접 행사한 것이어서 위 계약금반환채권과 관련하여 원고를 '권리 위에 잠자는 자'로 볼 수 없는 점 등에 비추어 볼 때, 당초의 채권자대위소송으로 인한 시효중단의 효력이 소멸하지 않는다"(대판 2010.6.24. 2010다17284)

② [×] "소멸시효를 원용할 수 있는 사람은 권리의 소멸에 의하여 직접 이익을 받는 사람에 한정되는바, 채권담보의 목적으로 매매예약의 형식을 빌어 소유권이전청구권 보전을 위한 가등기가 경료된 부동산을 양수하여 소유권이전등기를 마친 제3자는 당해 가등기담보권의 피담보채권의 소멸에 의하여 직접 이익을 받는 자이므로, 그 가등기담보권에 의하여 담보된 채권의 채무자가 아니더라도 그 피담보채권에 관한 소멸시효를 원용할 수 있고, 이와 같은 직접수익자의 소멸시효 원용권은 채무자의 소멸시효 원용권에 기초한 것이 아닌 독자적인 것으로서 채무자를 대위하여서만 시효이익을 원용할 수 있는 것은 아니며, 가사 채무자가 이미 그 가등기에 기한 본등기를 경료하여 시효이익을 포기한 것으로 볼 수 있다고 하더라도 그 시효이익의 포기는 상대적 효과가 있음에 지나지 아니하므로

채무자 이외의 이해관계자에 해당하는 담보 부동산의 양수인으로서는 여전히 독자적으로 소멸시효를 원용할 수 있다"(대판 1995.7.11. 95다12446)

③ [○] "타인의 채무를 담보하기 위하여 자기의 물건에 담보권을 설정한 물상보증인은 채권자에 대하여 물적 유한책임을 지고 있어 그 피담보채권의 소멸에 의하여 직접 이익을 받는 관계에 있으므로 소멸시효의 완성을 주장할 수 있고(대판 2004.1.16. 2003다30890), 소멸시효 이익의 포기는 상대적 효과가 있을 뿐이어서 채무자가 시효이익을 포기하더라도 물상보증인에게는 효력이 없다. 소외인이 자신의 부동산에 피고의 피고보조참가인에 대한 채권을 피담보채권으로 하는 근저당권을 피고에게 설정해 주었는데, 위 피담보채권이 그 성립일로부터 10년을 경과하여 소멸시효가 완성된 이후인 2017. 6. 5. 채무자인 피고보조참가인이 일부 변제를 약정함으로써 소멸시효의 이익을 포기하였으나, 물상보증인은 독자적으로 소멸시효 완성을 주장할 수 있으므로 원고는 물상보증인인 소외인의 채권자로서 소외인을 대위하여 피담보채권의 시효소멸을 주장할 수 있다"(대판 2018.11.9. 2018다38782)

관련판례 '채무자에 대한 일반채권자'는 자기의 채권을 보전하기 위하여 필요한 한도 내에서 채무자를 대위하여 소멸시효 주장을 할 수 있을 뿐 채권자의 지위에서 독자적으로 (다른 채권자의 채무자에 대한 채권에 대해) 소멸시효의 완성을 주장 할 수 없다고 한다(대판 1997.12.26. 97다22676)

④ [○] 채무자가 소멸시효 완성 후 채무를 일부 변제한 때에는 액수에 관하여 다툼이 없는 한 채무 전체를 묵시적으로 승인한 것으로 보아야 하고, 이 경우 시효완성의 사실을 알고 이익을 포기한 것으로 추정되므로, 소멸시효가 완성된 채무를 피담보채무로 하는 근저당권이 실행되어 채무자 소유의 부동산이 경락되고 대금이 배당되어 채무의 일부 변제에 충당될 때까지 채무자가 아무런 이의를 제기하지 아니하였다면, 경매절차의 진행을 채무자가 알지 못하였다는 등 다른 특별한 사정이 없는 한, 채무자는 시효완성의 사실을 알고 채무를 묵시적으로 승인하여 시효의 이익을 포기한 것으로 볼 수 있기는 하다. 그러나 소멸시효가 완성된 경우 채무자에 대한 일반채권자는 채권자의 지위에서 독자적으로 소멸시효의 주장을 할 수는 없지만 자기의 채권을 보전하기 위하여 필요한 한도 내에서 채무자를 대위하여 소멸시효 주장을 할 수 있으므로 채무자가 배당절차에서 이의를 제기하지 아니하였다고 하더라도 채무자의 다른 채권자가 이의를 제기하고 채무자를 대위하여 소멸시효 완성의 주장을 원용하였다면, 시효의 이익을 묵시적으로 포기한 것으로 볼 수 없다"(대판 2017.7.11. 2014다32458)

[정답] ②

문 19 소멸시효에 관한 다음 설명 중 틀린 것은? [기출변형]

① 1992년 11월에 시효가 완성되는 甲의 乙에 대한 채권에 대해 甲의 최후통첩(최고)
이 1992년 7월에 있었으나, 채무를 이행하지 않자 1992년 12월 甲이 乙에 대해 재
판상 청구를 하였다. 그러나 당해 소가 '각하' 되자, 1993년 3월 적법요건을 갖추어
다시 재판상 청구를 한 경우 이미 甲의 乙에 대한 채권은 소멸시효가 완성되었다.

② 이행인수인이 채권자에 대하여 채무자의 채무를 승인하더라도 다른 특별한 사정이
없는 한 위 채무의 시효중단 사유가 되는 채무승인의 효력은 발생하지 않는다.

③ 본래의 채권이 시효로 소멸한 때에는 손해배상채권도 함께 소멸한다.

④ 부진정연대채무에서 채무자 1인에 관한 소멸시효의 중단사유는 다른 부진정연대채
무자에게 효력을 미치나 시효이익의 포기는 다른 부진정연대채무자에게 효력을 미
치지 않는다.

해설 ① [O] "㉠ 민법 제168조 제1호, 제170조 제1항에서 시효중단 사유의 하나로 규정하고 있는 재판
상의 청구는, 권리자가 시효를 주장하는 자를 상대로 소로써 권리를 주장하는 경우뿐 아니라,
시효를 주장하는 자가 원고가 되어 소를 제기한 데 대하여 피고로서 응소하여 그 소송에서 적
극적으로 권리를 주장하고 그것이 받아들여진 경우도 포함한다. 권리자인 피고가 응소하여 권
리를 주장하였으나 그 소가 각하되거나 취하되는 등의 사유로 본안에서 그 권리 주장에 관한
판단 없이 소송이 종료된 경우에도 민법 제170조 제2항을 유추적용하여 그때부터 6월 내에 재
판상의 청구 등 다른 시효중단 조치를 취하면 응소 시에 소급하여 시효중단의 효력이 인정된
다. ㉡ 민법 제174조가 시효중단 사유로 규정하고 있는 최고를 여러 번 거듭하다가 재판상 청구 등을 한
경우에 시효중단의 효력은 항상 최초의 최고 시에 발생하는 것이 아니라 재판상 청구 등을 한 시점을 기
준으로 하여 이로부터 소급하여 6월 이내에 한 최고 시에 발생하고, 민법 제170조의 해석상 재판상의
청구는 그 소송이 취하된 경우에는 그로부터 6월 내에 다시 재판상의 청구를 하지 않는 한 시
효중단의 효력이 없고 다만 재판 외의 최고의 효력만을 갖게 된다. 이러한 법리는 그 소가 각
하된 경우에도 마찬가지로 적용된다"(대판 2019.3.14. 2018두56435)
☞ 92년 7월 최고(제174조)가 있었고, 92년 12월 재판상 청구가 각하되었으므로 이 또한 최고
로 볼 수 있다(제170조 2항 및 위 判例 참고). 결국 사안과 같이 최고를 여러 번 거듭하다가
93년 3월 적법하게 재판상 청구를 한 경우, 이를 기준으로 하여 소급하여 6월 이내에 한 92년
12월의 최고만 시효중단사유로 인정될 수 있으므로, 이때에는 이미 소멸시효(92년 11월)가 완
성 된 후이다.

② [O] "이행인수는 채무자와 인수인 사이의 계약에 따라 인수인이 채권자에 대한 채무를 변제하
기로 약정하는 것을 말한다. 이 경우 인수인은 채무자의 채무를 변제하는 등으로 면책시킬 의
무를 부담하지만 채권자에 대한 관계에서 직접 이행의무를 부담하게 되는 것은 아니다. 한편
소멸시효 중단사유인 채무의 승인은 시효이익을 받을 당사자나 대리인만 할 수 있으므로 이행인수인이 채
권자에 대하여 채무자의 채무를 승인하더라도 다른 특별한 사정이 없는 한 시효중단 사유가 되는 채무승
인의 효력은 발생하지 않는다"(대판 2016.10.27, 2015다239744).

[비교쟁점] 면책적 채무인수는 시효중단사유 중 승인에 해당한다(제168조 3호). 따라서 소멸시효가 중단되고 채무인수일로부터 소멸시효가 새로이 진행된다.

③ [○] "채무불이행으로 인한 손해배상채권은 본래의 채권이 확장된 것이거나 본래의 채권의 내용이 변경된 것이므로 본래의 채권과 동일성을 가진다. 따라서 본래의 채권이 시효로 소멸한 때에는 손해배상채권도 함께 소멸한다. 한편 어떠한 계약상의 채무를 채무자가 이행하지 않았다고 하더라도 채권자는 여전히 해당 계약에서 정한 채권을 보유하고 있으므로, 특별한 사정이 없는 한 채무자가 채무를 이행하지 않고 있다고 하여 채무자가 법률상 원인 없이 이득을 얻었다고 할 수는 없고, 설령 채권이 시효로 소멸하게 되었다 하더라도 달리 볼 수 없다"(대판 2018.2.28. 2016다45779)

[관련지문] 어떠한 계약상의 채무를 채무자가 이행하지 않았다고 하더라도 채권자는 여전히 해당 계약에서 정한 채권을 보유하고 있으므로, 특별한 사정이 없는 한 채무자가 채무를 이행하지 않고 있다고 하여 채무자가 법률상 원인 없이 이득을 얻었다고 할 수는 없고, 설령 채권이 시효로 소멸하게 되었다 하더라도 달리 볼 수 없다.

④ [×] "부진정연대채무에서 채무자 1인에 대한 재판상 청구 또는 채무자 1인이 행한 채무의 승인 등 소멸시효의 중단사유나 시효이익의 포기는 다른 채무자에게 효력을 미치지 않는다"(대판 2017.9.12. 2017다865)

[참조조문] 제169조 (시효중단의 효력) 시효의 중단은 당사자 및 그 승계인간에만 효력이 있다.
제416조 (이행청구의 절대적 효력) 어느 연대채무자에 대한 이행청구는 다른 연대채무자에게도 효력이 있다.

[정답] ④

문20 소멸시효에 관한 설명 중 옳지 않은 것은? (다툼이 있는 경우에는 판례에 의함) [기출변형]

① 채무불이행으로 인한 손해배상청구권의 소멸시효기간은 채무불이행시부터 진행하는데, 그 시효기간은 본래의 채권에 적용될 기간에 의한다.

② 시효중단의 효력있는 승인에는 상대방의 권리에 관한 처분의 능력이나 권한있음을 요하지 아니한다.

③ 유치권이 성립한 부동산의 매수인은 피담보채무의 소멸시효가 완성되면 독자적으로 소멸시효를 원용할 수 있으므로, 유치권의 피담보채권의 소멸시효기간이 확정판결에 의하여 연장되었더라도 종전의 단기소멸시효기간을 원용할 수 있다.

④ 다른 채권자가 신청한 부동산경매절차에서 채무자 소유 부동산이 매각되고 그 대금이 이미 소멸시효가 완성된 채무를 피담보채무로 하는 근저당권을 가진 채권자에게 배당되어 채무 변제에 충당될 때까지 채무자가 아무런 이의를 제기하지 아니하였다면, 경매절차 진행을 채무자가 알지 못하였다는 등 다른 특별한 사정이 없는 한 채무자는 채권에 대한 소멸시효 이익을 포기한 것으로 볼 수 있다.

해설 ① [○] 채권이 '채무불이행'으로 인하여 손해배상청구권으로 바뀐 때에는, 그 동일성이 유지되므로 그 손해배상청구권의 시효기간은 원채권의 시효기간에 따른다(통설, 대판 2010.9.9. 2010다28031). 문제는 그 기산점인데, 判例는 채무불이행이 발생한 때로부터 진행하는 것으로 본다(대판 1990.11.9, 90다카22513).

② [○] 시효중단사유로서의 승인은 단지 권리의 존재를 인정하는 것에 불과하기 때문에 상대방의 권리에 관한 처분의 능력이나 권한 있음을 요하지 아니한다(제177조).

보충쟁점 따라서 가령 처분권한 없는 부재자재산관리인(제25조)도 유효하게 승인할 수 있다. 그러나 그 반대해석상 '관리능력'이나 '관리권한'은 있어야 하므로 제한능력자는 법정대리인의 동의가 없는 한 단독으로 유효하게 승인할 수 없다.

관련쟁점 시효완성 전의 채무승인은 시효중단사유이고(제168조 3호, 제177조), 시효완성 후의 채무승인은 시효이익의 포기인바(제184조 1항 반대해석), 시효이익의 포기는 '처분행위'이므로 처분능력과 처분권한이 있어야 한다.

③ [×] 판결에 의하여 확정된 채권은 '단기의 소멸시효에 해당한 것'이라도 그 소멸시효는 10년으로 한다(제165조 1항). 그러나 이러한 주채무의 소멸시효기간의 연장이 '보증채무'에 대하여는 미치지 않는다(대판 1986.11.25, 86다카1569). 하지만 이와 비교하여 '담보목적물의 제3취득자 또는 물상보증인'은 채권자에게 채무자의 채무와는 별개의 독립된 채무를 부담하는 것이 아니라 단지 채무자의 채무를 변제할 책임을 부담한다. 따라서 채권에 관하여 소멸시효가 중단되거나 소멸시효기간이 제165조에 따라 연장되더라도 그 효과가 그대로 미친다(아래 2009다39530 판결).

관련판례 "유치권이 성립된 부동산의 매수인은 피담보채권의 소멸시효가 완성되면 시효로 인하여 채무가 소멸되는 결과 직접적인 이익을 받는 자에 해당하므로 소멸시효의 완성을 원용할 수 있는 지위에 있다고 할 것이나, 매수인은 유치권자에게 채무자의 채무와는 별개의 독립된 채무를 부담하는 것이 아니라 단지 채무자의 채무를 변제할 책임을 부담하는 점 등에 비추어 보면, 유치권의 피담보채권의 소멸시효기간이 확정판결 등에 의하여 10년으로 연장된 경우 매수인은 그 채권의 소멸시효기간이 연장된 효과를 부정하고 종전의 단기소멸시효기간을 원용할 수는 없다"(대판 2009.9.24, 2009다39530).

④ [○] "채무자가 소멸시효 완성 후 채무를 일부 변제한 때에는 그 액수에 관하여 다툼이 없는 한 그 채무 전체를 묵시적으로 승인한 것으로 보아야 하고, 이 경우 시효완성의 사실을 알고 그 이익을 포기한 것으로 추정되므로, 소멸시효가 완성된 채무를 피담보채무로 하는 근저당권이 실행되어 채무자 소유의 부동산이 경락되고 그 대금이 배당되어 채무의 일부 변제에 충당될 때까지 채무자가 아무런 이의를 제기하지 아니하였다면, 경매절차의 진행을 채무자가 알지 못하였다는 등 다른 특별한 사정이 없는 한, 채무자는 시효완성의 사실을 알고 그 채무를 묵시적으로 승인하여 시효의 이익을 포기한 것으로 보아야 한다"(대판 2001.6.12, 2001다3580).

[정답] ③

문21 소멸시효에 관한 설명 중 옳은 것을 모두 고른 것은? (다툼이 있는 경우 판례에 의함) [기출변형]

> ㄱ. 채무자가 채권자에게 담보가등기를 경료하고 부동산을 인도하여 준 다음 피담보채권의 이자 또는 지연손해금의 지급에 갈음하여 채권자로 하여금 그 부동산을 사용수익할 수 있도록 한 경우, 이로 인해 피담보채권의 소멸시효가 중단되지는 않는다.
>
> ㄴ. 채권자의 신청에 의한 경매개시결정에 따라 연대채무자 1인 소유의 부동산이 압류된 경우, 이로써 이 연대채무자에 대한 채권의 소멸시효는 중단되지만 다른 연대채무자에 대한 채권의 소멸시효는 중단되지 않는다.
>
> ㄷ. 채무자가 담보가등기가 설정된 자신 소유의 부동산을 양도하여 당해 부동산에 관한 양수인 명의의 소유권이전등기가 경료된 경우, 그 양수인은 채무자를 대위하지 않더라도 그 담보가등기의 피담보채권이 시효로 소멸했다는 주장을 할 수 있다.
>
> ㄹ. 채권자대위소송에서 피고인 제3채무자는 원고인 채권자가 채무자에 대해 가지는 채권이 시효로 소멸했음을 주장할 수 없으며, 채권자취소소송에서도 피고인 수익자나 전득자는 원고인 채권자가 채무자에 대해 가지는 채권이 시효로 소멸했다는 주장을 할 수 없다.
>
> ㅁ. 채무자가 자신 소유의 부동산에 저당권을 설정한 상태에서 당해 부동산을 양도하여 그 부동산에 관한 양수인 명의의 소유권이전등기가 경료된 다음, 채무자가 시효기간 도과 후 자신의 채무를 승인했다 하더라도 이로 인한 시효이익 포기의 효력은 양수인에게 미치지 않는다.

① ㄱ, ㄴ, ㄷ   ② ㄱ, ㄷ, ㅁ
③ ㄴ, ㄷ, ㄹ   ④ ㄴ, ㄷ, ㅁ

해설 ㄱ. [X] ※ 시효중단의 물적 범위

判例는 "담보가등기를 경료한 부동산을 인도받아 점유하더라도 담보가등기의 피담보채권의 소멸시효가 중단되는 것은 아니지만, 채무의 일부를 변제하는 경우에는 채무 전부에 관하여 시효중단의 효력이 발생하는 것이므로, 채무자가 채권자에게 담보가등기를 경료하고 부동산을 인도하여 준 다음 피담보채권에 대한 이자 또는 지연손해금의 지급에 갈음하여 채권자로 하여금 부동산을 사용수익할 수 있도록 한 경우라면, 채권자가 부동산을 사용수익하는 동안에는 채무자가 계속하여 이자 또는 지연손해금을 채권자에게 변제하고 있는 것으로 볼 수 있으므로 피담보채권의 소멸시효가 중단된다고 보아야 한다"(대판 2009.11.12, 2009다51028)고 판시하였다.

비교판례 그러나 원칙적으로 채권자가 담보목적의 가등기를 취득한 후 그 목적토지를 인도받아 점유하더라도 담보가등기의 피담보채권의 소멸시효가 중단되는 것은 아니다(대판 2007.3.15, 2006다12701).

ㄴ. [O] ※ 시효중단의 인적 범위 - 연대채무자

연대채무자 1인의 소유 부동산이 경매개시결정에 따라 압류된 경우, '다른 연대채무자'에게는 시효중단의 효력이 없다(제169조, 제176조 참조)(대판 2001.8.21, 2001다22840).

비교판례 그러나 채권자가 연대채무자 1인의 소유 부동산에 대하여 **경매신청**을 한 경우에 이는 **최고로서의 효력**이 있다. 한편 이 최고는 다른 연대채무자에게도 효력이 있으므로(제416조), 채권자가 6개월 내에 '다른 연대채무자'를 상대로 재판상 청구 등을 한 때에는 그 '다른 연대채무자'에 대한 채권의 소멸시효가 중단되지만, 이로 인하여 중단된 시효는 위 경매절차가 종료된 때가 아니라 재판이 확정된 때부터 새로 진행된다.

ㄷ. [○] ㅁ. [○] ※ 시효중단의 인적 범위와 시효이익 포기의 상대효

"소멸시효를 원용할 수 있는 사람은 권리의 소멸에 의하여 직접 이익을 받는 사람에 한정되는바, 채권담보의 목적으로 매매예약의 형식을 빌어 소유권이전청구권 보전을 위한 가등기가 경료된 부동산을 양수하여 소유권이전등기를 마친 제3자는 당해 가등기담보권의 피담보채권의 소멸에 의하여 직접 이익을 받는 자이므로, 그 가등기담보권에 의하여 담보된 채권의 채무자가 아니더라도 그 피담보채권에 관한 소멸시효를 원용할 수 있고, 이와 같은 **직접수익자의 소멸시효 원용권**은 채무자의 소멸시효 원용권에 기초한 것이 아닌 독자적인 것으로서 **채무자를 대위하여서만** 시효이익을 원용할 수 있는 것은 아니며(ㄷ 관련 해설), 가사 **채무자가 이미 그 가등기에 기한 본등기를 경료하여 시효이익을 포기**한 것으로 볼 수 있다고 하더라도 그 시효이익의 포기는 상대적 효과가 있음에 지나지 아니하므로 채무자 이외의 이해관계자에 해당하는 담보 부동산의 양수인으로서는 여전히 독자적으로 소멸시효를 원용할 수 있다(ㅁ 관련 해설)"(대판 1995.7.11, 95다12446).

ㄹ. [×] ※ 시효완성의 인적 범위

① 判例는 '채권자대위권의 행사에서 제3채무자'는 채무자가 채권자에 대하여 가지는 항변으로 대항할 수 없을 뿐더러 시효이익을 직접 받는 자에도 해당하지 않는다는 이유로 채권자의 채권이 시효로 소멸하였다고 주장할 수 없다고 한다(대판 1998.12.8, 97다31472). 다만 채무자가 이미 소멸시효를 원용한 경우에는 피보전채권이 소멸하게 되므로 제3채무자가 그 '효과'를 원용하여 피보전채권의 부존재를 주장하는 것은 허용된다(대판 2008.1.31, 2007다64471).

② 사해행위취소소송의 상대방이 된 '사해행위의 수익자'는, 사해행위가 취소되면 사해행위에 의해 얻은 이익을 상실하고 사해행위취소권을 행사하는 채권자의 채권이 소멸하면 그와 같은 이익의 상실을 면하는 지위에 있으므로, 피보전채권의 소멸에 의해 직접 이익을 받는 자에 해당한다고 한다(대판 2007.11.29, 2007다54849).

[정답] ④

문22 소멸시효에 관한 설명 중 옳은 것은? (다툼이 있는 경우 판례에 의함) [기출변형]

① 부동산에 대한 매매대금 채권이 소유권이전등기청구권과 동시이행의 관계에 있는 경우, 매수인이 매매목적물인 부동산을 인도받아 점유하고 있어서 소유권이전등기청구권의 소멸시효가 진행되지 않는 이상 매매대금 채권 역시 그 지급기일이 경과했더라도 소멸시효가 진행되지 않는다.

② 금전채무가 시효소멸한 후 채무자가 미지급이자를 담보하기 위해 자신이 소유한 부동산에 근저당권을 설정해줌으로써 시효이익을 포기한 경우, 그 후 채무자로부터 그 부동산을 매수한 양수인은 채무자가 한 시효이익 포기의 효력을 부정할 수 있다.

③ 소멸시효 완성 후 시효이익을 받는 당사자인 채무자가 채권자에게 자신의 채무가 있음을 알고 있다는 뜻을 표시하여 채무승인을 한 경우, 시효의 완성으로 인한 법적인 이익을 받지 않겠다는 효과의사가 없더라도 소멸시효 이익의 포기로 인정될 수 있다.

④ 소멸시효가 완성된 경우 채무자에 대한 일반 채권자는 채권자의 지위에서 독자적으로 시효소멸의 주장을 할 수 없지만 자기의 채권을 보전하기 위하여 필요한 한도 내에서 채무자를 대위하여 시효소멸의 주장을 할 수 있다.

[해설] ① [X] "부동산에 대한 매매대금 채권이 소유권이전등기청구권과 동시이행의 관계에 있다고 할지라도 매도인은 매매대금의 지급기일 이후 언제라도 그 대금의 지급을 청구할 수 있는 것이며, 다만 매수인은 매도인으로부터 그 이전등기에 관한 이행의 제공을 받기까지 그 지급을 거절할 수 있는 데 지나지 아니하므로 매매대금 청구권은 그 지급기일 이후 시효의 진행에 걸린다" (대판 1991.3.22. 90다9797).

② [X] ※ **시효이익 포기의 상대효 제한법리**
소멸시효이익 포기의 인적범위와 관련하여 判例는 시효이익을 이미 포기한 자와의 법률관계를 통하여 비로소 시효이익을 원용할 이해관계를 형성한 자(판례사안은 피담보채권의 소멸시효가 완성된 후 채무자가 저당권을 설정한 후 이를 취득한 담보물의 제3취득자)는 이미 이루어진 시효이익 포기의 효력을 부정할 수는 없다고 한다(아래 2015다200227판결).

[사실관계] A는 1992년 B로부터 5천만원을 차용하면서 그 담보로 A 소유 부동산에 대해 B 앞으로 제1근저당권을 설정해 주었다. 그 후 (이 채권의 소멸시효기간 10년이 지난 때인) 2004년에 A는 위 차용금채무의 이자를 3천만 원으로 확정하고, 이를 담보하기 위해 위 부동산에 대해 B 앞으로 제2근저당권을 설정해 주었다. 2013년에 C는 A로부터 위 부동산을 매수하여 소유권을 취득한 후, B를 상대로 근저당권의 피담보채권이 소멸시효로 인해 소멸하였다는 것을 이유로 제1, 제2근저당권의 말소를 청구한 것이다. 이에 대해 대법원은 A가 B 앞으로 제2근저당권을 설정해 준 것은 소멸시효의 이익을 포기한 것으로 볼 수 있는데, 이 효력은 C에게도 미쳐 C는 독자적으로 소멸시효를 주장할 수 없는 것으로 보았다(대판 2015.6.11. 2015다200227).

비교판례 ※ 시효이익 포기의 상대효(원칙)

시효이익의 포기의 효과는 상대적이어서 포기할 수 있는 자가 다수인 경우에 1인의 포기는 다른 사람에게 영향을 미치지 않는다. 判例도 직접 이익을 받는 자의 시효원용권은 채무자의 시효원용권에 기초한 것이 아닌 독자적인 것이라고 하여 채무자의 시효이익의 포기는 다른 직접수익자의 시효원용권에 영향을 미치지 않는다고 한다(대판 1995.7.11, 95다12446).

③ [X] 시효이익의 포기에는 '효과의사'가 필요하므로, '관념의 통지'로 효과의사가 필요하지 않는 시효중단사유로서의 승인과 다르며, 따라서 채무승인만으로 언제나 시효이익의 포기가 되는 것은 아니다(대판 2013.2.28. 2011다21556).

즉, "소송에서의 상계항변은 소송상의 공격방어방법으로 피고의 금전지급의무가 인정되는 경우 자동채권으로 상계를 한다는 예비적 항변의 성격을 갖는데, 따라서 상계항변이 먼저 이루어지고 그 후 대여금채권의 소멸을 주장하는 소멸시효항변이 있었던 경우에는, 상계항변 당시 채무자인 피고에게 수동채권인 대여금채권의 시효이익을 포기하려는 효과의사가 있었다고 단정할 수 없다"(대판 2013.2.28. 2011다21556 ; 2013.7.25. 2011다56187,56194)

④ [O] "소멸시효가 완성된 경우 이를 주장할 수 있는 사람은 시효로 인하여 채무가 소멸되는 결과 직접적인 이익을 받는 사람에 한정되므로, 채무자에 대한 일반 채권자는 자기의 채권을 보전하기 위하여 필요한 한도 내에서 채무자를 대위하여 소멸시효 주장을 할 수 있을 뿐 채권자의 지위에서 독자적으로 소멸시효의 주장을 할 수 없다"(대판 1997.12.26. 97다22676).

[정답] ④

문23 가구상 甲이 乙에게 고가의 가구를 외상으로 판매한 후 乙을 상대로 외상대금의 지급을 청구하는 소를 제기하였다. 다음 설명 중 옳지 않은 것은? (각 지문은 독립적이고, 판례에 의함)

[기출변형]

① 외상대금채권의 소멸시효가 완성되었더라도, 법원은 乙의 원용이 없는 한 직권으로 외상대금채권의 소멸시효가 완성되었다고 인정할 수 없다.

② 위 소송에서 乙이 외상대금채권의 변제기를 2006. 4. 2.이라고 주장한 경우, 증거조사결과 변제기가 2005. 4. 2.인 사실이 인정되더라도, 법원은 2005. 4. 2.을 소멸시효의 기산일로 삼아 소멸시효 완성 여부를 판단할 수 없다.

③ 위 소송에서 乙이 외상대금채권의 변제기를 2006. 4. 2.이라고 주장한 경우, 증거조사결과 변제기가 2007. 4. 2.인 사실이 인정된다면, 법원은 2007. 4. 2.을 소멸시효의 기산일로 삼아 소멸시효 완성 여부를 판단할 수 있다.

④ 위 소송에서 甲과 乙이 외상대금채권의 소멸시효기간을 상법이 정한 5년이라고 주장하였더라도, 법원은 그 소멸시효기간을 민법이 정한 3년으로 판단할 수 있다.

해설 ① [○] 제척기간은 직권조사사항으로서 당사자의 주장이 필요 없으나, 소멸시효는 권리의 소멸에 관한 주요사실로서 변론주의 원칙상 당사자의 주장이 필요하다.

관련판례 "민법상 당사자의 원용이 없어도 시효완성의 사실로서 채무는 당연히 소멸하고, 다만 소멸시효의 이익을 받는 자가 소멸시효 이익을 받겠다는 뜻을 항변하지 않는 이상 그 의사에 반하여 재판할 수 없을 뿐이다"(대판 1979.2.13. 78다2157)

② [○] ③ [×] 소멸시효의 기산점은 권리를 행사할 수 있는 때로부터 진행하므로(제166조 제1항), 채무의 이행기가 정해진 경우 원칙적으로 소멸시효의 기산점은 이행기(변제기)이다. 그러나 소멸시효의 기산점은 법률효과 발생의 요건으로서 주요사실에 해당하므로 변론주의 원칙상 당사자의 주장에 구속된다.

관련판례 "소멸시효의 기산일은 채무의 소멸이라고 하는 법률효과 발생의 요건에 해당하는 소멸시효 기간 계산의 시발점으로서 소멸시효 항변의 법률요건을 구성하는 구체적인 사실에 해당하므로 이는 변론주의의 적용 대상이고, 따라서 본래의 소멸시효 기산일과 당사자가 주장하는 기산일이 서로 다른 경우에는 변론주의의 원칙상 법원은 당사자가 주장하는 기산일을 기준으로 소멸시효를 계산하여야 하는데, 이는 당사자가 본래의 기산일보다 뒤의 날짜를 기산일로 하여 주장하는 경우는 물론이고 특별한 사정이 없는 한 그 반대의 경우에 있어서도 마찬가지이다"(대판 1995.8.25. 94다35886)

④ [○] 민법 제162조 내지 제165조는 각종 채권의 소멸시효에 관하여 규정하고 있는데, 문제된 채권의 소멸시효기간에 관한 근거사실은 당사자가 주장·증명하여야 하는 것이지만, 어떤 시효기간의 적용을 받는가에 관한 당사자의 주장은 '법률상의 견해'에 불과하므로 법원은 이에 구속되지 않는다.

관련판례 "어떤 권리의 소멸시효기간이 얼마나 되는지에 관한 주장은 단순한 법률상의 주장에 불과하므로 변론주의의 적용대상이 되지 않고 법원이 직권으로 판단할 수 있다 할 것이다"(대판 2008.3.27. 2006다70929,70936)

[정답] ③

문24 소멸시효에 관한 설명 중 옳은 것은? (각 지문은 독립적이며, 다툼이 있는 경우 판례에 의함)

[기출변형]

① 甲 소유의 X 토지에 丙의 乙에 대한 대여금채무를 피담보채무로 하는 근저당권설 정등기가 마쳐진 후 甲은 근저당권자인 乙을 상대로 위 대여금채무가 변제로 인하 여 소멸하였음을 이유로 하는 근저당권설정등기 말소청구의 소를 제기하였다. 이 소송에서 乙이 적극적으로 응소하여 위 대여금채무가 변제되지 않았다고 다툰 결과 甲의 청구를 기각하는 판결이 선고되었다면 乙의 응소는 위 대여금채무의 소멸시효 중단을 위한 재판상 청구에 해당한다.

② 甲과 乙은 2005. 7. 1. "甲은 그 소유의 X 토지를 乙에게 매도하되, 2005. 7. 8. 甲 이 乙 앞으로 X 토지의 소유권이전등기를 마침과 동시에 乙은 甲에게 매매대금을 지급한다."라는 내용의 계약을 체결하였다. 2015. 12. 28. 현재 甲과 乙이 서로 위 계약의 이행을 위한 아무런 조치를 취하지 않은 상태라면 甲의 乙에 대한 매매대금 지급 청구권의 소멸시효는 완성되지 않았다.

③ 甲은 그 소유의 X 토지를 乙에게 매도 및 인도하였고, 乙은 X 토지를 사용·수익 하다가 2005. 7. 8. 丙에게 X 토지를 매도 및 인도하였으며, 그 이후 丙이 계속하 여 X 토지를 사용·수익하였다면, 2015. 12. 28. 현재 乙의 甲에 대한 X 토지의 소 유권이전등기 청구권의 소멸시효는 완성되었다.

④ 甲은 丙의 乙에 대한 대여금채무를 연대보증하였다. 乙은 丙에 대한 대여금채권을 보전하기 위하여 丙 소유의 X 토지에 대한 가압류신청을 하였고 이에 따른 가압류 결정과 가압류기입등기가 이루어졌으나, 乙은 이러한 사정을 연대보증인인 甲에게 알리지 않았다. 이 경우 가압류에 의한 시효중단의 효력은 甲에게 미친다.

해 설 ① [X] "타인의 채무를 담보하기 위하여 자기의 물건에 담보권을 설정한 **물상보증인**은 채권자에 대하여 물적 유한책임을 지고 있어 그 피담보채권의 소멸에 의하여 직접 이익을 받는 관계에 있으므로 소멸시효의 완성을 주장할 수 있는 것이지만, 채권자에 대하여는 아무런 **채무도 부담 하고 있지 아니하므로**, 물상보증인이 그 피담보채무의 부존재 또는 소멸을 이유로 제기한 **저당권설 정등기 말소등기절차이행청구소송**에서 채권자 겸 저당권자가 청구기각의 판결을 구하고 피담보채권의 존재를 주장하였다고 하더라도 이로써 직접 채무자에 대하여 재판상 청구를 한 것으로 볼 수는 없는 것이므로 피담보채권의 소멸시효에 관하여 규정한 민법 제168조 제1호 소정의 '청구'에 해당하 지 아니한다"(대판 2004.1.16. 2003다30890)

☞ 甲은 물상보증인이므로 甲의 청구에 대한 채권자 乙의 응소는 소멸시효중단을 위한 재판상 청구에 해당하지 않는다.

② [X] 判例는 부동산 매매계약의 경우 매도인의 매매대금 청구권에 대해서는 "부동산에 대한 매매대금 채권이 소유권이전등기청구권과 동시이행의 관계에 있다고 할지라도 매도인은 매매대금의 지급 기일 이후 언제라도 그 대금의 지급을 청구할 수 있는 것이며, 다만 매수인은 매도인으로부터 그 이전등기에 관한 이행의 제공을 받기까지 그 지급을 거절할 수 있는 데 지나지 아니하므로

매매대금 청구권은 그 지급기일 이후 시효의 진행에 걸린다"(대판 1991.3.22. 90다9797)면서도 매수인의 소유권이전청구권에 대해서는 "소유권이전등기청구권은 채권적 청구권이므로 10년의 소멸시효에 걸리지만 매수인이 매매목적물인 부동산을 인도받아 점유하고 있는 이상 매매대금의 지급 여부와는 관계없이 그 소멸시효가 진행되지 아니한다"(대판 1991.3.22. 90다9797)고 판시하였다. "목적물을 인도받아서 이를 사용수익하고 있는 경우에는 그 매수인을 권리 위에 잠자는 것으로 볼 수도 없다"(대판 1976.11.06. 76다148)는 이유에서이다.

☞ 매도인 甲의 대금채권은 2005. 7. 8.을 이행기로 하는 확정기한부 채권이므로 권리를 행사할 수 있는 날부터 10년의 소멸시효가 진행된다(제166조, 제162조). 따라서 2015. 12. 28. 현재 甲의 乙에 대한 매매대금청구권은 소멸시효가 완성되었다.

③ [✕] "부동산의 매수인이 그 부동산을 인도받은 이상 이를 사용·수익하다가 그 부동산에 대한 보다 적극적인 권리 행사의 일환으로 다른 사람에게 그 부동산을 처분하고 그 점유를 승계하여 준 경우에도 그 이전등기청구권의 행사 여부에 관하여 그가 그 부동산을 스스로 계속 사용·수익만 하고 있는 경우와 특별히 다를 바 없으므로 위 두 어느 경우에나 이전등기청구권의 소멸시효는 진행되지 않는다고 보아야 한다"(대판 1999.3.18. 98다32175)

☞ 매수인 乙이 매매목적물인 부동산을 사용·수익하는 동안은 물론이고 丙에게 처분하고 점유를 승계하여 준 경우에도 乙의 甲에 대한 소유권이전등기청구권의 소멸시효는 중단된다.

④ [○] 소멸시효는 압류 또는 가압류, 가처분에 의해 중단된다(제168조 2호). 그리고 주채무자에 대한 시효의 중단은 보증인에 대하여 그 효력이 있다(제440조).

☞ 따라서 채권자 乙이 주채무자 丙소유의 X부동산에 대해 가압류를 하면 시효중단의 효력은 통지여부를 불문하고 연대보증인인 甲에게 미친다. 그러나 만약 채권자 乙이 연대보증인 甲을 상대로 시효중단행위를 했다면 주채무자 丙에게는 중단효가 미치지 않는다.

判例는 "보증채무에 대한 소멸시효가 중단되었다고 하더라도 이로써 주채무에 대한 소멸시효가 중단되는 것은 아니고, 주채무가 소멸시효 완성으로 소멸된 경우에는 보증채무도 그 채무 자체의 시효중단에 불구하고 부종성에 따라 당연히 소멸된다"(대판 2002.5.14. 2000다62476)고 판시하였다. 한편 判例는 "채권자가 연대보증인 겸 물상보증인 소유의 담보부동산에 대하여 임의경매의 신청을 하여 경매개시결정에 따른 압류의 효력이 생겼다면 …(중략)… 경매절차에서 이해관계인인 주채무자에게 경매개시결정이 송달되었다면 주채무자는 제176조에 의하여 당해 피담보채권의 소멸시효중단의 효과를 받는다고 할 것이나, 민법 제176조의 규정에 따라 압류사실이 통지된 것으로 볼 수 있기 위하여는 압류사실을 주채무자가 알 수 있도록 경매개시결정이나 경매기일통지서가 교부송달의 방법으로 주채무자에게 송달되어야만 하는 것이지, 이것이 우편송달(발송송달)이나 공시송달의 방법에 의하여 채무자에게 송달됨으로써 채무자가 압류사실을 알 수 없었던 경우까지도 압류사실이 채무자에게 통지되었다고 볼 수 있는 것은 아니다"(대판 1994.1.11. 93다21477)고 판시하였다.

즉, 압류, 가압류 및 가처분은 시효의 이익을 받은 자에 대하여 하지 아니한 때에는 이를 그에게 통지한 후가 아니면 시효중단의 효력이 없는데(제176조), 이와 같은 통지로 인한 시효중단은 주로 물상보증인(또는 연대보증인 겸 물상보증인), 저당부동산의 제3취득자 등에게 집행할 때 채무자에 대한 피담보채무의 시효를 중단시키려 할 때 실익이 있다.

[정답] ④

문25 소멸시효에 관한 설명 중 옳지 않은 것은? (다툼이 있는 경우 판례에 의함)　　[기출변형]

① 체납처분에 의한 채권압류로 인하여 압류채권자의 채무자에 대한 채권의 시효가 중단되었으나 그 후 피압류채권이 기본계약관계의 해지·실효 또는 소멸시효의 완성 등으로 소멸하여 압류 자체가 실효된 경우, 시효중단 사유는 종료되고 그때부터 시효가 새로이 진행한다.

② 동일 당사자 간에 계속적인 거래로 인하여 같은 종류를 목적으로 하는 수개의 채권관계가 성립되어 있는 경우에 채무자가 특정채무를 지정하지 아니하고 그 일부의 변제를 한 때에도 다른 특별한 사정이 없다면 잔존 채무에 대하여도 승인을 한 것으로 보아 시효중단이나 포기의 효력을 인정할 수 있다.

③ 원금채무에 관하여는 소멸시효가 완성되지 아니하였으나 이자채무에 관하여는 소멸시효가 완성된 상태에서 채무자가 채무를 일부 변제한 때에는 액수에 관하여 다툼이 없는 한 원금채무에 관하여 묵시적으로 승인하는 한편 이자채무에 관하여 시효완성의 사실을 알고 그 이익을 포기한 것으로 추정된다.

④ 법률의 규정에 따른 적법한 가압류가 있었으나 제소기간의 도과로 인하여 가압류가 취소된 경우에는 소멸시효 중단의 효력이 없다.

해 설 ① [○] ※ 기본계약관계 해지 등으로 인한 피압류채권의 소멸과 시효중단

"체납처분에 의한 채권압류로 인하여 채권자의 채무자에 대한 채권의 시효가 중단된 경우에 압류에 의한 체납처분 절차가 채권추심 등으로 종료된 때뿐만 아니라, 피압류채권이 기본계약관계의 해지·실효 또는 소멸시효 완성 등으로 인하여 소멸함으로써 압류의 대상이 존재하지 않게 되어 압류 자체가 실효된 경우에도 체납처분 절차는 더 이상 진행될 수 없으므로 시효중단사유가 종료한 것으로 보아야 하고, 그때부터 시효가 새로이 진행한다"(대판 2017.4.28. 2016다239840).

쟁점정리 압류, 가압류 또는 가처분이 '집행되면' 그 '집행을 신청한 때'에 소급하여 시효중단의 효력이 발생하고, '집행절차종료시'로부터 다시 시효가 진행된다(대판 2011.5.13, 2011다10044). 만약, 집행채권의 소멸시효가 채무자의 채권에 대한 압류로 중단된 후, 그 '피압류채권이 기본계약관계의 해지·실효 또는 소멸시효 완성 등으로 소멸'하면 시효중단사유가 종료한 것으로 보아야 하고, 집행채권의 소멸시효는 그때부터 다시 진행한다.

② [○] ※ 일부변제와 채무승인·시효이익포기

"ⅰ) 동일당사자간에 계속적인 거래로 인하여 같은 종류를 목적으로 하는 수개의 채권관계가 성립되어 있는 경우에 채무자가 특정채무를 지정하지 아니하고 그 일부의 변제를 한 때에도 다른 특별한 사정이 없다면 잔존채무에 대하여도 승인을 한 것으로 보아 시효중단이나 포기의 효력을 인정할 수 있을 것이나, ⅱ) 그 채무가 별개로 성립되어 독립성을 갖고 있는 경우에는 일률적으로 그렇게만 해석할 수는 없을 것이고, 특히 채무자가 가압류 목적물에 대한 가압류를 해제받을 목적으로 피보전채권을 변제하는 경우에는 특별한 사정이 없는 한 피보전채권으로 적시되지 아니한 별개의 채무에 대하여서까지 소멸시효의 이익을 포기한 것이라고 볼 수는 없을 것이다"(대판 1993.10.26, 93다14936). ⅰ)은 일부변제에 의한 채무승인과 시효이익포기가 인정되는 경우이고 ⅱ)은 부정되는 경우로서 구별하여야 한다.

③ [○] ※ 원금채무와 이자채무의 시효중단관계

"원금채무에 관하여는 소멸시효가 완성되지 아니하였으나 이자채무에 관하여는 소멸시효가 완성된 상태에서 채무자가 채무를 일부 변제한 때에는 그 액수에 관하여 다툼이 없는 한 그 원금채무에 관하여 묵시적으로 승인하는 한편 그 이자채무에 관하여 시효완성의 사실을 알고 그 이익을 포기한 것으로 추정되며, 채무자의 변제가 채무 전체를 소멸시키지 못하고 당사자가 변제에 충당할 채무를 지정하지 아니한 때에는 민법 제479조, 제477조에 따른 법정변제충당의 순서에 따라 충당되어야 할 것이다"(대판 2013.5.23. 2013다12464).

☞ 따라서 다른 사정이 없다면 일부변제한 것으로는 원본에 앞서 이자에 먼저 충당하며, 이행기가 도래한 이자 중에는 이행기가 먼저 도래한 순서에 따라 충당될 것이어서(제477조 3호 참조) 결국 먼저 시효로 소멸한 이자에 우선충당하게 된다.

④ [✕] ※ 민법 제175조와 시효중단

"민법 제175조는 가압류가 '권리자의 청구에 의하여 또는 법률의 규정에 따르지 아니함으로 인하여 취소된 때에는 소멸시효 중단의 효력이 없다'고 규정하고 있고, 이는 그러한 사유가 가압류 채권자에게 권리행사의 의사가 없음을 객관적으로 표명하는 행위이거나 또는 처음부터 적법한 권리행사가 있었다고 볼 수 없는 사유에 해당한다고 보기 때문이므로, 법률의 규정에 따른 적법한 가압류가 있었으나 제소기간의 도과로 인하여 가압류가 취소된 경우에는 위 법조가 정한 소멸시효 중단의 효력이 없는 경우에 해당한다고 볼 수 없다"(대판 2011.1.13. 2010다88019).

[쟁점정리] 압류, 가압류 및 가처분이 권리자의 청구에 의하여 또는 법률의 규정에 따르지 않음으로 인하여 취소된 경우에는 시효중단의 효력이 소급적으로 소멸한다(제175조). 여기서 '법률의 규정에 따르지 아니힘으로 인하여 취소된 경우'라 함은 처음부터 적법한 권리행사가 있었다고 볼 수 없는 경우를 의미한다. 따라서 判例에 따르면 법률의 규정에 따른 적법한 가압류가 있었으나 제소기간의 도과(채무자의 제소명령신청에 의하여 채권자가 법원으로부터 제소명령을 받게 되면 일정한 기간 내에 본안소송을 제기하여야 한다)로 인하여 가압류가 취소된 경우나(위 2010다88019판결), 압류가 있었으나 이후 남을 가망이 없는 경우의 경매취소를 규정한 민사집행법 제102조 2항에 따라 경매절차가 취소된 것은 제175조에 해당하는 것은 아니어서 위 경우의 소멸시효 중단의 효력은 소멸하지 않는다(대판 2015.2. 26, 2014다228778)고 한다.

[정답] ④

문26 소멸시효에 관한 설명 중 옳지 않은 것은? (다툼이 있는 경우 판례에 의함) [기출변형]

① 정지조건부 권리의 경우 조건이 성취되지 않은 동안에는 소멸시효가 진행하지 않는다.

② 명의수탁자의 등기가 3자간 등기명의신탁(중간생략등기형)에 해당하여 무효인 경우, 명의신탁자의 매도인에 대한 소유권이전등기청구권은 명의신탁자가 목적 부동산을 인도받아 점유하고 있는 한 소멸시효가 진행하지 않는다.

③ 채권양도의 대항요건을 갖추지 못한 상태에서 채권의 양수인이 채무자를 상대로 양수금의 지급을 재판상 청구하는 경우, 그 양수금채권의 소멸시효는 중단되지 않는다.

④ 채권자가 확정판결에 기한 채권의 실현을 위하여 채무자의 제3채무자에 대한 채권에 관하여 압류 및 추심명령을 받아 그 결정이 제3채무자에게 송달되었다면, 채무자의 제3채무자에 대한 채권에 관하여는 소멸시효 중단사유인 최고로서의 효력이 있다.

[해설] ① [○] ※ 정지조건부 채권의 소멸시효 기산점

소멸시효는 권리를 행사할 수 있는 때로부터 진행하는데(제166조 1항), 정지조건이 있는 법률행위는 조건이 성취한 때로부터 그 효력이 생긴다(제147조). 따라서 정지조건부 채권은 조건이 성취된 때로부터 시효가 진행한다.

② [○] ※ 3자간 등기명의신탁에 의한 등기가 유효기간 경과로 무효로 된 경우, 명의신탁자의 매도인에 대한 소유권이전등기청구권

"부동산의 매수인이 목적물을 인도받아 계속 점유하는 경우에는 매도인에 대한 소유권이전등기청구권은 소멸시효가 진행되지 않고, 이러한 법리는 3자간 등기명의신탁에 의한 등기가 유효기간의 경과로 무효로 된 경우에도 마찬가지로 적용된다. 따라서 그 경우 목적 부동산을 인도받아 점유하고 있는 명의신탁자의 매도인에 대한 소유권이전등기청구권 역시 소멸시효가 진행되지 않는다"(대판 2013.12.12. 2013다26647).

[쟁점정리] 3자간 명의신탁약정과 그에 의한 등기가 무효로 되는 결과(부동산실명법 제4조 1항, 2항 본문), 명의신탁된 부동산은 매도인 소유로 복귀하고, 매도인은 원인무효를 이유로 수탁자 명의의 등기의 말소를 구할 수 있다. 한편 부동산실명법은 매도인과 명의신탁자 사이의 매매계약의 효력을 부정하는 규정을 두고 있지 아니하므로 그들 사이의 매매계약은 유효한 것으로 되어(명의수탁자가 당사자로 등장하는 계약명의신탁에서와는 다름에 주의할 것), 명의신탁자는 매도인에 대하여 매매계약에 기한 소유권이전등기를 청구할 수 있고, 그 소유권이전등기청구권을 보전하기 위해 매도인을 대위하여 수탁자 명의의 등기의 말소를 구할 수 있다(대판 2002.3.15, 2001다61654). 이는 동법에서 정한 유예기간이 경과하여 명의신탁약정과 그에 따른 등기가 무효인 경우에도 마찬가지이다(대판 2011.9.18, 2009다49193,49209).

[비교판례] 반면, 계약명의신탁약정과 그에 따른 등기가 부동산실명법 시행 전에 행하여진 경우, 명의신탁자가 해당부동산의 회복을 위해 명의수탁자에 대해 가지는 이러한 소유권이전등기청구권은 명의신탁자가 목적물을 점유하고 있더라도 소멸시효에 걸린다(대판 2009.7.9. 2009다23313). 만약 이 경우 소멸시효가 진행되지 않는다고 한다면 실명전환을 하지 않아 위 법률을 위반한 경우임에도 그 권리를 보호하여 주는 결과가 되기 때문이다.

③ [×] ※ 채권양도의 대항요건을 갖추지 못한 상태에서 '채권양수인'이 채무자를 상대로 소를 제기한 경우 (시효중단 인정)

채권양수인이 소멸시효기간이 경과하기 전에 채무자를 상대로 소를 제기하였는데, 채권양도사실의 채무자에 대한 통지는 소멸시효기간이 경과한 후에 이루어진 경우, 위 채권의 소멸시효가 중단되는지 여부가 문제되는바, 判例는 "채권양도에 의하여 채권은 그 동일성을 잃지 않고 양도인으로부터 양수인에게 이전되며, 이러한 법리는 채권양도의 대항요건을 갖추지 못하였다고 하더라도 마찬가지인 점 등에서 비록 '대항요건을 갖추지 못하여' 채무자에게 대항하지 못한다고 하더라도 '채권의 양수인'이 채무자를 상대로 재판상의 청구를 하였다면 이는 소멸시효 중단사유인 재판상의 청구에 해당한다"(대판 2005.11.10. 2005다41818)고 한다.

④ [○] ※ 최고로서 경매신청, 압류 또는 가압류

채권자가 채무자의 제3채무자에 대한 채권을 압류 또는 가압류한 경우 채권자의 채무자에 대한 채권은 압류에 따른 시효중단의 효력이 확정적으로 발생하나, 이와 달리 압류의 대상인 채무자의 제3채무자에 대한 채권은 확정적 시효중단이 되는 것은 아니고 다만 채권자가 채무자의 제3채무자에 대한 채권에 관한 압류 및 추심명령을 받아 그 결정이 제3채무자에게 송달이 되었다면 채무자의 제3채무자에 대한 채권은 최고로서의 효력에 의해 시효중단이 된다(대판 2003.5.13, 2003다16238).

[정답] ③

문27 등기청구권의 소멸시효에 관한 설명 중 옳지 않은 것은? (다툼이 있는 경우 판례에 의함)

[기출변형]

① 유류분권리자가 유류분반환청구권을 행사함으로써 발생하는 목적물의 이전등기청구권에 대하여는 「민법」 제1117조에서 정한 유류분반환청구권에 대한 소멸시효가 적용되지 않는다.

② 3자 간 등기명의신탁에 의한 등기가 「부동산 실권리자명의 등기에 관한 법률」에서 정한 유예기간의 경과로 무효로 된 경우, 목적 부동산을 인도받아 점유하고 있는 명의신탁자의 매도인에 대한 소유권이전등기청구권의 소멸시효는 진행되지 않는다.

③ 「부동산 실권리자명의 등기에 관한 법률」의 시행에 따라 그 권리를 상실하게 된 같은 법 시행 이전의 명의신탁자가 당해 부동산의 회복을 위해 명의수탁자에 대하여 가지는 소유권이전등기청구권은 법률의 규정에 의한 부당이득반환청구권으로서 소멸시효기간이 10년이다.

④ 취득시효가 완성된 점유자가 그 부동산에 대한 점유를 상실한 경우에도, 점유를 잃게 된 원인이 현 점유자에게 매도하였기 때문이고 그가 현 점유자에게 소유권이전등기의무를 지고 있다면, 취득시효완성을 원인으로 하는 소유권이전등기청구권의 소멸시효는 진행하지 않는다.

해 설 ① [○] "유류분반환청구권을 행사함으로써 발생하는 목적물의 이전등기청구권 등은 유류분반환청구권과는 다른 권리이므로, 그 이전등기청구권 등에 대하여는 민법 제1117조 소정의 유류분반환청구권에 대한 소멸시효가 적용될 여지가 없고, 그 권리의 성질과 내용 등에 따라 별도로 소멸시효의 적용 여부와 기간 등을 판단하여야 한다"(대판 2015.11.12. 2011다55092,55108)

② [○] ※ 3자간 등기명의신탁에 의한 등기가 유효기간 경과로 무효로 된 경우, 명의신탁자의 매도인에 대한 소유권이전등기청구권
"부동산의 매수인이 목적물을 인도받아 계속 점유하는 경우에는 매도인에 대한 소유권이전등기청구권은 소멸시효가 진행되지 않고, 이러한 법리는 3자간 등기명의신탁에 의한 등기가 유효기간의 경과로 무효로 된 경우에도 마찬가지로 적용된다. 따라서 그 경우 목적 부동산을 인도받아 점유하고 있는 명의신탁자의 매도인에 대한 소유권이전등기청구권 역시 소멸시효가 진행되지 않는다"(대판 2013.12.12. 2013다26647).

쟁점정리 3자간 명의신탁약정과 그에 의한 등기가 무효로 되는 결과(부동산실명법 제4조 1항, 2항 본문), 명의신탁된 부동산은 매도인 소유로 복귀하고, 매도인은 원인무효를 이유로 수탁자 명의의 등기의 말소를 구할 수 있다. 한편 부동산실명법은 매도인과 명의신탁자 사이의 매매계약의 효력을 부정하는 규정을 두고 있지 아니하므로 그들 사이의 매매계약은 유효한 것으로 되어(명의수탁자가 당사자로 등장하는 계약명의신탁에서와는 다름에 주의할 것), 명의신탁자는 매도인에 대하여 매매계약에 기한 소유권이전등기를 청구할 수 있고, 그 소유권이전등기청구권을 보전하기 위해 매도인을 대위하여 수탁자 명의의 등기의 말소를 구할 수 있다(대판 2002.3.15. 2001다61654). 이는 동법에서 정한 유예기간이 경과하여 명의신탁약정과 그에 따른 등기가 무효인 경우에도 마찬가지이다(대판 2011.9.18. 2009다49193,49209).

③ [○] ※ 부동산실명법 시행 전에 체결된 매도인이 선의인 계약명의신탁에서 유예기간 경과 후 신탁자가 수탁자에 대하여 갖는 소유권이전등기청구권
"부동산실명법 시행일로부터 1년의 기간(유예기간)이 경과하기 전까지는 명의신탁자는 언제라도 명의신탁을 해지하여 해당 부동산의 소유권을 취득할 수 있었다는 점에서, 그 유예기간이 경과한 후에는 동법 제12조 1항에 의해 제4조가 적용되어 계약명의신탁법리가 적용된다고 하더라도, 동법 제3조 및 제4조가 명의신탁자에게 소유권이 귀속되는 것을 막는 취지의 규정은 아니므로 이 경우에는 명의수탁자는 명의신탁자에게 자신이 취득한 해당 '부동산 자체'를 부당이득으로 반환할 의무가 있다"(대판 2002.12.26. 2000다21123 ; 대판 2008.11.27. 2008다62687). 그리고 명의신탁자가 해당부동산의 회복을 위해 명의수탁자에 대해 가지는 이러한 소유권이전등기청구권은 그 성질상 법률의 규정에 의한 부당이득반환청구권으로서, 제162조 1항에 따라 10년의 기간이 경과함으로써 시효로 소멸한다. 유의할 점은 위 등기청구권은 명의신탁자가 목적물을 점유하고 있더라도 소멸시효에 걸린다는 것이다(대판 2009.7.9. 2009다23313).
☞ 만약 이 경우 소멸시효가 진행되지 않는다고 한다면 실명전환을 하지 않아 위 법률을 위반한 경우임에도 그 권리를 보호하여 주는 결과가 되므로 判例는 타당하다(위 2009다23313판시내용).

④ [✕] "토지에 대한 취득시효 완성으로 인한 소유권이전등기청구권은 그 토지에 대한 점유가 계속되는 한 시효로 소멸하지 아니하고, 그 후 점유를 상실하였다고 하더라도 이를 시효 이익의 포기로 볼 수 있는 경우가 아닌 한 이미 취득한 소유권이전등기청구권은 바로 소멸되는 것은 아니나, 취득시효가 완성된 점유자가 점유를 상실한 경우 취득시효 완성으로 인한 소유권이전등기청구권의 소멸시효는 이와 별개의 문제로서, 그 점유자가 점유를 상실한 때로부터 10년간 등기청구권을 행사하지 아니하면 소멸시효가 완성한다"(대판 1996.3.8. 95다34866,34873)

[정답] ④

제2편

물권법

제1장 물권법 서론

문1 다음 설명 중 옳지 않은 것은? (다툼이 있는 경우에는 판례에 의함) [기출변형]

① 1필의 토지 일부 위에 용익물권의 설정은 가능하나 1필의 토지의 '지분'에 관하여는 용익물권을 설정할 수 없다.

② 토지소유자가 자신소유 토지를 일반 공중의 통행로로 무상제공하거나 통행을 용인하는 등으로 토지이용상태가 형성되어 '독점적·배타적 사용·수익권'이 인정되지 않는 경우라도, 사용·수익권 자체를 '대세적·확정적'으로 상실하는 것은 아니다.

③ 토지 소유자의 독점적·배타적인 사용·수익권의 행사가 제한되는 경우, 위 토지를 상속받은 상속인의 독점적·배타적인 사용·수익권의 행사 역시 제한된다. 아울러 위 토지를 특정승계 받은 자도 사용·수익권의 행사가 제한된다고 볼 수 있다.

④ 토지소유자가 그 소유 토지를 '건물의 부지'로 제공하여 지상 건물소유자들이 이를 무상으로 사용하도록 허락한 경우, 특정승계인의 그 토지에 대한 소유권 행사가 제한된다.

해설 ① [○] ※ 일물일권주의(一物一權主義)의 예외 - 물건의 일부나 구성부분 -

1필의 토지 일부 위에 용익물권의 설정은 가능하다. 즉 토지의 상하의 범위를 정하여 구분지상권을, 토지(승역지)의 일부에 대해 지역권을, 토지 또는 건물의 일부에 대해 전세권을 설정할 수 있는데, 이들 경우에는 그 범위가 등기 또는 도면을 통해 공시된다(부동산등기법 제69조, 제70조, 제72조). 그러나 1필의 토지의 '공유지분'에 관하여는 용익물권(주로 법정지상권이 문제)을 설정할 수 없다. 용익물권은 성질상 그 효과가 공유토지 전부에 미치는데, 지분에 관한 용익물권의 설정은 실질적으로 공유토지 전체를 처분하는 것과 마찬가지의 효과를 갖기 때문이다(대판 1987.6.23, 86다카2188 등 참고).

② [○] ※ 소유권의 사용·수익 권능을 '대세적, 영구적'으로 포기하는 것이 허용되는지 여부(소극)

"ⅰ) 물건에 대한 배타적인 사용·수익권은 소유권의 핵심적 권능이므로, 소유자가 제3자와의 채권관계에서 소유물에 대한 사용·수익의 권능을 포기하거나 사용·수익권의 행사에 제한을 설정하는 것을 넘어 이를 대세적, 영구적으로 포기하는 것은 법률에 의하지 않고 새로운 물권을 창설하는 것과 다를 바 없어 허용되지 않는다. ⅱ) 토지소유자가 그 소유 토지를 일반 공중의 통행로로 무상제공하거나 그에 대한 통행을 용인하는 등으로 자신의 의사에 부합하는 토지이용상태가 형성되어 그에 대한 독점적·배타적 사용·수익권이 인정되지 않는다고 보는 경우에도, 이는 금반언이나 신뢰보호 등 신의성실의 원칙상 기존의 이용상태가 유지되는 한 토지소유자는 이를 수인하여야 하므로 배타적 점유·사용을 하지 못하는 것으로 인한 손해를 주장할 수 없기 때문에 부당이득반환을 청구할 수 없는 것일 뿐이고, 그로써 소유권의 본질적 내용인 사용·수익권 자체를 대세적·확정적으로 상실하는 것을 의미한다고 할 것은 아니다. ⅲ) 따라서 그 후 토지이용상태에 중대한 변화가 생기는 등으로 배타적 사용·수익권을 배제하는 기초가 된 객관적인 사정이 현저히 변경된 경우에는(이 사건 제2

토지가 천호대로 부지로 편입됨으로써 망인이 당초 이 사건 제2토지를 인접 토지 소유자 등의 통행에 제공한 때와는 그 이용상태가 근본적으로 달라졌다), **토지소유자는 그와 같은 사정변경이 있은 때부터는 다시 사용·수익권능을 포함한 완전한 소유권에 기한 권리주장을 할 수 있다**"(대판 2013.8.22. 2012다54133).

☞ '배타적 사용수익권 포기'는 타인의 토지를 도로 등으로 무단점용하는 자에 대하여 토지소유자의 부당이득반환청구를 제약하기 위해 대법원이 창출한 독특한 개념인바, 이러한 법리의 유효범위는 부당이득의 반환에 한정되고, 소유권에 기한 방해배제청구, 즉 건물철거 및 토지인도청구에는 적용될 수 없다고 한다. 따라서 判例는 '배타적 사용수익권의 포기'를 소유권의 권능으로서의 사용수익권의 포기가 아닌 '채권적 포기'로 보고, 이것은 '사용대차'와 다름 아니라고 한다(위 2009다228,235 판결 등).

③ [○] ※ 독점적·배타적인 사용·수익권의 제한이 상속인 또는 특정승계인에게 미치는지 여부(적극)
"상속인은 피상속인의 일신에 전속한 것이 아닌 한 상속이 개시된 때로부터 피상속인의 재산에 관한 포괄적 권리·의무를 승계하므로(민법 제1005조), 피상속인이 사망 전에 그 소유 토지를 일반 공중의 이용에 제공하여 독점적·배타적인 사용·수익권을 포기한 것으로 볼 수 있고 그 토지가 상속재산에 해당하는 경우에는, 피상속인의 사망 후 그 토지에 대한 상속의 독점적·배타적인 사용·수익권의 행사 역시 제한된다고 보아야 한다.
원소유자의 독점적·배타적인 사용·수익권의 행사가 제한되는 토지의 소유권을 경매, 매매, 대물변제 등에 의하여 특정승계한 자는, 특별한 사정이 없는 한 그와 같은 사용·수익의 제한이라는 부담이 있다는 사정을 용인하거나 적어도 그러한 사정이 있음을 알고서 그 토지의 소유권을 취득하였다고 봄이 타당하므로, 그러한 **특정승계인은 그 토지 부분에 대하여 독점적이고 배타적인 사용·수익권을 행사할 수 없다**"(대판 2019.1.24. 전합2016다264556)

④ [×] "이러한 토지소유자의 독점적·배타적 사용·수익권 행사 제한의 법리는 토지가 도로, 수도시설의 매설 부지 등 일반 공중을 위한 용도로 제공된 경우에 적용되는 것이어서, 토지가 건물의 부지 등 지상 건물의 소유자들만을 위한 용도로 제공된 경우에는 적용되지 않는다. 따라서 토지소유자가 그 소유 토지를 건물의 부지로 제공하여 지상 건물소유자들이 이를 무상으로 사용하도록 허락하였다고 하더라도, 그러한 법률관계가 물권의 설정 등으로 특정승계인에게 대항할 수 있는 것이 아니라면 채권적인 것에 불과하여 특정승계인이 그러한 채권적 법률관계를 승계하였다는 등의 특별한 사정이 없는 한 특정승계인의 그 토지에 대한 소유권 행사가 제한된다고 볼 수 없다"(대판 2019.11.14. 2015다211685)

[정답] ④

문2 물권에 관한 설명 중 옳은 것은? (다툼이 있는 경우에는 판례에 의함) [기출변형]

① 물권법정주의를 규정한「민법」제185조의 '법률'은 헌법상 의미의 법률뿐만 아니라, 명령, 규칙 등도 포함한다.

② 대체물과 부대체물은 당사자의 의사에 의하여 결정되고, 특정물과 불특정물은 물건의 객관적 성질에 의하여 구별된다.

③ 저당권자는 경매가 개시되기 전이라도, 저당목적물의 소유자 또는 제3자가 저당목적물을 물리적으로 멸실·훼손하는 경우 저당권에 기한 방해배제청구권을 행사할 수 있다.

④ 채권담보의 목적으로 이루어지는 부동산 양도담보의 경우에 있어서 피담보채무가 변제된 이후에 양도담보권설정자가 행사하는 등기청구권은 소멸시효의 대상이 된다.

[해설] ① [X] 물권의 종류와 내용은 민법 제185조에 의해 '법률과 관습법'에 의해서만 인정된다. 즉 제1조와 달리 조리에 의해서는 인정될 수 없고, 또 그 법률에는 '명령이나 규칙'은 포함되지 않는다. 물권과 같이 사유재산제도와 직결되는 재산권을 행정기관의 명령 등에 의해 정하는 것은 부당하기 때문이다(통설).

[비교쟁점] 민법 제1조에 따르면 민법의 법원은 '민사에 관하여 법률에 규정이 없으면 관습법에 의하고 관습법이 없으면 조리에 의한다'고 한다. 이 때 '법률'은 명령과 대법원규칙도 포함된다.

② [X] 대체물과 부대체물은 물건의 객관적 성질에 의하여 구별되는바, 대체물은 일반거래관념상 물건의 개성이 중시되지 않고 동종·동질·동량의 물건으로 바꾸어도 급부의 동일성이 바뀌지 않는 물건이고(금전·신간서적·술·곡물 등), 부대체물은 그 물건의 개성이 중시되어 대체성이 없는 물건이다(그림·골동품·토지·건물 등). 이 구별은 소비대차(제598조 이하)·소비임치(제702조 이하)의 대상이 대체물이라는 점에 있다.

반면 특정물과 불특정물은 당사자의 의사에 의하여 결정되는바, 특정물은 구체적인 거래에서 당사자가 특정의 물건을 지정하고 다른 물건으로 바꿀 것을 허용하지 않는 물건이고, 이에 대해 불특정물은 목적물을 종류로만 지정하여 동종·동질·동량의 것이면 어느 것이라도 무방한 것을 말한다. 특정물인지 아니면 불특정물인지에 따라 채권의 목적물의 보관의무(제374조)·특정물의 현상인도(제462조)·채무변제의 장소(제467조)·매도인의 담보책임(제580조와 제581조)등에서 그 적용과 내용을 달리한다.

[관련쟁점] 대체물이라도 당사자의 의사에 의해 특정물로 할 수 있고(특정창고에 있는 쌀을 매매의 목적물로 삼은 경우), 부대체물이라도 일정한 종류에 속하는 일정한 양에 주안을 둔다면 역시 당사자의 의사에 의해 불특정물로 삼을 수 있다. 判例는, 수임인이 위임사무의 처리로 인하여 대체물(비료)을 받은 경우에도 위임인에 대한 관계에서는 그것을 특정물로 보아야 한다고 한다(제684조 1항 참조)(대판 1962.12.16, 67다1525).

③ [○] 저당목적물의 소유자 또는 제3자가 저당목적물을 물리적으로 멸실·훼손하는 경우 저당권자는 저당권에 기해 방해의 배제 또는 예방을 청구할 수 있다(제370조, 제214조). 이러한 청구권을 행사하기 위해서는 ⅰ) 객관적으로 침해가 있으면 족하고 침해자의 고의·과실을 요하지 않으며, ⅱ) 저당권의 불가분성에 의하여 남은 목적물의 교환가치가 피담보채권을 만족시킬 수 있는 경우에도 인정되며, ⅲ) 저당권실행의 착수 여부를 묻지 않고 침해가 있으면 언제나 행사할 수 있다(통설).

④ [×] "채권담보의 목적으로 이루어지는 부동산 양도담보의 경우에 있어서 피담보채무가 변제된 이후에 양도담보권설정자가 행사하는 등기청구권은 양도담보권설정자의 실질적 소유권에 기한 물권적 청구권이므로 따로이 시효소멸되지 아니한다"(대판 1979.2.13. 78다2412 ; 부동산 양도담보의 본질에 대한 담보물권설에 따른 것으로 평가받는 判例이다).

[참고판례] 동일한 취지의 判例로 "합의해제에 따른 매도인의 원상회복청구권은 소유권에 기한 물권적 청구권이라 할 것이고, 따라서 이는 소멸시효의 대상이 아니다"(대판 1982.7.27. 80다2968)라고 판시함으로써 적어도 소유권에 기한 물권적 청구권은 소멸시효에 걸리지 않는다고 보고 있다.

[정답] ③

문3 甲은 자신 소유 ×토지와 그 지상 Y건물 중에서 Y건물만을 乙에게 양도하고 건물소유권이전등기를 경료해 주었다. 그 후 乙은 다시 丙에게 Y건물을 양도하고 건물소유권이전등기를 경료해 주었다(현재는 丙이 ×토지와 Y건물을 사용·수익하고 있다). 이 때 '甲과 乙이 ×토지에 대해 Y건물 소유를 위한 아무런 계약관계를 맺은바가 없는 경우' 甲이 丙을 상대로 건물을 철거하고 토지를 인도할 것을 요구한다. 다음 설명 중 틀린 것은? [기출변형]

ㄱ. 乙은 관습법상의 법정지상권을 취득한다.
ㄴ. 丙은 주물·종물 법리의 유추적용에 의해 법정지상권을 취득하였으므로 甲은 건물철거청구를 할 수 없다.
ㄷ. 丙은 지상권을 취득하지 못하였으나 甲의 철거청구는 신의칙상 인정되지 않는다.
ㄹ. 甲은 丙에게 ×토지의 사용에 대한 부당이득반환청구는 할 수 있으나, 불법행위로 인한 손해배상청구는 할 수 없다.

① ㄱ, ㄴ, ㄷ
② ㄴ
③ ㄴ, ㄹ
④ ㄷ, ㄹ

ㄱ [○] ※ 乙의 관습법상 법정지상권 취득 여부(적극)

관습법상 법정지상권이 성립하기 위해서는 ⅰ) 처분당시 토지와 건물이 동일인의 소유에 속하였을 것, ⅱ) 매매 기타의 적법한 원인으로 소유자가 달라질 것, ⅲ) 당사자 사이에 건물을 철거한다는 특약 또는 토지의 점유·사용에 관한 다른 약정이 없을 것이 필요하다.

☞ 사안의 경우 비록 甲과 乙 사이에는 Y건물에 대한 X토지사용계약이 없었지만 乙은 관습법상 법정지상권의 취득을 통해 X토지에 대한 사용권을 취득한 것이 된다. 이러한 지상권은 관습법에 의하여 당연히 성립하는 것이므로 제187조에 의하여 등기를 요하지 않는다.

ㄴ [×] ㄷ [○] ※ 丙의 관습법상 법정지상권 취득 여부(소극) 및 甲의 丙에 대한 청구의 인용 여부(소극)

(1) 乙과 丙 사이 채권계약의 내용

관습법상 법정지상권을 취득한 건물소유자 乙이 건물에 대한 소유권을 양도하는 경우에는 특별한 사정이 없는 한 제100조 2항의 유추적용에 의해 건물의 소유권과 함께 법정지상권도 양도하기로 하는 채권적 계약이 있었다고 할 것이다(대판 1988.9.27. 87다카279).

(2) 丙의 관습법상 법정지상권 승계취득 여부

乙의 지상권은 관습법에 의하여 당연히 성립하는 것이므로 제187조에 의하여 등기를 요하지 않으나, 사안과 같이 제3자 丙에게 법정지상권을 전득시키려면 제187조 단서에 의하여 등기를 하여야 한다.

(3) 甲의 丙에 대한 청구 인용 여부

乙은 법정지상권을 가지고 있으므로 甲은 그러한 지상권의 부담을 안고 있는 것이며, 한편 丙은 자신의 지상권이전청구권을 보전하기 위해 乙이 甲에 대하여 갖는 법정지상권에 기한 지상권설정등기청구권을 대위행사 할 수 있다(제404조). 따라서 그러한 의무있는 甲이 등기청구권자인 丙에게 건물철거를 청구하는 것은 '신의칙'상 허용될 수 없다는 것이 判例의 태도이다(대판 1988.9.27. 87다카279).

ㄹ [○] ※ 甲의 丙에 대한 부당이득반환청구(적극) 및 불법행위로 인한 손해배상청구(소극)

"법정지상권자라고 할지라도 대지소유자에게 지료를 지급할 의무는 있는 것이고 법정지상권을 취득할 지위에 있는 자 역시 지료 또는 임료상당이득을 대지소유자에게 반환할 의무를 면할 수는 없는 것이므로 이러한 임료상당 부당이득의 반환청구까지도 신의성실의 원칙에 반한다고 볼 수 없다"(대판 1988.10.24. 87다카1604).

"대지점거사용으로 인한 부당이득의 반환을 구함은 별론으로 하고 피고의 점유가 불법점유임을 전제로 한 손해배상의 지급을 청구할 수는 없다"(대판 1988.9.27. 87다카279).

[정답] ②

문4 甲은 자신 소유 ✕토지와 그 지상 Y건물 중에서 Y건물만을 乙에게 양도하고 건물소유권이전등기를 경료해 주었다. 그 후 乙은 다시 丙에게 Y건물을 양도하고 건물소유권이전등기를 경료해 주었다(현재는 丙이 ✕토지와 Y건물을 사용·수익하고 있다). 이 때 '甲과 乙이 ✕토지에 대해 Y건물 소유를 위한 임대차계약을 맺은 경우' 甲이 乙과의 임대차계약을 해지하고 丙을 상대로 건물을 철거하고 토지를 인도할 것을 요구한다. 다음 설명 중 틀린 것은?   [기출변형]

ㄱ. 乙은 대항력 있는 임차권을 취득한다.

ㄴ. 甲과 乙사이에는 관습법상의 법정지상권을 포기하기로 하는 묵시적 특약이 있었다고 볼 수 있다.

ㄷ. 乙은 대항력 있는 임차권을 취득하였으므로 주물·종물의 법리에 의해 丙도 대항력 있는 임차권을 취득하여 ✕토지소유자 甲에게 대항할 수 있다.

ㄹ. 乙은 대항력 있는 임차권을 취득하였으나 임대인 甲의 동의가 없었으므로 丙은 甲에게 임차권을 주장할 수 없으며, 다만 배신적 양도가 아니라는 특별한 사정이 있음을 丙이 입증하면 甲에게 대항할 수 있다.

① ㄱ, ㄴ, ㄷ
② ㄴ
③ ㄷ
④ ㄷ, ㄹ

해설 ㄱ [○] ※ 乙의 대항력 있는 임차권 취득 여부(적극)

甲과 乙은 Y건물 소유를 위한 ✕토지에 관한 임대차계약을 맺고, 임차인 乙이 그 지상 Y건물에 대한 소유권이전등기를 하였으므로 제622조 1항에 의해 제3자에 대한 대항력이 생긴다.

ㄴ [○] ※ 관습법상 법정지상권의 포기 여부(적극)

判例는 토지와 건물 중 건물만을 양도하면서 따로 건물을 위해 대지에 대해 '임대차계약'을 체결한 경우에는, 그 대지에 성립하는 관습법상의 법정지상권을 포기한 것으로 본다(대판 1968.1.31. 67다2007).

ㄷ [✕] ※ 丙의 대항력 있는 임차권 승계취득 여부(제622조의 대항력의 의미)

대항력 있는 임차권을 취득한 건물소유자 乙이 건물에 대한 소유권을 丙에게 양도하는 경우에는 특별한 사정이 없는 한 제100조 2항의 유추적용에 의해 건물의 소유권과 함께 임차권도 丙에게 양도하기로 하는 '채권적 계약'이 있었다고 할 것이다(대판 1996.4.26. 95다52864).

그러나 乙과 丙 사이에 임차권양도에 대한 '채권적 계약'이 인정되더라도, 임대차에는 임대인의 동의 없이 그 권리를 양도하지 못한다는 제한이 있다(제629조). 따라서 대항력 있는 임차권이라고 해서 임대인의 동의 없이 양도할 수 있는 것은 아니다. 즉, 判例가 판시하는 바와 같이 제622조의 대항력은 토지에 관하여 권리를 취득한 제3자에 대하여 임대차의 효력을 주장할 수 있음을 규정한 취지임에 불과할 뿐, 건물의 소유권과 함께 건물의 소유를 목적으로 한 토지의 임차권을 취득한 사람이 토지의 임대인에 대한 관계에서 그의 동의가 없이도 임차권의 취득을 대항할 수 있는 것까지 규정한 것이라고는 볼 수 없다(대판 1993.4.13. 92다24950). 丙은 제3자에게 대항할 수 있는 임차권은 승계취득하였으나, 임대인 甲에게는 대항할 수 없다.

ㄹ [○] ※ 임차권의 무단양도와 임대인의 해지권 제한(소위 '배신행위론')

판例는 "임차인의 변경이 당사자의 개인적인 신뢰를 기초로 하는 계속적 법률관계인 임대차를 더 이상 지속시키기 어려울 정도로 당사자간의 신뢰관계를 파괴하는 임대인에 대한 배신행위가 아니라고 인정되는 특별한 사정이 있는 때에는, 임대인은 자신의 동의 없이 임차권이 이전되었다는 것만을 이유로 민법 제629조 2항에 따라서 임대차계약을 해지할 수 없다"고 한다(대판 1993.4.13. 92다24950). 다만 이러한 특별한 사정에 대한 입증책임은 (임차권의) 양수인에게 있다고 한다(대판 1993.4.13. 92다24950). 그러나 判例는 당사자간의 신뢰관계를 파괴하는 임대인에 대한 배신행위가 아니라고 인정되는 특별한 사정이 있음을 양수인 丙이 입증하면 임대인 甲에게 대항할 수 있다고 한다.

[정답] ③

문5 다음 설명 중 가장 옳지 않은 것은? [18서기보]

① 어느 건물이 주된 건물의 종물이기 위해서는 주물의 상용에 이바지하는 관계에 있어야 하고, 주물의 상용에 이바지한다 함은 주물 그 자체의 경제적 효용을 다하게 하는 것을 말하는 것으로서, 주물의 소유자나 이용자의 사용에 공여되고 있더라도 주물 그 자체의 효용과 직접 관계가 없는 물건은 종물이 아니다.

② 민법 제256조에 의하여 부동산에 부합된 것으로 인정되기 위해서는 그 물건을 훼손하거나 과다한 비용을 지출하지 않고서는 분리할 수 없을 정도로 부착·합체되었는지 여부 등을 종합하여 판단하여야 하고, 이러한 부동산에의 부합에 관한 법리는 건물의 증축 뿐 아니라 신축의 경우에도 적용된다.

③ 부동산의 소유자는 그 부동산에 부합한 동산의 소유권을 취득하고, 그 동산의 소유권이 소멸한 경우 그 동산을 목적으로 하는 다른 권리도 소멸하나, 대신 이로 인하여 손해를 받은 자는 부동산 소유자를 상대로 부당이득 규정에 의한 보상을 청구할 수 있다.

④ 부동산에 부합된 물건이 사실상 분리복구가 불가능하여 거래상 독립한 권리의 객체성을 상실하고 그 부동산과 일체를 이루는 구성부분이 된 경우에는 타인이 권원에 의하여 이를 부합시킨 것이 아닌 이상 그 물건의 소유권은 부동산의 소유자에게 귀속된다.

해설 ① [○] 종물은 사회관념상 계속해서 주물의 경제적 효용을 다하게 하는 작용을 해야 한다. 따라서 일시적 용도에 쓰이는 물건은 종물이 아니며(대판 1988.2.23, 87다카600), 주물의 효용과는 직접 관계가 없는 물건, 예컨대 TV·책상 등은 가옥의 종물이 아니다(대판 1985.3.26. 84다카269).

② [○] 대판 2009.9.24. 2009마15602

③ [○] **제256조 (부동산에의 부합)** 부동산의 소유자는 그 부동산에 부합한 물건의 소유권을 취득한다. 그러나 타인의 권원에 의하여 부속된 것은 그러하지 아니하다.

제260조(첨부의 효과) ① 전4조의 규정(부합의 규정)에 의하여 동산의 소유권이 소멸한 때에는 그 동산을 목적으로 한 다른 권리도 소멸한다.

제261조(첨부로 인한 구상권) 전5조의 경우(부합의 규정)에 손해를 받은 자는 부당이득에 관한 규정에 의하여 보상을 청구할 수 있다.

④ [✕] 부합한 물건이 타인의 '권원'에 의하여 '부속'된 것인 때에는, 그 부합물은 부동산의 소유자의 소유가 되지 않고 그것을 부속시킨 자의 소유로 된다(제256조 단서). 여기서 '부속'이라함은 부합과 구별되는 개념으로 부동산의 본질적 구성부분으로 되지는 않을 정도로 결합된 것을 의미한다(다수설)(제256조 본문의 '부합'은 강한부합, 약한부합을 모두 포함하는 반면, 제256조 단서의 '부속'은 약한부합을 의미한다). 이와 같이 부합된 물건에 대하여 독립된 소유권이 인정되기위해서는 그 전제로 먼저 그 물건의 '**독립성**'이 인정되어야 한다.

따라서 判例가 판시하는 바와 같이 "부동산에 부합된 물건이 사실상 분리복구가 불가능하여 거래상 독립한 권리의 객체성을 상실하고 그 부동산과 일체를 이루는 부동산의 구성부분이 된 경우에는, 타인이 권원에 의하여 이를 부합시킨 경우에도 그 물건의 소유권은 부동산의 소유자에게 귀속된다"(대판 2008.5.8, 2007다36933,36940).

☞ 결국 부합된 물건에 독립성이 인정되지 않는 경우에는 권원이 있다고 하여도 제256조 단서는 적용되지 않는다.

[정답] ④

문6 다음 설명 중 옳은 것은? (다툼이 있으면 판례에 의함) [기출변형]

① 부동산에 설정된 근저당권의 피담보채권이 소멸한 후 그 부동산에 관하여 제3자에게 소유권이 이전된 경우, 현재의 소유자가 자신의 소유권에 기하여 피담보채무의 소멸을 원인으로 그 근저당권설정등기의 말소를 청구할 수 있을 뿐, 근저당권설정자인 종전의 소유자는 근저당권자를 상대로 피담보채무의 소멸을 이유로 한 근저당권설정등기의 말소를 청구할 수 없다.

② 소유자가 민법 제214조에 기하여 방해배제 비용 또는 방해예방 비용을 청구할 수 있다.

③ 무효인 소유권이전등기청구권 가등기의 유용 합의에 따라 그 가등기에 기한 본등기가 마쳐지고, 그에 따라 가등기 이후 마쳐진 경매개시결정 기입등기가 직권말소된 경우, '강제경매 신청채권자'는 말소된 강제경매개시결정 기입등기의 회복등기절차의 이행을 소구할 이익이 있으므로 말소 당시 소유자를 상대로 말소된 경매개시결정 기입등기의 회복절차에 대한 승낙청구의 소를 제기할 수 없다.

④ 소유권이전등기의 말소를 구하는 자에게 말소를 청구할 수 있는 권원이 인정되지 않는 경우, 해당 소유권이전등기가 무효의 등기라도 그 청구를 인용할 수 없다. 따라서 종전 등기명의인으로부터 매매 등의 방법으로 부동산에 대한 권리가 순차적으로 이전되어 최종적으로 소유권이전등기를 마친 제3자가 시효취득을 원인으로 부동산에 대한 소유권을 취득함에 따라 당초 부동산의 소유자였던 사람이 소유권을 상실한 경우, 당초 소유자였던 사람이 종전 등기명의인에 대하여 소유권에 기한 등기말소청구를 할 수는 없다.

해설 ① [×] ※ 계약상 권리에 기초한 저당권말소청구권
判例는 "근저당권이 설정된 후에 그 부동산의 소유권이 제3자에게 이전된 경우에는 현재의 소유자가 자신의 소유권에 기하여(=물권적 청구권을 행사하여) 피담보채무의 소멸을 원인으로 그 근저당권설정등기의 말소를 청구할 수 있음은 물론이지만, 근저당권설정자인 종전의 소유자도 근저당권설정계약의 당사자로서 근저당권소멸에 따른 원상회복으로 근저당권자에게 근저당권설정등기의 말소를 구할 수 있는 계약상 권리가 있으므로 이러한 계약상 권리에 터잡아(=채권적 청구권을 행사하여) 근저당권자에게 피담보채무의 소멸을 이유로 하여 그 근저당권설정등기의 말소를 청구할 수 있다"(대판 1994.1.25, 전합93다16338)

② [×] ※ 물권적 청구권에 있어서의 비용부담
"소유자가 침해자에 대하여 방해제거 행위 또는 방해예방 행위를 하는 데 드는 비용을 청구할 수 있는 권리는 민법 제214조 규정에 포함되어 있지 않으므로, 소유자가 제214조에 기하여 방해배제 비용 또는 방해예방 비용을 청구할 수는 없다"(대판 2014.11.27. 2014다52612)

③ [×] ※ 강제경매 신청채권자의 기입등기의 회복 여부
"부동산 강제경매개시결정 기입등기는 채권자나 채무자가 직접 등기공무원에게 이를 신청하여 행할 수는 없고 반드시 법원의 촉탁에 의하여 행하여지는바, 이와 같이 당사자가 신청할 수 없는 강제경매개시결정 기입등기가 법원의 촉탁에 의하여 말소된 경우에는 그 회복등기도 법원의 촉탁에 의하여 행하여져야 하므로, 이 경우 강제경매 신청채권자가 말소된 강제경매개시결정 기입등기의 회복등기절차의 이행을 소구할 이익은 없고, 다만 그 강제경매개시결정 기입등기가 말소될 당시 그 부동산에 관하여 소유권이전등기를 경료하고 있는 사람은 법원이 그 강제경매개시결정 기입등기의 회복을 촉탁함에 있어서 등기상 이해관계가 있는 제3자에 해당하므로, 강제경매 신청채권자로서는 그 사람을 상대로 하여 법원의 촉탁에 의한 그 강제경매개시결정 기입등기의 회복절차에 대한 승낙청구의 소를 제기할 수는 있다"(대판 2019.5.16 2015다253573).

④ [○] "원고가 피고에 대하여 피고 명의로 마쳐진 소유권이전등기의 말소를 구하려면 먼저 원고에게 말소를 청구할 수 있는 권원이 있음을 적극적으로 주장·증명하여야 하고, 만일 원고에게 그러한 권원이 있음이 인정되지 않는다면 설령 피고 명의의 소유권이전등기가 말소되어야 할 무효의 등기라고 하더라도 원고의 청구를 인용할 수는 없다. 피고로부터 매매 등의 방법으로 부동산에 대한 권리가 순차적으로 이전되어 최종적으로 소유권이전등기를 마친 제3자가 시효취득을 원인으로 부동산에 대한 소유권을 취득함에 따라 당초 부동산의 소유자인 원고가 소유권을 상실하게 되면, 비록 피고 명의의 소유권이전등기가 원인무효라고 하더라도 원고에게 피고 명의의 소유권이전등기의 말소를 청구할 수 있는 권원이 없으므로, 원고는 피고에 대하여 소유권에 기한 등기말소청구를 할 수 없다"(대판 2019.7.10. 2015다249352).

[정답] ④

제2장 | 물권의 변동

제1절 | 부동산물권의 변동

문1 다음 설명 중 가장 옳지 않은 것은?

[15서기보]

① 소유권이전등기가 경료되어 있는 경우 그 등기명의자는 제3자에 대하여서뿐만 아니라 그 전소유자에 대하여서도 적법한 등기원인에 의하여 소유권을 취득한 것으로 추정된다.

② 동일 부동산에 대하여 이미 소유권이전등기가 경료되어 있음에도 그 후 중복하여 소유권보존등기를 경료한 자가 그 부동산을 20년간 소유의 의사로 평온·공연하게 점유하여 점유취득시효가 완성되었다면, 선등기인 소유권이전등기의 토대가 된 소유권보존등기가 원인무효라고 볼 주장·입증이 없다 하더라도 뒤에 경료된 소유권보존등기는 실체적 권리관계에 부합하는 것으로서 유효하다고 보아야 한다.

③ 실질관계의 소멸로 무효로 된 등기의 유용은 그 등기를 유용하기로 하는 합의가 이루어지기 전에 등기상 이해관계가 있는 제3자가 생기지 않은 경우에 허용된다.

④ 최종 양수인이 중간생략등기의 합의를 이유로 최초 양도인에게 직접 중간생략등기를 청구하기 위하여는 관계 당사자 전원의 의사합치가 필요하지만, 당사자 사이에 적법한 원인행위가 성립되어 일단 중간생략등기가 이루어진 이상 중간생략등기에 관한 합의가 없었다는 이유만으로는 중간생략등기가 무효라고 할 수는 없다.

해설 ① [○] "소유권이전등기가 경료되어 있는 경우에는 그 등기명의자는 제3자에 대하여서 뿐만 아니라 그 전소유자에 대하여도 적법한 등기원인에 의하여 소유권을 취득한 것으로 추정된다"(대판 2004.9.24, 2004다27273).

"매매를 원인으로 소유권이전 등기가 마쳐진 경우 전 소유명의인이 이를 부인하고 그 등기원인의 무효를 주장하여 소유권이전등기의 말소등기절차의 이행을 구하려면 그 무효사실을 주장하고 이를 입증하여야 할 책임이 있다"(대판 1977.6.7, 76다3010).

☞ 권리변동의 당사자간에도 추정력이 미치는가에 관하여 判例는 '소유권이전등기'에 관하여는 긍정하는 입장이다. 따라서 예를 들어 甲으로부터 乙에게로 소유권이전등기가 마쳐진 경우, 乙은 제3자 뿐만 아니라 甲에 대하여도 적법한 등기원인에 의하여 소유권을 취득한 것으로 추정된다.

비교판례 그러나 判例는 '소유권보존등기'의 경우 건물매매 등에 의한 소유권이전이 있었음에도 불구하고 편의상 보존등기를 하는 등 진실성 보장이 약하다는 이유로 부정하는 입장을 취하고 있다(대판 1982.9.14, 82다카707). 따라서 소유권보존등기의 경우에는 그 명의자가 보존등기전의 소유자로부터 소유권을 양도받은 것이라는 주장을 하였지만 전소유자가 명의자에게 양도한 사실을 부인하는 경우 그 명의자는 소유자로 추정되지 않는다.

② [×] ※ 중복등기한 자가 점유취득시효를 완성한 경우

"동일 부동산에 관하여 이미 소유권이전등기가 경료되어 있음에도 그 후 중복하여 소유권보존등기를 경료한 자가 그 부동산을 20년간 소유의 의사로 평온·공연하게 점유하여 점유취득시효가 완성되었더라도, 선등기인 소유권이전등기의 토대가 된 소유권보존등기가 원인무효라고 볼 아무런 주장·입증이 없는 이상, 뒤에 경료된 소유권보존등기는 실체적 권리관계에 부합하는지의 여부에 관계없이 무효이므로, 뒤에 된 소유권보존등기의 말소를 구하는 것이 신의칙위반이나 권리남용에 해당한다고 할 수 없다"(대판 2008.2.14, 2007다63690)

③ [○] 무효등기의 유용이 되기 위해서는 ⅰ) 등기유용의 합의가 있을 것, ⅱ) 무효등기에 부합하는 실체관계가 존재할 것, ⅲ) 등기유용의 합의 이전에 등기부상 이해관계 있는 제3자가 존재하지 아니할 것을 요한다(대판 2002.12.6, 2001다2846 등).

④ [○] 대판 2005.9.29. 2003다40651

☞ 判例는 중간생략등기가 경료되어 버린 경우에는 합의가 없어도 유효하다고 보는데 반해(실체관계에 부합하는 등기), 중간생략등기청구권에 대해서는 중간생략등기의 '합의'가 없는 한 이를 인정하지 아니하는 입장을 유지하고 있다.

[정답] ②

문2 부동산 등기에 관한 다음 설명 중 가장 옳지 않은 것은? [17서기보]

① 최초 매도인과 중간 매수인, 중간 매수인과 최종 매수인 사이에 순차로 매매계약이 체결되고 이들 간에 중간생략등기의 합의가 있은 후에 최초 매도인과 중간 매수인 간에 매매대금을 인상하는 약정이 체결된 경우 최초 매도인은 인상된 매매대금이 지급되지 않았음을 이유로 최종 매수인 명의로의 소유권이전등기의무의 이행을 거절할 수 없다.

② 최종 양수인이 중간자로부터 소유권이전등기 청구권을 양도받았다고 하더라도 최초 양도인이 그 양도에 대하여 동의하지 않고 있다면 최종 양수인은 최초 양도인에 대하여 채권양도를 원인으로 하여 소유권이전등기절차이행을 청구할 수 없다.

③ 전 소유자가 사망한 이후에 그 명의로 신청되어 경료된 소유권이전등기는 특별한 사정이 인정되는 경우를 제외하고는 원인무효의 등기이므로 그 등기의 추정력을 인정할 여지가 없다.

④ 부동산을 매수하는 사람은 매도인에게 부동산을 처분할 권한이 있는지 여부를 알아보아야 하는 것이 원칙이고, 이를 알아보았더라면 무권리자임을 알 수 있었을 때에는 과실이 있다고 보아야 한다.

[해설] ① [X] ※ 최초매도인의 중간자에 대한 매매대금지급청구권

"중간생략등기의 합의란 부동산이 전전 매도된 경우 각 매매계약이 유효하게 성립함을 전제로 그 이행의 편의상 최초의 매도인으로부터 최종의 매수인 앞으로 소유권이전등기를 경료하기로 한다는 당사자 사이의 합의에 불과할 뿐이므로, 이러한 합의가 있다고 하여 최초의 매도인이 자신이 당사자가 된 매매계약상의 매수인인 중간자에 대하여 갖고 있는 매매대금청구권의 행사가 제한되는 것은 아니다. 최초 매도인과 중간 매수인, 중간 매수인과 최종 매수인 사이에 순차로 매매계약이 체결되고 이들 간에 중간생략등기의 합의가 있은 후에 최초 매도인과 중간 매수인 간에 매매대금을 인상하는 약정이 체결된 경우, 최초 매도인은 인상된 매매대금이 지급되지 않았음을 이유로 최종 매수인 명의로의 소유권이전등기의무의 이행을 거절할 수 있다"(대판 2005.4.29. 2003다66431).

② [○] ※ 매매로 인한 소유권이전등기청구권

종전의 判例는 매매로 인한 소유권이전등기청구권을 채권적 청구권으로 보면서도 '3자 합의설'의 이론구성에 의거하여 그 양도성을 제한하여 왔는데(대판 1995.8.22, 95다15575), 최근 判例는 또 다른 논거로서 매매로 인한 소유권이전등기청구권은 그 '이행과정에 신뢰관계'가 따른다는 것을 이유로 (특별한 사정이 없는 이상 권리의 성질상 양도가 제한되어) 통상의 채권양도와 달리 채무자에 대한 통지만으로는 채무자에 대한 대항력이 생기지 않으며 반드시 채무자의 동의나 승낙을 받아야 대항력이 생긴다(대판 2001.10.9, 2000다51216)고 판시하고 있다.

[비교판례] ※ 취득시효완성으로 인한 소유권이전등기청구권

그러나 취득시효완성으로 인한 소유권이전등기청구권은 채권자와 채무자 사이에 아무런 계약관계나 신뢰관계가 없고, 그에 따라 채권자가 채무자에게 반대급부로 부담하여야 하는 의무도 없다. 따라서 判例는 이를 이유로 취득시효완성으로 인한 소유권이전등기청구권의 양도의 경우에는 매매로 인한 소유권이전등기청구권에 관한 양도제한의 법리가 적용되지 않는다(대판 2018.7.12. 2015다36167)고 한다.

③ [○] ※ 등기 추정력의 복멸(번복)

"전 소유자가 사망한 이후에 그 명의로 신청되어 경료된 소유권이전등기는, 그 등기원인이 이미 존재하고 있으나 아직 등기신청을 하지 않고 있는 동안에 등기의무자에 대하여 상속이 개시된 경우에 피상속인이 살아 있다면 그가 신청하였을 등기를 상속인이 신청한 경우 또는 등기신청을 등기공무원이 접수한 후 등기를 완료하기 전에 본인이나 그 대리인이 사망한 경우와 같은 특별한 사정이 인정되는 경우를 제외하고는, 원인무효의 등기라고 볼 것이어서 그 등기의 추정력을 인정할 여지가 없다"(대판 2004.9.3, 2003다3157)

④ [○] ※ 등기 추정력의 부수적 효과

"부동산을 매수하는 사람은 매도인에게 그 부동산을 처분할 권한이 있는지 여부를 알아보아야 하는 것이 원칙이고, 이를 알아보았더라면 무권리자임을 알 수 있었을 때에는 과실이 있다고 보아야 할 것이나, 매도인이 등기부상의 소유명의자와 동일인인 경우에는 그 등기부나 다른 사정에 의하여 매도인의 소유권을 의심할 수 있는 여지가 엿보인다면 몰라도 그렇지 아니한 경우에는 등기부의 기재가 유효한 것으로 믿고 매수한 사람에게 과실이 있다고 말할 수는 없다"(대판 1992.6.23. 91다38266)

☞ 등기의 추정력이 인정되는 결과 등기를 신뢰하고 거래한 경우에는 과실이 없는 것으로 추정되고, 선의라도 등기를 조사하지 아니한 경우에는 과실이 있는 것으로 추정된다(대판 1964.10.20, 64다445). 예를 들어 등기부상 명의인과 매도인이 동일인인 경우에는 (매도인 명의의 등기가 원인무효라고 하더라도) 이를 소유자로 믿고 그 부동산을 매수한 자는 특별한 사정이 없는 한 (선의) 무과실의 점유자라고 할 것이다(대판 1983.3.8. 80다3198).

[정답] ①

문3 다음 설명 중 가장 옳지 않은 것은?

① 미등기 무허가건물을 매수하였으나 아직 소유권이전등기를 마치지 않은 매수인은 그 건물의 불법점유자에 대하여 직접 자신의 소유권에 의한 명도를 청구할 수 없다.

② 부동산의 최초매도인, 중간자, 최종매수인 사이에 최초매도인으로부터 최종매수인에게 소유권이전등기를 해주기로 하는 합의가 있으면, 최초매도인에 대한 중간자의 소유권이전등기청구권은 소멸한다.

③ 소유권보존등기의 말소를 구하려면 먼저 그 말소를 구하는 사람이 말소를 청구할 수 있는 권원이 있음을 적극적으로 주장·입증하여야 하며, 만일 이러한 권원이 있음이 인정되지 않는다면 설사 소유권보존등기가 말소되어야 할 무효의 등기라고 하더라도 그 말소 청구를 인용할 수 없다.

④ 가등기에 의하여 순위 보전의 대상이 되어 있는 물권변동청구권이 양도된 경우, 그 가등기상 권리의 이전등기를 가등기에 대한 부기등기의 형식으로 경료할 수 있다.

[해설] ① [○] ※ 미등기건물의 매수인이 소유권 내지 소유권에 준하는 관습상 물권이 존재하는지 여부(소극)

"미등기 무허가건물의 양수인이라 할지라도 그 소유권이전등기를 경료받지 않는 한 그 건물에 대한 소유권을 취득할 수 없고, 그러한 상태의 건물 양수인에게 소유권에 준하는 관습상의 물권이 있다고 볼 수도 없으므로, 건물을 신축하여 그 소유권을 원시취득한 자로부터 그 건물을 매수하였으나 아직 소유권이전등기를 갖추지 못한 자는 그 건물의 불법점거자에 대하여 '직접' 자신의 소유권 등에 기하여 명도를 청구할 수는 없다"(대판 2007.6.15, 2007다11347 : 건물 소유자를 '대위'하여 인도청구는 가능하다).

② [×] ※ 중간자의 최초매도인에 대한 소유권이전등기청구권

중간생략등기의 합의가 있었다 하여 중간매수인의 소유권이전등기청구권이 소멸된다거나 최초매도인의 그 매수인에 대한 소유권이전등기의무가 소멸하는 것은 아니다(대판 1991.12.13, 91다18316).

③ [○] 대판 2010.1.14, 2009다67429

④ [○] 判例는 "가등기는 원래 순위를 확보하는 데에 그 목적이 있으나 순위보전의 대상이 되는 물권변동의 청구권은 ⅰ) 그 성질상 양도될 수 있는 재산권일 뿐만 아니라, ⅱ) 가등기로 인하여 그 권리가 공시되어 결과적으로 공시방법까지 마련된 셈이므로" 이를 인정할 수 있다고 한다(대판 1998.11.19, 전합98다24105). 즉 가등기상의 권리를 양도한 경우에는 양도인과 양수인의 공동신청으로 그 가등기상의 권리의 이전등기를 가등기에 대한 부기등기의 형식으로 경료할 수 있다고 하였다.

[정답] ②

문4 부동산등기에 관한 설명 중 가장 옳지 않은 것은?

[14서기보]

① 등기는 물권의 효력발생요건이고 효력존속요건이 아니므로, 물권에 관한 등기가 원인없이 말소된 경우 그 물권의 효력에는 아무런 영향을 미치지 않는다.

② 상속, 공용징수, 판결, 경매 기타 법률의 규정에 의한 부동산에 관한 물권의 취득은 등기를 요하지 아니하나, 등기를 하지 아니하면 이를 처분하지 못한다.

③ 채무자의 변경을 내용으로 하는 근저당권변경의 부기등기는 기존의 주등기인 근저당권설정등기와 별개의 등기이므로, 그 피담보채무가 변제로 인하여 소멸된 경우 위 주등기의 말소뿐만 아니라 그에 기한 부기등기도 별도로 말소를 구하여야 한다.

④ 부동산에 소유권이전등기가 마쳐져 있는 경우 그 등기명의자는 제3자뿐만 아니라 그 전 소유자에 대하여도 적법한 등기원인에 의하여 소유권을 취득한 것으로 추정된다.

[해 설] ① [○] 통설 및 判例에 따르면 등기는 권리의 효력발생요건이지 존속요건이 아니기 때문에 물권에 영향이 없다. 따라서 불법말소된 경우에도 말소 당시의 명의인(현재의 명의인이 아님)을 상대로 회복등기를 마치면, 말소된 종전의 등기와 동일한 효력을 갖는다(대판 1968.8.30. 68다1187)

② [○] **제187조(등기를 요하지 아니하는 부동산물권취득)** 상속, 공용징수, 판결, 경매 기타 법률의 규정에 의한 부동산에 관한 물권의 취득은 등기를 요하지 아니한다. 그러나 등기를 하지 아니하면 이를 처분하지 못한다.

③ [×] ※ 근저당권이전의 부기등기의 말소를 구할 소의 이익이 인정되는지 여부

判例는 "채무자의 변경을 내용으로 하는 근저당권변경의 부기등기는 기존의 주등기인 근저당권설정등기에 종속되어 주등기와 일체를 이루는 것이고 주등기와 별개의 새로운 등기는 아니므로, 그 피담보채무가 변제로 인하여 소멸된 경우 위 주등기의 말소만을 구하면 되고, 그에 기한 부기등기는 별도로 말소를 구하지 않더라도 주등기가 말소되는 경우에는 직권으로 말소되어야 할 성질의 것이므로, 위 부기등기의 말소청구는 권리보호의 이익이 없는 부적법한 청구"라고 한다 (대판 2000.10.10. 2000다19526).

[비교판례] 그러나 근저당권의 주등기 자체는 유효하고 단지 부기등기를 하게 된 원인만이 무효로 되거나 취소 또는 해제된 경우에는, 그 부기등기만의 말소를 따로 구할 수 있다(대판 2005.6.10., 2002다15412,15429). 즉, 채권양도의 무효·취소·해제로 인하여 '근저당권의 이전원인'이 무효로 된 경우에는 근저당권의 '양도인'(근저당권설정자 또는 그로부터 소유권을 이전받은 제3취득자가 아님)이 '양수인'을 상대로 '근저당권이전의 부기등기'의 말소를 구해야 한다.

④ [○] "소유권이전등기가 경료되어 있는 경우에는 그 등기명의자는 제3자에 대하여서 뿐만 아니라 그 전소유자에 대하여도 적법한 등기원인에 의하여 소유권을 취득한 것으로 추정된다"(대판 2004.9.24. 2004다27273).

☞ 권리변동의 당사자간에도 추정력이 미치는가에 관하여 判例는 '소유권이전등기'에 관하여는 긍정하는 입장이다. 따라서 예를 들어 甲으로부터 乙에게로 소유권이전등기가 마쳐진 경우, 乙은 제3자 뿐만 아니라 甲에 대하여도 적법한 등기원인에 의하여 소유권을 취득한 것으로 추정된다.

그러나 判例는 '소유권보존등기'의 경우 건물매매 등에 의한 소유권이전이 있었음에도 불구하고 편의상 보존등기를 하는 등 진실성 보장이 약하다는 이유로 부정하는 입장을 취하고 있다(대판 1982.9.14, 82다카707). 따라서 소유권보존등기의 경우에는 그 명의자가 보존등기전의 소유자로부터 소유권을 양도받은 것이라는 주장을 하였지만 전소유자가 명의자에게 양도한 사실을 부인하는 경우 그 명의자는 소유자로 추정되지 않는다.

[정답] ③

문5 등기 추정력에 관한 다음 설명 중 가장 옳지 않은 것은? [19서기보]

① 등기절차의 추정력이 인정되므로 전 등기명의인이 미성년자이고 당해 부동산을 친권자에게 증여한 행위가 이해상반행위에 해당하더라도 등기가 친권자에게 이전되었다면, 그 이전등기에 관하여 필요한 절차를 적법하게 거친 것으로 추정된다.

② 등기추정력은 등기원인과 절차에 관하여만 미치고 그 기재사항에 대하여는 추정력이 미치지 아니하므로 환매기간을 제한하는 환매특약이 등기부에 기재되어 있더라도 그 기재와 같은 환매특약이 진정하게 성립된 것으로 추정할 수 없다.

③ 소유권이전등기의 추정력은 권리변동의 당사자 사이에도 미친다.

④ 등기명의인이 등기원인을 다소 다르게 주장하더라도 등기의 추정력은 깨어진다고 할 수 없다.

해설 ① [〇] ※ 등기절차의 적법추정

등기는 절차상으로 유효요건을 갖추어서 적법하게 이루어진 것으로 추정된다. 따라서 判例에 따르면 "전 등기명의인이 미성년자이고 당해 부동산을 친권자에게 증여하는 행위가 이해상반행위라면, 일단 친권자에게 이전등기가 마쳐졌더라도 그 이전등기에 관하여 필요한 절차를 적법하게 거친 것으로 추정된다"(대판 2002.2.5. 2001다72029)고 한다.

② [✕] ※ 등기원인의 존재 및 유효성

"환매기간을 제한하는 환매특약이 등기부에 기재되어 있는 때에는 반증이 없는 한 등기부 기재와 같은 환매특약이 진정하게 성립된 것으로 추정된다"(대판 1991.10.11. 91다13700).

☞ 등기된 권리는 적법한 것으로 추정되며 그 권리는 등기원인으로부터 연유하는 것이므로 判例는 등기의 추정력은 등기원인에도 미친다고 보며, 권리취득 원인을 등기부에 기록된 취득원인과 달리 주장한 경우에도 추정이 깨어지지 않는다는 입장이다(대판 1994.9.13, 94다10160)

③ [〇] "소유권이전등기가 경료되어 있는 경우에는 그 등기명의자는 제3자에 대하여서 뿐만 아니라 그 전소유자에 대하여도 적법한 등기원인에 의하여 소유권을 취득한 것으로 추정된다"(대판 2004.9.24, 2004다27273).

☞ 권리변동의 당사자간에도 추정력이 미치는가에 관하여 判例는 '소유권이전등기'에 관하여는 긍정하는 입장이다. 따라서 예를 들어 甲으로부터 乙에게로 소유권이전등기가 마쳐진 경우, 乙은 제3자 뿐만 아니라 甲에 대하여도 적법한 등기원인에 의하여 소유권을 취득한 것으로 추정된다.

④ [○] "부동산등기는 현재의 진실한 권리상태를 공시하면 그에 이른 과정이나 태양을 그대로 반영하지 아니하였어도 유효한 것이므로, 등기명의자가 전소유자로부터 부동산을 취득함에 있어 등기부상 기재된 등기원인에 의하지 아니하고 다른 원인으로 적법하게 취득하였다고 하면서 등기원인행위의 태양이나 과정을 다소 다르게 주장한다고 하여 이러한 주장만 가지고 그 등기의 추정력이 깨어진다고 할 수 없다"(대판 1994.9.13. 94다10160).

[정답] ②

문6 등기의 효력에 관한 다음 설명 중 가장 옳지 않은 것은? [20서기보]

① 등기명의자가 전 소유자로부터 부동산을 취득함에 있어 등기부상 기재된 등기원인에 의하지 아니하고 다른 원인으로 적법하게 취득하였다고 하면서 등기원인 행위의 태양이나 과정을 다소 다르게 주장한다고 하여도 그 등기의 추정력이 깨어지지 않는다.

② 동일 부동산에 관하여 등기명의인을 달리하여 중복된 소유권보존등기가 경료된 경우에는 먼저 이루어진 소유권보존등기가 원인무효가 아닌 한 뒤에 된 소유권보존등기는 실체관계에 부합한다고 하더라도 무효이다.

③ 등기명의인의 경정등기는 명의인의 동일성이 인정되는 범위를 벗어나면 허용되지 아니하므로 명의인의 동일성이 인정되지 않는 위법한 경정등기가 마쳐졌다면, 그것이 일단 마쳐져서 경정 후의 명의인의 권리관계를 표상하는 결과에 이르렀고 그 등기가 실체관계에도 부합한다고 하더라도 그 등기를 유효하다고 볼 수는 없다.

④ 자기 앞으로 소유권의 등기가 되어 있지 않았고 법률에 의하여 소유권을 취득하지도 않은 사람은 소유권자를 대위하여 현재의 등기명의인을 상대로 그 등기의 말소를 청구할 수 있을 뿐이고, 진정명의의 회복을 위한 소유권이전등기청구를 할 수 없다.

해설 ① [○] "부동산등기는 현재의 진실한 권리상태를 공시하면 그에 이른 과정이나 태양을 그대로 반영하지 아니하였어도 유효한 것이므로, 등기명의자가 전소유자로부터 부동산을 취득함에 있어 등기부상 기재된 등기원인에 의하지 아니하고 다른 원인으로 적법하게 취득하였다고 하면서 등기원인행위의 태양이나 과정을 다소 다르게 주장한다고 하여 이러한 주장만 가지고 그 등기의 추정력이 깨어진다고 할 수 없다"(대판 1994.9.13. 94다10160).

② [○] ※ 중복보존등기의 효력(등기명의인이 동일인이 아닌 경우)
判例는 등기명의인이 동일인이 아닌 경우 "먼저 이루어진 소유권보존등기가 '원인무효가 되지 아니하는 한' 뒤에 된 보존등기는 비록 그 부동산의 매수인에 의하여 이루어진 경우에도 1부동산 1등기용지주의를 취하고 있는 부동산 등기법 아래에서는 무효"라고 하고(대판 1990.11.27. 전합87다카2961), "선등기인 소유권이전등기의 토대가 된 소유권보존등기가 원인무효라고 볼 아무런

주장·입증이 없는 이상, 뒤에 경료된 소유권보존등기는 실체적 권리관계에 부합하는지의 여부에 관계 없이 무효이므로, 뒤에 된 소유권보존등기의 말소를 구하는 것이 신의칙위반이나 권리남용에 해당한다고 할 수 없다"(대판 2008.2.14, 2007다63690)고 한다.

[비교판례] ※ 중복보존등기의 효력(등기명의인이 동일인인 경우)

"동일 부동산에 관하여 등기명의인을 달리하여 중복하여 보존등기가 이루어진 경우와는 달리 동일인 명의로 소유권보존등기가 중복되어 있는 경우에는 먼저 경료된 등기가 유효하고 뒤에 경료된 중복등기는 그것이 실체관계에 부합하는 여부를 가릴 것 없이 무효이다(대판 1981.11.18, 81다1340등)

☞ 이는 동일인명의의 보존등기 사이에는 실체적 권리관계에 부합하는지 여부를 가릴 필요가 없기 때문으로 보인다.

③ [×] ※ 등기명의인의 동일성을 해하는 경정등기의 효력

判例는 "등기명의인의 경정등기는 그 명의인의 동일성이 인정되는 범위를 벗어나면 허용되지 않는다. 그렇지만 등기명의인의 동일성 유무가 명백하지 아니하여 경정등기 신청이 받아들여진 결과 명의인의 동일성이 인정되지 않는 위법한 경정등기가 마쳐졌다 하더라도, 그 등기가 경정 후의 명의인의 실체관계에 부합하는 것이라면 그 등기는 유효하다(대판 1996.4.12. 95다2135 참조). 이 경우 경정등기의 효력은 소급하지 않고 경정 후 명의인의 권리취득을 공시한다.

④ [○] 진정명의회복을 원인으로 하는 이전등기청구권을 행사하기 위해서는 제214조의 요건을 구비해야 한다. 즉 청구권자는 채권자가 아닌 물권자 즉 현재의 소유권자이어야 한다. 이와 관련하여 判例도 역시 ㉠ 이미 자기 앞으로 소유권을 표상하는 등기가 되어 있었거나 ㉡ 법률에 의하여 소유권을 취득한 자에 한하여 이전등기청구를 인정할 수 있다고 한다(대판 1980.11.27, 전합89다카12398).

그러므로 소유권의 등기가 되어 있지 않았고 법률에 의하여 소유권을 취득하지도 않은 사람은 소유권자를 대위하여 현재의 등기명의인을 상대로 그 등기의 말소를 청구할 수 있을 뿐이고 진정한 등기명의의 회복을 위한 소유권이전등기청구를 할 수 없다(대판 2003.5.13, 2002다64148).

[정답] ③

문7 다음 설명 중 가장 옳지 않은 것은? [15서기보]

① 종물은 물건의 소유자가 그 물건의 상용에 공하기 위하여 자기 소유인 다른 물건을 이에 부속하게 한 것을 말하므로 주물과 다른 사람의 소유에 속하는 물건은 종물이 될 수 없다.

② 채권자가 채무자와 사이에 근저당권설정계약을 체결하였으나 그 계약에 기한 근저당권설정등기가 채권자가 아닌 제3자의 명의로 경료되고 그 후 다시 채권자가 위 근저당권설정등기에 대한 부기등기의 방법으로 위 근저당권을 이전받았다면 특별한 사정이 없는 한 그 때부터 위 근저당권설정등기는 실체관계에 부합하는 유효한 등기로 볼 수 있다.

③ 부동산에 대한 점유취득시효가 완성된 후 취득시효완성을 원인으로 한 소유권이전 등기를 하지 않고 있는 사이에 그 부동산에 관하여 제3자 명의의 소유권이전등기가 경료된 경우라 하더라도 당초의 점유자가 계속 점유하고 있고 소유자가 변동된 시점을 기산점으로 삼아도 다시 취득시효의 점유기간이 경과한 경우에는, 점유자로서는 제3자 앞으로의 소유권 변동시를 새로운 점유취득시효의 기산점으로 삼아 2차의 취득시효의 완성을 주장할 수 있다.

④ 우리 민법이 한정승인 절차가 상속재산분할 절차보다 선행하여야 한다는 명문의 규정을 두고 있지는 아니하나, 한정승인에 따른 청산절차가 종료되지 않은 경우에는 상속재산분할청구를 할 수 없다고 보아야 한다.

[해설] ① [○] 주물과 종물은 동일한 법률적 운명에 따르므로 타인의 권리를 침해하는 일이 없도록 '원칙적'으로 모두 동일한 소유자에게 속해야 한다. 다만 '예외적'으로 제3자의 권리를 해하지 않는 범위에서는 다른 소유자에 속하는 물건도 종물이 될 수 있다(대판 2008.5.8, 2007다36933,36940)

② [○] 대판 2007.1.11. 2006다50055

③ [○] ※ 2차 취득시효기간 중 등기부상 소유명의자가 변경된 경우 2차 시효취득 완성자가 2차 시효완성 당시의 등기부상 소유명의자에게 시효취득을 주장할 수 있는지 여부
"ⅰ) 취득시효기간이 경과하기 전에 등기부상의 소유명의자가 변경된다고 하더라도 그 사유만으로는 점유자의 종래의 사실상태의 계속을 파괴한 것이라고 볼 수 없어 취득시효를 중단할 사유가 되지 못하므로, 새로운 소유명의자는 취득시효 완성 당시 권리의무 변동의 당사자로서 취득시효 완성으로 인한 불이익을 받게 된다 할 것이어서 시효완성자는 그 소유명의자에게 시효취득을 주장할 수 있는바, ⅱ) 이러한 법리는 새로이 2차의 취득시효가 개시되어 그 취득시효기간이 경과하기 전에 등기부상의 소유명의자가 다시 변경된 경우에도 마찬가지로 적용된다고 봄이 상당하다"(대판 2009.7.16. 전합2007다15172,15189)
참고로 종전 判例는 1차 점유취득시효 기간과 달리 2차 점유취득시효 기간 중에는 소유자의 변동이 없어야 한다고 하였다(대판 1999.2.12. 98다40688).

④ [×] "상속재산분할청구 절차를 통하여 분할의 대상이 되는 상속재산의 범위를 한꺼번에 확정하는 것이 상속채권자의 보호나 청산절차의 신속한 진행을 위하여 필요하다는 점 등을 고려하면, 한정승인에 따른 청산절차가 종료되지 않은 경우에도 상속재산분할청구가 가능하다"(대결 2014.7.25. 2011스226).

[정답] ④

문 8 가등기에 관한 설명 중 옳지 <u>않은</u> 것은? (다툼이 있는 경우 판례에 의함)   [기출변형]

① 가등기는 그 성질상 본등기의 순위보전의 효력이 있어 후일 본등기가 경료된 때에는 본등기의 순위가 가등기한 때로 소급하지만 본등기에 의한 물권변동의 효력이 가등기한 때로 소급하여 발생하는 것은 아니다.

② 대상 토지에 관하여 무효인 중복등기가 존재하는 경우, 가등기권자는 가등기에 따른 본등기가 마쳐지지 않은 이상 현재의 소유자를 대위하지 않고 직접 그 중복등기 명의자를 피고로 삼아 그 등기의 말소를 청구할 수는 없다.

③ 가등기에 기하여 본등기가 경료된 경우 가등기의 원인인 법률행위와 본등기의 원인인 법률행위가 명백히 다른 것이 아니면 사해행위 요건의 구비 여부는 본등기의 원인된 법률 행위 당시를 기준으로 판단하여야 한다.

④ 효력이 상실된 가등기를 유용하기로 합의하고 실제로 그 가등기이전의 부기등기를 경료하였다면, 그 가등기이전의 부기등기를 경료받은 제3자로서는 언제든지 부동산의 소유자에 대하여 위 가등기 유용의 합의를 주장하여 가등기의 말소청구에 대항할 수 있고, 다만 그 가등기이전의 부기등기 이전에 등기부상 이해관계를 가지게 된 자에 대하여는 위 가등기 유용의 합의 사실을 들어 그 가등기의 유효를 주장할 수 없다.

해설 ① [○] ※ 가등기의 효력
"가등기는 본등기 순위보전의 효력만이 있고, 후일 본등기가 마쳐진 때에는 본등기의 순위가 가등기한 때로 소급함으로써 가등기 후 본등기 전에 이루어진 중간처분이 본등기보다 후 순위로 되어 실효될 뿐이고, 본등기에 의한 물권변동의 효력이 가등기한 때로 소급하여 발생하는 것은 아니다"(대판 1981.5.26, 80다3117).

② [○] "가등기는 부동산등기법 제6조 제2항의 규정에 의하여 그 본등기시에 본등기의 순위를 가등기의 순위에 의하도록 하는 순위보전적 효력만이 있을 뿐이고, 가등기만으로는 아무런 실체법상 효력을 갖지 아니하고 그 본등기를 명하는 판결이 확정된 경우라도 본등기를 경료하기까지는 마찬가지이므로, 중복된 소유권보존등기가 무효이더라도 가등기권리자는 그 말소를 청구할 권리가 없다"(대판 2001.3.23, 2000다51285).

③ [✕] "가등기에 기하여 본등기가 경료된 경우 가등기의 원인인 법률행위와 본등기의 원인인 법률행위가 명백히 다른 것이 아닌 한 사해행위 요건의 구비 여부는 '가등기'의 원인된 **법률행위 당시**를 기준으로 판단하여야 한다"(대판 2014.3.27. 2013다1518).

④ [○] ※ 무효인 가등기의 유용 합의에 따라 그 가등기 이전의 부기등기가 마쳐진 경우의 법률관계
"부동산의 매매예약에 기하여 소유권이전등기청구권의 보전을 위한 가등기가 경료된 경우에 그 매매예약완결권이 소멸하였다면 그 가등기 또한 효력을 상실하여 말소되어야 할 것이나, 그 부동산의 소유자가 제3자와 사이에 새로운 매매예약을 체결하고 그에 기한 소유권이전등기청구권의 보전을 위하여 이미 효력이 상실된 가등기를 유용하기로 합의하고 실제로 그 가등기이전의 부기등기를

경료하였다면, 그 가등기이전의 부기등기를 경료받은 제3자로서는 언제든지 부동산의 소유자에 대하여 위 가등기 유용의 합의를 주장하여 가등기의 말소청구에 대항할 수 있고, 다만 그 가등기이전의 부기등기 이전에 등기부상 이해관계를 가지게 된 자에 대하여는 위 가등기 유용의 합의 사실을 들어 그 가등기의 유효를 주장할 수는 없다"(대판 2009.5.28. 2009다4787).

⑤ [○] 등기는 법률에 다른 규정이 없는 경우에는 등기권리자)와 등기의무자가 공동으로 신청한 다(부동산등기법 제23조 1항). 그러나 가등기명의인은 부동산등기법 제23조 1항에도 불구하고 단독으로 가등기의 말소를 신청할 수 있다(동법 제93조 1항).

[정답] ③

문9 등기의 추정적 효력에 관한 다음 설명 중 옳지 않은 것을 모두 고른 것은? [기출변형]

ㄱ. 甲으로부터 乙에게로 소유권이전등기가 마쳐진 경우, 乙은 제3자 뿐만 아니라 甲에 대하여도 적법한 등기원인에 의하여 소유권을 취득한 것으로 추정된다.

ㄴ. 신축된 건물의 소유권은 특별한 사정이 없는 한 이를 건축한 사람이 원시취득하는 것이므로, 건물 소유권보존등기의 명의자가 이를 신축한 것이 아니라면 그 등기의 권리 추정력은 깨어지고, 등기명의자가 스스로 적법하게 그 소유권을 취득한 사실을 증명하여야 한다.

ㄷ. 전 등기명의인이 미성년자이고 당해 부동산을 친권자에게 증여하는 행위가 이해상반행위라면, 일단 친권자에게 이전등기가 마쳐졌더라도 그 이전등기에 관하여 필요한 절차를 적법하게 거친 것으로 추정되지 않는다.

ㄹ. 구 「임야소유권이전등기 등에 관한 특별조치법」(실효)에 의하여 소유권이전등기를 마친 자가 보증서나 확인서의 실체적 기재내용이 허위임을 자인한 경우에는 그 소유권이전등기의 추정력은 깨어진다.

ㅁ. 환매기간을 제한하는 환매특약이 등기부에 기재되어 있더라도 환매특약이 진정하게 성립된 것으로 추정되지 않는다.

① ㄱ, ㄴ, ㄹ
② ㄱ, ㄷ, ㄹ
③ ㄴ, ㅁ
④ ㄷ, ㅁ

ㄱ. [○] "부동산에 관하여 소유권이전등기가 마쳐져 있는 경우에는 등기명의자는 제3자에 대하여서 뿐 아니라 전소유자에 대하여서도 적법한 등기원인에 의하여 소유권을 취득한 것으로 추정되는 것이므로 이를 다투는 측에서 무효사유를 주장, 입증하여야 한다"(대판 1993.5.11. 92다46059).

권리변동의 당사자간에도 등기의 추정력이 미치는가에 관하여 判例는 '소유권이전등기'에 관하여는 긍정하는 입장이나 '소유권보존등기'의 경우 매매 등에 의한 소유권이전이 있었음에도 불구하고 편의상 보존등기를 하는 등 진실성 보장이 약하다는 이유로 부정하는 입장을 취하고 있다(대판 1982.9.14, 82다카707). 따라서 소유권보존등기의 경우에는 그 명의자가 보존등기전의 소유자로부터 소유권을 양도받은 것이라는 주장을 하였지만 전소유자가 명의자에게 양도한 사실을 부인하는 경우 그 명의자는 소유자로 추정되지 않는다.

ㄴ. [○] "신축된 건물의 소유권은 이를 건축한 사람이 원시취득하는 것이므로, 건물 소유권보존등기의 명의자가 이를 신축한 것이 아니라면 그 등기의 권리 추정력은 깨어지고, 등기 명의자가 스스로 적법하게 그 소유권을 취득한 사실을 입증하여야 한다"(대판 1996.7.30. 95다30734)

ㄷ. [×] 등기의 추정력은 절차의 적법도 추정된다.
"어느 부동산에 관하여 등기가 경료되어 있는 경우 특별한 사정이 없는 한 그 원인과 절차에 있어서 적법하게 경료된 것으로 추정된다. 전 등기명의인이 미성년자이고 당해 부동산을 친권자에게 증여하는 행위가 이해상반행위라 하더라도 일단 친권자에게 이전등기가 경료된 이상, 특별한 사정이 없는 한, 그 이전등기에 관하여 필요한 절차를 적법하게 거친 것으로 추정된다"(대판 2002.2.5. 2001다72029)

ㄹ. [○] 상대방이 등기의 기초가 된 보증서나 확인서의 실체적 기재내용이 허위임을 자백한 경우 자백에 구속되어 등기의 추정력은 깨진다. 다만 취득원인(등기원인)이 허위임을 자백한 것만으로는 등기의 추정력은 깨지지 않는다.
"구 임야소유권이전등기 등에 관한 특별조치법(실효)에 의한 등기는 같은 법 소정의 적법한 절차에 따라 마쳐진 것으로서 실체관계에 부합하는 등기로 추정되므로 그 등기의 말소를 소구하는 자에게 추정 번복의 주장·입증책임이 있지만, 상대방이 등기의 기초가 된 보증서나 확인서의 실체적 기재 내용이 허위임을 자인하거나 실체적 기재 내용이 진실이 아님을 의심할 만큼 증명이 된 때에는 등기의 추정력은 번복된 것으로 보아야 한다"(대판 1996.10.11. 95다47992)

"구 임야소유권이전등기 등에 관한 특별조치법(실효)에 따라 등기를 마친 자가 보증서나 확인서에 기재된 취득원인이 사실과 다름을 인정하더라도 그가 다른 취득원인에 따라 권리를 취득하였음을 주장하는 때에는, 특별조치법의 적용을 받을 수 없는 시점의 취득원인 일자를 내세우는 경우와 같이 그 주장 자체에서 특별조치법에 따른 등기를 마칠 수 없음이 명백하거나 그 주장하는 내용이 구체성이 전혀 없다든지 그 자체로서 허구임이 명백한 경우 등의 특별한 사정이 없는 한 위의 사유만으로 특별조치법에 따라 마쳐진 등기의 추정력이 깨어진다고 볼 수는 없으며, 그 밖의 자료에 의하여 새로이 주장된 취득원인 사실에 관하여도 진실이 아님을 의심할 만큼 증명되어야 그 등기의 추정력이 깨어진다고 할 것이다"(대판 2001.11.22. 전합2000다71388,71395)

ㅁ. [×] "환매기간을 제한하는 환매특약이 등기부에 기재되어 있는 때에는 반증이 없는 한 등기부 기재와 같은 환매특약이 진정하게 성립된 것으로 추정함이 상당하다"(대판 1991.10.11. 91다13700)

[정답] ④

문10 X토지에 관하여 甲 명의의 1996. 5. 1.자 소유권보존등기와 乙 명의의 1999. 5. 1.자 소유권보존등기가 각각 마쳐져 있다. 단, 甲 명의 소유권보존등기의 원인무효 사유는 없다. 이에 관한 설명 중 옳은 것(○)과 옳지 않은 것(×)을 올바르게 조합한 것은? [기출변형]

> ㄱ. 乙이 甲으로부터 X토지를 매수하고 위 소유권보존등기를 마친 것이라면 乙 명의의 위 등기가 유효하므로 乙은 甲 명의 등기의 말소를 청구할 수 있다.
> ㄴ. X토지에 관하여 乙의 점유취득시효가 완성된 경우에는 乙 명의의 위 소유권보존등기가 실체관계에 부합하게 되므로 乙은 甲 명의 등기의 말소를 청구할 수 있다.
> ㄷ. 乙이 丙에게 위 토지를 매도하고 소유권이전등기를 마쳐준 후 丙의 등기부취득시효가 완성되었더라도 甲은 丙 명의 등기의 말소를 청구할 수 있다.

① ㄱ(×), ㄴ(×), ㄷ(○)　　② ㄱ(×), ㄴ(○), ㄷ(×)
③ ㄱ(×), ㄴ(○), ㄷ(○)　　④ ㄱ(○), ㄴ(×), ㄷ(×)

[해 설] ㄱ. [×] ※ 중복보존등기의 효력(등기명의인이 동일인이 아닌 경우 : 절차법설에 가까운 절충설)
먼저 하나의 보존등기가 되어 있는 뒤에 이루어진 보존등기는 1부동산 1등기용지주의 원칙에 위반한 것이어서 무효라는 '절차법설'과 1부동산 1등기용지주의 원칙은 등기의 신청 단계에만 적용하는 것이므로, 일단 등기신청이 받아 들여져 등기부상 중복등기가 되고 나면 이제는 양 등기의 실체관계를 따져서 유효·무효를 결정하여야 한다는 '실체법설' 등의 대립이 있으나, 判例는 등기명의인이 동일인이 아닌 경우 "먼저 이루어진 소유권보존등기가 '원인무효가 되지 아니하는 한' 뒤에 된 보존등기는 비록 그 부동산의 매수인에 의하여 이루어진 경우에도 1부동산 1등기용지주의를 취하고 있는 부동산 등기법 아래에서는 무효"라고 판시하여(대판 1990.11.27, 전합87다카2961), 절차법설에 가까운 절충설의 입장이다.
☞ 甲 명의 소유권보존등기의 원인무효 사유는 없으므로, 乙은 甲 명의 등기의 말소를 청구할 수 없다. 다만, 乙 명의 '소유권보존등기'는 중복보존등기로서 무효라고 할 것이므로 乙은 甲을 상대로 X토지에 관하여 매매를 원인으로 한 '소유권이전등기'를 청구할 이익은 있다(위 87다카2961의 판시내용).

[비교판례] ※ 중복보존등기의 효력(등기명의인이 동일인인 경우 : 절차법설)
"동일 부동산에 관하여 등기명의인을 달리하여 중복하여 보존등기가 이루어진 경우와는 달리 동일인 명의로 소유권보존등기가 중복되어 있는 경우에는 먼저 경료된 등기가 유효하고 뒤에 경료된 중복등기는 그것이 실체관계에 부합하는 여부를 가릴 것 없이 무효이다(대판 1981.11.18, 81다1340등)
☞ 이는 동일인명의의 보존등기 사이에는 실체적 권리관계에 부합하는지 여부를 가릴 필요가 없기 때문으로 보인다.

ㄴ. [×] ※ 중복등기한 자가 점유취득시효를 완성한 경우
判例는 "동일 부동산에 관하여 이미 소유권이전등기가 경료되어 있음에도 그 후 중복하여 소유권보존등기를 경료한 자가 그 부동산을 20년간 소유의 의사로 평온·공연하게 점유하여 점유취득시효가 완성되었더라도, 선등기인 소유권이전등기의 토대가 된 소유권보존등기가 원인무효라고 볼 아무런 주장·입증이 없는 이상, 뒤에 경료된 소유권보존등기는 실체적 권리관계에 부합하는지의 여부에 관계

없이 무효이므로, 뒤에 된 소유권보존등기의 말소를 구하는 것이 신의칙위반이나 권리남용에 해당한다고
할 수 없다"(대판 2008.2.14, 2007다63690)라고 판시하고 있다.

ㄷ. [○] ※ 무효인 중복등기에 기한 등기부취득시효를 이유로 한 소유권 인정여부(소극)
"제245조 2항의 '등기'는 부동산등기법 제15조가 규정한 1부동산 1용지주의에 위배되지 아니한 등기를 말
하므로, 어느 부동산에 관하여 등기명의인을 달리하여 소유권보존등기가 2중으로 경료된 경우
먼저 이루어진 소유권보존등기가 원인무효가 아니어서 뒤에 된 소유권보존등기가 무효로 되는
때에는, 뒤에 된 소유권보존등기나 이에 터잡은 소유권이전등기를 근거로 하여서는 등기부취득
시효의 완성을 주장할 수 없다"(대판 1996.10.17, 전합96다12511)고 한다.

[정답] ①

문11 甲과 乙은 甲 소유 A부동산에 관하여 매매계약을 체결하였고, 그 후 乙은 소유권이전등기를 마
치지 않은 상태에서 丙과 A부동산에 관한 매매계약을 체결하였다. 이에 관한 설명 중 옳지 않은
것은? (다툼이 있는 경우 판례에 의함)   [기출변형]

① 甲, 乙, 丙 사이에 중간생략등기의 합의가 있었다 하더라도 乙의 甲에 대한 소유권
   이전등기청구권이 소멸되지는 않는다.

② 甲, 乙, 丙 사이에 중간생략등기의 합의가 없었다면 丙은 직접 甲을 상대로 소유권
   이전등기를 청구할 수는 없고 乙의 甲에 대한 소유권이전등기청구권을 대위행사하
   여야 한다.

③ 甲, 乙, 丙 사이에 중간생략등기의 합의가 없었다 하더라도 甲과 乙, 乙과 丙 사이의
   매매계약이 모두 유효하고 매매대금도 모두 지급된 경우에는, 甲으로부터 직접 丙
   앞으로 이루어진 소유권이전등기는 유효하다.

④ 甲, 乙, 丙 사이에 중간생략등기의 합의가 있은 후에 甲과 乙 사이에 매매대금을 인
   상하는 약정이 체결된 경우, 甲은 인상된 매매대금이 지급되지 않았음을 이유로 丙
   으로의 소유권이전등기절차의 이행을 거절할 수 없다.

해설 ① [○] ※ 중간자의 최초매도인에 대한 소유권이전등기청구권
"중간생략등기의 합의가 있었다 하더라도 이러한 합의는 중간등기를 생략하여도 당사자 사이
에 이의가 없겠고 또 그 등기의 효력에 영향을 미치지 않겠다는 의미가 있을 뿐이지 그러한
합의가 있었다 하여 중간매수인의 소유권이전등기청구권이 소멸된다거나 첫 매도인의 그 매수인에 대
한 소유권이전등기의무가 소멸되는 것은 아니라 할 것이다"(대판 1991.12.13. 91다18316).

② [○] ※ 최종매수인이 최초매도인에게 직접 소유권이전등기청구권을 행사할 수 있는지 여부
"중간생략등기의 합의가 없다면 부동산의 전전매수인은 매도인을 대위하여 그 전매도인인 등기명의자에
게 매도인 앞으로의 소유권이전등기를 구할 수는 있을지언정 직접 자기 앞으로의 소유권이전등기를
구할 수는 없다"(대판 1969.10.28. 69다1351).

③ [○] ※ 이미 중간생략등기가 이루어진 경우 등기의 효력

"최종 양수인이 중간생략등기의 합의를 이유로 최초 양도인에게 직접 중간생략등기를 청구하기 위하여는 관계 당사자 전원의 의사합치가 필요하지만, 당사자 사이에 적법한 원인행위가 성립되어 일단 중간생략등기가 이루어진 이상 중간생략등기에 관한 합의가 없었다는 이유만으로는 중간생략등기가 무효라고 할 수는 없다"(대판 2005.9.29. 2003다40651).

④ [X] ※ 최초매도인의 중간자에 대한 매매대금지급청구권

"중간생략등기의 합의란 부동산이 전전 매도된 경우 각 매매계약이 유효하게 성립함을 전제로 그 이행의 편의상 최초의 매도인으로부터 최종의 매수인 앞으로 소유권이전등기를 경료하기로 한다는 당사자 사이의 합의에 불과할 뿐이므로, 이러한 합의가 있다고 하여 최초의 매도인이 자신이 당사자가 된 매매계약상의 매수인인 중간자에 대하여 갖고 있는 매매대금청구권의 행사가 제한되는 것은 아니다. 최초 매도인과 중간 매수인, 중간 매수인과 최종 매수인 사이에 순차로 매매계약이 체결되고 이들 간에 중간생략등기의 합의가 있은 후에 최초 매도인과 중간 매수인 간에 매매대금을 인상하는 약정이 체결된 경우, 최초 매도인은 인상된 매매대금이 지급되지 않았음을 이유로 최종 매수인 명의로의 소유권이전등기의무의 이행을 거절할 수 있다"(대판 2005.4.29. 2003다66431).

[정답] ④

문 12 다음 설명 중 옳지 않은 것은? (다툼이 있는 경우에는 판례에 의함)   [기출변형]

① 3자간 등기명의신탁에 의한 등기가 유효기간 경과로 무효로 된 경우, 명의신탁자의 매도인에 대한 소유권이전등기청구권은 명의신탁자가 목적 부동산을 인도받아 점유하고 있다면 소멸시효가 진행되지 않는다.

② 신축건물의 물권변동에 관한 등기를 멸실건물의 등기부에 등재하여도 그 등기는 무효이고, 설령 신축건물의 소유자가 멸실건물의 등기를 신축건물의 등기로 전용할 의사로써 멸실건물의 등기부상 표시를 신축건물의 내용으로 표시변경등기를 하였더라도 그 등기가 무효임에는 변함이 없다.

③ 취득시효완성으로 인한 소유권이전등기청구권의 양도의 경우에도 등기의무자의 동의 또는 승낙이 필요하다는 매매로 인한 소유권이전등기청구권의 양도제한의 법리가 적용된다.

④ 부동산 명의신탁자가 유효한 명의신탁약정을 해지한 다음 제3자에게 '명의신탁 해지를 원인으로 한 소유권이전등기청구권'을 양도하였다고 하더라도 명의수탁자가 그 양도에 대하여 동의하거나 승낙하지 않고 있다면 그 양수인은 위와 같은 소유권이전등기청구권을 양수하였다는 이유로 명의수탁자에 대하여 직접 소유권이전등기청구를 할 수 없다.

해설 ① [○] "부동산의 매수인이 목적물을 인도받아 계속 점유하는 경우에는 매도인에 대한 소유권이전등기청구권은 소멸시효가 진행되지 않고, 이러한 법리는 3자간 등기명의신탁에 의한 등기가 유효기간의 경과로 무효로 된 경우에도 마찬가지로 적용된다. 따라서 그 경우 목적 부동산을 인도받아 점유하고 있는 명의신탁자의 매도인에 대한 소유권이전등기청구권 역시 소멸시효가 진행되지 않는다"(대판 2013.12.12. 2013다26647).

비교판례 ※ 부동산실명법 시행 전에 체결된 매도인이 선의인 계약명의신탁에서 유예기간 경과후 신탁자가 수탁자에 대하여 갖는 소유권이전등기청구권

"부동산실명법 시행일로부터 1년의 기간(유예기간)이 경과하기 전까지는 명의신탁자는 언제라도 명의신탁을 해지하여 해당 부동산의 소유권을 취득할 수 있었다는 점에서, 그 유예기간이 경과한 후에는 동법 제12조 1항에 의해 제4조가 적용되어 계약명의신탁법리가 적용된다고 하더라도, 동법 제3조 및 제4조가 명의신탁자에게 소유권이 귀속되는 것을 막는 취지의 규정은 아니므로 이 경우에는 명의수탁자는 명의신탁자에게 자신이 취득한 해당 '부동산 자체'를 부당이득으로 반환할 의무가 있다"(대판 2008.11.27. 2008다62687). 그리고 명의신탁자가 해당부동산의 회복을 위해 명의수탁자에 대해 가지는 이러한 소유권이전등기청구권은 그 성질상 법률의 규정에 의한 부당이득반환청구권으로서, 제162조 1항에 따라 10년의 기간이 경과함으로써 시효로 소멸한다. 유의할 점은 위 등기청구권은 명의신탁자가 목적물을 점유하고 있더라도 소멸시효에 걸린다는 것이다(대판 2009.7.9. 2009다23313).

☞ 만약 이 경우 소멸시효가 진행되지 않는다고 한다면 실명전환을 하지 않아 위 법률을 위반한 경우임에도 그 권리를 보호하여 주는 결과가 되므로 判例의 태도는 타당하다.

② [○] ※ 표제부등기의 유용

무효등기의 유용은 '권리등기'의 유용만 가능할 뿐 '사실등기'인 표제부등기의 유용은 허용되지 않는다. 따라서 멸실된 건물의 보존등기를 멸실 후에 신축한 건물의 보존등기로 유용할 수 없다(아래 80다441 80다441판결). 만일 이를 허용한다면 건물에 관한 중복등기가 발생할 가능성이 있기 때문이다.

"신축된 건물과 멸실된 건물이 그 위치 기타 면에 있어서 상호 같다고 하더라도 그로써 양 건물이 동일한 건물이라고는 할 수 없으니 기존건물이 멸실된 후 그 곳에 새로이 건축한 건물의 물권변동에 관한 등기를 멸실된 건물의 등기부에 하여도 이는 진실에 부합하지 아니한 것이어서 그 등기는 무효라고 할 것이므로, 비록 신축한 건물의 소유자가 멸실건물의 등기를 신축된 건물의 등기로 전용할 의사를 가지고 멸실된 건물등기의 표시를 신축된 건물의 내용으로 그 표시변경등기를 하였다 하여도 그 등기가 무효라는 사정에는 변함이 없다"(대판 1980.11.11. 80다441, 80다441).

③ [X] "부동산매매계약에서 매도인과 매수인은 서로 동시이행관계에 있는 일정한 의무를 부담하므로 이행과정에 신뢰관계가 따른다. 특히 매도인으로서는 매매대금 지급을 위한 매수인의 자력, 신용 등 매수인이 누구인지에 따라 계약유지 여부를 달리 생각할 여지가 있다. 이러한 이유로 매매로 인한 소유권이전등기청구권의 양도는 특별한 사정이 없는 이상 양도가 제한되고 양도에 채무자의 승낙이나 동의를 요한다고 할 것이므로 통상의 채권양도와 달리 양도인의 채무자에 대한 통지만으로는 채무자에 대한 대항력이 생기지 않으며 반드시 채무자의 동의나 승낙을 받아야 대항력이 생긴다. 그러나 취득시효완성으로 인한 소유권이전등기청구권은 채권자와 채무자 사이에 아무런 계약관계나 신뢰관계가 없고, 그에 따라 채권자가 채무자에게 반대급부로 부담하여야 하는 의무도 없다. 따라서 취득시효완성으로 인한 소유권이전등기청구권의 양도의 경우에는 매매로 인한 소유권이전등기청구권에 관한 양도제한의 법리가 적용되지 않는다"(대판 2018.7.12. 2015다36167).

④ [○] ※ 명의수탁자의 동의·승낙 없이 명의신탁해지로 인한 소유권이전등기청구권을 양수받아 청구할 수 있는지 여부(소극)

"부동산이 전전 양도된 경우에 중간생략등기의 합의가 없는 한 그 최종 양수인은 최초 양도인에 대하여 직접 자기 명의로의 소유권이전등기를 청구할 수 없고, 부동산의 양도계약이 순차 이루어져 최종 양수인이 중간생략등기의 합의를 이유로 최초 양도인에게 직접 그 소유권이전등기청구권을 행사하기 위하여는 관계 당사자 전원의 의사 합치, 즉 중간생략등기에 대한 최초 양도인과 중간자의 동의가 있는 외에 최초 양도인과 최종 양수인 사이에도 그 중간등기 생략의 합의가 있었음이 요구된다. 그러므로 비록 최종 양수인이 중간자로부터 소유권이전등기청구권을 양도받았다 하더라도 최초 양도인이 그 양도에 대하여 동의하지 않고 있다면 최종 양수인은 최초 양도인에 대하여 채권양도를 원인으로 하여 소유권이전등기절차 이행을 청구할 수 없다(대판 1997.5.16. 97다485 판결 등 참조).

이와 같은 법리는 명의신탁자가 부동산에 관한 유효한 명의신탁약정을 해지한 후 이를 원인으로 한 소유권이전등기청구권을 양도한 경우에도 적용된다. 따라서 비록 부동산 명의신탁자가 명의신탁약정을 해지한 다음 제3자에게 '명의신탁 해지를 원인으로 한 소유권이전등기청구권'을 양도하였다고 하더라도 명의수탁자가 그 양도에 대하여 동의하거나 승낙하지 않고 있다면 그 양수인은 위와 같은 소유권이전등기청구권을 양수하였다는 이유로 명의수탁자에 대하여 직접 소유권이전등기청구를 할 수 없다"(대판 2021.6.3. 2018다280316).

[정답] ③

문13 甲이 부동산 X의 소유권에 기하여 乙 명의의 소유권이전등기가 원인무효임을 이유로 乙을 상대로 소유권이전등기 말소청구소송을 제기하였다. 이에 대해 乙이 다음과 같은 이유를 들어 자기 명의의 등기가 유효하다고 주장한다. 乙의 주장 중 타당한 항변으로 볼 수 없는 것은? [기출변형]

① 乙이 부동산 X를 소유의 의사로 평온, 공연하게 20년 이상 점유하여 왔다고 주장하는 경우

② 甲이 丙에게 부동산 X를 매도할 수 있는 권한을 위임하였다가 이를 철회하였는데, 丙이 甲의 대리인임을 자처하면서 부동산 X를 乙에게 매도하였고, 乙이 선의·무과실로 이를 매수하였으므로 「민법」 제129조의 표현대리가 성립하였다고 주장하는 경우

③ 甲이 원인무효가 아닌 자기 명의의 선행 소유권보존등기가 있음에도 乙 명의의 등기가 후행 소유권보존등기에 기초하여 이루어졌다고 주장함에 대하여, 乙이 자기 명의로 소유권이전등기를 경료한 후 부동산 X를 소유의 의사로 평온, 공연하게 선의이며 과실없이 10년 이상 점유하여 왔다고 주장하는 경우

④ 甲이 乙 명의 등기의 원인인 매매계약이 무효임에도 乙이 등기서류를 위조하여 등기를 마친 것이라고 주장함에 대하여, 乙이 甲으로부터 증여를 받았다고 주장하는 경우

해설 ① [○] "실체상의 권리관계에 부합하지 아니한 무효인 회복에 인한 소유권이전등기를 바탕으로 하여 경료된 이전등기라고 하여도 20년간의 취득시효기간이 만료할 때까지 그 부동산에 관하여 등기상 이해관계를 가지는 제3자가 없었을 경우에는 그의 이전등기는 취득기간 만료와 동시에 실체관계에 부합하는 유효한 등기가 된 것으로 보아야 한다"(대판 1983.8.23. 83다카848).

② [○] 제129조 표현대리가 성립하기 위해서는 ㉠ 존재하였던 대리권의 소멸, ㉡ 대리인이 권한 내의 행위를 할 것, ㉢ 상대방의 선의·무과실이 필요한바(소, 내, 선), 지문의 경우 ㉠ 甲은 丙에게 부동산 X를 매도할 수 있는 '대리권한'을 수여한 후 수권행위를 철회하였고, ㉡ 丙은 과거에 갖고 있던 대리권인 부동산 X의 매도권한의 범위 내에서 乙에게 매도하였고, ㉢ 상대방 乙은 선의·무과실이므로 제129조의 표현대리가 성립한다.

③ [X] "민법 제245조 제2항은 부동산의 소유자로 등기한 자가 10년간 소유의 의사로 평온·공연하게 선의이며 과실 없이 그 부동산을 점유한 때에는 소유권을 취득한다고 규정하고 있는바, 위 법 조항의 '등기'는 부동산등기법 제15조가 규정한 1부동산 1용지주의에 위배되지 아니한 등기를 말하므로, 어느 부동산에 관하여 등기명의인을 달리하여 소유권보존등기가 2중으로 경료된 경우 먼저 이루어진 소유권보존등기가 원인무효가 아니어서 뒤에 된 소유권보존등기가 무효로 되는 때에는, 뒤에 된 소유권보존등기나 이에 터잡은 소유권이전등기를 근거로 하여서는 등기부취득시효의 완성을 주장할 수 없다"(대판 1996.10.17, 전합96다12511)

④ [○] "부동산 등기는 현실의 권리 관계에 부합하는 한 그 권리취득의 경위나 방법 등이 사실과 다르다고 하더라도 그 등기의 효력에는 아무런 영향이 없는 것이므로 증여에 의하여 부동산을 취득하였지만 등기원인을 매매로 기재하였다고 하더라도 그 등기의 효력에는 아무런 하자가 없다"(대판 1980.7.22. 80다791).

[정답] ③

문1 선의취득에 관한 다음 설명 중 가장 옳지 않은 것은?　　　　　　　[17서기보]

① 민법 제249조가 규정하는 무과실의 기준시점은 물권적 합의가 동산의 인도보다 먼저 행하여진 경우에는 인도된 때이고, 인도가 물권적 합의보다 먼저 행하여진 경우에는 물권적 합의가 이루어진 때이다.

② 선의취득에 필요한 양수인의 점유 취득은 현실인도의 방법뿐만 아니라 목적물반환청구권을 양수하는 방법이나 간이인도의 방법에 의하여도 된다.

③ 동산 선의취득제도는 동산을 점유하는 자의 권리외관을 신뢰한 자의 소유권 취득을 인정함으로써 거래의 안전을 확보하기 위한 것이므로 선의취득자가 스스로 선의취득 효과를 거부하고 종전 소유자에게 동산을 반환받아 갈 것을 요구할 수 있고, 종전 소유자는 이에 응하여야 한다.

④ 양수인이 도품 또는 유실물을 경매나 공개시장에서 또는 동종의 물건을 판매하는 상인에게서 선의·무과실로 매수한 때에는 피해자 또는 유실자는 양수인이 지급한 대가를 변상하고 그 물건의 반환을 청구할 수 있다.

해 설 ① [○] 선의취득에 있어 양수인의 선의·무과실의 기준시점은 **물권적 합의와 인도가 완성되는 때를** 기준으로 한다(대판 1991.3.22, 91다70). 즉 물권적 합의가 동산의 인도보다 먼저 행하여지면 인도된 때를, 인도가 먼저 행하여지면 물권적 합의가 있은 때를 기준으로 한다. 따라서 그 후에 악의·과실이 있다고 하더라도 선의취득의 성립에 영향을 주지 않는다.

② [○] ※ **목적물반환청구권의 양도의 경우 선의취득(적극)**

"양도인이 소유자로부터 보관을 위탁받은 동산을 제3자에게 보관시킨 경우에 양도인이 그 제3자에 대한 반환청구권(채권적 청구권)을 양수인에게 양도하고 **지명채권 양도의 대항요건을 갖추었을** 때에는 동산의 선의취득에 필요한 점유의 취득 요건을 충족한다"(대판 1999.1.26, 97다48906)

※ **간이인도에 의한 점유취득의 경우 선의취득(적극)**

"동산의 선의취득에 필요한 점유의 취득은 이미 현실적인 점유를 하고 있는 양수인에게는 간이인도에 의한 점유취득으로 그 요건은 충족된다"(대판 1981.8.20, 80다2530).

③ [×] 선의취득에 의한 권리취득은 확정적이다. 따라서 취득자가 임의로 선의취득의 효과를 거부하고 종전 소유자에게 동산을 반환받아 갈 것을 요구할 수 없다(대판 1998.6.12, 98다6800).

④ [○] 양수인이 도품이나 유실물을 경매나 공개시장에서 또는 동종류의 물건을 판매하는 상인에게서 '선의·무과실'로 '매수'한 때에는 피해자 또는 유실자는 양수인이 지급한 대가를 변상하고 그 물건의 반환을 청구할 수 있다(제251조). 제251조는 양수인의 '선의'만을 정하고 '무과실'을 규정하고 있지 않지만, **제251조는 제249조와 제250조를 전제로 하는 규정이므로** 양수인이 그 대가의 변상을 청구할 수 있기 위해서는 무과실도 당연히 필요하다(대판 1991.3.22, 91다70).

[정답] ③

문2 선의취득에 관한 다음 설명 중 가장 옳지 않은 것은? [21서기보]

① 선의취득에 필요한 양수인의 점유취득은 현실의 인도뿐만 아니라 간이인도, 반환청구권의 양도에 의해서도 가능하다.

② 선의취득의 요건인 선의·무과실의 기준시점은 물권행위가 완성되는 때, 즉 물권적 합의와 인도 중에서 나중에 갖추어진 요건이 완성되는 때이다.

③ 동산질권을 선의취득하기 위하여는 질권자가 평온, 공연하게 선의이며 과실없이 질권의 목적동산을 취득하여야 하는데, 그 취득자의 선의, 평온, 공연, 무과실의 점은 추정된다.

④ 선박, 자동차, 건설기계와 같이 등기나 등록에 의하여 공시되는 동산은 선의취득의 대상이 되지 못한다.

해설 ① [○] 양수인이 점유를 취득하는 방법으로써 현실의 인도(제188조 1항), 간이인도(제188조 2항), 목적물반환청구권의 양도(제190조)가 인정되는 데에는 문제가 없다.

※ **목적물반환청구권의 양도의 경우 선의취득(적극)**
判例는 "양도인이 소유자로부터 보관을 위탁받은 동산을 제3자에게 보관시킨 경우에 양도인이 그 제3자에 대한 반환청구권(채권적 청구권)을 양수인에게 양도하고 **지명채권 양도의 대항요건**을 갖추었을 때에는 동산의 선의취득에 필요한 점유의 취득 요건을 충족한다"(대판 1999.1.26, 97다48906)고 하여 긍정설이다.

※ **간이인도에 의한 점유취득의 경우 선의취득(적극)**
"동산의 선의취득에 필요한 점유의 취득은 이미 현실적인 점유를 하고 있는 양수인에게는 간이인도에 의한 점유취득으로 그 요건은 충족된다"(대판 1981.8.20. 80다2530).

② [○] 선의취득에 있어 양수인의 선의·무과실의 기준시점은 **물권적 합의와 인도가 완성되는 때**를 기준으로 한다(대판 1991.3.22, 91다70). 즉 물권적 합의가 동산의 인도보다 먼저 행하여지면 인도된 때를, 인도가 먼저 행하여지면 물권적 합의가 있은 때를 기준으로 한다. 따라서 그 후에 악의·과실이 있다고 하더라도 선의취득의 성립에 영향을 주지 않는다.

③ [✕] 선의취득의 요건을 갖추면 양수인은 즉시 동산에 관한 물권을 취득하는데, 동산 소유권(제249조) 또는 질권(제343조, 제249조)이 선의취득의 대상이 된다.
그리고 점유자는 평온·공연·선의로 추정되나(제197조 1항), 判例에 의하면 무과실은 추정되지 않고 양수인이 이를 입증하여야 한다고 한다(대판 1968.9.3, 68다169).

④ [○] 등기·등록으로 공시되는 동산(자동차·선박·건설기계·항공기 등)은 선의취득의 대상이 되지 않는다(대판 1966.1.25, 65다2137).

비교판례 그러나 자동차가 자동차관리법이 정한 공시방법인 '등록'에 의하여만 소유권 변동을 공시할 것을 기대하기는 어려운 경우, 소유권을 취득함에는 민법상 공시방법인 '인도'에 의할 수도 있고 이때는 제249조의 선의취득 규정이 적용될 수 있다(대판 2016.12.15. 2016다205373).

[정답] ③

문3 선의취득에 관한 다음 설명 중 틀린 것은? (다툼이 있는 경우 판례에 의함)

[기출변형]

① 저당권의 효력은 부합된 물건과 종물에 미치므로, 저당권의 실행으로 '부동산'이 경매되었다면 그 부동산의 상용에 공하여진 '동산'의 소유자가 그 부동산의 소유자가 아닌 경우에도 위 경매의 매수인은 당연히 그 동산의 소유권을 취득한다.

② 자동차·선박·건설기계·항공기 등 등기·등록으로 공시되는 동산은 원칙적으로 선의취득의 대상이 되지 않는다. 그러나 자동차가 자동차관리법이 정한 공시방법인 '등록'에 의하여만 소유권 변동을 공시할 것을 기대하기는 어려운 경우, 소유권을 취득함에는 민법상 공시방법인 '인도'에 의할 수도 있고 이때는 민법 제249조의 선의취득 규정이 적용될 수 있다.

③ 제250조의 도품, 유실물이란 원권리자로부터 점유를 수탁한 사람이 적극적으로 제3자에게 부정처분한 경우와 같은 위탁물횡령의 경우는 포함되지 않는다.

④ 제249조가 규정하는 선의·무과실의 기준시점은 물권행위가 완성되는 때이므로, 물권적 합의가 동산의 인도보다 먼저 행하여지면 인도된 때를 기준으로 하여야 한다.

해설 ① [X] "저당권의 실행으로 부동산이 경매된 경우에 그 부동산에 부합된 물건은 그것이 부합될 당시에 누구의 소유이었는지를 가릴 것 없이 그 부동산을 낙찰받은 사람이 소유권을 취득하지만, 그 부동산의 상용에 공하여진 물건일지라도 그 물건이 부동산의 소유자가 아닌 다른 사람의 소유인 때에는 이를 종물이라고 할 수 없으므로 부동산에 대한 저당권의 효력에 미칠 수 없어 부동산의 낙찰자가 당연히 그 소유권을 취득하는 것은 아니며, 나아가 부동산의 낙찰자가 그 물건을 선의취득하였다고 할 수 있으려면 그 물건이 경매의 목적물로 되었고 낙찰자가 선의이며 과실 없이 그 물건을 점유하는 등으로 선의취득의 요건을 구비하여야 한다"(대판 2008.5.8. 2007다36933).

② [○] 등기·등록으로 공시되는 동산(자동차·선박·건설기계·항공기 등)은 선의취득의 대상이 되지 않는다(대판 1966.1.25. 65다2137). 그러나 자동차가 자동차관리법이 정한 공시방법인 '등록'에 의하여만 소유권 변동을 공시할 것을 기대하기는 어려운 경우, 소유권을 취득함에는 민법상 공시방법인 '인도'에 의할 수도 있고 이때는 제249조의 선의취득 규정이 적용될 수 있다(대판 2016.12.15. 2016다205373).

③ [○] "민법 제250조, 제251조 소정의 도품, 유실물이란 원권리자로부터 점유를 수탁한 사람이 적극적으로 제3자에게 부정 처분한 경우와 같은 위탁물 횡령의 경우는 포함되지 아니하고 또한 점유보조자 내지 소지기관의 횡령처럼 형사법상 절도죄가 되는 경우도 형사법과 민사법의 경우를 동일시 해야 하는 것은 아닐 뿐만 아니라 진정한 권리자와 선의의 거래 상대방간의 이익형량의 필요성에 있어서 위탁물 횡령의 경우와 다를 바 없으므로 이 역시 민법 제250조의 도품·유실물에 해당되지 않는다(대판 1991.3.22. 91다70).

④ [○] 선의취득에 있어 양수인의 선의·무과실의 기준시점은 물권적 합의와 인도가 완성되는 때를 기준으로 한다(대판 1991.3.22. 91다70). 즉 물권적 합의가 동산의 인도보다 먼저 행하여지면 인도된 때를, 인도가 먼저 행하여지면 물권적 합의가 있은 때를 기준으로 한다. 따라서 그 후에 악의·과실이 있다고 하더라도 선의취득의 성립에 영향을 주지 않는다.

[정답] ①

문1 혼동에 관한 다음 설명 중 옳은 것은? (다툼이 있는 경우 판례에 의함) [기출변형]

① 종중 甲이 그 소유의 X토지를 종중원 乙에게 명의신탁하고 장래의 소유권이전청구권을 보전하기 위하여 자신의 명의로 가등기를 경료한 경우, 그 후 X토지에 乙의 채권자 A의 가압류등기가 경료되어 있었는데 甲이 가등기에 기한 본등기 절차에 의하지 아니하고, 乙로부터 별도의 소유권이전등기를 경료 받았더라도 혼동의 법리에 의하여 甲의 가등기에 기한 본등기 청구권이 소멸하는 것은 아니다.

② 甲은 자신이 수급하여 보수공사한 건물에 관한 강제경매절차에서 공사대금채권에 기하여 건물을 점유하고 유치권을 주장하다가, 乙이 건물을 매수하자 乙로부터 건물을 다시 매수하여 甲 명의로 소유권이전등기를 경료하였다. 그 후 甲이 丙에게 근저당권설정등기를 경료하여 준 경우, 甲의 유치권은 혼동으로 소멸하지 아니한다.

③ 甲소유의 토지에 관하여 乙이 1번 근저당권을 취득하고 丙이 2번 근저당권을 취득하였으며 이어서 丁이 위 토지를 가압류하였는데, 그 후 丙이 그 토지의 소유권을 취득한 경우에 있어서의 '丙의 2번 근저당권'은 혼동으로 인하여 소멸한다.

④ 甲이 乙의 X토지에 저당권을 취득한 후 甲이 乙로부터 X토지를 매수하여 등기를 하였는데 甲과 乙간의 매매계약이 무효인 경우 甲의 저당권은 당연히 부활하는 것은 아니다.

해설 ① [○] ※ 특정물에 관한 채권을 가지는 자가 그 특정물의 소유권을 취득하는 경우에도 혼동의 법리가 적용되는지 여부(소극)

"동일한 물건에 관한 소유권과 다른 물권(제한물권)이 동일한 자에게 귀속되는 경우, 다른 물권은 혼동에 의하여 소멸하고(제191조 1항), 채권과 채무가 동일한 주체에 귀속되는 경우, 그 채권은 혼동에 의하여 소멸한다(제507조). 일반적으로 특정물에 관한 채권을 가지는 자가 그 특정물의 소유권을 취득하는 경우에 있어서 그 채권이 혼동으로 소멸하는 것과 같은 외관을 보이는 때가 많으나, 물권과 채권은 각기 그 소멸원인을 달리하는 것으로 채권은 채권과 채무가 동일한 주체에 귀속한 때에 한하여 혼동으로 소멸하는 것이 원칙이므로, 특정물에 관한 채권자가 특정물의 소유권을 취득하였다고 하더라도 그 특정물에 관한 채권이 혼동으로 소멸한다고 단정할 수는 없다"(대판 1995.12.26, 95다29888).

비교판례 ※ 만약 甲의 가등기 후 A의 가압류등기 등 제3자의 등기가 존재하지 않는다면 甲의 가등기에 기한 본등기청구권이 소멸하는지 여부(적극)

判例는 "가등기권자가 별도의 소유권이전등기를 경료받았다 하더라도, 가등기 경료 이후에 가등기된 목적물에 관하여 제3자 앞으로 처분제한의 등기가 되어 있거나 중간처분의 등기가 되어 있지 않고 가등기와 소유권이전등기의 등기원인도 실질상 동일하다면, 가등기의 원인이 된 가등기의무자의 소유권이전등기의무는 그 내용에 좇은 의무이행이 완료되었다 할 것이어서

가등기에 의하여 보전될 소유권이전등기청구권은 소멸되었다고 보아야 하므로, 가등기권자는 가등기의무자에 대하여 더 이상 그 가등기에 기한 본등기절차의 이행을 구할 수 없는 것이다"(대판 2007.2.22, 2004다59546)라고 판시하고 있다.

☞ 이 경우 가등기에 기한 본등기청구권이 소멸한 것은 혼동에 의한 소멸이 아니라 등기의무자의 의무내용에 좇은 등기의무의 이행이 완료되었기 때문임을 주의해야 한다.

② [X] 동일한 물건에 대한 소유권과 다른 물권이 동일한 사람에게 귀속한 때에는 다른 물권은 소멸한다(제191조 제1항 본문). 甲이 乙로부터 건물을 매수하면, 소유권과 다른 물권이 동일한 사람(甲)에게 귀속한 때에 해당하므로 甲의 유치권은 혼동으로 소멸한다.

判例는 甲이 乙소유의 건물에 대해 공사비채권을 위한 유치권을 가지고 있는 상태에서 甲이 乙로부터 그 건물소유권을 취득한 후에 甲이 제3자 丙에게 저당권을 설정하거나 가등기담보를 설정한 경우 甲의 유치권은 혼동으로 소멸한다고 한다(대판 2008.5.8. 2007다36933,36940).

특히 사안의 경우 甲의 소유권 취득 당시에는 등기상 후순위 권리자가 없었기 때문이다. 만약 후순위담보가 이미 설정된 상태에서 선순위담보권자가 소유권을 취득하는 경우(제191조 단서)에는 혼동으로 소멸하지 않는다. 예컨대 위의 예에서 유치권자가 건물의 소유권을 취득할 당시에 이미 제3자의 저당권 등이 설정되어 있는 경우라면 유치권은 혼동으로 소멸하지 않는다.

③ [X] "어떠한 물건에 대한 소유권과 다른 물권이 동일한 사람에게 귀속한 경우 그 제한물권은 혼동에 의하여 소멸하는 것이 원칙이지만, 본인 또는 제3자의 이익을 위하여 그 제한물권을 존속시킬 필요가 있다고 인정되는 경우에는 민법 제191조 제1항 단서의 해석에 의하여 혼동으로 소멸하지 않는다. 甲소유의 토지에 관하여 乙이 1번 근저당권을 취득하고 丙이 2번 근저당권을 취득하였으며 이어서 丁이 위 토지를 가압류하였는데, 그 후 丙이 그 토지의 소유권을 취득한 경우에 있어서의 '丙의 2번 근저당권'이 혼동으로 소멸하게 된다면, 丁은 이로 인하여 부당한 이득을 얻게 되는 반면 丙은 손해를 보게 되는 불합리한 결과가 되므로, 위의 법리에 따라 丙의 근저당권은 그 이후의 소유권 취득에도 불구하고 혼동으로 소멸하지 아니한다"(대판 1998.7.10. 98다18643)

④ [X] "ⅰ) 근저당권자가 소유권을 취득하면 그 근저당권은 혼동에 의하여 소멸하지만 그뒤 그 소유권취득이 무효인 것이 밝혀지면 소멸하였던 근저당권은 당연히 부활한다. ⅱ) 혼동에 의하여 소멸한 근저당권이 소유권취득이 무효로 밝혀져 부활하는 경우에 등기부상 이해관계가 있는 자는 위 근저당권 말소등기의 회복등기 절차를 이행함에 있어서 이것을 승낙할 의무가 있다"(대판 1971.8.31. 71다1386).

[쟁점정리] ※ 혼동의 효과

ⅰ) 물권이 혼동으로 소멸하면 그 효과는 절대적이므로 그 후 어떤 사유로 인해 혼동 이전의 상태로 법률상태가 복귀한다 해도 일단 소멸한 권리는 부활하지 않는다. 예컨대 지상권자가 목적토지의 소유권을 취득하여 지상권이 혼동으로 소멸한 후 토지소유권을 타인에게 양도하더라도 지상권이 부활하는 것은 아니다. ⅱ) 그러나 혼동을 생기게 한 원인이 부존재이거나 원인행위가 무효·취소·해제 등으로 효력을 가지지 않는 때에는, 혼동은 생기지 않았던 것으로 되고 소멸한 물권은 부활한다(위 71다1386판결).

☞ 사안에서 甲의 저당권은 부활한다. 즉 저당권등기의 말소를 한 경우 회복등기가 없더라도 저당권은 당연히 부활하며, 甲의 저당권의 순위가 보전된다. 만약 X토지가 제3자 丙에게 이전되어 丙의 소유로 된 경우 丙은 이해관계 있는 제3자로서 甲의 저당권 말소등기의 회복등기를 하는 데 승낙할 의무가 있다(부동산등기법 제59조 참조).

[정답] ①

제3장 기본물권

제1절 | 점유권

문1 점유에 관한 다음 설명 중 가장 옳은 것은? (다툼이 있는 경우 판례에 의함) [17서기보]

① 점유자가 점유물을 개량하기 위하여 지출한 금액 기타 유익비는 그 가액의 증가가 현존한 경우에 한하여 점유자의 선택에 좇아 그 지출금액이나 증가액의 상환을 청구할 수 있다.

② 전후양시에 점유한 사실이 있는 때에는 그 점유는 계속한 것으로 간주된다.

③ 점유자가 점유물을 반환할 때에는 회복자에 대하여 점유물을 보존하기 위하여 지출한 금액 기타 필요비의 상환을 청구할 수 있다.

④ 점유권은 상속할 수 없다.

해설 ① [X] ③ [O] **제203조(점유자의 상환청구권)** ①항 점유자가 점유물을 반환할 때에는 회복자에 대하여 점유물을 보존하기 위하여 지출한 금액 기타 필요비의 상환을 청구할 수 있다. 그러나 점유자가 과실을 취득한 경우에는 통상의 필요비는 청구하지 못한다. ②항 점유자가 점유물을 개량하기 위하여 지출한 금액 기타 유익비에 관하여는 그 가액의 증가가 현존한 경우에 한하여 '회복자의 선택에 좇아' 그 지출금액이나 증가액의 상환을 청구할 수 있다.

☞ '점유자'의 선택이 아니라 '회복자'의 선택

② [X] **제198조(점유계속의 추정)** 전후양시에 점유한 사실이 있는 때에는 그 점유는 계속한 것으로 '추정'한다.

☞ '간주'가 아니라 '추정'

④ [X] **제193조(상속으로 인한 점유권의 이전)** 점유권은 상속인에 이전한다.

[정답] ③

문2 다음 설명 중 가장 옳지 않은 것은? (다툼이 있는 경우 판례에 의함) [15서기보]

① 각 점유개정의 방법으로 동산에 대한 이중의 양도담보설정계약이 체결된 경우, 뒤에 설정계약을 체결한 채권자는 선의취득에 의하여 양도담보권을 취득할 수 있다.

② 부동산에 대한 소유권과 임차권이 동일인에게 귀속하게 되는 경우 임차권은 혼동에 의하여 소멸하는 것이 원칙이지만, 그 임차권이 대항요건을 갖추고 있고 또한 그 대항요건을 갖춘 후에 저당권이 설정된 때에는 임차권은 소멸하지 않는다.

③ 선의취득의 대상인 동산이 도품이나 유실물인 때에는 피해자 또는 유실자는 도난 또는 유실한 날로부터 2년 내에 그 물건의 반환을 청구할 수 있다.

④ 민법 제204조 제3항과 제205조 제2항에 의하면 점유를 침탈 당하거나 방해를 받은 자의 침탈자 또는 방해자에 대한 청구권은 그 점유를 침탈 당한 날 또는 점유의 방해행위가 종료된 날로부터 1년 내에 행사하여야 하는 것으로 규정되어 있는데, 위 기간은 반드시 그 기간 내에 소를 제기하여야 하는 이른바 출소기간이다.

[해 설] ① [X] "금전채무를 담보하기 위하여 채무자가 그 소유의 동산을 채권자에게 양도하되 점유개정에 의하여 채무자가 이를 계속 점유하기로 한 경우 특별한 사정이 없는 한 동산의 소유권은 신탁적으로 이전됨에 불과하여 채권자와 채무자 사이의 대내적 관계에서 채무자는 의연히 소유권을 보유하나 대외적인 관계에 있어서 채무자는 동산의 소유권을 이미 채권자에게 양도한 무권리자가 되는 것이어서 다시 다른 채권자와의 사이에 양도담보 설정계약을 체결하고 점유개정의 방법으로 인도를 하더라도 선의취득이 인정되지 않는 한 나중에 설정계약을 체결한 채권자는 양도담보권을 취득할 수 없는데, 현실의 인도가 아닌 점유개정으로는 선의취득이 인정되지 아니하므로, 결국 뒤의 채권자는 양도담보권을 취득할 수 없다"(대판 2004.10.28. 2003다30463).

② [○] 동일한 물건에 대한 소유권과 제한물권이 동일인에게 귀속한 때에는 제한물권은 소멸한다(제191조 1항). 그러나 그 제한물권이 제3자의 권리의 목적인 때에는 제한물권은 소멸하지 않는다(제191조 1항 단서). 그리고 判例는 이를 넓게 해석하여 본인 또는 제3자의 이익을 위하여 그 제한물권을 존속시킬 합리적 필요가 있다고 인정되는 경우에는 혼동으로 소멸하지 않는다고 한다(대판 1998.7.10, 98다18643 등).
예를 들어 부동산에 대한 소유권과 대항력을 갖춘 임차권이 동일인에게 귀속하게 되는 경우 임차권은 혼동에 의하여 소멸하는 것이 원칙이지만(이는 후순위저당권 등이 없는 경우), 그 임차권이 대항요건을 갖추고 있고 또한 그 대항요건을 갖춘 후에 저당권 등이 설정된 때에는 혼동으로 인한 물권소멸 원칙의 예외 규정인 제191조 1항 단서를 준용(유추적용)하여 임차권은 소멸하지 않는다. 따라서 후순위 저당권자 등의 경매시 임차인은 경락인에게 '임차권'으로 대항가능하다(대판 2001.5.15, 2000다12693).

③ [○] **제250조(도품, 유실물에 대한 특례)** 전조(선의취득, 제249조)의 경우에 그 동산이 도품이나 유실물인 때에는 피해자 또는 유실자는 도난 또는 유실한 날로부터 2년내에 그 물건의 반환을 청구할 수 있다. 그러나 도품이나 유실물이 금전인 때에는 그러하지 아니하다.

④ [○] "민법 제204조 3항과 제205조 2항에 의하면, 점유를 침탈당하거나 방해를 받은 자의 침탈자 또는 방해자에 대한 청구권은 그 점유를 침탈당한 날 또는 점유의 '방해행위'(방해상태가 아님)가 종료된 날로부터 1년 내에 행사하여야 하는 것으로 규정되어 있는데, 여기에서 ⅰ) 제척기간의 대상이 되는 권리는 형성권이 아니라 통상의 청구권인 점과, ⅱ) 점유의 침탈 또는 방해의 상태가 일정한 기간을 지나게 되면 그대로 사회의 평온한 상태가 되고 이를 복구하는 것이 오히려 평화질서의 교란으로 볼 수 있게 되므로 일정한 기간을 지난 후에는 원상회복을 허용하지 않는 것이 점유제도의 이상에 맞고 ⅲ) 여기에 점유의 회수 또는 방해제거 등 청구권에 단기의 제척기간을 두는 이유가 있는 점 등에 비추어 볼 때, 위의 제척기간은 재판 외에서 권리행사하는 것으로 족한 기간이 아니라 반드시 그 기간 내에 소를 제기하여야 하는 이른바 출소기간으로 해석함이 상당하다"(대판 2002.4.26, 2001다8097,8103).

[정답] ①

문3 점유에 관한 다음 설명 중 가장 옳지 않은 것은?   [16서기보]

① 점유권에 기인한 소와 본권에 기인한 소는 서로 영향을 미치지 아니하나, 선의의 점유자라도 본권에 관한 소에 패소한 때에는 그 소가 제기된 때부터 악의의 점유자로 보아야 한다.

② 점유의 자주점유에 대한 추정력을 인정할 수 있다고 하여도 처분권한이 없는 자로부터 그 사실을 알면서 부동산을 취득한 자에게까지 점유 개시 당시에 소유의 의사가 있다고 볼 수는 없다.

③ 선의의 점유자에게는 점유물의 과실수취권이 인정되나, 여기서 선의의 점유자라 함은 과실수취권을 포함하는 권원이 있다고 오신한 점유자를 말하는 것이고, 그와 같은 오신을 할 만한 정당한 근거가 있어야 하는 것은 아니다.

④ 종중이 어떤 부동산에 관하여 임대차를 점유매개관계로 하여 간접점유를 취득하였다고 하기 위하여는 그 임대차관계를 성립시킨 자가 사실상으로나마 종중의 대표기관 내지는 집행기관이거나 그 대리인이어야 하고, 종원이 단지 종중과 무관하게 사인의 자격에서 임대한 것에 불과하다면 그를 통한 종중의 부동산에 대한 간접점유를 인정할 수 없다.

해설 ① [○] **제208조(점유의 소와 본권의 소와의 관계)** ①항 점유권에 기인한 소와 본권에 기인한 소는 서로 영향을 미치지 아니한다. ②항 점유권에 기인한 소는 본권에 관한 이유로 재판하지 못한다. **제197조(점유의 태양)** ①항 점유자는 소유의 의사로 선의, 평온 및 공연하게 점유한 것으로 추정한다. ②항 선의의 점유자라도 본권에 관한 소에 패소한 때에는 그 소가 제기된 때로부터 악의의 점유자로 본다.

② [○] 대판 2000.6.9. 99다36778

☞ 제197조 1항에 의해 점유의 자주점유에 대한 추정력을 인정할 수 있다고 하여도 예를 들어 매수인이 처음부터 '무효임을 알고서' 점유한 경우와 같이 처분권한이 없는 자로부터 그 사실을 알면서 부동산을 취득한 자에게는 소유의 의사로 점유한 것으로 볼 수 없다.

③ [✕] 선의의 점유자는 본권이 없더라도 점유물의 과실을 취득한다(제201조 1항). 선의의 점유자란 과실수취권을 포함하는 본권(소유권·지상권·전세권·임차권 ; 소, 지, 전, 임)을 가지고 있다고 오신하는 점유자를 가리키며(대판 1992.12.24. 92다22114), 여기에서의 선의는 일반적인 의미인 '소극적인 부지'를 의미하는 것이 아니라 '적극적인 오신', 즉 실제로는 없는 권리를 존재하는 것으로 적극적으로 믿고 있을 것을 요구한다(대판 1969.6.30. 69다1234). 아울러 判例는 "오신을 함에는 오신할 만한 정당한 근거가 있어야 한다"(대판 1996.1.26. 95다44290)고 판시하고 있다.

④ [○] "종중은 공동선조의 봉제사, 분묘의 수호 및 종원 상호간의 친목도모를 목적으로 하는 종족의 자연적 집단으로서 민법상 인격 없는 사단이므로, 종중이 어떤 부동산에 관하여 임대차를 점유매개관계로 하여 간접점유를 취득하였다고 하기 위하여는 그 임대차관계를 성립시킨 자가 사실상으로나마 종중의 대표기관 내지는 집행기관이거나 그 대리인이어야 하고, 종원이 단지 종중과 무관하게 사인의 자격에서 임대한 것에 불과하다면 그 간접점유의 귀속주체는 어디까지나 그 개인일 뿐 종중이 그를 통하여 당해 부동산을 간접점유하였다고 볼 수 없다"(대판 1999.02.23. 98다50593).

[정답] ③

문4 점유에 관한 다음 설명 중 가장 옳은 것은?　　　　　　　　　　　　[20서기보]

① 점유의 승계가 있는 경우 전 점유자의 점유가 타주점유라 하여도 점유자의 승계인이 자기의 점유만을 주장하는 경우에는 현 점유자의 점유는 자주점유로 추정된다.

② 소유의 의사 유무는 점유개시시를 기준으로 판단하지만, 나중에 매도자에게 처분권이 없었다는 등의 사유로 그 매매가 무효인 것이 밝혀진 경우 매수인의 점유는 타주점유로 전환된다.

③ 점유자가 매매 또는 증여와 같이 자주점유의 권원을 주장하였으나 이것이 인정되지 않는 경우 자주점유의 추정이 번복된다.

④ 점유자의 점유가 자주점유인지 타주점유인지는 점유자의 내심의 의사, 점유 취득의 원인이 된 권원의 성질 등 여러 사정을 종합하여 결정한다.

해설 ① [○] 점유권이 특정승계되는 경우 점유자의 승계인은 자기의 점유만을 주장하거나 자기의 점유와 전점유자의 점유를 아울러 주장할 수 있다(제199조 1항). 이 경우 判例는 "전 점유자의 점유가 타주점유라 하여도 점유자의 승계인이 자기의 점유만을 주장하는 경우에는 현 점유자의 점유는 자주점유로 추정된다"(대판 2002.2.26. 99다72743)고 한다.

② [×] "부동산을 매수하여 이를 점유하게 된 자는 그 매매가 무효가 된다는 사정이 있음을 알았다는 등의 사정이 없는 한 점유개시시에 소유의 의사로 점유한 것이며, 나중에 매도자에게 처분권이 없었다는 등의 사유로 그 매매가 무효인 것이 밝혀졌다 하더라도 타주점유로 전환되지 않는다"(대판 1980.5.27, 80다671 ; 대판 1992.10.27, 92다30375).

③ [×] "점유자가 스스로 매매 또는 증여와 같이 자주점유의 권원을 주장하였으나 이것이 인정되지 않는 경우에도, 원래 자주점유의 권원에 관한 입증책임이 점유자에게 있지 아니한 이상 그 주장의 점유권원이 인정되지 않는다는 사유만으로 자주점유의 추정이 번복된다거나 또는 점유권원의 성질상 타주점유라고 볼 수 없다"(대판 2002.2.26. 99다72743).

④ [×] "점유자의 점유가 소유의 의사 있는 자주점유인지 아니면 소유의 의사 없는 타주점유인지의 여부는 점유자의 내심의 의사에 의하여 결정되는 것이 아니라 ㉠'점유 취득의 원인이 된 권원의 (객관적) 성질'이나 ㉡ '점유와 관계가 있는 모든 사정'에 의하여 외형적·객관적으로 결정되어야 하는 것이다(대판 1997.8.21. 전합95다28625).

[정답] ①

문5 점유에 관한 다음 설명 중 가장 옳은 것은?   [21서기보]

① 점유자는 소유의 의사로 평온, 공연하게, 선의이며, 과실(過失)없이 점유한 것으로 추정한다.

② 선의의 점유자라도 본권에 관한 소에 패소한 때에는 패소판결 확정 후부터는 악의의 점유자로 본다.

③ 점유자의 승계인은 자기의 점유만을 주장할 수 있으나, 자기의 점유와 전점유자의 점유를 아울러 주장할 수는 없다.

④ 선의의 점유자는 점유물의 과실(果實)을 취득하나, 악의의 점유자는 수취한 과실(果實)을 반환하여야 하며, 이를 소비한 경우에는 그 과실(果實)의 대가를 보상하여야 한다.

[해설] ① [×] 점유자는 소유의 의사로 선의, 평온 및 공연하게 점유한 것으로 추정한다(제197조 1항). 다만 무과실은 추정되지 않는다.

② [×] 선의의 점유자라도 본권에 관한 소에 패소한 때에는 **그 소가 제기된 때**로부터 악의의 점유자로 본다(제197조 2항).

③ [×] 점유자의 승계인은 자기의 점유만을 주장 하거나 자기의 점유와 전 점유자의 점유를 아울러 주장할 수 있다(제199조 1항).

④ [○] 제201조

[정답] ④

문6 점유권에 관한 다음 설명 중 틀린 것은? (다툼이 있는 경우 판례에 의함)　　[기출변형]

① 토지 소유자가 무권원 점유자의 토지점유를 실력으로 빼앗아 점유자가 소유자를 상대로 제기한 점유권에 기한 본소와 소유자의 소유권에 기한 예비적 반소가 모두 이유가 있어 양 청구가 모두 인용·확정된 경우, 집행단계에서 점유권에 기한 본소 집행이 허용됨이 원칙이나, 점유자의 점유회수의 집행이 무의미한 점유상태의 변경을 반복하는 것에 불과하다면 본권자는 청구이의의 소를 통해서 점유권에 기한 강제집행을 저지할 수 있다.

② 제201조 1항은 제748조 1항의 특칙이나, 제201조 2항은 제748조 2항의 특칙이 아니므로 '악의점유자'의 경우 제201조 2항의 구체적 범위는 제748조 2항에 의해 정해진다.

③ 부동산 매매계약이 취소된 경우 당해 부동산을 인도받은 선의의 매수인에게 민법 제201조가 적용되어 과실취득권이 인정되는 이상 선의의 매도인에게도 민법 제587조의 유추적용에 의하여 대금의 운용이익 또는 법정이자의 반환을 부정하여야 한다.

④ 甲이 乙로부터 상가건물을 임차하여 화장실 개수공사를 하고 음식점을 운영하던 중, 丙이 위 건물을 양수하여 소유권이전등기를 마친 후 甲에게 인도를 청구하는 경우, 甲은 상가건물 임대차보호법을 적용받지 못하는 때에도 점유자의 상환청구권 (민법 제203조 제2항)에 기하여 丙에게 유익비상환을 청구할 수 있다.

해설 ① [○] "점유회수의 본소에 대하여 본권자가 소유권에 기한 인도를 구하는 반소를 제기하여 본소청구와 예비적 반소청구가 모두 인용되어 확정되면, 점유자가 본소 확정판결에 의하여 집행문을 부여받아 강제집행으로 물건의 점유를 회복할 수 있다. 본권자의 소유권에 기한 반소청구는 본소의 의무 실현을 정지조건으로 하므로, 본권자는 위 본소 집행 후 집행문을 부여받아 비로소 반소 확정판결에 따른 강제집행으로 물건의 점유를 회복할 수 있다. 이러한 과정은 애당초 본권자가 허용되지 않는 자력구제로 점유를 회복한 데 따른 것으로 그 과정에서 본권자가 점유 침탈 중 설치한 장애물 등이 제거될 수 있다. 다만 점유자의 점유회수의 집행이 무의미한 점유상태의 변경을 반복하는 것에 불과할 뿐 아무런 실익이 없거나 본권자로 하여금 점유회수의 집행을 수인하도록 하는 것이 명백히 정의에 반하여 사회생활상 용인할 수 없다고 인정되는 경우, 또는 점유자가 점유권에 기한 본소 승소 확정판결을 장기간 강제집행하지 않음으로써 본권자의 예비적 반소 승소 확정판결까지 조건불성취로 강제집행에 나아갈 수 없게 되는 등 **특별한 사정이 있다면 본권자는 점유자가 제기하여 승소한 본소 확정판결에 대한 청구이의의 소를 통해서 점유권에 기한 강제집행을 저지할 수 있다**"(대판 2021.2.4. 2019다202795,202801)

※ 점유권의 상호침탈

"원고 甲이 피고 乙소유 부동산을 무단으로 점유하고 있던 중 피고 乙이 원고 甲의 점유를 방해한 사안에서 원고는 피고에게 점유권에 기하여 방해제거를 청구할 수 있다고 하였다. 피고 乙은 그 부동산의 소유자라 하더라도 일단 원고 甲의 점유가 성립한 이상 실력으로 그 점유를 탈환하거나 방해할 수는 없다는 것을 근거로 하였다. 다만 피고는 원고에게 소유권에 기하여 그 부동산의 인도를 구하는 반소를 제기할 수 있고, 법원은 본소와 반소를 모두 인용하여야 한다고 하였다 (대판 1957.11.14, 4290민상454).

☞ 결국 사안에서 判例는 甲이 乙의 점유를 침탈한 후 乙이 甲의 점유를 탈환하거나 방해하면 甲은 乙을 상대로 점유물반환이나 방해제거를 청구할 수 있고(제204조, 제205조), 이때 乙은 소유권에 기한 항변을 할 수 없으나(제208조 2항), 반소로 소유권에 기한 반환청구를 할 수 있으며(제213조), 이 경우 법원은 甲의 점유권에 기한 '본소청구'와 乙의 소유권에 기한 '반소청구'를 모두 인용하는 판결을 하고, 집행단계에서 乙의 '본권에 기한 청구'(반소청구)를 우선하여 해결한다. 이점에 비추어 보면 제208조의 의의도 상당히 상실될 것이다.

② [○] ※ 제201조 2항과 제748조 2항과의 관계

"타인 소유물을 권원 없이 점유함으로써 얻은 사용이익을 반환하는 경우 민법은 선의 점유자를 보호하기 위하여 제201조 1항을 두어 선의 점유자에게 과실수취권을 인정함에 대하여, 이러한 보호의 필요성이 없는 악의 점유자에 관하여는 제201조 2항을 두어 과실수취권이 인정되지 않는다는 취지를 규정하는 것으로 해석되는바, 따라서 악의 수익자가 반환하여야 할 범위는 제748조 2항에 따라 정하여지는 결과 그는 받은 이익에 이자를 붙여 반환하여야 한다. 위 조문에서 규정하는 이자는 당해 침해행위가 없었더라면 원고가 위 임료로부터 통상 얻었을 법정이자 상당액을 말하는 것이므로, 악의 수익자는 위 이자의 이행지체로 인한 지연손해금도 지급하여야 할 것이다. 즉, 악의 점유자는 과실을 반환하여야 한다고만 규정한 민법 제201조 2항이, 민법 제748조 2항에 의한 악의 수익자의 이자지급의무까지 배제하는 취지는 아니기 때문에, 악의 수익자의 부당이득금 반환범위에 있어서 민법 제201조 2항이 민법 제748조 2항의 특칙이라거나 우선적으로 적용되는 관계를 이루는 것은 아니다"(대판 2003.11.4, 2001다61869).

③ [○] ※ 선의의 매도인의 제748조 1항의 적용여부(소극)

"쌍무계약이 취소된 경우 선의의 매수인에게 제201조가 적용되어 과실취득권이 인정되는 이상 선의의 매도인에게도 제587조의 유추적용에 의하여 대금의 운용이익 내지 법정이자의 반환을 부정함이 형평에 맞다"(대판 1993.5.14, 92다45025).

④ [×] "ⅰ) 민법 제203조 제2항에 의한 점유자의 회복자에 대한 유익비상환청구권은 점유자가 계약관계 등 적법하게 점유할 권리를 가지지 않아 소유자의 소유물반환청구에 응하여야 할 의무가 있는 경우에 성립되는 것으로서, 이 경우 점유자는 그 비용을 지출할 당시의 소유자가 누구이었는지 관계없이 점유회복 당시의 소유자 즉 회복자에 대하여 비용상환청구권을 행사할 수 있는 것이나, ⅱ) 점유자가 유익비를 지출할 당시 계약관계 등 적법한 점유의 권원을 가진 경우에 그 지출비용의 상환에 관하여는 그 계약관계를 규율하는 법조항이나 법리 등이 적용되는 것이어서, 점유자는 그 계약관계 등의 상대방에 대하여 해당 법조항이나 법리에 따른 비용상환청구권을 행사할 수 있을 뿐 계약관계 등의 상대방이 아닌 점유회복 당시의 소유자에 대하여 민법 제203조 제2항에 따른 지출비용의 상환을 구할 수는 없다"(대판 2003.7.25. 2001다64752).

[정답] ④

문7 다음 설명 중 옳은 것은? (다툼이 있는 경우 판례에 의함) [기출변형]

① 민법 제205조의 기산점이 되는 '방해가 종료한 날'은 방해 상태가 종료한 날이 아 닌 방해행위가 종료한 날을 의미한다.

② 타주점유가 자주점유로 바뀌기 위해서는 타주점유자가 매매, 증여, 상속 등 새로운 권원에 기하여 소유의사로써 점유하여야 한다.

③ 자주점유자가 시효취득기간 진행 중에 그 부동산의 전 소유자를 상대로 소유권이전 등기 말소등기청구소송을 제기하였다가 패소 확정된 경우에 자주점유가 타주점유로 전환된다.

④ 점유자를 상대로 한 점유자 명의의 소유권이전등기 말소청구소송에서 점유자가 패 소하고 그 판결이 확정된 경우, 그 소가 제기된 때부터 그 점유자의 점유는 타주점 유로 간주된다.

[해 설] ① [○] 민법 제205조에 의하면, 점유자가 점유의 방해를 받은 때에는 방해의 제거 및 손해의 배 상을 청구할 수 있고(제1항), 제1항의 청구권은 방해가 종료한 날로부터 1년 내에 행사하여야 하는데(제2항), 민법 제205조 제2항이 정한 '1년의 제척기간'은 재판 외에서 권리행사하는 것 으로 족한 기간이 아니라 반드시 그 기간 내에 소를 제기하여야 하는 이른바 출소기간으로 해 석함이 타당하다. 그리고 기산점이 되는 '방해가 종료한 날'은 방해 행위가 종료한 날을 의미한다"(대 판 2016.7.29. 2016다214483,214490)

[참고판례] "민법 제214조의 소유권에 기한 방해배제청구권에 있어서 '방해'라 함은 현재에도 지속되고 있는 침해를 의미하고, 법익 침해가 과거에 일어나서 이미 종결된 경우에 해당하는 '손해'의 개념과는 다르다 할 것이어서, 소유권에 기한 방해배제청구권은 방해결과의 제거를 내용으로 하는 것이 되어서는 아니 되며(이는 손해배상의 영역에 해당한다 할 것이다) 현재 계속 되고 있는 방해의 원인을 제거하는 것을 내용으로 한다"(대판 2003.3.28, 2003다5917).

② [X] "상속에 의하여 점유권을 취득한 상속인은 새로운 권원에 의하여 자기 고유의 점유를 시작하지 않는 한 피상속인의 점유의 성질과 하자를 떠나 자기의 점유만을 주장할 수 없다"고 하여 상속 은 새로운 권원이 될 수 없다고 한다(대판 1992.9.22, 92다22602).

[쟁점정리] ※ 타주점유에서 자주점유로의 전환
타주점유가 자주점유로 전환되려면 타주점유자가 ㉠ '새로운 권원에 의하여 소유의 의사를 가 지고 점유를 시작'하거나, ㉡ '자기에게 점유시킨 자(타주점유를 하게 한 자)에게 소유의 의사 가 있음을 표시' 하여야 한다(判例).

③ [X] ※ 자주점유에서 타주점유로의 전환
위 ②에서 설명한 타주점유로부터 자주점유로의 전환에 준한다. 예컨대 피상속인의 부동산에 대해 경락허가결정이 있거나, 부동산을 타인에게 매도하여 인도의무를 지는 매도인의 점유가 그러하다(대판 1997.4.11, 97다5824). 다만, 점유자가 매매나 시효취득을 원인으로 소유권이전등기 를 청구하였다가 패소 확정된 경우에도, 점유자가 소유자에 대하여 어떤 의무가 있음이 확정되 는 것은 아니므로 악의의 점유자(제197조 2항)가 되는데 불과하고 타주점유로 전환되는 것은 아니다(대판 1981.3.24, 80다2226).

④ [X] "진정 소유자가 자신의 소유권을 주장하며 점유자 명의의 소유권이전등기는 원인무효의 등기라 하여 점유자를 상대로 토지에 관한 점유자 명의의 소유권이전등기의 말소등기청구소송을 제기하여 그 소송사건이 점유자의 패소로 확정되었다면, 그 점유자는 민법 제197조 제2항의 규정에 의하여 그 소송의 제기시부터는 토지에 대한 악의의 점유자로 간주되고, 또 이러한 경우 토지 점유자가 소유권이전등기 말소등기청구소송의 직접 당사자가 되어 소송을 수행하였고 결국 그 소송을 통해 대지의 정당한 소유자를 알게 되었으며, 나아가 패소판결의 확정으로 점유자로서는 토지에 관한 점유자 명의의 소유권이전등기에 관하여 정당한 소유자에 대하여 말소등기의무를 부담하게 되었음이 확정되었으므로, 단순한 악의점유의 상태와는 달리 객관적으로 그와 같은 의무를 부담하고 있는 점유자로 변한 것이어서 점유자의 토지에 대한 점유는 패소판결 확정 후부터는 타주점유로 전환되었다고 보아야 할 것이다"(대판 2000.12.8. 2000다14934,14941).

[정답] ①

문8 점유권에 관한 설명 중 옳지 않은 것을 모두 고른 것은?   [기출변형]

> ㄱ. 악의의 점유자는 수취한 과실을 반환하여야 하며 소비하였거나 과실로 인하여 훼손 또는 수취하지 못한 경우에는 그 과실의 대가를 보상하여야 한다.
> ㄴ. 점유물이 소유의 의사가 있는 선의의 점유자의 책임 있는 사유로 인하여 멸실 또는 훼손된 때에는 그 점유자는 이익이 현존하는 한도에서 배상하여야 한다.
> ㄷ. 점유자가 점유물을 반환할 때에는 회복자에 대하여 점유물에 관하여 지출한 필요비의 상환을 청구할 수 있으나 점유자가 과실을 수취한 경우에는 일체의 필요비 상환을 청구하지 못한다.
> ㄹ. 점유자가 점유를 침탈당한 경우, 침탈자의 특별승계인에 대하여 그 물건의 반환을 청구할 수 있을 뿐 손해배상을 청구할 수는 없다.
> ㅁ. 점유자가 점유의 침탈을 당한 때에는 간접점유자는 점유자가 그 물건을 반환받기를 원하지 아니하는 경우라도 점유자에게 반환할 것을 청구하여야 한다.

① ㄱ, ㄷ, ㄹ   ② ㄴ, ㄹ, ㅁ
③ ㄷ, ㄹ, ㅁ   ④ ㄱ, ㄴ, ㄷ

[해설] ㄱ. [O] **제201조(점유자와 과실)** 「② 악의의 점유자는 수취한 과실을 반환하여야 하며 소비하였거나 과실로 인하여 훼손 또는 수취하지 못한 경우에는 그 과실의 대가를 보상하여야 한다.」

ㄴ. [O] **제202조(점유자의 회복자에 대한 책임)** 「점유물이 점유자의 책임있는 사유로 인하여 멸실 또는 훼손한 때에는 악의의 점유자는 그 손해의 전부를 배상하여야 하며 선의의 점유자는 이익이

현존하는 한도에서 배상하여야 한다. 소유의 의사가 없는 점유자는 선의인 경우에도 손해의 전부를 배상하여야 한다.」

ㄷ. [×] **제203조(점유자의 상환청구권)** 「① 점유자가 점유물을 반환할 때에는 회복자에 대하여 점유물을 보존하기 위하여 지출한 금액 기타 필요비의 상환을 청구할 수 있다. 그러나 점유자가 과실을 취득한 경우에는 **통상의 필요비는 청구하지 못한다.」**

☞ 점유자는 선의·악의 또는 소유의 의사 유무를 묻지 않고서 필요비의 상환을 청구할 수 있다(제203조 1항). 필요비는 통상필요비(보존·수선·사육·공과공조 등)와 특별필요비(태풍으로 인한 가옥의 대수선)로 구분되는데, 점유자가 과실을 취득한 경우에는 통상의 필요비는 청구하지 못한다(제203조 1항 단서).

ㄹ. [×] **제204조(점유의 회수)** 「① 점유자가 점유의 침탈을 당한 때에는 그 물건의 반환 및 손해의 배상을 청구할 수 있다. ② 전항의 청구권은 침탈자의 특별승계인에 대하여는 행사하지 못한다. 그러나 승계인이 악의인 때에는 그러하지 아니하다.」

ㅁ. [×] **제207조(간접점유의 보호)** 「② 점유자가 점유의 침탈을 당한 경우에 간접점유자는 그 물건을 점유자에게 반환할 것을 청구할 수 있고 점유자가 그 물건의 반환을 받을 수 없거나 이를 원하지 아니하는 때에는 자기에게 반환할 것을 청구할 수 있다.」

[정답] ③

제1관 부동산 소유권의 범위

문1 건물의 구분소유에 관한 다음 설명 중 가장 옳지 않은 것은? [19서기보]

① 1동의 건물에 대하여 구분소유가 성립하기 위해서는 구분된 건물부분의 구조상·이용상 독립성과 구분된 건물부분을 구분소유권의 객체로 하려는 구분행위가 있어야 하며, 구분된 건물부분의 구분소유권은 원칙적으로 건물 전체가 완성되어 당해 건물에 관한 건축물대장에 구분건물로 등록된 시점에 성립한다.

② 아파트 지하실이 건축 당시부터 그 지상의 주택 부분과 별도의 용도나 목적으로 건축되었다고 볼 특별한 사정이 없다면, 이는 구분소유자 전원의 공용에 제공되는 건물 부분으로 그들의 공유에 속할 뿐 따로 구분소유의 목적이 될 수 없다.

③ 집합건물인 상가건물의 지하주차장이 분양계약상의 특약에 의하여 공용부분에서 제외되어 따로 분양되었고, 그 구조상·이용상 독립성을 갖춘 경우에는 구분소유의 대상이 될 수 있다.

④ 집합건물의 건축자로부터 전유부분과 대지지분을 함께 매수하여 그 대금을 모두 지급함으로써 소유권 취득의 실질적 요건은 갖추었지만, 전유부분에 대한 소유권이전등기만 경료받고 대지지분에 대하여는 아직 소유권이전등기를 경료받지 못한 매수인은, 매매계약의 효력으로써 전유부분의 소유를 위하여 건물의 대지를 점유·사용할 권리가 있고, 이러한 점유·사용권은 단순한 점유권과는 차원을 달리하는 본권이다.

해설 ① [X] 1동의 건물에 대하여 구분소유가 성립하기 위해서는 ⅰ) 객관적·물리적인 측면에서 1동의 건물이 존재하고 ⅱ) 구분된 건물부분이 **구조상·이용상 독립성**을 갖추어야 할 뿐 아니라, ⅲ) 1동의 건물 중 물리적으로 구획된 건물부분을 각각 구분소유권의 객체로 하려는 '**구분행위**'가 있어야 한다(대판 1999.7.27, 98다35020 등).

"여기서 **구분행위**는 건물의 물리적 형질에 변경을 가함이 없이 법률관념상 건물의 특정 부분을 구분하여 별개의 소유권의 객체로 하려는 일종의 법률행위로서, 그 시기나 방식에 특별한 제한이 있는 것은 아니고 **처분권자의 구분의사가 객관적으로 외부에 표시되면 인정된다.** 따라서 구분건물이 물리적으로 완성되기 전에도 건축허가신청이나 분양계약 등을 통하여 장래 신축되는 건물을 구분건물로 하겠다는 구분의사가 객관적으로 표시되면 구분행위의 존재를 인정할 수 있고, 이후 1동의 건물 및 그 구분행위에 상응하는 구분건물이 객관적·물리적으로 완성되면 아직 그 건물이 집합건축물대장에 등록되거나 구분건물로서 등기부에 등기되지 않았더라도 그 시점에서 구분소유가 성립한다"(대판 2013.1.17. 전합2010다71578).

☞ 위 전원합의체 판결은 "구분소유는 건물 전체가 완성되고 원칙적으로 집합건축물대장에 구분건물로 등록된 시점, 예외적으로 등기부에 구분건물의 표시에 관한 등기가 마쳐진 시점에

비로소 성립한다"는 취지의 과거 판결(대판 2006.11.9. 2004다67691 등)의 견해를 이 판결의 견해와 저촉되는 한도에서 변경하였다.

② [○] 아파트의 지하실은 구분소유자 전원의 공용에 제공되는 건물부분(공용부분)으로서 구분소유권의 목적이 될 수 없다(대판 1995.3.3. 94다4691).

③ [○] 대판 1995.12.26. 94다44675

④ [○] 대결 2006.3.27. 2004마978

[정답] ①

문2 건물의 구분소유에 관한 다음 설명 중 틀린 것은? (다툼이 있는 경우 판례에 의함) [기출변형]

① 상가건물 구분소유자가 그 건물 1층의 복도와 로비를 무단으로 점유하여 자신의 영업장 내부공간인 것처럼 사용하고 있는 경우 그 구분소유자에게 부당이득반환의무가 인정되지 않는다.

② 前 구분소유자의 특별승계인에게 前 구분소유자의 체납관리비를 승계하도록 한 관리규약 중 '공용부분' 관리비에 관한 부분은 유효하지만, 공용부분 관리비에 대한 '연체료'는 특별승계인에게 승계되는 공용부분 관리비에 포함되지 않는다.

③ 집합건물의 건축자로부터 전유부분과 대지부분을 매수하여 소유권 취득의 실질적 요건은 갖추었으나, 전유부분에 대한 소유권이전등기만 경료받고 대지지분에 대하여는 소유권이전등기를 받지 못한 매수인은, 매매계약의 효력으로서 전유부분의 보유를 위하여 건물의 대지를 점유·사용할 권리가 있고, 이러한 점유사용권은 단순한 점유권과는 차원을 달리하는 본권이다.

④ 환지절차의 지연 등 특별한 사정으로 인하여 집합건물의 전유부분에 대하여만 소유권이전등기를 받은 매수인은, 대지지분에 대한 소유권이전등기를 받기 전에 대지에 대하여 가지는 점유·사용권인 대지사용권을 전유부분과 분리 처분하지 못한다.

[해설] ① [×] ※ 구분소유자가 집합건물의 공용부분을 정당한 권원 없이 배타적으로 점유·사용하는 경우 부당이득이 성립하는지 여부(적극)

"ⅰ) 구분소유자 중 일부가 정당한 권원 없이 집합건물의 복도, 계단 등과 같은 공용부분을 배타적으로 점유·사용함으로써 이익을 얻고, 그로 인하여 다른 구분소유자들이 해당 공용부분을 사용할 수 없게 되었다면, 공용부분을 무단점유한 구분소유자는 특별한 사정이 없는 한 해당 공용부분을 점유·사용함으로써 얻은 이익을 부당이득으로 반환할 의무가 있다. 해당 공용부분이 구조상 이를 별개 용도로 사용하거나 다른 목적으로 임대할 수 있는 대상이 아니더라도, 무단점유로 인하여 다른 구분소유자들이 해당 공용부분을 사용·수익할 권리가 침해되었고 이는 그 자체로 민법 제741조에서 정한 손해로 볼 수 있다.

ii) 이러한 법리는 구분소유자가 아닌 제3자가 집합건물의 공용부분을 정당한 권원 없이 배타적으로 점유·사용하는 경우에도 마찬가지로 적용된다. 이와 달리 집합건물의 복도, 계단 등과 같은 공용부분은 구조상 이를 점포로 사용하는 등 별개의 용도로 사용하거나 그와 같은 목적으로 임대할 수 있는 대상이 아니므로 특별한 사정이 없는 한 구분소유자 중 일부나 제3자가 정당한 권원 없이 이를 점유·사용하였더라도 이로 인하여 다른 구분소유자에게 차임 상당의 이익을 상실하는 손해가 발생하였다고 볼 수 없다고 하여 부당이득이 성립하지 않는다고 판시한 대판 1998.2.10. 96다42277,96다42284, 대판 2005.6.24. 2004다30279, 대판 2014.7.24. 2014다202608 등을 비롯하여 같은 취지의 대법원판결들은 이 판결의 견해에 배치되는 범위에서 이를 모두 변경하기로 한다"(대판 2020.5.21. 전합2017다220744).

② [○] 아파트·전 소유자가 체납한 관리비와 연체료를 그 아파트를 경락받은 매수인이 승계하는지가 문제된 사안에서, 判例는 전원합의체 판결을 통해 "아파트 관리규약에 그러한 승계를 인정하는 규정이 있다고 하더라도 그것은 새로 입주하는 자에게도 기존의 규약이 적용된다는 취지에 지나지 않고, 그가 규약을 승인하지 않는 이상 입주 전에 생긴 사실에 대한 위의 승계규정은 그 효력이 없다(집합건물법 제28조 3항, 제42조 1항 참조). 다만 집합건물의 공용부분은 전체 공유자의 이익에 공여하는 것이어서 그 관리를 위해 소요되는 경비는 이를 특히 보장할 필요가 있기 때문에, 집합건물법 제18조에 의해, 체납한 관리비 중 '공용부분에 해당하는 부분'에 한해 특별승계인의 승계의사 유무에 관계없이 이를 승계한다고 봄이 타당하다"(대판 2001.9.20. 전합2001다8677)고 한다.

☞ 즉 체납관리비의 승계에 관한 관리규약은 특별승계인의 승인이 없는 한 무효이지만 '공용부분관리비'에 관한 부분은 유효하다는 입장이다. 한편, 공용부분 관리비를 승계한다고 하여 전 구분소유자가 체납한 그 '연체료'까지 승계하는 것은 아니다(대판 2006.6.29. 2004다3598,3604).

③ [○] ※ **건물의 대지**[1]**와 대지사용권**[2]

아파트와 같은 대규모 집합건물의 경우, 대지의 분·합필 및 환지절차의 지연, 각 세대 당 지분비율 결정의 지연 등으로 인하여 전유부분에 대한 소유권이전등기만 수분양자 앞으로 마쳐지고, 대지지분에 대한 소유권이전등기는 상당기간 지체되는 경우가 있다. 이 경우 수분양자가 동법에서 정한 '대지사용권'을 취득하는지가 문제된다. 判例는 전원합의체 판결로 "위와 같은 사정으로 대지지분에 대해 소유권이전등기를 하지 못한 자(매수인)는 매매계약의 효력으로써 전유부분의 소유를 위해 건물의 대지를 점유·사용할 권리가 있고, 이러한 점유·사용권은 단순한 점유권과는 차원을 달리 하는 본권으로서 동법 소정의 대지사용권에 해당하고, 수분양자로부터 전유부분과 대지지분을 다시 매수한 자 역시 당초 수분양자가 가졌던 이러한 대지사용권을 취득한다"고 하였다(대판 2000.11.16. 전합98다45652,45669).

④ [○] "수분양자는 대지지분에 대한 소유권이전등기를 받기 전에 대지에 대하여 가지는 점유·사용권인 대지사용권을 전유부분과 분리 처분하지 못할 뿐만 아니라, 전유부분 및 장래 취득할 대지지분을 다른 사람에게 양도한 후 그 중 전유부분에 대한 소유권이전등기를 경료해 준 다음 사후에 취득한 대지지분도 전유부분의 소유권을 취득한 양수인이 아닌 제3자에게 분리 처분하지 못한다 할 것이고, 이를 위반한 대지지분의 처분행위는 그 효력이 없다"(대판 2000.11.16. 전합98다45652,45669).

[정답] ①

---

1) '건물의 대지'는 전유부분이 속하는 1동의 건물이 소재하는 토지(법정대지) 및 규약에 의해 건물의 대지로 된 토지(예: 주차장·정원·어린이놀이터 등과 같은 규약상 대지)를 말한다(동법 제2조 5호).
2) '대지사용권'은 구분소유자가 전유부분을 소유하기 위해 건물의 대지에 대하여 가지는 권리를 말한다(예: 소유권·지상권·전세권·임차권 등)(동법 제2조 6호).

문1 취득시효에 관한 다음 설명 중 옳은 것을 모두 고른 것은? [20서기보]

ㄱ. 부동산 점유취득시효는 20년의 시효기간이 완성한 것만으로 점유자가 곧바로 소유권을 취득하는 것은 아니고, 점유자 명의로 등기를 함으로써 소유권을 취득하게 된다.

ㄴ. 전(前) 점유자의 점유를 승계한 자는 그 점유 자체와 하자는 물론 그 점유로 인한 법률효과까지 승계하는 것이므로, 부동산을 취득시효기간 만료 당시의 점유자로부터 양수하여 점유를 승계한 현(現) 점유자는 전(前) 점유자의 취득시효 완성의 효과를 주장하여 직접 자기에게 소유권이전등기를 청구할 수 있다.

ㄷ. 甲소유의 X토지를 丙이 점유하여 그 취득시효가 완성된 후 丙이 그 등기를 하기 전에, 乙이 丙의 취득시효완성 전에 이미 설정되어 있던 가등기에 기하여 시효완성 후에 소유권이전의 본등기를 마친 경우, 丙은 乙에게 시효취득을 주장할 수 없다.

ㄹ. 甲과 乙이 구분소유적 공유관계에 있는 X토지 중 乙의 특정 구분소유 부분에 관하여 丙의 점유취득시효가 완성된 후, 甲이 그의 특정 구분소유 부분을 丁에게 양도하고 그에 따라 X토지 전체의 공유지분에 관한 지분이전등기를 경료해 준 경우, 丙은 자신이 점유한 乙의 특정 구분소유 부분에 관해서는 소유 명의자의 변동이 없으므로 그 취득시효의 기산점을 임의로 선택하여 주장할 수 있다.

ㅁ. 甲소유의 X토지를 점유하던 乙이 甲을 상대로 매매를 원인으로 한 소유권이전등기청구 소송을 제기하자, 甲이 이에 응소하여 乙의 청구기각 판결을 구하면서 乙의 주장사실을 부인한 결과 乙이 패소하고 그 판결이 확정된 경우, 甲의 응소행위로 인해 乙의 점유취득시효의 진행은 중단된다.

ㅂ. 부동산 소유자가 취득시효가 완성된 사실을 알고 그 부동산을 제3자에게 처분하여 소유권이전등기를 넘겨줌으로써 취득시효 완성을 원인으로 한 소유권이전등기의무가 이행불능에 빠지게 되어 시효취득을 주장하는 자가 손해를 입었다면, 이는 시효취득을 주장하는 자에 대하여 불법행위를 구성한다.

① ㄱ, ㄷ, ㅂ   ② ㄴ, ㄹ, ㅁ

③ ㄱ, ㄷ, ㅁ   ④ ㄷ, ㅁ, ㅂ

[해설] ㄱ. [○] 20년간 소유의 의사로 평온, 공연하게 부동산을 점유하는 자는 '등기함으로써' 그 소유권을 취득한다(제245조 1항).

ㄴ. [×] 점유취득시효 완성 후 등기 전에 목적부동산을 양수받은 제3자는 전 점유자의 소유자에 대한 점유취득시효 완성을 이유로 한 소유권이전등기청구권을 대위행사해야 하는지, 아니면 '점유승계의 효과'로서 전 점유자의 점유취득시효 완성으로 인한 소유권이전등기청구권까지 승계받았다는 것을 이유로 직접 자기에게 소유권이전등기를 청구할 수 있는지 문제된다.
이에 대해 判例는 "전 점유자의 점유를 승계한 자는 그 점유 자체와 하자만을 승계하는 것이지 그 점유로 인한 법률효과까지 승계하는 것은 아니므로……전 점유자의 취득시효 완성의 효과를 주장하여 직접 자기에게 소유권이전등기를 청구할 권원은 없다"(대판 1995.3.28, 전합93다47745)라고 하여 전 점유자의 소유자에 대한 소유권이전등기청구권을 대위행사할 수 있을 뿐이라고 보고 있다.

ㄷ. [○] "취득시효완성에 의한 등기를 하기 전에 먼저 소유권이전등기를 경료하여 부동산 소유권을 취득한 제3자에 대하여는 그 제3자 명의의 등기가 무효가 아닌 한 시효취득을 주장할 수 없다. 가등기는 그 성질상 본등기의 순위보전의 효력만이 있어 후일 본등기가 경료된 때에는 본등기의 순위가 가등기한 때로 소급하는 것뿐이지 본등기에 의한 물권변동의 효력이 가등기한 때로 소급하여 발생하는 것은 아니다"(대판 1992.9.25. 92다21258).

ㄹ. [×] "구분소유적 공유관계에 있는 토지 중 공유자 1인의 특정 구분소유 부분에 관한 점유취득시효가 완성된 경우 다른 공유자의 특정 구분소유 부분이 다른 사람에게 양도되고 그에 따라 토지 전체의 공유지분에 관한 지분이전등기가 경료되었다면 대외적인 관계에서는 점유취득시효가 완성된 특정 구분소유 부분 중 다른 공유자 명의의 지분에 관하여는 소유 명의자가 변동된 경우에 해당하므로 점유자는 취득시효의 기산점을 임의로 선택하여 주장할 수 없다"(대판 2006.10.12. 2006다44753)
☞ 위 判例에 따르면 사안에서 丙은 乙을 상대로 乙의 특정 구분소유 부분 중 1/2 공유지분에 관하여 취득시효 완성을 원인으로 한 소유권이전등기절차의 이행을 구할 수 있으나, 丁의 1/2 공유지분에 관하여는 점유취득시효 완성 후 새로운 이해관계를 가진 제3자에 해당하므로 취득시효 완성을 원인으로 한 소유권이전등기절차의 이행을 구할 수 없다.

ㅁ. [×] "응소도 재판상 청구에 해당하지만, 점유자가 소유자를 상대로 소유권이전등기청구소송을 제기하면서 그 청구원인으로 '취득시효 완성'이 아닌 '매매'를 주장한 것에 대해, 소유자가 이에 응소하여 원고 청구기각의 판결을 구하면서 원고의 주장사실을 부인하는 경우에는, 이는 원고 주장의 매매 사실을 부인하여 원고에게 그 매매로 인한 소유권이전등기청구권이 없음을 주장한 것에 불과하고 소유자가 자신의 소유권을 적극적으로 주장한 것으로 볼 수 없으므로, 위 응소는 취득시효의 중단사유로서의 재판상 청구에 해당하지 않는다"(대판 1997.12.12, 97다30288).

ㅂ. [○] ① 취득시효가 완성된 후 점유자가 그 취득시효를 주장하거나 이로 인한 소유권이전등기를 청구하기 이전에는, 특별한 사정이 없는 한 등기명의인은 그 시효취득사실을 알 수 없으므로 이를 제3자에게 처분하였다고 하더라도 불법행위가 성립하지는 않는다(대판 1995.7.11, 94다4509). ② 그러나 등기명의인이 자신의 부동산에 대하여 취득시효가 완성된 사실을 '알고도' 제3자에게 처분하여 등기명의를 넘겨줌으로써 시효취득자에게 손해를 입혔다면 불법행위를 구성하며, 만약 부동산을 취득한 제3자가 부동산 소유자의 이러한 불법행위에 적극 가담하였다면 이는 사회질서에 반하는 행위로서 무효가 된다(대판 1994.4.12, 93다60779).

[정답] ①

문2 취득시효에 관한 다음 설명 중 옳지 않은 것을 모두 고른 것은? [19서기보]

> ㄱ. 10년간 소유의 의사로 평온·공연하게 동산을 점유한 자는 그 소유권을 취득하며, 그 점유가 선의이며 과실 없이 개시된 경우에는 5년을 경과함으로써 그 소유권을 취득한다.
>
> ㄴ. 부동산의 점유취득시효에 있어서 미등기 부동산이나 1필의 토지의 일부에 대한 시효취득은 불가능하다.
>
> ㄷ. 토지 소유자가 토지의 특정한 일부분을 타인에게 매도하면서 등기부상으로는 전체 토지의 일부 지분에 관한 소유권이전등기를 경료해 준 경우에 매도 대상에서 제외된 나머지 특정 부분을 계속 점유한다고 하더라도 이는 자기 소유의 토지를 점유하는 것이어서 취득시효의 기초가 되는 점유라고 할 수 없다.
>
> ㄹ. 민법 제245조 제2항이 정한 등기부취득시효의 요건인 '부동산의 소유자로 등기한 자'에서 말하는 등기는 적어도 적법·유효한 등기일 것을 요하며, 원칙적으로 무효의 등기에 터잡아서는 등기부취득시효가 인정될 수 없다.
>
> ㅁ. 공유자 중 1인이 1필지 토지 중 특정부분만을 점유하여 왔다면 민법 제245조 제2항이 정한 '부동산의 소유자로 등기한 자'와 '그 부동산을 점유한 때'라는 등기부취득시효의 요건 중 특정부분을 제외한 나머지 부분에 관하여는 부동산의 점유라는 요건을 갖추지 못하였고, 그 특정부분 점유자가 1필지 토지에 관하여 가지고 있는 공유지분등기가 그 특정부분 자체를 표상하는 등기라고 볼 수는 없다.

① ㄱ, ㄴ   ② ㄴ, ㅁ

③ ㄷ, ㄹ   ④ ㄴ, ㄹ

해설 ㄱ. [○] 제246조

ㄴ. [×] 부동산의 점유취득시효에 있어서는 미등기부동산이라도 무방하다(대판 2006.9.28. 2006다22074). 또한 분필되지 않은 1필의 '토지의 일부'에 대해서도 判例는 "ⅰ) 1필의 토지의 일부 부분이 다른 부분과 구분되어 ⅱ) 시효취득자의 점유에 속한다는 것을 인식하기에 족한 객관적인 징표(건물의 외벽, 담장 등)가 계속하여 존재하는 경우에는 그 일부 부분에 대한 시효취득을 인정할 수 있다"(대판 1993.12.14. 93다5581)고 한다

ㄷ. [○] "토지 소유자가 토지의 특정한 일부분을 타인에게 매도하면서 등기부상으로는 전체 토지의 일부 지분에 관한 소유권이전등기를 경료해 준 경우(구분소유적 공유관계)에 매도 대상에서 제외된 나머지 특정 부분을 계속 점유한다고 하더라도 이는 자기 소유의 토지를 점유하는 것이어서 취득시효의 기초가 되는 점유라고 할 수 없고, 이는 토지의 특정한 일부분을 매수한 자가 등기부상으로는 전체 토지의 일부 지분에 관한 소유권이전등기를 경료받고 매수 대상인 그 특정 부분을 점유하는 경우에도 마찬가지일 것이다"(대판 2009.10.15. 2007다83632).

ㄹ. [×] 등기부취득시효의 요건으로서의 소유자로 등기한 자라 함은 적법 유효한 등기를 마친 자일 필요는 없고 무효의 등기를 마친 자라도 상관없다(대판 1994.2.8. 93다23367).

ㅁ. [○] "공유자 중 1인이 1필지 토지 중 특정부분만을 점유하여 왔다면 민법 제245조 제2항이 정한 '부동산의 소유자로 등기한 자'와 '그 부동산을 점유한 때'라는 등기부취득시효의 요건 중 특정부분을 제외한 나머지 부분에 관하여는 부동산의 점유라는 요건을 갖추지 못하였고, 그 특정부분 점유자가 1필지 토지에 관하여 가지고 있는 공유지분등기가 그 특정부분 자체를 표상하는 등기라고 볼 수는 없으므로, 결국 그 특정부분에 대한 공유지분의 범위 내에서만 등기부취득시효가 완성되었다고 보아야 할 것이고, 그 1필지 토지가 공유로 등기한 구분소유적 공유관계에 있었던 토지라고 하여 달리 볼 수 없다"(대판 2015.2.12. 2013다215515).

[정답] ④

문3 취득시효에 관한 다음 설명 중 가장 옳지 않은 것은? [18서기보]

① 부동산에 대한 점유취득시효가 완성된 후 취득시효 완성을 원인으로 한 소유권이전등기를 하지 않고 있는 사이에 그 부동산에 관하여 제3자 명의의 소유권이전등기가 경료된 경우라 하더라도 당초의 점유자가 계속 점유하고 있고 소유자가 변동된 시점을 기산점으로 삼아도 다시 취득시효의 점유기간이 경과한 경우에는 점유자로서는 제3자 앞으로의 소유권 변동시를 새로운 점유취득시효의 기산점으로 삼아 2차의 취득시효의 완성을 주장할 수 있다.

② 명의신탁된 부동산에 대하여 점유취득시효가 완성된 후 시효취득자가 그 소유권이전등기를 경료하기 전에 명의신탁이 해지되어 그 등기명의가 명의수탁자로부터 명의신탁자에게로 이전된 경우에는 특별한 사정이 없는 이상 그 명의신탁자는 취득시효 완성 후에 소유권을 취득한 자에 해당하여 그에 대하여 취득시효를 주장할 수 없다.

③ 점유로 인한 소유권취득시효 완성 당시 미등기로 남아 있던 토지에 관하여 소유권을 가지고 있던 자가 취득시효 완성 후에 그 명의로 소유권보존등기를 마친 경우 그 등기명의인은 취득시효 완성 후의 새로운 이해관계인에 해당하므로 점유자는 그 등기명의인에게 취득시효 완성을 주장할 수 없다.

④ 부동산 점유취득시효에 있어서 점유자의 점유가 소유의 의사 있는 자주점유인지 아니면 소유의 의사 없는 타주점유인지 여부는 점유자의 내심의 의사에 의하여 결정되는 것이 아니라 점유 취득의 원인이 된 권원의 성질이나 점유와 관계가 있는 모든 사정에 의하여 외형적·객관적으로 결정되어야 하는 것이지만, 점유자가 취득시효를 주장하는 경우에 스스로 이러한 소유의 의사를 증명할 필요는 없다.

[해설] ① [○] ※ 2차 취득시효기간 중 등기부상 소유명의자가 변경된 경우 2차 취득시효 완성자가 2차 시효완성 당시의 등기부상 소유명의자에게 시효취득을 주장할 수 있는지 여부

"ⅰ) 취득시효기간이 경과하기 전에 등기부상의 소유명의자가 변경된다고 하더라도 그 사유만으로는 점유자의 종래의 사실상태의 계속을 파괴한 것이라고 볼 수 없어 취득시효를 중단할 사유가 되지 못하므로, 새로운 소유명의자는 취득시효 완성 당시 권리의무 변동의 당사자로서 취득시효 완성으로 인한 불이익을 받게 된다 할 것이어서 시효완성자는 그 소유명의자에게 시효취득을 주장할 수 있는바, ⅱ) 이러한 법리는 새로이 2차의 취득시효가 개시되어 그 취득시효기간이 경과하기 전에 등기부상의 소유명의자가 다시 변경된 경우에도 마찬가지로 적용된다고 봄이 상당하다"(대판 2009.7.16. 전합2007다15172,15189)

참고로 종전 判例는 1차 점유취득시효 기간과 달리 2차 점유취득시효 기간 중에는 소유자의 변동이 없어야 한다고 하였다(대판 1999.2.12. 98다40688).

② [○] "명의신탁된 부동산에 대하여 점유취득시효가 완성된 후 시효취득자가 그 소유권이전등기를 경료하기 전에 명의신탁이 해지되어 그 등기명의가 명의수탁자로부터 명의신탁자에게로 이전된 경우에는 명의신탁의 취지에 따라 대외적 관계에서는 등기명의자만이 소유권자로 취급되고 시효완성 당시 시효취득자에게 져야 할 등기의무도 명의수탁자에게만 있을 뿐이므로, 명의신탁자의 등기 취득이 등기의무자의 배임행위에 적극 가담한 반사회적 행위에 근거한 등기라든가 또는 기타 다른 이유로 원인무효의 등기인 경우는 별론으로 하고, 그 명의신탁자는 취득시효 완성 후에 소유권을 취득한 자에 해당하여 그에 대하여 취득시효를 주장할 수 없다"(대판 2001.10.26. 2000다8861)

③ [×] "점유로 인한 소유권취득시효 완성 당시 미등기로 남아 있던 토지에 관하여 소유권을 가지고 있던 자가 취득시효 완성 후에 그 명의로 소유권보존등기를 마쳤다 하더라도 이는 소유권의 변경에 관한 등기가 아니므로 그러한 자를 그 취득시효 완성 후의 새로운 이해관계인으로 볼 수 없고, 또 그 미등기 토지에 대하여 소유자의 상속인 명의로 소유권보존등기를 마친 것도 시효취득에 영향을 미치는 소유자의 변경에 해당하지 않으므로, 이러한 경우에는 그 등기명의인에게 취득시효 완성을 주장할 수 있다"(대판 2007.6.14. 2006다84423).

④ [○] 점유자의 점유가 소유의 의사 있는 자주점유인지 아니면 소유의 의사 없는 타주점유인지의 여부는 점유자의 내심의 의사에 의하여 결정되는 것이 아니라 ㉠ '점유 취득의 원인이 된 권원의 (객관적) 성질'이나 ㉡ '점유와 관계가 있는 모든 사정'에 의하여 외형적·객관적으로 결정되어야 하는 것이다. 아울러 제197조 1항의 추정규정에 의해 점유자가 취득시효를 주장하는 경우에 스스로 이러한 소유의 의사를 증명할 필요는 없다(대판 1997.8.21. 전합95다28625).

[정답] ③

문4 취득시효에 관한 다음 설명 중 가장 옳지 않은 것은? [16서기보]

① 판례에 의하면, 등기부취득시효에서 선의 및 무과실의 점유는 전 점유기간 동안에 계속 요구되지는 않고 점유개시 당시에 있으면 충분하다.

② 부동산 점유자에게 시효취득으로 인한 소유권이전등기청구권이 있다고 하더라도 이로 인하여 부동산 소유자와 시효취득자 사이에 계약상의 채권·채무관계가 성립하는 것은 아니므로, 그 부동산을 처분한 소유자에게 채무불이행 책임을 물을 수 없다.

③ 부동산 점유취득시효 완성으로 인한 소유권 취득은 원시취득에 해당한다.

④ 취득시효기간이 완성되면 해당 부동산의 점유자는 취득시효 완성을 원인으로 하여 소유권 취득을 위한 등기청구권을 취득하는 것이 원칙이나, 예외적으로 미등기 부동산을 점유한 자는 그 취득시효 기간만 완성되면 소유권등기를 마치지 않고서도 그 부동산의 소유권을 바로 취득한다.

해설 ① [○] 등기부취득시효에서의 선의·무과실은 등기에 관한 것이 아니고 점유취득에 관한 것이다(대판 1998.1.20, 96다48527). 따라서 선의·무과실은 **점유개시시를 기준으로 판단**하며, 전 점유기간동안 선의·무과실일 필요는 없다(대판 1987.8.18, 87다카191).

② [○] 判例는 부동산 소유자와 시효완성자 사이에는 '**계약상의 채권·채무관계**'가 성립하는 것은 아니므로, 그 부동산을 처분한 소유자에 대해서 채무불이행 책임을 물을 수 없다고 한다(대판 1995.7.11, 94다4509)

③ [○] **부동산점유취득시효는 '원시취득'에 해당**하므로 특별한 사정이 없는 한 원소유자의 소유권에 가하여진 각종 제한에 의하여 영향을 받지 아니하는 완전한 내용의 소유권을 취득한다. 다만 이러한 효과는 시효완성자 앞으로 소유권이전등기가 경료된 때 생기는 것이고, 취득시효기간이 완성되었다고 하더라도 시효완성자 앞으로 등기를 마치지 아니한 이상 전 소유권에 붙어 있는 부담은 소멸되지 아니한다(대판 2004.9.24, 2004다31463)

④ [✕] "취득시효기간이 완성되었다고 하더라도 그것만으로 바로 소유권취득의 효력이 생기는 것이 아니라, 이를 원인으로 하여 **소유권취득을 위한 등기청구권이 발생**하는 것에 불과하고, 미등기 부동산의 경우라 하여 취득시효기간의 완성만으로 등기 없이도 점유자가 소유권을 취득한다고 볼 수 없다"(대판 2013.9.13. 2012다5834)

[정답] ④

문5 점유취득시효에 관한 설명 중 가장 옳지 않은 것은?   [14서기보]

① 토지에 대한 취득시효 완성으로 인한 소유권이전등기청구권은 그 토지에 대한 점유가 계속되는 한 시효로 소멸하지 아니하고, 그 후 점유를 상실하였다고 하더라도 이를 시효이익의 포기로 볼 수 있는 경우가 아닌 한 이미 취득한 소유권이전등기청구권이 바로 소멸되는 것은 아니다.

② 공유부동산의 경우 공유자 중의 1인이 공유지분권에 기초하여 부동산 전부를 점유하고 있다면 이는 권원의 성질상 자주점유에 해당한다.

③ 시효이익의 포기는 특별한 사정이 없는 한 시효취득자가 취득시효 완성 당시의 진정한 소유자에 대하여 하여야 그 효력이 발생하는 것이고 원인무효인 등기의 등기부상 소유명의자에게 그와 같은 의사를 표시하였다고 하여 그 효력이 발생하는 것은 아니다.

④ 점유가 순차 승계된 경우 취득시효의 완성을 주장하는 자는 자기의 점유만을 주장하거나 또는 자기의 점유와 전 점유자의 점유를 아울러 주장할 수 있는 선택권이 있으며, 전 점유자의 점유를 아울러 주장하는 경우에도 어느 단계의 점유자의 점유까지를 아울러 주장할 것인가 역시 이를 주장하는 사람에게 선택권이 있다.

[해설] ① [○] 判例는 점유취득시효 완성을 원인으로 하는 소유권이전등기청구권을 채권적 청구권으로 보면서도, "ⅰ) 시효완성자의 목적물에 대한 점유가 계속되는 한 시효로 소멸하지 아니한다고 하며, ⅱ) 점유를 상실한 경우에는 그것을 시효이익의 포기로 볼 수 있는 것이 아닌 한, 그 상실한 때로부터 10년간 등기청구권을 행사하지 아니하면 소멸시효가 완성한다"(대판 1996.3.8, 95다34866)고 한다.

② [×] **공유자가 공유물의 전부를 점유한 경우에도 자신의 공유지분만 시효취득한다고 한다**(대판 1976.5.25, 76다392 ; 공유로 등기된 부동산에 대해 공유지분에 대해 시효취득하기 위해서는 목적물 전부를 점유해야 한다). 다른 공유자의 지분비율 범위에서는 타주점유로 보아야 하기 때문이다.

③ [○] 대판 1994.12.23. 94다40734

④ [○] 취득시효의 기초가 되는 점유가 법정기간(20년) 이상으로 계속되는 경우, ① 취득시효는 그 기초가 되는 점유가 개시된 때를 기산점으로 하여야 하고 취득시효를 주장하는 사람이 임의로 기산일을 선택할 수는 없으나, ② **점유가 순차 승계된 경우에 있어서는** ㉠ 취득시효의 완성을 주장하는 자는 자기의 점유만을 주장하거나(점유의 분리) 또는 ㉡ 자기의 점유와 전 점유자의 점유를 아울러 주장(점유의 병합)할 수 있는 선택권이 있으며(제199조), 전 점유자의 점유를 아울러 주장하는 경우에도 어느 단계의 점유자의 점유까지를 아울러 주장할 것인가도 이를 주장하는 사람에게 선택권이 있고, 다만 전 점유자의 점유를 아울러 주장하는 경우에는 그 점유의 개시 시기를 어느 점유자의 점유기간 중의 임의의 시점으로 선택할 수 없는 것인바, 이와 같은 법리는 반드시 소유자의 변동이 없는 경우에만 적용되는 것으로 볼 수 없다(대판 1998.4.10. 97다56822).

[정답] ②

문6 취득시효에 관한 다음 설명 중 옳은 것은?

[기출변형]

① 甲이 X토지에 관하여 적법·유효한 이전등기를 마치고 그 소유권을 취득하였음에도, 그때로부터 20년간 X토지를 점유하였으므로 점유취득시효가 완성되어 이를 원시취득하였다고 주장하면서, 甲의 소유권 취득 이전부터 존재하던 가압류에 기하여 이루어진 강제집행의 불허를 구하는 경우 甲의 위와 같은 점유는 취득시효의 기초로서의 점유에 해당한다.

② 부동산에 관한 소유권이전의 원인행위가 사해행위로 인정되어 취소되는 경우, 채권자와 등기명의인인 수익자의 관계에서만 상대적으로 무효이고 채권자와의 관계에서는 수익자의 소유가 아니므로, 수익자의 점유는 타인소유 부동산에 대한 등기부 취득시효의 기초가 되는 점유로 될 수 있다.

③ 20년간 소유의 의사로 평온, 공연하게 집합건물을 구분소유한 사람은 이를 등기하면 '대지'의 소유권을 취득할 수 있다.

④ 점유취득시효 완성 당시 부동산이 (구) 신탁법상 신탁계약에 따라 수탁자 명의로 소유권이전등기와 신탁등기가 되어 있었는데 점유취득시효 완성을 이유로 등기하지 아니하고 있는 사이에 제3자에게 처분되어 제3자 명의로 소유권이전등기가 마쳐졌다가 다시 별개의 신탁계약에 의해 동일한 수탁자 명의로 소유권이전등기와 신탁등기가 마쳐진 경우, 점유자는 수탁자에 대하여 취득시효 완성을 주장할 수 있다.

[해설] ① [×] ※ 부동산에 관하여 적법·유효한 등기를 마친 소유자의 자기 소유 부동산에 대한 점유가 취득시효의 기초로서의 점유에 해당하는지 여부(원칙적 소극)

"부동산에 대한 취득시효 제도의 존재이유는 해당 부동산을 점유하는 상태가 오랫동안 계속된 경우 권리자로서의 외형을 지닌 그 사실상태를 존중하여 이를 진실한 권리관계로 높여 보호함으로써 법질서의 안정을 기하고, 장기간 지속된 사실상태는 진실한 권리관계와 일치될 개연성이 높다는 점을 고려하여 권리관계에 관한 분쟁이 생긴 경우 점유자의 증명곤란을 구제하려는 데에 있다. 그런데 부동산에 관하여 적법·유효한 등기를 마치고 그 소유권을 취득한 사람이 자기 소유의 부동산을 점유하는 경우에는 특별한 사정이 없는 한 사실상태를 권리관계로 높여 보호할 필요가 없고, 부동산의 소유명의자는 그 부동산에 대한 소유권을 적법하게 보유하는 것으로 추정되어 소유권에 대한 증명의 곤란을 구제할 필요 역시 없으므로, 그러한 점유는 취득시효의 기초가 되는 점유라고 할 수 없다(대판 1989.9.26. 88다카26574등 참조). 다만 그 상태에서 다른 사람 명의로 소유권이전등기가 되는 등으로 소유권의 변동이 있는 때에 비로소 취득시효의 요건인 점유가 개시된다고 볼 수 있을 뿐이다"(대판 2016.10.27. 2016다224596)

[쟁점정리] ※ 자기소유 부동산이 취득시효의 객체가 될 수 있는지 여부

(1) 대내외적으로 자기소유인 경우

判例는 "자기 소유의 부동산을 점유하고 있는 상태에서 다른 사람 명의로 소유권이전등기가 된 경우 자기 소유 부동산을 점유하는 것은 취득시효의 기초로서의 점유라고 할 수 없고, 그 소유권의 변동이 있는 경우에 비로소 취득시효의 기초로서의 점유가 개시되는 것이므로, 취득

시효의 기산점은 소유권의 변동일 즉 소유권이전등기가 경료된 날이다"(대판 1997.3.14, 96다 55860)라고 하여, 대내외적으로 모두 자기 소유이었던 기간 동안의 점유는 취득시효의 기초로 서 점유에 해당하지 않는다는 입장이다.

(2) 대내적으로만 자기소유인 경우

判例는 유효한 명의신탁에서 명의신탁자의 점유와 같이 소유권의 관계적 귀속이 인정되어 대 내적으로는 자기소유이지만, 대외적으로는 타인 소유이었던 기간 동안의 점유는 점유취득시효 의 기초로서의 점유에 해당한다고 본다(대판 2001.7.13, 2001다17572).

② [×] ※ 부동산에 관한 소유권이전의 원인행위가 사해행위로 인정되어 취소된 경우 그 부동산에 대한 수 익자의 등기부취득시효가 인정되는지 여부(원칙적 소극)

"부동산에 관한 소유권이전의 원인행위가 사해행위로 인정되어 취소되더라도, 그 사해행위취소 의 효과는 채권자와 수익자 사이에서 상대적으로 생길 뿐이다. 따라서 사해행위가 취소되더라도 그 부동산은 여전히 수익자의 소유이고, 다만 채권자에 대한 관계에서 채무자의 책임재산으로 환원되어 강제집행을 당할 수 있는 부담을 지고 있는 데 지나지 않는다. 그러므로 이 사건 각 부동산에 대하여 원고의 등기부취득시효가 인정되려면, 자기 소유 부동산에 대한 취득시효가 인정될 수 있다는 것이 전제되어야 한다. 그러나 부동산에 관하여 적법·유효한 등기를 하여 그 소유권을 취득한 사람이 당해 부동산을 점유하는 경우에는 특별한 사정이 없는 한 사실상태를 권리관계로 높여 보호할 필요가 없고, 부동산의 소유명의자는 그 부동산에 대한 소유권을 적법하게 보유하는 것 으로 추정되어 소유권에 대한 증명의 곤란을 구제할 필요 역시 없으므로, **그러한 점유는 취득시 효의 기초가 되는 점유라고 할 수 없다**"(대판 2016.10.27. 2016다224596)(대판 2016.11.25. 2013다206313)

[사실관계] 채권자는 사해행위취소의 판결이 확정됨으로써 그 등기 명의를 채무자 앞으로 회복 하여 강제집행을 할 수 있게 되었는데, 수익자가 그러한 부담을 안고 있다는 사정을 잘 알고 있는 상태에서 위 판결 전후 기간 동안 부동산을 점유한 사례에서, 수익자의 등기부취득시효 주장을 인정하지 않은 사안.

③ [○] 집합건물의 구분소유자는 그 대지 중 일부 지분에 대하여만 점유를 할 수 없고 대지 전체 를 공동으로 점유한다고 할 것이고, 이는 집합건물의 대지에 관한 점유취득시효에서 말하는 '점유'에도 적용되므로 집합건물의 구분소유자들이 대지 전체를 공동점유하여 그에 대한 점유 취득시효가 완성된 경우에도 구분소유자들은 대지사용권으로 그 전유부분의 면적 비율에 따른 대지 지분을 보유한다고 보아야 한다(대판 2017.1.25. 2012다72469)

[비교판례] ※ 취득시효의 객체-집합건물의 공용부분-

"집합건물법 제13조는 공용부분에 대한 공유자의 지분은 그가 가지는 전유부분의 처분에 따르 고 분리하여 처분할 수 없도록 규정하고 있는데, 공용부분에 대해 취득시효를 인정하여 그 부 분에 대한 소유권취득을 인정한다면 전유부분과 분리하여 공용부분이 처분되는 결과가 되어 집합건물법의 취지에 어긋나게 된다. 따라서 집합건물의 공용부분은 취득시효에 의한 소유권 취득의 대상이 될 수 없다"(대판 2013.12.12, 2011다78200, 78217).

④ [×] "신탁재산의 소유관계, 신탁재산의 독립성, 신탁등기의 대항력, 구 신탁법(2011. 7. 25. 법률 제10924호로 전부 개정되기 전의 것, 이하 같다) 제3조 제1항, 제20조, 제24조, 제30조의 취지 등에 비추어 보면, 부동산에 대한 점유취득시효가 완성될 당시 부동산이 구 신탁법상의 신탁계 약에 따라 수탁자 명의로 소유권이전등기와 신탁등기가 되어 있더라도 수탁자가 신탁재산에 대하 여 대내외적인 소유권을 가지는 이상 점유자가 수탁자에 대하여 취득시효 완성을 주장하여 소유권이전등 기청구권을 행사할 수 있지만, 이를 등기하지 아니하고 있는 사이에 부동산이 제3자에게 처분되어 그 명 의로 소유권이전등기가 마쳐짐으로써 점유자가 제3자에 대하여 취득시효 완성을 주장할 수 없게 되었다면 제3자가 다시 별개의 신탁계약에 의하여 동일한 수탁자 명의로 소유권이전등기와 신탁등기를 마침으로써

부동산의 소유권이 취득시효 완성 당시의 소유자인 수탁자에게 회복되는 결과가 되었더라도 수탁자는 특별한 사정이 없는 한 취득시효 완성 후의 새로운 이해관계인에 해당하므로 점유자는 그에 대하여도 취득시효 완성을 주장할 수 없다. 이 경우 점유자가 수탁자의 원래 신탁재산에 속하던 부동산에 관하여 점유취득시효 완성을 원인으로 하는 소유권이전등기청구권을 가지고 있었다고 하여 수탁자가 별개의 신탁계약에 따라 수탁한 다른 신탁재산에 속하는 부동산에 대하여도 소유권이전등기청구권을 행사할 수 있다고 보는 것은 신탁재산을 수탁자의 고유재산이나 다른 신탁재산으로부터 분리하여 보호하려는 신탁재산 독립의 원칙의 취지에 반하기 때문이다"(대판 2016.2.18. 2014다61814)

비교판례 "부동산에 대한 점유로 인한 소유권취득시효가 완성되었다 하더라도 이를 등기하지 않고 있는 사이에 그 부동산에 관하여 제3자에게로 소유권이전등기가 경료되면 점유자가 그 제3자에게는 그 시효취득으로 대항할 수 없으나, 그로 인하여 점유자가 취득시효완성 당시의 소유자에 대한 시효취득으로 인한 소유권이전등기청구권을 상실하게 되는 것은 아니고 위 소유자의 점유자에 대한 소유권이전등기의무가 이행불능으로 된 것이라고 할 것인데, 그 후 어떠한 사유로 취득시효완성 당시의 소유자에게로 소유권이 회복되면 그 소유자에게 시효취득의 효과를 주장할 수 있다"(대판 1991.6.25. 90다14225)

[정답] ③

문7 취득시효에 관한 다음 설명 중 틀린 것은?

[기출변형]

① 甲은 X토지를 1965.4.1부터 점유하여 왔는바, X토지의 소유권자인 A는 1989. 4. 1. X토지를 B에게 양도하고 소유권이전등기를 마쳐주었고, 그 후에 X토지는 다시 2009. 2. 1. C명의로 소유권이전등기가 경료되었다. 그렇다면 2009. 4. 5. 甲은 C에게 X토지에 대해 점유취득시효 완성을 이유로 한 소유권이전등기청구권을 행사할 수 있다.

② 건물공유자 중 일부만이 당해 건물을 점유하고 있더라도 이로써 건물공유자들 전원이 건물부지에 대한 공동점유를 하는 것이 되고, 그 건물부지에 대한 점유취득시효가 완성되면, 그 취득시효 완성을 원인으로 한 소유권이전등기청구권은 당해 건물의 공유지분비율과 같은 비율로 건물공유자들에게 귀속된다.

③ 甲과 乙이 X토지의 특정 부분을 소유하나 등기부상으로는 1/2지분씩 공유하는 것으로 등기를 마쳤는데 甲의 특정 구분소유 부분에 관하여 2012. 1. 5. 丙의 점유취득시효가 완성되었다. 乙이 2012. 2. 14. 자신의 특정 구분소유 부분을 丁에게 양도하고 그에 따라 丁 명의로 토지 전체의 공유지분에 관한 지분이전등기가 경료되었다 하더라도, 丙은 원칙적으로 甲과 丁을 상대로 甲의 특정 구분소유 부분에 관하여 2012. 1. 5.자 취득시효 완성을 원인으로 한 소유권이전등기절차의 이행을 구할 수 있다.

④ 소유자로부터 부동산을 증여받았으나 소유권이전등기를 하지 않고 있던 중에 소유자가 사망하여 상속이 개시되고 그 후 취득시효가 완성된 경우, 증여를 원인으로 한 소유권이전등기를 마친 수증자는 특별한 사정이 없는 한 취득시효 완성 후의 새로운 이해관계인이라 할 것이므로 점유자는 그에 대하여 취득시효 완성으로 대항할 수 없다. 다만 그 부동산을 증여받은 자가 상속인 중 한 사람이라면 그 상속인은 적어도 자기의 상속지분 범위 내에서는 취득시효 완성 후의 새로운 이해관계인이라 할 수 없다 할 것이고, 따라서 여전히 그 지분 범위 내에서는 점유자에 대하여 취득시효 완성을 원인으로 한 소유권이전등기의무를 부담한다.

[해설] ① [○] 甲은 1985.4.1. X토지에 대해 A에게 채권적 청구권인 등기청구권을 취득한다. 그러나 점유취득시효 완성 후인 1989.4.1. A가 X토지의 소유권을 B에게 양도하였으므로 B가 A의 배임행위에 적극 가담하였다는 사정이 보이지 않는 이상 '이중양도법리'에 의해 甲은 취득시효 완성 후 소유권을 취득한 B에 대하여 점유취득시효의 완성을 주장할 수 없다. 다만 甲이 이후 20년 동안 다시 점유취득시효가 완성한 기간 중 즉, 2차 취득시효기간 중 등기부상 소유명의자가 변경된 경우, 2차 취득시효 완성자가 2차 시효완성 당시의 등기부상 소유명의자에게 시효취득을 주장할 수 있는지가 문제된다.

종전 判例는 1차 점유취득시효 기간과 달리 2차 점유취득시효 기간 중에는 소유자의 변동이 없어야 한다고 하였다(대판 1999.2.12, 98다40688). 그러나 바뀐 判例에 따르면 "i) 취득시효기간이 경과하기 전에 등기부상의 소유명의자가 변경된다고 하더라도 그 사유만으로는 점유자의 종래의 사실상태의 계속을 파괴한 것이라고 볼 수 없어 취득시효를 중단할 사유가 되지 못하므로, 새로운 소유명의자는 취득시효 완성 당시 권리의무 변동의 당사자로서 취득시효 완성으로 인한 불이익을 받게 된다 할 것이어서 시효완성자는 그 소유명의자에게 시효취득을 주장할 수 있는바, ii) 이러한 법리는 새로이 2차의 취득시효가 개시되어 그 취득시효기간이 경과하기 전에 등기부상의 소유명의자가 다시 변경된 경우에도 마찬가지로 적용된다고 봄이 상당하다"(대판 2009.7.16, 전합2007다15172,15189)고 한다.

☞ 따라서 2009.4.5. 甲은 C에게 X토지에 대해 점유취득시효 완성을 이유로 한 소유권이전등기청구권을 행사할 수 있다.

② [○] "건물 공유자 중 일부만이 당해 건물을 점유하고 있는 경우라도 그 건물의 부지는 건물 소유를 위하여 공유명의자 전원이 공동으로 이를 점유하고 있는 것으로 볼 것이며, 건물 공유자들이 건물부지의 공동점유로 인하여 건물부지에 대한 소유권을 시효취득하는 경우라면 그 취득시효 완성을 원인으로 한 소유권이전등기청구권은 당해 건물의 공유지분비율과 같은 비율로 건물 공유자들에게 귀속된다"(대판 2003.11.13, 2002다57935).

③ [×] "구분소유적 공유관계에 있는 토지 중 공유자 1인의 특정 구분소유 부분에 관한 점유취득시효가 완성된 경우 다른 공유자의 특정 구분소유 부분이 다른 사람에게 양도되고 그에 따라 토지 전체의 공유지분에 관한 지분이전등기가 경료되었다면 대외적인 관계에서는 점유취득시효가 완성된 특정 구분소유 부분 중 다른 공유자 명의의 지분에 관하여는 소유 명의자가 변동된 경우에 해당하므로"(대판 2006.10.12, 2006다44753=점유자는 취득시효의 기산점을 임의로 선택하여 주장할 수 없다), 등기청구를 할 수 없다.

☞ 따라서 丙은 甲을 상대로 甲의 특정 구분소유 부분 중 1/2 공유지분에 관하여 2012. 1. 5. 자 취득시효 완성을 원인으로 한 소유권이전등기절차의 이행을 구할 수 있으나, 丁의 1/2 공유지분에 관하여는 丁이 점유취득시효 완성 후 새로운 이해관계를 가진 제3자에 해당하므로 취득시효 완성을 원인으로 한 소유권이전등기절차의 이행을 구할 수 없다.

[참고판례] 구분소유적 공유자 중 1인이 자신의 특정 부분을 제3자에게 양도하고 지분에 관하여 이전등기를 마쳐준 경우, 그 제3자는 특정 부분의 소유권을 취득하고 구분소유적 공유관계를 그대로 승계한다(대판 1991.5.10, 90다20039). 이 경우 다른 구분소유자의 동의를 얻어야 하는 것은 아니다(대판 2003.10.24, 2003다21087).

☞ 따라서 사안에서 乙이 2012.2.14. 자신의 특정 구분소유 부분을 丁에게 양도하고 그에 따라 丁 명의로 토지 전체의 공유지분에 관한 지분이전등기가 경료되었으므로 甲과 丁 사이에는 구분소유적 공유관계가 그대로 승계된다.

④ [O] 判例에 따르면 소유자로부터 부동산을 증여받았으나 소유권이전등기를 하지 않고 있던 중에 소유자가 사망하여 상속이 개시되고 그 후 취득시효가 완성된 경우, 증여를 원인으로 한 소유권이전등기를 마친 수증자는 제3자에 해당하나(취득시효 완성 후의 새로운 이해관계인에 해당), 이때 수증자가 상속인 중 한 사람인 경우 그 상속인이 가지고 있던 피상속인에 대한 증여를 원인으로 한 소유권이전등기청구권은 자기의 상속지분 범위 내에서는 상속에 의하여 혼동으로 소멸하므로(제507조 참조) 점유자에 대하여는 취득시효 기간이 경과된 때에 새로 취득시효 완성을 원인으로 한 소유권이전등기의무를 부담하게 된다고 한다(대판 2012.3.15. 2011다59445) 그렇다면 이 경우에는 결국 자기의 상속지분 범위 외에 대하여서만 제3자에 해당한다.

[참고판례] "부동산에 대한 점유취득시효가 완성된 후 이를 등기하지 않고 있는 사이에 그 부동산에 관하여 제3자 명의의 소유권이전등기가 경료되어 점유자가 그 제3자에게 시효취득으로 대항할 수 없게 된 경우에도 점유자가 취득시효 당시의 소유자에 대한 시효취득으로 인한 소유권이전등기청구권을 상실하게 되는 것이 아니라 단지 그 소유자의 점유자에 대한 소유권이전등기의무가 이행불능으로 된 것에 불과하므로, 그 후 어떠한 사유로 취득시효 완성 당시의 소유자에게로 소유권이 회복되면 그 소유자에게 시효취득의 효과를 주장할 수 있으나, 취득시효 완성 후에 원 소유자가 일시 상실하였던 소유권을 회복한 것이 아니라 그 상속인이 소유권이전등기를 마쳤을 뿐인 경우에는 그 상속인의 등기가 실질적으로 상속재산의 협의분할과 동일시할 수 있는 등의 특별한 사정이 없는 한 그 상속인은 점유자에 대한 관계에서 종전 소유자와 같은 지위에 있는 자로 볼 수 없고, 취득시효 완성 후의 새로운 이해관계인으로 보아야 하므로 그에 대하여는 취득시효 완성으로 대항할 수 없다"(대판 1999.2.12. 98다40688)

[정답] ③

문8 甲은 X토지를 적법하게 매수하여 1993. 1. 20. 소유권이전등기를 경료하고 점유를 시작하였다. 이후 甲은 乙에게 1994. 1. 20. 6억 원을 빌리면서 당시 시가가 3억 원이었던 X토지에 대해 양도담보 약정을 맺고 등기명의를 乙에게 이전해주었다. 다만 甲은 2016년 현재까지 X토지를 계속 점유하였다. (가등기담보법의 적용은 없다고 전제할 것.3)) 다음 중 옳은 것을 모두 고른 것은?

[기출변형]

> ㄱ. 1994. 1. 20. 부터 甲의 점유는 타주점유로 전환된다.
> ㄴ. 1994. 1. 20. 이후에도 甲의 자주점유라고 볼 경우 甲의 점유취득시효는 2013. 1. 20. 완성된다.
> ㄷ. 甲이 X토지를 시효취득하게 되면 乙의 양도담보권은 소멸하므로 甲은 乙에게 乙명의 등기의 말소를 청구할 수 있다.
> ㄹ. 甲은 양도담보약정에 기해 대여금채권의 소멸시효 완성을 원인으로 하여 乙명의 등기를 말소할 것을 청구할 수 있다.

① ㄱ   ② ㄹ
③ ㄷ, ㄹ   ④ ㄱ, ㄴ

[해설] ㄱ. [X] ㄴ. [X] 대내외적으로 甲소유인 동안의 점유는 취득시효의 기초되는 점유라고 할 수 없다. 양도담보권자는 담보목적의 범위 내에서 X토지의 소유권을 신탁적으로 취득할 뿐이고, 양도담보권설정자인 甲이 실질적 소유자로서 소유의 의사로 위 토지들을 점유·사용해 왔다고 할 것이므로 대외적으로 乙소유인 동안의 점유(1994.1.20.부터)는 甲의 취득시효의 기초가 되는 점유가 될 수 있다. 따라서 일단 2014. 1. 20. 되면 제245조 1항의 점유취득시효는 완성된다.

ㄷ. [X] ㄹ. [○] ※ 취득시효 완성의 효과

"부동산점유취득시효는 '원시취득'에 해당하므로 특별한 사정이 없는 한 원소유자의 소유권에 가하여진 각종 제한에 의하여 영향을 받지 아니하는 완전한 내용의 소유권을 취득하는 것이지만, 진정한 권리자가 아니었던 채무자 또는 물상보증인이 채무담보의 목적으로 채권자에게 부동산에 관하여 저당권설정등기를 경료해 준 후 그 부동산을 시효취득하는 경우에는, 채무자 또는 물상보증인은 피담보채권의 변제의무 내지 책임이 있는 사람으로서 이미 저당권의 존재를 용인하고 점유하여 온 것이므로, 저당목적물의 시효취득으로 저당권자의 권리는 소멸하지 않는다. 이러한 법리는 부동산 양도담보의 경우에도 마찬가지이므로, 양도담보권설정자가 양도담보부동산을 20년간 소유의 의사로 평온, 공연하게 점유하였다고 하더라도, 양도담보권자를 상대로 피담보채권의 시효소멸을 주장하면서 담보 목적으로 경료된 소유권이전등기의 말소를 구하는 것은 별론으로 하고, 점유취득시효를

---

3) 가등기담보법 1조는 "이 법은 차용물의 반환에 관하여 차주가 차용물에 갈음하여 다른 재산권을 이전할 것을 예약함에 있어서 그 재산의 예약당시의 가액이 차용액 및 이에 붙인 이자의 합산액을 초과하는 경우와 이에 따른 담보계약과 그 담보의 목적으로 경료된 가등기 또는 소유권이전등기의 효력을 정함을 목적으로 한다"고 규정하고 있다.
☞ 사안의 경우 예약당시의 X토지의 가액이 3억이고, 차용액이 6억 원이므로 가등기담보법은 적용되지 않는다. 가담법이 적용되지 않는 부동산 양도담보권이 설정된 경우에 대법원은 일관하여 "담보목적의 범위 내에서 채권자에게 그 소유권이 이전된다"(대판 1996.6.28, 96다9218)고 판시하고 있다. 이는 대외적으로는 양도담보권자에게 그 소유권이 이전되지만, 대내적으로는 양도담보권자가 담보계약에 따른 권리만을 갖는다는 의미이다(신탁적 소유권이전설).

원인으로 하여 담보 목적으로 경료된 소유권이전등기의 말소를 구할 수 없고, 이와 같은 효과가 있는 양도담보권설정자 명의로의 소유권이전등기를 구할 수도 없다"(대판 2015.2.26. 2014다21649).

※ 피담보채권의 시효중단 여부

"담보가등기를 경료한 토지를 인도받아 점유할 경우 담보가등기의 피담보채권의 소멸시효가 중단되는 것은 아니고, 담보가등기에 기한 소유권이전등기청구권의 소멸시효가 완성되기 전에 그 대상 토지를 인도받아 점유함으로써 소유권이전등기청구권의 소멸시효가 중단된다 하더라도 위 담보가등기의 피담보채권이 시효로 소멸한 이상 위 담보가등기 및 그에 기한 소유권이전등기는 결국 말소되어야 할 운명의 것이다"(대판 2007.3.15. 2006다12701)

☞ 甲은 스스로 설정해준 乙의 양도담보권을 인정하면서 X토지를 점유한 것이므로 양도담보권자 명의의 소유권이전등기의 말소를 구하거나, 이와 동일한 효과가 있는 자신 명의의 소유권이전등기 청구를 할 수 없다. 다만, 乙의 차용금 채권은 10년의 소멸시효가 도과(제162조 1항, 제166조 1항, 제167조)하였으므로 甲은 乙의 대여금 채권이 소멸하였음을 이유로 乙 명의 등기의 말소를 구할 수는 있다.

[정답] ②

문9 甲소유의 X토지에 관하여 乙이 등기에 필요한 서류를 위조하여 무효의 소유권이전등기를 한 다음 이를 모르는 丙에게 X토지를 매도하고 소유권이전등기를 해 준 상태에서 丙이 등기부취득시효를 완성한 경우, 이에 대한 다음 설명 중 옳은 것을 모은 것은? [기출변형]

ㄱ. 甲이 소유권에 기하여 乙과 丙을 상대로 각 소유권이전등기의 말소를 청구하면, 등기부취득시효를 완성한 丙뿐만 아니라 乙도 甲의 소유권 상실을 주장하여 甲의 청구에 대항할 수 있다.

ㄴ. 甲이 丙을 상대로 제기한 소유권이전등기 말소등기 청구의 소가 패소 확정되면 원래 소유자였던 甲은 乙에게 채무불이행을 원인으로 한 손해배상청구권을 행사할 수 없다.

ㄷ. 만약 甲이 乙의 고의를 이유로 불법행위에 기한 손해배상을 청구할 수 있다면, 손해배상액(부동산의 시가 상당액)의 기준시점은 丙이 등기부취득시효를 완성한 때이다.

ㄹ. 만약 甲이 乙의 고의를 이유로 불법행위에 기한 손해배상을 청구할 수 있다면, 이러한 손해배상청구권의 소멸시효는 丙이 등기부취득시효를 완성한 때부터 진행한다.

① ㄱ
② ㄹ
③ ㄷ, ㄹ
④ ㄱ, ㄴ

해 설 ※ 이하의 내용은 등기부취득시효로 인해 소유권을 상실하게 된 원소유자의 구제수단과 관련한 대판 2008. 6.12. 2007다36445의 판시내용을 기본으로 하여 만든 사례문제이다.

ㄱ. [○] 甲이 소유권에 기하여 乙과 丙을 상대로 각 소유권이전등기의 말소를 청구하면, 등기부취득시효를 완성한 丙뿐만 아니라 乙도 甲의 소유권 상실을 주장하여 甲의 청구에 대항할 수 있다(대판 1995.3.3. 94다7348). 다만, 소송에서 丙만 등기부취득시효를 주장하고 乙은 丙의 등기부취득시효를 주장하지 않으면 변론주의 원칙에 따라 甲의 丙에 대한 청구는 기각되지만 乙에 대한 청구는 인용될 수 있다(대판 1991.4.12. 90다9872).

ㄴ. [○] ※ 물권적 청구권의 이행불능으로 인한 전보배상청구가 인정되는지 여부

"소유자가 자신의 소유권에 기하여 실체관계에 부합하지 아니하는 등기의 명의인을 상대로 그 등기말소나 진정명의회복 등을 청구하는 경우에, 그 권리는 물권적 청구권으로서의 방해배제청구권(제214조)의 성질을 가진다. 그러므로 소유자가 그 후에 소유권을 상실함으로써 이제 등기말소 등을 청구할 수 없게 되었다면, 이를 위와 같은 청구권의 실현이 객관적으로 불능이 되었다고 파악하여 등기말소 등 의무자에 대하여 그 권리의 이행불능을 이유로 민법 제390조상의 손해배상청구권을 가진다고 말할 수 없다. 위 법규정에서 정하는 채무불이행을 이유로 하는 손해배상청구권은 계약 또는 법률에 기하여 이미 성립하여 있는 채권관계에서 본래의 채권이 동일성을 유지하면서 그 내용이 확장되거나 변경된 것으로서 발생한다. 그러나 위와 같은 등기말소청구권 등의 물권적 청구권은 그 권리자인 소유자가 소유권을 상실하면 이제 그 발생의 기반이 아예 없게 되어 더 이상 그 존재 자체가 인정되지 아니하는 것이다. 이러한 법리는 선행소송에서 소유권보존등기의 말소등기청구가 확정되었다고 하더라도 그 청구권의 법적 성질이 채권적 청구권으로 바뀌지 아니하므로 마찬가지이다"(대판 2012.5.17. 전합2010다28604).

ㄷ. [✕] 判例에 따르면 甲은 乙을 상대로 불법행위를 원인으로 한 손해배상을 청구할 수 있다. 다만 손해배상액(부동산의 시가 상당액)의 기준시점은 소유권 상실의 결과가 '현실화된' 등기부취득시효 완성자를 상대로 한 말소등기청구소송에서 패소 확정된 때라는 것이 判例의 기본적인 입장이다(대판 2005.9.15. 2005다29474참고).

ㄹ. [✕] 甲이 乙에 대하여 갖는 소유권 상실로 인한 손해배상청구권의 소멸시효(제766조 2항의 불법행위를 한 날부터 10년)가 언제부터 진행하는지 문제되는바, 判例는 "가해행위와 이로 인한 현실적인 손해의 발생 사이에 시간적 간격이 있는 불법행위에 기한 손해배상채권의 경우, 소멸시효의 기산점이 되는 '불법행위를 한 날'의 의미는 단지 관념적이고 부동적인 상태에서 잠재적으로만 존재하고 있는 손해가 그 후 현실화되었다고 볼 수 있는 때, 즉 손해의 결과발생이 현실적인 것으로 되었다고 할 수 있을 때로 보아야 할 것인바(대판 1990.1.12. 88다카25168 등), 무권리자가 위법한 방법으로 그의 명의로 부동산에 관한 소유권보존등기나 소유권이전등기를 마친 다음 제3자에게 이를 매도하여 제3자 명의로 소유권이전등기를 마쳐준 경우 제3자가 소유자의 등기말소 청구에 대하여 시효취득을 주장하는 때에는 제3자 명의의 등기의 말소 여부는 소송 등의 결과에 따라 결정되는 특별한 사정이 있으므로, 소유자의 소유권 상실이라는 손해는 소송 등의 결과가 나오기까지는 관념적이고 부동적인 상태에서 잠재적으로만 존재하고 있을 뿐 아직 현실화되었다고 볼 수 없고, 소유자가 제3자를 상대로 제기한 등기말소 청구 소송이 패소 확정될 때에 그 손해의 결과발생이 현실화된다고 볼 것이며, 그 등기말소 청구 소송에서 제3자의 등기부 시효취득이 인정된 결과 소유자가 패소하였다고 하더라도 그 등기부 취득시효 완성 당시에 이미 손해가 현실화되었다고 볼 것은 아니다"(대판 2008.6.12. 2007다36445)고 판시하여 원소유자 甲이 등기부취득시효 완성자 丙을 상대로 제기한 소유권이전등기 말소등기 청구의 소에서 패소 확정된 때부터 10년의 소멸시효가 진행한다는 입장을 취하고 있다.

[정답] ④

문 10 甲은 乙 소유의 X 토지를 25년 동안 점유해오고 있다. 甲이 乙을 상대로 취득시효 완성을 원인으로 한 소유권이전등기청구권을 행사하였다. 다음 중 옳은 것을 모두 고른 것은? [기출변형]

> ㄱ. 甲이 취득시효 완성 후 乙을 상대로 소유권이전등기청구를 하자 乙이 X의 소유권을 丙에게 양도한 경우, 자기 소유권을 행사한 乙은 甲에 대하여 불법행위책임을 지지 않는다.
> ㄴ. 만약 甲의 X에 대한 취득시효가 완성된 후 甲이 점유를 상실하였다면, 특별한 사정이 없는 한 甲의 소유권이전등기청구권은 점유를 상실한 날로부터 10년간 행사하지 않으면 소멸시효가 완성한다.
> ㄷ. 취득시효 완성 후 乙이 丙에게 X를 양도하였더라도 이전등기 시점을 기준으로 하여 새로운 취득시효의 완성을 주장할 수 있지만 그 기간 중에는 소유자의 변동이 없어야 한다.
> ㄹ. 만약 丙이 甲으로부터 X를 양수하여 점유를 승계한 경우, 丙은 甲의 취득시효 완성의 효과를 주장하여 직접 자기에게 소유권이전등기를 해줄 것을 청구할 수 있다.

① ㄱ, ㄹ   ② ㄴ

③ ㄷ   ④ ㄱ, ㄴ

해설 ㄱ. [X] ⅰ) 취득시효가 완성된 후 점유자가 그 취득시효를 주장하거나 이로 인한 소유권이전등기를 청구하기 이전에는, 특별한 사정이 없는 한 등기명의인은 그 시효취득사실을 알 수 없으므로 이를 제3자에게 처분하였다고 하더라도 불법행위가 성립하지는 않는다(대판 1995.7.11. 94다4509). ⅱ) 그러나 등기명의인이 자신의 부동산에 대하여 취득시효가 완성된 사실을 알고도 제3자에게 처분하여 등기명의를 넘겨줌으로써 시효취득자에게 손해를 입혔다면 불법행위를 구성하며, 만약 부동산을 취득한 제3자가 부동산 소유자의 이러한 불법행위에 적극 가담하였다면 이는 사회질서에 반하는 행위로서 무효가 된다(대판 1994.4.12. 93다60779).

ㄴ. [O] "토지에 대한 취득시효 완성으로 인한 소유권이전등기청구권은 그 토지에 대한 점유가 계속되는 한 시효로 소멸하지 아니하고, 그 후 점유를 상실하였다고 하더라도 이를 시효이익의 포기로 볼 수 있는 경우가 아닌 한 이미 취득한 소유권이전등기청구권은 바로 소멸되는 것은 아니나, 취득시효가 완성된 점유자가 점유를 상실한 경우 취득시효 완성으로 인한 소유권이전등기청구권의 소멸시효는 이와 별개의 문제로서, 그 점유자가 점유를 상실한 때로부터 10년간 등기청구권을 행사하지 아니하면 소멸시효가 완성한다"(대판 1996.3.8. 95다34866,34873)

ㄷ. [X] ※ 2차 취득시효기간 중 등기부상 소유명의자가 변경된 경우 2차 취득시효 완성자가 2차 시효완성 당시의 등기부상 소유명의자에게 시효취득을 주장할 수 있는지 여부
"ⅰ) 취득시효기간이 경과하기 전에 등기부상의 소유명의자가 변경된다고 하더라도 그 사유만으로는 점유자의 종래의 사실상태의 계속을 파괴한 것이라고 볼 수 없어 취득시효를 중단할 사유가 되지 못하므로, 새로운 소유명의자는 취득시효 완성 당시 권리의무 변동의 당사자로서 취득시효 완성으로 인한 불이익을 받게 된다 할 것이어서 시효완성자는 그 소유명의자에게 시효

취득을 주장할 수 있는바, ⅱ) 이러한 법리는 새로이 2차의 취득시효가 개시되어 그 취득시효 기간이 경과하기 전에 등기부상의 소유명의자가 다시 변경된 경우에도 마찬가지로 적용된다고 봄이 상당하다"(대판 2009.7.16. 전합2007다15172,15189)

참고로 종전 判例는 1차 점유취득시효 기간과 달리 2차 점유취득시효 기간 중에는 소유자의 변동이 없어야 한다고 하였다(대판 1999.2.12. 98다40688).

ㄹ. [X] ※ 점유취득시효 완성 후 등기 전에 목적부동산을 양수받은 제3자가 '점유승계의 효과'로써 전 점유자의 점유취득시효를 완성으로 인한 소유권이전등기청구권까지 승계받았다고 주장하여 소유자에 대하여 직접 자기에게 소유권이전등기를 청구할 수 있는지 여부

"전 점유자의 점유를 승계한 자는 그 점유 자체와 하자만을 승계하는 것이지 그 점유로 인한 법률효과까지 승계하는 것은 아니므로……전 점유자의 취득시효 완성의 효과를 주장하여 직접 자기에게 소유권이전등기를 청구할 권원은 없다"(대판 1995.3.28. 전합93다47745)라고 하여 전 점유자의 소유자에 대한 소유권이전등기청구권을 대위행사할 수 있을 뿐이라고 보고 있다.

[정답] ②

문11 부합(附合)에 관한 설명 중 옳은 것을 모두 고른 것은? [기출변형]

ㄱ. 건물의 증축 부분이 기존 건물에 부합하여 기존 건물과 분리해서는 별개의 독립물로서의 효용을 갖지 못하는 경우, 기존 건물에 대한 경매절차에서 경매 목적물로 평가되지 않았더라도 매수인은 부합된 증축 부분의 소유권을 취득한다.

ㄴ. 매도인에게 소유권이 유보된 자재가 매수인(수급인)과 제3자(도급인) 사이에 이루어진 도급계약의 이행으로 제3자 (도급인) 소유 건물의 건축에 사용되어 부합된 경우, 제3자(도급인)는 소유권유보 사실에 대하여 선의·무과실이라도 매도인의 보상청구에 대해 이를 거부할 수 없다.

ㄷ. 동산과 동산이 부합하여 훼손하지 아니하면 분리할 수 없거나 그 분리에 과다한 비용을 요할 경우에는 그 합성물의 소유권은 주된 동산의 소유자에게 속하지만, 부합한 동산의 주종을 구별할 수 없는 때에는 동산의 소유자는 현재 가액의 비율로 합성물을 공유한다.

ㄹ. 타인이 그 권원에 의하여 부동산에 부속시킨 물건이라 할지라도 그 부속된 물건이 분리되면 경제적 가치가 없게 되는 경우에는 원래의 부동산 소유자의 소유에 귀속된다.

① ㄱ, ㄴ   ② ㄱ, ㄹ
③ ㄷ, ㄹ   ④ ㄱ, ㄴ, ㄹ

해설 ㄱ. [○] "건물의 증축 부분이 기존건물에 부합하여 기존건물과 분리하여서는 별개의 독립물로서의 효용을 갖지 못하는 이상 기존건물에 대한 근저당권은 민법 제358조에 의하여 부합된 증축 부분에도 효력이 미치는 것이므로 기존건물에 대한 경매절차에서 경매목적물로 평가되지 아니하였다고 할지라도 경락인은 부합된 증축 부분의 소유권을 취득한다"(대판 2002.10.25, 2000다63110).

ㄴ. [×] "민법 제261조의 보상청구가 인정되기 위해서는 민법 제261조 자체의 요건만이 아니라, 부당이득 법리에 따른 판단에 의하여 부당이득의 요건이 모두 충족되었음이 인정되어야 한다. 매도인에게 소유권이 유보된 자재가 제3자와 매수인 사이에 이루어진 도급계약의 이행으로 제3자 소유 건물의 건축에 사용되어 부합된 경우 보상청구를 거부할 법률상 원인이 있다고 할 수 없지만, 제3자가 도급계약에 의하여 제공된 자재의 소유권이 유보된 사실에 관하여 과실 없이 알지 못한 경우라면 선의취득의 경우와 마찬가지로 제3자가 그 자재의 귀속으로 인한 이익을 보유할 수 있는 법률상 원인이 있다고 봄이 상당하므로, 매도인으로서는 그에 관한 보상청구를 할 수 없다"(대판 2009.9.24, 2009다15602).

ㄷ. [×] 제257조(동산간의 부합) 「동산과 동산이 부합하여 훼손하지 아니하면 분리할 수 없거나 그 분리에 과다한 비용을 요할 경우에는 그 합성물의 소유권은 주된 동산의 소유자에게 속한다. 부합한 동산의 주종을 구별할 수 없는 때에는 동산의 소유자는 부합당시의 가액의 비율로 합성물을 공유한다.」

ㄹ. [○] "어떠한 동산이 부동산에 부합된 것으로 인정되기 위해서는 그 동산을 훼손하거나 과다한 비용을 지출하지 않고서는 분리할 수 없을 정도로 부착·합체되었는지 여부 및 그 물리적 구조, 용도와 기능면에서 기존 부동산과는 독립한 경제적 효용을 가지고 거래상 별개의 소유권의 객체가 될 수 있는지 여부 등을 종합하여 판단하여야 할 것이고(대판 2003.5.16. 2003다14959, 14966), 부합물에 관한 소유권 귀속의 예외를 규정한 민법 제256조 단서의 규정은 타인이 그 권원에 의하여 부속시킨 물건이라 할지라도 그 부속된 물건이 분리하여 경제적가치가 있는 경우에 한하여 부속시킨 타인의 권리에 영향이 없다는 취지이지 분리하여도 경제적가치가 없는 경우에는 원래의 부동산 소유자의 소유에 귀속되는 것이고, 경제적 가치의 판단은 부속시킨 물건에 대한 일반 사회통념상의 경제적 효용의 독립성 유무를 그 기준으로 하여야 한다"(대판 2007.7.27. 2006다39270).

[정답] ②

문12 부합에 관한 다음 설명 중 틀린 것은? (다툼이 있는 경우 판례에 의함) [기출변형]

① 금융기관이 대출금 채권의 담보를 위하여 토지에 저당권과 함께 지료 없는 지상권을 설정하면서 채무자 등의 사용·수익권을 배제하지 않은 경우, 제3자가 토지소유자로부터 그 토지를 사용·수익할 수 있는 권리를 취득하여 수목을 식재하였다면 특별한 사정이 없는 한 위 수목은 제3자의 권원에 의하여 식재된 것이어서 위 토지에 부합하지 않는다.

② 매도인에게 소유권이 유보된 자재가 제3자와 매수인 사이에 이루어진 도급계약의 이행으로 제3자 소유 건물의 건축에 사용되어 부합된 경우, 제3자가 도급계약에 의하여 제공된 자재의 소유권이 유보된 사실에 관하여 과실 없이 알지 못했다면 매도인으로서는 그에 관한 보상청구를 할 수 없고, 이는 매도인에게 소유권이 유보된 자재가 본인에게 효력이 없는 계약에 기초하여 매도인으로부터 무권대리인에게 이전되고, 무권대리인과 본인 사이에 이루어진 도급계약의 이행으로 본인 소유 건물의 건축에 사용되어 부합된 경우에도 마찬가지이다.

③ 양도담보권의 목적인 주된 동산에 다른 동산이 부합되어 부합된 동산에 관한 권리자가 권리를 상실하는 손해를 입은 경우, 민법 제261조에 따라 보상을 청구할 수 있는 상대방은 양도담보권자이다.

④ 매도인에게 소유권이 유보된 채 매수인에게 인도된 건축자재가, 매매대금이 모두 지급되지 않은 상태에서 매수인과 제3자 사이에 체결된 도급계약의 이행에 따라 제3자 소유의 신축건물에 부합된 경우, 매도인은 제3자가 소유권 유보에 관하여 과실 없이 알지 못하였다면 그에게 부당이득의 반환을 청구할 수 없다.

[해설] ① [○] "민법 제256조는 "부동산의 소유자는 그 부동산에 부합한 물건의 소유권을 취득한다. 그러나 타인의 권원에 의하여 부속된 것은 그러하지 아니하다."라고 규정하고 있다. 위 조항 단서에서 말하는 '권원'이라 함은 지상권, 전세권, 임차권 등과 같이 타인의 부동산에 자기의 동산을 부속시켜서 부동산을 이용할 수 있는 권리를 뜻하므로, 그와 같은 권원이 없는 자가 타인의 토지 위에 나무를 심었다면 특별한 사정이 없는 한 토지소유자에 대하여 나무의 소유권을 주장할 수 없다. 지상권자는 타인의 토지에 건물 기타 공작물이나 수목을 소유하기 위하여 그 토지를 사용하는 권리가 있으므로(민법 제279조), 지상권설정등기가 경료되면 토지의 사용·수익권은 지상권자에게 있고, 지상권을 설정한 토지소유자는 지상권이 존속하는 한 토지를 사용·수익할 수 없다. 따라서 **지상권을 설정한 토지소유자로부터 토지를 이용할 수 있는 권리를 취득하였다고 하더라도 지상권이 존속하는 한 이와 같은 권리는 원칙적으로 민법 제256조 단서가 정한 '권원'에 해당하지 아니한다.**
금융기관이 대출금 채권의 담보를 위하여 토지에 저당권과 함께 지료 없는 지상권을 설정하면서 채무자 등의 사용·수익권을 배제하지 않은 경우, 지상권은 저당권이 실행될 때까지 제3자가 용익권을 취득하거나 목적 토지의 담보가치를 하락시키는 침해행위를 하는 것을 배제함으로써 저당 부동산의 담보가치를 확보하는 데에 목적이 있으므로, 토지소유자는 저당 부동산의 담보가치를

하락시킬 우려가 있는 등의 특별한 사정이 없는 한 토지를 사용·수익할 수 있다고 보아야 한다. 따라서 그러한 토지소유자로부터 토지를 사용·수익할 수 있는 권리를 취득하였다면 이러한 권리는 민법 제256조 단서가 정한 '권원'에 해당한다고 볼 수 있다"(대판 2018.3.15. 2015다69907)

[쟁점정리] ※ 담보지상권

금융기관이 대출금 반환채권의 담보를 위하여 채무자 또는 물상보증인 소유의 토지에 저당권을 취득함과 아울러 그 토지에 지료를 지급하지 아니하는 지상권을 취득하면서 채무자 등으로 하여금 그 토지를 계속하여 점유ㅁ사용토록 하는 경우가 많은데, 이러한 지상권은 통상적으로 저당권이 실행될 때까지 제3자가 용익권을 취득하거나 목적토지의 담보가치를 하락시키는 침해행위를 하는 것을 배제함으로써 저당부동산의 담보가치를 확보하는데에 그 목적이 있는 것으로서 일반적으로 유효한 것으로 인정되고 있다(대결 2004.3.29, 2003마1753 등). 이를 '담보지상권'이라 하는데, 지상권을 담보목적으로 전용한 예이다.

② [○] "어떠한 동산이 민법 제256조에 의하여 부동산에 부합된 것으로 인정되기 위해서는 그 동산을 훼손하거나 과다한 비용을 지출하지 않고서는 분리할 수 없을 정도로 부착·합체되었는지 여부 및 그 물리적 구조, 용도와 기능면에서 기존 부동산과는 독립한 경제적 효용을 가지고 거래상 별개의 소유권의 객체가 될 수 있는지 여부 등을 종합하여 판단하여야 하고, 이러한 부동산에의 부합에 관한 법리는 건물의 증축의 경우는 물론 건물의 신축의 경우에도 그대로 적용될 수 있다. 민법 제261조에서 첨부로 법률규정에 의한 소유권 취득(민법 제256조 내지 제260조)이 인정된 경우에 '손해를 받은 자는 부당이득에 관한 규정에 의하여 보상을 청구할 수 있다'라고 규정하고 있는바, 이러한 보상청구가 인정되기 위해서는 민법 제261조 자체의 요건만이 아니라, 부당이득 법리에 따른 판단에 의하여 부당이득의 요건이 모두 충족되었음이 인정되어야 한다. 매도인에게 소유권이 유보된 자재가 제3자와 매수인 사이에 이루어진 도급계약의 이행으로 제3자 소유 건물의 건축에 사용되어 부합된 경우 보상청구를 거부할 법률상 원인이 있다고 할 수 없지만, 제3자가 도급계약에 의하여 제공된 자재의 소유권이 유보된 사실에 관하여 과실 없이 알지 못한 경우라면 선의취득의 경우와 마찬가지로 제3자가 그 자재의 귀속으로 인한 이익을 보유할 수 있는 법률상 원인이 있다고 봄이 상당하므로, 매도인으로서는 그에 관한 보상청구를 할 수 없다"(대판 2009.9.24. 2009다15602).

[사실관계] 甲은 대금을 다 받을 때까지 철강제품의 소유권은 甲에게 있는 것으로 하여 (소유권 유보부로) 乙과 철강제품 공급계약을 체결하고, 합계 1억 3천만 원 상당의 철강제품을 乙에게 공급하였으나 대금은 받지 못하였다. 한편 乙은 丙으로부터 건물의 증축 및 신축에 관해 도급을 받으면서, 丙 명의로 건축허가를 받아 甲으로부터 공급받은 위 철강제품 모두를 건물의 골조공사에 투입하고 공사를 진행하던 중, 기성고 80% 상태에서 공사를 중단하였다. 이에 丙이 잔여 공사를 진행하여 공사를 완료한 후 신축 건물에 대해 丙 명의로 소유권보존등기를 마쳤다. 이에 甲은 丙을 상대로, 위 철강제품이 건물에 부합(제256조 본문)됨으로써 丙은 위 철강제품의 매매대금인 1억 3천만원 상당의 이익을 얻고 甲은 그 대금 상당의 손해를 입었다고 하여, 부당이득의 반환을 청구하였다(제261조).

④ [○] 위 ②의 법리는 매도인에게 소유권이 유보된 자재가 본인에게 효력이 없는 계약에 기초하여 매도인으로부터 무권대리인에게 이전되고, 무권대리인과 본인 사이에 이루어진 도급계약의 이행으로 본인 소유 건물의 건축에 사용되어 부합된 경우에도 마찬가지로 적용된다"(대판 2018.3.15. 2017다282391).

③ [×] "부당이득반환청구에서 이득이란 실질적인 이익을 의미하는데, 동산에 대하여 양도담보권을 설정하면서 양도담보권설정자가 양도담보권자에게 담보목적인 동산의 소유권을 이전하는 이유는 양도담보권자가 양도담보권을 실행할 때까지 스스로 담보물의 가치를 보존할 수 있게 함으로써

만약 채무자가 채무를 이행하지 않더라도 채권자인 양도담보권자가 양도받은 담보물을 환가하여 우선변제받는 데에 지장이 없도록 하기 위한 것이고, 동산양도담보권은 담보물의 교환가치취득을 목적으로 하는 것이다. 이러한 양도담보권의 성격에 비추어 보면, 양도담보권의 목적인 주된 동산에 다른 동산이 부합되어 부합된 동산에 관한 권리자가 권리를 상실하는 손해를 입은 경우 주된 동산이 담보물로서 가치가 증가된 데 따른 실질적 이익은 주된 동산에 관한 양도담보권설정자에게 귀속되는 것이므로, 이 경우 부합으로 인하여 권리를 상실하는 자는 양도담보권설정자를 상대로 민법 제261조에 따라 보상을 청구할 수 있을 뿐 양도담보권자를 상대로 보상을 청구할 수는 없다"(대판 2016.4.28. 2012다19659)

☞ 즉, 민법 제261조에 따라 보상을 청구할 수 있는 상대방은 양도담보권 설정자이다.

[정답] ③

제3관 소유권에 기한 물권적 청구권

문1 다음 설명 중 가장 옳지 않은 것은? [19서기보]

① 민법 제214조는 "소유자는 소유권을 방해하는 자에 대하여 방해의 제거를 청구할 수 있고 소유권을 방해할 염려있는 행위를 하는 자에 대하여 그 예방이나 손해배상의 담보를 청구할 수 있다."라고 정하고 있다. 따라서 소유자가 소유권을 방해하는 자에 대하여 민법 제214조에 기하여 방해배제 비용 또는 방해예방 비용을 청구할 수는 없다.

② 유치권자로부터 유치물을 유치하기 위한 방법으로 유치물의 점유 내지 보관을 위탁받은 자는 특별한 사정이 없는 한 점유할 권리가 있음을 들어 소유자의 소유물반환청구를 거부할 수 있다.

③ 토지의 소유자가 토양오염물질을 토양에 투기·방치하여 토양오염을 유발하였음에도 이를 정화하지 않은 상태에서 오염토양이 포함된 토지를 거래에 제공함으로써 유통되게 하거나, 토지에 폐기물을 불법으로 매립하였음에도 이를 처리하지 않은 채 토지를 거래에 제공하는 등으로 유통되게 하였다면, 다른 특별한 사정이 없는 한 이는 거래 상대방 및 토지를 전전 취득한 현재의 토지 소유자에 대한 위법행위로서 불법행위가 성립할 수 있다.

④ 민법 제205조에 의하면, 점유자가 점유의 방해를 받은 때에는 방해의 제거 및 손해의 배상을 청구할 수 있고(제1항), 제1항의 청구권은 방해가 종료한 날로부터 1년 내에 행사하여야 한다(제2항). 민법 제205조 제2항이 정한 '1년'의 기간은 출소기간은 아니므로, 점유자로서는 재판상 또는 재판 외에서 권리를 행사하는 것으로 족하다.

해설 ① [○] "소유자가 침해자에 대하여 방해제거 행위 또는 방해예방 행위를 하는 데 드는 비용을 청구할 수 있는 권리는 민법 제214조 규정에 포함되어 있지 않으므로, 소유자가 제214조에 기하여 방해배제 비용 또는 방해예방 비용을 청구할 수는 없다"(대판 2014.11.27. 2014다52612)고 판시한 바 있다.

② [○] 유치권자는 채권 전액을 변제받을 때까지 목적물을 유치할 수 있다. 여기서 '유치'한다는 것은 목적물의 점유를 계속하면서 인도를 거절하는 것을 뜻한다. 이 때 유치권자 아닌 유치권자로부터 유치물을 유치하기 위한 방법으로 유치물의 점유나 보관을 위탁받은 자도 소유자의 소유물반환청구를 거부할 수 있다(대판 2014.12.24. 2011다62618).

③ [○] "토지의 소유자라 하더라도 토양오염물질을 토양에 누출·유출하거나 투기·방치함으로써 토양오염을 유발하였음에도 오염토양을 정화하지 않은 상태에서 오염토양이 포함된 토지를 거래에 제공함으로써 유통되게 하거나, 토지에 폐기물을 불법으로 매립하였음에도 처리하지 않은 상태에서 토지를 거래에 제공하는 등으로 유통되게 하였다면, 다른 특별한 사정이 없는 한 이는 거래의 상대방 및 토지를 전전 취득한 현재의 토지 소유자에 대한 위법행위로서 불법행위가 성립할 수 있다"(대판 2016.5.19. 전합2009다66549)

④ [×] "점유의 회수 또는 방해제거 등 청구권에 단기의 제척기간을 두는 이유가 있는 점 등에 비추어 볼 때, 위의 제척기간은 재판 외에서 권리행사하는 것으로 족한 기간이 아니라 반드시 그 기간 내에 소를 제기하여야 하는 이른바 출소기간으로 해석함이 상당하다"(대판 2002.4.26, 2001다8097,8103).

[정답] ④

문2 물권의 효력으로서 방해배제청구권에 관한 다음 설명 중 가장 옳지 않은 것은?   [17서기보]

① 乙이 건물소유를 통하여 甲소유의 토지를 불법으로 점유하는 경우 토지소유자 甲은 乙에게 그 건물에서 퇴거할 것을 청구할 수 없다.

② 甲이 자기 소유 토지에 대하여 乙에게 지상권을 설정해준 후 그 토지를 丙이 불법으로 점유하고 있다면 乙뿐만 아니라 甲도 丙에 대하여 방해배제를 청구할 수 있다.

③ 甲이 자신 소유의 A건물을 乙의 사기에 의해 그에게 인도해 주었다면, 甲은 乙을 상대로 점유침탈로 인한 점유회수청구권을 행사하여 반환받을 수 있다.

④ 점유를 침탈당한 경우 그 목적물을 침탈자로부터 선의의 제3자가 특별승계한 때에는 점유자는 그 특별승계인에게 점유권에 기하여 점유물반환청구권을 행사할 수 없다.

해설 ① [○] "건물의 소유자가 그 건물의 소유를 통하여 타인 소유의 토지를 점유하고 있다고 하더라 도 그 토지 소유자로서는 그 건물의 철거와 그 대지 부분의 인도를 청구할 수 있을 뿐, 자기 소유의 건물을 점유하고 있는 자에 대하여 그 건물에서 퇴거할 것을 청구할 수는 없다(대판 1999.7.9, 98 다57457,57464). 즉, '건물철거의무'에는 '퇴거의무'도 포함된 것으로 보므로 그 의무자에게 철 거를 구하면서 별도로 퇴거를 구할 필요는 없다.

② [○] 토지소유권은 그 토지에 대한 지상권설정이 있어도 이로 인하여 그 권리의 전부 또는 일 부가 소멸하는 것도 아니고 단지 지상권의 범위에서 그 권리행사가 제한되는 것에 불과하며, 일단 지상권이 소멸되면 토지소유권은 다시 자동적으로 완전한 제한없는 권리로 회복되는 법 리라 할 것이므로 소유자가 그 소유토지에 대하여 지상권을 설정하여도 그 소유자는 그 토지 를 불법으로 점유하는 자에 대하여 방해배제를 구할 수 있는 물권적 청구권이 있다. 그러나 지상권이 존속하는 한 토지를 사용·수익할 수 없으므로 특별한 사정이 없는 한 불법점유자에 게 손해배상을 청구할 수는 없다(대판 1974.11.12. 74다1150)

③ [×] 점유자가 점유의 '침탈'을 당한 때에는 그 물건의 반환 및 손해의 배상을 청구할 수 있다 (제204조 1항). 여기서 '침탈'이란 점유자가 그의 의사에 의하지 아니하고 사실적 지배를 빼앗 긴 경우를 말하므로, '사기'의 의사표시에 의해 점유를 이전해 준 경우는 여기에 해당하지 않 는다(대판 1992.2.28. 91다17443).
☞ 따라서 甲이 자신 소유의 A건물을 乙의 사기에 의해 그에게 인도해 주었다면, 甲은 乙을 상대로 점유침탈로 인한 점유회수청구권을 행사하여 반환받을 수 없다.

④ [○] 점유물반환청구권은 침탈자의 '선의'의 특별승계인에 대하여는 행사하지 못한다(제204조 2항).

[정답] ③

문**3** 소유권에 기한 물권적 청구권에 관한 다음 설명 중 틀린 것은?   [기출변형]

① 甲소유의 건물을 乙이 무단으로 점유하다가 乙이 丙에게 임차를 한 경우에는 甲은 丙을 상대로 반환청구를 하여야 하나, 甲이 乙에게 임대차를 하고 乙이 다시 丙에게 임대차(전대차)를 한 때에는 甲과 乙의 임대차가 종료하면 甲은 丙뿐만 아니라 乙을 상대로도 반환청구를 할 수 있다.

② 甲 지방자치단체가 30여 년 전 쓰레기매립지에 쓰레기를 매립하는 과정에서 매립 지와 경계를 같이하는 인접 토지에 상당한 양의 쓰레기가 매립되었고, 그 후 인접 토지의 소유권을 취득한 乙이 토지를 굴착한 결과 지하 1.5~4m 지점 사이에 비닐, 목재, 폐의류, 오니류, 건축폐기물 등 각종 생활쓰레기가 뒤섞여 혼합된 상태로 매 립되어 있었고 주변 토양은 검게 오염되어 있었다면, 乙은 甲에게 소유권에 기한 방해제거를 청구할 수 있다.

③ 건물의 소유자가 그 건물의 소유를 통하여 타인 소유의 토지를 점유하고 있다면 그 토지 소유자로서는 '건물소유자'에게 그 건물의 철거와 그 대지 부분의 인도를 청구할 수 있고, 건물을 점유하고 있는 '대항력 있는 건물임차인'에 대하여도 그 건물에서 퇴거할 것을 청구할 수 있다.

④ 甲 소유의 X토지에 乙이 무단으로 Y건물을 신축하였다. 그 후 乙이 Y건물을 丙에게 매도하는 매매계약을 체결하였다. 그런데 Y건물이 미등기건물인 까닭에 아직 丙에게 이전등기는 경료되지 않았지만 丙이 대금을 완납하고 乙로부터 Y건물을 인도받아 점유 중인 경우, 甲은 乙을 상대로 토지의 차임 상당액에 대한 부당이득반환을 청구할 수 있다.

해설 ① [○] ※ 소유권에 기한 반환청구권의 상대방 - 간접점유자 -

"불법점유를 이유로 한 건물명도청구를 하려면 현실적으로 불법점유하고 있는 사람을 상대로 하여야 할 것이나, 그렇지 않는 경우에는 간접점유자를 상대로 명도를 청구할 수 있다"(대판 1983.5.10, 81다187).

☞ 소유권에 기한 반환청구권의 상대방은 사실심변론종결 당시 그 물건을 '점유'하고 있는 사람이다. 간접점유자와 관련해서 判例는 불법점유를 이유로 한 인도청구와 그 밖의 인도청구 예컨대, 인도약정에 따라 그 이행을 구하는 경우를 나누어, ㉠ 불법점유자에 대한 인도청구는 현실로 불법점유를 하고 있는 자만을 상대로 해야 한다고 하는 반면(대판 1970.9.29. 70다1508), ㉡ 인도약정에 따른 이행청구의 경우에는 간접점유자에 대해서도 인도를 청구할 수 있다고 한다 (위 81다187판결). 이러한 判例(81다187)에 따르면 甲소유의 건물을 乙이 무단으로 점유하다가 乙이 丙에게 임차를 한 경우에는 甲은 직접점유자 丙을 상대로 반환청구를 하여야 하나, 甲이 乙에게 임대차를 하고 乙이 다시 丙에게 임대차(전대차)를 한 때에는 甲과 乙의 임대차가 종료하면 甲은 직접점유자 丙뿐만 아니라 간접점유자인 乙을 상대로도 반환청구를 할 수 있는 것으로 된다.

② [×] ※ 소유물방해배제청구권에서 방해의 개념

"소유권에 기한 방해배제청구권에 있어서 '방해'라 함은 현재에도 지속되고 있는 침해를 의미하고, 법익 침해가 과거에 일어나서 이미 종결된 경우에 해당하는 '손해'의 개념과는 다르다 할 것이어서, 소유권에 기한 방해배제청구권은 방해결과의 제거를 내용으로 하는 것이 되어서는 아니 되며(이는 손해배상의 영역에 해당한다 할 것이다) 현재 계속되고 있는 방해의 원인을 제거하는 것을 내용으로 한다"(대판 2003.3.28, 2003다5917).

"이 사건 토지 지하에 매립된 생활쓰레기는 매립된 후 30년 이상 경과하였고, 그 사이 오니류와 각종 생활쓰레기가 주변 토양과 뒤섞여 토양을 오염시키고 토양과 사실상 분리하기 어려울 정도로 혼재되어 있다고 봄이 상당하며, 이러한 상태는 과거 피고의 위법한 쓰레기매립행위로 인하여 생긴 결과로서 토지 소유인 원고가 입은 손해에 불과할 뿐 생활쓰레기가 현재 원고의 소유권에 대하여 별도의 침해를 지속하고 있는 것이라고 볼 수 없다. 따라서 원고의 방해배제청구는 인용될 수 없다"(대판 2019.7.10. 2016다205540).

☞ 30여년 전 지방자치단체가 불법 매립한 쓰레기로 인접 토지 소유자가 입은 피해는 '손해'일 뿐 소유권을 '침해'하는 것은 아니라는 위 판결은, 소유물방해배제청구권에서 방해의 개념에 대한 2003다5917판례의 법리를 그대로 이어받은 것으로 보인다.

③ [○] ※ 소유권에 기한 반환청구권의 상대방 - 토지 위에 지상물이 있는 경우 -
토지를 점유하는 자는 지상물의 점유자가 아니라 지상물의 소유자이다. 따라서 토지소유자는 '지상물을 점유'하고 있는 건물임차인 등이 아닌, '토지를 (불법)점유'하고 있는 건물소유자에게 토지의 인도를 청구할 수 있다(제213조). 다만 토지소유자는 토지의 소유권에 기한 방해배제청구권(제214조)으로서 건물임차인 등에게 위 건물에서 '퇴거'할 것을 청구할 수 있다. 이는 건물점유자가 건물소유자로부터의 임차인으로서 그 건물임차권이 이른바 대항력을 가진다고 해서 달라지지 아니한다. 건물임차권의 대항력은 기본적으로 건물에 관한 것이고 토지를 목적으로 하는 것이 아니므로 이로써 토지소유권을 제약할 수 없고, 토지에 있는 건물에 대하여 대항력 있는 임차권이 존재한다고 하여도 이를 토지소유자에 대하여 대항할 수 있는 토지사용권이라고 할 수는 없다(대판 2010.8.19, 2010다43801).

④ [○] "타인 소유의 토지 위에 권한 없이 건물을 소유하는 자는 그 자체로써 건물 부지가 된 토지를 점유하고 있는 것이므로 특별한 사정이 없는 한 법률상 원인 없이 타인의 재산으로 인하여 토지의 차임에 상당하는 이익을 얻고 이로 인하여 타인에게 동액 상당의 손해를 주고 있다고 할 것이고, 이는 건물 소유자가 미등기건물의 원시취득자로서 그 건물에 관하여 사실상의 처분권을 보유하게 된 양수인이 따로 존재하는 경우에도 다르지 아니하다"(대판 2011.7.14. 2009다76522,76539)

[정답] ②

문4 비용상환청구권에 관한 다음 설명 중 가장 옳지 않은 것은?   [19서기보]

① 유효한 도급계약에 기하여 수급인이 도급인으로부터 제3자 소유 물건의 점유를 이전받아 이를 수리한 결과 그 물건의 가치가 증가한 경우, 소유자에 대한 관계에서 민법 제203조에 의한 비용상환청구권을 행사할 수 있는 비용지출자는 수급인이다.

② 채무자가 다른 상속인과 공동으로 부동산을 상속받은 경우에는 채무자의 상속지분에 관하여서만 상속등기를 하는 것이 허용되지 아니하고 공동상속인 전원에 대하여 상속으로 인한 소유권이전등기를 신청하여야 한다. 그리고 채권자가 자신의 채권을 보전하기 위하여 채무자가 다른 상속인과 공동으로 상속받은 부동산에 관하여 위와 같은 공동상속등기를 대위신청하여 그 등기가 행하여지는 것과 같이 채권자에 의한 채무자 권리의 대위행사의 직접적인 내용이 제3자의 법적 지위를 보전·유지하는 것이 되는 경우에는, 채권자는 자신의 채무자가 아닌 제3자에 대하여도 특별한 사정이 없는 한 사무관리에 기하여 그 등기에 소요된 비용의 상환을 청구할 수 있다.

③ 의무 없이 타인을 위하여 사무를 관리한 자는 타인에 대하여 민법상 사무관리 규정에 따라 비용상환 등을 청구할 수 있는 외에, 사무관리에 의하여 결과적으로 사실상 이익을 얻은 다른 제3자에 대하여 직접 부당이득반환을 청구할 수는 없다.

④ 민법 제367조에 의하면 저당물의 제3취득자가 그 부동산의 보존, 개량을 위하여 필요비 또는 유익비를 지출한 때에는 저당물의 경매대가에서 우선상환을 받을 수 있다. 그리고 위 '제3취득자'에는 저당물에 관한 지상권, 전세권을 취득한 자만이 아니고 소유권을 취득한 자도 포함된다.

[해설] ① [×] 제203조에 의해 비용상환을 청구할 수 있는 자는 ⅰ) 타인의 소유물을 권원없이 점유하는 자여야 하며, ⅱ) 그 비용지출과정을 주도하고 관리한 자일 것을 요한다.

이와 관련하여 判例는 "유효한 도급계약에 기하여 수급인이 도급인으로부터 제3자 소유 물건의 점유를 이전받아 이를 수리한 결과 그 물건의 가치가 증가한 경우, 도급인이 그 물건을 간접점유하면서 궁극적으로 자신의 계산으로 비용지출과정을 관리한 것이므로, 도급인만이 소유자에 대한 관계에 있어서 제203조에 의한 비용상환청구권을 행사할 수 있는 비용지출자라고 할 것이고, 수급인은 그러한 비용지출자에 해당하지 않는다"(대판 2002.8.23, 99다66564,66571)고 한다.

② [○] "채권자에 의한 채무자 권리의 대위행사의 직접적인 내용이 제3자의 법적 지위를 보전·유지하는 것이 되는 경우에는, 채권자는 자신의 채무자가 아닌 제3자에 대하여도 '사무관리'에 기하여 비용의 상환을 청구할 수 있다"(대판 2013.8.22. 2013다30882).

③ [○] ※ 사무관리와 전용물소권

"전용물소권(계약상의 급부가 계약의 상대방에 대해서뿐만 아니라 제3자의 이익이 된 경우에 급부를 행한 계약당사자가 그 제3자에 대해서 부당이득의 반환을 청구하는 권리)은 부정되는바, 이러한 법리는 그 급부가 사무관리에 의하여 이루어진 경우에도 마찬가지이다. 따라서 의무 없이 타인을 위하여 사무를 관리한 자는 타인에 대하여 민법상 사무관리 규정에 따라 비용상환 등을 청구할 수 있는 외에 사무관리에 의하여 결과적으로 사실상 이익을 얻은 다른 제3자에 대하여 직접 부당이득반환을 청구할 수는 없다"(대판 2013.6.27. 2011다17106)

[구체적 예] 甲회사가 계약상 의무 없이 乙회사를 위하여 경비사무를 처리한 경우, 甲회사는 乙회사에게 사무관리 규정에 따른 비용상환을 청구할 수 있으나(제739조), 乙회사와의 계약에 의해 경비사무를 담당할 의무가 있었던 丙회사에게 사무관리에 의하여 결과적으로 사실상 이익을 얻었다는 이유로 비용 상당의 부당이득반환을 청구할 수 없다(전용물소권의 부정).

④ [○] 대판 2004.10.15. 2004다36604

[정답] ①

문**5** 미등기 건물에 관한 설명 중 옳은 것을 모두 고른 것은?

> ㄱ. 타인의 토지 위에 있는 미등기 건물을 법률상, 사실상 처분할 수 있는 지위에 있는 사람은 그 대지에 대한 적법한 점유권원이 없다면 대지소유자에 대하여 그 미등기 건물을 철거할 의무가 있다.
> ㄴ. 미등기 무허가건물을 매수하였으나 아직 인도받지 않고, 소유권이전등기를 마치지 않은 매수인은 그 건물의 불법점유자에 대하여 직접 자신의 소유권에 기한 건물반환을 청구할 수 있다.
> ㄷ. 주택으로 사용되는 건물에 관하여 소유권보존등기가 이루어지지 않은 경우에도, 특별한 사정이 없는 한 「주택임대차보호법」이 적용된다.
> ㄹ. 건물 소유를 목적으로 하는 토지임대차에서 종전 임차인으로부터 미등기 무허가건물을 매수하여 점유하고 있는 토지임차인은, 특별한 사정이 없는 한 비록 소유자로서의 등기 명의가 없어 건물 소유권을 취득하지 못하였다 하더라도 임대인에 대하여 지상물매수청구권을 행사할 수 있는 지위에 있다.

① ㄱ

② ㄴ, ㄷ

③ ㄴ, ㄹ

④ ㄱ, ㄷ, ㄹ

[해설] ㄱ. [○] ※ 미등기건물 철거청구의 상대방

判例는 "건물철거는 소유권의 종국적 처분에 해당하는 사실행위이므로 원칙으로는 소유자(등기명의자)에게만 그 철거처분권이 있다고 할 것이나, 건물을 매수하여 점유하고 있는 자는 등기부상 아직 소유자로서의 등기명의가 없다 하더라도 그 권리의 범위내에서 그 점유 중인 건물에 대하여 법률상 또는 사실상 처분을 할 수 있는 지위"에 있으므로 그 자를 상대로 건물철거를 구할 수 있다고 한다(대판 1986.12.23, 86다카1751).

[참고판례] 이 경우 건물을 매도하고 퇴거한 매도인(미등기건물 사례임)은 철거청구의 상대방이 될 수 없다고 하며(대판 1987.11.24, 87다카257,258), 아울러 미등기건물을 '관리'하고 있는 자도 철거청구의 상대방이 될 수 없다고 한다(대판 2003.1.24, 2002다61521).

ㄴ. [✕] ※ 미등기 무허가건물의 양수인에게 소유권에 준하는 관습상 물권이 존재하는지 여부(소극)

"미등기 무허가건물의 양수인이라 할지라도 그 소유권이전등기를 경료받지 않는 한 그 건물에 대한 소유권을 취득할 수 없고, 그러한 상태의 건물 양수인에게 소유권에 준하는 관습상의 물권이 있다고 볼 수도 없으므로, 건물을 신축하여 그 소유권을 원시취득한 자로부터 그 건물을 매수하였으나 아직 소유권이전등기를 갖추지 못한 자는 그 건물의 불법점거자에 대하여 직접 자신의 소유권 등에 기하여 명도를 청구할 수는 없다"(대판 2007.6.15, 2007다11347)

ㄷ. [○] ※ 미등기 또는 무허가 건물도 주택임대차보호법의 적용대상이 되는지 여부(적극)

"주택임대차보호법은 주택의 임대차에 관하여 민법에 대한 특례를 규정함으로써 국민의 주거생활의 안정을 보장함을 목적으로 하고 있고, 주택의 전부 또는 일부의 임대차에 관하여 적용된다고 규정하고 있을 뿐 임차주택이 관할관청의 허가를 받은 건물인지, 등기를 마친 건물인지 아닌지를 구별하고 있지 아니하므로, 어느 건물이 국민의 주거생활의 용도로 사용되는 주택에 해당하는 이상 비록 그 건물에 관하여 아직 등기를 마치지 아니하였거나 등기가 이루어질 수 없는 사정이 있다고 하더라도 다른 특별한 규정이 없는 한 같은 법의 적용대상이 된다"(대판 2007.6.21, 전합2004다26133).

ㄹ. [○] ※ 미등기 무허가건물 매수인의 지상물매수청구권의 행사

지상물매수청구권은 지상물소유자에 한하여 행사할 수 있다(대판 1993.7.27, 93다6386). 다만 건물 소유를 목적으로 하는 '토지 임대인의 동의를 얻어' 토지임차인으로부터 임차권을 양수한 자가 토지 위에 임차인이 신축한 미등기 무허가 건물을 매수한 때에도, 그 점유 중인 건물에 대해 '법률상 또는 사실상의 처분권'을 갖고 있으므로 이러한 토지임차권 양수인은 임대인에게 그 건물의 매수를 청구할 수 있다(대판 2013.11.28. 2013다48364).

[정답] ④

제4관 공동소유

문 1 공유관계에 관한 다음 설명 중 가장 옳지 않은 것은? [16서기보]

① 공유자는 다른 공유자의 동의 없이 그 지분을 처분할 수 있다.

② 구분소유적 공유관계에 있어서 공유자 각자는 자신의 특정 구분부분을 단독으로 처분하고 이에 해당하는 공유지분등기를 자유로이 이전할 수 있다.

③ 과반수의 지분을 가진 공유자는 다른 공유자와 사이에 미리 공유물의 관리방법에 관한 협의가 없었다 하더라도 공유물의 관리에 관한 사항을 단독으로 결정할 수 있으므로, 과반수의 지분을 가진 공유자가 그 공유물의 특정 부분을 배타적으로 사용·수익하기로 정하는 것은 공유물의 관리방법으로서 적법하다. 예컨대 다수지분권자가 단독으로 나대지에 새로이 건물을 건축하는 것도 가능하다.

④ 공유자는 다른 공유자가 분할로 인하여 취득한 물건에 대하여 그 지분의 비율로 매도인과 동일한 담보책임이 있다.

해 설 ① [○] 지분은 보통의 소유권과 실질적으로 같은 것이어서 공유자는 그의 지분을 자유로이 처분 (양도·담보제공·포기 등)할 수 있고 '합유지분'과 달리 그 처분에 관하여 다른 공유자의 허락을 얻을 필요는 없다(제263조).

② [○] "구분소유적 공유관계에서 각 공유자 상호 간에는 각자의 특정 구분부분을 자유롭게 처분함에 서로 동의하고 있다고 볼 수 있으므로, 공유자 각자는 자신의 특정 구분부분을 단독으로 처분하고 이에 해당하는 공유지분등기를 자유로이 이전할 수 있는데, 이는 공유지분등기가 내부적으로 공유자 각자의 특정 구분부분을 표상하기 때문이다"(대판 2014.12.24. 2011도11084)

③ [×] **제265조 (공유물의 관리, 보존)** 공유물의 관리에 관한 사항은 공유자의 지분의 과반수로써 결정한다.

　☞ 따라서 공유자 사이에 공유물의 관리방법에 관한 협의가 없더라도, 과반수 공유지분을 가진 자는 그 관리에 관한 사항을 단독으로 결정할 수 있으므로, 그 공유토지의 특정부분을 배타적으로 사용·수익할 것을 정하는 것은 공유물의 관리방법으로 적법하며, 다른 공유자에 대하여도 그 효력이 있다(대판 1991.9.24, 88다카33855).

그러나 과반수 지분권자가 공유지인 나대지 위에 건물을 신축하여 소유하거나 제3자에게 건물소유를 위하여 공유지를 임대하는 행위는 공유물의 현상을 변경하는 것으로 관리행위의 한계를 벗어난 '처분행위'이므로, 제264조에 의해 토지공유자 전원의 동의를 요한다(대판 2001.11.27, 2000다33638, 33645).

④ [○] 제270조

[정답] ③

문2 공유관계에 관한 다음 설명 중 가장 옳지 않은 것은?

　　　　　　　　　　　　　　　　　　　　　　　　　　　　　　　　　　　　[13서기보]

① 공유자가 그 지분을 포기하거나 상속인없이 사망한 때에는 그 지분은 다른 공유자에게 각 지분의 비율로 귀속한다.

② 부동산의 공유자는 원칙적으로 자신의 지분을 자유롭게 처분할 수 있고 그 처분에 관하여 다른 공유자의 허락을 얻을 필요는 없다.

③ 공유자 중 한 사람은 공유물에 관하여 원인무효의 소유권 이전등기가 경료된 경우 그 소유명의자를 상대로 각 공유자에게 해당 지분별로 진정명의회복을 원인으로 한 소유권이전등기를 이행할 것을 단독으로 청구할 수 있다.

④ 과반수 지분의 공유자라 하더라도 다른 공유자와 사이에 협의를 하지 아니한 채 자신이 그 공유물의 특정 부분을 배타적으로 사용·수익하기로 정할 수는 없다.

[해설] ① [○] 제267조

[참고판례] 다만 이 경우 제267조의 공유지분의 포기는 법률행위로서 상대방 있는 단독행위에 해당하므로, 제186조에 의하여 등기를 하여야 공유지분 포기에 따른 물권변동의 효력이 발생한다(대판 1965.6.15. 65다301등).

② [○] 지분은 보통의 소유권과 실질적으로 같은 것이어서 공유자는 그의 지분을 자유로이 처분(양도·담보제공·포기 등)할 수 있고 '합유지분'과 달리 그 처분에 관하여 다른 공유자의 허락을 얻을 필요는 없다(제263조).

③ [○] 제3자 앞으로 원인 무효의 등기가 마쳐져 있는 경우, 지분권자는 공유물에 관한 보존행위(제265조 단서)로서 '자기의 지분에 관하여서는 물론 그 등기 전부'의 말소를 청구할 수 있다(대판 1993.5.11. 92다52870). 이 경우 공유자 중 한 사람이 '공유물에 관하여 마쳐진 원인무효의 등기'에 각 공유자에게 해당 지분별로 진정명의회복을 원인으로 한 소유권이전등기를 이행할 것을 단독으로 청구하는 것도 가능하다(대판 2005.9.29, 2003다40651).

④ [×] **제265조 (공유물의 관리, 보존)** 공유물의 관리에 관한 사항은 공유자의 지분의 과반수로써 결정한다.

☞ 따라서 공유자 사이에 공유물의 관리방법에 관한 협의가 없더라도, 과반수 공유지분을 가진 자는 그 관리에 관한 사항을 단독으로 결정할 수 있으므로, 그 공유토지의 특정부분을 배타적으로 사용·수익할 것을 정하는 것은 공유물의 관리방법으로 적법하며, 다른 공유자에 대하여도 그 효력이 있다(대판 1991.9.24, 88다카33855).

[정답] ④

문3 X토지에 대하여 甲과 乙은 각 1/2지분을 소유하고 있는데, 甲이 그 지상에 소나무를 식재하여 토지를 독점적으로 점유하고 있다. 이에 관한 다음의 대화 중 옳지 않은 의견을 주장하는 사람은 누구인가?

[21서기보]

> 철수: 공유물의 소수지분권자인 甲이 乙과 협의하지 않고 공유물의 전부를 독점적으로 점유하는 경우 다른 소수지분권자인 乙이 甲을 상대로 공유물의 인도를 청구할 수는 없어.
>
> 영희: 소수지분권자인 甲이 乙을 배제하고 단독 소유자인 것처럼 공유물을 독점하는 것은 위법하지만, 甲은 적어도 자신의 지분 범위에서는 공유물 전부를 점유하여 사용·수익할 권한이 있으므로 甲의 점유는 지분비율을 초과하는 한도에서만 위법하다고 보아야 하지 않을까?
>
> 혜림: 乙은 공유물을 독점적으로 점유하면서 乙의 공유지분권을 침해하고 있는 甲을 상대로 지분권에 기한 방해배제청구권을 행사함으로써 위법 상태를 시정할 수 있을거야.
>
> 강은: 공유물을 공유자 한 명이 독점적으로 점유하는 경우 이러한 위법 상태를 시정하여 공유물의 현상을 공유자 전원이 사용·수익할 수 있는 상태로 환원시킬 목적으로 방해를 제거하거나 공유물을 회수하는 것은 민법 제265조 단서에 따른 공유물의 보존을 위한 행위에 해당해.

① 철수   ② 영희
③ 혜림   ④ 강은

[해설] ① 철수 [○] ② 영희 [○] ③ 혜림 [○] ④ 강은 [×]

소수지분권자의 배타적 사용, 수익의 경우 '다른 소수지분권자에게 공유물인도청구'를 인정할 것인지 문제되는바, 기존 判例는 '공유물의 보존행위'로서 공유물의 인도나 명도를 청구할 수 있다"고 한다(대판 1994.3.22, 전합93다9392,9408). 그러나 바뀐 전원합의체 판결에 따르면 "제265조 단서가 공유자 각자가 다른 공유자와 협의 없이 보존행위를 할 수 있게 한 것은 그것이 다른 공유자에게도 이익이 되기 때문인바, 소수지분권자가 다른 소수지분권에게 공유물 인도를 청구하는 것은 다른 소수지분권자가 가지고 있는 '지분의 비율에 따른 사용·수익권'까지 근거 없이 박탈하는 것으로 다른 공유자에게도 이익이 되는 보존행위라고 볼 수 없다"는 것을 이유로 부정하였다. 다만 자신의 지분권에 기초한 공유토지 위의 지상물 철거청구나 공동점유에 대한 방해금지 등의 '방해배제청구'(제214조)는 가능하다고 보았다(대판 2020.5.21. 전합2018다287522[1]).

[정답] ④

문4 공동소유에 관한 다음 설명 중 가장 옳지 않은 것은? [19서기보]

① 공유자의 지분은 균등한 것으로 추정되고, 공유자는 공유물 전부를 지분의 비율로 사용, 수익할 수 있다.

② 공유물의 분할청구는 언제든지 구할 수 있고, 공유자 사이에 약정으로 금지할 수 없다.

③ 합유자는 합유물의 분할을 청구하지 못하고, 전원의 동의 없이 합유물에 대한 지분을 처분하지 못한다.

④ 총유물의 관리 및 처분은 사원총회의 결의에 의하고, 사원은 정관 기타의 규약에 좇아 총유물을 사용, 수익할 수 있다.

[해설] ① [○] 제262조 2항, 제263조

② [×] **제268조(공유물의 분할청구)** ①항 공유자는 공유물의 분할을 청구할 수 있다. 그러나 5년내의 기간으로 분할하지 아니할 것을 약정할 수 있다. ②항 전항의 계약을 갱신한 때에는 그 기간은 갱신한 날로부터 5년을 넘지 못한다.

③ [○] 제273조

④ [○] 제276조

[정답] ②

---

1) **사실관계** 원고는 이 사건 토지의 1/2 지분을 소유하고 있는 소수지분권자로서, 그 지상에 소나무를 식재하여 토지를 독점적으로 점유하고 있는 피고를 상대로 소나무 등 지상물의 수거와 점유 토지의 인도 등을 청구한 사안에서, 원심은 원고가 공유물의 보존행위로서 공유 토지에 대한 방해배제와 인도를 청구할 수 있다고 보아 원고의 청구를 모두 받아들였으나, 대법원은 원고가 공유자인 피고를 상대로 토지 인도를 청구할 수는 없고 방해배제로 지상물 수거를 청구할 수 있다고 보아, 원심 판결 중 토지 인도 청구 부분을 법리 오해로 파기하고, 토지 인도 청구가 인용될 것을 전제로 한 일부 금원 지급 청구 부분도 함께 파기하였다.

문5 공동소유에 관한 다음 설명 중 가장 옳은 것은?　　　　　　　　　　　　　　　　　　[17서기보]

① 부동산 공유자의 1인이 자신의 공유지분이 아닌 다른 공유자의 공유지분을 침해하는 원인무효의 등기가 이루어졌다는 이유로 그 부분 등기의 말소를 구하는 것은 공유물의 보존행위에 속한다.

② 부동산의 합유자 중 일부가 사망한 경우 합유자 사이에 특별한 약정이 없는 한 사망한 합유자의 상속인은 합유자로서의 지위를 승계하지 못한다.

③ 법인 아닌 사단의 대표자는 사원총회의 결의를 거쳐야만 총유재산에 관한 보존행위로서 소송을 제기할 당사자적격이 있다.

④ 공유자 중의 1인이 특정 부분을 배타적으로 점유·사용하고 있더라도 그 특정 부분의 면적이 자신의 지분 비율에 상당하는 면적 범위 내라면 공유물을 사용·수익하고 있지 않은 다른 공유자들에 대하여 부당이득을 한 것으로 볼 수는 없다.

[해설] ① [×] **제265조 (공유물의 관리, 보존)** 공유물의 관리에 관한 사항은 공유자의 지분의 과반수로써 결정한다. 그러나 보존행위는 각자가 할 수 있다.
부동산 공유자의 1인이 자신의 공유지분이 아닌 '다른 공유자'의 공유지분을 침해하는 원인무효의 등기가 이루어졌다는 이유로 공유물에 관한 보존행위로서 그 부분 등기의 말소를 구할 수는 없다(대판 2009.2.26. 2006다71802 ; 대판 2010.1.14. 2009다67429).

[비교판례] 제3자 앞으로 원인 무효의 등기가 마쳐져 있는 경우, 지분권자는 공유물에 관한 보존행위(제265조 단서)로서 '자기의 지분에 관하여서는 물론 그 등기 전부'의 말소를 청구할 수 있다(대판 1993.5.11. 92다52870).

② [○] "부동산의 합유자 중 일부가 사망한 경우 합유자 사이에 특별한 약정이 없는 한 사망한 합유자의 상속인은 합유자로서의 지위를 승계하지 못하므로, 해당 부동산은 잔존 합유자가 2인 이상일 경우에는 잔존 합유자의 합유로 귀속되고 잔존 합유자가 1인인 경우에는 잔존 합유자의 단독소유로 귀속된다"(대판 1996.12.10. 96다23238).
☞ 물권은 원칙적으로 전부 상속된다. 그러나 합유부동산의 경우 합유지분은 상속이 되지 않는다.

③ [×] 총유의 경우에는 공유나 합유의 경우처럼 보존행위는 구성원 각자가 할 수 있다(제265조 단서, 제272조)는 규정이 없으므로 보존행위를 함에도 제276조 1항에 따른 사원총회의 결의를 거치거나 정관이 정하는 바에 따른 절차(제275조 2항 참조)를 거쳐야 한다(대판 2014.2.13. 2012다112299).
특히 총유재산에 관한 소송행위와 관련(당사자적격의 문제)하여 최근 判例는 "총유재산에 관한 소송은 법인 아닌 사단이 그 명의로 사원총회의 결의를 거쳐 하거나(민사소송법 제52조 참조) 또는 그 구성원 전원이 당사자가 되어 필수적 공동소송의 형태로 할 수 있을 뿐 총회의 결의를 거치더라도 (설령 대표자라도)구성원 개인이 할 수는 없다"(대판 2005.9.15. 전합2004다44971)고 판시하고 있다. 그럼에도 불구하고 비법인사단의 대표자 개인이 총유재산의 보존행위로서 소를 제기한 때에는 법원은 당사자적격 흠결을 이유로 부적법 각하하여야 한다.

④ [X] "공유자 중의 일부가 특정 부분을 배타적으로 점유·사용하고 있다면, 그들은 비록 그 특정 부분의 면적이 자신들의 지분 비율에 상당하는 면적 범위 내라고 할지라도, 다른 공유자들 중 지분은 있으나 사용·수익은 전혀 하지 않고 있는 자에 대하여는 그 자의 지분에 상응하는 부당이득을 하고 있다고 보아야 할 것인바, 이는 모든 공유자는 공유물 전부를 지분의 비율로 사용·수익할 권리가 있기 때문이다"(대판 2001.12.11. 2000다13948).

[정답] ②

문6 다음 설명 중 가장 옳지 않은 것은?

[15서기보]

① 공유건물에 관하여 과반수지분권을 가진 자가 그 공유건물의 특정된 한 부분을 배타적으로 사용·수익할 것을 정하는 것은 공유물의 관리방법으로서 적법한 것이 될 수 없다.

② 1동의 건물 중 위치 및 면적이 특정되고 구조상·이용상 독립성이 있는 일부분씩을 2인 이상이 구분소유하기로 하는 약정을 하고 등기만은 편의상 각 구분소유의 면적에 해당하는 비율로 공유지분등기를 하여 놓은 경우 구분소유자들 사이에 공유지분등기의 상호명의신탁관계 내지 그 건물에 대한 구분소유적 공유관계가 성립한다.

③ 민법상 조합인 공동수급체가 경쟁입찰에 참가하였다가 다른 경쟁업체가 낙찰자로 선정된 경우, 그 공동수급체의 구성원 중 1인이 그 낙찰자 선정이 무효임을 주장하며 무효확인의 소를 제기하는 것은 합유재산의 보존행위에 해당한다.

④ 복수의 권리자가 소유권이전청구권을 보존하기 위하여 가등기를 마쳐 둔 경우 특별한 사정이 없는 한 그 권리자 중 한 사람은 자신의 지분에 관하여 단독으로 그 가등기에 기한 본등기를 청구할 수 있다.

[해설] ① [X] 공유물의 관리에 관한 사항은 공유자의 '지분의 과반수'로써 결정하므로(제265조 본문), 공유자 사이에 공유물의 관리방법에 관한 협의가 없더라도, 과반수 공유지분을 가진 자는 그 관리에 관한 사항을 단독으로 결정할 수 있으므로, 그 공유토지의 특정부분을 배타적으로 사용·수익할 것을 정하는 것은 공유물의 관리방법으로 적법하며, 다른 공유자에 대하여도 그 효력이 있다(대판 1991.9.24, 88다카33855).

② [○] 2인 이상이 내부적으로는 각 하나의 부동산을 위치, 면적 등을 특정하여 구분하여 소유하기로 약정하면서 그 부동산에 관한 등기는 그들의 공유로 마친 경우를 이른바 '구분소유적 공유'라고 한다(대판 2009.3.26. 2008다44313). 구분소유적 공유 관계에 있는 당사자들은 서로 자신이 위치, 면적 등을 특정하여 소유하고 있는 부동산 중 상대방의 공유지분에 관하여 상대방에게 명의신탁을 하고 있는 것으로 보아야 한다. 당사자들의 이러한 관계를 '상호명의신탁'이라고 하는데(대판 2008.2.14. 2007다63690 참조), 이는 부동산실명법 제2조 제1호 단서 나목에 해당하여 동법이 적용되지 않으므로, 동법의 시행과 상관없이 유효하다.

③ [○] **제272조(합유물의 처분, 변경과 보존)** 합유물을 처분 또는 변경함에는 합유자 전원의 동의가 있어야 한다. 그러나 보존행위는 각자가 할 수 있다.

"공동수급체의 구성원 중 1인이 그 낙찰자 선정이 무효임을 주장하며 무효확인의 소를 제기하는 것은 그 공동수급체가 경쟁입찰과 관련하여 갖는 법적 지위 내지 법률상 보호받는 이익이 침해될 우려가 있어 그 현상을 유지하기 위하여 하는 소송행위이므로 이는 합유재산의 보존행위에 해당한다"(대판 2013.11.28. 2011다80449).

④ [○] 대판 2002.7.9, 2001다43922,43939

[정답] ①

문7 甲, 乙, 丙은 X 토지를 공유하고 있으며, 각각의 지분비율은 4:2:1이다. 다음 설명 중 옳지 않은 것은?　　[기출변형]

① 甲은 乙 및 丙과의 협의 없이 X의 특정한 부분을 자신이 배타적으로 사용, 수익할 것을 결정할 수 있다.

② 乙이 甲 및 丙과의 협의 없이 X 위에 Y 건물을 신축한 경우, 丙은 Y의 철거 및 X의 인도를 청구할 수 있다.

③ ②의 경우에 丙은 乙에 대하여 자신의 지분에 상응하는 임료 상당의 부당이득반환을 청구할 수 있다.

④ 만약 甲, 乙, 丙이 위치와 면적을 특정하여 X를 구분소유하기로 약정한 후 乙이 X의 특정부분을 배타적으로 점유·사용하다가 그 부분이 독립한 필지로 분할되면서 그에 관해 단독명의로 소유권이전등기를 마쳤다면, 그 등기는 실체관계에 부합하는 것으로서 유효하고 乙은 위 분할된 부분에 대한 단독소유권을 적법하게 취득한다.

해설 ① [○] 공유물의 관리에 관한 사항은 공유자의 '지분의 과반수'로써 결정한다(민법 제265조). 따라서 공유자 사이에 공유물의 관리방법에 관한 협의가 없더라도, 과반수 공유지분을 가진 자는 그 관리에 관한 사항을 단독으로 결정할 수 있으므로, 그 공유토지의 특정부분을 배타적으로 사용·수익할 것을 정하는 것은 공유물의 관리방법으로 적법하며, 다른 공유자에 대하여도 그 효력이 있다(대판 1991.9.24. 88다카33855).

② [×] ③ [○] 소수지분권자의 배타적 점유의 경우 다른 소수지분권자는 자신의 지분침해를 이유로 손해배상청구 또는 부당이득반환청구를 할 수 있다(대판 2001.12.11. 2000다13948). 다만 '다른 소수지분권자에게 공유물인도청구'를 인정할 것인지 문제되는바, 기존 判例는 '공유물의 보존행위'로서 공유물의 인도나 명도를 청구할 수 있다"고 한다(대판 1994.3.22, 전합93다9392,9408). 그러나 바뀐 전원합의체 판결에 따르면 "제265조 단서가 공유자 각자가 다른 공유자와 협의 없

이 보존행위를 할 수 있게 한 것은 그것이 다른 공유자에게도 이익이 되기 때문인바, 소수지분권자가 다른 소수지분권에게 공유물 인도를 청구하는 것은 다른 소수지분권자가 가지고 있는 '지분의 비율에 따른 사용·수익권'까지 근거 없이 박탈하는 것으로 다른 공유자에게도 이익이 되는 보존행위라고 볼 수 없다"는 것을 이유로 부정하였다. 다만 자신의 지분권에 기초한 공유토지 위의 지상물 철거청구나 공동점유에 대한 방해금지 등의 '방해배제청구'(제214조)는 가능하다고 보았다(대판 2020.5.21. 전합2018다287522)

④ [○] "내부적으로는 토지의 특정 부분을 소유하나 등기부상으로는 공유지분을 가지는 이른바 구분소유적 공유관계에서 구분공유자 중 1인이 소유하는 부분이 후에 독립한 필지로 분할되고 그 구분공유자가 그 필지에 관하여 단독 명의로 소유권이전등기를 경료받았다면, 그 소유권이전등기는 실체관계에 부합하는 것으로서 유효하고, 그 구분공유자는 당해 토지에 대한 단독소유권을 적법하게 취득하게 되어, 결국 당해 구분공유자에 관한 한 이제 구분소유적 공유관계는 해소된다"(대판 2009.12.24. 2008다71858)

[정답] ②

문8 공동소유에 관한 설명 중 옳지 않은 것은? (다툼이 있는 경우 판례에 의함) [기출변형]

① 토지공유자 중의 일부가 공유 토지의 특정 부분을 배타적으로 점유·사용하고 있는 경우, 비록 그 특정 부분의 면적이 자신들의 지분 비율에 상당하는 면적 범위 내라고 할지라도, 그 토지를 사용·수익 하지 않는 다른 공유자들에 대하여는 그 지분에 상응하는 부당이득을 반환할 의무가 있으며, 이 의무는 분할채무의 성질을 가진다.

② 제3자가 공유토지 전부에 대해 원인무효의 소유권이전등기를 경료한 경우 공유자 중 1인은 그 등기 전부의 말소를 청구할 수 있다.

③ 동업 목적의 조합체가 부동산을 조합재산으로 취득하면서 조합원들 명의로 공유등기를 하였다면, 그 공유등기는 조합체가 조합원들에게 각 지분에 관하여 명의신탁한 것으로 보아야 한다.

④ 종중 소유 재산의 보존행위로서 소를 제기하는 경우, 종중결의를 거쳐 종중 명의로 하거나 그 구성원 전원이 당사자가 되어 필수적 공동소송의 형태를 취하여야 한다.

해설 ① [×] ※ 공유자가 자기 지분비율에 따라 공유물의 특정부분을 사용·수익할 수 있는지 여부

"토지의 공유자는 각자의 지분 비율에 따라 토지 전체를 사용·수익할 수 있지만, 그 구체적인 사용·수익 방법에 관하여 공유자들 사이에 지분 과반수의 합의가 없는 이상, 1인이 특정 부분을 배타적으로 점유·사용할 수 없는 것이므로, 공유자 중의 일부가 특정 부분을 배타적으로 점유·사용하고 있다면, 그들은 비록 그 특정 부분의 면적이 자신들의 지분 비율에 상당하는 면적 범위 내라고 할

지라도, 다른 공유자들 중 지분은 있으나 사용·수익은 전혀 하지 않고 있는 자에 대하여는 그 자의 지분에 상응하는 부당이득을 하고 있다고 보아야 할 것인바, 이는 모든 공유자는 공유물 전부를 지분의 비율로 사용·수익할 권리가 있기 때문이다. 여러 사람이 공동으로 **법률상 원인 없이** 타인의 재산을 사용한 경우의 부당이득 반환채무는 특별한 사정이 없는 한 불가분적 이득의 반환으로서 **불가분채무이다**"(대판 2001.12.11, 2000다13948).

[쟁점정리] 수인이 공동으로 법률상 원인 없이 타인의 재산을 사용한 경우의 부당이득반환채무는 불가분적 이득의 상환으로서 '불가분채무'이다.

② [○] ※ 공유물의 보존행위
"부동산의 공유자의 1인은 당해 부동산에 관하여 제3자 명의로 원인무효의 소유권이전등기가 경료되어 있는 경우 **공유물에 관한 보존행위로서** 제3자에 대하여 그 등기 전부의 말소를 구할 수 있다"(대판 1993.5.11. 92다52870). 이 경우 공유자 중 한 사람이 '공유물에 관하여 마쳐진 원인무효의 등기'에 각 공유자에게 해당 지분별로 진정명의회복을 원인으로 한 소유권이전등기를 이행할 것을 단독으로 청구하는 것도 가능하다(대판 2005.9.29, 2003다40651).

[비교판례] 그러나 判例는 부동산 공유자의 1인이 자신의 공유지분이 아닌 '다른 공유자'의 공유지분을 침해하는 원인 무효의 등기가 이루어졌다는 이유로 공유물에 관한 보존행위로서 그 부분 등기의 말소를 구할 수는 없다고 한다(대판 2010.1.14. 2009다67429).

③ [○] ※ 합유물의 조합원에 대한 명의신탁
"제704조는 '조합원의 출자 기타 조합재산은 조합원의 합유로 한다.'고 규정하고 있으므로, 동업을 목적으로 한 조합이 조합체로서 또는 조합재산으로서 부동산의 소유권을 취득하였다면, 제271조 제1항의 규정에 의하여 당연히 그 조합체의 합유물이 되고(이는 제187조에 규정된 '법률의 규정에 의한 물권의 취득'과는 아무 관계가 없다. 따라서 조합체가 부동산을 법률행위에 의하여 취득한 경우에는 물론 소유권이전등기를 요한다), 다만, 그 조합체가 합유등기를 하지 아니하고 그 대신 조합원들 명의로 각 지분에 관하여 공유등기를 하였다면, 이는 그 조합체가 조합원들에게 각 지분에 관하여 명의신탁한 것으로 보아야 한다"(대판 2002.6.14. 2000다30622).

④ [○] ※ 총유재산에 관한 소송수행방법
총유의 경우에는 공유나 합유의 경우처럼 보존행위는 구성원 각자가 할 수 있다(제265조 단서, 제272조)는 규정이 없으므로 보존행위를 함에도 제276조 1항에 따른 사원총회의 결의를 거치거나 정관이 정하는 바에 따른 절차(제275조 2항 참조)를 거쳐야 한다(대판 2014.2.13. 2012다112299).
따라서 判例는 "총유재산에 관한 소송은 법인 아닌 사단이 그 명의로 사원총회의 결의를 거쳐 하거나(민사소송법 제52조 참조) 또는 그 구성원 전원이 당사자가 되어 필수적 공동소송의 형태로 할 수 있을 뿐 총회의 결의를 거치더라도 (설령 대표자라도)구성원 개인이 할 수는 없다"(대판 2005.9.15, 전합 2004다44971)고 판시하고 있다.

[정답] ①

문9 권리의 귀속형태 및 그 법률관계에 대한 내용이다. 각 괄호 안에 들어갈 용어를 올바르게 나열한 것은? (다툼이 있는 경우 판례에 의함)　　　　　　　　　　　　　　　　　[기출변형]

- 수인이 전매차익을 얻으려는 공동의 목적 달성을 위해 부동산을 공동으로 매수한 경우, 공동사업을 경영할 목적이 있었다고 인정되지 않으면 위 부동산에 대한 매수인들 사이의 소유관계는 (A)이다.
- 1동의 건물 중 각 일부분의 위치 및 면적이 특정되지 않거나 구조상·이용상 독립성이 인정되지 아니하지만 공유자들 사이에 이를 구분소유하기로 하는 취지의 약정을 하고 공유등기를 한 경우, (B)가 성립한다.
- 구분소유적 공유관계에 있어서, 1필지의 토지 중 특정 부분에 대한 구분소유적 공유관계를 표상하는 공유지분을 목적으로 하는 근저당권이 설정된 후 구분소유자 상호 간에 지분이전등기를 하여 구분소유적 공유관계가 해소된 경우, 그 근저당권은 (C).
- 수인의 채권자가 각기 채권을 담보하기 위하여 채무자와 채무자 소유의 부동산에 관하여 수인의 채권자를 공동매수인으로 하는 1개의 매매예약을 체결하고 그에 따라 수인의 채권자 공동명의로 그 부동산에 가등기를 마친 경우, 수인의 채권자가 공동으로 매매예약완결권을 가지는 관계인지 아니면 채권자 각자의 지분별로 별개의 독립적인 매매예약완결권을 가지는 관계인지는 (D)에 따라야 한다.

	A	B	C	D
①	공유관계	공유관계	종전의 구분소유적 공유지분의 비율대로 분할된 토지들 전부의 위에 그대로 존속한다.	매매예약의 내용
②	합유관계	공유관계	종전의 구분소유적 공유지분의 비율대로 분할된 토지들 전부의 위에 그대로 존속한다.	매매예약의 내용
③	공유관계	구분 소유적 공유관계	종전의 구분소유적 공유지분의 비율대로 분할된 토지들 전부의 위에 그대로 존속한다.	공유관계의 법리
④	공유관계	구분 소유적 공유관계	근저당권설정자의 단독소유로 분할된 토지에 집중된다.	공유관계의 법리

[해설] A. "부동산의 공동매수인들이 전매차익을 얻으려는 '공동의 목적 달성'을 위하여 상호 협력한 것에 불과하고 이를 넘어 '공동사업을 경영할 목적'이 있었다고 인정되지 않는 경우 이들 사이의 법률관계는 공유관계에 불과할 뿐 민법상 조합관계에 있다고 볼 수 없다"(대판 2012.8.30. 2010다39918).

☞ 민법상의 조합계약은 2인 이상이 상호 출자(금전 기타 재산 또는 노무)하여 공동으로 사업을 경영할 것을 약정하는 계약(제703조)으로서 '특정한 사업'을 '공동 경영'하는 약정에 한하여 이를 조합계약이라고 할 수 있고, 공동의 목적달성이라는 정도만으로는 조합의 성립요건을 갖추었다고 할 수 없다.

B. ※ 1동의 건물의 공유자들 사이에 공유지분등기의 상호명의신탁관계 또는 건물에 대한 구분소유적 공유관계가 성립하기 위한 요건

"1동의 건물 중 위치 및 면적이 특정되고 구조상·이용상 독립성이 있는 일부분씩을 2인 이상이 구분소유하기로 하는 약정을 하고 등기만은 편의상 각 구분소유의 면적에 해당하는 비율로 공유지분등기를 하여 놓은 경우, 구분소유자들 사이에 공유지분등기의 상호명의신탁관계 내지 건물에 대한 구분소유적 공유관계가 성립하지만, 1동 건물 중 각 일부분의 위치 및 면적이 특정되지 않거나 구조상·이용상 독립성이 인정되지 아니한 경우에는 공유자들 사이에 이를 구분소유하기로 하는 취지의 약정이 있다 하더라도 일반적인 공유관계가 성립할 뿐, 공유지분등기의 상호명의신탁관계 내지 건물에 대한 구분소유적 공유관계가 성립한다고 할 수 없다"(대판 2014.2.27. 2011다42430).

C. ※ 구분소유적 공유관계가 해소된 경우 담보물권의 운명

"1필지의 토지의 위치와 면적을 특정하여 2인 이상이 구분소유하기로 하는 약정을 하고 구분소유자의 공유로 등기하는 이른바 구분소유적 공유관계에 있어서, 1필지의 토지 중 특정 부분에 대한 구분소유적 공유관계를 표상하는 공유지분을 목적으로 하는 근저당권이 설정된 후 구분소유하고 있는 특정 부분별로 독립한 필지로 분할되고 나아가 구분소유자 상호 간에 지분이 전등기를 하는 등으로 구분소유적 공유관계가 해소되더라도 그 근저당권은 종전의 구분소유적 공유지분의 비율대로 분할된 토지들 전부의 위에 그대로 존속하는 것이고, 근저당권설정자의 단독소유로 분할된 토지에 당연히 집중되는 것은 아니다"(대판 2014.6.26. 2012다25944).

D. ※ 수인이 공동매수인으로서 매매예약을 체결한 경우의 법률관계

"수인의 채권자가 각기 채권을 담보하기 위하여 채무자와 채무자 소유의 부동산에 관하여 수인의 채권자를 공동매수인으로 하는 1개의 매매예약을 체결하고 그에 따라 수인의 채권자 공동명의로 그 부동산에 가등기를 마친 경우, 수인의 채권자가 공동으로 매매예약완결권을 가지는 관계인지 아니면 채권자 각자의 지분별로 별개의 독립적인 매매예약완결권을 가지는 관계인지는 '매매예약의 내용'에 따라야 하고, 매매예약에서 그러한 내용을 명시적으로 정하지 않은 경우에는…(중략)… 종합적으로 고려하여 판단하여야 한다"(대판 2012.2.16, 전합2010다82530)

[정답] ①

문10 공동소유에 관한 설명 중 옳은 것은?   [기출변형]

① 공유물분할 소송절차에서 공유토지의 특정한 일부씩을 각각의 공유관계에 귀속시키는 것으로 현물분할하는 내용의 조정이 성립하였다면, 그 조정조서는 공유물분할판결과 동일한 효력을 가지는 것으로서 「민법」 제187조 소정의 '판결'에 해당하여 조정이 성립한 때 물권변동의 효력이 발생한다.

② 합유자 중 1인이 무단으로 합유 재산에 관하여 자신의 단독 소유로 소유권보존등기를 한 경우에는 그 소유권보존등기가 실질관계에 부합하지 않는 원인무효의 등기이므로, 다른 합유자는 등기명의인인 합유자를 상대로 소유권보존등기의 말소를 청구할 수 있다.

③ 甲, 乙이 각각 2/3, 1/3의 지분으로 X토지를 공유하던 중 丙이 X토지를 점유하면서 자기 명의로 원인무효의 소유권이전등기를 마친 경우, 甲이 공유물의 보존행위로 자기 지분에 관하여만 소유권이전등기 말소청구의 소를 제기하면 그로 인한 丙에 대한 취득시효 중단의 효력은 乙에게도 미친다.

④ 만약 1필지의 토지 중 일부를 특정하여 매수하고 다만 그 소유권이전등기는 그 필지 전체에 관하여 공유지분 이전등기를 한 경우라면, 위 토지에 대한 제3자의 방해행위에 대하여 위와 같이 매수한 공유자는 자신이 구분소유하는 특정부분만 그 배제를 구할 수 있고, 전체 토지에 관하여는 그 배제를 구할 수 없다.

해설 ① [X] ※ 법률행위에 의하지 않은 부동산물권변동

상속, 공용징수, 판결, 경매 기타 법률의 규정에 의한 부동산에 관한 물권의 취득은 등기를 요하지 아니한다(제187조). 그런데 최근 전원합의체 판결에 따르면 공유부동산을 '현물분할'하는 내용의 '조정조서'는 제187조의 '판결'과 같은 효력이 없다고 한다(대판 2013.11.21. 전합2011두1917). 즉, 判例는 "공유물분할의 소송절차 또는 조정절차에서 공유자 사이에 공유토지에 관한 현물분할의 협의가 성립하여 그 합의사항을 조서에 기재함으로써 조정이 성립하였다고 하더라도, 그와 같은 사정만으로 재판에 의한 공유물분할의 경우와 마찬가지로 그 즉시 공유관계가 소멸하고 각 공유자에게 그 협의에 따른 새로운 법률관계가 창설되는 것은 아니라고 할 것이고, 공유자들이 협의한 바에 따라 토지의 분필절차를 마친 후 각 단독소유로 하기로 한 부분에 관하여 다른 공유자의 공유지분을 이전받아 등기를 마침으로써 비로소 그 부분에 대한 대세적 권리로서의 소유권을 취득하게 된다"고 한다.

② [O] ※ 권리자 경정등기의 허용여부(소극)

"합유재산을 합유자 1인의 단독소유로 소유권보존등기를 한 경우에는 소유권보존등기가 실질관계에 부합하지 않는 원인무효의 등기이므로, 다른 합유자는 등기명의인인 합유자를 상대로 소유권보존등기 말소청구의 소를 제기하는 등의 방법으로 원인무효의 등기를 말소시킨 다음 새로이 합유의 소유권보존등기를 신청할 수 있다"(대판 2017.8.18. 2016다6309).

왜냐하면, "경정등기가 허용되기 위해서는 경정 전후의 등기에 동일성 내지 유사성이 있어야 하는데, 경정 전의 명의인과 경정 후의 명의인이 달라지는 '권리자 경정등기'는 등기명의인의

동일성이 인정되지 않으므로 허용되지 않는다. 따라서 단독소유를 공유로 또는 공유를 단독소유로 하는 경정등기 역시 소유자가 변경되는 결과로 되어 등기명의인의 동일성을 잃게 되므로 허용될 수 없"기 때문이다(同 判例).

③ [×] ※ 부동산 공유자 중 1인이 공유물의 보존행위로서 일부 지분에 관해서만 재판상 청구를 한 경우, 시효중단 효력이 미치는 범위
공유자의 1인이 보존행위로서 한 재판상 청구로 인한 취득시효 중단의 효력은 다른 공유자에게는 미치지 않는다(제247조 2항, 제169조 참조).
判例도 "부동산 공유자 중의 한 사람은 당해 부동산에 관하여 제3자 명의로 원인무효의 소유권이전등기가 경료되어 있는 경우 공유물에 관한 보존행위로서 그 제3자에 대하여 그 등기 전부의 말소를 구할 수 있으나, 공유자의 한 사람이 공유물의 보존행위로서 그 공유물의 일부 지분에 관하여서만 재판상 청구를 하였으면 그로 인한 시효중단의 효력은 그 공유자와 그 청구한 소송물에 한하여 발생한다"(대판 1999.8.20. 99다15146)고 판시하였다.

④ [×] ※ 구분소유적 공유의 대외적 관계
대내적으로는 특정 부분을 각자가 단독으로 소유하나, 대외적으로는 공유자가 토지 전부를 공유한다. 따라서 제3자가 불법점유하는 경우 각자는 자기 소유부분 뿐만 아니라 전체 토지에 대하여 보존행위로서 그 배제를 구할 수 있다(대판 1994.2.8, 93다42986).

[관련판례] ㉠ 특정매수부분을 제3자가 불법점유하는 경우 불법점유당한 특정부분 소유자의 부당이득반환청구는 불법점유부분 전부가 아니라 지분의 비율의 범위 내에서만 인정된다. 나머지는 다른 구분소유적 공유자를 대위하여 청구할 수도 없다고 본다(대판 1993.11.23, 93다22326). ㉡ 구분소유적 공유관계로 소유하고 있는 토지 중 일부 구분소유자의 특정부분을 제3자가 점유하여 점유취득시효가 완성된 경우 그 특정부분의 소유자만이 아니라 구분소유적 공유자 각자가 지분의 비율에 따라 이전등기의무를 부담한다(대판 1997.6.13, 97다1730).

[정답] ②

문11 공유에 관한 다음 설명 중 옳은 것은? (다툼이 있는 경우 판례에 의함) [기출변형]

① 어떤 토지를 공유자 甲, 乙이 각 1/2 지분씩 공유하고 있는 경우, 乙이 甲과의 협의 없이 배타적으로 위 토지 위에 건물을 신축하여 사용하고 있다면 甲은 乙을 상대로 토지의 반환은 청구할 수 없으나 건물의 철거는 청구할 수 있다.

② A가 사망한 후 甲이 2/3, 乙이 1/3지분으로 A를 공동상속하였는데, 甲이 乙과의 협의 없이 A로부터 상속받은 X토지를 丙에게 임대하고 丙으로부터 차임을 지급받았다. 이 경우 乙은 甲이나 丙을 상대로 X토지의 인도를 구할 수 없으나, 甲과 丙에게 X토지의 차임 상당액 중 자신의 지분에 상응하는 1/3 상당액을 부당이득으로 반환 청구할 수 있다.

③ 토지의 공유자인 A·B·C 간에 C가 그 토지 위에 건물을 건축하고 그 소유 및 사용을 위해 그 건물의 부지 부분을 점유·사용키로 하는 내용의 특약을 맺었는데, 그 후 경매를 통해 C의 토지에 대한 지분과 건물소유권을 甲이 취득하였고, A는 B의 지분을 취득하여 과반수지분권자가 된 경우라면, 甲을 상대로 건물의 철거를 구할 수 있다.

④ 甲이 乙, 丙과 함께 토지를 각 1/3 지분으로 공유하고 있는 경우 공유물에 관한 보존행위를 이유로 乙 명의의 1/3 지분에 관하여 원인 없이 丁 앞으로 마쳐진 소유권이전등기의 말소를 구할 수 있다.

해설 ① [○] 소수지분권자의 배타적 점유의 경우 다른 소수지분권자는 자신의 지분침해를 이유로 손해배상청구 또는 부당이득반환청구를 할 수 있다(대판 2001.12.11. 2000다13948). 다만 '다른 소수지분권자에게 공유물인도청구'를 인정할 것인지 문제되는바, 기존 判例는 '공유물의 보존행위'로서 공유물의 인도나 명도를 청구할 수 있다"고 한다(대판 1994.3.22. 전합93다9392,9408). 그러나 바뀐 전원합의체 판결에 따르면 "제265조 단서가 공유자 각자가 다른 공유자와 협의 없이 보존행위를 할 수 있게 한 것은 그것이 다른 공유자에게도 이익이 되기 때문인바, 소수지분권자가 다른 소수지분권에게 공유물 인도를 청구하는 것은 다른 소수지분권자가 가지고 있는 '지분의 비율에 따른 사용·수익권'까지 근거 없이 박탈하는 것으로 다른 공유자에게도 이익이 되는 보존행위라고 볼 수 없다"는 것을 이유로 부정하였다. 다만 자신의 지분권에 기초한 공유토지 위의 지상물 철거청구나 공동점유에 대한 방해금지 등의 '방해배제청구'(제214조)는 가능하다고 보았다(대판 2020.5.21. 전합2018다287522)

② [×] ※ 과반수지분권자의 배타적 사용, 수익
공유자 사이에 공유물의 관리방법에 관한 협의가 없더라도, 과반수 공유지분을 가진 자는 그 관리에 관한 사항을 단독으로 결정할 수 있으므로, 그 공유토지의 특정부분을 배타적으로 사용·수익할 것을 정하는 것은 공유물의 관리방법으로 적법하며, 다른 공유자에 대하여도 그 효력이 있다(대판 1991.9.24. 88다카33855).
과반수지분권자의 배타적 사용, 수익의 방법이 관리행위의 한계를 벗어나지 않는다면, 이는 관리행위(제265조 본문)로서 적법하다(대판 2001.11.27. 2000다33638,33645). 이 경우 과반수지분권자는 사용, 수익을 전혀 하지 못하고 있는 소수지분권자에 대하여 그 지분에 상응하는 임료 상당의 부당이득을 반환할 의무가 있다(대판 2002.5.14. 2002다9738).
☞ 사안에서 과반수지분권자인 甲이 공유토지를 임대하는 행위는 제265조 본문의 '관리행위'에 해당하여 적법하다. 따라서 임차인의 점유는 적법한 점유이므로 乙은 임차인 丙에게 목적물의 반환을 청구할 수 없고, 부당이득반환도 청구할 수 없다. 그러나 甲의 임대차가 적법하더라도 乙은 甲에게 임대차로 얻은 이익 중 자신의 지분에 해당하는 범위 내에서 부당이득반환청구를 할 수는 있다. 결국 설문내용에서 '甲과 丙에게'가 아니라 '甲에게'라고 해야 맞는 지문이다.

③ [×] ※ 공유자간의 공유물의 관리에 관한 특약이 공유자의 특정승계인에게 미치는지 여부와 특약의 변경요건
判例는 "공유자간의 공유물에 대한 사용·수익·관리에 관한 특약은 공유자의 특정승계인에 대하여도 당연히 승계된다고 할 것이나, 민법 제265조는 '공유물의 관리에 관한 사항은 공유자의 지분의 과반수로써 결정한다'라고 규정하고 있으므로, 위와 같은 특약 후에 공유자에 변경이 있고 특약을

변경할 만한 사정이 있는 경우에는 공유자의 지분의 과반수의 결정으로 기존 특약을 변경할 수 있다"(대판 2005.5.12, 2005다1827)고 판시하면서, 사안에서 A는 특약의 당사자로서 그 내용을 잘 알고 있음에도 B의 지분을 증여받아 과반수지분권자가 된 것을 이유로 공유물의 분할을 청구하는 甲을 상대로 건물의 철거를 구하는 것은, 특약을 변경할 만한 사유가 되지 못하는 것으로 보아 A는 甲을 상대로 건물의 철거를 구할 수 없다고 하였다. 이후의 判例는, 공유자간의 공유물에 대한 사용·수익·관리에 관한 특약은 공유자의 특정승계인에 대하여도 당연히 승계되지만, 공유자 중 1인이 자신의 지분 중 일부를 다른 공유자에게 양도하기로 하는 공유자간의 지분의 처분에 관한 약정까지 공유자의 특정승계인에게 당연히 승계되는 것으로 볼 수는 없다고 한다(대판 2007.11.29, 2007다64167).

비교판례 ※ 공유자 사이의 공유물에 관한 특약의 승계

공유자 간의 특약 중 공유자의 특정승계인에 대하여 승계되는 것은 '관리'에 관한 특약에 한정된다. '공유지분권의 본질적 부분에 관한 것'은 특별한 사정이 없는 한 특정승계인에게 당연히 승계되지 않는다. 아울러 '지분처분의 약정'이 지분승계인에게 승계되는 것도 아니다.

"공유물의 관리에 관한 사항은 공유자의 지분의 과반수로써 결정하고, 공유자간의 공유물에 대한 사용수익·관리에 관한 특약은 공유자의 특정승계인에 대하여도 당연히 승계된다고 할 것이나, 공유물에 관한 특약이 지분권자로서의 사용수익권을 사실상 포기하는 등으로 공유지분권의 본질적 부분을 침해한다고 볼 수 있는 경우에는 특정승계인이 그러한 사실을 알고도 공유지분권을 취득하였다는 등의 특별한 사정이 없는 한 특정승계인에게 당연히 승계되는 것으로 볼 수는 없다"(대판 2009.12.10, 2009다54294)

"공유자 중 1인이 자신의 지분 중 일부를 다른 공유자에게 양도하기로 하는 공유자간의 '지분의 처분에 관한 약정'까지 공유자의 특정승계인에게 당연히 승계되는 것으로 볼 수는 없다"(대판 2007.11.29, 2007다64167).

④ [✕] "원고가 피고에 대하여 피고 명의로 마쳐진 소유권보존등기의 말소를 구하려면 먼저 원고에게 그 말소를 청구할 수 있는 권원이 있음을 적극적으로 주장·증명하여야 하며, 만일 원고에게 이러한 권원이 있음이 인정되지 않는다면 설사 피고 명의의 소유권보존등기가 말소되어야 할 무효의 등기라고 하더라도 원고의 청구를 인용할 수 없다 할 것인바, 부동산의 공유자의 1인은 당해 부동산에 관하여 제3자 명의로 원인무효의 소유권이전등기가 경료되어 있는 경우 공유물에 관한 보존행위로서 제3자에 대하여 그 등기 전부의 말소를 구할 수 있으나, 공유자가 다른 공유자의 지분권을 대외적으로 주장하는 것을 공유물의 멸실·훼손을 방지하고 공유물의 현상을 유지하는 사실적·법률적 행위인 공유물의 보존행위에 속한다고 할 수 없으므로, 자신의 소유지분을 침해하는 지분 범위를 초과하는 부분에 대하여 공유물에 관한 보존행위로서 무효라고 주장하면서 그 부분 등기의 말소를 구할 수는 없다"(대판 2010.1.14. 2009다67429)

쟁점정리 ※ 지분권의 대외적 주장

제3자 앞으로 원인 무효의 등기가 마쳐져 있는 경우, 지분권자는 공유물에 관한 보존행위로서 '자기의 지분에 관하여서는 물론 그 등기 전부'의 말소를 청구할 수 있다(대판 1993.5.11. 92다52870). 이 경우 공유자 중 한 사람이 '공유물에 관하여 마쳐진 원인무효의 등기'에 각 공유자에게 해당 지분별로 진정명의회복을 원인으로 한 소유권이전등기를 이행할 것을 단독으로 청구하는 것도 가능하다(대판 2005.9.29, 2003다40651). 그러나 判例는 부동산 공유자의 1인이 자신의 공유지분이 아닌 '다른 공유자'의 공유지분을 침해하는 원인 무효의 등기가 이루어졌다는 이유로 공유물에 관한 보존행위로서 그 부분 등기의 말소를 구할 수는 없다고 한다(대판 2009.2.26. 2006다71802 ; 대판 2010.1.14. 2009다67429).

[정답] ①

문12 공유에 관한 다음 설명 중 옳은 것은? (다툼이 있는 경우 판례에 의함)

[기출변형]

① 공유물분할청구의 소에서 법원은 당사자의 주장에 구애받지 않고 재량에 따라 합리적 방법으로 분할을 명할 수 있으므로, ㉠ 분할청구자들과 상대방 사이의 공유관계만 해소한 채 분할청구자들을 여전히 공유로 남기는 방식으로 현물분할을 인정할 수 있고, ㉡ 분할청구자가 상대방들을 공유로 남기는 방식의 현물분할을 청구하고 있다면, 상대방들이 그들 사이만의 공유관계의 유지를 원하고 있지 아니한데도 상대방들을 여전히 공유로 남기는 방식으로 현물분할을 할 수도 있으며, ㉢ 분할청구자 지분의 일부에 대하여만 공유물 분할을 명하고 일부 지분에 대하여는 이를 분할하지 아니하거나, 공유물의 지분비율만을 조정하는 등의 방법으로 공유관계를 유지하도록 하는 것도 허용될 수 있다.

② A와 B가 2 : 3의 비율로 토지를 공유하고 있는데 A의 지분에 관하여 C 앞으로 근저당권이 설정되었고, 그 후 토지가 현물분할된 경우, 근저당권은 A가 취득한 부분에 대해서만 존속하지 않고, A와 B가 각 취득한 부분의 각 2/5 지분에 관하여 존속한다. 그리하여 만약 B의 단독소유가 된 토지부분에 대한 경매신청이 있었고, 그 매각대금으로부터 배당을 받는 경우, C는 저당권자로서 매각대금 중 지분에 해당하는 경매대가에 대하여 우선변제를 받을 권리가 있고, 그 경우 공동저당 중 이른바 이시배당에 관하여 규정하고 있는 민법 제368조 2항의 법리에 따라 저당권의 피담보채권액 전부를 변제받을 수 있다. 이 경우 B는 물상보증인의 지위를 가지는 것으로 보아야 한다.

③ 민법 제267조의 '공유자가 그 지분을 포기한 경우 그 지분은 다른 공유자에게 각 지분의 비율로 귀속한다'는 부분을 해석함에 있어 공유지분의 포기는 제187조에 따라 등기 없이도 포기로서의 효력이 발생한다.

④ 甲과 乙은 1/2씩 대금을 출연하여 丙으로부터 A 토지를 매수하고, 각자의 지분을 1/2씩으로 하여 A 토지에 대한 공유의 소유권이전등기를 마쳤다. ㉠ 이 때 甲이 乙의 동의 없이 A 토지를 丁에게 매도하고, 乙의 등기필증 등을 소지하고 있음을 이용하여 A 토지 전부의 소유권이전등기를 해준 경우, 乙은 甲의 공유지분에 대하여도 丁에게 소유권이전등기의 말소를 구할 수 있고 ㉡ 만약 甲이 乙의 동의 없이 A 토지를 丁에게 임대하여 임대차보증금을 수령한 경우, 乙은 甲에게 임대차보증금 자체의 1/2을 부당이득으로서 반환청구할 수 있다.

해설 ① [×] **제269조(분할의 방법)** ①항 분할의 방법에 관하여 협의가 성립되지 아니한 때에는 공유자는 법원에 그 분할을 청구할 수 있다. ②항 현물로 분할할 수 없거나 분할로 인하여 현저히 그 가액이 감손될 염려가 있는 때에는 법원은 물건의 경매를 명할 수 있다.

재판에 의한 분할과 관련하여 현물분할의 방식에 대해 判例는 "공유물분할청구의 소는 형성의 소로서 법원은 공유물분할을 청구하는 원고가 구하는 방법에 구애받지 않고 재량에 따라 합리적 방법으로 분할을 명할 수 있으므로, 여러 사람이 공유하는 물건을 현물분할하는 경우에는 분할청구자의 지분 한도 안에서 현물분할을 하고 분할을 원하지 않는 나머지 공유자는 공유로 남게 하는 방법도 허용되나, 그렇다고 하더라도 공유물분할을 청구한 공유자의 지분 한도 안에서는 공유물을 현물 또는 경매·분할함으로써 공유관계를 해소하고 단독소유권을 인정하여야지, ㉠ 분할청구자들이 그들 사이의 공유관계의 유지를 원하고 있지 아니한데도 분할청구자들과 상대방 사이의 공유관계만 해소한 채 분할청구자들을 여전히 공유로 남기는 방식으로 현물분할을 하는 것은 허용될 수 없고(대판 2015.7.23. 2014다88888), ㉡ 분할청구자가 상대방들을 공유로 남기는 방식의 현물분할을 청구하고 있다고 하여, 상대방들이 그들 사이만의 공유관계의 유지를 원하고 있지 아니한데도 상대방들을 여전히 공유로 남기는 방식으로 현물분할을 하여서도 아니되며(대판 2015.3.26. 2014다233428), ㉢ 분할청구자 지분의 일부에 대하여만 공유물 분할을 명하고 일부 지분에 대하여는 이를 분할하지 아니하거나, 공유물의 지분비율만을 조정하는 등의 방법으로 공유관계를 유지하도록 하는 것도 허용될 수 없다"(대판 2011.3.10, 2010다92506)고 한다.

② [○] ※ 공유물 분할의 효과 - 지분상의 담보물권 -
判例는 "부동산의 일부 공유지분에 관하여 저당권이 설정된 후 부동산이 분할된 경우, 그 저당권은 분할된 각 부동산 위에 종전의 지분비율대로 존속하고, 분할된 각 부동산은 저당권의 공동담보(공동저당)가 된다"(대판 2012.3.29 2011다74932)고 한다.
☞ 따라서 A가 취득한 부분에 대해서만 존속하지 않고, A와 B가 각 취득한 부분의 각 2/5 지분에 관하여 존속한다. 그리하여 만약 B의 단독소유가 된 토지부분에 대한 경매신청이 있었고, 그 매각대금으로부터 배당을 받는 경우, C는 저당권자로서 매각대금 중 지분에 해당하는 경매대가에 대하여 우선변제를 받을 권리가 있고, 그 경우 공동저당 중 이른바 이시배당에 관하여 규정하고 있는 민법 제368조 2항의 법리에 따라 저당권의 피담보채권액 전부를 변제받을 수 있다(대판 2012.3.29 2011다74932). 이 경우 B는 물상보증인의 지위를 가지는 것으로 보아야 한다.

③ [×] "제267조는 '공유자가 그 지분을 포기하거나 상속인 없이 사망한 때에는 그 지분은 다른 공유자에게 각 지분의 비율로 귀속한다.'고 규정하고 있다. 여기서 공유지분의 포기는 법률행위로서 상대방 있는 단독행위에 해당하므로, 부동산 공유자의 공유지분 포기의 의사표시가 다른 공유자에게 도달하더라도 이로써 곧바로 공유지분 포기에 따른 물권변동의 효력이 발생하는 것은 아니고, 다른 공유자는 자신에게 귀속될 공유지분에 관하여 소유권이전등기청구권을 취득하며, 이후 민법 제186조에 의하여 등기를 하여야 공유지분 포기에 따른 물권변동의 효력이 발생한다(대판 1965.6.15. 65다301등 참조). 그리고 부동산 공유자의 공유지분 포기에 따른 등기는 해당 지분에 관하여 다른 공유자 앞으로 소유권이전등기를 하는 형태가 되어야 한다"(대판 2016.10.27. 2015다52978)

관련판례 "합유지분 포기가 적법하다면 그 포기된 합유지분은 나머지 잔존 합유지분권자들에게 균분으로 귀속하게 되지만 그와 같은 물권변동은 합유지분권의 포기라고 하는 법률행위에 의한 것이므로 등기하여야 효력이 있고 지분을 포기한 합유지분권자로부터 잔존 합유지분권자들에게 합유지분권 이전등기가 이루어지지 아니하는 한 지분을 포기한 지분권자는 제3자에 대하여 여전히 합유지분권자로서의 지위를 가지고 있다고 보아야 한다"(대판 1997.9.9. 96다16896)

④ [×] ㉠ "공유자 중 1인이 다른 공유자의 동의 없이 그 공유토지를 매도하여 타인 명의로 소유권이전등기가 마쳐졌다면, 그 매도토지에 관한 소유권이전등기는 처분공유자의 공유지분범위 내에서는 실체관계에 부합하는 유효한 등기라고 보아야 한다"(대판 2008.4.24, 2008다5073). ㉡ "부동산의 공유자 중 1인이 타 공유자의 동의 없이 그 부동산을 타에 임대하여 임대차보증금을

수령하였다면, 이로 인한 수익 중 자신의 지분을 초과하는 부분에 대하여는 법률상 원인 없이 취득한 부당이득이 되어 이를 반환할 의무가 있고, 또한 위 무단임대행위는 다른 공유지분권자의 사용·수익을 침해한 불법행위가 성립되어 그 손해를 배상할 의무가 있다. 이 경우 반환 또는 배상해야 할 범위는 위 부동산의 임대차로 인한 차임 상당액이라 할 것으로서 타 공유자는 그 임대보증금 자체에 대한 지분비율 상당액의 반환 또는 배상을 구할 수는 없다"(대판 1995.7.14, 94다15318).

[정답] ②

문13 합유에 관한 다음 설명 중 옳은 것은? (다툼이 있는 경우 판례에 의함)   [기출변형]

① 조합원들이 공동사업을 위하여 매수한 부동산에 관하여 합유등기를 하지 않고 조합원 중 1인 명의로 소유권이전등기를 한 경우 조합체가 조합원에게 명의신탁한 것으로 보아야 하고, 이 경우 조합재산은 소유권이전등기청구권 또는 부당이득반환채권이고, 신탁부동산 자체는 조합재산이 될 수 없다.

② 매수인들이 상호 출자하여 공동사업을 경영할 것을 목적으로 하는 조합이 조합재산으로서 부동산의 소유권을 취득하였다면 당연히 그 조합체의 합유물이 되고, 다만 그 조합체가 합유등기를 하지 않고 그 대신 조합원 1인의 명의로 소유권이전등기를 하였다 하더라도 이는 조합원들 상호간의 합의에 따른 것으로 유효하고, 「부동산 실권리자명의 등기에 관한 법률」에 위반되는 명의신탁등기로 볼 수는 없다.

③ 甲, 乙, 丙 3인이 전원주택 택지분양사업을 동업하기로 하고 A로부터 조합체로서 토지를 매수하였는데, 그 소유권이전등기를 경료하기 전에 甲이 사망하였고, 丁이 甲의 유일한 상속인이다. 이 경우 乙과 丙은 원칙적으로 丁과 공동으로 A를 상대로 소유권이전등기절차의 이행을 구하여야 한다.

④ 조합재산의 처분·변경행위에 대하여 민법 제272조가 민법 제706조 2항에 우선하여 적용된다.

[해설] ① [○] "부동산 실권리자명의 등기에 관한 법률 제4조에 따르면 부동산에 관한 명의신탁약정과 그에 따른 부동산 물권변동은 무효이고, 다만 부동산에 관한 물권을 취득하기 위한 계약에서 명의수탁자가 어느 한쪽 당사자가 되고 상대방 당사자는 명의신탁약정이 있다는 사실을 알지 못한 경우 명의수탁자는 부동산의 완전한 소유권을 취득하되 명의신탁자에 대하여 부당이득반환의무를 부담하게 될 뿐이다. 조합원들이 공동사업을 위하여 매수한 부동산에 관하여 합유등기를 하지 않고 조합원 중 1인 명의로 소유권이전등기를 한 경우 조합체가 조합원에게 명의신탁한 것으로 보아야 한다. 조합체가 조합원에게 명의신탁한 부동산의 소유권은 물권변동이 무효인 경우 매도인에게, 유효인 경우 명의수탁자에게 귀속된다. 이 경우 조합재산은 소유권이전등기청구권 또는 부당이득반환채권이고, 신탁부동산 자체는 조합재산이 될 수 없다"(대판 2019.6.13. 2017다246180)

② [X] 조합이 부동산을 매수한 경우에도 합유등기를 하여야 소유권을 취득하며, 만약 그 경우에 합유등기를 하지 않고 조합원들 명의로 각 지분에 관하여 공유등기를 한 때에는 그 조합이 조합원들에게 각 지분에 관하여 명의신탁을 한 것으로 보게 된다(대판 2002.6.14. 2000다30622). 따라서 그 공유등기는 부동산실명법 제4조 2항에 의하여 무효로 된다.

③ [X] 조합에 있어서 조합원의 1인이 사망한 때에는 민법 제717조에 의하여 그 조합관계로부터 당연히 탈퇴하고 특히 조합계약에서 사망한 조합원의 지위를 그 상속인이 승계하기로 약정한 바 없다면 사망한 조합원의 지위는 상속인에게 승계되지 아니한다(대판 1987.6.23. 86다카2951).

☞ 따라서 甲은 사망으로 그 조합관계로부터 당연히 탈퇴하고 상속인 丁도 조합원의 지위를 갖지 않으므로, 乙과 丙이 A에게 소유권이전등기절차의 이행을 구할 수 있다.

④ [X] ※ 조합재산의 처분방법

최근 대법원은 명시적으로 "합유물 가운데서도 조합재산의 경우 그 처분·변경에 관한 행위는 조합의 특별사무에 해당하는 업무집행으로서, 이에 대하여는 특별한 사정이 없는 한 민법 제706조 제2항이 민법 제272조에 우선하여 적용되므로, 조합재산의 처분·변경은 업무집행자가 없는 경우에는 조합원의 과반수로 결정하고, 업무집행자가 수인 있는 경우에는 그 업무집행자의 과반수로써 결정하며, 업무집행자가 1인만 있는 경우에는 그 업무집행자가 단독으로 결정한다"(대판 2010.4.29, 2007다18911)고 판시한 바 있다. 다만 "조합의 업무집행 방법에 관한 업무집행에 관하여 조합원 전원의 동의를 요하도록 하는 등 그 내용을 달리 정할 수 있고, 그와 같은 약정이 있는 경우에는 조합의 업무집행은 조합원 전원의 동의가 있는 때에만 유효하다"고 판시하여 조합계약에 조합의 업무집행방법에 관하여 다른 약정이 있으면 그에 따르도록 하고 있다(대판 2000.10.10, 2000다 28506,28513).

[정답] ①

문14 내부적인 사정으로 A교단에 소속되어 있던 X교회의 일부교인들(이하 '乙'이라 한다)은 특별한 결의 절차 없이 종전 A교단 및 X교회를 탈퇴하고 Y교회라는 새로운 이름으로 B교단에 가입하였다. 그런데 탈퇴한 乙의 인원이 종전 X교회 세례교인의 2/3이상이어서 종전교회 건물을 배타적으로 사용하자, 남은 교인들(이하 '甲'이라 한다)이 乙을 상대로 교회건물의 명도를 청구하였다. 이에 대한 설명 중 옳은 것은? [기출변형]

① 乙의 집단적 탈퇴로 X교회는 2개의 교회로 분열되어, 종전교회 건물은 분열된 각 사단들의 구성원들에게 각각 총유적으로 귀속된다.

② 乙이 집단적으로 탈퇴하였다 하더라도 교회재산의 형성 및 유지에 기여한 바가 있으므로 교회재산에 대한 권리를 여전히 가지며, 따라서 그들이 X교회 건물을 배타적으로 사용하는 것에 대한 甲의 청구는 부당하다.

③ 만약 乙이 의결권을 가진 교인 2/3 이상의 찬성에 의한 총회결의를 거쳐 A교단을 탈퇴하고 B교단에 가입한 경우라면, X교회의 실체는 乙로 옮겨지게 되고 X교회재산도 乙소속 교인들의 총유로 귀속된다.

④ 만약 乙이 의결권을 가진 교인 2/3 이상의 찬성에 의한 총회결의를 거쳐 A교단을 탈퇴하고 B교단에 가입한 경우라면, 교단변경에 반대한 甲은 교인의 지위를 상실하게 된다.

해 설 ① [X] ※ 교회의 분열을 인정할 수 있는지 여부(소극)

교회의 분열이란 종교적 신념 등 원인여하 불문하고 다수의 교인들이 종전의 교회에서 탈퇴하여 '동일성·계속성'을 인정할 수 없는 새로운 교회를 구성하는 것을 말한다(대판 1993.1.19. 전합91다1226 참고).

종전 判例는 교회의 분열을 인정하였으나, 최근 전원합의체 판결은 "우리 민법이 사단법인에 있어서 구성원의 탈퇴나 해산은 인정하지만, 사단법인의 구성원들이 2개의 법인으로 나뉘어 각각 독립한 법인으로 존속하면서 종전 사단법인에게 귀속되었던 재산을 소유하는 방식의 사단법인의 분열은 인정하지 않기 때문에"(대판 2006.4.20. 전합2004다37775) 법인 아닌 사단인 교회의 경우에도 분열을 인정할 수 없다는 입장으로 변경되었다.

② [X] ③ [○] ※ 집단적 탈퇴자 乙의 법적 지위

변경된 判例는 교회의 분열을 인정하지 않는 바탕에서 "일부 교인들이 교회를 탈퇴하여 그 교회 교인으로서의 지위를 상실하게 되면 탈퇴가 개별적인 것이든 집단적인 것이든 이와 더불어 종전 교회의 총유 재산의 관리처분에 관한 의결에 참가할 수 있는 지위나 그 재산에 대한 사용·수익권을 상실하고, 종전 교회는 잔존 교인들을 구성원으로 하여 실체의 동일성을 유지하면서 존속하며 종전 교회의 재산은 그 교회에 소속된 잔존 교인들의 총유로 귀속됨이 원칙이다"(대판 2006.4.20. 전합2004다37775)라고 하여 탈퇴한 교인들의 종전교회 재산의 사용·수익권을 원천적으로 부정하고 있다.

※ X교회가 A교단을 탈퇴하고 Y교회 B교단으로 변경되었는지 여부(소극)

종전 判例는 교인 전원의 의사에 의하여만 가능하다고 하였으나, 변경된 判例는 "소속 교단에서의 탈퇴 내지 소속 교단의 변경은 사단법인 정관변경에 준하여 의결권을 가진 교인 2/3 이상의 찬성에 의한 결의를 필요로 하고(제42조 1항의 유추적용), 그 결의요건을 갖추어 소속 교단을 탈퇴하거나 다른 교단으로 변경한 경우에 종전 교회의 실체는 이와 같이 교단을 탈퇴한 교회로서 존속하고 종전 교회 재산은 위 탈퇴한 교회 소속 교인들의 총유로 귀속된다"(대판 2006.4.20. 전합2004다37775)고 한다.

☞ 변경된 判例의 태도에 따라 비록 탈퇴한 乙이 종전 X교회 결의권자의 2/3에 이른다 하여도 적법한 소집절차에 따른 결의가 없는 이상 종전 X교회의 재산에 대한 권리를 보유할 수 없다고 할 것이다. 따라서 甲의 청구는 정당하다.

④ [X] ※ 교단변경 결의가 적법하게 이루어진 경우 '교단변경에 반대한 교인들'의 지위

종전 교회의 구성원으로서의 지위는 여전히 유지된다(대판 2006.4.20. 전합2004다37775). 자신의 종교적 신념을 유지하기 위해서는 종전 교회를 탈퇴하고 자신이 원하는 교단 소속 교회를 찾아가거나, 종전 교회에 남은 상태로 자신들의 의견에 동의하는 다수의 교인들을 확보하여 2/3 이상의 교단변경 결의 요건을 갖추어 다시 종전 교단으로 복귀하면 된다(대판 2006.4.20. 전합2004다37775).

[정답] ③

문 15 구분소유적 공유에 관한 다음 설명 중 틀린 것으로 묶은 것은?

[기출변형]

ㄱ. 1필지의 토지 중 일부를 특정하여 매수하고 다만 그 소유권이전등기는 그 필지 전체에 관하여 공유지분 이전등기를 한 경우 그 특정부분 이외의 부분에 관한 등기는 상호 명의신탁을 하고 있는 것이나, 제3자의 방해행위가 있는 경우에는 자신이 구분소유하는 특정부분뿐 아니라 전체 토지에 관하여 공유물의 보존행위로서 그 배제를 구할 수 있다.

ㄴ. 구분소유적 공유관계에 있어서, 각 구분소유적 공유자가 자신의 권리를 타인에게 처분하는 경우 중에는 ⅰ) 구분소유의 목적인 특정 부분을 처분하면서 등기부상의 공유지분을 그 특정 부분에 대한 표상으로서 이전하는 경우와 ⅱ) 등기부의 기재대로 1필지 전체에 대한 진정한 공유지분으로서 처분하는 경우가 있을 수 있고, 이 중 전자의 경우에는 그 제3자에 대하여 구분소유적 공유관계가 승계되나, 후자의 경우에는 제3자가 그 부동산 전체에 대한 공유지분을 취득하고 구분소유적 공유관계는 소멸한다.

ㄷ. 甲이 乙로부터 1필지 토지의 일부를 특정하여 매수하면서 편의상 그 토지 전체에 관하여 매수지분면적에 상응하는 비율로 공유지분이전등기를 마쳤으나 후에 乙이 위 공유관계의 해소에 불응하는 경우, 甲은 乙을 상대로 상호명의신탁을 해지하면서 공유물분할청구의 소를 제기하여 구분소유권 공유관계를 해소할 수 있다.

ㄹ. 1동 건물 중 각 일부분의 위치 및 면적이 특정되지 않거나 구조상·이용상 독립성이 인정되지 아니한 경우에도 공유자들 사이에 이를 구분소유하기로 하는 취지의 약정이 있다면 공유지분등기의 상호명의신탁관계 내지 건물에 대한 구분소유적 공유관계가 성립한다고 할 수 있다.

① ㄱ, ㄴ ② ㄷ, ㄹ
③ ㄱ, ㄷ ④ ㄴ, ㄹ

해설 ㄱ. [○] ※ 상호명의신탁과 구분소유적 공유 - 대외적 관계 -

대외적으로는 공유자가 토지 전부를 공유한다. 따라서 ⅰ) 제3자가 불법점유하는 경우 각자는 자기 소유부분 뿐만 아니라 전체 토지에 대하여 보존행위로서 그 배제를 구할 수 있다(아래 93다42986 판결 참고). ⅱ) 특정매수부분을 제3자가 불법점유하는 경우 불법점유당한 특정부분 소유자의 부당이득반환청구는 불법점유부분 전부가 아니라 지분의 비율의 범위 내에서만 인정된다. 나머지는 다른 구분소유적 공유자를 대위하여 청구할 수도 없다고 본다(대판 1993.11.23, 93다22326). ⅲ) 구분소유적 공유관계로 소유하고 있는 토지 중 일부 구분소유자의 특정부분을 제3자가 점유하여 점유취득시효가 완성된 경우 그 특정부분의 소유자만이 아니라 구분소유적 공유자 각자가 지분의 비율에 따라 이전등기의무를 부담한다(대판 1997.6.13, 97다1730).

"상호명의신탁의 경우 그 지분권자는 내부관계에 있어서는 특정부분에 한하여 소유권을 취득하고 이를 배타적으로 사용, 수익할 수 있고, 다른 구분소유자의 방해행위에 대하여는 소유권에 터잡아 그 배제를 구할 수 있으나, 외부관계에 있어서는 1필지 전체에 관하여 공유관계가 성립되고 공유자로서의 권리만을 주장할 수 있는 것이므로, 제3자의 방해행위가 있는 경우에는 자기의 구분소유 부분뿐 아니라 전체토지에 대하여 공유물의 보존행위로서 그 배제를 구할 수 있다"(대판 1994.2.8. 93다42986).

ㄴ. [○] 대판 2008.2.15, 2006다68810,68827판시내용

※ 구분소유적 공유관계에서의 처분

(1) 특정 부분의 처분
구분소유적 공유자 중 1인이 자신의 **특정 부분**을 제3자에게 양도하고 **지분에 관하여 이전등기**를 마쳐준 경우, 그 제3자는 특정 부분의 소유권을 취득하고 구분소유적 공유관계를 그대로 승계한다(대판 1991.5.10, 90다20039). 이 경우 다른 구분소유자의 동의를 얻어야 하는 것은 아니다(대판 2003.10.24, 2003다21087).

(2) 지분의 처분
구분소유적 공유자 중 1인이 자기의 지분을 제3자에게 양도하는 경우에 구분소유적 공유자는 대외적으로 공유자로 취급되기 때문에 제3자는 지분의 소유권을 취득한다. 이 경우에는 제3자는 다른 구분소유적 공유자가 특정부분을 배타적으로 점유하는 것을 배제할 수 있기 때문에 상호명의신탁관계가 소멸되는 문제가 발생할 수 있다.

ㄷ. [×] ※ 구분소유적 공유관계의 해소
내부관계에서는 각자가 특정 부분을 소유하며 상호명의신탁관계에 있기 때문에 **공유물분할**을 청구할 수는 없고, 상대방에 대하여 **명의신탁을 해지**하고 특정매수부분에 대한 소유권확인 또는 지분이전을 청구하면 된다(대판 1985.9.24, 85다카451,452). 이때 각자의 등기의무는 동시이행관계이다(대판 2008.6.26, 2004다32992).

ㄹ. [×] ※ 1동의 건물의 공유자들 사이에 공유지분등기의 상호명의신탁관계 또는 건물에 대한 구분소유적 공유관계가 성립하기 위한 요건
"1동의 건물 중 위치 및 면적이 특정되고 구조상·이용상 독립성이 있는 일부분씩을 2인 이상이 구분소유하기로 하는 약정을 하고 등기만은 편의상 각 구분소유의 면적에 해당하는 비율로 공유지분등기를 하여 놓은 경우, 구분소유자들 사이에 공유지분등기의 상호명의신탁관계 내지 건물에 대한 구분소유적 공유관계가 성립하지만, 1동 건물 중 각 일부분의 위치 및 면적이 특정되지 않거나 구조상·이용상 독립성이 인정되지 아니한 경우에는 공유자들 사이에 이를 구분소유하기로 하는 취지의 약정이 있다 하더라도 일반적인 공유관계가 성립할 뿐, 공유지분등기의 상호명의신탁관계 내지 건물에 대한 구분소유적 공유관계가 성립한다고 할 수 없다"(대판 2014.2.27. 2011다42430).

[정답] ②

문 1 명의신탁에 관한 다음 설명 중 가장 옳지 않은 것은? [19서기(보)]

① 양자간 등기명의신탁에서 부동산 실권리자명의 등기에 관한 법률 제11조의 유예기간 내에 실명등기를 하지 않은 경우, 부동산 소유권은 명의수탁자에게 귀속되므로 명의수탁자는 제3자에 대한 관계에서 소유권을 주장하거나 소유권에 기한 물권적 청구권을 행사할 수 있다.

② 이른바 계약명의신탁에서 매매계약을 체결한 악의의 매도인이 명의수탁자 앞으로 부동산 소유권이전등기를 마친 경우, 명의수탁자가 그 부동산을 제3자에게 처분하는 행위는 매도인의 소유권을 침해하는 불법행위가 된다. 하지만 그 경우에도 매도인이 위 매매계약에 따라 매수인으로부터 매매대금을 모두 수령하였다면 명의수탁자는 원칙적으로 매도인에 대하여 손해배상책임을 부담하지 않는다.

③ 명의신탁약정의 목적물인 부동산을 인도받아 점유하고 있는 명의신탁자의 매도인에 대한 소유권이전등기청구권은 소멸시효가 진행되지 않는다.

④ 계약명의신탁의 당사자들이 명의신탁약정을 하면서 그것이 유효함을 전제로, 즉 명의신탁자가 이른바 내부적 소유권을 가지는 것을 전제로 하여 장차 명의신탁자 앞으로 목적 부동산에 관한 소유권등기를 이전하거나 그 부동산의 처분대가를 명의신탁자에게 지급하는 것을 내용으로 하는 약정을 하였더라도, 그와 같은 약정은 원칙적으로 무효이다.

해설 ① [X] "명의신탁자가 그 소유인 부동산의 등기명의를 명의수탁자에게 이전하는 이른바 양자간 등기명의신탁의 경우에 있어서 명의신탁자와의 명의신탁약정에 의하여 행하여진 명의수탁자 명의의 소유권이전등기는 부동산실명법의 유예기간이 경과한 이후에는 원인무효로서 말소되어야 한다. 그리하여 명의수탁자로서는 명의신탁자는 물론 제3자에 대한 관계에서도 수탁된 부동산에 대한 소유권자임을 주장할 수 없고, 소유권에 기한 물권적 청구권을 행사할 수도 없다고 할 것이다"(대판 2014.2.13. 2012다97864).

② [O] "명의신탁자와 명의수탁자가 이른바 계약명의신탁 약정을 맺고 매매계약을 체결한 소유자도 명의신탁자와 명의수탁자 사이의 명의신탁약정을 알면서 그 매매계약에 따라 명의수탁자 앞으로 당해 부동산의 소유권이전등기를 마친 경우 부동산 실권리자명의 등기에 관한 법률 제4조 제2항 본문에 의하여 명의수탁자 명의의 소유권이전등기는 무효이므로, 당해 부동산의 소유권은 매매계약을 체결한 소유자에게 그대로 남아 있게 되고, 명의수탁자가 자신의 명의로 소유권이전등기를 마친 부동산을 제3자에게 처분하면 이는 매도인의 소유권 침해행위로서 불법행위가 된다. 그러나 명의수탁자로부터 매매대금을 수령한 상태의 소유자로서는 그 부동산에 관한 소유명의를 회복하기 전까지는 신의칙 내지 민법 제536조 제1항 본문의 규정에 의하여 명의수탁자에 대하여 이와 동시이행의 관계에 있는 매매대금 반환채무의 이행을 거절할 수 있는데, 이른바 계약명의

신탁에서 명의수탁자의 제3자에 대한 처분행위가 유효하게 확정되어 소유자에 대한 소유명의 회복이 불가능한 이상, 소유자로서는 그와 동시이행관계에 있는 매매대금 반환채무를 이행할 여지가 없다. 또한 명의신탁자는 소유자와 매매계약관계가 없어 소유자에 대한 소유권이전등기 청구도 허용되지 아니하므로, 결국 소유자인 매도인으로서는 특별한 사정이 없는 한 명의수탁자의 처분행위로 인하여 어떠한 손해도 입은 바가 없다"(대판 2013.9.12. 2010다95185).

③ [○] "부동산의 매수인이 목적물을 인도받아 계속 점유하는 경우에는 매도인에 대한 소유권이 전등기청구권은 소멸시효가 진행되지 않고, 이러한 법리는 3자간 등기명의신탁에 의한 등기가 유효기간의 경과로 무효로 된 경우에도 마찬가지로 적용된다. 따라서 그 경우 목적 부동산을 인도받아 점유하고 있는 명의신탁자의 매도인에 대한 소유권이전등기청구권 역시 소멸시효가 진행되지 않는다"(대판 2013.12.12. 2013다26647).[1]

④ [○] "㉠ [원칙] 계약명의신탁의 당사자들이 명의신탁약정이 유효한 것, 즉 명의신탁자가 이른바 내부적 소유권을 가지는 것을 전제로 하여 장차 명의신탁자 앞으로 목적 부동산에 관한 소유권등기를 이전하거나 부동산의 처분대가를 명의신탁자에게 지급하는 것 등을 내용으로 하는 약정을 하였다면 이는 명의신탁약정을 무효라고 정하는 부동산실명법 제4조 제1항에 좇아 무효이다. ㉡ [예외] 그러나 명의수탁자가 명의수탁자의 완전한 소유권 취득을 전제로 하여 사후적으로 명의신탁자와의 사이에 매수자금반환의무(부당이득반환의무)의 이행에 갈음하여 명의신탁된 부동산 자체를 양도하기로 합의하고 그에 기하여 명의신탁자 앞으로 소유권이전등기를 마쳐준 경우(제466조 참조)에는 그 소유권이전등기는 새로운 소유권 이전의 원인인 대물급부의 약정에 기한 것이므로 약정이 무효인 명의신탁약정을 명의신탁자를 위하여 사후에 보완하는 방책에 불과한 등의 다른 특별한 사정이 없는 한 유효하고, 대물급부의 목적물이 원래의 명의신탁부동산이라는 것만으로 유효성을 부인할 것은 아니다"(대판 2014.8.20. 2014다30483).

[정답] ①

---

1) 3자간 명의신탁약정과 그에 의한 등기가 무효로 되는 결과(부동산실명법 제4조 1항, 2항 본문), 명의신탁된 부동산은 매도인 소유로 복귀하고, 매도인은 원인무효를 이유로 수탁자 명의의 등기의 말소를 구할 수 있다. 한편 부동산실명법은 매도인과 명의신탁자 사이의 매매계약의 효력을 부정하는 규정을 두고 있지 아니하므로 그들 사이의 매매계약은 유효한 것으로 되어(명의수탁자가 당사자로 등장하는 계약명의신탁에서와는 다름에 주의할 것), 명의신탁자는 매도인에 대하여 매매계약에 기한 소유권이전등기를 청구할 수 있고, 그 소유권이전등기청구권을 보전하기 위해 매도인을 대위하여 수탁자 명의의 등기의 말소를 구할 수 있다(대판 2002.3.15, 2001다61654). 이는 동법에서 정한 유예기간이 경과하여 명의신탁약정과 그에 따른 등기가 무효인 경우에도 마찬가지이다(대판 2011.9.18, 2009다49193,49209).

문2 명의신탁에 관한 다음 설명 중 가장 옳지 않은 것은? [18서기보]

① 계약명의자인 명의수탁자가 아니라 명의신탁자에게 계약에 따른 법률효과를 직접 귀속시킬 의도로 계약을 체결한 사정이 인정된다면 명의신탁자가 계약당사자라고 할 것이므로, 이 경우의 명의신탁관계는 3자간 등기명의신탁으로 보아야 한다.

② 3자간 등기명의신탁에서 부동산 실권리자명의 등기에 관한 법률에서 정한 유예기간이 경과한 후 명의수탁자가 신탁부동산을 임의로 처분하여 제3자 명의의 이전등기가 마쳐진 경우, 특별한 사정이 없는 한 명의신탁자는 신탁부동산의 소유권을 이전받을 권리를 상실하는 손해를 입게 되는 반면, 명의수탁자는 신탁부동산의 처분대금 등을 취득하는 이익을 얻게 되므로, 명의수탁자는 명의신탁자에게 그 이익을 부당이득으로 반환하여야 한다.

③ 주식을 양수하였으나 아직 주주명부에 명의개서를 하지 않아 주주명부에는 양도인이 주주로 기재되어 있는 경우는 실제 주식을 양수한 자가 의결권 등 주주권을 적법하게 행사할 수 있으나, 이와 달리 주식을 인수하려는 자가 타인의 명의를 빌려 회사의 주식을 인수하고 타인의 명의로 주주명부에의 기재를 마친 경우에는 회사에 대한 관계에서는 주주명부상 주주만이 주주로서 의결권 등 주주권을 적법하게 행사할 수 있다.

④ 부동산 실권리자명의 등기에 관한 법률 시행 전에 이른바 계약명의신탁에 따라 명의신탁 약정이 있다는 사실을 알지 못하는 소유자로부터 명의수탁자 앞으로 소유권이전등기가 마쳐지고, 같은 법 소정의 유예기간이 경과하여 명의수탁자가 당해 부동산의 완전한 소유권을 취득한 경우, 명의수탁자가 명의신탁자에게 반환하여야 할 부당이득의 대상은 당해 부동산 자체이다.

해설 ① [○] 부동산 명의신탁에 있어서도 계약 당사자의 확정 문제는 결국 법률행위의 해석문제이다. 따라서 법률행위해석(자연적, 규범적 해석)을 통해 '명의수탁자'가 계약의 당사자로 결정되는 경우에는 '계약명의신탁'에 해당할 것이지만, '명의신탁자'가 계약의 당사자로 결정되는 경우에는 '3자간 등기명의신탁'에 해당할 것이다. 따라서 비록 **명의수탁자의 명의로 계약을 체결**하였다고 하여도 명의신탁자를 계약의 당사자로 할 것에 관하여 계약상대방과 사실상 의사의 일치가 있는 경우에는 '명의신탁자'가 계약당사자로 결정될 것이므로 결국 '3자간 등기명의신탁'이 된다(대판 2010.10.23. 2010다52799 ; 자연적 해석).

② [○] 대판 2011.9.18, 2009다49193,49209

비교판례 이에 반해 선의의 매도인과 계약한 '계약명의신탁'의 경우는 수탁자가 신탁자로부터 받은 '부동산 매수자금'이 무효인 명의신탁약정에 기한 것으로서 법률상 원인이 없는 것이므로 명의신탁자에 대해 '매수자금 상당액'의 부당이득반환의무를 부담한다(대판 2005.1.28, 2002다66922 등). 그러나 소유권을 취득하게 된 '수탁자가 그 부동산을 제3자에게 처분하여 받은 대금'은 신탁자에 대해 부당이득이 되는 것은 아니다(대판 2008.9.11, 2007다24817).

③ [X] "⑤ 주식을 양수하였으나 아직 주주명부에 명의개서를 하지 아니하여 주주명부에는 양도인이 주주로 기재되어 있는 경우뿐만 아니라, 주식을 인수하거나 양수하려는 자가 타인의 명의를 빌려 회사의 주식을 인수하거나 양수하고 타인의 명의로 주주명부에의 기재까지 마치는 경우에도, 회사에 대한 관계에서는 주주명부상 주주만이 주주로서 의결권 등 주주권을 적법하게 행사할 수 있다. ⑥ 이는 주주명부에 주주로 기재되어 있는 자는 특별한 사정이 없는 한 회사에 대한 관계에서 주식에 관한 의결권 등 주주권을 적법하게 행사할 수 있고, 회사의 주식을 양수하였더라도 주주명부에 기재를 마치지 아니하면 주식의 양수를 회사에 대항할 수 없다는 법리에 비추어 볼 때 자연스러운 결과이다. ⑥ 또한 언제든 주주명부에 주주로 기재해 줄 것을 청구하여 주주권을 행사할 수 있는 자가 자기의 명의가 아닌 타인의 명의로 주주명부에 기재를 마치는 것은 적어도 주주명부상 주주가 회사에 대한 관계에서 주주권을 행사하더라도 이를 허용하거나 받아들이려는 의사였다고 봄이 합리적이다. ⑧ 그렇기 때문에 주주명부상 주주가 주식을 인수하거나 양수한 사람의 의사에 반하여 주주권을 행사한다 하더라도, 이는 주주명부상 주주에게 주주권을 행사하는 것을 허용함에 따른 결과이므로 주주권의 행사가 신의칙에 반한다고 볼 수 없다"(대판 2017.3.23. 전합 2015다248342)

④ [O] "부동산실명법 시행일(1995.7.1.)로부터 1년의 기간(유예기간)이 경과하기 전까지는 명의신탁자는 언제라도 명의신탁을 해지하여 해당 부동산의 소유권을 취득할 수 있었다는 점에서, 그 유예기간이 경과한 후에는 동법 제12조 1항에 의해 제4조가 적용되어 계약명의신탁법리가 적용된다고 하더라도, 동법 제3조 및 제4조가 명의신탁자에게 소유권이 귀속되는 것을 막는 취지의 규정은 아니므로 이 경우에는 명의수탁자는 명의신탁자에게 자신이 취득한 해당 '부동산 자체'를 부당이득으로 반환할 의무가 있다"(대판 2008.11.27. 2008다62687).

[정답] ③

문3 명의신탁약정과 관련한 다음 설명 중 옳은 것은? (다툼이 있는 경우 판례에 의함) [기출변형]

① 부동산 실권리자명의 등기에 관한 법률 제8조 제2호에 따라 부부간 명의신탁이 일단 유효한 것으로 인정된 후 배우자 일방의 사망으로 부부관계가 해소된 경우, 명의신탁약정이 사망한 배우자의 다른 상속인과의 관계에서도 여전히 유효하게 존속하는 것은 아니다.

② 양자간 등기명의신탁에서 명의수탁자가 신탁부동산을 처분한 후 명의수탁자가 우연히 신탁부동산의 소유권을 다시 취득한 경우 명의신탁자는 수탁자를 상대로 말소등기청구권이나 진정명의회복을 원인으로 한 이전등기청구권을 행사할 수 없다.

③ 매도인이 계약 체결 이후에 계약명의신탁약정 사실을 알게 된 경우라도 위 계약과 등기는 무효이다.

④ 타인을 통하여 부동산을 매수하면서 매수인 명의 및 소유권이전등기 명의를 타인(명의수탁자) 명의로 하기로 한 경우, 계약명의자인 타인(명의수탁자)이 매매당사자이나, 상대방이 명의신탁관계를 알고 있었다면 명의신탁자가 계약의 당사자가 된다.

해설 ① [×] ※ **부부재산의 명의신탁**

"부동산 실권리자명의 등기에 관한 법률(이하 '부동산실명법'이라 한다) 제8조 제2호는 '배우자 명의로 부동산에 관한 물권을 등기한 경우'로서 조세포탈, 강제집행의 면탈 또는 법령상 제한의 회피를 목적으로 하지 아니하는 경우에는 그 명의신탁약정과 그 약정에 기하여 행하여진 물권변동을 무효로 보는 위 법률 제4조 등을 적용하지 아니한다고 규정하고 있다. ⅰ) 명의신탁을 받은 사람이 사망하면 그 명의신탁관계는 재산상속인과의 사이에 그대로 존속한다고 할 것인데, 부동산실명법 제8조 제2호의 문언상 명의신탁약정에 따른 명의신탁등기의 성립 시점에 부부관계가 존재할 것을 요구하고 있을 뿐 부부관계의 존속을 그 효력 요건으로 삼고 있지 아니한 점, ⅱ) 부동산실명법상 제8조 제2호에 따라 일단 유효한 것으로 인정된 부부간 명의신탁에 대하여 그 후 배우자 일방의 사망 등으로 부부관계가 해소되었음을 이유로 이를 다시 무효화하는 별도의 규정이 존재하지 아니하는 점 등에 비추어 보면, 부동산실명법 제8조 제2호에 따라 부부간 명의신탁이 일단 유효한 것으로 인정되었다면 그 후 배우자 일방의 사망으로 부부관계가 해소되었다 하더라도 그 명의신탁약정은 사망한 배우자의 다른 상속인과의 관계에서도 여전히 유효하게 존속한다고 보아야 한다"(대판 2013.1.24. 2011다99498).

② [○] "양자간 등기명의신탁에서 명의수탁자가 신탁부동산을 처분하여 제3취득자가 유효하게 소유권을 취득하고(부동산실명법 제4조 3항) 이로써 명의신탁자가 신탁부동산에 대한 소유권을 상실하였다면, 명의신탁자의 소유권에 기한 물권적 청구권, 즉 말소등기청구권이나 진정명의회복을 원인으로 한 이전등기청구권도 더 이상 그 존재 자체가 인정되지 않는다. 그 후 명의수탁자가 우연히 신탁부동산의 소유권을 다시 취득하였다고 하더라도 명의신탁자가 신탁부동산의 소유권을 상실한 사실에는 변함이 없으므로, 여전히 물권적 청구권은 그 존재 자체가 인정되지 않는다"(대판 2013.2.28. 2010다89814).

③ [×] "부동산 실권리자명의 등기에 관한 법률 제4조 제2항 단서는 부동산 거래의 상대방을 보호하기 위한 것으로 상대방이 명의신탁약정이 있다는 사실을 알지 못한 채 물권을 취득하기 위한 계약을 체결한 경우 그 계약과 그에 따른 등기를 유효라고 한 것이다. 명의신탁자와 명의수탁자가 계약명의신탁약정을 맺고 명의수탁자가 당사자가 되어 매도인과 부동산에 관한 매매계약을 체결하는 경우 그 계약과 등기의 효력은 매매계약을 체결할 당시 매도인의 인식을 기준으로 판단해야 하고, 매도인이 계약 체결 이후에 명의신탁약정 사실을 알게 되었다고 하더라도 위 계약과 등기의 효력에는 영향이 없다. 매도인이 계약 체결 이후 명의신탁약정 사실을 알게 되었다는 우연한 사정으로 인해서 위와 같이 유효하게 성립한 매매계약이 소급적으로 무효로 된다고 볼 근거가 없다. 만일 매도인이 계약 체결 이후 명의신탁약정 사실을 알게 되었다는 사정을 들어 매매계약의 효력을 다툴 수 있도록 한다면 매도인의 선택에 따라서 매매계약의 효력이 좌우되는 부당한 결과를 가져올 것이다"(대판 2018.4.10. 2017다257715)

④ [×] ※ **매매계약의 당사자 확정**

"어떤 사람이 타인을 통하여 부동산을 매수하면서 매수인 명의 및 소유권이전등기 명의를 타인 명의로 하기로 한 경우에, 매수인 및 등기 명의의 신탁관계는 그들 사이의 내부적인 관계에 불과하므로, 상대방이 명의신탁자를 매매당사자로 이해하였다는 등의 특별한 사정이 없는 한 대외적으로는 계약명의자인 타인을 매매당사자로 보아야 하며, 설령 상대방이 명의신탁관계를 알고 있었더라도 상대방이 계약명의자인 타인이 아니라 명의신탁자에게 계약에 따른 법률효과를 직접 귀속시킬 의도로 계약을 체결하였다는 등의 특별한 사정이 인정되지 아니하는 한 마찬가지이다"(대판 2016.7.22. 2016다207928)

[정답] ②

문4 명의신탁약정이 유효한 경우(부동산실명법의 적용이 없는 경우)와 관련한 다음 설명 중 틀린 것은?

[기출변형]

① 명의신탁된 토지상에 수탁자가 건물을 신축한 후 명의신탁이 해지되어 토지소유권이 신탁자에게 환원된 경우, 수탁자는 관습법상의 법정지상권을 취득하지 못한다.

② 부동산의 명의신탁에 있어서 수탁자명의로 등기된 기간이 10년이 경과하였다고 하더라도 명의수탁자의 등기를 신탁자의 등기로 볼 수 없을 뿐만 아니라 명의수탁자의 등기를 통하여 그 등기명의를 보유하고 있다고 할 수도 없으므로 신탁자에게 위 부동산에 대한 시효취득은 인정될 수 없다.

③ 타인에게 적법하게 명의신탁한 토지에 대하여 제3자의 침해행위가 있는 경우에 명의신탁자는 명의수탁자를 대위하여 방해배제청구를 할 수 있을 뿐만 아니라 직접 제3자에게 방해배제를 청구할 수도 있다.

④ 「부동산 실권리자명의 등기에 관한 법률」의 위반으로 무효인 명의신탁등기는 조세포탈, 강제집행의 면탈 또는 법령상의 제한의 회피를 목적으로 하지 않은 경우, 그 후 명의신탁자가 수탁자와 혼인하면 그때부터 유효가 된다.

[해설] ① [○] ※ 명의신탁약정이 유효한 경우 - 대내적 법률관계(관습법상 법정지상권) -
"명의수탁자가 명의신탁관계 존속 중 신탁토지 위에 건물을 신축하였다가 명의신탁이 해지되어 등기명의가 환원된 경우, 신탁자와의 대내적 관계에서 자신의 소유권을 주장할 수 없기 때문에 관습법상 법정지상권을 취득할 수 없다"(대판 1986.5.27, 86다카62).

② [○] ※ 명의신탁약정이 유효한 경우 - 대내적 법률관계(취득시효) -
명의수탁자의 점유는 타주점유이므로 수탁자 또는 그 상속인은 등기부시효취득할 수 없고(대판 1992.4.14, 91다46533), 그렇다고 수탁자 명의의 등기를 신탁자의 등기로 볼 수도 없으므로 신탁자에게 등기부취득시효가 인정되는 것도 아니다(대판 1987.11.10, 85다카1644). 다만 신탁자의 점유취득시효는 가능하다(간접점유).

③ [×] ※ 명의신탁약정이 유효한 경우 - 대외적 법률관계(제3자의 불법점유나 침해) -
"불법점유자에 대해서는 수탁자인 등기명의인만이 자신의 권리로서 물권적 청구권이나 손해배상 청구권을 행사할 수 있고, 신탁자는 수탁자를 대위해서만 이를 행사할 수 있다"(대판 1979.9.25, 77다1079).

④ [○] "부동산 실권리자 명의등기에 관한 법률 제8조 제2호에서는 배우자 명의로 부동산에 관한 물권을 등기한 경우로서 조세포탈, 강제집행의 면탈 또는 법령상 제한의 회피를 목적으로 하지 아니하는 경우에는 그 명의신탁약정과 그 약정에 기하여 행하여진 물권변동을 무효로 보는 위 법률 제4조 등을 적용하지 않는다고 규정하고 있는바, 어떠한 명의신탁등기가 위 법률에 따라 무효가 되었다고 할지라도 그 후 신탁자와 수탁자가 혼인하여 그 등기의 명의자가 배우자로 된 경우에는 조세포탈, 강제집행의 면탈 또는 법령상 제한의 회피를 목적으로 하지 아니하는 한 이 경우에도 위 법률 제8조 제2호의 특례를 적용하여 그 명의신탁등기는 당사자가 혼인한 때로부터 유효하게 된다고 보아야 한다"(대판 2002.10.25. 2002다23840)

[정답] ③

문5 甲과 乙은 2013. 10. 17 甲의 자금으로 丙 소유의 토지를 매수하여 乙 명의로 등기하기로 하는 명의신탁약정을 하고, 乙이 丙과 매매계약을 체결한 후에 丙에게 매매대금을 지급하고 乙 명의로 소유권이전등기를 경료하였다. 다음 설명 중 옳은 것은? [기출변형]

① 丙이 甲과 乙 사이의 명의신탁약정이 있다는 사실을 알지 못하였다면, 위 명의신탁약정은 유효하다.

② 甲이 乙의 남편으로서 자신에 대한 채권자의 강제집행을 면하기 위하여 명의신탁약정을 한 경우에는 그 명의신탁약정 뿐만 아니라 乙 명의의 소유권이전등기도 유효하다.

③ 丙이 甲과 乙 사이의 명의신탁약정이 있다는 사실을 알지 못한 경우, 甲은 乙을 상대로 乙에게 지급한 매수자금 상당의 부당이득반환을 청구할 수 있다.

④ ③의 경우, 甲이 위 토지를 점유하고 있다면 乙에 대한 부당이득반환청구권에 근거하여 유치권을 행사할 수 있다.

해설 ① [X] 사안은 신탁자 甲의 위임에 따라 수탁자 乙이 자기 이름으로 매도인 丙으로부터 부동산을 매수하여 그 등기도 수탁자(매수인) 乙 앞으로 마친 계약명의신탁에 해당한다. 이러한 계약명의신탁은 매도인의 선의·악의에 따라 그 효력을 달리한다.

☞ 사안에서 매도인 丙이 선의인 경우 매도인 丙과 명의수탁자 乙 사이의 매매계약은 완전히 유효하고, 이를 원인으로 명의수탁자 乙 앞으로 소유권이전등기가 되면 명의수탁자 乙은 완전한 소유권을 취득한다(부동산실명법 제4조 2항 단서). 그러나 매도인의 선의 여부와 상관없이 신탁자 甲과 수탁자 乙 사이의 계약명의신탁약정은 특별한 사정이 없는 한 무효이다(부동산실명법 제4조 1항).

② [X] 부부사이의 명의신탁은 '탈법의 목적이 없는 한' 부동산실권리자 명의등기에 관한 법률의 적용을 받지 않는 것이 원칙이다(동법 제8조 2호).

☞ 사안의 경우 甲이 乙의 남편으로서 자신에 대한 채권자의 강제집행을 면하기 위하여 명의신탁약정을 한 경우이므로 이 명의신탁약정은 탈법의 목적이 있어 부동산실명법 제4조 1항에 따라 무효이고, 수탁자 乙 명의의 소유권이전등기도 부동산실명법 제4조 2항 본문에 따라 무효이다.

③ [O] "계약명의신탁약정이 부동산실명법 시행 후인 경우에는 명의신탁자는 애초부터 당해 부동산의 소유권을 취득할 수 없었으므로 위 명의신탁약정의 무효로 인하여 명의신탁자가 입은 손해는 당해 부동산 자체가 아니라 명의수탁자에게 제공한 매수자금이라 할 것이고, 따라서 명의수탁자는 당해 부동산 자체가 아니라 명의신탁자로부터 제공받은 매수자금을 부당이득하였다고 할 것이다"(대판 2005.1.28, 2002다66922).

④ [X] 소유권을 취득한 제3자가 명의신탁자에게 목적부동산의 인도를 청구하는 경우 명의신탁자가 명의수탁자에 대한 '부당이득반환채권'에 기하여 유치권을 행사할 수 있는지 여부와 관련하여 앞서 검토한 바와 같이 명의신탁자는 명의수탁자에게 제공한 매매대금을 부당이득으로 반환청구할 수 있는바(대판 2005.1.28, 2002다66922), 判例는 "명의신탁자의 이와 같은 부당이득반환청구권은 i) 부동산 자체로부터 발생한 채권이 아닐 뿐만 아니라 ii) 소유권 등에 기한 부동산의 반환청구권과 동일한 법률관계나 사실관계로부터 발생한 채권이라고 보기도 어려

우므로, 결국 민법 제320조 제1항에서 정한 유치권 성립요건으로서의 목적물과 채권 사이의 견련관계를 인정할 수 없다"(대판 2009.3.26, 2008다34828)고 한다. 따라서 유치권이 인정되지 않는다.

[정답] ③

문6 甲은 乙이 소유하는 X 토지에 대해서 2010. 7. 1. 매매계약을 체결하였다. 甲과 丙은 명의신탁 약정을 맺어 甲을 대신하여 X 토지 소유권 등기를 丙 명의로 하기로 하였고, 이에 따라 甲이 乙에게 매매대금을 모두 지급한 후에 乙은 丙 명의로 소유권이전등기를 마쳐주었다. 다음 설명 중 옳은 것만을 모두 고른 것은? [기출변형]

ㄱ. 甲과 丙의 명의신탁약정은 무효이지만, 甲과 乙이 체결한 매매계약이 무효로 되지는 않는다.

ㄴ. 丙이 丁에게 X 토지를 처분하였지만 丁이 甲과 丙의 명의신탁약정을 알면서 매매계약을 체결하였다면 丁은 X 토지의 소유권을 취득하지 못한다.

ㄷ. 丙이 丁에게 X 토지를 매도하고 소유권이전등기를 마쳐준 경우에 丙이 무자력이라면 丙의 채권자는 丁을 상대로 X 토지의 매매계약을 사해행위로 취소하고 소유권이전등기의 말소를 청구하는 사해행위 취소소송을 제기할 수 있다.

ㄹ. 명의신탁 약정의 시점에 甲이 무자력이었다면 약정 당시 甲의 채권자는 丙을 상대로 甲과 丙의 명의신탁약정을 사해행위로 취소하고 丙 명의의 등기의 말소를 청구하는 사해행위 취소소송을 제기할 수 있다.

① ㄱ, ㄷ
② ㄱ, ㄹ
③ ㄴ, ㄹ
④ ㄱ, ㄴ, ㄷ

[해설] ㄱ. [○] ※ 3자간 등기명의신탁(중간생략형 명의신탁)

신탁자가 계약의 당사자가 되어 매도인과 매매계약을 체결하되, 매도인과의 합의 아래 등기를 매도인으로부터 (신탁자와 명의신탁약정을 맺은) 수탁자 앞으로 직접 이전하는 경우, **명의신탁약정과 그에 의한 등기가 무효로 되는 결과**(부동산실명법 제4조 1항, 2항 본문), 명의신탁된 부동산은 매도인 소유로 복귀하고, 매도인은 원인무효를 이유로 수탁자 명의의 등기의 말소를 구할 수 있다.

그러나 부동산실명법은 매도인과 명의신탁자 사이의 매매계약의 효력을 부정하는 규정을 두고 있지 아니하므로 그들 사이의 매매계약은 유효한 것으로 되어(명의수탁자가 당사자로 등장하는 계약명의신탁에서와는 다름에 주의할 것), 명의신탁자는 매도인에 대하여 매매계약에 기한 소유권이전등기를 청구할 수 있고, 그 소유권이전등기청구권을 보전하기 위해 매도인을 대위하여 수탁자 명의의 등기의 말소를 구할 수 있다(대판 2002.3.15, 2001다61654 ; 이는 동법에서 정한 유예기간이 경과하여 명의신탁약정과 그에 따른 등기가 무효인 경우에도 마찬가지이다(대판 2011.9.18, 2009다49193,49209).

ㄴ. [✕] 명의신탁약정 내지 물권변동의 무효는 제3자에게 대항하지 못한다(부동산실명법 제4조 3항). 여기서 '제3자'라고 함은 선·악을 불문하고 명의신탁 약정의 당사자 및 포괄승계인 이외의 자로서 "명의수탁자가 물권자임'을 기초로 그와의 사이에 '직접' 실질적으로 새로운 이해관계를 맺은 자를 말하므로(대판 2000.3.28. 99다56529), 丁은 선악을 불문하고 X토지의 소유권을 취득한다.

ㄷ. [✕] ※ 3자간 등기명의신탁(수탁자의 처분행위가 수탁자의 일반채권자에게 사해행위가 되는지 여부)
"채무자가 이른바 중간생략등기형 명의신탁 또는 3자간 명의신탁 약정에 따라 명의수탁자로서 부동산에 관하여 그 명의로 소유권이전등기를 마쳤다면 부동산 실권리자명의 등기에 관한 법률(이하 '법'이라 한다) 제4조 제2항 본문이 적용되어 채무자 명의의 위 소유권이전등기는 무효이므로 위 부동산은 채무자의 소유가 아니기 때문에 이를 채무자의 일반 채권자들의 공동담보에 공하여지는 책임재산이라고 볼 수 없고, 채무자가 위 부동산에 관하여 제3자와 매매계약을 체결하고 그에게 소유권이전등기를 마쳐주었다 하더라도 그로써 채무자의 책임재산에 감소를 초래한 것이라고 할 수 없으므로 이를 들어 채무자의 일반 채권자들을 해하는 사해행위에 해당한다고 할 수 없다"(대판 2008.9.25. 2008다41635).
☞ X 토지는 애초에 丙의 책임재산이 아니었으므로 丙이 丁에게 X 토지를 처분한 행위는, 丙의 일반채권자에게 사해행위가 되지 않는다.

ㄹ. [○] ※ 3자간 등기명의신탁(명의신탁행위 자체가 신탁자의 일반채권자에게 사해행위가 되는지 여부)
채무자가 채무초과상태에서 매수한 부동산의 등기명의를 아들에게 신탁하고 이에 따라 소유권이전등기를 마친 사안에서, 判例는 "위 (중간생략형)명의신탁약정은 사해행위에 해당하고, 채권자가 수익자 및 전득자를 상대로 소유권이전등기의 말소를 구하고 매도인을 상대로 채무자를 대위하여 소유권이전등기절차의 이행을 구할 수 있다"(대판 2004.3.25. 2002다69358)고 판시하였다.
☞ 부동산실명법은 중간생략 명의신탁에서 매도인과 명의신탁자 사이의 매매계약의 효력을 부정하는 규정을 두고 있지 아니하므로 그들 사이의 매매계약은 유효한 것으로 되어, 명의신탁자는 매도인에 대하여 매매계약에 기한 소유권이전등기를 청구할 수 있고, 그 소유권이전등기청구권을 보전하기 위해 매도인를 대위하여 수탁자 명의의 등기의 말소를 구할 수 있다(대판 2002.3.15, 2001다61654). 하지만 이러한 청구권이 인정된다고 하여 신탁자(채무자)와 수탁자(수익자)사이에 명의신탁의 사해행위성이 부정되는 것은 아니다.

[정답] ②

제4장 용익물권

제1절 | 지상권

> **문1** 지상권에 관한 다음 설명 중 가장 옳지 않은 것은?   [15서기보]
>
> ① 지상권자가 1년 이상의 지료를 지급하지 아니한 때에는 지상권설정자는 지상권의 소멸을 청구할 수 있다.
> ② 지료가 정해진 후에도 경우에 따라서는 지료의 증감을 청구할 수 있다.
> ③ 당사자가 계약을 갱신하는 경우 당사자는 합의로 지상권의 존속기간을 민법 제280조의 기간보다 장기의 기간으로 정할 수 있다.
> ④ 지상권자는 설정자의 동의 없이 그 권리의 존속기간 내에서 그 토지를 타인에게 임대할 수 있다.

[해 설] ① [×] **제287조(지상권소멸청구권)** 지상권자가 2년 이상의 지료를 지급하지 아니한 때에는 지상권설정자는 지상권의 소멸을 청구할 수 있다.

[비교조문] **제640조(차임연체와 해지)** 건물 기타 공작물의 임대차에는 임차인의 차임연체액이 2기의 차임액에 달하는 때에는 임대인은 계약을 해지할 수 있다.

② [○] **제286조(지료증감청구권)** 지료가 토지에 관한 조세 기타 부담의 증감이나 지가의 변동으로 인하여 상당하지 아니하게 된 때에는 당사자는 그 증감을 청구할 수 있다.

③ [○] **제284조(갱신과 존속기간)** 당사자가 계약을 갱신하는 경우에는 지상권의 존속기간은 갱신한 날로부터 제280조의 최단존속기간보다 단축하지 못한다. 그러나 당사자는 이보다 장기의 기간을 정할 수 있다.

제280조(존속기간을 약정한 지상권) ①항 계약으로 지상권의 존속기간을 정하는 경우에는 그 기간은 다음 연한보다 단축하지 못한다.

1호. 석조, 석회조, 연와조 또는 이와 유사한 견고한 건물이나 수목의 소유를 목적으로 하는 때에는 30년

2호. 전호이외의 건물의 소유를 목적으로 하는 때에는 15년

3호. 건물이외의 공작물의 소유를 목적으로 하는 때에는 5년

②항 전항의 기간보다 단축한 기간을 정한 때에는 전항의 기간까지 연장한다.

④ [○] **제282조(지상권의 양도, 임대)** 지상권자는 타인에게 그 권리를 양도하거나 그 권리의 존속기간 내에서 그 토지를 임대할 수 있다.

☞ 이 경우 지상권설정자의 동의는 필요없다.

[정답] ①

문2 법정지상권 또는 관습법상 법정지상권에 관한 다음 설명 중 가장 옳은 것은? [19서기보]

① 관습법상의 법정지상권이 성립되기 위하여는 토지와 건물 중 어느 하나가 처분될 당시에 토지와 그 지상건물이 동일인의 소유에 속하였으면 족하고 원시적으로 동일인의 소유였을 필요는 없다. 그리고 일단 관습법상 법정지상권이 성립하는 경우에는 법정지상권자는 당사자 사이의 약정이 없으면 건물을 철거할 때까지 건물의 유지 및 사용에 필요한 범위 내에서 그 토지를 자유로이 사용할 수 있다.

② 토지공유자의 한 사람이 다른 공유자의 지분 과반수의 동의를 얻어 건물을 건축한 후 토지와 건물의 소유자가 달라진 경우에도 토지에 관하여 관습법상의 법정지상권이 성립한다. 다만 동일인 소유에 속하는 토지 및 그 지상건물에 관하여 공동저당권이 설정된 후 지상 건물이 철거되고 새로 건물이 신축된 경우에, 신축건물의 소유자가 토지의 소유자와 동일하고 토지의 저당권자에게 신축건물에 관하여 토지의 저당권과 동일한 순위의 공동저당권을 설정해 주는 등 특별한 사정이 없는 한, 저당물의 경매로 인하여 토지와 신축건물이 다른 소유자에 속하게 되더라도 신축건물을 위한 법정지상권은 성립하지 않는다.

③ 토지와 건물이 동일한 소유자에게 속하였다가 건물 또는 토지가 매매 기타 원인으로 인하여 양자의 소유자가 다르게 되었더라도, 당사자 사이에 그 건물을 철거하기로 하는 합의가 있었던 경우에는 건물 소유자는 토지 소유자에 대하여 그 건물을 위한 관습상의 법정지상권을 취득할 수 없다. 다만, 이 경우 건물을 철거하기로 하는 합의에는 토지의 계속 사용을 그만두고자 하는 의사까지 포함될 것을 요한다.

④ 법정지상권은 저당권설정 당시 동일인의 소유에 속하던 토지와 건물이 경매로 인하여 양자의 소유자가 다르게 된 때에 건물의 소유자를 위하여 발생하는 것으로서, 토지에 관하여 저당권이 설정될 당시 토지 소유자가 그 지상에 건물을 건축 중인 경우에도 법정지상권이 성립할 수 있으나 저당권자가 불측의 손해를 입지 않도록 건물이 사회관념상 독립된 건물로 볼 수 있는 정도까지는 이르러야 한다.

해설 ① [×] "관습법상의 법정지상권이 성립되기 위하여는 토지와 건물 중 어느 하나가 처분될 당시에 토지와 그 지상건물이 동일인의 소유에 속하였으면 족하고 원시적으로 동일인의 소유였을 필요는 없다"(대판 1995.07.28, 95다9075). "관습법상의 법정지상권이 성립된 토지에 대하여는 법정지상권자가 건물의 유지 및 사용에 필요한 범위를 벗어나지 않은 한 그 토지를 자유로이 사용할 수 있는 것이므로, 지상건물이 법정지상권이 성립한 이후에 증축되었다 하더라도 그 건물이 관습법상의 법정지상권이 성립하여 법정지상권자에게 점유·사용할 권한이 있는 토지 위에 있는 이상 이를 철거할 의무는 없다"(대판 1995.7.28. 95다9075,9082).
☞ ① 지문에서 '건물을 철거할 때까지' 부분이 틀렸다.

② [✕] 토지공유자의 한 사람이 다른 공유자의 지분 과반수의 동의를 얻어 건물을 건축한 후 토지와 건물의 소유자가 달라진 경우 토지에 관하여 관습법상의 법정지상권이 성립되는 것으로 보게 되면 이는 토지공유자의 1인으로 하여금 자신의 지분을 제외한 다른 공유자의 지분에 대하여서까지 지상권설정의 처분행위를 허용하는 셈이 되어 부당하다(대판 1993.4.13. 92다55756).

또한 判例는 동일인의 소유에 속하는 토지 및 그 지상 건물에 관하여 공동저당권이 설정된 후 그 지상 건물이 철거되고 새로 건물이 '신축된 경우'에는 '그 신축건물에 토지와 동순위의 공동저당권이 설정되지 아니한 경우'에는 저당물의 경매로 인하여 토지와 신축건물이 서로 다른 소유자에게 속하게 되더라도 제366조의 법정지상권은 성립하지 않는다고 한다(대판 2003.12.18, 전합98다43601).[2)]

③ [○] "'건물 철거의 합의'가 관습상의 법정지상권 발생의 소극적 요건이 되는 이유는 그러한 합의가 없을 때라야 토지와 건물의 소유자가 달라진 후에도 건물 소유자로 하여금 그 건물의 소유를 위하여 토지를 계속 사용케 하려는 '묵시적 합의'가 있는 것으로 볼 수 있다는 데 있고, 한편 건물 철거의 합의에 위와 같은 묵시적 합의를 깨뜨리는 효력, 즉 관습상의 법정지상권의 발생을 배제하는 효력을 인정할 수 있기 위하여서는 단지 형식적으로 건물을 철거한다는 내용만이 아니라 건물을 철거함으로써 토지의 계속 사용을 그만두고자 하는 당사자의 의사가 그 합의에 의하여 인정될 수 있어야 한다"(대판 1999.12.10. 98다58467).

④ [✕] "민법 제366조 소정의 법정지상권은 저당권 설정 당시 동일인의 소유에 속하던 토지와 건물이 경매로 인하여 양자의 소유자가 다르게 된 때에 건물의 소유자를 위하여 발생하는 것으로서, 토지에 관하여 저당권이 설정될 당시 그 지상에 건물이 위 토지 소유자에 의하여 건축 중이었고, 그것이 사회관념상 독립된 건물로 볼 수 있는 정도에 이르지 않았다 하더라도 건물의 규모, 종류가 외형상 예상할 수 있는 정도까지 건축이 진전되어 있는 경우에는, 저당권자는 완성될 건물을 예상할 수 있으므로 법정지상권을 인정하여도 불측의 손해를 입는 것이 아니며 사회경제적으로도 건물을 유지할 필요가 인정되기 때문에 법정지상권의 성립을 인정함이 상당하다고 해석된다"(대판 1992.6.12. 92다7221).

또한 이 경우 그 후 경매절차에서 매수인이 매각대금을 다 낸 때까지 최소한의 기둥과 지붕 그리고 주벽이 이루어지는 등 독립된 부동산으로서 건물의 요건을 갖추면 법정지상권이 성립한다(대판 2004.6.11, 2004다13533).

[정답] ③

---

2) 왜냐하면 "공동저당권자는 '토지 및 건물 각각의 교환가치 전부'를 담보로 취득한 것으로서, 건물이 철거된 후 신축된 건물에 토지와 동순위의 공동저당권이 설정되지 아니하였는데도 그 신축건물을 위한 법정지상권이 성립한다면, 공동저당권자가 법정지상권이 성립하는 신축건물의 교환가치를 취득할 수 없게 되는 결과 법정지상권의 가액 상당 가치를 되찾을 길이 막혀 '당초 토지에 관하여 아무런 제한이 없는 나대지로서의 교환가치 전체를 실현시킬 수 있다고 기대'하고 담보를 취득한 공동저당권자에게 불측의 손해를 입게 하기 때문이다"(전합98다43601판시내용)

문3 다음 설명 중 가장 옳지 않은 것은? (다툼이 있는 경우 판례에 의함)

① 근저당권 등 담보권 설정의 당사자들이 그 목적이 된 토지 위에 차후 용익권이 설정되거나 건물 또는 공작물이 축조·설치되는 등으로써 그 목적물의 담보가치가 저감하는 것을 막는 것을 주요한 목적으로 하여 채권자 앞으로 아울러 지상권을 설정하였다면, 그 피담보채권이 변제 등으로 만족을 얻어 소멸한 경우는 물론이고 시효소멸한 경우에도 그 지상권은 피담보채권에 부종하여 소멸한다.

② 토지에 관하여 저당권이 설정될 당시 토지 소유자에 의하여 그 지상에 건물을 건축 중이었던 경우 그것이 사회관념상 독립된 건물로 볼 수 있는 정도에 이르지 않았다 하더라도 건물의 규모·종류가 외형상 예상할 수 있는 정도까지 건축이 진전되어 있었고, 그 후 경매절차에서 매수인이 매각대금을 다 낸 때까지 최소한의 기둥과 지붕 그리고 주벽이 이루어지는 등 독립된 부동산으로서 건물의 요건을 갖추면 법정지상권이 성립하며, 그 건물이 미등기라 하더라도 법정지상권의 성립에는 아무런 지장이 없다.

③ 강제경매의 목적이 된 토지 또는 그 지상 건물의 소유권이 강제경매로 인하여 그 절차상 매수인에게 이전된 경우, 건물 소유를 위한 관습상 법정지상권의 성립 요건인 '토지와 그 지상 건물이 동일인 소유에 속하였는지'를 판단하는 기준 시기는 매각 당시를 기준으로 하여야 한다.

④ 지상권자는 지상권을 유보한 채 지상물 소유권만을 양도할 수도 있고 지상물 소유권을 유보한 채 지상권만을 양도할 수도 있는 것이어서 지상권자와 그 지상물의 소유권자가 반드시 일치하여야 하는 것은 아니며, 또한 지상권설정시에 그 지상권이 미치는 토지의 범위와 그 설정 당시 매매되는 지상물의 범위를 다르게 하는 것도 가능하다.

해설 ① [○] ※ 담보지상권의 소멸

"근저당권 등 담보권 설정의 당사자들이 그 목적이 된 토지 위에 차후 용익권이 설정되거나 건물 또는 공작물이 축조·설치되는 등으로써 그 목적물의 담보가치가 저감하는 것을 막는 것을 주요한 목적으로 하여 채권자 앞으로 아울러 지상권을 설정하였다면, 그 **피담보채권이 변제 등으로 만족을 얻어 소멸한 경우는 물론이고 시효소멸한 경우에도 그 지상권은 피담보채권에 부종하여 소멸한다**"(대판 2011.4.14, 2011다6342).

② [○] 법정지상권이 성립하기 위해서는 ⅰ) 저당권설정 당시부터 건물이 존재할 것, ⅱ) 저당권이 설정될 당시 토지와 건물의 소유자가 동일할 것, ⅲ) 토지나 건물 중 적어도 어느 하나에 저당권이 설정될 것, ⅳ) 경매로 인해 건물과 토지에 대한 소유자가 분리될 것을 요한다(제366조). 이때 토지에 저당권이 설정될 당시 그 지상에 건물이 위 토지소유자에 의하여 건축 중이었고, 그것이 사회관념상 독립된 건물로 볼 수 있는 정도에 이르지 않았다 하더라도 건물의 규모, 종류가 외형상 예상할 수 있는 정도까지 건축이 진전되어 있는 경우에는, 저당권자는 완성될 건물을 예상할 수

있으므로 법정지상권을 인정하여도 불측의 손해를 입는 것이 아니며 사회경제적으로도 건물을 유지할 필요가 인정되기 때문에 법정지상권의 성립을 인정함이 상당하다고 해석된다(대판 1992.6.12, 92다7221). 또한 이 경우 그 후 경매절차에서 매수인이 매각대금을 다 낸 때까지 최소한의 기둥과 지붕 그리고 주벽이 이루어지는 등 독립된 부동산으로서 건물의 요건을 갖추면 법정지상권이 성립한다(대판 2004.6.11, 2004다13533).

③ [×] ※ 소유자 동일성의 판단 기준시점

(1) 원칙

判例는 甲이 乙 소유의 토지 위에 乙의 승낙을 받고 건물을 신축한 뒤 乙로부터 토지의 소유권까지 취득하였으나 이후 토지의 소유권만 乙에게 다시 이전해 준 사안에서 관습법상 법정지상권을 인정한바, "관습법상의 법정지상권이 성립되기 위하여는 토지와 건물 중 어느 하나가 '처분될 당시'(소유권이 유효하게 변동될 당시)에 토지와 그 지상건물이 동일인의 소유에 속하였으면 족하고 원시적으로 동일인의 소유였을 필요는 없다"(대판 1995.07.28. 95다9075,9082)고 한다.

(2) 예외…부동산 '강제경매'로 인해 토지와 건물의 소유자가 달라진 경우

㉠ 대법원은 최근 전원합의체 판결을 통해 "부동산강제경매절차에서 목적물을 매수한 사람의 법적 지위는 다른 특별한 사정이 없는 한 그 절차상 '압류의 효력이 발생하는 때'를 기준으로 하여 정하여지므로, 강제경매의 목적이 된 토지 또는 그 지상 건물의 소유권이 강제경매로 인하여 그 절차상의 매수인에게 이전된 경우에 건물의 소유를 위한 관습상 법정지상권이 성립하는가 하는 문제에 있어서는 그 매수인이 소유권을 취득하는 매각대금의 완납시(과거 판례의 태도)가 아니라 그 압류의 효력이 발생하는 때를 기준으로 하여 토지와 그 지상 건물이 동일인에 속하였는지 여부가 판단되어야 한다. 한편 경매의 목적이 된 부동산에 대하여 가압류가 있고 그것이 본압류로 이행되어 경매절차가 진행된 경우에는 애초 가압류가 효력을 발생하는 때를 기준으로 토지와 그 지상 건물이 동일인에 속하였는지 여부를 판단할 것이다"(대판 2012.10.18. 전합2010다52140)고 판시하고 있다.

④ [○] 대판 2006.6.15, 2006다6126,6133

[정답] ③

문4 (관습법상) 법정지상권에 관한 다음 설명 중 옳은 것은? [기출변형]

① B는 A로부터 X토지와 지상의 Y건물의 소유권을 이전받았다가, 이후 선행 처분금지가처분에 기한 본등기가 경료되어 'X토지'에 관한 B의 소유권이전등기가 말소되었다면 B는 Y건물에 관하여 관습상의 법정지상권을 취득하였다고 할 것이고, 그 후 Y건물의 공매절차에서 C가 Y건물에 관한 소유권을 취득하였다면 C는 Y건물의 소유권과 함께 위 지상권도 취득하였다고 할 것이다.

② 토지공유자 중의 1인이 공유토지 위에 건물을 소유하고 있다가 토지지분만을 전매한 경우에, 건물소유자는 당해 토지에 건물의 소유를 위한 법정지상권을 취득한다.

③ 원래 채권을 담보하기 위하여 나대지상에 가등기가 경료되었고, 그 뒤 대지소유자가 그 지상에 건물을 신축하였다면, 그 후 그 가등기에 기한 본등기가 경료되어 대지와 건물의 소유자가 달라진 경우에도 특별한 사정이 없는 한 건물을 위한 관습상 법정지상권이 성립한다.

④ 법정지상권자가 2년 이상의 지료를 지급하지 아니한 때에는 지상권설정자의 지위에 있는 토지소유자가 법정지상권의 소멸을 청구할 수 있고, 토지소유자 甲이 지상권의 소멸을 청구하지 않고 있는 동안 법정지상권자 乙로부터 연체된 지료의 일부를 지급받고 이를 이의 없이 수령하여 연체된 지료가 2년 미만으로 된 경우에도 甲은 종전에 乙이 2년분의 지료를 연체하였다는 사유를 들어 乙에게 법정지상권의 소멸을 청구할 수 있다.

해설 ① [○] "동일한 소유자에 속하는 대지와 그 지상건물이 매매에 의하여 각기 그 소유자가 달라지게 된 경우에는 특히 그 건물을 철거한다는 조건이 없는 한 건물소유자는 그 대지 위에 그 건물을 위한 관습상의 법정지상권을 취득하는 것이고, 한편 건물 소유를 위하여 법정지상권을 취득한 자로부터 경매에 의하여 그 건물의 소유권을 이전받은 경락인은 경락 후 건물을 철거한다는 등의 매각조건하에서 경매되는 경우 등 특별한 사정이 없는 한 건물의 경락취득과 함께 위 지상권도 당연히 취득한다(대판 1985.2.26. 84다카1578,1579). 이러한 법리는 압류, 가압류나 체납처분압류 등 처분제한의 등기가 된 건물에 관하여 그에 저촉되는 소유권이전등기를 마친 사람이 건물의 소유자로서 관습상의 법정지상권을 취득한 후 경매 또는 공매절차에서 건물이 매각되는 경우에도 마찬가지로 적용된다"(대판 2014.9.4. 2011다13463)

사실관계 위 判例에 따르면 "B는 A로부터 X토지의 소유권과 Y건물의 소유권을 차례로 이전받았다가, 이후 선행 처분금지가처분에 기한 본등기가 경료되어 X토지에 관한 B의 소유권이전등기가 말소됨으로써 B는 토지에 관한 소유권취득을 가처분권자에게 대항할 수 없게 되었고, 이와 같은 경우 적어도 관습상 법정지상권 성립 여부와 관련하여서는 X토지와 Y건물은 모두 A소유였다가 그 중 Y건물만 B에게 소유권이 이전된 것과 마찬가지로 봄이 상당하므로, 결국 B는 Y건물에 관하여 소유권을 취득함으로써 관습상의 법정지상권을 취득하였다고 할 것이고, 그 후 Y건물에 관하여 진행된 공매절차에서 C가 Y건물에 관한 소유권을 취득함으로써 C는 Y건물의 소유권과 함께 위 지상권도 취득하였다고 할 것이다"고 판시하고 있다. 건물을 양수한 제3자는 민법 제366조 소정의 법정지상권을 취득한다(대판 1999.11.23. 99다52602)

② [×] ※ **토지공유의 경우와 관습법상 법정지상권**

"토지공유자 중의 1인이 공유토지 위에 건물을 소유하고 있다가 토지지분만을 전매한 경우에는, 법정지상권을 인정한다면 토지공유자 1인이 다른 공유자의 지분에까지 지상권을 설정하는 처분행위를 할 수 있음을 인정하는 셈이므로 법정지상권은 성립하지 않는다"(대판 1988.9.27, 87다카140).

비교판례 "토지공유자간에 그 중 1인 또는 수인 소유의 건물이 있는 공유 대지를 **협의분할**하여 각기 단독소유로 귀속케 한 결과 그 대지와 건물의 소유자가 다르게 된 경우에도 법정지상권을 취득한다"(대판 1974.2.12, 73다353)

③ [×] ※ **나대지에 관하여 가압류, 압류가 되거나 담보가등기가 된 경우와 관습법상 법정지상권**

"원래 채권을 담보하기 위하여 나대지상에 가등기가 경료되었고, 그 뒤 대지소유자가 그 지상에 건물을 신축하였는데, 그 후 그 가등기에 기한 본등기가 경료되어 대지와 건물의 소유자가 달라진 경우에 관습상 법정지상권을 인정하면 애초에 대지에 채권담보를 위하여 가등기를 경료한 사람의 이익을 크게 해하게 되기 때문에 특별한 사정이 없는 한 건물을 위한 **관습상 법정지상권**이 성립한다고 할 수 없다"(대판 1994.11.22, 94다5458).

비교판례 이와 구별하여 청구권 보전의 가등기의 경우 "대지에 관한 乙명의의 가등기가 경료된 후 그에 기한 본등기가 이루어지기 전까지 대지와 건물은 모두 丙의 소유에 속해 있다가 乙이 대지에 관하여 소유권이전등기를 경료함으로써 대지와 건물이 각기 소유자를 달리하게 된 것이니, 다른 사정이 없는 한 丙은 대지상의 건물의 소유를 목적으로 하는 **관습상의 법정지상권**을 취득하였다"(대판 1982.6.22, 81다1298)고 한다.

④ [×] **제366조 (법정지상권)** 저당물의 경매로 인하여 토지와 그 지상건물이 다른 소유자에 속한 경우에는 토지소유자는 건물소유자에 대하여 지상권을 설정한 것으로 본다. 그러나 지료는 당사자의 청구에 의하여 법원이 이를 정한다.

제287조(지상권소멸청구권) 지상권자가 2년 이상의 지료를 지급하지 아니한 때에는 지상권설정자는 지상권의 소멸을 청구할 수 있다.

"지상권자가 2년 이상의 지료를 지급하지 아니한 때에는 지상권설정자는 지상권의 소멸을 청구할 수 있으나(민법 제287조), 지상권설정자가 지상권의 소멸을 청구하지 않고 있는 동안 지상권자로부터 연체된 지료의 일부를 지급받고 이를 이의 없이 수령하여 연체된 지료가 2년 미만으로 된 경우에는 지상권설정자는 종전에 지상권자가 2년분의 지료를 연체하였다는 사유를 들어 지상권자에게 지상권의 소멸을 청구할 수 없으며, 이러한 법리는 토지소유자와 법정지상권자 사이에서도 마찬가지이다"(대판 2014.8.28. 2012다102384)

[정답] ①

문5 甲은 乙로부터 1억 원을 빌리면서 자신의 X 토지에 대해 근저당권을 설정해 주고 乙은 그 담보가치를 확보하기 위해 甲의 사용·수익권을 배제하지 않으면서 X 토지 위에 지상권을 취득하였다. 이에 대한 설명으로 옳지 않은 것으로 묶인 것은? [기출변형]

ㄱ. X 토지 위에 건물을 신축하던 甲이 丙에게 위 건물에 대한 건축주 명의를 변경하여 준 경우, 乙은 방해배제청구로서 X 토지 위에 건물을 축조하는 것을 중지하도록 丙에게 요구할 수는 없다.

ㄴ. 甲이 제3자 丙에게 X 토지를 임대하여 丙이 점유·사용하는 경우 乙은 丙에게 지상권 침해를 이유로 한 임료 상당 손해배상을 청구할 수 있다.

ㄷ. 甲이 X 토지 위에 Y 건물을 축조한 후 근저당권등기가 말소되고 그 대신 다른 근저당권이 설정되었다가 그 실행에 의하여 X 토지와 Y 건물의 소유자가 달라진 경우, 위 지상권은 소멸하지 않으므로 그 건물을 위한 법정지상권이 발생하지 않는다.

ㄹ. 乙이 지상권설정등기에 관한 피담보채무의 범위 확인을 구하는 소를 제기한 경우에 그 소는 확인의 이익이 없어 각하된다.

① ㄱ, ㄷ
② ㄱ, ㄹ
③ ㄴ, ㄹ
④ ㄱ, ㄴ, ㄷ

해설 ㄱ. [×] ※ 담보지상권에 기한 방해배제청구권

"토지에 관하여 저당권을 취득함과 아울러 그 저당권의 담보가치를 확보하기 위하여 지상권을 취득하는 경우, 특별한 사정이 없는 한 당해 지상권은 저당권이 실행될 때까지 제3자가 용익권을 취득하거나 목적 토지의 담보가치를 하락시키는 침해행위를 하는 것을 배제함으로써 저당 부동산의 담보가치를 확보하는 데에 그 목적이 있다고 할 것이므로, 그와 같은 경우 제3자가 비록 토지소유자로부터 신축중인 지상 건물에 관한 건축주 명의를 변경받았다 하더라도, 그 지상권자에게 대항할 수 있는 권원이 없는 한 지상권자로서는 제3자에 대하여 목적 토지 위에 건물을 축조하는 것을 중지하도록 요구할 수 있다"(대결 2004.3.29, 2003마1753).

관련쟁점 제3자가 담보지상권이 설정된 토지에 대한 물권적인 사용권을 이미 가지고 있었다면 그는 담보지상권자에게 대항할 수 있으나, 채권적인 사용, 수익권만 가지고 있는 때에는 담보지상권자에게 대항하지 못한다(대판 2008.2.15, 2005다47205).

ㄴ. [×] ※ 담보지상권 침해를 이유로 한 손해배상청구권의 인정 여부

담보지상권을 설정받으면서 채무자 등의 사용, 수익을 배제하지 않은 경우에는 무단점유자에게 지상권 자체의 침해를 원인으로 한 손해배상청구는 할 수 없다. 이때에는 담보지상권자가 사용, 수익하지 않기로 하였으므로 담보지상권자에게 임료 상당 이익이나 기타 소득이 발생할 여지가 없는 특별한 사정이 있기 때문이다(대판 2008.1.17, 2006다586).

☞ 乙은 甲의 사용·수익권을 배제하지 않으면서 X 토지 위에 지상권을 취득하였으므로, 丙의 점유·사용에 대해 손해배상을 청구할 수 없다.

관련쟁점 다만 이 경우에도 그 사용으로 인하여 저당목적물의 가치가 감소되어 경매가격이 하락하는 등의 경우에는 '저당권 침해'를 이유로 손해배상청구를 할 수는 있다(대판 2008.1.17, 2006다586).

ㄷ. [X] ※ 임의경매에서 담보지상권과 법정지상권의 관계

담보지상권은 토지에 대한 근저당권이 소멸하면 등기된 담보지상권의 목적이나 존속기간과 관계없이 그 목적을 잃어 함께 소멸한다는 것이 판례의 입장이다(대판 2011.4.14, 2011다6342). 그런데 위와 같이 토지에 대한 근저당권설정과 동시에 설정된 담보지상권이 근저당권 실행으로 소멸하였으나 토지에 대한 담보지상권 설정등기가 말소되지 않고 있던 경우, 토지에 대한 담보지상권과 별개로 건물을 위한 법정지상권 성립을 인정할 수 있는지에 대한 논란이 있다.

判例는 이 경우 "토지에 관하여 담보권이 설정될 당시 담보권자를 위하여 동시에 지상권이 설정되었다고 하더라도, 담보권 설정 당시 이미 토지소유자가 그 토지 상에 건물을 소유하고 있고 그 건물을 철거하기로 하는 등 특별한 사유가 없으며 담보권의 실행으로 그 지상권도 소멸하였다면 건물을 위한 법정지상권이 발생하지 않는다고 할 수 없다"(대판 2014.7.24 2012다97871)고 하여 법정지상권의 성립을 긍정한다.

ㄹ. [○] ※ 확인의 이익

"확인의 소에는 권리보호요건으로서 확인의 이익이 있어야 하고, 확인의 이익은 원고의 권리 또는 법률상의 지위에 현존하는 불안·위험이 있고 확인판결을 받는 것이 불안·위험을 제거하는 가장 유효·적절한 수단일 때에 인정된다. 지상권은 용익물권으로서 담보물권이 아니므로 피담보채무라는 것이 존재할 수 없다. 근저당권 등 담보권 설정의 당사자들이 담보로 제공된 토지에 추후 용익권이 설정되거나 건물 또는 공작물이 축조·설치되는 등으로 토지의 담보가치가 줄어드는 것을 막기 위하여 담보권과 아울러 설정하는 지상권을 이른바 담보지상권이라고 하는데, 이는 당사자의 약정에 따라 담보권의 존속과 지상권의 존속이 서로 연계되어 있을 뿐이고, 이러한 경우에도 지상권의 피담보채무가 존재하는 것은 아니다. 따라서 지상권설정등기에 관한 피담보채무의 범위 확인을 구하는 청구는 원고의 권리 또는 법률상의 지위에 관한 청구라고 보기 어려우므로, 확인의 이익이 없어 부적법하다"(대판 2017.10.31. 2015다65042).

[정답] ④

문6 다음 설명 중 틀린 것은? (다툼이 있는 경우 판례에 의함) [기출변형]

① 명의수탁자가 무효인 양자간 명의신탁에 따라 명의신탁자로부터 소유권이전등기를 넘겨받은 부동산을 임의로 처분한 행위가 형사상 횡령죄로 처벌되지 않더라도, 위 행위는 명의신탁자의 소유권을 침해하는 행위로써 민법상 불법행위에 해당하여 명의수탁자는 명의신탁자에게 손해배상책임을 부담한다.

② 구 장사 등에 관한 법률의 시행일인 2001. 1. 13. 이전에 타인의 토지에 분묘를 설치하여 20년간 평온·공연하게 분묘의 기지를 점유함으로써 분묘기지권을 시효로 취득한 경우에는 무상취득이므로 분묘기지권자는 지료를 지급할 의무가 없다.

③ 원고가 시효취득한 분묘기지권자인 피고에 부당이득반환을 청구한 경우 법원은 석명권을 행사하여 그 주장이 지료를 구하는 것인지를 밝혀 그에 따라 심리해야 한다.

④ 자기 소유의 토지에 분묘를 설치한 자가 후에 이 토지를 타인에게 양도한 경우, 관습법상 법정지상권의 법리를 유추적용한 것이므로 제366조를 유추적용하여 지료를 지급해야 한다.

해설 ① [O] "대판 2016도18761 전원합의체 판결은 횡령죄의 본질이 신임관계에 기초하여 위탁된 타인의 물건을 위법하게 영득하는 데 있고 명의신탁자와 명의수탁자의 관계는 형법상 보호할 만한 가치 있는 신임관계가 아니므로 명의수탁자의 임의처분행위에 대하여 횡령죄를 인정할 수 없다는 취지를 밝힌 것이지 명의신탁관계에서 신탁자의 소유권을 보호할 수 없다는 취지로 볼 수는 없다. 따라서 명의수탁자의 임의처분행위로 인하여 명의신탁자의 소유권이 침해된 이상 형법상 횡령죄의 성립 여부와 관계없이 명의수탁자는 명의신탁자에 대하여 민사상 불법행위책임을 부담한다고 봄이 타당하다"(대판 2021.6.3. 2016다34007).

② [X] ※ 분묘기지권을 시효로 취득한 경우에도 토지 소유자가 지료를 청구한 때부터는 지료를 지급할 의무가 있는지 여부(적극)
"2000. 1. 12. 법률 제6158호로 전부 개정된 구 장사 등에 관한 법률(이하 '장사법'이라 한다)의 시행일인 2001. 1. 13. 이전에 타인의 토지에 분묘를 설치한 다음 20년간 평온·공연하게 분묘의 기지(기지)를 점유함으로써 분묘기지권을 시효로 취득하였더라도, 분묘기지권자는 토지소유자가 분묘기지에 관한 지료를 청구하면 그 청구한 날부터의 지료를 지급할 의무가 있다고 보아야 한다. 이와 달리 분묘기지권을 시효로 취득하는 경우 분묘기지권자의 지료 지급의무가 분묘기지권이 성립됨과 동시에 발생한다는 취지의 대법원 1992. 6. 26. 선고 92다13936 판결 및 분묘기지권자가 지료를 지급할 필요가 없다는 취지로 판단한 대법원 1995. 2. 28. 선고 94다37912 판결 등은 이 판결의 견해에 배치되는 범위 내에서 이를 변경하기로 한다"(대판 2021.4.29. 전합2017다228007).

③ [O] "「장사 등에 관한 법률」 시행일 이전에 타인의 토지에 분묘를 설치한 다음 20년간 평온·공연하게 분묘의 기지를 점유함으로써 분묘기지권을 시효로 취득한 경우에, 분묘기지권자는 토지 소유자에게 분묘기지에 관한 지료를 지급할 의무가 있다(대판 2021.4.29. 전합2017다228007 참조). 원고들의 부당이득반환 주장은 이러한 지료의 지급을 구하는 것으로 볼 여지가 있다. 원심으로서는 위 전원합의체 판결에 기초하여 석명권을 행사하여 위 주장이 지료를 구하는 것인지를 밝혀 그에 따라 심리해야 한다"(대판 2021.5.27. 2018다264420)

④ [O] "자기 소유 토지에 분묘를 설치한 사람이 그 토지를 양도하면서 분묘를 이장하겠다는 특약을 하지 않음으로써 분묘기지권을 취득한 경우, 특별한 사정이 없는 한 분묘기지권자는 분묘기지권이 성립한 때부터 토지 소유자에게 그 분묘의 기지에 대한 토지사용의 대가로서 지료를 지급할 의무가 있다"(대판 2015.7.23. 2015다206850 : 대판 2021.5.27. 2020다295892)

쟁점정리 ※ 분묘기지권의 취득
'분묘기지권'이란 타인의 토지 위에 분묘를 소유하기 위한 지상권유사의 물권으로 관습법상 물권이다.
判例에 의하면 ㉠ 타인의 소유지 내에 토지소유자의 승낙을 얻어 분묘를 설치한 경우(법률행위에 의한 취득), ㉡ 타인 소유의 토지에 토지소유자의 승낙 없이 분묘를 설치한 후 20년간 평온·공연하게 그 분묘의 기지를 점유하여 분묘기지권을 시효취득한 경우(취득시효), ㉢ 자기 소유의 토지에 분묘를 설치한 자가 후에 이 토지를 타인에게 양도한 경우(관습법상 법정지상권)에 성립한다.

※ 분묘기지권의 지료
㉠ 타인의 소유지 내에 토지소유자의 승낙을 얻어 분묘를 설치한 경우, 약정이 있으면 유상, 없으면 무상으로 보며, ㉡ 타인 소유의 토지에 토지소유자의 승낙 없이 분묘를 설치한 후 20년간 평온·공연하게 그 분묘의 기지를 점유하여 분묘기지권을 시효취득한 경우, 분묘기지권자는 토지소유자가 분묘기지에 관한 지료를 청구하면 그 청구한 날부터의 지료를 지급할 의무가 있다(대판 2021.4.29. 전합2017다228007). ㉢ 자기 소유의 토지에 분묘를 설치한 자가 후에 이 토지를 타인

에게 양도한 경우, 관습법상 법정지상권의 법리를 유추적용한 것이므로 제366조를 유추적용하여 지료를 지급해야 한다(대판 2015.7.23. 2015다206850 : 대판 2021.5.27. 2020다295892)

[정답] ②

문7 법정지상권에 관한 설명 중 옳은 것(○)과 옳지 않은 것(×)을 올바르게 조합한 것은? [기출변형]

ㄱ. X토지와 그 지상 Y건물의 소유자인 甲이 X토지와 Y건물에 관하여 乙에게 공동저당권을 설정해준 다음 Y건물을 헐고 Z건물을 신축한 후 Z건물에 관하여 X토지와 동일한 순위의 공동저당권을 설정해준 경우, 저당권의 실행으로 丙이 X토지의 소유권을 취득하면, 甲은 Z건물을 위한 법정지상권을 취득할 수 없다.

ㄴ. X토지와 그 지상 Y건물의 소유자인 甲이 X토지와 Y건물을 乙에게 매도하고 각 소유권이전등기를 마쳐주었는데, 그 후 甲의 채권자 丙에 의하여 Y건물에 관한 매매계약만 사해행위취소소송을 통하여 취소되고 그에 따라 Y건물에 마쳐져 있던 乙 명의의 등기가 말소된 경우, 甲은 Y건물의 존립을 위한 관습법상 법정지상권을 취득한다.

ㄷ. X토지와 그 지상 Y건물의 소유자인 甲이 X토지와 미등기된 Y건물을 乙에게 매도하였으나 X토지에 관하여서만 소유권이전등기를 넘겨주고 Y건물에 관하여는 등기를 이전해주지 못하고 있는 경우라면, 甲에게 Y건물을 위한 관습법상 법정지상권은 성립하지 않는다.

① ㄱ(○), ㄴ(×), ㄷ(○) ② ㄱ(○), ㄴ(○), ㄷ(×)
③ ㄱ(×), ㄴ(×), ㄷ(×) ④ ㄱ(×), ㄴ(×), ㄷ(○)

해설 ㄱ. [×] ※ 토지와 건물에 공동저당권이 설정되어 있는 경우 지상건물이 철거되고 새로 건물이 신축된 경우
判例는 동일인의 소유에 속하는 토지 및 그 지상 건물에 관하여 공동저당권이 설정된 후 그 지상 건물이 철거되고 새로 건물이 '신축된 경우'에는 '그 신축건물에 토지와 동순위의 공동저당권이 설정되지 아니한 경우'에는 저당물의 경매로 인하여 토지와 신축건물이 서로 다른 소유자에게 속하게 되더라도 제366조의 법정지상권은 성립하지 않는다고 한다(대판 2003.12.18, 전합98다43601 : 전체가치고려설).
왜냐하면 "공동저당권자는 '토지 및 건물 각각의 교환가치 전부'를 담보로 취득한 것으로서, 건물이 철거된 후 신축된 건물에 토지와 동순위의 공동저당권이 설정되지 아니하였는데도 그 신축건물을 위한 법정지상권이 성립한다면, 공동저당권자가 법정지상권이 성립하는 신축건물의 교환가치를 취득할 수 없게 되는 결과 법정지상권의 가액 상당 가치를 되찾을 길이 막혀 '당초 토지에 관하여 아무런 제한이 없는 나대지로서의 교환가치 전체를 실현시킬 수 있다고 기대'하고 담보를 취득한 공동저당권자에게 불측의 손해를 입게 하기 때문이다"(전합98다43601판시내용)

☞ 사안에서 공동저당권을 설정해준 다음 Y건물을 헐고 Z건물을 신축한 후 Z건물에 관하여 X토지와 동일한 순위의 공동저당권을 설정해 준 경우이므로, 判例에 따르면 甲은 Z건물을 위한 법정지상권을 취득할 수 있다.

ㄴ. [×] ※ 형식적으로만 소유명의자를 달리하게 된 경우(사해행위의 취소와 일탈재산의 원상회복)
"제406조의 채권자취소권의 행사로 인한 사해행위의 취소와 일탈재산의 원상회복은 채권자와 수익자 또는 전득자에 대한 관계에 있어서만 효력이 발생할 뿐이고 채무자가 직접 권리를 취득하는 것이 아니므로, 토지와 지상 건물이 함께 양도되었다가 채권자취소권의 행사에 따라 그 중 건물에 관하여만 양도가 취소되고 수익자와 전득자 명의의 소유권이전등기가 말소되었다고 하더라도, 이는 관습상 법정지상권의 성립요건인 '동일인의 소유에 속하고 있던 토지와 지상 건물이 매매 등으로 인하여 소유자가 다르게 된 경우'에 해당한다고 할 수 없다"(대판 2014.12.24. 2012다73158).

ㄷ. [○] ※ 형식적으로만 소유명의자를 달리하게 된 경우(대지와 미등기건물의 일괄 매매)
判例는 대지와 그 지상의 미등기건물을 일괄하여 매수하고 대지에 대하여만 소유권이전등기를 마친 경우, 형식상으로는 미등기건물의 소유자와 대지의 소유자가 다르지만, "토지의 점유·사용에 관하여 당사자 사이에 약정이 있는 것으로 볼 수 있거나 토지 소유자가 건물의 처분권까지 함께 취득한 경우에는 관습상의 법정지상권을 인정할 까닭이 없다"할 것이어서 미등기건물의 소유자(건물 신축자)에게 관습상의 법정지상권은 성립하지 않는다고 한다(대판 2002.6.20. 전합2002다9660).

비교판례 그러나 判例는 동일인 소유의 대지와 그 지상의 (대지소유자가 신축하였으나 그 보존등기를 마치지 않은) 미등기건물 중 대지만 다른 사람에게 이전된 경우, 미등기건물의 소유자는 관습상의 법정지상권을 취득한다고 한다.

[정답] ④

제2절 | 지역권

제3절 | 전세권

문1 전세권에 관한 설명 중 가장 옳지 않은 것은? [13서기보]

① 전세권이 존속하는 동안은 전세권을 존속시키기로 하면서 전세금반환채권만을 전세권과 분리하여 확정적으로 양도하는 것은 허용되지 않고, 다만 전세권 존속 중에는 장래에 그 전세권이 소멸하는 경우에 전세금 반환채권이 발생하는 것을 조건으로 그 장래의 조건부 채권을 양도할 수 있다.

② 임대인과 임차인이 임대차계약을 체결하면서 임대차보증금을 전세금으로 하는 전세권설정등기를 경료한 경우 임대차보증금은 전세금의 성질을 겸하게 되므로, 당사자 사이에 다른 약정이 없는 한 임대차보증금 반환의무는 민법 제317조에 따라 전세권설정등기의 말소의무와도 동시이행관계에 있다.

③ 최선순위 전세권자로서의 지위와 주택임대차보호법상 대항력을 갖춘 임차인으로서의 지위를 함께 가지고 있는 사람이 전세권자로서 배당요구를 하여 전세권이 매각으로 소멸된 경우, 변제받지 못한 나머지 보증금에 기하여 대항력을 행사할 수 있다.

④ 주택임대차보호법상 임차인으로서의 지위와 전세권자로서의 지위를 함께 가지고 있는 자가 그 중 임차인으로서의 지위에 기하여 경매법원에 배당요구를 하였다면 배당요구를 하지 아니한 전세권에 관하여도 배당요구가 있는 것으로 볼 수 있다.

해설 ① [○] 대판 2002.8.23. 2001다69122

② [○] 대판 2011.3.24. 2010다95062

③ [○] ※ 대항력을 갖춘 임차인으로서의 지위와 전세권자로서의 지위를 함께 가지는 경우
주택에 관하여 최선순위로 전세권설정등기를 마치고 등기부상 새로운 이해관계인이 없는 상태에서 전세권설정계약과 동일성이 인정되는 임대차계약을 체결하여 주택임대차보호법상 대항요건을 갖추었다면, 전세권자로서의 지위와 주택임대차보호법상 대항력을 갖춘 임차인으로서의 지위를 함께 가지게 된다. 이러한 경우 최선순위 전세권자로서 배당요구를 하여 전세권이 매각으로 소멸되었다 하더라도 변제받지 못한 나머지 보증금에 기하여 대항력을 행사할 수 있고, 그 범위 내에서 임차주택의 매수인은 임대인의 지위를 승계한 것으로 보아야 한다(대결 2010.7.26. 2010마900).
☞ 전세권자가 주택임대차보호법상의 대항력을 갖추는 것은 자신의 지위를 강화하기 위한 것이지 원래 가졌던 권리를 포기하고 다른 권리로 대체하려는 것은 아니라는 점에서 判例의 태도는 타당하다(2010마900판시내용).

④ [×] "주택임대차보호법상 임차인으로서의 지위와 전세권자로서의 지위를 함께 가지고 있는 자가 그 중 임차인으로서의 지위에 기하여 경매법원에 배당요구를 하였다면 배당요구를 하지 아니한 전세권에 관하여는 배당요구가 있는 것으로 볼 수 없다"(대판 2010.6.24. 2009다40790).

[정답] ④

문 2 전세권에 관한 다음 설명 중 가장 옳지 않은 것은?

① 전세금의 지급은 전세권 성립의 요소이므로, 전세금의 지급이 반드시 현실적으로 수수되어야만 하는 것이고, 기존의 채권으로 전세금의 지급에 갈음할 수는 없다.

② 건물의 일부에 대하여 전세권이 설정되어 있는 경우, 그 전세권자는 전세권의 목적물이 아닌 나머지 건물부분에 대하여는 우선변제권은 별론으로 하고 경매신청권은 없다.

③ 전세권의 존속기간을 정하지 않은 경우, 각 당사자는 언제든지 상대방에 대하여 전세권의 소멸을 통고할 수 있고, 상대방이 이 통고를 받은 날로부터 6월이 경과하면 전세권은 소멸한다.

④ 전세권이 소멸한 때에는 전세권설정자는 전세권자로부터 그 목적물의 인도 및 전세권설정등기의 말소등기에 필요한 서류의 교부를 받는 동시에 전세금을 반환하여야 한다.

해설 ① [×] 전세권이 성립되기 위해서는 전세권설정계약과 전세권설정등기를 해야 한다. 이때 전세금의 지급이 전세권의 성립요건인지 전세권의 담보물권성 중 '성립상 부종성'과 관련하여 문제된다. 判例는 "전세금의 지급은 전세권 성립의 요소가 되는 것이지만 그렇다고 하여 전세금의 지급이 반드시 현실적으로 수수되어야만 하는 것은 아니고 기존의 채권으로 전세금의 지급에 갈음할 수도 있다"(대판 1995.2.10, 94다18508)고 판시하고 있다.

② [○] 判例는 "전세권의 목적물이 아닌 나머지 건물 부분에 대하여는 우선변제권은 별론으로 하고 경매신청권은 없다"(대판 1992.3.10, 91마256)고 하며, "건물의 일부에 대하여 전세권이 설정되어 있는 경우 전세권자는 전세권의 목적이 된 부분을 초과하여 건물 전부의 경매를 청구할 수 없다고 할 것이고, 그 전세권의 목적이 된 부분이 구조상 또는 이용상 독립성이 없어 독립한 소유권의 객체로 분할할 수 없고 따라서 그 부분만의 경매신청이 불가능하다고 하여 달리 볼 것은 아니다"(대결 2001.7.2, 2001마212)라고 한다. 즉, 분할이 불가능한 경우에도 전부경매청구가 불가하다고 본다.

③ [○] 제313조

④ [○] 제317조

[정답] ①

문 3 전세권에 관한 다음 설명 중 틀린 것은? (다툼이 있는 경우 판례에 의함) [기출변형]

① 전세권은 그 존속기간 내에는 주로 용익물권으로서의 성격을 갖고 담보물권으로서의 성격은 잠재되어 있다가, 존속기간 만료, 전세권 소멸통고 또는 소멸청구, 전세권의 합의해지 등의 사유가 있는 경우에는 용익물권으로서의 성격은 사라지고 전세금반환채권을 담보하는 담보물권으로서의 성질만 갖는다.

② 전세권이 성립한 후 전세목적물의 소유권이 양도된 경우, 전세권이 소멸하면 전세권자는 전 소유자에 대해서는 전세금반환을 청구할 수 없다.

③ 존속기간의 경과로 본래의 용익물권적 권능은 소멸하고 담보물권적 권능만 남은 전세권도 그 피담보채권인 전세금반환채권과 함께 제3자에게 이를 양도할 수 있다 할 것이지만 이 경우에는 제450조 2항 소정의 확정일자 있는 증서에 의한 채권양도절차를 거치지 않는 한 위 전세금반환채권의 압류·전부 채권자 등 제3자에게 위 전세보증금반환채권의 양도사실로써 대항할 수 없다.

④ 전세권설정계약이 합의해지된 경우, 전세권자는 전세권과 분리하여 전세금반환채권만을 확정적으로 양도할 수는 없다.

[해 설] ① [○] 대판 2005.3.25, 2003다35659 판시내용

전세권의 법적 성질에 대해서는 담보물권설, 용익물권설이 있으나 전세권은 용익물권인 동시에 담보물권이기도 하지만 주된 성질은 용익물권이라는 견해(병합설)가 우리의 다수설이며, 判例의 입장이다(대판 1989.9.26, 87다카2515 등).

② [○] ※ 전세권의 존속기간 중 전세목적물의 소유권이 제3자에게 이전된 경우의 법률관계

전세권의 존속기간 중 전세목적물의 소유권이 이전된 경우에 신소유자가 전세권설정자의 지위를 승계하는지, 따라서 신 소유자만이 전세금반환의무를 부담하고, 구 소유자는 그 의무를 면하는지에 관해 민법의 명문의 규정이 없어 문제된다. 判例는 승계긍정설의 입장이다. 즉 "전세권이 성립한 후 목적물의 소유권이 이전되는 경우에 전세권은 전세권자와 목적물의 소유권을 취득한 신 소유자 사이에서 계속 동일한 내용으로 존속하게 된다고 보아야 할 것이고, 따라서 목적물의 신 소유자는 구 소유자와 전세권자 사이에 성립한 전세권의 내용에 따른 권리의무의 직접적인 당사자가 되어 전세권이 소멸하는 때에 전세권자에 대하여 전세권설정자의 지위에서 전세금반환의무를 부담하게 되고, 구 소유자는 전세권설정자의 지위를 상실하여 전세금반환의무를 면하게 된다고 보아야 한다"(대판 2006.5.11, 2006다6072)고 한다.

③ [○] ※ 전세권의 양도 - 전세기간 경과 후 전세권의 양도 -

"전세권의 존속기간이 만료되면 전세권의 용익물권적 권능은 전세권설정등기의 말소 없이도 당연히 소멸하고 단지 전세금반환채권을 담보하는 담보물권적 권능의 범위 내에서 전세금의 반환시까지 그 전세권설정등기의 효력이 존속하고 있다 할 것인데, 이와 같이 존속기간의 경과로서 본래의 용익물권적 권능이 소멸하고 담보물권적 권능만 남은 전세권에 대해서도 그 피담보채권인 전세금반환채권과 함께 제3자에게 이를 양도할 수 있다 할 것이지만 이 경우에는 민법 제450조 2항 소정의 확정일자 있는 증서에 의한 채권양도절차를 거쳐야 제3자에게 대항할 수 있다. 따라서 전세기간 만료 이후 전세권양도계약 및 전세권이전의 부기등기가 이루어진 것만으로는 전세금반환채권의

양도에 관하여 확정일자 있는 통지나 승낙이 있었다고 볼 수 없어 이로써 제3자인 전세금반환 채권의 압류·전부 채권자에게 대항할 수 없다"(대판 2005.3.25, 2003다35659).

④ [×] ※ 전세금반환청구권의 분리양도
전세권과 분리해서 전세금반환채권을 독립적으로 양도할 수 있는지와 관련하여 전세권의 담보 물권적 성격이 문제된다.

(1) 전세권 존속 중 분리양도 가능성
"전세권은 전세금을 지급하고 타인의 부동산을 그 용도에 따라 사용·수익하는 권리로서 전세 금의 지급이 없으면 전세권은 성립하지 아니하는 등으로 **전세금은 전세권과 분리될 수 없는 요소 일 뿐 아니라**, 전세권에 있어서는 그 설정행위에서 금지하지 아니하는 한 전세권자는 전세권 자체를 처분하여 전세금으로 지출한 자본을 회수할 수 있도록 되어 있으므로 전세권이 존속하 는 동안은 전세권을 존속시키기로 하면서 전세금반환채권만을 전세권과 분리하여 확정적으로 양도하는 것은 허용되지 않는 것이며, 다만 **전세권 존속 중에는 장래에 그 전세권이 소멸하는 경우에 전세금 반환채권이 발생하는 것을 조건으로 그 장래의 조건부 채권을 양도할 수 있을 뿐**이라 할 것이 다"(대판 2002.8.23, 2001다69122).

(2) 전세권 소멸 후 분리양도 가능성
"전세권이 담보물권적 성격도 가지는 이상 부종성과 수반성이 있는 것이므로 전세권을 그 담 보하는 전세금반환채권과 분리하여 양도하는 것은 허용되지 않는다고 할 것이나, 한편 담보물 권의 수반성이란 피담보채권의 처분이 있으면 언제나 담보물권도 함께 처분된다는 것이 아니 라, 채권 담보라고 하는 담보물권 제도의 존재 목적에 비추어 볼 때 특별한 사정이 없는 한 피 담보채권의 처분에는 담보물권의 처분도 포함된다고 보는 것이 합리적이라는 것일 뿐이므로, ⅰ) 전세권이 존속기간의 만료로 소멸한 경우이거나, ⅱ) 전세계약의 합의해지 또는 ⅲ) 당사 자 간의 특약에 의하여 전세권반환채권의 처분에도 불구하고, 전세권의 처분이 따르지 않는 경우 등의 특별한 사정이 있는 때에는 채권양수인은 담보물권이 없는 무담보의 채권을 양수한 것이 된다(대판 1997.11.25, 97다29790).

[정답] ④

문4 전세권에 관한 설명 중 옳은 것은? (다툼이 있는 경우에는 판례에 의함)   [기출변형]

① 전세권이 성립한 후 전세목적물의 소유권이 양도된 경우, 전세권이 소멸하면 전세 권자는 전 소유자에 대해서도 전세금반환을 청구할 수 있다.

② 전세권의 존속기간이 만료되면, 전세금의 반환을 받지 못하였더라도 제3자에게 전 세권을 양도할 수 없다.

③ 전세권설정계약이 합의해지된 경우, 전세권자는 전세권과 분리하여 전세금반환채권 만을 확정적으로 양도할 수 없다.

④ 토지와 건물의 소유자가 건물에 전세권을 설정하였으나 그 토지가 경매절차에서 제 3자에게 매각되어 건물소유자가 법정지상권을 취득한 후 건물이 다시 타인에게 양 도되었다면, 건물의 양수인이 토지 소유자와의 관계에서 법정지상권을 취득할 지위 를 포기하더라도 그 포기의 효력은 전세권자에게 미치지 않는다.

해설 ① [X] 전세권의 존속기간 중 전세목적물의 소유권이 이전된 경우에 신소유자가 전세권설정자의 지위를 승계하는지, 따라서 신 소유자만이 전세금반환의무를 부담하고, 구 소유자는 그 의무를 면하는지에 관해 민법의 명문의 규정이 없어 문제된다. 이에 대해 **判例**는 승계긍정설의 입장이다 (아래 2006다6072판결).

관련판례 "전세권이 성립한 후 목적물의 소유권이 이전되는 경우에 전세권은 전세권자와 목적물의 소유권을 취득한 신 소유자 사이에서 계속 동일한 내용으로 존속하게 된다고 보아야 할 것이고, 따라서 목적물의 신 소유자는 구 소유자와 전세권자 사이에 성립한 전세권의 내용에 따른 권리의무의 직접적인 당사자가 되어 전세권이 소멸하는 때에 전세권자에 대하여 전세권설정자의 지위에서 전세금반환의무를 부담하게 되고, 구 소유자는 전세권설정자의 지위를 상실하여 전세금반환의무를 면하게 된다고 보아야 한다"(대판 2006.5.11. 2006다6072)

② [X] "전세권설정등기를 마친 민법상의 전세권은 그 성질상 용익물권적 성격과 담보물권적 성격을 겸비한 것으로서, 전세권의 존속기간이 만료되면 전세권의 용익물권적 권능은 전세권설정등기의 말소 없이도 당연히 소멸하고 단지 전세금반환채권을 담보하는 담보물권적 권능의 범위 내에서 전세금의 반환시까지 그 전세권설정등기의 효력이 존속하고 있다 할 것인데, 이와 같이 존속기간의 경과로서 본래의 용익물권적 권능이 소멸하고 담보물권적 권능만 남은 전세권에 대해서도 그 피담보채권인 전세금반환채권과 함께 제3자에게 이를 양도할 수 있다 할 것이지만 이 경우에는 민법 제450조 제2항 소정의 확정일자 있는 증서에 의한 채권양도절차를 거치지 않는 한 위 전세금반환채권의 압류·전부 채권자 등 제3자에게 위 전세보증금반환채권의 양도사실로써 대항할 수 없다"(대판 2005.3.25. 2003다35659).

③ [X] "전세권이 담보물권적 성격도 가지는 이상 부종성과 수반성이 있는 것이므로 전세권을 그 담보하는 전세금반환채권과 분리하여 양도하는 것은 허용되지 않는다고 할 것이나, 한편 담보물권의 수반성이란 피담보채권의 처분이 있으면 언제나 담보물권도 함께 처분된다는 것이 아니라, 채권 담보라고 하는 담보물권 제도의 존재 목적에 비추어 볼 때 특별한 사정이 없는 한 피담보채권의 처분에는 담보물권의 처분도 포함된다고 보는 것이 합리적이라는 것일 뿐이므로, ⅰ) 전세권이 존속기간의 만료로 소멸한 경우이거나, ⅱ) 전세계약의 합의해지 또는 ⅲ) 당사자 간의 특약에 의하여 전세권반환채권의 처분에도 불구하고, 전세권의 처분이 따르지 않는 경우 등의 특별한 사정이 있는 때에는 채권양수인은 담보물권이 없는 무담보의 채권을 양수한 것이 된다"(대판 1997.11.25. 97다29790)

④ [○] "토지와 건물을 함께 소유하던 토지·건물의 소유자가 건물에 대하여 전세권을 설정하여 주었는데 그 후 토지가 타인에게 경락되어 민법 제305조 제1항에 의한 법정지상권을 취득한 상태에서 다시 건물을 타인에게 양도한 경우, 그 건물을 양수하여 소유권을 취득한 자는 특별한 사정이 없는 한 법정지상권을 취득할 지위를 가지게 되고, 다른 한편으로는 전세권 관계도 이전받게 되는바, 민법 제304조 등에 비추어 건물 양수인이 토지 소유자와의 관계에서 전세권자의 동의 없이 법정지상권을 취득할 지위를 소멸시켰다고 하더라도, 그 건물 양수인은 물론 토지 소유자도 그 사유를 들어 전세권자에게 대항할 수 없다"(대판 2007.8.24. 2006다14684)

[정답] ④

문5 전세권에 관한 설명 중 옳지 않은 것은? (다툼이 있는 경우에는 판례에 의함) [기출변형]

① 전세권자는 전세권설정자에게 전세권 목적물의 현상을 유지하기 위해 지출한 필요비의 상환을 청구할 수 있다.

② 당사자가 주로 채권담보의 목적으로 전세권을 설정하였고 그 설정과 동시에 목적물을 인도하지 아니한 경우라도, 장차 전세권자가 목적물을 사용·수익하는 것을 완전히 배제하는 것이 아니라면 그 전세권도 유효하다.

③ 전세권자는 전세권설정계약에 다른 약정이 없는 한 원전세권설정자의 동의 없이 전전세(轉傳貰)할 수 있다.

④ 전세권이 부동산의 일부에 설정된 경우, 전세권의 목적물이 아닌 나머지 부분에 대해서는 그 전세권에 기한 경매신청을 할 수 없다.

[해설] ① [X] 전세권자는 임차인과 달리 목적물의 현상을 유지하고 그 통상의 관리에 속한 수선을 하여야 할 유지·수선의무를 부담하기 때문에(제309조), 필요비의 상환은 청구할 수 없고, 일정한 요건하에 유익비상환청구권만 인정된다(제310조).

[관련쟁점] 이와 달리 임대인은 계약존속 중 임차인이 사용·수익을 하는 데 필요한 상태를 유지하게 할 의무를 부담하므로(제623조), 목적물의 상태가 사용·수익에 적합하지 아니하면 임대인은 이를 수선해야 할 적극적인 의무를 부담한다. 따라서 임대인의 수선의무에 속하는 것을 임차인이 대신 한 경우에는 임차인은 즉시 임대인에게 '필요비의 상환을 청구'할 수 있다(제626조 1항).

② [O] "전세권이 용익물권적 성격과 담보물권적 성격을 겸비하고 있다는 점 및 목적물의 인도는 전세권의 성립요건이 아닌 점 등에 비추어 볼 때 당사자가 주로 채권담보의 목적으로 전세권을 설정하였고, 그 설정과 동시에 목적물은 인도하지 아니한 경우라고 하더라도, **장차 전세권자가 목적물을 사용·수익하는 것을 완전히 배제하는 것이 아니라면, 그 전세권의 효력을 부인할 수는 없다**"(대판 1995.2.10, 94다18508)

③ [O] **제306조(전세권의 양도, 임대 등)** 「전세권자는 전세권을 타인에게 양도 또는 담보로 제공할 수 있고 그 존속기간내에서 그 목적물을 타인에게 전전세 또는 임대할 수 있다. 그러나 **설정행위로 이를 금지한 때에는 그러하지 아니하다.**」

[비교조문] **제282조(지상권의 양도, 임대)** 지상권자는 타인에게 그 권리를 양도하거나 그 권리의 존속기간 내에서 그 토지를 임대할 수 있다. **제629조(임차권의 양도, 전대의 제한)** ① 임차인은 임대인의 동의없이 그 권리를 양도하거나 임차물을 전대하지 못한다. ② 임차인이 전항의 규정에 위반한 때에는 임대인은 계약을 해지할 수 있다.

④ [O] **제318조(전세권자의 경매청구권)** 「전세권설정자가 전세금의 반환을 지체한 때에는 전세권자는 민사집행법의 정한 바에 의하여 전세권의 목적물의 경매를 청구할 수 있다.」

判例는 "전세권의 목적물이 아닌 나머지 건물 부분에 대하여는 우선변제권은 별론으로 하고 경매신청권은 없다"(대판 1992.3.10, 91마256)고 하며, "건물의 일부에 대하여 전세권이 설정되어 있는 경우 전세권자는 전세권의 목적이 된 부분을 초과하여 건물 전부의 경매를 청구할 수 없다고 할 것이고, 그 전세권의 목적이 된 부분이 구조상 또는 이용상 독립성이 없어 독립한 소유권의 객체로 분할할 수 없고 따라서 그 부분만의 경매신청이 불가능하다고 하여 달리 볼 것은 아니다"(대결 2001.7.2, 2001마 212)라고 판시하고 있다. 즉, 분할이 불가능한 경우에도 전부경매청구가 불가하다고 본다.

[정답] ①

문6 甲은 乙과 乙 소유의 건물에 대하여 전세금 3억 원에 전세권설정계약을 체결하고 그 등기까지 마쳤다. 이에 관한 설명 중 옳지 않은 것은? (각 지문은 독립적이며, 다툼이 있는 경우 판례에 의함) [기출변형]

① 甲은 존속기간의 경과로 인해 본래의 용익물권적 권능이 소멸하고 담보물권적 권능만 남은 전세권에 대해서는 그 피담보채권인 전세금반환채권과 함께 제3자에게 이를 양도할 수 있다.

② 전세권이 성립한 후 건물의 소유권이 乙로부터 丙에게 이전된 경우, 전세권은 甲과 丙 사이에서 계속 동일한 내용으로 존속하게 된다고 보아야 할 것이고, 丙은 전세권의 내용에 따른 권리의무의 직접적인 당사자가 되어 전세권이 소멸하는 때에 甲에 대하여 전세권설정자의 지위에서 전세금반환의무를 부담하게 된다.

③ 甲이 전세권 소멸 후 그 목적물을 인도하였다고 하더라도 전세권설정등기의 말소등기에 필요한 서류를 교부하거나 그 이행의 제공을 하지 아니하는 이상, 乙은 전세금의 반환을 거부할 수 있고, 이 경우 다른 특별한 사정이 없는 한 乙이 전세금에 대한 이자 상당액의 이득을 법률상 원인 없이 얻는다고 볼 수 없다.

④ 甲의 전세권설정등기 당시 乙이 위 건물의 대지에 대한 소유권자이었으나 그 뒤 乙이 그 대지를 丙에게 매도하여 丙 명의의 소유권이전등기가 경료된 경우, 丙은 甲에게 지상권을 설정한 것으로 본다.

해설 ① [○] ※ 전세기간 경과 후 전세권의 양도

"전세권의 존속기간이 만료되면 전세권의 용익물권적 권능은 전세권설정등기의 말소 없이도 당연히 소멸하고 단시 전세금반환채권을 담보하는 담보물권적 권능의 범위 내에서 전세금의 반환시까지 그 전세권설정등기의 효력이 존속하고 있다 할 것인데, 이와 같이 존속기간의 경과로서 본래의 용익물권적 권능이 소멸하고 담보물권적 권능만 남은 전세권에 대해서도 그 피담보채권인 전세금반환채권과 '함께' 제3자에게 이를 양도할 수 있다"(대판 2005.3.25, 2003다35659). 이 경우에는 민법 제450조 2항 소정의 확정일자 있는 증서에 의한 채권양도절차를 거쳐야 제3자에게 대항할 수 있다. 따라서 전세기간 만료 이후 전세권양도계약 및 전세권이전의 부기등기가 이루어진 것만으로는 전세금반환채권의 양도에 관하여 확정일자 있는 통지나 승낙이 있었다고 볼 수 없어 이로써 제3자인 전세금반환채권의 압류·전부 채권자에게 대항할 수 없다.

② [○] ※ 전세권의 존속기간 중 전세목적물의 소유권이 제3자에게 이전된 경우

"전세권이 성립한 후 목적물의 소유권이 이전되는 경우에 전세권은 전세권자와 목적물의 소유권을 취득한 신 소유자 사이에서 계속 동일한 내용으로 존속하게 된다고 보아야 할 것이고, 따라서 목적물의 신 소유자는 구 소유자와 전세권자 사이에 성립한 전세권의 내용에 따른 권리의무의 직접적인 당사자가 되어 전세권이 소멸하는 때에 전세권자에 대하여 전세권설정자의 지위에서 전세금반환의무를 부담하게 되고, 구 소유자는 전세권설정자의 지위를 상실하여 전세금반환의무를 면하게 된다고 보아야 한다"(대판 2006.5.11, 2006다6072).

③ [○] ※ 전세권설정자의 전세금반환의무와 전세권자의 등기말소 및 목적물반환의무의 동시이행관계

"전세권이 소멸한 때에는 전세권설정자는 전세권자로부터 그 목적물의 인도 및 전세권설정등기의 말소등기에 필요한 서류의 교부를 받는 동시에 전세금을 반환하여야 한다(제317조). 따라서 전세권자가 그 목적물을 인도하였다고 하더라도 전세권설정등기의 말소등기에 필요한 서류를 교부하거나 그 이행의 제공을 하지 아니하는 이상, 전세권설정자는 전세금의 반환을 거부할 수 있고, 이 경우 다른 특별한 사정이 없는 한 그가 전세금에 대한 이자 상당액의 이득을 법률상 원인 없이 얻는다고 볼 수 없다"(대판 2002.2.5, 2001다62091).

[관련판례] "채권적 전세권에 있어서는 그 건물의 시가의 절반상당정도의 금액이 전세금으로써 일시에 교부되고 그 전세금의 이자는 그 임대료와 상계되고 있음이 특단의 사정이 없는 한 인정 시행되어 오고 있고 당사자 일방이 목적물 명도채무와 다른 일방의 전세금반환채무는 특단의 사정이 없는 한 동시이행관계에 있으므로 전세계약기간 종료후 전세금을 반환치 않고 있는 동안의 본건 건물부분의 점유를 불법점유라 할 수 없고 점유사용에 따른 임료상당액과 전세금에 대한 이자상당액은 서로 대가관계에 있다"(대판 1976.10.26, 76다1184).

④ [×] 대지와 건물이 동일 소유자에 속한 경우에 그 건물에 전세권을 설정한 때에는 그 대지소유권의 특별승계인은 '전세권설정자'(전세권자가 아님에 유의)에 대하여 법정지상권을 설정한 것으로 본다(제305조).

[정답] ④

문7 다음 사례를 읽고 보기에서 틀린 것을 모두 고르시오. (다툼이 있으면 판례에 의함) [기출변형]

> **[사례 1.]** A는 Y건물을 신축하기 위하여 甲과 甲소유의 X토지에 대한 지상권 설정계약을 맺고 등기를 마쳤다. 이후 Y건물이 완공되자 A는 B와 Y건물에 대해 전세권설정계약을 맺고 B 명의로 전세권등기를 마쳤다.
>
> ㄱ. A가 2년 이상 지료를 지급하지 않은 경우에는 甲은 지상권의 소멸을 청구할 수 있다. 이 경우 甲이 A에게 Y건물의 철거를 청구하는 경우 B는 자신의 동의 없었음을 이유로 대항할 수 있다.
>
> ㄴ. B는 Y건물에 대해서만 전세권을 가지고 있으므로 X토지를 사용할 권리는 없다.
>
> **[사례 2.]** A는 자신의 X토지에 Y건물을 신축한 후에 Y건물에 대하여 B에게 전세권을 설정하여 주었다. 이후 X토지가 경매되어 C가 X토지의 소유권을 취득하였다.
>
> ㄷ. A는 제305조의 법정지상권을 취득한다. B가 전세권등기를 하지 않은 미등기전세권자인 경우에도 마찬가지이다.
>
> ㄹ. A가 법정지상권을 취득한 이후에 甲에게 Y건물을 매도하였다. 이후 甲은 C와 합의하여 법정지상권을 취득할 지위를 B의 동의 없이 소멸시켰다. 이 경우 甲은 물론 C도 그 사유를 들어 B에게 대항할 수 없다.

① ㄹ
② ㄱ, ㄴ
③ ㄱ, ㄴ, ㄷ
④ ㄱ, ㄷ

해설 ㄱ. [×] ① 지상권자가 2년 이상의 지료를 지급하지 아니한 때에는 지상권 설정자는 지상권의 소멸을 청구할 수 있다(제287조). ② 그런데 전세권설정자는 전세권자의 동의 없이 지상권 또는 임차권을 소멸하게 하는 행위를 하지 못한다(제304조 2항). 이 경우 제304조 2항 때문에 제287조에 기한 소멸청구도 금지되는지가 문제된다.

※ 지료 연체로 인한 소멸청구가 제304조 2항이 금지하는 '지상권을 소멸케 하는 행위'인지 여부
"민법 제304조는 전세권을 설정하는 건물소유자가 건물의 존립에 필요한 지상권 또는 임차권과 같은 토지사용권을 가지고 있는 경우에 관한 것으로서, 그 경우에 건물전세권자로 하여금 토지소유자에 대하여 건물소유자, 즉 전세권설정자의 그러한 토지사용권을 원용할 수 있도록 함으로써 토지소유자 기타 토지에 대하여 권리를 가지는 사람에 대한 관계에서 건물전세권자를 보다 안전한 지위에 놓으려는 취지의 규정이다. 또한 지상권을 가지는 건물소유자가 그 건물에 전세권을 설정하였으나 그가 2년 이상의 지료를 지급하지 아니하였음을 이유로 지상권설정자, 즉 토지소유자의 청구로 지상권이 소멸하는 것(민법 제287조 참조)은 전세권설정자가 전세권자의 동의 없이는 할 수 없는 위 민법 제304조 제2항상의 "지상권 또는 임차권을 소멸하게 하는 행위"에 해당하지 아니한다. 위 민법 제304조 제2항이 제한하려는 것은 포기, 기간단축약정 등 지상권 등을 소멸하게 하거나 제한하여 건물전세권자의 지위에 불이익을 미치는 전세권설정자의 임의적인 행위이고, 그것이 법률의 규정에 의하여 지상권소멸청구권의 발생요건으로 정하였을 뿐인 지상권자의 지료 부지급

그 자체를 막으려고 한다거나 또는 지상권설정자가 취득하는 위의 지상권소멸청구권이 그의 일방적 의사표시로 행사됨으로 인하여 지상권이 소멸되는 효과를 제한하려고 하는 것이라고 할 수 없다. 따라서 전세권설정자가 건물의 존립을 위한 토지사용권을 가지지 못하여 그가 토지소유자의 건물철거 등 청구에 대항할 수 없는 경우에 민법 제304조 등을 들어 전세권자 또는 대항력 있는 임차권자가 토지소유자의 권리행사에 대항할 수 없음은 물론이다. 또한 건물에 대하여 전세권 또는 대항력 있는 임차권을 설정하여 준 지상권자가 그 지료를 지급하지 아니함을 이유로 토지소유자가 한 지상권소멸청구가 그에 대한 전세권자 또는 임차인의 동의가 없이 행하여졌다고 해도 민법 제304조 제2항에 의하여 그 효과가 제한된다고 할 수 없다"(대판 2010.8.19, 2010다43801).

☞ B의 동의가 없었다고 하더라도 甲이 A에게 제287조에 기한 소멸청구를 할 수 없는 것은 아니다. 따라서 지상권은 소멸하게 되고 甲이 A에게 철거를 청구하면 B는 제304조 2항이 없었음을 이유로 대항할 수 없다.

ㄴ. [×] 제304조(건물의 전세권, 지상권, 임차권에 대한 효력) ①항 타인의 토지에 있는 건물에 전세권을 설정한 때에는 전세권의 효력은 그 건물의 소유를 목적으로 한 지상권 또는 임차권에 미친다. ②항 전항의 경우에 전세권설정자는 전세권자의 동의없이 지상권 또는 임차권을 소멸하게 하는 행위를 하지 못한다.

ㄷ. [×] 대지와 건물이 동일 소유자에 속한 경우에 그 건물에 전세권을 설정한 때에는 그 대지소유권의 특별승계인은 전세권설정자에 대하여 법정지상권을 설정한 것으로 본다(제305조). 즉, 전세권설정자에 대한 법정지상권이 성립하기 위해서는 전세권 설정 당시에 대지와 건물이 동일한 소유자에 속하여야 하고, 대지의 소유권이 변동되어야 한다. 그러나 제305조의 '전세권'은 물권인 전세권을 의미하는 것이고 채권적 전세인 미등기 전세를 의미하는 것은 아니다. 지문의 경우 위 두 가지 요건은 갖추었으나 B가 전세권등기를 하지 않은 미등기전세권자이므로 뒷부분이 틀렸다.

ㄹ. [○] ※ 전세권의 존속기간 중 전세목적물의 소유권이 제3자에게 이전된 경우의 법률관계
"전세권이 성립한 후 목적물의 소유권이 이전되는 경우에 전세권은 전세권자와 목적물의 소유권을 취득한 신 소유자 사이에서 계속 동일한 내용으로 존속하게 된다고 보아야 할 것이고, 따라서 목적물의 신 소유자는 구 소유자와 전세권자 사이에 성립한 전세권의 내용에 따른 권리의무의 직접적인 당사자가 되어 전세권이 소멸하는 때에 전세권자에 대하여 전세권설정자의 지위에서 전세금반환의무를 부담하게 되고, 구 소유자는 전세권설정자의 지위를 상실하여 전세금반환의무를 면하게 된다고 보아야 한다"(대판 2006.5.11, 2006다6072).

※ 건물 양수인이 토지 소유자와의 합의로 법정지상권을 취득할 지위를 소멸시킨 경우 전세권자에 대하여 대항할 수 있는지 여부 (소극)
"토지와 건물을 함께 소유하던 토지·건물의 소유자가 건물에 대하여 전세권을 설정하여 주었는데 그 후 토지가 타인에게 경락되어 민법 제305조 제1항에 의한 법정지상권을 취득한 상태에서 다시 건물을 타인에게 양도한 경우, 그 건물을 양수하여 소유권을 취득한 자는 특별한 사정이 없는 한 법정지상권을 취득할 지위를 가지게 되고, 다른 한편으로는 전세권 관계도 이전받게 되는바, 민법 제304조 등에 비추어 건물 양수인이 토지 소유자와의 관계에서 전세권자의 동의 없이 법정지상권을 취득할 지위를 소멸시켰다고 하더라도, 그 건물 양수인은 물론 토지 소유자도 그 사유를 들어 전세권자에게 대항할 수 없다"(대판 2007.8.24, 2006다14684).

☞ 甲은 전세권설정자의 지위를 승계한다(위 2006다6072판결). 그리고 제304조 등에 비추어 甲은 C와의 합의로 B의 동의 없이 법정지상권을 취득할 지위를 소멸시킬 수는 없다.

[정답] ③

제5장 담보물권

제1절 | 유치권

문1 유치권에 관한 다음 설명 중 가장 옳지 않은 것은?   [20서기보]

① 유치권 배제 특약이 있는 경우 다른 법정요건이 모두 충족되더라도 유치권은 발생하지 않는데, 특약에 따른 효력은 특약의 상대방뿐 아니라 그 밖의 사람도 주장할 수 있다.

② 유치권은 그 목적물에 관하여 생긴 채권이 변제기에 있는 경우에 비로소 성립한다.

③ 어느 부동산에 관하여 경매개시결정등기가 된 뒤에 비로소 점유를 이전받아 유치권을 취득한 사람은 경매절차에서 그의 유치권을 주장할 수 없다.

④ 유치권의 성립요건인 유치권자의 점유는 직접점유만을 말하고 간접점유는 포함되지 않는다.

[해설] ① [○] 유치권 규정은 임의규정이므로 당사자 사이에서 유치권 배제의 특약은 유효하다. 判例는 유치권 배제 특약이 있는 경우 특약에 따른 효력은 특약의 상대방뿐 아니라 그 밖의 사람도 주장할 수 있다고 한다(대판 2018.1.24. 2016다234043).

② [○] 제320조 제1항

③ [○] "채무자 소유의 건물 등 부동산에 강제경매개시결정의 기입등기가 경료되어 압류의 효력이 발생한 이후에 채무자가 위 부동산에 관한 공사대금 채권자에게 그 점유를 이전함으로써 그로 하여금 유치권을 취득하게 한 경우, 그와 같은 점유의 이전은 목적물의 교환가치를 감소시킬 우려가 있는 처분행위에 해당하여 민사집행법 제92조 1항, 제83조 4항에 따른 압류의 처분금지효에 저촉되므로 점유자로서는 위 유치권을 내세워 그 부동산에 관한 경매절차의 매수인에게 대항할 수 없다"(대판 2005.8.19, 2005다22688)

④ [×] 유치권자의 점유는 직접점유이든 간접점유이든 이를 묻지 않는다.

[비교판례] 다만 유치권은 목적물을 유치함으로써 채무자의 변제를 간접적으로 강제하는 것을 본체적 효력으로 하는 권리인 점 등에 비추어, 그 직접점유자가 채무자인 경우에는 유치권의 요건으로서의 점유에 해당하지 않는다(대판 2008.4.11, 2007다27236). 즉, 채무자를 직접점유자로 하여 채권자가 간접점유하는 경우에는 유치권이 성립하지 않는다.

[정답] ④

문2 유치권에 관한 다음 설명 중 가장 옳지 않은 것은?

① 타인의 물건 또는 유가증권을 점유한 자는 그 물건이나 유가증권에 관하여 생긴 채권이 변제기에 있는 경우에는 변제를 받을 때까지 그 물건 또는 유가증권을 유치할 권리가 있다.

② 채권자가 유치권을 행사하고 있다면 채권자가 권리를 행사하고 있는 것이므로, 채권자의 채권은 소멸시효가 진행하지 않는다.

③ 채무자 소유의 부동산에 경매개시결정의 기입등기가 경료되어 압류의 효력이 발생한 이후에 채권자가 채무자로부터 위 부동산의 점유를 이전받고 이에 관한 공사 등을 시행함으로써 채무자에 대한 공사대금채권 및 이를 피담보채권으로 한 유치권을 취득한 경우, 부동산을 점유한 채권자로서는 위 유치권을 내세워 그 부동산에 관한 경매절차의 매수인에게 대항할 수 없다.

④ 민사유치권의 객체인 물건 또는 유가증권은 채무자의 소유에 한정되지 않는다. 이 점에서 채무자 소유의 물건 또는 유가증권을 객체로 하는 상사유치권과 구별된다.

해 설 ① [○] 제320조 1항

② [✕] **제326조(피담보채권의 소멸시효)** 유치권의 행사는 채권의 소멸시효의 진행에 영향을 미치지 아니한다.

③ [○] "채무자 소유의 건물 등 부동산에 강제경매개시결정의 기입등기가 경료되어 압류의 효력이 발생한 이후에 채무자가 위 부동산에 관한 공사대금 채권자에게 그 점유를 이전함으로써 그로 하여금 유치권을 취득하게 한 경우, 그와 같은 점유의 이전은 목적물의 교환가치를 감소시킬 우려가 있는 처분행위에 해당하여 민사집행법 제92조 1항, 제83조 4항에 따른 압류의 처분금지효에 저촉되므로 점유자로서는 위 유치권을 내세워 그 부동산에 관한 경매절차의 매수인에게 대항할 수 없다"(대판 2005.8.19, 2005다22688)

④ [○] "상사유치권은 민사유치권과 달리 피담보채권이 '목적물에 관하여' 생긴 것일 필요는 없지만 유치권의 대상이 되는 물건은 '채무자 소유'일 것으로 제한되어 있다(상법 제58조, 민법 제320조 제1항 참조). 즉 상사유치권이 채무자 소유의 물건에 대해서만 성립한다는 것은, 상사유치권은 성립 당시 채무자가 목적물에 대하여 보유하고 있는 담보가치만을 대상으로 하는 제한물권이라는 의미를 담고 있다 할 것이고, 따라서 유치권 성립 당시에 이미 목적물에 대하여 제3자가 권리자인 제한물권이 설정되어 있다면, 상사유치권은 그와 같이 제한된 채무자의 소유권에 기초하여 성립할 뿐이고, 기존의 제한물권이 확보하고 있는 담보가치를 사후적으로 침탈하지는 못한다"(대판 2013.2.28. 2010다57350)

[정답] ②

문3 유치권에 대한 다음 설명 중 가장 옳지 않은 것은?

[14서기보]

① 채무자 소유의 건물에 관하여 증·개축 등 공사를 도급받은 수급인이 경매개시결정의 기입등기가 마쳐지기 전에 채무자로부터 건물의 점유를 이전받았다 하더라도 경매개시결정의 기입등기가 마쳐져 압류의 효력이 발생한 후에 공사를 완공하여 공사대금채권을 취득함으로써 그때 비로소 유치권이 성립한 경우에는, 수급인은 유치권을 내세워 경매절차의 매수인에게 대항할 수 없다.

② 甲이 건물 신축공사 수급인인 乙 주식회사와 체결한 약정에 따라 공사현장에 시멘트와 모래 등의 건축자재를 공급한 사안에서, 甲의 건축자재대금채권은 매매계약에 따른 매매대금채권에 불과할 뿐 건물 자체에 관하여 생긴 채권이라고 할 수는 없으므로 건물에 관한 유치권의 피담보채권이 될 수 없다.

③ 공사대금채권에 기하여 유치권을 행사하는 자가 스스로 유치물인 주택에 거주하며 사용하는 것은 특별한 사정이 없는 한 유치물인 주택의 보존에 도움이 되는 행위로서 유치물의 보존에 필요한 사용에 해당한다고 할 것이다. 따라서 유치권자가 유치물의 보존에 필요한 사용을 한 경우라면 특별한 사정이 없는 한 차임에 상당한 이득을 소유자에게 반환할 의무가 없다.

④ 임대인과 임차인 사이에 건물명도시 권리금을 반환하기로 하는 약정이 있었다 하더라도 그와 같은 권리금반환청구권은 건물에 관하여 생긴 채권이라 할 수 없으므로 그와 같은 채권을 가지고 건물에 대한 유치권을 행사할 수 없다.

해 설 ① [○] "채무자 소유의 건물 등 부동산에 강제경매개시결정의 기입등기가 경료되어 압류의 효력이 발생한 이후에 채무자가 위 부동산에 관한 공사대금 채권자에게 그 점유를 이전함으로써 그로 하여금 유치권을 취득하게 한 경우, 그와 같은 점유의 이전은 목적물의 교환가치를 감소시킬 우려가 있는 처분행위에 해당하여 민사집행법 제92조 제1항, 제83조 제4항에 따른 압류의 처분금지효에 저촉되므로 점유자로서는 위 유치권을 내세워 그 부동산에 관한 경매절차의 매수인에게 대항할 수 없다"(대판 2005.8.19, 2005다22688)

② [○] 대판 2012.1.26. 2011다96208

③ [×] ※ 유치물 사용권 및 부당이득반환

"민법 제324조에 의하면, 유치권자는 선량한 관리자의 주의로 유치물을 점유하여야 하고, 소유자의 승낙 없이 유치물을 보존에 필요한 범위를 넘어 사용하거나 대여 또는 담보제공을 할 수 없으며, 소유자는 유치권자가 위 의무를 위반한 때에는 유치권의 소멸을 청구할 수 있다고 할 것인바, 공사대금채권에 기하여 유치권을 행사하는 자가 스스로 유치물인 주택에 거주하며 사용하는 것은 특별한 사정이 없는 한 유치물인 주택의 보존에 도움이 되는 행위로서 유치물의 보존에 필요한 사용에 해당한다고 할 것이다. 그리고 유치권자가 유치물의 보존에 필요한 사용을 한 경우에도 특별한 사정이 없는 한 차임에 상당한 이득을 소유자에게 반환할 의무가 있다"(대판 2009.9.24. 2009다40684).

"유치권자가 유치물에 관하여 제3자와의 사이에 전세계약을 체결하여 전세금을 수령하였다면 전세금이 종국에는 전세입자에게 반환되어야 할 것임에 비추어 다른 특별한 사정이 없는 한 그가 얻은 구체적 이익은 그가 전세금으로 수령한 금전의 이용가능성이고, 그가 이와 같이 구체적으로 얻은 이익과 관계없이 추상적으로 산정된 차임 상당액을 부당이득으로 반환하여야 한다고 할 수 없다. 그리고 이러한 이용가능성은 그 자체 현물로 반환될 수 없는 성질의 것이므로 그 '가액'을 산정하여 반환을 명하여야 하는바, 그 가액은 결국 전세금에 대한 법정이자 상당액이다"(대판 2009.12.24, 2009다32324).

④ [○] 대판 1994.10.14. 93다62119

[정답] ③

문4 유치권에 관한 다음 설명 중 가장 옳지 않은 것은?

[17서기보]

① A건물의 소유자 겸 채무자인 甲의 동의 없이 유치권자인 乙로부터 유치권의 목적물을 임차한 丙은 甲에게 그 임대의 효력을 주장할 수 없다.

② 물건의 인도를 청구하는 소송에서 유치권의 항변이 인용되는 경우에는 동시이행의 항변이 인용되는 경우와 마찬가지로 상환이행판결을 하여야 한다.

③ 근저당권설정등기 후에 상사유치권이 성립한 경우라도 상사유치권자는 선행저당권에 기한 경매절차의 매수인에게 상사유치권으로 대항할 수 있다.

④ 乙이 공사대금채권을 피담보채권으로 하여 甲소유의 A주택에 대하여 유치권을 행사하면서 스스로 그 주택에 거주하며 사용하더라도 甲은 위 유치권의 소멸을 청구할 수 없다.

해설 ① [○] **제324조(유치권자의 선관의무)** ②항 유치권자는 채무자의 승낙없이 유치물의 사용, 대여 또는 담보제공을 하지 못한다. 그러나 유치물의 보존에 필요한 사용은 그러하지 아니하다.
☞ 유치권의 성립요건인 유치권자의 점유는 직접점유이든 간접점유이든 관계없지만, 유치권자는 채무자의 승낙이 없는 이상 그 목적물을 타에 '임대' 할 수 있는 처분권한이 없으므로, 유치권자의 그러한 임대행위는 소유자의 처분권한을 침해하는 것으로서 소유자에게 그 임대의 효력을 주장할 수 없고, 따라서 소유자의 동의 없이 유치권자로부터 유치권의 목적물을 임차한 자의 점유는 소유자에게 대항할 수 있는 적법한 권원에 기한 것이라고 볼 수 없다(대판 2011.2.10. 2010다94700).

② [○] 대판 2011.12.13. 2009다5162

③ [X] 判例는 선행하는 저당권이 있는 상황에서 나중에 '상사유치권' 이 성립한 경우 민사집행법 제91조 5항(인수주의)의 적용을 부정한다. 즉, 상사유치권자는 선행저당권자 또는 선행저당권에 기한 임의경매절차에서 부동산을 매수한 매수인에게 대항할 수 없다(아래 2010다57350판결)
"상사유치권은 민사유치권과 달리 피담보채권이 '목적물에 관하여' 생긴 것일 필요는 없지만 유치권의 대상이 되는 물건은 '채무자 소유' 일 것으로 제한되어 있다(상법 제58조, 민법 제320조 제1항 참조).

즉, 상사유치권이 채무자 소유의 물건에 대해서만 성립한다는 것은, 상사유치권은 성립 당시 채무자가 목적물에 대하여 보유하고 있는 담보가치만을 대상으로 하는 제한물권이라는 의미를 담고 있다 할 것이고, 따라서 유치권 성립 당시에 이미 목적물에 대하여 제3자가 권리자인 제한물권이 설정되어 있다면, 상사유치권은 그와 같이 제한된 채무자의 소유권에 기초하여 성립할 뿐이고, 기존의 제한물권이 확보하고 있는 담보가치를 사후적으로 침탈하지는 못한다"(대판 2013.2.28. 2010다57350)

④ [○] **제324조(유치권자의 선관의무)** ①항 유치권자는 선량한 관리자의 주의로 유치물을 점유하여야 한다. ②항 유치권자는 채무자의 승낙없이 유치물의 사용, 대여 또는 담보제공을 하지 못한다. 그러나 유치물의 보존에 필요한 사용은 그러하지 아니하다. ③항 유치권자가 전2항의 규정에 위반한 때에는 채무자는 유치권의 소멸을 청구할 수 있다.

☞ 공사대금채권에 기하여 주택에 대해 유치권을 행사하는 자가 스스로 유치물인 주택에 거주하며 사용하는 것은 특별한 사정이 없는 한 유치물의 보존에 필요한 사용에 해당한다(대판 2009.9.24, 2009다40684).

[정답] ③

문5 유치권에 관한 설명으로 옳지 않은 것은? (다툼이 있는 경우 판례에 의함)　　[기출변형]

① 도급인과 건물신축공사 계약을 체결한 수급인이 공사완료 예정일에 공사를 완료하였으나 도급인이 공사대금을 지급하지 않는 경우, 수급인은 공사대금청구권 및 공사대금 채무불이행에 따른 손해배상청구권을 피담보채권으로 하여 도급인에게 위 신축건물에 관한 유치권으로 대항할 수 있다.

② 다세대주택 전체의 창호 공사를 완성한 수급인이 위 공사 전부에 대하여 일률적으로 지급하기로 한 공사대금 잔액을 변제받기 위하여 위 다세대주택 중 한 세대를 점유하여 유치권을 행사하는 경우, 그 유치권은 위 한 세대에 대하여 시행한 공사대금만이 아니라 위 다세대주택 전체에 대하여 시행한 공사대금 잔액 전부에 대한 채권을 피담보채권으로 하여 성립한다.

③ 건축자재상인이 건물 신축공사 수급인과 체결한 약정에 따라 건축자재를 공급하였으나 건축자재대금을 받지 못한 경우, 건축자재상인은 위 신축건물에 관하여 건축자재대금채권을 피담보채권으로 하는 유치권의 성립을 주장할 수 있다.

④ 공사대금채권에 기하여 유치권을 행사하는 자가 유치물인 주택에 거주하며 사용하는 것이 보존행위에 해당하여 허용되는 경우에도, 특별한 사정이 없는 한 차임에 상당한 이득은 소유자에게 반환해야 한다.

해설 ① [○] ※ 수급인의 공사대금채권 및 채무불이행으로 인한 손해배상채권

㉠ "주택건물의 신축공사를 한 수급인이 그 건물을 점유하고 있고 또 그 건물에 관하여 생긴 공사금 채권이 있다면, 수급인은 그 채권을 변제받을 때까지 건물을 유치할 권리가 있다고 할 것이고, 이러한 유치권은 수급인이 점유를 상실하거나 피담보채무가 변제되는 등 특단의 사정이 없는 한 소멸되지 않는다"(대판 1995.9.15. 95다16202,16219). ㉡ "채무불이행에 의한 손해배상청구권은 원채권의 연장이라 보아야 할 것이므로 물건과 원채권과 사이에 견련관계가 있는 경우에는 그 손해배상채권과 그 물건과의 사이에도 견련관계가 있다할 것으로서 손해배상채권에 관하여 유치권항변을 내세울 수 있다"(대판 1976.9.28. 76다582).

② [○] ※ 유치권의 불가분성

"민법 제321조는 '유치권자는 채권 전부의 변제를 받을 때까지 유치물 전부에 대하여 그 권리를 행사할 수 있다'고 규정하고 있으므로, 유치물은 그 각 부분으로써 피담보채권의 전부를 담보하며, 이와 같은 유치권의 불가분성은 그 목적물이 분할 가능하거나 수개의 물건인 경우에도 적용된다. 다세대주택의 창호 등의 공사를 완성한 하수급인이 공사대금채권 잔액을 변제받기 위하여 위 다세대주택 중 한 세대를 점유하여 유치권을 행사하는 경우, 그 유치권은 위 한 세대에 대하여 시행한 공사대금만이 아니라 다세대주택 전체에 대하여 시행한 공사대금채권의 잔액 전부를 피담보채권으로 하여 성립한다"(대판 2007.9.7. 2005다16942).

쟁점정리 민법 제321조는 '유치권자는 채권 전부의 변제를 받을 때까지 유치물 전부에 대하여 그 권리를 행사할 수 있다'고 규정하고 있으므로, 유치물은 그 각 부분으로써 피담보채권의 전부를 담보하며, 이와 같은 유치권의 불가분성은 그 목적물이 분할 가능하거나 수개의 물건인 경우에도 적용된다(위 2005다16942판결).

③ [×] ※ 그 물건에 관하여 생긴 채권

"도급인이 수급인과의 약정에 따라 공사현장에 시멘트와 모래 등의 건축자재를 공급한 경우, 도급인의 건축자재대금채권은 매매계약에 따른 매매대금채권에 불과할 뿐 건물 자체에 관하여 생긴 채권이라고 할 수 없다"(대판 2012.1.26. 2011다96208)

④ [○] ※ 유치물 사용권 및 부당이득반환

"민법 제324조에 의하면, 유치권자는 선량한 관리자의 주의로 유치물을 점유하여야 하고, 소유자의 승낙 없이 유치물을 보존에 필요한 범위를 넘어 사용하거나 대여 또는 담보제공을 할 수 없으며, 소유자는 유치권자가 위 의무를 위반한 때에는 유치권의 소멸을 청구할 수 있다고 할 것인바, 공사대금채권에 기하여 유치권을 행사하는 자가 스스로 유치물인 주택에 거주하며 사용하는 것은 특별한 사정이 없는 한 유치물인 주택의 보존에 도움이 되는 행위로서 유치물의 보존에 필요한 사용에 해당한다고 할 것이다. 그리고 유치권자가 유치물의 보존에 필요한 사용을 한 경우에도 특별한 사정이 없는 한 차임에 상당한 이득을 소유자에게 반환할 의무가 있다"(대판 2009.9.24. 2009다40684).

비교판례 "유치권자가 유치물에 관하여 제3자와의 사이에 전세계약을 체결하여 전세금을 수령하였다면 전세금이 종국에는 전세입자에게 반환되어야 할 것임에 비추어 다른 특별한 사정이 없는 한 그가 얻은 구체적 이익은 그가 전세금으로 수령한 금전의 이용가능성이고, 그가 이와 같이 구체적으로 얻은 이익과 관계없이 추상적으로 산정된 차임 상당액을 부당이득으로 반환하여야 한다고 할 수 없다. 그리고 이러한 이용가능성은 그 자체 현물로 반환될 수 없는 성질의 것이므로 그 '가액'을 산정하여 반환을 명하여야 하는바, 그 가액은 결국 전세금에 대한 법정이자 상당액이다"(대판 2009.12.24. 2009다32324).

[정답] ③

문6 다음 설명 중 「민법」상 유치권 행사가 인정되는 경우를 모두 고른 것은? [기출변형]

> ㄱ. 채무자 소유의 부동산에 강제경매개시결정의 기입등기가 경료되어 압류의 효력이 발생한 이후에 채무자가 그 부동산에 관한 공사대금채권자에게 점유를 이전함으로써 유치권을 취득하게 한 경우, 공사대금채권자가 그 부동산에 관한 경매절차의 매수인에게
> ㄴ. 채무자 소유 건물의 보수공사를 맡은 수급인이 경매개시결정의 기입등기가 경료되기 전에 위 건물의 점유를 이전받고 경매개시결정의 기입등기가 경료된 후 공사를 완공하여 공사대금채권을 취득한 경우, 수급인이 그 부동산에 관한 경매절차의 매수인에게
> ㄷ. 체납처분에 의한 압류가 되어 있는 부동산에 대하여 경매절차가 개시되기 전에 그 부동산에 관한 민사유치권을 취득한 자가 그 후에 진행된 경매절차의 매수인에게
> ㄹ. 건물신축 도급계약에서 완성된 건물에 하자가 있고 하자에 상응하는 손해액이 공사잔대금액 이상이어서 도급인이 하자보수청구권에 기하여 수급인의 공사잔대금 채권 전부에 대하여 동시이행항변을 하였으나, 수급인이 도급인에게 하자보수의무의 이행제공을 하지 않은 경우, 건물을 점유하고 있는 수급인이 도급인에게

① ㄷ
② ㄱ, ㄹ
③ ㄴ, ㄷ
④ ㄴ, ㄹ

해설 ㄱ. 유치권 부정

"채무자 소유의 건물 등 부동산에 강제경매개시결정의 기입등기가 경료되어 압류의 효력이 발생한 이후에 채무자가 위 부동산에 관한 공사대금 채권자에게 그 점유를 이전함으로써 그로 하여금 유치권을 취득하게 한 경우, 그와 같은 점유의 이전은 목적물의 교환가치를 감소시킬 우려가 있는 처분행위에 해당하여 민사집행법 제92조 제1항, 제83조 제4항에 따른 압류의 처분금지효에 저촉되므로 점유자로서는 위 유치권을 내세워 그 부동산에 관한 경매절차의 매수인에게 대항할 수 없다"(대판 2005.8.19, 2005다22688)

ㄴ. 유치권 부정

"유치권은 목적물에 관하여 생긴 채권이 변제기에 있는 경우에 비로소 성립하고(제320조), 한편 채무자 소유의 부동산에 경매개시결정의 기입등기가 마쳐져 압류의 효력이 발생한 후에 유치권을 취득한 경우에는 그로써 부동산에 관한 경매절차의 매수인에게 대항할 수 없는데, 채무자 소유의 건물에 관하여 증·개축 등 공사를 도급받은 수급인이 경매개시결정의 기입등기가 마쳐지기 전에 채무자에게서 건물의 점유를 이전받았다 하더라도 경매개시결정의 기입등기가 마쳐져 압류의 효력이 발생한 후에 공사를 완공하여 공사대금채권을 취득함으로써 그때 비로소 유치권이 성립한 경우에는, 수급인은 유치권을 내세워 경매절차의 매수인에게 대항할 수 없다"(대판 2011.10.13, 2011다55214)

ㄷ. 유치권 인정 ※ '체납처분압류 후' 경매절차가 개시되기 전에 민사유치권을 취득한 경우

최근에 대법원은 전원합의체 판결로 "부동산에 관한 민사집행절차에서는 경매개시결정과 함께 압류를 명하므로 압류가 행하여짐과 동시에 매각절차인 경매절차가 개시되는 반면, 국세징수법에 의한 체

납처분절차에서는 그와 달리 체납처분에 의한 압류(이하 '체납처분압류' 라고 한다)와 동시에 매각절차인 공매절차가 개시되는 것이 아닐 뿐만 아니라, 체납처분압류가 반드시 공매절차로 이어지는 것도 아니다. 또한 체납처분절차와 민사집행절차는 서로 별개의 절차로서 공매절차와 경매절차가 별도로 진행되는 것이므로, 부동산에 관하여 체납처분압류가 되어 있다고 하여 경매절차에서 이를 그 부동산에 관하여 경매개시결정에 따른 압류가 행하여진 경우와 마찬가지로 볼 수는 없다. 따라서 체납처분압류가 되어 있는 부동산이라고 하더라도 그러한 사정만으로 경매절차가 개시되어 경매개시결정등기가 되기 전에 부동산에 관하여 민사유치권을 취득한 유치권자가 경매절차의 매수인에게 유치권을 행사할 수 없다고 볼 것은 아니다" 라고 판단하였다(대판 2014.3.20. 전합2009다60336).

ㄹ. 유치권 부정
"신축 건물의 하자에 상응하는 금액이 공사잔대금액 이상이어서 도급인이 하자보수청구권 등에 기하여 수급인의 공사잔대금 채권 전부에 대하여 '동시이행의 항변'을 한 때에는, 공사잔대금 채권의 변제기가 도래하지 아니한 경우와 마찬가지로 수급인은 도급인에 대하여 하자보수의무나 하자보수에 갈음한 손해배상의무 등에 관한 이행의 제공을 하지 아니한 이상 공사잔대금 채권에 기한 유치권을 행사할 수 없다"(대판 2014.1.16. 2013다30653).

[정답] ①

문7 유치권에 관한 다음 설명 중 틀린 것은? (다툼이 있는 경우에는 판례에 의함) [기출변형]

① 건물의 옥탑, 외벽 등에 설치된 '간판설치 공사대금채권'을 피담보채권으로 '건물'에 대해 유치권을 행사할 수 있다.

② 매도인이 부동산을 점유하고 있고 소유권을 이전받은 매수인에게서 매매대금 일부를 지급받지 못하고 있다고 하여 매매대금채권을 피담보채권으로 매수인이나 그에게서 부동산 소유권을 취득한 제3자를 상대로 유치권을 주장할 수 없다.

③ 다세대주택 12세대의 공사를 수급받은 자가 공사를 완성하였으나 그 대금을 받지 못하여 그 중 1세대의 주택을 점유하고 유치권을 행사하는 경우, 그 유치권은 점유하고 있는 1세대의 공사대금 뿐 아니라 12세대의 공사대금 전부를 피담보채권으로 하여 성립한다.

④ 유치권에 의한 경매도 강제경매나 담보권 실행을 위한 경매와 마찬가지로 목적부동산 위의 부담을 소멸시키는 것을 법정매각조건으로 하여 실시되고, 우선채권자뿐만 아니라 일반채권자의 배당요구도 허용되며, 유치권자는 일반채권자와 동일한 순위로 배당을 받을 수 있다.

해설 ① [×] ㉠ "민법 제320조의 점유에는 직접점유뿐만 아니라 간접점유도 포함된다"(대판 2013.10.24. 2011다44788). 관련판례 건물 신축공사의 하수급인이 다른 하수급인 등을 통하여 신축건물을 간접점유함으로써 유치권 성립요건을 충족하였다고 본 사례.

㉡ "유치권의 피담보채권은 '그 물건에 관하여 생긴 채권'이어야 한다"(대판 2013.10.24. 2011다44788). 관련판례 건물의 옥탑, 외벽 등에 설치된 간판의 경우 일반적으로 건물의 일부가 아니라 독립된 물건으로 남아 있으면서 과다한 비용을 들이지 않고 건물로부터 분리할 수 있는 것이 충분히 있을 수 있고, 그러한 경우에는 특별한 사정이 없는 한 간판 설치공사 대금채권을 그 건물 자체에 관하여 생긴 채권이라고 할 수 없다고 보아 유치권의 성립을 부정한 사례

② [○] "매도인이 부동산을 점유하고 있고 소유권을 이전받은 매수인에게서 매매대금 일부를 지급받지 못하고 있다고 하여 매매대금채권을 피담보채권으로 매수인이나 그에게서 부동산 소유권을 취득한 제3자를 상대로 유치권을 주장할 수 없다"(대결 2012.1.12. 2011마2380).

③ [○] 유치권자는 채권 전액을 변제받을 때까지 목적물을 유치할 수 있다. 여기서 '유치'한다는 것은 목적물의 점유를 계속하면서 인도를 거절하는 것을 뜻한다. 한편 민법 제321조는 '유치권자는 채권 전부의 변제를 받을 때까지 유치물 전부에 대하여 그 권리를 행사할 수 있다'고 규정하고 있으므로, 유치물은 그 각 부분으로써 피담보채권의 전부를 담보하며, 이와 같은 유치권의 불가분성은 그 목적물이 분할 가능하거나 수개의 물건인 경우에도 적용된다(대판 2007.9.7, 2005다16942). ☞ 다세대주택의 대표 甲이 B와 재건축관련 도급계약을 체결하고, B가 다시 A와 수개의 다세대주택의 창호 등의 공사에 대해 하도급계약을 체결한 사안으로, 공사를 마친 하수급인 A가 하도급인 B에 대한 공사대금채권 잔액을 변제받기 위하여 위 다세대주택 중 구분소유권의 목적인 어느 한 세대를 점유하여 유치권을 행사하는 경우, 그 유치권의 피담보채권은 다세대주택공사의 도급계약이라는 동일한 법률관계에서 발생한 채권이므로, 유치권을 행사한 그 다세대주택의 공사대금만이 아니라 다세대주택 전체에 대하여 시행한 공사대금채권의 잔액 전부라고 본 사례이다.

④ [○] 유치권자는 채권의 변제를 받기 위하여 유치물을 경매할 수 있다(제322조 1항). 유치권에 기한 경매는 담보권 실행을 위한 경매의 예에 따라 실시한다(민사집행법 제274조 1항). 다만, 이 경우의 경매는 환가에 목적이 있는 것일 뿐, 경매에 의한 배당절차에서 우선변제권은 없다(그러나 간이변제충당 또는 과실수취권을 통해 사실상 우선변제권이 인정된다). 따라서 유치권자라는 이유만으로는 배당에 참가할 수 없으나, 채권에 관하여 별도로 집행권원 등을 얻어 일반채권자의 지위에서 배당에 참가하는 것은 가능하다.

"유치권에 의한 경매도 강제경매나 담보권 실행을 위한 경매와 마찬가지로 목적부동산 위의 부담을 소멸시키는 것을 법정매각조건으로 하여 실시되고(이른바 소멸주의), 우선채권자뿐만 아니라 일반채권자의 배당요구도 허용되며, 유치권자는 일반채권자와 동일한 순위로 배당을 받을 수 있다. 다만 집행법원은 부동산 위의 이해관계를 살펴 위와 같은 법정매각조건과는 달리 매각조건 변경결정을 통하여 목적부동산 위의 부담을 소멸시키지 않고 매수인으로 하여금 인수하도록 정할 수 있다. 그리고 유치권에 의한 경매가 소멸주의를 원칙으로 하여 진행되는 이상 강제경매나 담보권 실행을 위한 경매의 경우와 같이 그 목적부동산 위의 부담을 소멸시키는 것이므로 집행법원이 달리 매각조건 변경결정을 통하여 목적부동산 위의 부담을 소멸시키지 않고 매수인으로 하여금 인수하도록 정하지 않은 이상 집행법원으로서는 매각기일의 공고나 매각물건명세서에 목적부동산 위의 부담이 소멸하지 않고 매수인이 이를 인수하게 된다는 취지를 기재할 필요가 없다"(대결 2011.6.15, 2010마1059).

[정답] ①

문8 민사유치권에 관한 설명 중 옳은 것을 모두 고른 것은?

> ㄱ. 건물신축 도급계약에서 수급인이 완성한 신축 건물에 하자가 있고 하자 및 손해에 상응하는 금액이 공사잔대금액 이상이어서 도급인이 하자보수에 갈음한 손해배상청구권에 기하여 수급인의 공사잔대금채권 전부에 대하여 동시이행의 항변을 한 경우, 수급인은 위 손해배상채무에 관한 이행의 제공을 하지 아니한 이상 공사잔대금채권에 기한 유치권을 행사할 수 없다.
>
> ㄴ. 이른바 계약명의신탁약정을 맺고 명의수탁자가 명의신탁약정에 관하여 알지 못하는 소유자와 건물 매매계약을 체결한 뒤 수탁자 명의로 소유권이전등기를 마친 경우, 명의신탁자가 명의수탁자에 대하여 가지는 매매대금 상당의 부당이득반환청구권은 당해 건물의 반환청구권과 동일한 법률관계 또는 사실관계로부터 발생한 채권에 해당하지 않는다.
>
> ㄷ. 자재업자가 공사수급인과의 계약으로 시멘트를 공급하였고 이것이 공사수급인에 의해 건물신축공사에 사용됨으로써 부합된 경우, 시멘트대금채권은 신축된 건물 자체에 관하여 생긴 채권이라고 할 수 있다.
>
> ㄹ. 유치권의 피담보채권의 소멸시효기간이 확정판결 등에 의하여 10년으로 연장된 경우에도 유치권의 목적물을 매수하여 소유권을 취득한 자는 그 피담보채권의 소멸시효기간이 연장된 효과를 부정하고 종전의 단기소멸시효기간을 원용할 수 있다.

① ㄱ, ㄴ   ② ㄹ
③ ㄱ, ㄴ, ㄷ   ④ ㄴ, ㄹ

해설 ※ 유치권은 ⅰ) 타인의 물건 또는 유가증권(목적물)을 ⅱ) 적법하게 점유하고 있으며(재항변 사유), ⅲ) 그 목적물에 관하여 생긴 채권(채권과 목적물과의 견련관계)이 ⅳ) 변제기에 있을 때 ⅴ) 유치권 배제특약이 없는 경우(재항변 사유)에 성립한다(제320조)(변, 특, 타, 목, 적)

ㄱ. [○] ※ 채권이 변제기에 있을 것
"신축 건물의 하자에 상응하는 금액이 공사잔대금액 이상이어서 도급인이 하자보수청구권 등에 기하여 수급인의 공사잔대금 채권 전부에 대하여 '동시이행의 항변'을 한 때에는, 공사잔대금 채권의 변제기가 도래하지 아니한 경우와 마찬가지로 수급인은 도급인에 대하여 하자보수의무나 하자보수에 갈음한 손해배상의무 등에 관한 이행의 제공을 하지 아니한 이상 공사잔대금 채권에 기한 유치권을 행사할 수 없다"(대판 2014.1.16. 2013다30653).

ㄴ. [○] ※ 명의신탁자가 명의수탁자에 대한 부당이득반환채권에 기하여 유치권을 행사할 수 있는지 여부
"계약명의신탁약정이 부동산실명법 시행 후인 경우에는 명의신탁자는 애초부터 당해 부동산의 소유권을 취득할 수 없었으므로 위 명의신탁약정의 무효로 인하여 명의신탁자가 입은 손해는 당해 부동산 자체가 아니라 명의수탁자에게 제공한 매수자금이라 할 것이고, 따라서 명의수탁자는 당해 부동산 자체가 아니라 명의신탁자로부터 제공받은 매수자금을 부당이득하였다고 할 것이다"(대판 2005.1.28, 2002다66922).

그런데 "명의신탁자의 이와 같은 부당이득반환청구권은 i) 부동산 자체로부터 발생한 채권이 아닐 뿐만 아니라 ii) 소유권 등에 기한 부동산의 반환청구권과 동일한 법률관계나 사실관계로부터 발생한 채권이라고 보기도 어려우므로, 결국 민법 제320조 제1항에서 정한 유치권 성립 요건으로서의 목적물과 채권 사이의 견련관계를 인정할 수 없다"(대판 2009.3.26, 2008다34828). 따라서 유치권이 인정되지 않는다.

ㄷ. [X] ※ 건축자재대금채권으로 건물에 대한 유치권(소극)
"도급인이 수급인과의 약정에 따라 공사현장에 시멘트와 모래 등의 건축자재를 공급한 경우, 도급인의 건축자재대금채권은 매매계약에 따른 매매대금채권에 불과할 뿐 건물 자체에 관하여 생긴 채권이라고 할 수 없다"(대판 2012.1.26. 2011다96208).

ㄹ. [X] ※ 주채무의 시효연장이 제3취득자에게 미치는 영향
"유치권이 성립된 부동산의 매수인은 피담보채권의 소멸시효가 완성되면 시효로 인하여 채무가 소멸되는 결과 직접적인 이익을 받는 자에 해당하므로 소멸시효의 완성을 원용할 수 있는 지위에 있다고 할 것이나, 매수인은 유치권자에게 채무자의 채무와는 별개의 독립된 채무를 부담하는 것이 아니라 단지 채무자의 채무를 변제할 책임을 부담하는 점 등에 비추어 보면, 유치권의 피담보채권의 소멸시효기간이 확정판결 등에 의하여 10년으로 연장된 경우 매수인은 그 채권의 소멸시효기간이 연장된 효과를 부정하고 종전의 단기소멸시효기간을 원용할 수는 없다"(대판 2009.9.24, 2009다39530)

[정답] ①

문9 유치권에 관한 다음 설명 중 틀린 것은? (다툼이 있는 경우에는 판례에 의함) [기출변형]

① 甲회사가 건물신축 공사대금 일부를 지급받지 못하자 건물을 점유하면서 유치권을 행사해 왔는데, 그 후 乙이 경매절차에서 건물 중 일부를 매수하여 소유권이전등기를 마친 다음 甲 회사의 점유를 침탈하여 丙에게 임대한 경우 乙의 점유침탈로 유치건물에 대한 甲회사의 점유는 상실되나, 甲 회사가 점유회수의 소를 제기하여 점유를 회복할 수 있다는 사정이 있는 만큼 甲회사의 유치권은 소멸되지 않았다.

② 건물임차인이 임대차계약이 적법하게 해지된 후에도 계속 건물을 점유하면서 그 건물에 필요비를 지출하더라도 그 필요비상환청구권에 관하여는 유치권이 성립하지 않는다.

③ 점유물에 대한 필요비 및 유익비 상환청구권을 기초로 하는 유치권의 주장을 배척하려면 적어도 그 점유가 불법행위로 인하여 개시되었거나 점유자가 필요비 및 유익비를 지출할 당시 이를 점유할 권원이 없음을 알았거나 '중대한 과실'로 알지 못하였다고 인정할만한 사유에 대한 상대방 당사자의 주장·입증이 있어야 한다.

④ 피담보채권이 목적물의 반환청구권과 동일한 법률관계 또는 사실관계로부터 발생한 경우에도 유치권은 성립할 수 있다.

해설 ① [×] ※ 성립요건 : 목적물을 적법하게 점유하고 있을 것 - 점유의 계속 -

유치권은 i) 타인의 물건 또는 유가증권(목적물)을 ii) 적법하게 점유하고 있으며(재항변 사유), iii) 그 목적물에 관하여 생긴 채권(채권과 목적물과의 견련관계)이 iv) 변제기에 있을 때 v) 유치권 배제특약이 없는 경우(재항변 사유)에 성립한다(제320조). 이 때 점유는 계속되어야 한다. 유치권자가 목적물의 점유를 잃으면 유치권은 당연히 소멸한다(제328조).

최근 判例는 甲회사가 건물신축 공사대금 일부를 지급받지 못하자 건물을 점유하면서 유치권을 행사해 왔는데, 그 후 乙이 경매절차에서 건물 중 일부를 매수하여 소유권이전등기를 마친 다음 甲 회사의 점유를 침탈하여 丙에게 임대한 사안에서, "乙의 점유침탈로 甲회사가 점유를 상실한 이상 유치권은 소멸하고, 甲 회사가 점유회수의 소를 제기하여 승소판결을 받아 점유를 회복하면 점유를 상실하지 않았던 것으로 되어 유치권이 되살아나지만, 점유회수의 소를 제기하여 점유를 회복할 수 있다는 사정만으로 甲회사의 유치권이 소멸하지 않았다고 볼 것은 아니다"라는 취지의 판결을 하였다(대판 2012.2.9. 2011다72189).

② [○] ※ 성립요건 : 목적물을 적법하게 점유하고 있을 것 - 적법한 점유 -

그 점유는 불법행위로 인해 취득한 것이 아니어야 한다(제320조 2항 ; 불법점유자는 유치권을 주장할 수 없을 뿐 비용상환청구권 자체는 인정될 수 있다). 또한 권원에 의하여 점유를 개시하였다 하더라도 후에 권원이 소멸한 경우에는 유치권의 성립이 인정되지 않는다. 그러므로 건물임차인이 임대차계약이 적법하게 해지된 후에도 계속 건물을 점유하고 그 건물에 필요비를 지출하더라도 그 필요비상환청구권에 관하여는 유치권이 성립하지 않는다(대판 1967.1.24, 66다2144).

③ [○] ※ 성립요건 : 목적물을 적법하게 점유하고 있을 것 - 적법한 점유 -

권원이 없음을 과실로 알지 못하고 비용을 지출한 점유자가 유치권을 가지느냐와 관련하여 최근 判例는 "물건의 점유자는 소유의 의사로 선의, 평온 및 공연하게 점유한 것으로 추정되고 점유자가 점유물에 대하여 행사하는 권리는 적법하게 보유하는 것으로 추정된다(제197조 1항, 제200조). 따라서 점유물에 대한 필요비 및 유익비 상환청구권을 기초로 하는 유치권의 주장을 배척하려면 적어도 그 점유가 불법행위로 인하여 개시되었거나 점유자가 필요비 및 유익비를 지출할 당시 이를 점유할 권원이 없음을 알았거나 중대한 과실로 알지 못하였다고 인정할만한 사유에 대한 상대방 당사자의 주장·입증이 있어야 한다"(대판 2011.12.13. 2009다5162)고 보아 악의, 중과실이 있는 경우에는 유치권의 성립을 부정한다.

④ [○] ※ 성립요건 : 채권과 목적물과의 견련관계

判例는 "유치권 제도 본래의 취지인 공평의 원칙에 특별히 반하지 않는 한 채권이 목적물 자체로부터 발생한 경우는 물론이고 채권이 목적물의 반환청구권과 동일한 법률관계나 사실관계로부터 발생한 경우도 포함한다"(대판 2007.9.7, 2005다16942)고 하여 광의설적인 입장을 밝혔다. 그러나 실제 결과에 있어서 判例는 동시이행의 항변권에 대해서는 공평의 원칙을 근거로 '견련성'의 의미를 완화하여 해석하는 반면, 유치권에 대해서는 이를 엄격하게 해석하고 있는 것으로 보인다.

[정답] ①

문1 질권에 대한 다음 설명 중 가장 옳지 않은 것은?

① 채권질권의 효력은 질권의 목적이 된 채권의 지연손해금 등과 같은 부대채권에도 미치므로 채권질권자는 질권의 목적이 된 채권과 그에 대한 지연손해금채권을 피담보채권의 범위에 속하는 자기채권액에 대한 부분에 한하여 직접 추심하여 자기채권의 변제에 충당할 수 있다.

② 질권자가 피담보채권을 초과하여 질권의 목적이 된 금전채권을 추심하였다면 그 중 피담보채권을 초과하는 부분은 특별한 사정이 없는 한 법률상 원인이 없는 것으로서 질권설정자에 대한 관계에서 부당이득이 된다.

③ 임대차계약서 등 계약 당사자 쌍방의 권리의무관계 내용을 정한 서면은 민법 제347조에서 채권질권의 설정을 위하여 교부하도록 정한 '채권증서'에 해당하지 않는다.

④ 질권의 목적인 채권의 양도행위는 민법 제352조 소정의 질권자의 이익을 해하는 변경에 해당하므로 질권자의 동의를 요한다.

[해설] ① [○] 대판 2005.2.25, 2003다40668

제353조(질권의 목적이 된 채권의 실행방법) ①항 질권자는 질권의 목적이 된 채권을 직접 청구할 수 있다. ②항 채권의 목적물이 금전인 때에는 질권자는 자기채권의 한도에서 직접 청구할 수 있다.

② [○] 대판 2011.4.14. 2010다5694

③ [○] **제347조(설정계약의 요물성)** 채권을 질권의 목적으로 하는 경우에 채권증서가 있는 때에는 질권의 설정은 그 증서를 질권자에게 교부함으로써 그 효력이 생긴다.

判例는 임대차보증금반환채권에 대해 질권을 설정받으면서 채권자가 임대차계약서를 교부받지 않은 사안에서 "민법 제347조 소정의 '채권증서'는 채권의 존재를 증명하는 문서로서 장차 변제 등으로 채권이 소멸하면 민법 제475조에 따라 채무자가 채권자에게 그 반환을 청구할 수 있는 것을 말하는데, 임대차계약서는 임대인과 임차인의 권리의무 관계를 정한 약정서일 뿐 임대차보증금 반환채권의 존재를 증명하기 위해 임대인이 임차인에게 제공한 문서는 아니어서 위 채권증서에는 해당하지 않는다"(대판 2013.8.22. 2013다32574)고 보았다. 즉, 설사 임대차계약서를 교부받지 않았다고 하더라도 그것은 채권증서가 아니므로 또 달리 채권증서가 없는 이상, 위 질권은 유효하게 성립하는 것으로 보았다.

④ [×] **제352조(질권설정자의 권리처분제한)** 질권설정자는 질권자의 동의없이 질권의 목적된 권리를 소멸하게 하거나 질권자의 이익을 해하는 변경을 할 수 없다.

☞ 그러나 질권의 목적인 채권의 양도행위는 질권의 효력이 미치기 때문에(담보물권의 추급력) 제352조의 질권자를 해하는 변경이 아니다. 따라서 질권자의 동의 없이 할 수 있다(대판 2005.12.22, 2003다55059).

[정답] ④

문 2 다음 설명 중 가장 옳지 않은 것은? (다툼이 있는 경우 판례에 의함) [15서기보]

① 민법 제352조에 의하면 질권설정자는 질권자의 동의 없이 질권의 목적된 권리를 소멸하게 하거나 질권자의 이익을 해하는 변경을 할 수 없는데, 질권의 목적인 채권의 양도행위는 민법 제352조 소정의 질권자의 이익을 해하는 변경에 해당되지 않으므로 질권자의 동의를 요하지 아니한다.

② 동일인의 소유에 속하는 토지 및 그 지상건물에 관하여 공동저당권이 설정된 후 그 지상건물이 철거되고 새로 건물이 신축된 경우에는, 그 신축건물의 소유자가 토지의 소유자와 동일하고 토지의 저당권자에게 신축건물에 관하여 토지의 저당권과 동일한 순위의 공동저당권을 설정해 주는 등의 특별한 사정이 없는 한, 저당물의 경매로 인하여 토지와 그 신축건물이 다른 소유자에 속하게 되더라도 그 신축건물을 위한 법정지상권은 성립하지 않는다.

③ 건물공유자의 1인이 그 건물의 부지인 토지를 단독으로 소유하면서 그 토지에 관하여만 저당권을 설정하였다가 그 저당권에 의한 경매로 인하여 토지의 소유자가 달라진 경우에는, 그 1인을 제외한 나머지 건물공유자들은 토지전부에 관하여 건물의 존속을 위한 법정지상권을 취득할 수 없다.

④ 사해행위의 목적인 부동산에 수개의 저당권이 설정되어 있다가 사해행위 후 그 중 일부 저당권만이 말소된 경우에도 사해행위의 취소에 따른 원상회복은 가액배상의 방법에 의할 수밖에 없고, 그 경우 배상하여야 할 가액은 그 부동산의 가액에서 말소된 저당권의 피담보채권액과 말소되지 아니한 저당권의 피담보채권액을 모두 공제하여 산정하여야 한다.

해설 ① [O] **제352조(질권설정자의 권리처분제한)** 질권설정자는 질권자의 동의없이 질권의 목적된 권리를 소멸하게 하거나 질권자의 이익을 해하는 변경을 할 수 없다.
☞ 그러나 질권의 목적인 채권의 양도행위는 질권의 효력이 미치기 때문에(담보물권의 추급력) 제352조의 질권자를 해하는 변경이 아니다. 따라서 질권자의 동의 없이 할 수 있다(대판 2005.12.22, 2003다55059)

② [O] ※ 토지와 건물에 공동저당권이 설정되어 있는 경우 지상건물이 철거되고 새로 건물이 신축된 경우
判例는 동일인의 소유에 속하는 토지 및 그 지상 건물에 관하여 공동저당권이 설정된 후 그 지상 건물이 철거되고 새로 건물이 '신축된 경우'에는 '그 신축건물에 토지와 동순위의 공동저당권이 설정되지 아니한 경우'에는 저당물의 경매로 인하여 토지와 신축건물이 서로 다른 소유자에게 속하게 되더라도 **제366조**의 법정지상권은 성립하지 않는다고 한다(대판 2003.12.18, 전합98다43601 : 전체가치고려설).
왜냐하면 "공동저당권자는 '**토지 및 건물 각각의 교환가치 전부**'를 담보로 취득한 것으로서, 건물이 철거된 후 신축된 건물에 토지와 동순위의 공동저당권이 설정되지 아니하였는데도 그 신축건물을 위한 법정지상권이 성립한다면, 공동저당권자가 법정지상권이 성립하는 신축건물의 교환가치를 취득할 수 없게 되는 결과 법정지상권의 가액 상당 가치를 되찾을 길이 막혀 '당초

토지에 관하여 아무런 제한이 없는 나대지로서의 교환가치 전체를 실현시킬 수 있다고 기대'하고 담보를 취득한 공동저당권자에게 불측의 손해를 입게 하기 때문이다"(전합98다43601판시내용)

③ [✕] 대지소유자가 그 지상건물을 타인과 함께 공유하면서 그 단독소유의 대지만을 건물철거의 조건 없이 타에 매도한 경우 '건물공유자들 전부'는 각기 건물을 위하여 대지 전부에 대하여 관습에 의한 법정지상권을 취득한다(대판 1977.7.26, 76다388). 이는 제366조의 법정지상권의 경우에도 동일하다(대판 2011.1.13, 2010다67159).

④ [○] 대판 1998.2.13, 97다6711

[정답] ③

문3 다음 설명 중 가장 옳지 않은 것은?

[15서기보]

① 부동산의 일부 공유지분에 관하여 저당권이 설정된 후 그 부동산이 분할된 경우, 그 저당권은 분할된 각 부동산 위에 종전의 지분비율대로 존속하고, 분할된 각 부동산은 그 저당권의 공동담보가 된다.

② 채무자 소유의 건물에 관한 공사를 도급받은 수급인이 경매개시결정의 기입등기가 마쳐지기 전에 채무자로부터 그 건물의 점유를 이전받았다 하더라도 경매개시결정의 기입등기가 마쳐져 압류의 효력이 발생한 후에 공사를 완공하여 공사대금채권을 취득함으로써 그때 비로소 유치권이 성립한 경우에는, 수급인은 그 유치권을 내세워 경매절차의 매수인에게 대항할 수 없다.

③ 민법 제347조는 채권을 질권의 목적으로 하는 경우에 채권증서가 있는 때에는 질권의 설정은 그 증서를 질권자에게 교부함으로써 효력이 생긴다고 규정하고 있는데, 임대차계약서와 같이 계약 당사자 쌍방의 권리의무관계의 내용을 정한 서면은 위 채권증서에 해당한다.

④ 채권질권자는 질권의 목적이 된 채권과 그에 대한 지연손해금채권을 피담보채권의 범위에 속하는 자기채권액에 대한 부분에 한하여 직접 추심하여 자기채권의 변제에 충당할 수 있다.

해설 ① [○] 공유부동산 중 공유자 1인의 지분위에 설정된 근저당권 등 담보물권은 특단의 합의가 없는 한 공유물분할이 된 뒤에도 '담보물권의 불가분성'에 따라 종전의 지분비율 대로 공유물 전부의 위에 그대로 존속하고 근저당권설정자 앞으로 분할된 부분에 당연히 집중되는 것은 아니며(대판 1989.8.9.88다카24868), 분할된 각 부동산은 그 저당권의 '공동담보'(공동저당)가 된다.

[구체적 예] 예컨대 A와 B가 2 : 3의 비율로 토지를 공유하고 있는데 A의 지분에 관하여 C 앞으로 근저당권이 설정되었고, 그 후 토지가 '현물분할'된 경우, A가 취득한 부분에 대해서만 존속하지 않고, A와 B가 각 취득한 부분의 각 2/5 지분에 관하여 존속한다. 그리하여 만약 B의 단독소유가 된 토지부분에 대한 경매신청이 있었고, 그 매각대금으로부터 배당을 받는 경우, C는 저당권자로서 매각대금 중 지분에 해당하는 경매대가에 대하여 우선변제를 받을 권리가 있고, 그 경우 공동저당 중 이른바 이시배당에 관하여 규정하고 있는 제368조 2항의 법리에 따라 저당권의 피담보채권액 전부를 변제받을 수 있다(대판 2012.3.29 2011다74932).

② [○] 대판 2013.6.27. 2011다50165

③ [×] **제347조(설정계약의 요물성)** 채권을 질권의 목적으로 하는 경우에 채권증서가 있는 때에는 질권의 설정은 그 증서를 질권자에게 교부함으로써 그 효력이 생긴다.

判例는 임대차보증금반환채권에 대해 질권을 설정받으면서 채권자가 임대차계약서를 교부받지 않은 사안에서 "민법 제347조 소정의 '채권증서'는 채권의 존재를 증명하는 문서로서 장차 변제 등으로 채권이 소멸하면 민법 제475조에 따라 채무자가 채권자에게 그 반환을 청구할 수 있는 것을 말하는데, 임대차계약서는 임대인과 임차인의 권리의무 관계를 정한 약정서일 뿐 임대차보증금 반환채권의 존재를 증명하기 위해 임대인이 임차인에게 제공한 문서는 아니어서 위 채권증서에는 해당하지 않는다"(대판 2013.8.22. 2013다32574)고 보았다. 즉, 설사 임대차계약서를 교부받지 않았다고 하더라도 그것은 채권증서가 아니므로 또 달리 채권증서가 없는 이상, 위 질권은 유효하게 성립하는 것으로 보았다.

④ [○] 대판 2005.2.25, 2003다40668

제353조(질권의 목적이 된 채권의 실행방법) ①항 질권자는 질권의 목적이 된 채권을 직접 청구할 수 있다. ②항 채권의 목적물이 금전인 때에는 질권자는 자기채권의 한도에서 직접 청구할 수 있다.

[정답] ③

문4 질권과 관련한 다음 설명 중 틀린 것은? (다툼이 있는 경우 판례에 의함) [기출변형]

① 책임전질에 있어서 원질권자는 전질을 하지 않았더라면 생기지 않았을 불가항력에 의한 손해도 배상할 책임이 있다.

② 지명채권에 대한 질권설정에 있어서 채무자가 이의를 보류하지 않은 승낙을 한 경우 채무자는 질권설정자에게 대항할 수 있는 사유로써 질권자에게 대항할 수 없다.

③ 질권설정자와 제3채무자가 질권자의 동의 없이 질권의 목적된 권리를 소멸하게 하는 행위를 하였다고 하더라도 이는 질권자에 대한 관계에 있어 무효일 뿐이어서 특별한 사정이 없는 한 질권자 아닌 제3자가 그 무효의 주장을 할 수는 없다.

④ 근질권이 설정된 금전채권에 대하여 제3자의 압류로 강제집행절차가 개시된 경우 근질권의 피담보채권은 경락인이 경락대금을 완납한 때 확정된다.

[해 설] ① [○] **제336조(전질권)** 질권자는 그 권리의 범위내에서 자기의 책임으로 질물을 전질할 수 있다. 이 경우에는 전질을 하지 아니하였으면 면할 수 있는 불가항력으로 인한 손해에 대하여도 책임을 부담한다.

※ 책임전질과 승낙전질의 비교

구분	책임전질	승낙전질
의의	질권자가 질권설정자의 승낙없이 오직 자기의 책임으로 하는 전질(제336조)	질권자가 질물소유자의 승낙을 얻어 그 질물 위에 다시 질권을 설정하는 것(제343조, 제324조 2항)
법적성질	채권 · 질권공동입질설(다수설)	질물재입질설(통설)
요건	공통적인 요건 : 질권설정의 물권적 합의 + 질물의 인도	
요건	질권자의 권리의 범위 내에서 전질을 할 것, 권리질권 설정의 요건을 갖출 것(=전질의 대항요건. 제337조)	질물소유자의 승낙이 있을 것(제343조, 제324조 3항), 승낙전질은 원질권과 무관하므로 원질권의 범위에 의해 제한을 받지 않는다(초과전질도 유효) 책임전질과 같은 통지(제337조 1항) 불요
효과	① 원질권자의 책임 가중(제336조 후문), ② 원질권자의 권리처분행위의 제한(=원질권에 대한 구속, 제352조 참조), ③ 전질이 제337조의 대항요건을 갖춘 경우 채무자의 변제의 제한(제337조 2항), ④ 전질권의 부종성	책임전질에 인정되는 ①②③④의 효과가 없다. 원질권자가 질권을 소멸시키는 처분행위를 하더라도 전질권은 독립적으로 존속

② [○] **제451조(승낙, 통지의 효과)** ①항 채무자가 이의를 보류하지 아니하고 전조(지명채권양도의 대항요건)의 승낙을 한 때에는 양도인에게 대항할 수 있는 사유로써 양수인에게 대항하지 못한다.

"민법 제349조 제1항은 지명채권을 목적으로 한 질권의 설정은 설정자가 제450조의 규정(지명채권양도의 대항요건)에 의하여 제3채무자에게 질권설정의 사실을 통지하거나 제3채무자가 이를 승낙함이 아니면 이로써 제3채무자 기타 제3자에게 대항하지 못한다고 하고, 제2항은 제451조의 규정은 전항에 준용한다고 하고 있으며, 제451조 제1항은 채무자가 이의를 보류하지 아니하고 승낙을 한 때에는 양도인에게 대항할 수 있는 사유로서 양수인에게 대항하지 못한다고 하고 있으므로, 채권양도나 채권에 대한 질권설정에 있어서 채무자가 이의를 보류하지 않은 승낙을 한 경우, 채무자는 질권설정자에게 대항할 수 있는 사유로서 질권자에게 대항할 수 없고, 이 경우 대항할 수 없는 사유는 협의의 항변권에 한하지 아니하고, 넓게 채권의 성립, 존속, 행사를 저지하거나 배척하는 사유를 포함한다"(대판 2002.3.29. 2000다13887)

③ [○] **제352조(질권설정자의 권리처분제한)** 질권설정자는 질권자의 동의없이 질권의 목적된 권리를 소멸하게 하거나 질권자의 이익을 해하는 변경을 할 수 없다.

"민법 제352조가 질권설정자는 질권자의 동의 없이 질권의 목적된 권리를 소멸하게 하거나 질권자의 이익을 해하는 변경을 할 수 없다고 규정한 것은 질권자가 질권의 목적인 채권의 교환가치에 대하여 가지는 배타적 지배권능을 보호하기 위한 것이므로, 질권설정자와 제3채무자가 질권의 목적된 권리를 소멸하게 하는 행위를 하였다고 하더라도 이는 질권자에 대한 관계에 있어 무효일 뿐이어서 특별한 사정이 없는 한 질권자 아닌 제3자가 그 무효의 주장을 할 수는 없다"(대판 1997.11.11. 97다35375).

④ [×] ※ (금전채권에 대하여 설정된) 근질권의 피담보채권의 확정시기
"금전채권에 대하여 설정된 근질권은 근저당권처럼 등기에 의하여 공시되는 것이 아니기 때문에, 통상 그러한 채권을 압류한 제3자는 그 압류 당시 존재하는 근질권의 피담보채권으로 인하여 예측하지 못한 손해를 입을 수밖에 없고, 나아가 근질권자가 제3자의 압류사실을 알지 못한 채 채무자와 거래를 계속하여 채권을 추가로 발생시키더라도 근질권자의 선의를 보호하기 위하여 그러한 채권도 근질권의 피담보채권에 포함시킬 필요가 있으므로, 이러한 여러 사정을 적정·공평이란 관점에 비추어보면, 근질권이 설정된 금전채권에 대하여 제3자의 압류로 강제집행절차가 개시된 경우 근질권의 피담보채권은 근질권자가 강제집행이 개시된 사실을 알게 된 때에 확정된다고 봄이 타당하다"(대판 2009.10.15. 2009다43621).

비교판례 ※ 제3자의 경매신청시 '근저당권'의 피담보채권의 확정시기
"담보권 실행을 위한 경매절차가 개시되었음을 선순위 근저당권자가 안 때 이후의 어떤 시점에 선순위 근저당권의 피담보채무액이 증가하더라도 그와 같이 증가한 피담보채무액이 선순위 근저당권의 채권최고액 한도 안에 있다면 경매를 신청한 후순위 근저당권자가 예측하지 못한 손해를 입게 된다고 볼 수 없는 반면, 선순위 근저당권자는 자신이 경매신청을 하지 아니하였으면서도 경락으로 인하여 근저당권을 상실하게 되는 처지에 있으므로 거래의 안전을 해치지 아니하는 한도 안에서 선순위 근저당권자가 파악한 담보가치를 최대한 활용할 수 있도록 함이 타당하다는 관점에서 보면, 후순위 근저당권자가 경매를 신청한 경우 선순위 근저당권의 피담보채권은 그 근저당권이 소멸하는 시기, 즉 경락인이 경락대금을 완납한 때에 확정된다고 보아야 한다"(대판 1999.9.21. 99다26085)

[정답] ④

문5 질권에 관한 다음 설명 중 옳은 것은? (다툼이 있는 경우에는 판례에 의함) [기출변형]

① '저당권은 그 담보한 채권과 분리하여 다른 채권의 담보로 하지 못한다'는 제361조 규정에 따라 저당권으로 담보된 채권에 질권을 설정한 경우, 질권자와 질권설정자가 피담보채권만을 질권의 목적으로 하고 저당권은 질권의 목적으로 하지 않는 것은 현행법상 허용되지 않는다.

② '저당권으로 담보한 채권을 질권의 목적으로 한 때에는 그 저당권설정등기에 질권의 부기등기를 하여야 그 효력이 저당권에 미친다'는 제348조 규정과 달리 담보가 없는 채권에 질권을 설정한 다음 그 채권을 담보하기 위해 저당권이 설정된 경우에는 저당권설정등기에 질권의 부기등기를 하지 않더라도 질권의 효력이 저당권에 미친다.

③ 대항력을 갖춘 임차인이 임대인으로부터 임차목적물을 매수하면서 그와 동시에 임대차계약을 해지하고 매매대금채권과 보증금반환채권을 상계하기로 합의한 경우라도, 임대차보증금반환채권의 질권자는 여전히 임대인을 상대로 임차보증금의 반환을 청구할 수 있다.

④ 금전채권의 질권자가 자기채권의 범위 내에서 직접청구권을 행사하는 경우, 위 범위 내에서 제3채무자의 질권자에 대한 금전지급으로써 제3채무자의 질권설정자에 대한 급부뿐만 아니라 질권설정자의 질권자에 대한 급부도 이루어지는바, 이때 입질채권의 발생원인인 계약관계에 무효 등의 흠이 있어 입질채권이 부존재하는 경우, 제3채무자는 질권자를 상대로 직접 부당이득반환을 구할 수 있다. 또한 금전채권의 질권자가 제3채무자로부터 자기채권을 초과하여 금전을 지급받은 경우, 제3채무자는 질권자를 상대로 초과 지급 부분에 관하여 부당이득반환을 구할 수 있는바, 질권자가 초과 지급 부분을 질권설정자에게 그대로 반환한 경우에도 마찬가지이다.

해설 ① [X] "민법 제361조는 '저당권은 그 담보한 채권과 분리하여 타인에게 양도하거나 다른 채권의 담보로 하지 못한다.'라고 정하고 있을 뿐 피담보채권을 저당권과 분리해서 양도하거나 다른 채권의 담보로 하지 못한다고 정하고 있지 않다. 채권담보라고 하는 저당권 제도의 목적에 비추어 특별한 사정이 없는 한 피담보채권의 처분에는 저당권의 처분도 당연히 포함된다고 볼 것이지만, 피담보채권의 처분이 있으면 언제나 저당권도 함께 처분된다고는 할 수 없다. 따라서 저당권으로 담보된 채권에 질권을 설정한 경우 원칙적으로는 저당권이 피담보채권과 함께 질권의 목적이 된다고 보는 것이 합리적이지만, 질권자와 질권설정자가 피담보채권만을 질권의 목적으로 하고 저당권은 질권의 목적으로 하지 않는 것도 가능하고 이는 저당권의 부종성에 반하지 않는다. 이는 저당권과 분리해서 피담보채권만을 양도한 경우 양도인이 채권을 상실하여 양도인 앞으로 된 저당권이 소멸하게 되는 것과 구별된다"(대판 2020.4.29. 2016다235411).

② [X] "민법 제348조는 저당권으로 담보한 채권을 질권의 목적으로 한 때에는 그 저당권설정등기에 질권의 부기등기를 하여야 그 효력이 저당권에 미친다고 정한다. 저당권에 의하여 담보된 채권에 질권을 설정하였을 때 저당권의 부종성으로 인하여 등기 없이 성립하는 권리질권이 당연히 저당권에도 효력이 미친다고 한다면, 공시의 원칙에 어긋나고 그 저당권에 의하여 담보된 채권을 양수하거나 압류한 사람, 저당부동산을 취득한 제3자 등에게 예측할 수 없는 질권의 부담을 줄 수 있어 거래의 안전을 해할 수 있다. 이에 따라 민법 제348조는 저당권설정등기에 질권의 부기등기를 한 때에만 질권의 효력이 저당권에 미치도록 한 것이다. 이는 민법 제186조에서 정하는 물권변동에 해당한다. 이러한 민법 제348조의 입법 취지에 비추어 보면, '담보가 없는 채권에 질권을 설정한 다음 그 채권을 담보하기 위해서 저당권을 설정한 경우'에도 '저당권으로 담보한 채권에 질권을 설정한 경우'와 달리 볼 이유가 없다. 또한 담보가 없는 채권에 질권을 설정한 다음 그 채권을 담보하기 위해 저당권을 설정한 경우에, 당사자 간 약정 등 특별한 사정이 있는 때에는 저당권이 질권의 목적이 되지 않을 수 있으므로, 질권의 효력이 저당권에 미치기 위해서는 질권의 부기등기를 하도록 함으로써 이를 공시할 필요가 있다. 따라서 담보가 없는 채권에 질권을 설정한 다음 그 채권을 담보하기 위해 저당권이 설정되었더라도, 민법 제348조가 유추적용되어 저당권설정등기에 질권의 부기등기를 하지 않으면 질권의 효력이 저당권에 미친다고 볼 수 없다"(대판 2020.4.29. 2016다235411).

③ [○] 타인에 대한 채무의 담보로 제3채무자에 대한 채권에 대하여 권리질권을 설정한 경우 질권설정자는 질권자의 동의 없이 질권의 목적된 권리를 소멸하게 하거나 질권자의 이익을 해하는 변경을 할 수 없다(민법 제352조). 이는 질권자가 질권의 목적인 채권의 교환가치에 대하여 가지는 배타적 지배권능을 보호하기 위한 것이다. 따라서 질권설정자가 제3채무자에게 질권설정의 사실을 통지하거나 제3채무자가 이를 승낙한 때에는 제3채무자가 질권자의 동의 없이 질권의 목적인 채무를 변제하더라도 이로써 질권자에게 대항할 수 없고, 질권자는 민법 제353조 제2항에 따라 여전히 제3채무자에 대하여 직접 채무의 변제를 청구할 수 있다. 제3채무자가 질권자의 동의 없이 질권설정자와 상계합의를 함으로써 질권의 목적인 채무를 소멸하게 한 경우에도 마찬가지로 질권자에게 대항할 수 없고, 질권자는 여전히 제3채무자에 대하여 직접 채무의 변제를 청구할 수 있다"(대판 2018.12.27. 2016다265689).

④ [×] ※ 채권질권에 있어 제3채무자의 급부의 효력

(1) 입질채권의 발생원인인 계약관계에 무효 등의 흠이 있어 입질채권이 부존재하는 경우
"금전채권의 질권자가 민법 제353조 제1항, 제2항에 의하여 자기채권의 범위 내에서 직접청구권을 행사하는 경우 질권자는 질권설정자의 대리인과 같은 지위에서 입질채권을 추심하여 자기채권의 변제에 충당하고 그 한도에서질권자는 질권설정자의 대리인과 같은 지위에서 입질채권을 추심하여 자기채권의 변제에 충당하고 그 한도에서 질권설정자에 의한 변제가 있었던 것으로 보므로, 위 범위 내에서는 제3채무자의 질권자에 대한 금전지급으로써 제3채무자의 질권설정자에 대한 급부가 이루어질 뿐만 아니라 질권설정자의 질권자에 대한 급부도 이루어진다. 이러한 경우 입질채권의 발생원인인 계약관계에 무효 등의 흠이 있어 입질채권이 부존재한다고 하더라도 제3채무자는 특별한 사정이 없는 한 상대방 계약당사자인 질권설정자에 대하여 부당이득반환을 구할 수 있을 뿐이고 질권자를 상대로 직접 부당이득반환을 구할 수 없다. 이와 달리 제3채무자가 질권자를 상대로 직접 부당이득반환청구를 할 수 있다고 보면 자기 책임하에 체결된 계약에 따른 위험을 제3자인 질권자에게 전가하는 것이 되어 계약법의 원리에 반하는 결과를 초래할 뿐만 아니라 질권자가 질권설정자에 대하여 가지는 항변권 등을 침해하게 되어 부당하기 때문이다"(대판 2015.5.29. 2012다92258)

(2) 금전채권의 질권자가 제3채무자로부터 자기채권을 초과하여 금전을 지급받은 경우
"질권자가 제3채무자로부터 자기채권을 초과하여 금전을 지급받은 경우 초과 지급 부분에 관하여는 제3채무자의 질권설정자에 대한 급부와 질권설정자의 질권자에 대한 급부가 있다고 볼 수 없으므로, 제3채무자는 특별한 사정이 없는 한 질권자를 상대로 초과 지급 부분에 관하여 부당이득반환을 구할 수 있지만, 부당이득반환청구의 상대방이 되는 수익자는 실질적으로 그 이익이 귀속된 주체이어야 하는데, 질권자가 초과 지급 부분을 질권설정자에게 그대로 반환한 경우에는 초과 지급 부분에 관하여 질권설정자가 실질적 이익을 받은 것이지 질권자로서는 실질적 이익이 없다고 할 것이므로, 제3채무자는 질권자를 상대로 초과 지급 부분에 관하여 부당이득반환을 구할 수 없다"(대판 2015.5.29. 2012다92258)

[정답] ③

문6 채권질권에 관한 설명으로 옳지 않은 것은? (다툼이 있는 경우 판례에 의함) [기출변형]

① 질권자가 제3채무자로부터 자기 채권을 초과한 금전을 지급받아 초과수령한 부분에 관하여 그 부분을 질권설정자에게 그대로 반환하였더라도, 질권자는 제3채무자에 대하여 부당이득반환의무를 부담한다.

②「주택임대차보호법」상 대항력을 갖춘 임차인이 임대차보증금반환채권에 질권을 설정하고 임대인이 그 질권 설정을 승낙한 후 임대주택이 양도된 경우에는 임대인은 임대차관계에서 탈퇴하고 임차인에 대한 임대차보증금반환채무를 면하게 된다.

③ 질권의 목적인 채권의 양도행위는 특별한 사정이 없는 한 질권자의 이익을 해하는 변경에 해당되지 않으므로 질권자의 동의를 요하지 않는다.

④ 제3채무자가 질권설정 사실을 승낙한 후 질권자가 제3채무자에게 질권설정계약의 합의해지 사실을 통지하였다면, 그 계약이 아직 해지되지 아니하였다고 하더라도 선의인 제3채무자는 질권설정자에게 대항할 수 있는 사유로 질권자에게 대항할 수 있다.

해설 ① [×] ※ 채권질권자가 제3채무자로부터 초과 수령한 경우

"질권자가 제3채무자로부터 자기채권을 초과하여 금전을 지급받은 경우 초과 지급 부분에 관하여는 제3채무자의 질권설정자에 대한 급부와 질권설정자의 질권자에 대한 급부가 있다고 볼 수 없으므로, 제3채무자는 특별한 사정이 없는 한 질권자를 상대로 초과 지급 부분에 관하여 부당이득반환을 구할 수 있지만, 부당이득반환청구의 상대방이 되는 수익자는 실질적으로 그 이익이 귀속된 주체이어야 하는데, 질권자가 초과 지급 부분을 질권설정자에게 그대로 반환한 경우에는 초과 지급 부분에 관하여 질권설정자가 실질적 이익을 받은 것이지 질권자로서는 실질적 이익이 없다고 할 것이므로, 제3채무자는 질권자를 상대로 초과 지급 부분에 관하여 부당이득반환을 구할 수 없다"(대판 2015.5.29. 2012다92258).

비교판례 ※ 입질채권의 발생원인인 계약관계에 무효 등의 흠이 있어 입질채권이 부존재하는 경우

"금전채권의 질권자가 민법 제353조 제1항, 제2항에 의하여 자기채권의 범위 내에서 직접청구권을 행사하는 경우 질권자는 질권설정자의 대리인과 같은 지위에서 입질채권을 추심하여 자기채권의 변제에 충당하고 그 한도에서질권자는 질권설정자의 대리인과 같은 지위에서 입질채권을 추심하여 자기채권의 변제에 충당하고 그 한도에서 질권설정자에 의한 변제가 있었던 것으로 보므로, 위 범위 내에서는 제3채무자의 질권자에 대한 금전지급으로써 제3채무자의 질권설정자에 대한 급부가 이루어질 뿐만 아니라 질권설정자의 질권자에 대한 급부도 이루어진다(이른바 단축급부 : 저자주). 이러한 경우 입질채권의 발생원인인 계약관계에 무효 등의 흠이 있어 입질채권이 부존재한다고 하더라도 제3채무자는 특별한 사정이 없는 한 상대방 계약당사자인 질권설정자에 대하여 부당이득반환을 구할 수 있을 뿐이고 질권자를 상대로 직접 부당이득반환을 구할 수 없다. 이와 달리 제3채무자가 질권자를 상대로 직접 부당이득반환청구를 할 수 있다고 보면 자기 책임하에 체결된 계약에 따른 위험을 제3자인 질권자에게 전가하는 것이 되어 계약법의 원리에 반하는 결과를 초래할 뿐만 아니라 질권자가 질권설정자에 대하여 가지는 항변권 등을 침해하게 되어 부당하기 때문이다(同 判例).

② [○] ※ 임대차보증금반환채권에 대한 질권 설정과 임대인 지위 승계

"주택임대차보호법 제3조 4항은 같은 조 제1항이 정한 대항요건을 갖춘 임대차의 목적이 된 임대주택의 양수인은 임대인의 지위를 승계한 것으로 본다고 규정하고 있다. 이는 법률상의 당연승계 규정으로 보아야 하므로, 임대주택이 양도된 경우에 양수인은 주택의 소유권과 결합하여 임대인의 임대차계약상 권리·의무 일체를 그대로 승계한다. 그 결과 양수인이 임대차보증금반환채무를 면책적으로 인수하고, 양도인은 임대차관계에서 탈퇴하여 임차인에 대한 임대차보증금반환채무를 면하게 된다. 이는 임차인이 임대차보증금반환채권에 질권을 설정하고 임대인이 그 질권 설정을 승낙한 후에 임대주택이 양도된 경우에도 마찬가지라고 보아야 한다"(대판 2018.6.19. 2018다201610).

③ [○] ※ 질권자의 이익을 해하는 변경

질권설정자는 질권자의 동의없이 질권의 목적된 권리를 소멸하게 하거나 질권자의 이익을 해하는 변경을 할 수 없다(제352조). 그러나 그러나 질권의 목적인 채권의 양도행위는 질권의 효력이 미치기 때문에(담보물권의 추급력) 제352조의 질권자를 해하는 변경이 아니다. 따라서 질권자의 동의없이 할 수 있다(대판 2005.12.22. 2003다55059).

④ [○] ※ 채권질권설정계약의 해지

"제3채무자가 질권설정 사실을 승낙한 후 질권설정계약이 합의해지된 경우 질권설정자가 해지를 이유로 제3채무자에게 원래의 채권으로 대항하려면 질권자가 제3채무자에게 해지 사실을 통지하여야 하고, 만일 질권자가 제3채무자에게 질권설정계약의 해지 사실을 통지하였다면, 설사 아직 해지가 되지 아니하였다고 하더라도 선의인 제3채무자는 질권설정자에게 대항할 수 있는 사유로 질권자에게 대항할 수 있다고 봄이 타당하다. 그리고 위와 같은 해지 통지가 있었다면 해지 사실은 추정되고, 그렇다면 해지 통지를 믿은 제3채무자의 선의 또한 추정된다고 볼 것이어서 제3채무자가 악의라는 점은 선의를 다투는 질권자가 증명할 책임이 있다"(대판 2014.4.10. 2013다76192 : 제349조의 2항에 의하여 지명채권을 목적으로 한 질권설정의 경우에도 제451조가 준용된 사안).

[쟁점정리] 判例는 지명채권의 양도통지를 한 후 양도계약이 '해제'된 경우, 채권양도인이 해제를 이유로 다시 원래의 채무자에 대하여 양도채권으로 대항하려면, ⅰ) 채권양도인이 채권양수인의 동의를 받아 양도통지를 철회하거나(제452조 2항 참조 : 대판 1978.6.13. 78다468) ⅱ) 채권양수인이 채무자에게 위와 같은 해제 사실을 통지하여야 한다고 한다(대판 1993.8.27. 93다17379).

[정답] ①

문7 질권에 관한 설명 중 각 괄호 안에 들어갈 용어를 올바르게 나열한 것은? [기출변형]

- 저당권에 의하여 담보되는 채권 위에 권리질권을 설정하고 저당권등기에 질권설정의 부기등기를 하지 않은 경우 질권의 효력은 저당권에 (A).
- 질권의 목적인 채권의 양도에 대해서는 질권자의 동의를 (B).
- 질권의 목적이 된 채권이 금전채권인 때에는 질권자는 자기채권의 한도 내에서 질권의 목적이 된 채권을 직접 청구할 수 (C).
- 질권자가 자기의 권리의 범위 내에서 자기의 책임으로 질물을 전질한 경우, 질권자는 전질을 하지 않았더라면 면할 수 있었을 불가항력으로 인한 손해에 대해 책임을 (D).
- 임대차보증금반환채권에 대해 질권을 설정한 경우 질권자에 대한 임대차계약서의 교부는 질권의 효력발생 (E).

	A	B	C	D	E
①	미친다.	요한다.	있다.	지지 않는다.	요건이다.
②	미치지 않는다.	요하지 않는다.	있다.	진다.	요건이 아니다.
③	미친다.	요한다.	없다.	진다.	요건이 아니다.
④	미치지 않는다.	요하지 않는다.	있다.	진다.	요건이다.

[해설] A. **제348조(저당채권에 대한 질권과 부기등기)**「저당권으로 담보한 채권을 질권의 목적으로 한 때에는 그 저당권등기에 질권의 부기등기를 하여야 그 효력이 저당권에 미친다.」

B. 질권설정자는 질권자의 동의 없이 질권의 목적인 권리를 소멸하게 하거나 질권자를 해하는 변경을 하지 못한다(제352조). 그러나 질권의 목적인 채권의 양도행위는 질권의 효력이 미치기 때문에(담보물권의 추급력) 제352조의 질권자를 해하는 변경이 아니다. 따라서 질권자의 동의 없이 할 수 있다(대판 2005.12.22, 2003다55059).

C. **제353조(질권의 목적이 된 채권의 실행방법)** 「①항 질권자는 질권의 목적이 된 채권을 직접 청구할 수 있다. ②항 채권의 목적물이 금전인 때에는 질권자는 자기채권의 한도에서 직접 청구할 수 있다.」

D. **제336조(전질권)** 「질권자는 그 권리의 범위내에서 자기의 책임으로 질물을 전질할 수 있다. 이 경우에는 전질을 하지 아니하였으면 면할 수 있는 불가항력으로 인한 손해에 대하여도 책임을 부담한다.」

E. 채권을 질권의 목적으로 하는 경우에 '채권증서'가 있는 때에는 질권의 설정은 그 증서를 교부함으로써 그 효력이 생기지만(제347조), 判例에 따르면 임대차계약서는 여기에서의 '채권증서'에 해당하지 않는다고 한다(대판 2013.8.22. 2013다32574).

[정답] ②

문1 다음 설명 중 가장 옳지 않은 것은? (다툼이 있는 경우 판례에 의함) [15서기보]

① 타인 소유의 토지에 소유자의 승낙 없이 분묘를 설치한 경우에는 20년간 평온·공연하게 그 분묘의 기지를 점유하면 지상권 유사의 관습상의 물권인 분묘기지권을 시효로 취득한다.

② 후순위근저당권자가 선순위근저당권의 피담보채무가 확정된 이후에 그 확정된 피담보채무를 변제한 것은 이해관계 있는 제3자의 변제로서 유효하고, 후순위근저당권자는 그 변제를 민법 제364조의 규정에 따라 선순위근저당권의 소멸을 청구할 수 있는 사유로 삼을 수 있다.

③ 근저당권 등 담보권 설정의 당사자들이 그 목적이 된 토지의 담보가치가 저감하는 것을 막는 것을 주요한 목적으로 하여 채권자 앞으로 지상권을 설정하였다면, 그 피담보채권이 변제 등으로 만족을 얻어 소멸하거나 시효소멸한 경우에 그 지상권은 피담보채권에 부종하여 소멸한다.

④ 건물을 신축하여 그 소유권을 원시취득한 자로부터 그 건물을 매수하였으나 아직 소유권이전등기를 갖추지 못한 자는 그 건물의 불법점거자에 대하여 직접 자신의 소유권에 기하여 명도를 청구할 수 없다.

해 설 ① [○] 대판 2011.11.10. 2011다63017

② [×] **제364조(제3취득자의 변제)** 저당부동산에 대하여 소유권, 지상권 또는 전세권을 취득한 제3자는 저당권자에게 그 부동산으로 담보된 채권을 변제하고 저당권의 소멸을 청구할 수 있다.
☞ 제3취득자의 범위와 관련하여 법문에는 '소유권, 지상권 또는 전세권을 취득한 제3자'라고 규정되어 있는바, **判例는 제364조를 열거조항으로 이해하여** '후순위 근저당권자'는 제3취득자에 포함되지 않는다고 한다. 따라서 후순위 근저당권자는 제469조에 따른 (이해관계 있는) 제3자의 변제로서 피담보채무 전액을 변제해야만 그 말소를 구할 수 있다(대판 2006.1.26, 2005다17341).

③ [○] 대판 2011.4.14, 2011다6342

④ [○] "미등기 무허가건물의 양수인이라 할지라도 그 소유권이전등기를 경료받지 않는 한 그 건물에 대한 소유권을 취득할 수 없고, 그러한 상태의 건물 양수인에게 소유권에 준하는 관습상의 물권이 있다고 볼 수도 없으므로, 건물을 신축하여 그 소유권을 원시취득한 자로부터 그 건물을 매수하였으나 아직 소유권이전등기를 갖추지 못한 자는 그 건물의 불법점거자에 대하여 '직접' 자신의 소유권 등에 기하여 명도를 청구할 수는 없다"(대판 2007.6.15, 2007다11347 : 건물 소유자를 '대위'하여 인도청구는 가능하다).

[정답] ②

문2 저당권에 관한 다음 설명 중 가장 옳지 않은 것은? (다툼이 있는 경우 판례에 의함) [16서기보]

① 저당권자는 그 피담보채권의 변제기가 도래하기 전에는 저당권에 기한 경매신청을 할 수 없다.

② 저당권은 당사자 사이의 약정과 법률의 규정에 의하여 성립할 수 있다.

③ 경매신청 시에 근저당권의 피담보채권이 확정되므로 그 이후에 새로 발생한 채권은 당해 근저당권에 의하여 담보되지 않는다.

④ 근저당권이 확정되면 그때부터는 그 피담보채무에 관한 지연손해금은 발생하지 않는다.

[해설] ① [○] **제363조(저당권자의 경매청구권, 경매인)** ①항 저당권자는 그 채권의 변제를 받기 위하여 저당물의 경매를 청구할 수 있다.

저당권실행을 위해서는 피담보채권의 존재, 저당권의 존재, 채무자의 이행지체가 있어야 한다. 따라서 저당권자는 그 피담보채권의 변제기가 도래하기 전에는 저당권에 기한 경매신청을 할 수 없다.

② [○] 저당권은 저당권자(채권자)와 저당권설정자(채무자 또는 물상보증인) 사이의 저당권설정계약에 의하여 설정되는 것이 원칙이지만, 예외적으로 토지임차인의 법정저당권처럼 '법률의 규정'에 의해 저당권이 성립하는 경우도 있고(제649조), 또 부동산 공사수급인의 저당권설정청구권처럼 당사자 일방에게 인정되는 것도 있다(제666조).

③ [○] ④ [×] 근저당권자가 근저당목적물에 대하여 경매신청을 함으로써 거래를 종료시키려는 의사를 표시한 경우에는 '경매신청시'(경매개시결정시가 아님)에 피담보채권의 원본이 확정되고(대판 1988.10.11. 87다카545), 근저당권은 최고액의 범위 내에서 확정된 피담보채권 원본에 대한 '배당기일까지'의 지연손해금을 모두 담보하게 된다(대판 2007.4.26, 2005다38300). 따라서 그 이후에 새로 발생한 채권은 당해 근저당권에 의하여 담보되지 않고 일반채권자의 지위에서 평등배당받을 수 있을 뿐이다.

[정답] ④

문3 (근)저당권에 관한 다음 설명 중 가장 옳은 것은?

[17서기보]

① 근저당권설정등기가 불법행위로 인하여 원인 없이 말소된 경우 등기명의인은 곧바로 근저당권 상실의 손해를 입었다고 보아야 한다.

② 근저당권자가 그 피담보채무의 불이행을 이유로 경매신청을 한 때에는 근저당권의 피담보채권은 경매매수인이 매각대금을 완납한 때에 확정된다.

③ 근저당권의 목적물이 제3자에게 양도된 후 피담보채무가 소멸한 경우 종전 소유자였던 근저당권설정자는 근저당권설정등기의 말소를 청구할 수 없다.

④ 저당목적물의 변형물인 금전 등에 대하여 이미 제3자가 압류하여 그 금전 등이 특정되었다면 저당권자는 스스로 압류하지 않고서도 물상대위권을 행사할 수 있다.

해설 ① [X] 불법말소된 근저당권자는 그 회복등기 신청절차에 의하여 말소된 등기를 회복할 수 있으므로, 말소된 근저당권설정등기의 등기명의인이 곧바로 근저당권 상실의 손해를 입게 된다고 할 수 없다(대판 2010.2.11, 2009다68408).

비교판례 그러나 (말소회복등기가 불가능한) 저당권자는 불법말소에 관여한 자에 대하여 손해배상을 청구할 수 있다(대판 1997.11.25, 97다35771).

② [X] 근저당권자가 근저당목적물에 대하여 경매신청을 함으로써 거래를 종료시키려는 의사를 표시한 경우에는 '**경매신청시**'(경매개시결정시가 아님)에 피담보채권의 원본이 확정된다(대판 1988.10.11, 87다카545).

비교판례 후순위 근저당권자가 경매를 신청한 경우 선순위 근저당권의 피담보채권은 그 근저당권이 소멸하는 시기, 즉 '**경락인이 경락대금을 완납한 때**'에 확정된다(대판 1999.9.21, 99다26085)

③ [X] "근저당권이 설정된 후에 그 부동산의 소유권이 제3자에게 이전된 경우에는 현재의 소유자가 자신의 소유권에 기하여 피담보채무의 소멸을 원인으로 그 근저당권설정등기의 말소를 청구할 수 있음은 물론이지만, 근저당권설정자인 종전의 소유자도 근저당권설정계약의 당사자로서 근저당권소멸에 따른 원상회복으로 근저당권자에게 근저당권설정등기의 말소를 구할 수 있는 계약상 권리가 있으므로 이러한 계약상 권리에 터잡아 근저당권자에게 피담보채무의 소멸을 이유로 하여 그 근저당권설정등기의 말소를 청구할 수 있다"(대판 1994.1.25, 전합93다16338)

④ [O] 저당권자가 물상대위권을 행사하기 위해서는, 대위물의 지급 또는 인도 전에 이를 '압류'하여야 한다(제370조, 제342조 단서). 다만 '누가' 압류를 하여야 하는지와 관련하여 '압류'의 취지가 문제되는바, 判例에 따르면 위 '압류'의 취지에 대해 "물상대위의 목적인 채권의 특정성을 유지하여 그 효력을 보전하고, 평등배당을 기대한 다른 일반채권자의 신뢰를 보호하는 등 제3자에게 불측의 손해를 입히지 않으려는 데 있는 것"이라고 하면서, 위 압류는 담보권자가 아닌 제3자에 의해 이루어진 때에도 위 요건은 충족된다고 한다(대판 2002.10.11, 2002다33137).

[정답] ④

문4 저당권에 관한 다음 설명 중 가장 옳지 않은 것은? [18서기보]

① 피담보채권을 저당권과 함께 양수한 자가 저당권이전의 부기등기를 마치고 저당권 실행의 요건을 갖추었다면 채권양도의 대항요건을 갖추고 있지 아니하더라도 경매 신청을 할 수 있고, 채무자는 그 경매절차에서 채권양도의 대항요건이 갖추어지지 않았다는 사유를 들어 이의할 수 없다.

② 등기는 물권의 효력 발생 요건이고 존속 요건은 아니므로, 근저당권설정등기가 불법행위로 인하여 원인 없이 말소되었다 하더라도 말소된 근저당권설정등기의 등기 명의인이 곧바로 근저당권을 상실하는 손해를 입게 된다고 할 수는 없다.

③ 토지를 목적으로 저당권을 설정한 후 그 설정자가 그 토지에 건물을 축조한 때에는 물론, 저당권설정자로부터 저당토지에 대한 용익권을 설정받은 자가 그 토지에 건물을 축조한 경우라도 그 후 저당권설정자가 그 건물 소유권을 취득한 경우에는 저당권자는 토지와 함께 그 건물에 대하여 경매를 청구할 수 있다.

④ 동일인 소유에 속하는 토지 및 그 지상 건물에 관하여 공동저당권이 설정된 후 그 지상 건물이 철거되고 새로 건물이 신축된 경우에는, 그 신축건물 소유자가 토지 소유자와 동일하고 토지 저당권자에게 신축건물에 관하여 토지저당권과 동일한 순위의 공동저당권을 설정해 주는 등 특별한 사정이 없는 한, 저당물 경매로 인하여 토지와 그 신축건물이 다른 소유자에 속하게 되더라도 그 신축건물을 위한 법정지상권은 성립하지 않는다.

[해설] ① [X] 채권양도의 대항요건을 갖추지 않았으나 저당권의 이전등기는 마친 양수인이 저당권에 기하여 임의경매를 신청할 수 있는지 나아가 배당을 받을 수 있는지 문제된다. 이와 관련하여 判例는 "피담보채권을 저당권과 함께 양수한 자는 저당권이전의 부기등기를 마치고 저당권실행의 요건을 갖추고 있는 한 채권양도의 대항요건을 갖추고 있지 아니하더라도 경매신청을 할 수 있으며, 채무자는 경매절차의 이해관계인으로서 채권양도의 대항요건을 갖추지 못하였다는 사유를 들어 경매개시결정에 대한 이의나 즉시항고절차에서 다툴 수 있고, 이 경우는 신청채권자가 대항요건을 갖추었다는 사실을 증명하여야 할 것이나, 이러한 절차를 통하여 채권 및 근저당권의 양수인의 신청에 의하여 개시된 경매절차가 실효되지 아니한 이상 그 경매절차는 적법한 것이고, 또한 그 경매신청인은 양수채권의 변제를 받을 수도 있다"고 한다(대판 2005.6.23, 2004다29279).

☞ 채권양도에서 통지·승낙은 채권양도의 효력요건이 아니라 채무자(및 제3자)에 대한 대항요건에 지나지 않으므로 양도인과 양수인 사이에서는 채권양도의 효력이 발생하므로 이에 기하여 이루어진 저당권이전등기는 일단 유효하다.

② [O] 불법말소된 근저당권자는 그 회복등기 신청절차에 의하여 말소된 등기를 회복할 수 있으므로, 말소된 근저당권설정등기의 등기명의인이 곧바로 근저당권 상실의 손해를 입게 된다고 할 수 없다(대판 2010.2.11, 2009다68408).

[비교판례] 그러나 (말소회복등기가 불가능한) 저당권자는 불법말소에 관여한 자에 대하여 손해 배상을 청구할 수 있다(대판 1997.11.25, 97다35771).

③ [○] 일괄경매청구권이 인정되기 위해서는 ⅰ) 토지에 대하여 저당권설정 당시에 그 지상에 건물이 없을 것, ⅱ) 저당권설정 후에 설정자가 당해 토지에 건물을 건축하였을 것, ⅲ) 경매신청 시에 토지와 지상건물의 소유자가 동일할 것이 필요하다(제365조). 그러나 학설과 判例는 이러한 제한적인 요건을 제365조의 취지를 고려하여 완화함으로써 일괄경매청구권을 확대하고 있다.

判例는 저당권설정자로부터 저당토지의 용익권을 취득한 자가 건물을 신축하고 저당권설정자가 신축자로부터 그 건물의 소유권을 취득한 경우에 일괄경매청구권을 인정하였다(대판 2003.4.11, 2003다3850).

☞ 이는 '저당권설정자가 건물을 신축하였을 것'이라는 요건을 완화한 것으로 제365조의 취지를 고려할 때 타당하다.

④ [○] 判例는 동일인의 소유에 속하는 토지 및 그 지상 건물에 관하여 공동저당권이 설정된 후 그 지상 건물이 철거되고 새로 건물이 '신축된 경우'에는 '그 신축건물에 토지와 동순위의 공동저당권이 설정되지 아니한 경우'에는 저당물의 경매로 인하여 토지와 신축건물이 서로 다른 소유자에게 속하게 되더라도 제366조의 법정지상권은 성립하지 않는다고 한다(대판 2003.12.18, 전합98다43601).

[정답] ①

문5 근저당에 관한 다음 설명 중 가장 옳지 않은 것은? [19서기보]

① 근저당권의 피담보채무는 근저당권설정계약에서 근저당권의 존속기간을 정하거나 근저당권으로 담보되는 기본적인 거래계약에서 결산기를 정한 경우에는 원칙적으로 존속기간이나 결산기가 도래한 때에 확정되지만, 이 경우에도 근저당권에 의하여 담보되는 채권이 전부 소멸하고 채무자가 채권자로부터 새로이 금원을 차용하는 등 거래를 계속할 의사가 없는 경우에는, 그 존속기간 또는 결산기가 경과하기 전이라 하더라도 근저당권설정자는 계약을 해제하고 근저당권설정등기의 말소를 구할 수 있다. 따라서 존속기간이나 결산기의 정함이 없는 때에는 근저당권설정자가 근저당권자를 상대로 언제든지 해지의 의사표시를 함으로써 피담보채무를 확정시킬 수 있으며, 이러한 계약의 해제 또는 해지에 관한 권한은 근저당부동산의 소유권을 취득한 제3자도 원용할 수 있다.

② 근저당권은 계속적인 거래관계로부터 발생·소멸하는 불특정다수의 채권 중 그 결산기에 잔존하는 채권을 일정한 한도액의 범위 내에서 담보하는 것으로서 그 거래가 종료하기까지 그 피담보채권은 계속적으로 증감·변동하는 것이므로, 근저당 거래관계가 계속되는 관계로 근저당권의 피담보채권이 확정되지 아니하는 동안에는 그 채권의 일부가 대위변제 되었다 하더라도 그 근저당권이 대위변제자에게 이전될 수 없다.

③ 공동근저당권자가 목적 부동산 중 일부 부동산에 대하여 제3자가 신청한 경매절차에 소극적으로 참가하여 우선배당을 받은 경우, 해당 부동산에 관한 근저당권의 피담보채권은 그 근저당권이 소멸하는 시기, 즉 매수인이 매각대금을 지급한 때에 확정되지만, 나머지 목적 부동산에 관한 근저당권의 피담보채권은 기본거래가 종료하거나 채무자나 물상보증인에 대하여 파산이 선고되는 등의 다른 확정사유가 발생하지 아니하는 한 확정되지 아니한다.

④ 물상보증인은 근저당권의 피담보채무를 변제할 정당한 이익이 있는 자로서 변제로 채권자를 대위할 법정대위권이 있고, 이러한 법정대위를 할 자가 있는 경우에 채권자는 민법 제485조(채권자의 담보상실, 감소행위와 법정대위자의 면책)에 따른 담보보존의무를 부담하므로 언제든지 자유롭게 일부 담보를 포기하고 나머지 담보로부터 채권 전부의 만족을 얻을 수 있는 것은 아니다. 따라서 채권자가 고의나 과실로 담보를 상실하게 하거나 감소하게 한 때에는 특별한 사정이 없는 한 물상보증인의 대위권을 침해하는 것이므로 물상보증인은 민법 제485조에 따라 상실 또는 감소로 인하여 상환을 받을 수 없는 한도에서 근저당권의 피담보채무가 소멸하였다는 면책 주장을 할 수 있다.

[해설] ① [○] 대판 2006.4.28. 2005다74108

② [○] ㉠ "근저당권은 계속적인 거래관계로부터 발생하고 소멸하는 불특정다수의 장래 채권을 결산기에 계산하여 잔존하는 채무를 일정한 한도액의 범위 내에서 담보하는 저당권이어서, 근저당 거래관계가 계속 중인 경우, 즉 근저당권의 피담보채권이 확정되기 전에 그 채권의 일부를 양도하거나 대위변제한 경우 근저당권이 양수인이나 대위변제자에게 이전할 여지가 없다"(대판 1996.6.14. 95다53812). ㉡ 그러나 "근저당권에 의하여 담보되는 피담보채권이 확정되게 되면, 그 피담보채권액이 그 근저당권의 채권최고액을 초과하지 않는 한 그 근저당권 내지 그 실행으로 인한 경락대금에 대한 권리 중 그 피담보채권액을 담보하고 남는 부분은 저당권의 일부이전의 부기등기의 경료 여부와 관계없이 대위변제자에게 법률상 당연히 이전된다"(대판 2002.7.26, 2001다53929).

③ [○] ※ 공동근저당권의 피담보채권액 확정
㉠ 공동근저당권자가 목적물 중 일부에 대하여 '스스로 경매를 신청'한 경우에는 목적물 전체에 관하여 공동근저당권이 확정된다(대판 1996.3.8, 95다36596). ㉡ 그러나 공동근저당권자가 목적 부동산 중 일부 부동산에 대하여 '제3자가 신청한 경매절차에 소극적으로 참가하여 우선배당을 받은 경우', 해당 부동산에 관한 근저당권의 피담보채권은 그 근저당권이 소멸하는 시기, 즉 매수인이 매각대금을 지급한 때에 확정되지만, '나머지 목적 부동산에 관한 근저당권의 피담보채권'은 기본거래가 종료하거나 채무자나 물상보증인에 대하여 파산이 선고되는 등의 다른 확정사유가 발생하지 아니하는 한 확정되지 아니한다(대판 2017.9.21. 2015다50637).

④ [×] 대판 2017.10.31. 2015다65042
제485조(채권자의 담보상실, 감소행위와 법정대위자의 면책) 제481조의 규정에 의하여 대위할 자가 있는 경우에 채권자의 고의나 과실로 담보가 상실되거나 감소된 때에는 대위할 자는 그 상실 또는 감소로 인하여 상환을 받을 수 없는 한도에서 그 책임을 면한다.

☞ 채무자 소유 부동산과 물상보증인 소유 부동산에 관한 선순위 공동저당권자가 피담보채권을 변제받기 전에 공동저당 목적 부동산 중 '채무자' 소유 부동산에 관한 저당권을 포기한 경우, 이는 물상보증인의 변제자대위에 대한 정당한 기대를 위법하게 침해하는 것이 되어 물상보증인은 선순위 공동저당권자의 위 저당권 포기로 인해 상환을 받을 수 없는 한도에서 제485조에 의하여 그 책임을 면하게 된다. 여기서 물상보증인이 면책 주장을 할 수 있다는 것은 채무자가 부담하는 근저당권의 피담보채무 자체가 소멸한다는 뜻은 아니고 피담보채무에 관한 물상보증인의 책임이 소멸한다는 의미이다(대판 2017.10.31. 2015다65042).

[주 의] 그러나 반대로 '물상보증인' 소유 부동산에 관한 저당권을 포기한 경우에는 이는 처음부터 채무자 소유 부동산의 후순위저당권자의 대위의 목적이 아니었으므로 대위권 침해의 문제는 발생하지 않는다.

[정답] ④

문6 근저당권에 관한 다음 설명 중 가장 옳지 않은 것은?   [20서기보]

① 근저당권이 설정되어 있는 부동산에 관하여 사해행위가 이루어진 후 근저당권이 말소되어 그 부동산의 가액에서 근저당권 피담보채무액을 공제한 나머지 금액의 한도에서 사해행위를 취소하고 가액의 배상을 명하는 경우, 그 가액의 산정은 사해행위 당시를 기준으로 하여야 한다.

② 근저당권 등 담보권 설정의 당사자들이 그 목적이 된 토지 위에 차후 용익권이 설정되거나 건물 또는 공작물이 축조·설치되는 등으로써 그 목적물의 담보가치가 저감하는 것을 막는 것을 주요한 목적으로 하여 담보권과 아울러 지상권을 설정한 경우에 담보권이 소멸하면 등기된 지상권의 목적이나 존속기간과 관계없이 지상권도 그 목적을 잃어 함께 소멸한다.

③ 근저당권 이전의 부기등기는 기존의 주등기인 근저당권설정등기에 종속되어 주등기와 일체를 이루는 것으로서 기존의 근저당권설정등기에 의한 권리의 승계를 등기부상 명시하는 것일 뿐 그 등기에 의하여 새로운 권리가 생기는 것이 아니다.

④ 근저당권설정계약이나 기본계약에서 근저당권의 존속기간이나 결산기를 정하지 않은 때에는, 피담보채무의 확정방법에 관한 다른 약정이 있으면 그에 따르고, 이러한 약정이 없는 경우라면 근저당권설정자가 근저당권자를 상대로 언제든지 계약 해지의 의사표시를 함으로써 피담보채무를 확정시킬 수 있다.

[해 설] ① [×] 가액상환에서 가액은 '사해행위가 성립하는 범위 내'에서 '사실심변론종결시'(사해행위시가 아님)를 기준으로 하여 산정된다(대판 2001.12.27, 2001다33734). 가액배상은 ㉠ 채권자의 피보전채권액(사해행위 당시를 기준으로 하되 사실심변론종결시까지의 이자나 지연손해금은 포함)과 ㉡ 목적물의 공동담보가액(책임재산=사해행위의 범위) 중 적은 금액을 한도로 이루어진다.

② [○] 담보지상권은 토지에 대한 근저당권이 소멸하면 등기된 담보지상권의 목적이나 존속기간과 관계없이 그 목적을 잃어 함께 소멸한다는 것이 判例의 입장이다(대판 2011.4.14, 2011다6342).

③ [○] "근저당권 이전의 부기등기는 기존의 주등기인 근저당권설정등기에 종속되어 주등기와 일체를 이루는 것으로서 기존의 근저당권설정등기에 의한 권리의 승계를 등기부상 명시하는 것일 뿐 그 등기에 의하여 새로운 권리가 생기는 것이 아니므로, 근저당권설정자 또는 그로부터 소유권을 이전받은 제3취득자는 피담보채무가 소멸된 경우 또는 근저당권설정등기가 당초부터 원인 무효인 경우 등에 근저당권의 현재의 명의인인 '양수인'을 상대로 '주등기'인 근저당권설정등기의 말소를 구할 수 있다"(대판 2003.4.11. 2003다5016)고 한다.

④ [○] 대판 2002.5.24, 2002다7176

[정답] ①

문7 저당권 내지 근저당권에 관한 다음 설명 중 가장 옳지 않은 것은? [21서기보]

① 기존건물에 대한 근저당권은 민법 제358조에 의하여 부합된 증축 부분에도 효력이 미치는 것이므로, 기존건물에 대한 경매절차에서 경매목적물로 평가되지 아니하였다고 할지라도 경락인은 부합된 증축 부분의 소유권을 취득한다.

② 건물에 대한 저당권의 효력은 그 건물의 소유를 목적으로 하는 지상권에는 미치지 아니한다.

③ 저당권의 효력이 미치는 민법 제359조의 '과실'에는 법정과실도 포함되므로, 저당부동산에 대한 압류가 있으면 압류 이후의 저당권설정자의 저당부동산에 관한 차임채권 등에도 저당권의 효력이 미친다.

④ 저당목적물의 소실로 저당권설정자가 취득하게 된 화재보험계약상의 보험금청구권에 대하여 저당권자가 물상대위권을 행사할 수 있다.

해설 ① [○] **제358조(저당권의 효력의 범위)** 저당권의 효력은 저당부동산에 부합된 물건과 종물에 미친다. 그러나 법률에 특별한 규정 또는 설정행위에 다른 약정이 있으면 그러하지 아니하다.

☞ 여기서 '부합된 물건'의 의미는 제256조의 '부동산에 부합한 물건'과 동일하다고 해석된다. 구체적으로 건물의 증축 부분이 기존건물에 부합하여 기존건물과 분리하여서는 별개의 독립물로서의 효용을 갖지 못하는 이상 기존건물에 대한 근저당권은 제358조에 의하여 부합된 증축 부분에도 효력이 미치는 것이므로 기존건물에 대한 경매절차에서 경매목적물로 평가되지 아니하였다고 할지라도 경락인은 부합된 증축 부분의 소유권을 취득한다(대판 2002.10.25. 2000다63110).

② [✕] 判例는 제358조 본문의 규정은 저당부동산에 관한 '종된 권리'에도 유추적용되어 건물에 대한 저당권의 효력은 그 대지이용권인 (법정)지상권이나(대판 1996.4.26, 95다52864) 임차권(대판 1993.4.13, 92다24950)에도 미친다고 한다.

"제358조 본문을 유추하여 보면 건물에 대한 저당권의 효력은 그 건물에 종된 권리인 건물의 소유를 목적으로 하는 지상권에도 미치게 되므로, 건물에 대한 저당권이 실행되어 경락인이 그 건물의 소유권을 취득하였다면 경락 후 건물을 철거한다는 등의 매각조건에서 경매되었다는 등 특별한 사정이 없는 한, 경락인은 건물 소유를 위한 지상권도 제187조의 규정에 따라 등기 없이 당연히 취득하게 되고, 한편 이 경우에 경락인이 건물을 제3자에게 양도한 때에는, 특별한 사정이 없는 한 제100조 제2항의 유추적용에 의하여 건물과 함께 종된 권리인 지상권도 양도하기로 한 것으로 봄이 상당하다"(대판 1996.4.26, 95다52864)

③ [○] **제359조(과실에 대한 효력)** 저당권의 효력은 저당부동산에 대한 압류가 있은 후에 저당권설정자가 그 부동산으로부터 수취한 과실 또는 수취할 수 있는 과실에 미친다. 그러나 저당권자가 그 부동산에 대한 소유권, 지상권 또는 전세권을 취득한 제3자에 대하여는 압류한 사실을 통지한 후가 아니면 이로써 대항하지 못한다.

☞ 과실에는 천연과실뿐만 아니라 법정과실도 포함된다. 따라서 저당권설정자가 저당목적물을 임대하여 차임을 받고 있는 경우, 저당권에 기한 경매개시결정기입등기(압류등기)가 마쳐진 뒤에는 저당권설정자의 차임채권에 대하여도 저당권의 효력이 미친다(대판 2016.7.27. 2015다230020).

④ [○] '보험금청구권'에도 물상대위가 인정되는지와 관련하여 보험금청구권은 보험계약을 체결한 것을 전제로 당해 계약의 효과로 발생하는 것이므로 목적물의 멸실, 훼손은 보험계약에서 정한 보험사고의 발생을 의미하는 것에 불과해 물상대위를 부정하여야 한다고 볼 여지도 있지만, 보험금청구권 역시 실질적으로 목적물의 가치대표물이라고 할 수 있는바, 통설 및 判例(대판 2004.12.24. 2004다52798)와 같이 긍정하는 것이 타당하다. 거래의 실제에서도 건물저당권의 경우 보험에 의하여 멸실에 대비한다.

[정답] ②

문8 甲은 乙, 丙으로부터 금원을 각 차용하고 甲 소유 부동산에 관하여 乙에게 1번 저당권을, 丙에게 2번 저당권을 각 설정하여 주었다. 다음 설명 중 옳지 않은 것은? [기출변형]

① 乙의 저당권설정등기가 위조된 등기서류에 의하여 원인없이 말소된 경우에도 저당권은 소멸하지 않는다.

② 乙의 저당권설정등기가 원인없이 말소되었고 그 회복등기 전에 丙의 경매신청으로 丁에게 경락되어 대금이 완납된 경우, 乙은 회복등기를 위하여 丁을 상대로 승낙의 의사표시를 구할 수 있다.

③ 乙의 저당권설정등기가 원인없이 말소되었고 그 회복등기 전에 丙의 경매신청으로 丁에게 경락되어 배당할 금액의 전부가 丙에게 배당된 경우, 乙은 丙에 대하여 부당이득반환을 청구할 수 있다.

④ 甲이 乙에 대한 채무를 모두 변제하였음에도 1번 저당권설정등기를 말소하지 아니한 상태에서 다시 戊로부터 금원을 차용하고 乙의 협조를 얻어 戊에게 1번 저당권 이전의 부기등기를 경료하였는데, 위 부기등기의 기입일자보다 2번 저당권설정등기의 기입일자가 빠른 경우, 戊는 丙에게 1번 저당권설정등기와 그 부기등기의 유효를 주장할 수 없다.

해설 ① [○] ② [×] 등기는 물권의 효력발생요건이고 존속요건은 아니어서 등기가 원인 없이 말소된 경우에는 그 물권의 효력에 아무런 영향이 없고, 그 회복등기가 마쳐지기 전이라도 말소된 등기의 등기명의인은 적법한 권리자로 추정되며, 그 회복등기 신청절차에 의하여 말소된 등기를 회복할 수 있다. 따라서 부동산에 관한 저당권설정등기가 위조된 등기서류에 의하여 아무런 원인 없이 말소되었다고 하더라도 그 저당권은 여전히 유효하게 존속하므로 저당권자는 회복등기 신청절차에 의하여 말소된 등기를 회복할 수 있고, 회복등기 전이라도 말소된 등기의 명의인은 적법한 저당권자로 추정된다(대판 1997.9.30, 95다39526). 그러나 저당권이 설정된 목적물에 대한 경매가 진행되어 경락인(매수인)이 경락대금(매각대금)을 납부한 경우에는 저당권은 소멸하고, 위법하게 말소된 저당권 역시 달리 볼 것은 아니므로, 이 경우에는 이미 소멸한 저당권에 관한 말소등기의 회복등기를 위하여 현소유자(경락인)을 상대로 그 승낙의 의사표시를 구할 수는 없다(소제주의 : 민사집행법 제91조 2항 참조, 부동산 등기법 제59조[1])(대판 1998.10.2, 98다27197).

③ [○] 저당권설정등기가 위법하게 말소되어 아직 회복등기를 경료하지 못한 연유로 그 부동산에 대한 경매절차의 배당기일에서 피담보채권액에 해당하는 금액을 배당받지 못한 저당권자는 배당기일에 출석하여 이의를 하고 배당이의의 소를 제기하여 구제를 받을 수 있고(대판 2002.10.22, 2000다59678), 설령 배당기일에 출석하지 않음으로써 배당표가 확정되었다고 하더라도, 확정된 배당표에 의하여 배당을 실시하는 것은 실체법상의 권리를 확정하는 것이 아니기 때문에 위 경매절차에서 실제로 배당받은 자에 대하여 부당이득반환 청구로서 그 배당금의 한도 내에서 그 저당권설정등기가 말소되지 아니하였더라면 배당받았을 금액의 지급을 구할 수 있다(대판 1998.10.2, 98다27197).

④ [○] 부동산의 소유자 겸 채무자가 채권자에게 피담보채무를 모두 변제함으로써 저당권이 소멸된 경우 그 저당권설정등기 또한 효력을 상실하나, 채무자가 새로운 제3의 채권자로부터 금원을 차용함에 있어 그 제3자와 사이에 차용금 채무를 담보하기 위하여 잔존하는 종전 채권자 명의의 저당권설정등기를 이용하여 이에 터잡아 새로운 제3의 채권자에게 저당권 이전의 부기등기를 경료하기로 하는 내용의 저당권등기 유용의 합의를 하고 그 부기등기를 경료하였다면, 제3의 채권자로서는 ⅰ) 부동산의 소유자(채무자)에 대하여 그 등기 유용의 합의를 주장하여 저당권설정등기의 말소청구에 대항할 수 있고, ⅱ) 다만 그 저당권 이전의 부기등기 이전에 등기부상 이해관계를 가지게 된 자에 대하여는 위 등기 유용의 합의 사실을 들어 위 저당권설정등기 및 그 저당권 이전의 부기등기의 유효를 주장할 수는 없다(대판 1998.3.24, 97다56242).

☞ 따라서 무효인 1번 저당권설정등기를 유용하려는 戊의 부기등기의 기입일자보다 丙명의 2번 저당권설정등기의 기입일자가 빠른 경우, 戊는 丙에게 1번 저당권설정등기와 그 부기등기의 유효를 주장할 수 없다.

[정답] ②

---

1) 부동산 등기법 제59조(말소등기의 회복) ; 말소된 등기의 회복을 신청하는 경우에 등기상 이해관계 있는 제3자가 있을 때에는 그 제3자의 승낙이 있어야 한다.

문9 다음 설명 중 옳지 않은 것은? (다툼이 있는 경우 판례에 의함)　　　　　[기출변형]

① 甲과 乙이 공유하고 있던 X토지와 지상의 Y건물에 관하여 丙이 근저당권설정등기를 마친 후 丁이 위 X토지와 Y건물의 乙지분에 관하여 후순위 근저당권설정등기를 마쳤고, 이후 甲과 乙이 X토지와 Y건물을 戊에게 매도하였다. 그런데 나중에 X토지와 Y건물이 경매되었고 乙지분은 戊가 경매를 통하여 취득하였다. 丙이 경매 진행 중 甲지분에 관한 근저당권을 포기한 경우 배당절차에서 丙은 甲 지분에 관한 근저당권을 포기하지 않았더라면 丁이 대위할 수 있었던 한도에서 丁에 우선하여 배당받을 수 없다.

② 공동근저당의 목적 부동산 중 물상보증인 소유의 부동산이 먼저 경매되어 물상보증인이 채무자에 대하여 구상권을 취득함과 동시에 변제자대위에 의하여 채무자 소유의 부동산에 대한 선순위공동저당권을 대위취득하는 경우, 채무자는 물상보증인에 대한 반대채권이 있다면 특별한 사정이 없는 한 물상보증인의 구상금 채권과 상계함으로써 물상보증인 소유의 부동산에 대한 후순위저당권자에게 대항할 수 있다.

③ 근저당권자가 근저당권의 목적이 된 토지의 공용징수 등으로 토지의 소유자가 받을 금전이나 물건의 인도청구권을 압류하기 전에 토지의 소유자가 인도청구권에 기하여 금전 등을 수령한 경우, 근저당권자는 물상대위권을 행사할 수 없다.

④ 근저당권설정등기상 근저당권자가 다른 사람과 함께 채무자로부터 유효하게 채권을 변제받을 수 있고 채무자도 그들 중 누구에게든 채무를 유효하게 변제할 수 있는 관계, 가령 채권자와 제3자가 불가분적 채권자의 관계에 있다고 볼 수 있는 경우에는 그러한 근저당권설정등기도 유효하다.

[해설] ① [○] ※ 선순위 공동저당권자가 후순위저당권자의 대위에 관한 정당한 기대를 침해한 경우(저당권의 포기)

㉠ 判例는 "선순위 공동저당권자가 피담보채권을 변제받기 전에 공동저당 목적 부동산 중 일부에 관한 저당권을 포기한 경우에는, 후순위저당권자가 있는 부동산에 관한 경매절차에서, 저당권을 포기하지 아니하였더라면 후순위저당권자가 대위할 수 있었던 한도에서는 후순위저당권자에 우선하여 배당을 받을 수 없다고 보아야 한다"(대판 2009.12.10, 2009다41250)고 한다. 즉, 당해 판결은 저당권의 포기로 인한 효력을 그대로 인정하되, 다만 그로 인하여 후순위저당권자가 입게 되는 불이익을 구제하기 위하여, 제485조를 유추하여 저당권포기로 인하여 후순위저당권자가 대위할 수 없게 된 부분에 한하여, 선순위공동저당권자의 우선변제권을 제한하는 입장이다.

㉡ 아울러 "공동저당 부동산의 일부를 취득하는 제3자로서는 공동저당 부동산에 관하여 후순위저당권자 등 이해관계인들이 갖고 있는 기존의 지위를 전제로 하여 공동저당권의 부담을 인수한 것으로 보아야 하기 때문에 공동저당 부동산의 후순위저당권자의 대위에 관한 법적 지위 및 기대는 공동저당 부동산의 일부가 제3자에게 양도되었다는 사정에 의해 영향을 받지 않는다"(대판 2011.10.13, 2010다99132).

☞ 만약 지문과 달리 丙이 공동저당의 전부를 포기하면 丁의 순위는 승진하고, 丁은 불리할 것이 없으므로 丁의 보호와 관련해서는 특별히 문제될 것이 없다. 그러나 후순위저당권자는

장래에 제368조 2항에 따라 선순위자를 대위할 수 있는 일종의 기대권을 가지고 있기 때문에 丙이 공동저당의 일부만 포기하는 경우에는 丁의 기대권을 침해하는 것이 된다.

甲의 지분을 취득한 戊는 丁의 후순위저당권이 성립한 이후에 부동산을 취득한 자에 해당한다. 따라서 丁은 제368조 2항의 대위권을 행사할 수 있으므로, 丁의 대위의 기대는 보호받아야 하고 丙은 甲의 지분에 대한 근저당권을 포기하지 않았더라면 丁이 대위할 수 있었던 한도에서 丁에 우선하여 배당받을 수 없다.

② [X] "공동저당에 제공된 채무자 소유의 부동산과 물상보증인 소유의 부동산 가운데 물상보증인 소유의 부동산이 먼저 경매되어 매각대금에서 선순위공동저당권자가 변제를 받은 때에는 물상보증인은 채무자에 대하여 구상권을 취득함과 동시에 변제자대위에 의하여 채무자 소유의 부동산에 대한 선순위공동저당권을 대위취득한다. 물상보증인 소유의 부동산에 대한 후순위저당권자는 물상보증인이 대위취득한 채무자 소유의 부동산에 대한 선순위공동저당권에 대하여 물상대위를 할 수 있다. 이 경우에 채무자는 물상보증인에 대한 반대채권이 있더라도 특별한 사정이 없는 한 물상보증인의 구상금 채권과 상계함으로써 물상보증인 소유의 부동산에 대한 후순위저당권자에게 대항할 수 없다. 채무자는 선순위공동저당권자가 물상보증인 소유의 부동산에 대해 먼저 경매를 신청한 경우에 비로소 상계할 것을 기대할 수 있는데, 이처럼 우연한 사정에 의하여 좌우되는 상계에 대한 기대가 물상보증인 소유의 부동산에 대한 후순위저당권자가 가지는 법적 지위에 우선할 수 없다"(대판 2017.4.26. 2014다221777,221784).

③ [O] "근저당권자는 근저당권의 목적이 된 토지의 공용징수 등으로 인하여 토지의 소유자가 받을 금전이나 그 밖의 물건에 대하여 물상대위권을 행사할 수 있으나, 다만 그 지급이나 인도 전에 압류하여야 하고(민법 제370조, 제342조), 근저당권자가 위 금전이나 물건의 인도청구권을 압류하기 전에 토지의 소유자가 그 인도청구권에 기하여 금전 등을 수령한 경우 근저당권자는 더 이상 물상대위권을 행사할 수 없다(대판 2009.5.14. 2008다17656 ; 대판 2015.9.10. 2013다216273)

④ [O] ※ 채권자와 근저당권자가 외견상 동일인이 아닌 경우라도 담보물권의 부수성에 반하지 않아 유효하다고 볼 수 있는 경우(=불가분적 채권관계에 있는 경우)
"근저당권설정등기상 근저당권자가 다른 사람과 함께 채무자로부터 유효하게 채권을 변제받을 수 있고 채무자도 그들 중 누구에게든 채무를 유효하게 변제할 수 있는 관계, 가령 채권자와 채무자가 불가분적 채권자의 관계에 있다고 볼 수 있는 경우에는 그러한 근저당권설정등기도 유효하다고 볼 것이다(대판 2001.3.15. 전합99다48948 등 참조)"(대판 2020.7.9. 2019다212594).

관련판례 ※ 제3자를 저당권자로 등기한 경우(성립상 부종성의 완화)
저당권의 성립에 있어서 부종성을 관철하면 원칙적으로 '등기부에 저당권자로 기재된 자'가 '등기부에 채무자로 기재된 자'에 대하여 채권을 가지고 있어야 할 것이다. 그러나 최근 判例는 이러한 의미의 부종성을 제한적으로 완화하고 있는바 "근저당권은 채권담보를 위한 것이므로 원칙적으로 채권자와 근저당권자는 동일인이 되어야 하지만, 제3자를 근저당권 명의인으로 하는 근저당권을 설정하는 경우 ⅰ) 그 점에 대하여 채권자와 채무자 및 제3자 사이에 합의가 있고, ⅱ) 채권양도, 제3자를 위한 계약, 불가분적 채권관계의 형성 등 방법으로 채권이 그 제3자에게 '실질적으로 귀속'되었다고 볼 수 있는 특별한 사정이 있는 경우에는 제3자 명의의 근저당권설정등기도 유효하다"고 판시하고 있다(대판 2001.3.15, 전합99다48948).

[정답] ②

문 10 저당권에 관한 다음 설명 중 옳은 것은? (다툼이 있는 경우 판례에 의함) [기출변형]

① 저당권의 효력은 저당부동산에 대한 압류가 있은 후에 저당권설정자가 그 부동산으로부터 수취한 과실 또는 수취할 수 있는 과실에 미치지만, 그 부동산에 대한 소유권, 지상권 또는 전세권을 취득한 제3자에 대하여는 압류한 사실을 통지한 후가 아니면 이로써 대항하지 못한다.

② 부동산을 매수한 甲이 소유권이전등기를 마치지 아니한 상태에서 매도인인 소유자 乙의 승낙 아래 매수 부동산을 丙에게 담보로 제공하면서 당사자 사이의 합의로 편의상 매수인 대신 등기부상 소유자인 乙을 채무자로 하여 마친 근저당권설정등기는 저당권의 부종성에 위반하여 무효인 등기이다.

③ 물상보증인 甲소유의 X, Y부동산과 채무자 乙소유의 Z부동산 중 X, Z부동산에 대한 경매가 이루어져 공동근저당권자인 채권자 A가 채권액 중 상당액을 배당받고 4천여만 원이 남게 되었는데, 甲이 이를 (대위)변제하자 Y부동산에 대한 A명의의 근저당권설정등기를 말소해 주었다. 그런데 X부동산에 대해서는 후순위근저당권자 B가 있었고, 그 후 Y부동산은 丙 앞으로 소유권이전등기가 마쳐졌다면 B는 공동저당의 대위등기가 없더라도 제368조 2항에 의해 Y부동산에 대해 A를 대위할 수 있다.

④ 채권자 甲이 2009. 6. 11. 채무자 乙과 乙 소유의 부동산에 관하여 근저당권설정계약을 체결하였으나 그 계약에 기한 근저당권설정등기는 그 피담보채권과 무관한 친구 丙을 근저당권자로 하여 경료되었고, 그 후 위 부동산에 관하여 2010. 5. 27. 丁명의의 소유권이전등기청구권 가등기가 경료되었다. 甲은 乙, 丙과 합의하여 2010. 9. 23. 丙의 근저당권설정등기에 대한 부기등기의 방법으로 위 근저당권을 이전받았다. 그렇다면 위 근저당권설정등기는 위 부기등기가 경료된 때부터 실체관계에 부합하는 유효한 등기로 볼 수 있다.

해설 ① [○] **제359조(과실에 대한 효력)** 저당권의 효력은 저당부동산에 대한 압류가 있은 후에 저당권설정자가 그 부동산으로부터 수취한 과실 또는 수취할 수 있는 과실에 미친다. 그러나 저당권자가 그 부동산에 대한 소유권, 지상권 또는 전세권을 취득한 제3자에 대하여는 압류한 사실을 통지한 후가 아니면 이로써 대항하지 못한다.

② [×] ※ 채무자 아닌 제3자가 근저당권 설정자 된 경우
채무자 아닌 자를 등기부상 채무자로 등기한 근저당 등기는 '저당권의 부종성'에 비추어 원칙적으로 무효이다(대판 1981.9.8, 80다1468). 그러나 ⅰ) 명의신탁자의 채무를 담보하기 위하여 명의수탁 부동산에 관하여 저당권설정등기를 하면서 편의상 채무자를 명의수탁자로 기재한 경우(대판 1980.4.22, 79다1822), ⅱ) 미등기매수인의 채무를 담보하기 위하여 매도인 소유로 남아 있는 매매목적부동산에 관하여 저당권설정등기를 하면서 편의상 채무자를 매도인으로 기재한 경우에는, 이러한 저당권설정등기도 저당권자의 실제 채무자(명의신탁자, 미등기매수인)에 대한 채권을 담보하는 것으로서 유효하다(대판 1999.6.25, 98다47085)는 것이 判例이다.

③ [✕] "ⅰ) 후순위저당권자는 제368조 2항에 의해 선순위저당권자가 가지고 있던 다른 부동산에 대한 저당권을 대위하게 되는데, 그 저당권이 말소되지 않고 등기부에 존속하는 동안에는 공동저당의 대위등기를 하지 않더라도 제3취득자는 저당권이 있는 상태에서 취득한 것이므로, 이 경우에는 제3취득자를 보호할 필요성은 적고, 따라서 후순위저당권자는 대위할 수 있다. ⅱ) 그러나, 후순위저당권자가 대위할 저당권이 말소된 상태에서 그 부동산의 소유권 등 새로이 이해관계를 취득한 제3자에 대해서는, 제3취득자를 보호하여야 하고, 후순위저당권자는 제368조 2항에 의한 대위를 주장할 수 없다"(대판 2015.3.20, 2012다99341).

[쟁점정리] ※ 제368조 2항에 의한 후순위저당권자의 대위가 제한되는 경우

후순위저당권자의 대위는 법률의 규정에 의한 저당권의 이전이므로 공동저당권자가 가지고 있던 저당권은 후순위저당권자에게 등기없이 당연히 이전된다(제187조). 다만 判例가 판시한 바와 같이 후순위저당권자가 대위할 저당권이 말소된 상태에서 그 부동산의 소유권 등 새로이 이해관계를 취득한 제3자에 대해서는, 후순위저당권자는 공동저당의 대위등기가 없는 한 제368조 2항에 의한 대위를 주장할 수 없다(위 2013다99341 : 개정 부동산등기법 제80조 신설 참조).

☞ 위 判例에 따르면 후순위 저당권자 B는 공동저당의 대위등기가 없었으므로 제368조 2항에 의해 Y부동산에 대해 A를 대위할 수 없다. 다만, 甲과 A가 권한 없이 Y부동산에 대한 A 명의의 근저당권등기를 말소함으로써 B가 대위하지 못하는 손해를 입게 한 것은 불법행위가 성립된다(同 判例). 후순위저당권자는 동시에 배당했더라면 공동저당권자가 다른 부동산에서 변제받을 수 있었던 금액의 한도 내에서 공동저당권자를 대위한다(제368조 2항 2문).

④ [✕] "ⅰ) 근저당권은 채권담보를 위한 것이므로 원칙적으로 채권자와 근저당권자는 동일인이 되어야 하고, 다만 제3자를 근저당권 명의인으로 하는 근저당권을 설정하는 경우 그 점에 관하여 채권자와 채무자 및 제3자 사이에 합의가 있고, 채권양도, 제3자를 위한 계약, 불가분적 채권관계의 형성 등 방법으로 채권이 그 제3자에게 실질적으로 귀속되었다고 볼 수 있는 특별한 사정이 있는 경우에 한하여 제3자 명의의 근저당권설정등기도 유효하다. ⅱ) 등기가 실체적 권리관계에 부합한다고 하는 것은 그 등기절차에 어떤 하자가 있더라도 진실한 권리관계와 합치되는 것을 의미하는바, 채권자가 채무자와 사이에 근저당권설정계약을 체결하였으나 그 계약에 기한 근저당권설정등기가 채권자가 아닌 제3자의 명의로 경료되고 그 후 다시 채권자가 위 근저당권설정등기에 대한 부기등기의 방법으로 위 근저당권을 이전받았다면 특별한 사정이 없는 한 그 때부터 위 근저당권설정등기는 실체관계에 부합하는 유효한 등기로 볼 수 있다. ⅲ) 채권자 아닌 제3자 명의의 근저당권설정등기가 경료된 부동산에 소유권이전청구권 가등기가 경료되고 그 후 다시 채권자 명의의 위 근저당권이전의 부기등기가 경료된 사안에서, 채권자는 위 부기등기가 경료된 시점에 비로소 근저당권을 취득하는데, 부기등기의 순위가 주등기의 순위에 의하도록 되어 있는 부동산 등기법 제6조 제1항(참고 : 개정된 부동산 등기법 제5조)에 따라 등기부상으로는 채권자가 위 제3자 명의의 근저당권설정등기가 경료된 시점에 근저당권을 취득한 것이 되어 위 가등기보다 그 순위가 앞서게 되므로, 결국 위 근저당권설정등기는 실체관계에 부합하는 유효한 등기라고 볼 수 없다"(대판 2007.1.11. 2006다50055)

[정답] ①

문11 물상대위에 관한 다음 설명 옳은 것은? (다툼이 있는 경우 판례에 의할 것) [기출변형]

① 물상대위는 담보물의 공용징수로 인한 보상금청구권, 담보물의 매도로 인한 매매대금청구권에 대하여도 인정된다.

② 저당목적물의 변형물인 금전 기타 물건에 대하여 이미 제3자가 압류하였다면, 저당권자가 물상대위권의 행사에 나아가지 않아도, '다른 일반 채권자'가 그 금전 기타 물건으로부터 얻은 이득에 대하여 부당이득반환청구를 할 수 있다.

③ 저당목적물의 변형물인 금전 기타 물건에 대하여 이미 제3자가 압류하였다면, 저당권자가 물상대위권의 행사에 나아가지 않아도, '저당물의 소유권자'가 그 금전 기타 물건으로부터 얻은 이득에 대하여 부당이득반환청구를 할 수 있다.

④ 물상대위권자의 압류 전에 채권양도 또는 압류 및 전부명령 등에 의하여 보상금채권이 타인에게 이전된 경우라면, 보상금이 직접 지급되거나 보상금지급청구권에 관한 강제집행절차에서 배당요구의 종기에 이르기 전에도 그 청구권에 대한 추급은 불가능하다.

[해설] ① [×] ※ **물상대위가 인정되는 권리 또는 물건**

제342조(물상대위) 질권은 질물의 멸실, 훼손 또는 공용징수로 인하여 질권설정자가 받을 금전 기타 물건에 대하여도 이를 행사할 수 있다. 이 경우에는 그 지급 또는 인도전에 압류하여야 한다.

제370조(준용규정) 제342조의 규정은 저당권에 준용한다.

'매각이나 임대'의 경우처럼 목적물이 현존하는 때에는 저당권이 그대로 존속하므로 그 매각대금이나 차임에 대해서는 물상대위가 인정되지 않는다. 이와 반대로 담보물에 추급할 수 없는 때에는 반드시 물리적인 멸실·훼손이 아닌 경우에도, 예컨대 담보물이 부합·혼화·가공으로 (법률상 멸실하여) 보상금청구권으로 변한 경우(제261조)에도 물상대위가 인정된다. 공용징수의 경우에 물상대위가 인정되는 것도 담보물에 추급할 수 없기 때문이다. 그러나 사법상의 매매에 따른 매매대금으로 볼 수 있는 것, 즉 '(구)공공용지의 취득 및 손실보상에 관한 특례법'에 의한 협의매수에 따른 보상금에 대해서는 물상대위권을 행사할 수 없다(대판 1981.5.26, 80다2109).

☞ 결국 당해 지문과 관련하여 공용징수로 인한 보상금청구권에 대해서는 물상대위가 인정되지만, 담보물의 매도로 인한 매매대금청구권에 대해서는 물상대위를 할 수 없다.

② [×] ※ **압류 또는 배당요구가 있기 전에 다른 일반채권자가 물상대위물(금전 또는 물건)을 수령한 경우**

"물상대위권의 행사에 나아가지 아니한 채 단지 수용대상토지에 대하여 담보물권의 등기가 된 것만으로는 그 보상금으로부터 우선변제를 받을 수 없고, 저당권자가 물상대위권의 행사에 나아가지 아니하여 우선변제권을 상실한 이상 다른 채권자가 그 보상금 또는 이에 관한 변제공탁금으로부터 이득을 얻었다고 하더라도 저당권자는 이를 부당이득으로서 반환청구할 수 없다"(대판 2002.10.11. 2002다33137).

③ [×] ※ **압류 또는 배당요구가 있기 전에 저당물의 소유자가 물상대위물(금전 또는 물건)을 수령한 경우**

判例에 따르면 저당권자가 물상대위권을 행사하기 전에 저당물의 소유자(저당권설정자)가 물상대위물(금전 또는 물건)을 수령한 경우, 그 지급의무를 부담하는 제3자가 물상대위권자 있음을 알고 있었더라도 그 변제는 원칙적으로 유효한 것이 되어 저당권자는 더 이상 물상대위를 행사할 수 없지만(일반채권자의 지위를 가짐에는 변동이 없다), 저당물의 소유자에 대해서는 부당이득반환청구를 할 수 있다고 한다(대판 2009.5.14. 2008다17656)

④ [○] ※ 압류 또는 배당요구가 있기 전에 물상대위의 목적이 되는 청구권이 양도·전부된 경우

물상대위권은 본래의 저당권의 객체의 변형에 불과하여 저당권과 동일성을 가지며, 저당권의 공시는 대위물에 대한 공시로서 작용하므로, 물상대위권 역시 추급력을 가지고, 대위물청구권이 특정성을 보유하는 한 가치대표물의 소재에 추급하여 권리를 실행할 수 있다. 따라서 채권양도나 전부명령 등에 의하여 물상대위권의 행사가 방해받는 것은 아니다(대판 1998.9.22. 98다12812 : 즉, 목적채권이 양도되어 그 대항요건을 갖추거나 압류 및 전부되었다고 하더라도 이는 '지급 또는 인도'에 해당하지 않는다).

예를 들어 "물상대위권자의 압류 전에 채권양도 또는 압류 및 전부명령 등에 의하여 보상금채권이 타인에게 이전된 경우라도, 보상금이 직접 지급되거나 보상금지급청구권에 관한 강제집행절차에서 배당요구의 종기에 이르기 전에는 여전히 그 청구권에 대한 추급이 가능하다"(대판 2000.6.23. 98다31899 ; 물상대위권자 우선설)고 한다.

[정답] ④

문12 저당권과 관련한 다음 설명 중 틀린 것은?

[기출변형]

① 저당권설정자가 목적물에 대해 정상적인 사용·수익을 하는 것은 저당권의 침해에 해당하지 않으나, 그 점유로 인하여 정상적인 점유가 있는 경우의 경락가격과 비교하여 그 가격이 하락하거나 경매절차가 진행되지 않는 등 저당권의 실현이 곤란하게 될 사정이 있는 경우에는 저당권의 침해가 인정될 수 있다.

② 저당권이 실행에 이르렀거나 실행이 예상되는 상황인 경우인데도 저당목적 대지상에 건물신축공사가 진행되고 있다면, 저당권자가 지배하는 교환가치의 실현을 방해하거나 방해할 염려가 있는 사정에 해당한다.

③ 공장저당권의 목적동산이 저당권자의 동의를 얻지 아니하고 공장으로부터 반출된 경우 저당목적물이 제3자에게 선의취득되지 아니하는 한 원래의 설치장소에 '원상회복'할 것을 청구할 수 있다.

④ 실질적 물상보증인인 채무자와 실질적 채무자인 물상보증인 소유의 각 부동산에 공동저당이 설정되고, 이어 실질적 채무자인 물상보증인 소유의 부동산에 후순위저당권이 설정된 후 실질적 채무자인 물상보증인 소유의 부동산이 먼저 경매되어 공동저당권자가 변제를 받은 경우, 위 후순위저당권자가 실질적 물상보증인인 채무자소유의 부동산에 대하여 선순위공동저당권자의 저당권에 대하여 물상대위를 할 수 있다.

해설 ① [○] ※ 저당권 침해 여부가 문제되는 경우 - 저당목적물의 사용·수익 -

저당목적물은 설정자가 점유하여 사용·수익하는 것을 예정하고 있으므로, 설정자가 목적물에 대해 정상적인 사용·수익을 하는 것은 저당권의 침해에 해당하지 않는다(예컨대 저당부동산에 전세권이나 임차권을 설정하는 것). 다만 저당부동산에 대한 점유가 저당부동산의 본래의 용법에 따른 사용·수익의 범위를 초과하여 그 교환가치를 감소시키거나, 점유자에게 저당권의 실현을 방해하기 위하여 점유를 개시하였다는 점이 인정되는 등, 그 점유로 인하여 정상적인 점유가 있는 경우의 경락가격과 비교하여 그 가격이 하락하거나 경매절차가 진행되지 않는 등 저당권의 실현이 곤란하게 될 사정이 있는 경우에는 저당권의 침해가 인정될 수 있다(대판 2005.4.29, 2005다3243).

② [○] ※ 저당토지에 건물을 신축하는 경우

判例는 (당해 사안의 경우) "저당권이 실행에 이르렀거나 실행이 예상되는 상황인 경우인데도 저당목적 대지상에 건물신축공사가 진행되고 있다면, 이는 경매절차에서 매수희망자를 감소시키거나 매각가격을 저감시켜 결국 저당권자가 지배하는 교환가치의 실현을 방해하거나 방해할 염려가 있는 사정에 해당한다"(대판 2006.1.27, 2003다58454)고 판시함으로써 제한적으로 긍정하는 입장이다.

③ [○] ※ 저당권 침해행위의 제거·예방의 청구

저당권에 기해 방해의 배제 또는 예방을 청구할 수 있다(제370조, 제214조). 그러나 저당권은 목적물을 점유하는 것을 내용으로 하지 않기 때문에 반환청구권은 인정되지 않는다(그러나 저당부동산 소유자의 소유권에 기한 반환청구권의 대위행사는 가능하다).

벌채한 재목이나 분리한 종물을 완전히 반출해 버린 후에는 이제 그에 대하여 저당권의 효력이 미치지 않기 때문에 물권적 청구권을 행사할 수 없는 것이 원칙이다. 하지만 공장저당의 경우에는 저당권의 목적이 된 물건이 (저당권자의 동의 없이) 제3취득자에게 인도된 후일지라도 그 물건에 대하여 저당권을 행사할 수 있다는 특별규정(공장 및 광업재단 저당법 제7조)이 있으므로 달리 판단해야 한다. 判例도 공장저당권의 목적동산이 저당권자의 동의를 얻지 아니하고 공장으로부터 반출된 사안에서 "저당권자는 점유권이 없기 때문에 설정자로부터 일탈한 저당목적물을 저당권자 자신에게 반환할 것을 청구할 수는 없지만, 저당목적물이 제3자에게 선의취득되지 아니하는 한 원래의 설치장소에 '원상회복'할 것을 청구할 수 있다"(대판 1996.3.22, 95다55184)라고 한다.

④ [×] "물상보증인이 채무를 변제하거나 저당권의 실행으로 인하여 저당물의 소유권을 잃었더라도 다른 사정에 의하여 채무자에 대하여 구상권이 없는 경우에는 채권자를 대위하여 채권자의 채권 및 그 담보에 관한 권리를 행사할 수 없다(대판 2014.4.30. 2013다80429·80436). 따라서 실질적인 채무자와 실질적인 물상보증인이 공동으로 담보를 제공하여 대출을 받으면서 실질적인 물상보증인이 저당권설정등기에 자신을 채무자로 등기하도록 한 경우, 실질적 물상보증인인 채무자는 채권자에 대하여 채무자로서의 책임을 지는지와 관계없이 내부관계에서는 실질적 채무자인 물상보증인이 변제를 하였더라도 그에 대하여 구상의무가 없으므로, 실질적 채무자인 물상보증인이 채권자를 대위하여 실질적 물상보증인인 채무자에 대한 담보권을 취득한다고 할 수 없다. 그리고 이러한 법리는 실질적 물상보증인인 채무자와 실질적 채무자인 물상보증인 소유의 각 부동산에 공동저당이 설정된 후에 실질적 채무자인 물상보증인 소유의 부동산에 후순위저당권이 설정되었다고 하더라도 다르지 아니하다. 이와 같이 물상보증인이 채무자에 대한 구상권이 없어 변제대위에 의하여 채무자 소유의 부동산에 대한 선순위공동저당권자의 저당권을 대위취득할 수 없는 경우에는 물상보증인 소유의 부동산에 대한 후순위저당권자는 물상대위할 대상이 없으므로 채무자 소유의 부동산에 대한 선순위공동저당권자의 저당권에 대하여 물상대위를 할 수 없다"(대판 2015.11.27. 2013다41097,41103)

[정답] ④

문13 부동산 저당권에 관한 설명 중 옳지 않은 것은? (다툼이 있는 경우 판례에 의함) [기출변형]

① 동일 부동산에 관하여 가압류등기가 먼저 행해진 후 근저당권설정등기가 마쳐진 경우 그 근저당권자는 가압류채권자에 대한 관계에서는 우선변제권을 주장할 수 없다.

② 근저당권자가 피담보채무의 불이행을 이유로 경매신청을 한 경우 경매신청시에 근저당권의 피담보채무액이 확정되지만, 경매개시결정이 있은 후에 경매신청이 취하된 경우에는 그 소급효로 인하여 채무확정의 효과가 번복된다.

③ 저당목적물인 부동산이 수용된 경우 저당권자가 저당권설정자의 토지수용보상금 지급청구권에 관하여 물상대위권을 행사하기 전에 다른 채권자가 위 지급청구권에 대하여 압류·추심명령을 받아 보상금을 지급받은 때에는, 저당권자는 우선변제권을 상실하게 되고 그 다른 채권자에 대하여 부당이득반환도 청구할 수 없다.

④ 근저당권이전의 부기등기가 경료된 후 그 피담보채무가 소멸한 경우, 주등기인 근저당권설정등기의 말소등기만 구하면 되고 그 부기등기에 대한 말소를 구하는 것은 소의 이익이 없다.

해설 ① [〇] ※ 가압류권자와 (근)저당권자의 배당순위

"부동산에 대하여 가압류등기가 먼저 되고 나서 근저당권설정등기가 마쳐진 경우에 그 근저당권등기는 가압류에 의한 처분금지의 효력 때문에 그 집행보전의 목적을 달성하는 데 필요한 범위 안에서 가압류채권자에 대한 관계에서만 상대적으로 무효이다. 위 경우 가압류채권자와 근저당권자 및 근저당권설정등기 후 강제경매신청을 한 압류채권자 사이의 배당관계에 있어서, 근저당권자는 선순위 가압류채권자에 대하여는 우선변제권을 주장할 수 없으므로 1차로 채권액에 따른 안분비례에 의하여 평등배당을 받은 다음, 후순위 경매신청압류채권자에 대하여는 우선변제권이 인정되므로 경매신청압류채권자가 받을 배당액으로부터 자기의 채권액을 만족시킬 때까지 이를 흡수하여 배당받을 수 있다"(대결 1994.11.29. 94마417).

② [✕] ※ 근저당권의 피담보채권 확정

"근저당권자가 피담보채무의 불이행을 이유로 경매신청을 한 경우에는 경매신청시에 근저당 채무액이 확정되고, 그 이후부터 근저당권은 부종성을 가지게 되어 보통의 저당권과 같은 취급을 받게 되는바, 위와 같이 경매신청을 하여 경매개시결정이 있은 후에 경매신청이 취하되었다고 하더라도 채무확정의 효과가 번복되는 것은 아니다"(대판 1989.11.28, 89다카15601). 그러나 경매신청이 '각하'된 경우에는 피담보채권이 확정되지 않는다.

③ [〇] ※ 물상대위권 행사 전 제3자가 보상금을 지급받은 경우

"물상대위권의 행사에 나아가지 아니한 채 단지 수용대상토지에 대하여 담보물권의 등기가 된 것만으로는 그 보상금으로부터 우선변제를 받을 수 없고, 저당권자가 물상대위권의 행사에 나아가지 아니하여 우선변제권을 상실한 이상 다른 채권자가 그 보상금 또는 이에 관한 변제공탁금으로부터 이득을 얻었다고 하더라도 저당권자는 이를 부당이득으로서 반환청구할 수 없다"(대판 2001.10.11, 2002다33137).

判例에 따르면 저당권자가 물상대위권을 행사하기 전에 저당물의 소유자(저당권설정 자)가 물상대위물(금전 또는 물건)을 수령한 경우, 그 지급의무를 부담하는 제3자가 물상대위권 자 있음을 알고 있었더라도 그 변제는 원칙적으로 유효한 것이 되어 저당권자는 더 이상 물상 대위를 행사할 수 없지만(일반채권자의 지위를 가짐에는 변동이 없다), **저당물의 소유자**(저당권설정 자)에 대해서는 부당이득반환청구를 할 수 있다고 한다(대판 2009.5.14. 2008다17656).

④ [○] ※ 근저당권이전의 부기등기의 말소를 구할 소의 이익이 인정되는지 여부
判例는 "채무자의 변경을 내용으로 하는 근저당권변경의 부기등기는 기존의 주등기인 근저당 권설정등기에 종속되어 주등기와 일체를 이루는 것이고 주등기와 별개의 새로운 등기는 아니므로, 그 피담보채무가 변제로 인하여 소멸된 경우 위 주등기의 말소만을 구하면 되고, 그에 기한 부기 등기는 별도로 말소를 구하지 않더라도 주등기가 말소되는 경우에는 직권으로 말소되어야 할 성질의 것이므로, 위 부기등기의 말소청구는 권리보호의 이익이 없는 부적법한 청구"라고 한다 (대판 2000.10.10. 2000다19526).

비교판례 그러나 근저당권의 주등기 자체는 유효하고 단지 부기등기를 하게 된 원인만이 무효 로 되거나 취소 또는 해제된 경우에는, 그 부기등기만의 말소를 따로 구할 수 있다(대판 2005.6.10., 2002다15412,15429). 즉, 채권양도의 무효·취소·해제로 인하여 '근저당권의 이전원 인'이 무효로 된 경우에는 근저당권의 '양도인'(근저당권설정자 또는 그로부터 소유권을 이전받은 제3취득자가 아님)이 '양수인'을 상대로 '근저당권이전의 부기등기'의 말소를 구해야 한다.

[정답] ②

문 14 근저당권에 관한 설명 중 옳은 것(○)과 옳지 않은 것(×)을 올바르게 조합한 것은? [기출변형]

ㄱ. 근저당권의 피담보채권이 확정되지 아니하는 동안에는 그 채권의 일부가 대위변제되더라 도 그 근저당권이 대위변제자에게 이전될 여지가 없지만, 피담보채권이 확정된 후에는 근저당권의 일부 이전의 부기등기가 있어야 그 근저당권이 대위변제자에게 이전된다.

ㄴ. 근저당권설정등기가 불법하게 말소된 경우 근저당권자는 그 등기말소 당시의 소유자가 아니라 현재 등기명의자인 소유자를 상대로 근저당권설정등기의 회복등기청구를 하여 야 한다.

ㄷ. 근저당권자가 근저당권설정자의 피담보채무의 불이행을 이유로 경매신청을 하였으나 경매개시결정이 있은 후에 경매신청을 취하한 경우에는 근저당권의 피담보채무는 확 정되지 않는다.

① ㄱ(○), ㄴ(×), ㄷ(×)　　　　② ㄱ(○), ㄴ(○), ㄷ(○)
③ ㄱ(×), ㄴ(×), ㄷ(×)　　　　④ ㄱ(×), ㄴ(○), ㄷ(○)

해설 ㄱ. [×] ※ 근저당권의 피담보채권 확정 前

"근저당권은 계속적인 거래관계로부터 발생하고 소멸하는 불특정다수의 장래 채권을 결산기에 계산하여 잔존하는 채무를 일정한 한도액의 범위 내에서 담보하는 저당권이어서, 근저당 거래 관계가 계속 중인 경우, 즉 근저당권의 피담보채권이 확정되기 전에 그 채권의 일부를 양도하거나 대위변제한 경우 근저당권이 양수인이나 대위변제자에게 이전할 여지가 없다"(대판 1996.6.14. 95다53812).

※ 근저당권의 피담보채권 확정 後

"근저당권에 의하여 담보되는 피담보채권이 확정되게 되면, 그 피담보채권액이 그 근저당권의 채권최고액을 초과하지 않는 한 그 근저당권 내지 그 실행으로 인한 경락대금에 대한 권리 중 그 피담보채권액을 담보하고 남는 부분은 저당권의 일부이전의 부기등기의 경료 여부와 관계없이 대위변제자에게 법률상 당연히 이전된다"(대판 2002.7.26, 2001다53929).

ㄴ. [×] ※ 저당권등기가 불법말소된 경우 말소회복등기의 상대방(말소당시의 소유자)

"불법하게 말소된 것을 이유로 한 근저당권설정등기 회복등기청구는 그 등기말소 당시의 소유자를 상대로 하여야 한다"(대판 1969.3.18, 68다1617).

ㄷ. [×] ※ 근저당권자의 경매신청취하

"근저당권자가 피담보채무의 불이행을 이유로 경매신청을 한 경우에는 경매신청시에 근저당 채무액이 확정되고, 그 이후부터 근저당권은 부종성을 가지게 되어 보통의 저당권과 같은 취급을 받게 되는바, 위와 같이 경매신청을 하여 경매개시결정이 있은 후에 경매신청이 취하되었다고 하더라도 채무확정의 효과가 번복되는 것은 아니다"(대판 2002.11.26. 2001다73022).

[정답] ③

문15 다음 설명 중 틀린 것은? (다툼이 있는 경우는 판례에 의함) [기출변형]

① 담보권 실행을 위한 부동산경매절차에서 근저당권자인 甲에 1순위로 채권액 전부가 배당되고 일반채권자인 丙과 乙에는 2순위로 채권액 일부만 배당되었다. 그런데 甲의 근저당권은 무효였다. 이에 배당기일에 출석한 乙이 甲에게 배당된 배당금에 관하여 이의하고 甲을 상대로 배당이의의 소를 제기하여 확정된 화해권고결정에 따라 甲에게 배당된 배당금 전액을 수령하였는데, 그 후 위 '배당기일에 출석하였으나 이의하지 않은' 丙이 乙을 상대로 乙이 수령한 배당금 중 丙의 채권액에 비례한 안분액에 대해서 부당이득반환을 구한 경우, 乙은 丙에게 乙이 수령한 배당금 중 丙의 채권액에 비례한 안분액을 부당이득으로 반환할 의무가 있다.

② 공동근저당권자가 목적 부동산 중 일부 부동산에 대하여 제3자가 신청한 경매절차에 참가하여 우선배당을 받은 경우 매수인이 매각대금을 지급한 때 해당 부동산에 관한 근저당권의 피담보채권이 확정된다. 그러나 이때 나머지 목적 부동산에 관한 근저당권의 피담보채권이 확정되는 것은 아니다.

③ 공동근저당권자가 스스로 근저당권을 실행하거나 타인에 의하여 개시된 경매·공매 절차, 수용 절차 또는 회생 절차 등을 통하여 공동담보의 목적 부동산 중 일부에 대한 환가대금 등으로부터 다른 권리자에 우선하여 피담보채권의 일부에 대하여 배당받은 경우, 공동담보의 나머지 목적 부동산에 대한 경매 등의 환가절차에서 나머지 피담보채권에 대하여도 다시 최초의 채권최고액 범위 내에서 공동근저당권자로서 우선변제권을 행사할 수 있다.

④ 채무자 소유의 부동산과 물상보증인 소유의 부동산에 관하여 공동저당권이 설정된 경우에는 동시배당의 경우에도 채무자 소유 부동산의 경매대가에서 공동저당권자에게 우선적으로 배당을 하고, 부족분이 있는 경우에 한하여 물상보증인 소유 부동산의 경매대가에서 추가로 배당을 하여야 한다. 이는 물상보증인이 채무자를 위한 연대보증인의 지위를 겸하고 있는 경우에도 마찬가지이다.

해설 ① [○] "대법원은 배당받을 권리 있는 채권자가 자신이 배당받을 몫을 받지 못하고 그로 인해 권리 없는 다른 채권자가 그 몫을 배당받은 경우에는 배당이의 여부 또는 배당표의 확정 여부와 관계없이 배당받을 수 있었던 채권자가 배당금을 수령한 다른 채권자를 상대로 부당이득반환 청구를 할 수 있다는 입장을 취해 왔다. 이러한 법리의 주된 근거는 배당절차에 참가한 채권자가 배당이의 등을 하지 않아 배당절차가 종료되었더라도 그의 몫을 배당받은 다른 채권자에게 그 이득을 보유할 정당한 권원이 없는 이상 잘못된 배당의 결과를 바로잡을 수 있도록 하는 것이 실체법 질서에 부합한다는 데에 있다. 나아가 위와 같은 부당이득반환 청구를 허용해야 할 현실적 필요성, 현행 민사집행법에 따른 배당절차의 제도상 또는 실무상 한계로 인한 문제, 민사집행법 제155조의 내용과 취지, 입법 연혁 등에 비추어 보더라도, **종래 대법원 판례는 법리적으로나 실무적으로 타당하므로 유지되어야 한다**"(대판 2019.7.18. 전합2014다206983)

② [○] ※ 공동근저당권의 피담보채권액 확정
㉠ 공동근저당권자가 목적물 중 일부에 대하여 '**스스로 경매를 신청**'한 경우에는 목적물 전체에 관하여 공동근저당권이 확정된다(대판 1996.3.8, 95다36596). ㉡ 그러나 공동근저당권자가 목적 부동산 중 일부 부동산에 대하여 '**제3자가 신청한 경매절차에 소극적으로 참가하여 우선배당을 받은 경우**', 해당 부동산에 관한 근저당권의 피담보채권은 그 근저당권이 소멸하는 시기, 즉 매수인이 매각대금을 지급한 때에 확정되지만, '나머지 목적 부동산에 관한 근저당권의 피담보채권'은 기본거래가 종료하거나 채무자나 물상보증인에 대하여 파산이 선고되는 등의 다른 확정사유가 발생하지 아니하는 한 확정되지 아니한다(대판 2017.9.21. 2015다50637).

③ [×] "공동근저당권자가 스스로 근저당권을 실행하거나 타인에 의하여 개시된 경매 등의 환가절차를 통하여 공동담보의 목적 부동산 중 일부에 대한 환가대금 등으로부터 다른 권리자에 우선하여 피담보채권의 일부에 대하여 배당받은 경우에, 그와 같이 우선변제받은 금액에 관하여는 공동담보의 나머지 목적 부동산에 대한 경매 등의 환가절차에서 다시 공동근저당권자로서 우선변제권을 행사할 수 없다고 보아야 하며, 공동담보의 나머지 목적 부동산에 대하여 공동근저당권자로서 행사할 수 있는 우선변제권의 범위는 피담보채권의 확정 여부와 상관없이 최초의 채권최고액에서 위와 같이 우선변제받은 금액을 공제한 나머지 채권최고액으로 제한된다고 해석함이 타당하다. 그리고 이러한 법리는 채권최고액을 넘는 피담보채권이 원금이 아니라 이자·지연손해금인 경우에도 마찬가지로 적용된다"(대판 2017.12.21. 전합2013다16992).

[구체적 예] 甲이 乙과의 계속적 거래에 따라 생기는 채권을 담보하기 위하여 乙 소유의 X부동산과 Y부동산에 채권최고액 5억원의 1순위 근저당권을 취득하였고, 이후 Y부동산은 후순위 근저당권의 경매신청에 따라 Y부동산이 경매되었고, 甲은 그 배당시까지 생긴 3억 원을 배당받았다. 그 뒤에도 甲은 계속하여 乙과 거래를 하였고, 새로이 6억 원의 채권이 발생하였다. 그러나 乙이 채무를 불이행하자 甲은 적법·유효하게 X부동산에 대하여 경매를 신청한바, 甲은 X부동산의 경매대금에서 얼마를 배당받을 수 있는가? 위 판례에 따르면 甲은 선행 경매절차에서 3억 원을 배당받았으므로 채권최고액 5억 원에서 이를 공제한 2억 원의 범위에서 경매절차에서 우선변제권이 있다.

④ [○] ※ 일괄경매(동시배당의 경우) - 제368조 1항의 적용범위 -
공동저당권자의 자의를 허용하지 않고 각 부동산의 경매대가에 비례해서 피담보채권의 부담 부분을 안분하고(제368조 1항), 그 비례안분액을 넘는 부분은 후순위저당권자의 변제에 충당한다. 判例는 "제368조 1항은 채무자 소유의 수 개의 부동산 또는 동일한 물상보증인 소유의 수 개의 부동산에 관하여 공동저당권이 설정된 경우에만 적용되고, 채무자 소유의 부동산과 물상보증인 소유의 부동산에 관하여 공동저당권이 설정된 경우에는 적용되지 않는다고 한다. 즉 이 경우에는 채무자 소유 부동산의 경매대가에서 공동저당권자에게 우선적으로 배당을 하고, 부족분이 있는 경우에 한하여 물상보증인 소유 부동산의 경매대가에서 추가로 배당을 하여야 한다"(대판 2010.4.15, 2008다41475)고 한다. 이는 물상보증인이 채무자를 위한 연대보증인의 지위를 겸하고 있는 경우에도 마찬가지이다(대판 2016.3.10. 2014다231965).

[정답] ③

문 16 甲의 乙에 대한 3,000만 원의 채권의 담보로 X토지(시가 4,000만 원)와 Y건물(시가 2,000만 원) 위에 甲의 1번 저당권이 설정되어 있다. X토지에는 A가 2,000만 원의 채권에 관하여 2번 저당권을, Y건물에는 B가 1,000만 원의 채권에 관하여 2번 저당권을 가지고 있다. 이에 관한 설명으로 옳지 않은 것은? (비용 및 이자는 고려하지 않고, 다툼이 있는 경우 판례에 의함) [기출변형]

① 甲이 乙소유의 X토지와 Y건물을 모두 경매하여 동시에 배당을 받는 경우, X토지로부터 2,000만 원, Y건물로부터 1,000만 원을 변제받게 된다.

② 甲이 乙소유의 X토지만을 경매하여 경매대가 4,000만 원으로부터 3,000만 원을 변제받은 때에는 A는 乙소유의 Y건물에 대해 1,000만 원의 한도에서 甲의 1번 저당권을 대위하게 된다.

③ X토지는 乙의 소유이고 Y건물은 물상보증인 丙의 소유인 경우, 甲이 X토지와 Y건물을 모두 경매하여 동시에 배당을 받는다면, 경매법원은 X토지의 경매대가에서 3,000만 원을 甲에게 우선적으로 배당하여야 한다.

④ X토지는 乙의 소유이고 Y건물은 물상보증인 丙의 소유인 경우, 甲이 X토지의 경매대가로부터 채무를 변제받았다면 A는 甲을 대위하여 Y건물에 대한 저당권을 행사할 수 있다.

해설 ① [○] ※ 일괄경매(동시배당의 경우)

(1) 각 부동산의 경매대가에 비례하여 채권 분담

공동저당권자의 자의를 허용하지 않고 각 부동산의 경매대가에 비례해서 피담보채권의 부담 부분을 안분하고(제368조 1항), 그 비례안분액을 넘는 부분은 후순위저당권자의 변제에 충당한다.

(2) 제368조 1항의 적용범위

判例는 제368조 1항은 채무자 소유의 수 개의 부동산 또는 동일한 물상보증인 소유의 수 개의 부동산에 관하여 공동저당권이 설정된 경우에만 적용되고, 채무자 소유의 부동산과 물상보증인 소유의 부동산에 관하여 공동저당권이 설정된 경우에는 적용되지 않는다고 한다. 즉, 이 경우에는 채무자 소유 부동산의 경매대가에서 공동저당권자에게 우선적으로 배당을 하고, 부족분이 있는 경우에 한하여 물상보증인 소유 부동산의 경매대가에서 추가로 배당을 하여야 한다(대판 2010.4.15, 2008다41475)고 한다. 이는 물상보증인이 채무자를 위한 연대보증인의 지위를 겸하고 있는 경우에도 마찬가지이다(대판 2016.3.10. 2014다231965).

☞ 지문의 경우 채무자 소유의 수 개의 부동산이 경매되는 경우이므로 제368조 제1항이 적용된다. 따라서 甲은 X토지로부터 2,000만 원(3000×2/3)을, Y토지로부터 1,000만 원(3000×1/3)을 변제받게 된다.

② [○] ※ 개별경매(이시배당의 경우)

공동저당권자는 어느 일부 부동산만을 경매하여 먼저 배당받는 경우에는 그 경매대금에서 전부변제를 받을 수 있다(제368조 2항 1문). 후순위저당권자는 동시에 배당했더라면 공동저당권자가 다른 부동산에서 변제받을 수 있었던 금액의 한도 내에서 공동저당권자를 대위한다(제368조 2항 2문).

☞ 지문의 경우 채무자 소유의 수 개의 부동산이 경매되어 이시배당 하는 경우로서 차순위저당권자가 존재하므로 제368조 2항 2문이 적용된다. 따라서 X토지의 차순위저당권자 A는 선순위근저당권자인 甲이 동시배당의 경우 Y건물의 경매대가에서 변제를 받을 수 있는 금액의 한도에서 선순위저당권자인 甲을 대위할 수 있다. 이에 따르면 A는 甲이 Y건물의 동시배당의 경매대가에서 변제를 받을 수 있었던 1,000만 원의 한도에서 甲을 대위할 수 있다.

③ [○] ※ 제368조 1항의 적용범위

判例는 제368조 1항은 채무자 소유의 수 개의 부동산 또는 동일한 물상보증인 소유의 수 개의 부동산에 관하여 공동저당권이 설정된 경우에만 적용되고, 채무자 소유의 부동산과 물상보증인 소유의 부동산에 관하여 공동저당권이 설정된 경우에는 적용되지 않는다고 한다. 즉, 이 경우에는 채무자 소유 부동산의 경매대가에서 공동저당권자에게 우선적으로 배당을 하고, 부족분이 있는 경우에 한하여 물상보증인 소유 부동산의 경매대가에서 추가로 배당을 하여야 한다(대판 2010.4.15, 2008다41475)고 한다.

④ [×] ※ 채무자 소유 부동산의 후순위저당권자와 물상보증인의 관계

"공동저당의 목적인 채무자 소유의 부동산과 물상보증인 소유의 부동산 중 '채무자 소유의 부동산에 대하여 먼저 경매'가 이루어져 그 경매대금의 교부에 의하여 1번 공동저당권자가 변제를 받더라도, 채무자 소유의 부동산에 대한 후순위저당권자는 민법 제368조 제2항 후단에 의하여 1번 공동저당권자를 대위하여 물상보증인 소유의 부동산에 대하여 저당권을 행사할 수 없다(대결 1995.6.13, 95마500)고 판시하여 물상보증인을 우선(변제자대위 우선설)시키고 있다.

[정답] ④

제4절 | 비전형담보물권

문1 다음 설명 중 옳은 것은? (다툼이 있는 경우에는 판례에 의함) [기출변형]

① '유동집합동산'에 대한 양도담보에서 양도담보권설정자가 양도담보권설정계약에서 정한 종류·수량에 포함되는 물건을 계약에서 정한 장소에 반입하였다면 그 물건이 제3자의 소유라도 담보목적인 집합물의 구성부분이 될 수 있고 따라서 그 물건에도 양도담보권의 효력이 미친다.

② 내용이 변동하는 집합동산 및 집합채권의 양도담보에 관하여 담보권자가 담보실행에 착수한 경우에는 그 시점에서 양도담보권설정자가 새로이 취득하는 재산에는 양도담보권의 효력은 미치지 않는다.

③ 동산양도담보에서 그 동산이 일정한 토지 위에 설치되어 있어 그 토지의 점유·사용이 문제된 경우에는 특별한 사정이 없는 한 동산의 대외적인 소유자인 양도담보권자가 그 토지를 점유·사용하고 있는 것으로 보아야 한다.

④ 2009. 9. 30. 동산 양도담보가 설정되고, 2010. 7. 16. 설정자가 보험회사에 대해 가지는 보험금청구권을 양도담보권자가 물상대위권을 행사하여 압류 및 추심명령을 받았는데, 보험회사가 2010. 4. 13. 설정자에 대해 갖게 된 채권으로 위 보험금청구권과 상계를 할 수 없다.

해설 ① [✕] ※ 유동집합동산에 대한 양도담보

"재고상품, 제품, 원자재 등과 같은 집합물을 하나의 물건으로 보아 일정 기간 계속하여 채권담보의 목적으로 삼으려는 이른바 집합물에 대한 양도담보권설정계약에서는 담보목적인 집합물을 종류, 장소 또는 수량지정 등의 방법에 의하여 특정할 수 있으면 집합물 전체를 하나의 재산권 객체로 하는 담보권의 설정이 가능하므로, 그에 대한 양도담보권설정계약이 이루어지면 집합물을 구성하는 개개의 물건이 변동되거나 변형되더라도 한 개의 물건으로서의 동일성을 잃지 아니한 채 양도담보권의 효력은 항상 현재의 집합물 위에 미치고, 따라서 그러한 경우에 양도담보권자가 점유개정의 방법으로 양도담보권설정계약 당시 존재하는 집합물의 점유를 취득하면 그 후 양도담보권설정자가 집합물을 이루는 개개의 물건을 반입하였더라도 별도의 양도담보권설정계약을 맺거나 점유개정의 표시를 하지 않더라도 양도담보권의 효력이 나중에 반입된 물건에도 미친다. 다만 양도담보권설정자가 양도담보권설정계약에서 정한 종류·수량에 포함되는 물건을 계약에서 정한 장소에 반입하였더라도 그 물건이 제3자의 소유라면 담보목적인 집합물의 구성부분이 될 수 없고 따라서 그 물건에는 양도담보권의 효력이 미치지 않는다"(대판 2016.4.28. 2012다19659)

② [✕] ※ 장래 발생할 채권을 담보목적물로 하는 채권양도담보에 있어서 담보실행의 착수에 의해 담보목적물이 고정화되는지 여부(소극 ; 담보목적물 비고정)

"장래의 집합채권을 담보목적으로 양도한 경우, 채권양수인이 담보목적물 중 일부인 그 당시

현존 채권에 대하여 담보권을 실행하여 채무자로부터 일부 금액을 직접 회수하였다 하더라도, 그가 피담보채권 전액의 만족을 얻지 아니한 이상, 그 후 발생하는 채권에 대해서도 담보권을 실행할 수 있다고 할 것이고, 채권양수인의 위와 같은 담보권 실행으로 인하여 그 후 발생하는 채권양도인의 채권에 대하여 담보권의 효력이 미치지 아니하게 되는 것은 아니다"(대판 2013.3.28. 2010다63836)고 하여 장래 발생할 채권을 담보목적물로 하는 채권양도담보에 있어서 담보권이 실행된다고 해서 담보채권이 고정되는 것은 아니라는 입장을 취하고 있다.

③ [×] "양도담보 설정자가 채권을 담보하기 위하여 그 소유의 동산을 채권자에게 양도한 경우 담보목적물을 누가 사용·수익할 수 있는지는 당사자의 합의로 정할 수 있지만 반대의 특약이 없는 한 양도담보 설정자가 그 동산에 대한 사용·수익권을 가진다(대판 2009.11.26. 2006다37106 판결 등 참조). 따라서 그 동산이 일정한 토지 위에 설치되어 있어 그 토지의 점유·사용이 문제된 경우에는 특별한 사정이 없는 한 양도담보 설정자가 그 토지를 점유·사용하고 있는 것으로 보아야 한다"(대판 2018.5.30. 2018다201429).

④ [○] ※ 동산양도담보권자의 물상대위권과 상계

"동산 양도담보권자는 양도담보 목적물이 소실되어 양도담보 설정자가 보험회사에 대하여 화재보험계약에 따른 보험금청구권을 취득한 경우 담보물 가치의 변형물인 화재보험금청구권에 대하여 양도담보권에 기한 물상대위권을 행사할 수 있는데, 동산 양도담보권자가 물상대위권 행사로 양도담보 설정자의 화재보험금청구권에 대하여 압류 및 추심명령을 얻어 추심권을 행사하는 경우 특별한 사정이 없는 한 제3채무자인 보험회사는 양도담보 설정 후 취득한 양도담보 설정자에 대한 별개의 채권을 가지고 상계로써 양도담보권자에게 대항할 수 없다. 그리고 이는 보험금청구권과 본질이 동일한 공제금청구권에 대하여 물상대위권을 행사하는 경우에도 마찬가지이다"(대판 2014.9.25. 2012다58609).

[사실관계] 2009. 9. 30. 동산 양도담보가 설정되고, 2010. 7. 16. 설정자가 보험회사에 대해 가지는 보험금청구권을 양도담보권자가 물상대위권을 행사하여 압류 및 추심명령을 받았는데, 보험회사가 2010. 4. 13. 설정자에 대해 갖게 된 채권으로 위 보험금청구권과 상계를 한 사안이다. 그런데 민법 제498조에 의하면, 압류의 효력을 유지하기 위해, 지급을 금지하는 명령을 받은 제3채무자는 그 후에 취득한 채권에 의한 상계로 그 명령을 신청한 채권자에게 대항하지 못하는 것으로 규정한다. 위 사안에서 압류는 2010. 7. 16. 있었고 (제3채무자인) 보험회사의 채권은 그 전인 2010. 4. 13. 취득한 것이므로, 물상대위권의 행사로서의 압류를 기준으로 하면 상계가 허용될 것인데, 대법원은 그 물상대위권의 기초가 된 양도담보의 설정일을 기준으로 삼아 상계를 허용하지 않았다.

[정답] ④

문2 다음 설명 중 틀린 것은? (다툼이 있는 경우 판례에 의함) [기출변형]

① 가등기담보권 설정 후에 후순위권리자나 제3취득자 등 이해관계 있는 제3자가 생긴 상태에서는 채권자와 채무자가 새로운 약정으로 기존 가등기담보권에 피담보채권을 추가하더라도 우선변제권 있는 피담보채권에 포함되지 않는다.

② 가담보가등기에 기하여 마쳐진 본등기가 무효인 경우, 담보목적 부동산에 대한 소유권은 담보가등기 설정자인 채무자 등에게 있고 소유권의 권능 중 하나인 사용수익권도 당연히 담보가등기 설정자가 보유하므로 채권자가 본등기를 마친 이후에 임차인들로부터 지급받은 차임은 그 명목과 상관없이 원칙적으로 피담보채무의 변제에 충당된다.

③ 채권자와 채무자가 양도담보계약을 체결하였지만, 담보목적부동산에 관하여 가등기나 소유권이전등기를 마치지 아니한 경우에 채무자와 채권자가 채권자로 하여금 '귀속정산' 절차에 의하지 않고 담보목적부동산을 타에 처분하여 채권을 회수할 수 있도록 약정하는 것은 원칙적으로 귀속정산 절차를 규정한 가등기담보법 제3조, 제4조를 위반한 것으로 무효이다.

④ 가등기담보법에 따른 실행통지 당시 채무자에게 지급할 청산금이 없는 경우에도 채무자에게 실행통지를 하여야 하고 이후 2월의 청산기간이 경과하면 청산절차가 종료된다. 채권자가 담보권 설정 당시에 가등기가 아닌 소유권이전등기를 경료받은 경우에는 청산기간 경과 후에 청산금을 지급해야 채권자가 담보부동산의 소유권을 취득한다.

해설 ① [○] ※ 이해관계 있는 제3자가 있는 경우 피담보채권의 추가

"채권자와 채무자가 가등기담보권설정계약을 체결하면서 가등기 이후에 발생할 채권도 후순위권리자에 대하여 우선변제권을 가지는 가등기담보권의 피담보채권에 포함시키기로 약정할 수 있고, 가등기담보권을 설정한 후에 채권자와 채무자의 약정으로 새로 발생한 채권을 기존 가등기담보권의 피담보채권에 추가할 수도 있으나, 가등기담보권 설정 후에 후순위권리자나 제3취득자 등 이해관계 있는 제3자가 생긴 상태에서 새로운 약정으로 기존 가등기담보권에 피담보채권을 추가하거나 피담보채권의 내용을 변경, 확장하는 경우에는 이해관계 있는 제3자의 이익을 침해하게 되므로, 이러한 경우에는 피담보채권으로 추가, 확장한 부분은 이해관계 있는 제3자에 대한 관계에서는 우선변제권 있는 피담보채권에 포함되지 않는다"(대판 2011.7.14., 2011다28090).

② [○] "담보가등기에 기하여 마쳐진 본등기가 무효인 경우, 담보목적 부동산에 대한 소유권은 담보가등기 설정자인 채무자 등에게 있고 소유권의 권능 중 하나인 사용수익권도 당연히 담보가등기 설정자가 보유한다. 따라서 채무자가 자신이 소유하는 담보목적 부동산에 관하여 채권자와 임대차계약을 체결하고 채권자에게 차임을 지급하거나 채무자가 자신과 임대차계약을 체결하고 있는 임차인으로 하여금 채권자에게 차임을 지급하도록 하여 채권자가 차임을 수령하였다면, 채권자와 채무자 사이에 위 차임을 피담보채무의 변제와는 무관한 별개의 것으로 취급하기로 약정하였거나 달리 차임이 피담보채무의 변제에 충당되었다고 보기 어려운 특별한 사정이 없는 한 위 차임은 피담보채무의 변제에 충당된 것으로 보아야 한다"(대판 2019.6.13. 2018다300661).

대법원은, 이러한 법리를 전제로 피고가 이 사건 부동산에 관하여 가등기에 기하여 본등기를 마쳤더라도 가등기담보 등에 관한 법률 제3조, 제4조에 정한 절차를 거치지 아니한 이상 위 본등기는 무효이고, 따라서 이 사건 부동산의 소유권 내지 사용수익권은 채무자인 원고에게 있으므로, 피고가 본등기를 마친 이후에 원고 측 내지 다른 임차인들로부터 지급받은 차임은 그 명목과 상관없이 원칙적으로 피담보채무의 변제에 충당되었다고 판단하면서, 이와 달리 피고가 차임으로 지급받은 돈이 피담보채무의 변제에 충당되지 않는다고 본 원심판결을 파기환송한 사안

③ [X] 가등기담보나 소유권이전등기 마치지 않은 상태에서는 아직 가등기담보법 제3조 및 제4조가 적용될 수 없다.

"가등기담보 등에 관한 법률(이하 '가등기담보법'이라 한다) 제3조, 제4조는 채권자가 가등기담보법 제2조 제1호 소정의 담보계약에 따른 '담보권'을 실행하는 방법으로서 귀속정산 절차를 규정한 것이므로, 가등기담보법 제3조, 제4조가 적용되기 위해서는 채권자가 담보목적부동산에 관하여 가등기나 소유권이전등기 등을 마침으로써 '담보권'을 취득하였음을 요한다. 이와 달리 채권자가 채무자와 담보계약을 체결하였지만, 담보목적부동산에 관하여 가등기나 소유권이전등기를 마치지 아니한 경우에는 '담보권'을 취득하였다고 할 수 없으므로, 이러한 경우에는 가등기담보법 제3조, 제4조는 원칙적으로 적용될 수 없다(대판 1999.2.9. 98다51220). 따라서 채권자와 채무자가 담보계약을 체결하였지만, 담보목적부동산에 관하여 가등기나 소유권이전등기를 마치지 아니한 상태에서 채권자로 하여금 귀속정산 절차에 의하지 않고 담보목적부동산을 타에 처분하여 채권을 회수할 수 있도록 약정하였다 하더라도, 그러한 약정이 가등기담보법의 규제를 잠탈하기 위한 탈법행위에 해당한다는 등의 특별한 사정이 없는 한 가등기담보법을 위반한 것으로 보아 무효라고 할 수는 없다"(대판 2013.9.27. 2011다106778).

④ [O] ※ 담보부동산의 평가액이 피담보채권액에 미달하는 경우

"채권의 담보 목적으로 양도된 재산에 관한 담보권의 실행은 다른 약정이 없는 한 처분정산이나 귀속정산 중 채권자가 선택하는 방법에 의할 수 있는바, 그 재산에 관한 담보권이 귀속정산의 방법으로 실행되어 채권자에게 확정적으로 이전되기 위해서는 채권자가 이를 적정한 가격으로 평가한 후 그 가액으로 피담보채권의 원리금에 충당하고 그 잔액을 반환하거나, 평가액이 피담보채권액에 미달하는 경우에는 채무자에게 그와 같은 내용의 통지를 하는 등 정산절차를 마쳐야 하며, 귀속정산의 통지방법에는 아무런 제한이 없어 구두로든 서면으로든 가능하고, 담보부동산의 평가액이 피담보채권액에 미달하는 경우에는 청산금이 있을 수 없으므로 귀속정산의 통지방법으로 부동산의 평가액 및 채권액을 구체적으로 언급할 필요 없이 그 미달을 이유로 채무자에 대하여 담보권의 실행으로 그 부동산을 확정적으로 채권자의 소유로 귀속시킨다는 뜻을 알리는 것으로 족하다"(대판 2001.8.24. 2000다15661).

※ 가등기담보 등에 관한 법률 제4조 2항

채권자는 담보부동산에 관하여 이미 소유권이전등기가 경료된 경우에는 청산기간 경과 후 청산금을 채무자등에게 지급한 때에 목적부동산의 소유권을 취득하며, 담보가등기가 경료된 경우에는 청산기간이 경과하여야 그 가등기에 기한 본등기를 청구할 수 있다.

[정답] ③

문3 甲은 2008. 7. 10. 乙에게 1억 5,000만 원을 대여하면서 그 채권을 담보하기 위해 이행기인 2009. 7. 10.까지 채무를 이행하지 않으면 乙 소유의 시가 4억 원인 X 부동산을 甲에게 이전하기로 하는 내용의 계약을 체결하고 2008. 7. 15. 소유권이전등기청구권의 가등기를 마쳤다. 다음 설명 중 옳은 것은?
[기출변형]

① 乙로부터 변제를 받지 못한 甲은 X의 소유권을 취득하는 귀속청산에 의하거나 제3자에 대한 양도를 통한 처분청산에 의하여 가등기담보권을 실행할 수 있다.

② 담보권의 실행통지에 있어서 甲이 주관적으로 평가한 청산금 액수(X의 가액과 피담보채권액의 차액)를 명시하였으나 이것이 객관적인 청산금 액수에 미치지 못하는 때에는 통지로서의 효력이 없다.

③ 甲이 청산절차를 거치지 않고 행한 본등기는 무효이지만, 당사자의 특약에 의한 때에는 약한 의미의 양도담보로서 담보목적범위 내에서는 효력이 있다.

④ 만약 위 계약 당시 이미 X 위에 乙의 丁에 대한 3억 원의 채무를 담보하는 저당권이 설정되어 있었다면, 甲이 청산절차를 거치지 않았다는 이유만으로 가등기에 기한 본등기가 무효인 것은 아니다.

해 설 ① [X] 가등기담보등에 관한 법률은 채무불이행이 생긴 때에 이전하기로 한 부동산의 '예약당시의 가액'이 차용액과 그에 붙인 이자의 합산액을 넘는 경우에 관하여 당해 법을 적용하고 있다(동법 제1조). 따라서 담보목적물인 X부동산의 예약당시의 가액이 시가 4억 원으로 피담보채권인 1억 5,000만 원을 초과하므로 가담법의 적용대상이다. 가등기담보권을 실행하는 방법으로는 '귀속청산'(채권자가 목적물의 가액에서 채권액을 공제한 나머지를 반환하고 그 목적물의 소유권을 취득하는 것)과 '처분청산'(채권자가 목적물을 제3자에게 처분하여 그 환가대금에서 자기채권의 만족을 취하는 것)이 있는데, **통설과 判例는 '가담법상의 처분청산'은 경매를 통한 공적실행을 의미하며 사적실행에 따른 처분청산은 인정되지 않는다고 한다**(대판 2002.12.10. 2002다42001)

② [X] "채권자가 나름대로 평가한 청산금의 액수가 객관적인 청산금의 평가액에 미치지 못한다고 하더라도 담보권 실행의 통지로서의 효력이나 청산기간의 진행에는 아무런 영향이 없고, 다만 채무자 등은 정당하게 평가된 청산금을 지급 받을 때까지 목적부동산의 소유권이전등기 및 인도 채무의 이행을 거절하면서 피담보채무 전액을 채권자에게 지급하고 채권담보의 목적으로 마쳐진 가등기의 말소를 구할 수 있을 뿐이다."(대판 1996.7.30. 96다6974,6981)

③ [X] "가등기담보등에관한법률 제3조, 제4조의 각 규정에 비추어 볼 때 그 각 규정을 위반하여 담보가등기에 기한 본등기가 이루어진 경우에는 그 본등기는 무효라고 할 것이고, 설령 그와 같은 본등기가 가등기권리자와 채무자 사이에 이루어진 특약에 의하여 이루어졌다고 할지라도 만일 그 특약이 채무자에게 불리한 것으로서 무효라고 한다면 그 본등기는 여전히 무효일 뿐, 이른바 약한 의미의 양도담보로서 담보의 목적 내에서는 유효하다고 할 것이 아니고, 다만 가등기권리자가 가등기담보등에관한법률 제3조, 제4조에 정한 절차에 따라 청산금의 평가액을 채무자 등에게 통지한 후 채무자에게 정당한 청산금을 지급하거나 지급할 청산금이 없는 경우에는 채무자가 그 통지를 받은 날로부터 2월의 청산기간이 경과하면 위 무효인 본등기는 실체적 법률관계에 부합하는 유효한 등기가 될 수 있다"(대판 2006.8.24. 2005다61140)

④ [○] 判例에 따르면 가담법 제1조의 '부동산의 예약당시의 가액'을 정함에 있어 차주의 재산에 선순위 근저당권이 설정되어 있는 경우에는 위 피담보채무액을 공제한 가액을 위 법조 소정의 재산가액으로 보는 것이 타당하다고 한다(대판 2006.8.24. 2005다61140). 따라서 담보목적물인 ✕부동산의 예약당시의 가액인 시가 4억 원에서 선순위 저당권자 丁의 피담보채권액 3억 원을 공제한 1억 원을 가담법 제1조의 '부동산의 예약당시의 가액'으로 보아야 한다. 그러므로 ① 지문에서 검토한 바와 같이 부동산의 예약당시의 가액이 담보가등기의 피담보채권액 1억 5천만 원에 미치지 못하게 되어 가담법이 적용되지 않는다. 그렇다면 청산절차를 거치지 않더라도 가등기에 기한 본등기가 무효인 것은 아니다.

[정답] ④

문4 「가등기담보 등에 관한 법률」의 내용에 관한 설명 중 옳지 않은 것은?　　　[기출변형]

① 「가등기담보 등에 관한 법률」은 매매대금채권을 담보하기 위하여 가등기를 한 경우에는 적용되지 않는다.
② 채권자가 주관적으로 평가한 청산금의 액수가 정당하게 평가된 청산금의 액수에 미치지 못하여도 담보권 실행 통지로서의 효력이나 청산기간의 진행에는 아무런 영향이 없다.
③ 채권자는 자신이 통지한 청산금의 금액에 대하여 다툴 수 있다.
④ 가등기담보권자와 채무자의 특약으로 청산절차 없이 본등기가 이루어졌다면, 그러한 본등기는 약한 의미의 양도담보로서의 효력도 없다.

해설 ① [○] **「가등기담보 등에 관한 법률」 제1조(목적)** 「이 법은 차용물의 반환에 관하여 차주가 차용물을 갈음하여 다른 재산권을 이전할 것을 예약할 때 그 재산의 예약 당시 가액이 차용액과 이에 붙인 이자를 합산한 액수를 초과하는 경우에 이에 따른 담보계약과 그 담보의 목적으로 마친 가등기 또는 소유권이전등기의 효력을 정함을 목적으로 한다.」
☞ 가등기담보법 제1조의 문언상 금전소비대차 또는 준소비대차로 인한 차용금채무를 담보하기 위하여 소유권이전등기 또는 가등기가 마쳐진 경우에만 적용되는 것으로 되어 있지만(대판 1997.3.11, 96다50797) 피담보채권이 매매대금채권, 공사대금채권 등인 경우 동법이 유추적용될 수 없는지 문제된다. 관련하여 判例는 "가등기담보법 제1조를 근거로 피담보채무가 매매대금채권인 경우에는 가담법이 적용되지 않으며, 주된 목적이 매매대금채권의 확보에 있고 대여금채권의 확보는 부수적 목적인 경우라도 가담법이 적용되지 않는다"고 한다(대판 2002.12.24, 2002다50484).

② [○] 변제기 후 채무자 등에게 '통지 당시'의 청산금의 '평가액'을 통지하여야 한다(동법 제3조 1항 1문). 청산금이 없다고 인정되는 때에는 그 뜻을 통지하여야 한다(동법 제3조 제1항 2문). 평가액은 채권자의 주관적인 평가액이다. 채권자가 이와 같이 나름대로 평가한 청산금의 액수가 객관적인 청산금의 평가액에 미치지 못한다고 하더라도 담보권 실행의 통지로서의 효력이나 청산기간의 진행에는 아무런 영향이 없다(대판 1996.7.30, 96다6974).

③ [X] 청산기간이 경과한 후, 채권자는 '통지 당시'를 기준으로 한 청산금의 '객관적 가액'을 채무자 등에게 지급하여야 한다(동법 제4조 제1항 1문). 다만 채권자는 그가 통지한 청산금의 '평가액'이 '객관적인 가액'보다 크다는 이유로 청산금의 수액을 다툴 수 없다(동법 제9조 참조).

④ [○] 청산금의 지급채무와 가등기에 기한 본등기 및 인도의무의 이행은 동시이행의 관계에 있다(동법 제4조 3항). 이에 반하는 특약으로서 채무자등에게 불리한 것은 그 효력이 없다(동법 제4조 4항 본문). 따라서 청산금의 지급 없이 담보가등기에 기한 본등기가 이루어진 경우 그 본등기는 무효이고, 이른바 약한 의미의 양도담보로서 존속하는 것이 아니다. 다만, 그 후 동법 소정의 절차에 따라 청산절차를 마치면 그 소유권이전등기는 실체관계에 부합하는 유효한 등기가 된다(아래 2002다42001판결).

관련판례 "가등기 담보 등에 관한 법률 제3조, 제4조의 각 규정에 비추어 볼 때 그 각 규정을 위반하여 담보가등기에 기한 본등기가 이루어진 경우에는 그 본등기는 무효라고 할 것이고, 설령 그와 같은 본등기가 가등기권리자와 채무자 사이에 이루어진 특약에 의하여 이루어졌다고 할지라도 만일 그 특약이 채무자에게 불리한 것으로서 무효라고 한다면 그 본등기는 여전히 무효일 뿐, 이른바 약한 의미의 양도담보로서 담보의 목적 내에서는 유효하다고 할 것이 아니고, 다만 가등기권리자가 가등기담보등에관한법률 제3조, 제4조에 정한 절차에 따라 청산금의 평가액을 채무자 등에게 통지한 후 채무자에게 정당한 청산금을 지급하거나 지급할 청산금이 없는 경우에는 채무자가 그 통지를 받은 날로부터 2월의 청산기간이 경과하면 위 무효인 본등기는 실체적 법률관계에 부합하는 유효한 등기가 될 수 있다"(대판 2002.12.10, 2002다42001).

[정답] ③

문5 甲이 乙에 대한 금전채무를 담보하기 위하여 점유개정의 방법으로 자신의 소유인 공장기계를 乙에게 양도하고, 그 후 甲이 丙에 대한 금전채무를 담보하기 위하여 점유개정의 방법으로 다시 그 기계를 丙에게 양도하였다. 다음 설명 중 옳은 것을 모두 고른 것은? [기출변형]

> ㄱ. 甲과 乙 사이의 대내적 관계에서 위 기계의 소유권은 乙에게 있다.
> ㄴ. 甲이 위 기계에 대한 점유를 잃으면, 乙 역시 그에 대한 양도담보권을 상실한다.
> ㄷ. 丙은 양도담보권을 선의취득한다.
> ㄹ. 丙이 乙에게 양도담보권이 있다는 사실을 알면서 甲으로부터 위 기계를 현실인도받아 제3자에게 처분함으로써 乙의 담보권실행을 방해하는 행위는 위법하여 손해배상청구의 대상이 된다.

① ㄱ   ② ㄹ
③ ㄱ, ㄹ   ④ ㄴ, ㄷ

해설 ㄱ. [×] 判例는 동산양도담보의 경우 가등기담보 등에 관한 법률의 시행 전후를 불문하고 신탁적 소유권이 전설의 입장이다. 즉 "동산에 관하여 양도담보계약이 이루어지고 양도담보권자가 점유개정의 방법으로 인도를 받았다면 그 청산절차를 마치기 전이라 하더라도 담보목적물에 대한 사용수익권은 없지만 제3자에 대한 관계에 있어서는 그 물건의 소유자임을 주장하고 그 권리를 행사할 수 있다"(대판 1994.8.26, 93다44739)고 판시하거나, "금전채무를 담보하기 위하여 채무자가 그 소유의 동산을 채권자에게 양도하되 점유개정에 의하여 채무자가 이를 계속 점유하기로 한 경우 특별한 사정이 없는 한 동산의 소유권은 신탁적으로 이전됨에 불과하여 채권자와 채무자 사이의 대내적 관계에서 채무자는 의연히 소유권을 보유하나 대외적인 관계에 있어서 채무자는 동산의 소유권을 이미 채권자에게 양도한 무권리자가 된다"(대판 2004.10.28, 2003다30463)고 판시하고 있다.

☞ 따라서 甲과 乙 사이의 대내적 관계에서 위 기계의 소유권은 양도담보권설정자인 甲에게 있다.

ㄴ. [×] 양도담보가 설정되면 대외적인 관계에서 소유권이 양도담보권자에게 넘어간다. 가령 점유개정의 방법으로 양도담보를 설정한 후에 양도담보권자나 양도담보설정자가 그 동산에 대한 점유를 상실하더라도 그 양도담보의 효력에는 아무런 영향이 없다(대판 2000.6.23, 99다65066).

ㄷ. [×] "금전채무를 담보하기 위하여 채무자가 그 소유의 동산을 채권자에게 양도하되 점유개정에 의하여 채무자가 이를 계속 점유하기로 한 경우 특별한 사정이 없는 한 동산의 소유권은 신탁적으로 이전됨에 불과하여 채권자와 채무자 사이의 대내적 관계에서 채무자는 의연히 소유권을 보유하나 대외적인 관계에 있어서 채무자는 동산의 소유권을 이미 채권자에게 양도한 무권리자가 되는 것이어서 다시 다른 채권자와의 사이에 양도담보 설정계약을 체결하고 점유개정의 방법으로 인도를 하더라도 선의취득이 인정되지 않는 한 나중에 설정계약을 체결한 채권자는 양도담보권을 취득할 수 없는데, 현실의 인도가 아닌 점유개정으로는 선의취득이 인정되지 아니하므로, 결국 뒤의 채권자는 양도담보권을 취득할 수 없다"(대판 2004.10.28, 2003다30463). 그러나 점유개정에 의한 선의취득이 부정된다고 하여, 그것을 종국적인 것으로 볼 것은 아니다. 즉, 그 후에 다른 인도방법(현실인도 또는 반환청구권의 양도)을 갖추면, 선의취득을 부정할 것은 아니다. 다만 이러한 경우에 다른 인도방법을 갖출 때(점유개정시 아님) 특히 선의·무과실의 요건이 구비되어야 한다.

☞ 따라서 다른 특별한 사정이 없는 한 점유개정에 따라 점유하고 있는 丙은 양도담보권을 선의취득할 수 없다.

ㄹ. [○] "동산에 대하여 점유개정의 방법으로 이중양도담보를 설정한 경우 원래의 양도담보권자는 뒤의 양도담보권자에 대하여 배타적으로 자기의 담보권을 주장할 수 있으므로, 뒤의 양도담보권자가 양도담보의 목적물을 처분함으로써 원래의 양도담보권자로 하여금 양도담보권을 실행할 수 없도록 하는 행위는, 이중양도담보 설정행위가 횡령죄나 배임죄를 구성하는지 여부나 뒤의 양도담보권자가 이중양도담보 설정행위에 적극적으로 가담하였는지 여부와 관계없이, 원래의 양도담보권자의 양도담보권을 침해하는 위법한 행위이다"(대판 2000.6.23, 99다65066).

☞ 악의가 있어 공장기계에 대한 양도담보권을 취득하지 못한 제2양도담보권자 丙이 양도담보권을 실행하여 공장기계를 인도받은 후 제3자에게 처분한 경우에는 그 제3자가 공장기계를 선의취득할 수 있다. 이 경우에는 반사적으로 제1양도담보권자 乙의 적법, 유효한 양도담보권이 소멸하게 되므로, 제2양도담보권자 丙은 제1양도담보권자 乙에게 불법행위로 인한 손해배상책임을 진다.

[정답] ②

2022 대비 최신판

해커스법원직

기출문제집 | 1권

초판 1쇄 발행 2021년 10월 22일

지은이	윤동환, 공태용 공편저
펴낸곳	해커스패스
펴낸이	해커스공무원 출판팀

주소	서울특별시 강남구 강남대로 428 해커스공무원
고객센터	1588-4055
교재 관련 문의	gosi@hackerspass.com
	해커스공무원 사이트(gosi.Hackers.com) 교재 Q&A 게시판
	카카오톡 플러스 친구 [해커스공무원강남역], [해커스공무원노량진]
학원 강의 및 동영상강의	gosi.Hackers.com

ISBN	979-11-6662-778-1 (13360)
Serial Number	01-01-01

최단기 합격 공무원학원 1위,
해커스공무원 gosi.Hackers.com

해커스공무원

· '회독'의 방법과 공부 습관을 제시하는 **해커스 회독증강 콘텐츠**(교재 내 할인쿠폰 수록)
· **해커스공무원 학원 및 인강**(교재 내 인강 할인쿠폰 수록)
· 해커스 스타강사의 **공무원 민법 무료 동영상강의**

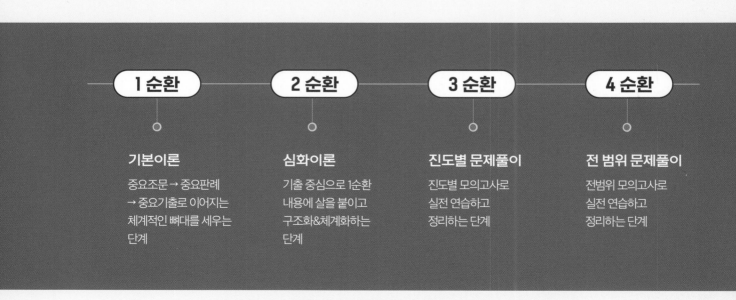